U0674492

民國時期文獻
保護計劃

成果

北碚圖書館 編

北碚月刊（一九三三—一九四九）

第二册

國家圖書館出版社

第二册目録

互作月刊

第一卷　第三期

二十五年十一月一日出版

中國西部科學院出版品要目

裁兵與屯墾……………………………………………………………………………劉雨若
整理川東北農田水利之商榷………………………………………………………嚴育得
四川產業記載索引…………………………………………………………………圖書館
重慶南川間地質誌…………………………………………………常隆慶　羅正遠
四川嘉陵江三峽地質誌……………………………………………………………常隆慶
四川嘉陵江下游魚類之調查……………………………………張春林　施懷仁
四川嘉定峨眉魚類之調查………………………………………張春林　施懷仁
四川鳴禽之研究……………………………………………………………………王希成
四川煤炭化驗報告…………………………………李樂元　徐崇林　王以章
四川省雷馬屏峨調查記……………………………常隆慶　施懷仁　俞德埈

發行處：四川巴縣北碚中國西部科學院

嘉陵江三峽鄉村建設實驗區署出版品要目

四川人的大夢其醒…………………………………………………………………盧作孚
鄉村建設……………………………………………………………………………盧作孚
東北遊記……………………………………………………………………………盧作孚
三峽遊覽指南………………………………………………………………………盧作孚
峽區事業紀要…………………………………………………江巴璧合特組峽防團務局
嘉陵江三峽鄉村建設實驗區工作報告……………………嘉陵江三峽鄉村建設實驗區署
嘉陵江三峽鄉村建設實驗區 {戶口統計表、保甲編製圖、教育計劃書}……………嘉陵江三峽鄉村建設實驗區署

發行處：四川巴縣北碚嘉陵江三峽鄉村建設實驗區署

北碚農村銀行叢刊要目

中國農業金融機關論………………………………………………………………伍玉璋
中國農業金融制度及其實施論……………………………………………………伍玉璋
評「考察四川農業及鄉村經濟情形報告」………………………………………伍玉璋
建設川康合作事業五步計劃………………………………………………………伍玉璋

發行處：四川巴縣北碚農村銀行

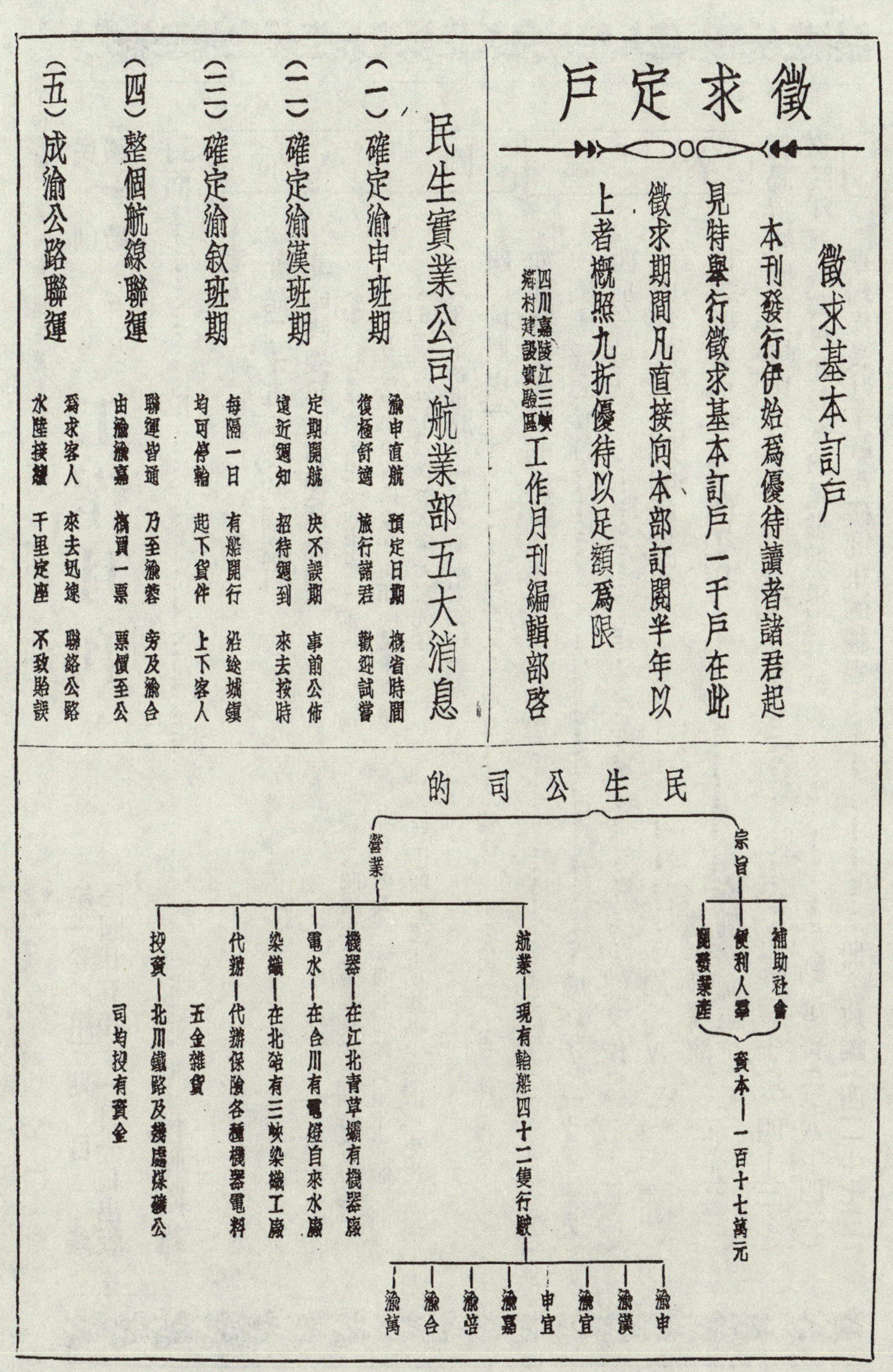

徵求定戶

徵求基本訂戶

本刊發行伊始爲優待讀者諸君起見特舉行徵求基本訂戶一千戶在此徵求期間凡直接向本部訂閱半年以上者概照九折優待以足額爲限

四川嘉陵江三峽鄉村建設實驗區工作月刊編輯部啓

民生實業公司航業部五大消息

（一）確定渝申班期　渝申直航　預定日期　概省時間　復極舒適　旅行諸君　歡迎試嘗

（二）確定渝漢班期　定期開航　決不誤期　事前公佈　遠近週知　招待週到　來去按時

（三）確定渝敘班期　每隔一日　有船開行　沿途城鎮　均可停輪　起下貨件　上下客人

（四）整個航線聯運　聯運皆通　乃至渝蓉　旁及渝合　由渝渝嘉　概買一票　票價至公

（五）成渝公路聯運　爲求客人　來去迅速　聯絡公路　水陸接濟　千里定座　不致貽誤

民生公司的

宗旨：補助社會　便利人羣　開發產業

資本——一百十七萬元

營業：

航業——現有輪船四十二隻行駛：渝申　渝漢　渝宜　申宜　渝嘉　渝涪　渝合　渝萬

機器——在江北青草壩有機器廠

電水——在合川有電燈自來水廠

染織——在北碚有三峽染織工廠

代辦——代辦保險各種機器電料五金雜貨

投資——北川鐵路及幾處煤礦公司均投有資金

民國廿五年創始

工作月刊

第一卷第三期
民國廿五年十一月一日出版

目錄

報告

科學

隨筆

特載：

本刊發行章程

一、本刊每月出版一次，對於預定各戶儘先發送。
二、書費概須照本刊價目表先惠，否則恕不照寄。
三、訂閱須註明起期，如不註明，或起期已早經售罄卽自最近一期起寄。
四、定單開出，概不退款。
五、預定來款不足時，暫准發書并予通知，俟補足欠款時再發給正式定單，否則以零售論，照來款發書。
六、定閱者須將詳細住址填明，如改變住址，或查詢未到，請註明定單號數，定戶名稱，在何處定，原住何處諸項以便查考。
七、到期如欲續定時，請預爲通知。
八、定價以國幣大洋爲準，郵費十足代價，外國貨幣照市價合算，不通用者退還。
九、如有匯款不掛號，遺失等情，本部不負責任。
十、各種刊物，欲與本刊交換者，無任歡迎。
十一、預定手續可向本部或代售處辦理，代售處價目一律與定價表相同不得妄事變更。
十二、代售章程另定之，其願担任代售者請向本部發行處書面與口頭接洽均可。

本刊代售章程

一、代售處除承担零售外，並得代辦定閱。
二、代售處代辦定閱，每份照定價扣除百分之二十爲佣金，款到本部後，開給定單，直接寄書，以省手續。
三、代售處每期銷數在五十册以下者給予佣金百分之三十（卽七折）一百册以上者，給予金佣百分之四十（卽六折）在一百册以上者，給予佣金百分之五十（卽五折）。
四、代售每季結賬一次，將本次所銷數目連同扣淨售款一併開單，逕交本刊發行處，遇有不清，除停發書外並以合法手續，追繳欠款。
五、凡代售本刊，每季在十册以上者得自行刻製「工作月刊特約代售」印章及懸牌於門首。
六、繳款須用法幣，郵票代洋以一角以下者爲限，外埠匯款其匯水與郵費，概由寄者負担，如有中途遺失情事本部不負責任。
七、代售處於代售本刊，應負保管愛護之責。
八、承担代售者，爲謀增加銷路起見所有自爲之宣傳費用，歸代售者自已負担。

敬老會

嘉陵江實驗區署爲提倡國民健康教育，特在今年雙十節舉行敬老會，凡區屬七十以上之老人均邀請參加；並特約一百三十二歲之老人陳元慶先生來碚，以示健康模範，計登記者，男女共三四五人。是日到會者男一一二〇人女九〇人、該署特備午餐招待，并各贈面巾二張，以作紀念。

北碚
二十五年度的國慶日

嘉陵江實驗區署為擴大慶祝起見，特集合全區學生二千六百餘人及各事業機關職員，士兵，市民等共約五千餘人，在公共體育場舉行慶祝典禮。當日并舉行敬老會，展覽會，游藝會，………等活動。

北碚國慶日的各種活動、
（1）、（2）峽區物產陳列室之一部
（3）國術家藍伯熙先生表演護首雙鈎
（4）兼善中學校宣傳隊在街頭向民衆講演
（5）老人會檢閱各部隊及學生團體
檢閱
（6）一百三十二歲老人陳元慶先生
（7）陳老先生及其學生藍伯熙先生
（8）北碚市民中兩位小朋友之國術表演

西山坪農場一瞥

「1」苗圃

「2」墾荒

「3」整枝

「4」大西瓜（計重四十六斤半）

「5」種瓜得瓜

論著

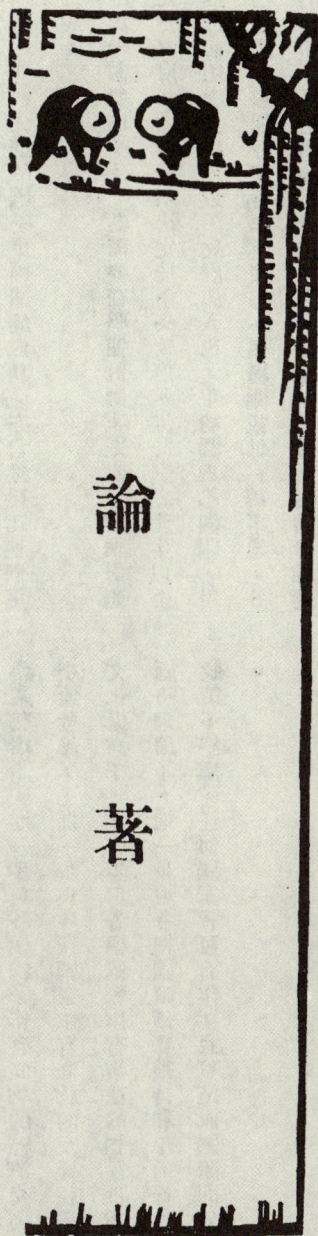

如何加速國家的進步

盧作孚

從我們的國家最近幾年所受的外患看，雖然不幸，領土主權以及經濟上的利益均損削甚鉅。但從內部的勵態看，則各方面皆有進步，比幾年前顯然不同。交通進步了，生產進步了，教育進步了；一切社會的秩序進步了，一切生活的訓練進步了，尤其是促起了非常明瞭的進步的意識，以加速了進步的速度。

然而這樣的進步和速度還不夠，別的國家已先進步數十年乃至數百年了，我們瞠乎落後。他們在物質上，在人民的富力上，在國家的預算上，都已有遠比我們雄厚的基礎；他們憑着遠比我們雄厚的基礎還在拚命地進步。雖然我們比幾年前進步了，而且加速度了；但究不若他們之更迅速，會永遠落在他們之後，而且增加了前後的距離，永遠不會到並駕齊驅的時候。

我們相信世界進化到了今天，各國先進國家的不斷的進步誠然迅速，然而各個國家間的相互影響亦一樣迅速，萬一有不齊的文化程度終會在最短時間齊一的，雖然有些民族落後，終會在最短時間趕上先進民族。

我們尤其相信最落後的民族最幸福。一旦他們有了覺悟，他們的進步應比任何先進國家更迅速。因為他們省却了先進國家許多困難，許多失敗的過程；先進各國的各種物質設備：礦山，工廠，農場，火車，輪船，飛機……好容易才進步到了今天的程度，落後的民族却一腳便踏到了這地步。就採用機器說罷，便一直用到一九三六年最新發明的了，或許還憑着這基礎發明更新的。國防，交通，文化，產業幾大經營，先進的國家不一定全根據着整個的計劃。尤其是產業之進化是憑藉着自由競爭，有少數的僥倖的成功，却有多數的慘酷的失敗。每有一個進步的階段，即有一個少數毀滅多數的階段。落後的國家，則可確立整個計劃，就生產言：依據着整個計劃生產，消滅了同業的競爭，將供給與需要完全打成一片。繅好多絲，養好多蠶，製好多種，栽好多桑，完全在整個計劃下經營，自然其間祇有成功，沒有失敗。不但產業本身如此，舉凡交通，文化，國防莫不在整個計劃下經營，自然會獲得比任何先進的國家更經濟的成功，亦自獲得比他們更迅速的進步。

中華民國需要進步，尤其需要在整個計劃下進步。整個計劃必須決定于政府，尤其必須決定於中央政府。但計劃之產生以至計劃之推行必須中央與地方，政府與人民，甲機關與乙機關，甲事業與乙事業，整個分工合作，使每一個機關或每一樁事業，各有明瞭的使命，各有到達的前途，各有安定的領域，各拚命地趨

赴；而又相互聯絡，相互適應，以完成國家整個的要求，乃能促起國家有比今天以前更快的進步，有比先進國家更快的進步，到了國家危急存亡的時候，誰都想好，誰都想於國家有所幫助。但不知自己應做甚麼，應怎樣做。急切需要集合各種專門人才，為整個國家定出計劃來，讓人在整個計劃下劃出努力的範圍，選出終身的任務。不但是為國家安排了事，尤其是安排了人，使每個人都于推進國家有努力之處。獎勵着人迅速為國家行動，不使有所徘徊瞻顧。

國際局勢非常複雜，難于應付，不能從外交上確立出一種政策來，外交政策祇能依附於國家根本政策上。故就國家對外言，亦須先行確立國家的根本政策，確立整個的經營計劃，使我們的產業發達了，進一步與各個國家作有條約的經濟交換；使我們的交通發達了，進一步與各個國家作有條約的交通往還；使我們的文化提高了，進一步與各個國家作有辦法的相互供獻，使我們的國防鞏固了，進一步與各個國家確立維持和平的條件：然後外交政策不空虛，任何國家皆可合作，且可造成國際間安定的新局面。

中國應該怎樣辦

盧作孚

一，未來是在我們手上的

中國應該怎樣辦？中國人應該怎樣辦？這是當前必須解決的問題，不容遲疑，亦不容模糊的。中國的未來完全產生在中國人的手上！中國人要將他造成甚麽，他便成功一個甚麽，祇要定了辦法，下了決心，持以毅力，貫徹下去，是絕對有把握不會錯誤的。最可靠的是人事，祇要我們肯把握住人事，前途是非常光明，不會辜負我們；周圍亦都是我們的助力，不會辜負我們的，我們會擺一個比現在世界上更好的國家給予人看，那一向瞧不起我們的朋友都會另眼相看了。

大家須知道世界上許多所謂好的國家，並不是先定了整個好的計劃然後依着那計劃經營好了的，都是同着周圍的進化，而逐漸進化，那所謂好，是由東補一塊，西補一塊的湊成，不是應着社會福利的需要成功的，而是應着自由主義的商業進展的需要成功的。他們的商業，幾乎是一切的前驅，科學之表現在物質上，武力之伸張到海外；關稅之壁壘森嚴，社會的組織之不斷的擴大，幾乎無不是為了商業進展的需要，而今他們的商業，已進展到日暮途窮了，不斷地由競爭而增加商品生產，為已窮竭的或且降低的世界的市場和人們買賣力所推阻，很嚴重的過剩生產，很嚴重的失業問題，許多互相傳染與生俱來不可治療的癰疾，而今到了不可治療的時候了。

我們國家的未來，却可以依了理想畫成，一般已經成熟了的國家，是已經染污了的紙，我們却是在一張白紙上去着丹青，因此她的美麗是完全如我們的意，比世界任何國家，值得努力，而這一幅美麗的圖畫，是完全操在我們的手上，祇看我們怎樣畫法了。

二，兩幅圖畫

未來的中國是要從現在的中國着手創造起，因此應得畫出兩幅圖畫，一幅是中國的現在，一幅是中國的未來，還要畫出若干道路，使每人知道如何由這幅圖畫走進那幅圖畫，而這兩幅圖畫以及其間的道路都是不容易畫出來的，須待若干自然科學和社會科學的專家，若干農業林業的專家，若干採礦，冶金，電氣，機械，土木，建築，鉄道，水利…的專家，須待調查統計，研究試驗以至於計劃，這是絕大的工作，須用整個國家的人力，財力，總動員去解決牠，這是不能想像，不能從文章上寫出來的，今天却只介紹如何憑着畫法而已，還不能算是明白的圖畫。

一幅是中國的現在

有過去二十餘年的內戰，政治上或社會上有拚命鬥爭的黨派

有幼稚的空軍，陳腐無用的海軍，二百餘萬竭全國財力不能養的陸軍。

有共匪的騷亂。

有取得東北之後，不斷壓迫中國的日本。

有迫在眉睫的第二次世界大戰。

有日陷窮蹙的農村，日見蕭條的都市，有每年六萬萬以上的入超。

有未能免除完的苛捐雜稅。

有佈滿全國的賭場和鴉片煙，佈滿都市的驕奢淫佚。

有親戚鄰里朋友相爲和相依賴的關係，足以破壞一切現代的生活，無論其爲政治的，教育的或經濟的。

有極其重要的應酬往來，足以破壞一切正常工作和生活秩序。

有祇知解決生活問題，不知解決政治問題的官吏。

有在城在鄉的土豪劣紳。

有以受人害者害人的教師。

有折本的公司成功的經理。

有祇說不做的知識階級。

有甚多的人無職業，更多的人無智識。

有祇顧身家，不顧公衆的人民。

一幅是中國的未來

就國防言：

空軍：有若干隊可任國際戰鬥的飛機。

海軍：有若干隊在東南沿海可任自衞的艦隊。

陸軍：有舉國皆兵的徵兵制。有完整的現代武器和編配，有戰車隊和化學戰備。

就產業言：

有充足的糧食和燃料。

有可以自給的鋼鐵，和其他有色金屬的礦產。

有各種農產和礦產的原料。

有機器耕種的農場。

有各種重工業和輕工業的工廠。

有若干萬啓羅瓦特的電力供給，若干萬馬力的動力供給。

有各種調節貨物的商業機關，調節金融的銀行。

就交通言：

有若干里鉄路，若干部車頭和列車。

有若干萬里汽車路，若干萬部汽車。

有若干萬里電線，若干無綫電台和播音台。

有若干萬噸輪船，若干遠洋航線。

就文化言：

有若干小學校，足容納全國學齡兒童。

有若干中學校，足培養社會需要的青年。

有若干大學校，應各種專門人材之需要。

有若干研究機關，應各種專門科學的試驗，發現和發明的需要。

有若干圖書館，若干運動場，若干公園，若干電影院，若干戲園，應一切公共活動的需要。

就一般人民言：

有知識。

有職業。

有勤儉的美德。

有健康的體魄。

有相勉爲善的風氣。

有忠効人羣乃至於國家的熱忱，決心，和勇氣。

無不良的嗜好。

無疾病。

無貧窮。

無犯罪的行爲。

就整個社會言：

在整個計劃上進展。

在整個組織上分工合作。

造成整個社會的財富倚賴——減輕個人的財富倚賴。

造成整個社會生活的相互依賴——減輕家庭和親戚鄰里朋友相互依賴。

增加公共用的設備，例如圖書館，運動場，公園……減少個人享用的設備。

三，前進的道路

第一是訓練人才

I、訓練機關：

1.從補習學校，或中小學校附設補習科，訓練最低需要的技能人才。

2.從一切事業附設補習學校或補習科。

3.特設專門學校，或大學校，培養高級技術及幹部人才。

4.特設研究機關，或遣送留學生，培養各種專家。

II、訓練程序：

1.凡有低級技能者，經相當工作時期有經驗後，得進一步，入受專門教育。

2.凡有高級技能者，經相當工作時期有經驗後，得進一步，入研究機關，或出國留學。

III、適應需要絕不無目的的訓練：

1.需要某種人才，便訓練某種人才。

2.需要若干人才，便訓練若干人才。

第二是確定計劃

I、就程序言：

1.調查：要辦一個工廠，先要調查原料，和適宜設廠的地方，調查銷場，調查機器和一切設備。

2.統計：凡有數目字的事物，均應從統計方法尋出問題所在。

3.研究：物質須經分析，製造須經試驗，成品須經檢查，事實須經比較整理……一切須經相當的研究時期。

4.計劃：計劃均應依據調查，統計，研究的結果而定。

II、就範圍言：

1.就全國言：有全國的具體計劃。

2.就一省言：有一省的具體計劃。

3.就一縣言：有一縣的具體計劃。

4.就一市言：有一市的具體計劃。

5.就一事業言：有一事業的具體計劃。

III、就時期言：

1.最後完整的計劃——一個最後美滿的理想。

2.劃分每年爲一段，有此幾年內的計劃。

3.有每年的計劃。

IV、就主要意義言：

1.集中全力於建設。

2.集中全力於生產建設。

3.在第一期，尤其是集中全力於有關國防的生產建設。

乙就關係言：

1.一切建設皆在整個計劃上。

2.同時建設皆在相互需要上。

第三是宣傳

I、宣傳(目的)：盼望每個人親切認識，而且感有極濃厚的興趣。

甲、世界的：

1.現代的經濟問題——資本的集中，生產的過剩、失業的日多，國際市場鬥爭的劇烈，國際的匯兌不安定……。

2.現代的國際問題——歐洲大陸國家德法意的對立，世界之海洋國家英美日的對立，殖民地逐漸與帝國主義對立，社會主義逐漸與資本主義對立。

3.現代的社會問題——日益擴大，日益增加公共管理的範圍。

4.現代的物質建設——鐵路在比賽里數，汽車在比賽部數，輪船在比賽噸數，大炮在比賽射程，電力在比賽啓羅瓦特和啓羅瓦特每小時的用量。

乙、中國的：

1.中國現在的問題，和未來的理想。

2.所在的地方，現在的問題，和未來的理想。

3.所在的事業，現在的問題，和未來的理想。

丙、個人的：

1.降低個人興趣：

(一)不擇地位。

(二)不問報酬。

(三)不求享受。

2.提高社會興趣：

(一)工作是應當前社會需要，而且在羣的組織當中的。

(二)學問是應當前社會需要，而且在羣的組織當中的。

(三)暇餘生活，是有助於工作和學問，而亦在羣的組織當中的。

II、宣傳方式。

甲、機會：

1.凡報紙雜誌，記載的論文，小說，詩歌，劇本，照片，或圖畫。

2.凡社會問題叢書，或文學叢書。

3.凡公共會場，辦公室，客廳，一切壁間，陳列照片，或圖畫。

4.凡個人接談，或公共講演。

5.凡學校的課程，圖書館的搜藏，博物館的陳列。

6.凡電影院的電影片或幻燈片，戲園的戲劇或歌舞。

7.凡播音台的播音．

8.凡公共會集中的歌唱，或口號。

9.凡茶坊酒店的談天。

乙、內容：

1.討論，報告，或描寫現在的問題。

2.討論，報告，或描寫未來的計劃。

3.批評，報告，或描寫趨赴理想的工作。

4.批評，報告，或描寫趨赴理想的成績。

丙、獎勵：

1.徵求各種作品。

2.徵求各種作家。

3.徵求講演或表演專家。

4.訓練各種工作人員，能對現在的問題，未來的計劃，趨赴理想的工作和成績，從文學上，或口頭上批評報告或描寫

5.訓練舉國人對於宣傳藝術和內容的欣賞。

丁、會集：

1.舉行講演的會集——工作報告或讀書報告。

2.舉行展覽的會集——國防的，交通的，產業的或文化的展覽。

3.舉行紀念的會集——開會或遊行。

4.舉行游藝的會集——。

第四是實施和整理

I 訓練的中樞機關

甲、機關

1.全國以中央政府爲訓練的中樞機關。

2.一省以省政府爲訓練的中樞機關。

3.一縣以縣政府爲訓練的中樞機關。

4.一事業以總事務所爲訓練的中樞機關。

乙、任務

1.按照調查，統計，研究，計劃，宣傳以至實施的程序進行

。

2.在嚴密組織中，分工合作。

3.抽調所屬的地方或事業人才實習，到成熟後，仍令回去工作。

4.派人到所屬的地方或事業，視察和指導。

5.考核所屬地方或事業的工作方法和成績，而獎勵，介紹，其能實現未來的理想者。

II、試驗的區域或事業：

甲、區域或事業

1.就全國言：指定試驗省，作爲各省經營的模範。

2.就全省言：指定試驗縣，作爲各縣經營的模範。

3.就一縣言：指定試驗的鎮鄉，作爲各鎮鄉經營的模範。

4.就一般事業言：指定試驗的事業，作爲各事業經營的模範。

乙、任務

1.照一地方或一事業整個理想實施。

2.研究有效的實施方法。

3.抽調各地方或各事業的人員實習，到成熟後仍令回去工作。

4.予其他各地方或各事業以幫助和指導。

III、會議

甲組織：

1.主幹人員會議。

2.全體人員會議。

3.局部人員會議，或最小的局部會議。

乙、期間——各依會議的需要和便利而決定。

1.每年一次——最大的會議。

2.每月一次——較大的會議。

3.每週一次——較小的會議。

4.每日一次——最小的會議。

丙、任務：

1.整理已進行的事項。

2.分配待進行的事項。

3.討論進行的方法。

IV、工作：

1.必依據計劃。

2.必遵重組織。

3.必執行法律。

4.必依期到達決定的程度。

五、整理：

1.必有記錄。

2.必有統計。

3.必考察其超越預算，或達到預算與否。

4.必考察其各地方，各事業，各部分，或各個人的成績，相互比較的高低。

西瓜栽培法

鄧文俊

西瓜為暑妙品，味甜，質脆，氣香，汁多，為各果實所不及，大江南北，栽培頗多，獲利亦豐。本場（註一）有見于斯，特於民念三年，自省外引入佳良品種多種，從事試種，一面應社會人士之需求，一面為增進農民之附產，本場作此工作，於此三載，年產拾萬餘斤，質味交佳，頗受一般人士之贊揚，甚有供不應求之現象。茲為擴大產銷普利農民計，不欲居奇而施行壟斷，故特就四川之氣候環境，將三年來實地栽培之經驗，用科學方法詳實敘述，以供業斯者之參考。

一，性狀

西瓜屬葫蘆科為一年生之蔓性植物，莖長七八尺至一丈，葉色深綠淡綠二種，其質粗堅葉而寬大，有深缺刻，花小色黃，雌雄同株而異形，果狀有大小長圓之別，皮色有黑黃綠白之異，瓤有紅黃白色之分，籽有黑白紅黃之殊，品種甚夥，其形各異，以味最甘美而論，首推瓤黃者為佳，宜生食，為夏時消暑之最佳品。

二，品種

西瓜品種甚多，本場所種者，僅二十餘種，其中最佳者十餘種，茲列表於后：

品種	形狀	皮色	瓤色	籽色	皮厚	水份	味
金蜜瓜	長	深綠碎花紋	金黃	紅黃	三分	足	甜而清香
馬鈴瓜	同前	淺綠細花紋	黃	同	同	同	同
嘉興馬鈴	長圓	深綠寬條紋間淺綠碎花	同	黑	七分	同	較金蜜稍次
新豐馬鈴	同	淺綠細條紋間深綠色	同	同	同	同	同
德洲瓜	長圓	深綠寬條紋間棠黃細花紋	黃	黑籽	七分	足	清香，甜味稍次
雷驚瓜	橢圓長圓三種圓形	深綠，淺綠，棠綠，三色龜紋	同	黃	三分	足	甜香
馬雷瓜	長圓	不整形之綠色細條紋間淺綠色碎花	同	黃	五分	足	甜
山東紅	橢圓	深綠條紋間淺綠碎花	黃紅	紅	八分	足	同
平湖三白	圓形	深綠條紋間棠綠花點	白	白籽黑邊	八分	足	甜味淡
哈蜜瓜	長圓	全身黃白色上有細綠點	淡黃白	淺黃	二寸	中	清香甜

醉瓜	同	白麻點	淡黃白	淡黃	二寸	中	甜酒香
花皮紅瓤	圓		紅	白	八分	中	淡甜
白皮黃瓤	同	白	黃紅	紅	八分	中	淡甜
三白瓜	同	白	白	白	一寸	足	清香

三，適宜之氣候及土質

西瓜本爲熱帶所產，故最好高溫清涼之氣候，尤以開花期中需要晴明，若遇陰雨雌花受粉不易，且甚危險，至於土質，最適宜腐植質之砂土（最好新墾地）砂質壤土次之，粘土決非所宜，蓋西瓜最喜于乾燥而忌於潮濕也，若砂土則便宜透水，而粘土則反之，故不宜用，若以稍傾斜地種瓜更爲適宜。

四，整理瓜地

種瓜之地須於前年冬季行冬耕一次，深度以一尺至一尺五寸爲宜，使土爲霜雪所凍裂變成輕鬆並可殺滅害蟲，春季再行耕耙碎土時間在播種前半月爲佳，耕耙畢即行分畦，每行相距一丈，株距三尺，第一行之穴不能與二行之穴相正對，宜錯雜成三角形，其意即是瓜蔓有延長時，可得盡量延長深度，以不致有擁擠和阻止發育之患，穴作好后，即施入基肥，普通栽培，每穴施人糞尿與草木灰混合肥拾斤菜油餅五兩，（每畝三百穴，計需人糞尿與草木灰混合肥二千斤，菜油餅一千兩）與穴內細土混合均勻，使成山堆形，經一二日待土壤稍下沉略爲緊密，回復自然接構後，始可於堆之最高處播種也。

五，浸種

於作畦做窩之際，同時進行浸種工作，使其下種後早日出土，其法先用冷水將種籽浸濕，然後投入華氏八十度之溫湯中，置室內溫處，經六小時取出，傾乾器中，仍置溫處，此後每日以涼水透三次，如是經三日即見白色幼芽伸長，斯時可取出下種，下種時須注意無傷其芽。

六，播種

播種之季節，因土質氣候之不同，各有差異

，以此地之土質氣候論，四月中旬爲最適期，若過早幼苗不易出土，過遲則生長未足，已達收穫氣候，均非所宜。至播種法多採直播，少用育苗移植法，因西瓜苗幼時鬚根少而深，移時易斷，以致全苗枯萎，難於得活，卽是能活，發育亦受相當時間之停滯，是以於將來之收穫期錯過，產量減少，豈不惜哉，故以直播較爲適宜，每穴下種三粒，種之尖端向下，用手插入土中八分至一寸深爲度，當再以細土覆之，若播于適期，經五六日卽出土，若過早過遲，經十餘日始能伸出，甚有無力自出，而死於其間也，茲將本場播期試驗及直播與移植比較試驗，所得結果，錄明於后：

（一）播期試驗記載表

播期	生長情況 ＼ 品種	金蜜瓜	馬鈴瓜	嘉興馬鈴	新豐馬鈴
三月二十一日	出土期	4月8日	4月8日	4月8日	4月8日
	出土率	10%	10%	10%	20%
	結實期	6月2日	6月2日	6月3日	5月26日
	收穫期	7月8日	7月8日	7月13日	7月8日
	畝收量	30斤	30斤	100斤	200斤
四月一日	出土期	4月9日	4月9日	4月9日	4月9日
	出土率	50%	60%	60%	70%
	結實期	6月1日	6月2日	6月2日	5月29日
	收穫期	7月24日	7月15日	7月22日	7月15日
	畝收量	200斤	240斤	720斤	840斤
四月十一日	出土期	4月16日	4月16日	4月16日	4月16日
	出土率	98%	98%	98%	99%
	結實期	5月28日	5月28日	5月28日	5月27日
	收穫期	7月1日	7月1日	8月2日	8月2日
	畝收量	600斤	600斤	1800斤	2600斤
四月二十一日	出土期	4月28日	4月28日	4月28日	4月28日
	出土率	95%	95%	95%	95%
	結實期	8月6日	6月8日	6月8日	6月8日
	收穫期	3月8日	8月3日	6月5日	8月3日
	畝收量	500斤	500斤	1000斤	1200斤
五月一日	出土期	8月5日	5月8日	5月8日	5月8日
	出土率	90%	90%	95%	95%
	結實期	6月25日	6月25日	6月26日	6月25日
	收穫期	8月10日	8 10日	8月18日	8月18日
	畝收量	400斤	400斤	800斤	900斤

花皮紅瓤	醉瓜	哈蜜瓜	平湖三白	山東紅	馬雷瓜	雷鰲瓜	德洲瓜
未	未	未	4月8日	4月8日	4月8日	4月8日	4月8日
			20%	20%	15%	15%	20%
			5月26日	6月3日	6月3日	5月29日	6月4日
			7月11日	7月11日	7月13日	7月8日	7月8日
			160斤	220斤	120斤	90斤	160斤
			4月9日	4月9日	4月9日	4月9日	4月9日
			70%	70%	60%	60%	60%
			5月28日	6月2日	6月1日	6月1日	6月5日
			7月15日	7月15日	7月16日	7月15日	7月16日
種	種	種	56斤	840斤	480斤	360斤	600斤
4月16日	4月16日	4月16日	4月16日	4月16日	4月16日	4月16日	4月16日
98%	98%	99%	99%	99%	98%	98%	98%
5月28日	6月7日	6月6日	5月26日	5月28日	5月28日	5月28日	5月28日
7月24日	7月24日	7月24日	7月27日	7月27日	7月29日	8月2日	7月29日
700斤	400斤	400斤	1800斤	2600斤	1400斤	700斤	1600斤
4月28日	4月28日	4月28日	4月28日	4月28日	4月28日	4月28日	4月28日
95%	95%	95%	95%	45%	95%	95%	95%
6月1日	6月1日	6月2日	6月10日	6月9日	6月8日	6月8日	6月10日
8月7日	7月29日	7月28日	7月29日	8月5日	8月3日	8月3日	8月3日
400斤	250斤	250斤	1000斤	1400斤	800斤	500斤	800斤
5月8日	5月8日	5月8日	5月8日	5月8日	5月8日	5月8日	5月8日
90%	90%	90%	90%	95%	95%	95%	90%
6月25日	6月28日	6月28日	6月28日	6月25日	6月27日	6月28日	6月26日
8月9日	8月5日	8月4日	8月18日	8月18日	8月18日	8月19日	8月19日
400斤	200斤	200斤	800斤	1000斤	800斤	500斤	800斤

白皮黃瓤	三白瓜
未	4月7日
	20%
	5月28日
	7月8日
	160斤
	4月9日
	70%
	6月2日
	7月15日
種	560斤
4月16日	4月16日
98%	99%
5月28日	5月25日
7月24日	7月28日
700斤	2000斤
4月28日	4月28日
95%	95%
6月1日	6月1日
8月7日	8月1日
400斤	1000斤
8月5日	5月8日
90%	90%
6月25日	6月27日
8月7日	8月15日
400斤	800斤

（二）直播與移植比較試驗記載表

區別	播植期	結實期	收穫期	每畝收量
直播	四月二十八日	六月十五日	七月二十日	一二〇〇斤
移植區	四月二十八日	六月二十四日	七月二十九日	八〇〇斤
直播	五月一日	六月二十五日	七月二十九日	九〇〇斤
移植區	五月一日	六月二十八日	八月十一日	六〇〇斤
直播區	五月四日	七月一日	八月十日	九〇〇斤
移植區	五月四日	七月五日	八月十五日	五〇〇斤

七，間拔　下種後須常至田間觀察，苗發生四五片葉時，即行間拔工作，去其弱者二苗，留其強者一苗，使得充分發育，若稍延時不間，必患過密以阻其發育，設又久不間，則由幼而壯而老而枯，仍是一窩小苗，是以於人工，肥料，土地，產量，均大受損失也，種瓜者須注意及之。

八，灌溉　無論栽培何種作物，都不可缺乏水分，而西瓜之畏水，是畏潮濕地方，並非不需水分，所以吾人亦應注意適量之供給，至給與之時，則視其天氣土地及瓜苗生長情形而定，灌溉法在施灌水之前一日，須將瓜田淺耕一次，使土壤疎鬆。水灌去方能完全浸沒，不致流失，瓜長至四五斤時，吸收水分特多，故斯時非常重要，又若天久不雨，亦必每日灌溉一次，則瓜方不致有損失之慮也。

九，施肥　西瓜之肥料，除整地時所施之基肥外，以後施追肥數次，在幼苗長至五六片本葉時，施以稀薄人糞尿，備其發育速，莖蔓壯，瓜正副蔓長至二三尺時施以胡豆水與菜餅之混合肥，以助結實健壯，於初結果時，再施以米糠肥一次，以助果味甘美，茲將本場肥料試驗結果錄后：

施肥試驗記載表

區別		第一區	第二區
肥料名及每百斤各肥配合量		人糞尿百分之二十、草木灰七十五、菜餅二、五、桐餅二、五	人糞尿百分之一五、草木灰七五、菜餅五、桐餅五、
施量	每窩	20斤	10斤
	每畝	4000斤	2000斤
土質		砂土	砂土
每畝收穫量	金密	600斤	600斤
	馬鈴	600斤	600斤
	嘉興	1800斤	1600斤
	新豐	2600斤	2000斤
	德洲	1600斤	1400斤
	雷驚	700斤	600斤
	三東紅	2600斤	2000斤
	平湖	1800斤	1600斤
	哈密	400斤	400斤
	粹瓜	40 0斤	400斤
	花皮	700斤	700斤
	白皮	700斤	700斤
	馬雷	1400丁	1200斤
	三白	2000斤	1800斤
備考			

第三區	第四區	第五區	第六區	第七區	第八區	第九區	第十區
人糞尿二〇、草木灰百分之七八、骨粉一、頭髮一、	人糞尿七〇、骨粉百分之一五、桐餅一五、	人糞尿七〇、菜餅百分之一五、桐餅一五、	人糞尿五〇、菜餅百分之五〇、	人糞尿百分之五〇、桐餅五〇、	人糞尿五〇、草木灰百分之五〇、	人糞尿二〇、草木灰五五、菜餅百分之四、胡豆水二〇、骨粉一、	人糞尿二六、菜餅二、草木灰百分之四〇、胡豆水一九、米糠一三、
10斤	2、5斤	2、5斤	2斤	2斤	30斤	13斤	15斤
2000斤	500斤	500斤	400斤	400斤	6000斤	2600斤	3000斤
土砂	土砂	土砂	土砂	土砂	土砂	土砂	土砂
400斤	60斤	200斤	200斤	100斤	400斤	700斤	700斤
400斤	60斤	200斤	200斤	100斤	400斤	700斤	700斤
1000斤	100斤	800斤	800斤	600斤	1600斤	1800斤	1800斤
1200斤	100斤	600斤	600斤	600斤	2000斤	2600斤	2600斤
800斤	80斤	400斤	400斤	300斤	1400斤	1600斤	1600斤
400斤	60斤	400斤	400斤	300斤	600斤	800斤	800斤
1000斤	100斤	1000斤	1000斤	800斤	2000斤	2600斤	800斤
800斤	80斤	600斤	800斤	600斤	1600斤	1800斤	1800斤
300斤	40斤	300斤	300斤	300斤	400斤	400斤	400斤
300斤	40斤	300斤	300斤	300斤	400斤	400斤	400斤
600斤	60斤	600斤	600斤	600斤	700斤	800斤	1000斤
600斤	60斤	600斤	600斤	600斤	700斤	800斤	1000斤
800斤	80斤	800斤	800斤	800斤	1200斤	1800斤	1800斤
1000斤	100斤	1000斤	1000斤	1000斤	2000斤	2000斤	2000斤
					味淡	味甘	味甘

十，中耕及培土 每次灌溉及施肥時，都需中耕一次，使肥料與土壤混合均勻，並防止水分流失，表土固結，雜草叢生，以浸分瓜之養料。在施行中耕時，附代作培土工作，其法用最寬之培土鋤將行間碎細之土壅於根際，使苗多出鬚根，以吸收養料，供全株充分發育，設不行此種工作，鬚根不得完全發出，且根部易受風動，以致全株生長不良，結實亦小，以是觀之，中耕培土之重要也，明矣。

十一，留蔓及壓蔓 西瓜分蔓性甚強，由根部發出多數副蔓，若任其自由生長，恐枝蔓過旺，結果力減少，所以除必須留者之外，悉行摘去，本場去歲試驗，待葉發出五六片時，施行摘心，留健強腋芽二本各引向正反方面使其發展，正方之蔓謂為正蔓，反方之蔓謂為副蔓，又于正蔓距根二三尺處留二芽，左右各一，謂之旁蔓，以備正蔓不結瓜時，用此旁蔓結瓜，今年試驗以原有之主蔓為正蔓，又由根本部發出之強健芽留一為副蔓，餘者悉除之，此後由正副蔓發出之旁蔓，距根部一尺內者，概去之而不留，以外者均留之而不去，以備正副蔓之不結瓜用，再以吸收土中養料及水分，使瓜得以均勻發育，不致患肥料水分過多。蔓既已留定，即須設法保護和整理，保護整理之最要事項，第一要保護蔓不被風動，以免影響結實不佳，第二要整理得有條不紊，使管理方便，欲達二者兼善，必須施行壓蔓，其法用瓜鏟起土將蔓壓於土下，又用瓜鏟於土面輕拍，手續即算完清，如此隨長隨壓，每隔二三尺壓一次，每次壓時更可握人糞乾一把放於壓處，稍與土混合，然後壓入，蔓於此處，可以發生不定根，吸收水分養料，助蔓生長，使產量增加，本年試驗之結果較去年為佳，生長較速，產量較豐。

十二，留瓜及翻瓜 西瓜自第二三節起每節開一雄花至第六七節時，則開一雌花，此後仍為雄花，至十三四節時開第二次雌花，十七八節時開第三次雌花，正副蔓皆如是，各雌花皆可結實，但以第二次雌花所結果為最佳，生長速，產量豐，至不得已時始留副蔓之瓜或其他瓜，留定後即準備翻瓜，因為翻瓜使其各部受光均等，平衡發育，但小瓜時代，切不可施行，因瓜上長有一層茸毛，亦謂曰胎毛，一經翻瓜胎毛即弄掉，瓜即停止發育，施行翻瓜時同時注意打瓜坪，其手續首將置瓜處碎石草根及一切障礙物除盡，次用瓜鏟將土掘鬆壓坪，瓜置坪上，此工作即算完成，行此工作之目的。以免發生奇形怪狀，更得充分發育。

十三，收穫 西瓜從謝花後，經月餘即可成熟，成熟之之檢定：

1.瓜上有細毛，晨至田間觀察瓜上有露水者卽是未成熟之表徵，無露水者己成熟。

2.聲音檢查法，未成熟者聲音清脆，成熟者聲音低鈍，同時瓜之重量亦略爲減輕。

3.結果節所出之捲鬚己呈枯形，亦爲成熟之證。

4.瓜底之臍凹下，瓜皮光滑，亦足證熟。

以上四種檢定法，可斷其完熟，摘取時無去其蒂，否則易致腐敗。

十四，留種　瓜之發育良與不良，全視種瓜變與未變，種籽健與不健而斷之耳，故選種宜特別注意，茲將應注意各點條列於后：

1.留種宜正蔓之瓜，不宜副蔓者。

2.成熟宜中等，過早過遲皆非所宜。

3.接近瓜蔓之根部及末稍者，皆不宜用，須在十三四節者方爲合格。

4.形狀不失原態者爲宜。

5.教育須平衡者，過大過小不宜。

6.色澤不失固有之特色者爲佳。

7.味須甘而清香者，若平淡寡味者不宜用。

8.水分充足者爲佳。

十五，敵害

I、病害

1.病蟲害　瓜之病蟲害甚多，茲僅將本場所發現寫出：

(一)根腐病　此病發生於幼苗時期，苗出土一寸時常見倒陽而死，拔而觀之，根己腐濫，治法：幼苗發現時，速行拔去，用火焚之，以防蔓延，再於收穫時注意透水晒乾，播種時注意浸種以防除病菌。

(二)日傷病　此病發現於瓜快熟之時，遇强光直射，每每發生此病，病部變成黑褐色，防治法：未發現之前用茅草或瓜蔓遮蓋，既發現務速摘取出售，若久不摘，卽自病部腐濫，蔓延全部受損。

II、蟲害

(一)切根蟲　又名地蠶，身長一寸許，全體淡灰色，有極細纖維，生於四週，頭部紅褐色，口器甚堅爲鋸齒狀，有上唇下唇，上腮下腮，頭有觸角，體之皮膚，薄而透明，內臟所藏食物，隱約可辨，近頭部之三環節其左右兩側之下，各生胸脚一對由數肢節而成，呈肉紅色，自胸腹下觀之，其內存有多量渣滓，尤以尾部爲多，故顯黑灰色，而蟲之行動亦因以遲鈍也，其第一環節至第二環節之側下方，各有黃褐色小點一個，是爲氣門，以司呼吸，四五月發生，棲息於瓜苗根旁之土中，卷曲如環狀，食幼根，夜間出土食莖葉，凡罹此害之苗，卽停滯生機，防除法：凡被害地，宜行冬耕，土中雜草，集而燒之，再於春季瓜苗出時，用晒乾之香附子花研末撒於根旁，或以石灰及草木灰爲混合肥施下，既能促進幼苗生長，且增土質鹼性，均有防除此蟲之效，如蟲已發生，地面見有蟲穴，則以綠礬水或馬醉木煎汁，灌入穴中，效力最著。

（二）蚜蟲　此蟲生殖甚速，無幼蟲成蟲變態，形近橢圓而扁，類似小蝨，腹部膨大，全體呈淡綠色，與瓜之嫩葉色澤相似，故驟見若無蟲者，頭有觸角一對，以三節至七節相連而成，脚長而纖弱，凡三對，自腹背面後部觀之，見有一極小管狀物，是曰蜜管，由此管中分泌一種蜜液，幼蟲之尚不吸收瓜之養料者，卽先吸此液，以果腹，此液蟻甚嗜之，故有蚜蟲之處，蟻亦羣集，此蟲體長約一分許，因口器成喞管狀，故適吸收植物體中之

養料，瓜被害之部，概在嫩葉背面及花間，環繞羣居，吸食汁液，此部乾萎，則更食於他部，爲害甚巨，通常發生六七月間，其性喜濕潤，而惡乾燥，故凡潤濕之處，發生最多，防預法：播種宜疏，勵行中耕清潔土地，使空氣透通，地面乾燥，驅除法：第一以石油乳劑注射害處，若再加以除蟲菊浸水功效尤大，第二以硫酸銅八錢，小麥粉七兩二錢調和均勻，於清晨早露未乾時撒佈葉上，以殺滅之，第三用生石灰拾兩，硫黃細末伍兩，加熱水二十七斤，製爲石灰硫黃液，冷後撒于害部，亦有大效。

（三）黃蟲　又名爲黃瓜蟲，春季發生，多產於桑園及黃桷樹下，日則出食嫩葉，夜則棲息葉背或土穴中，若久不治，可將全株嫩葉食盡，當瓜葉出土時卽移食瓜葉，如管理稍未注意，弗數時則葉盡矣，此蟲爲害之烈，不亞於切根蟲，治法，第一用草木灰撒於葉上，以預防之，第二用人工捕殺法，常持竹條至田間捕殺，如能繼續不斷幹去，不數日亦可盡滅也。

2、獸害　本場今年發現有山鼠，野兎，狐狸，爲害果實，此三種獸，春夏秋冬四季皆有，白日棲息荒株或石穴中，夜出爲害瓜果，受害輕者於發育稍有礙，但還能生成，重者立卽停止生機無法救治，此種害只有預防於先，本場今年所施預防法，第

一鳴鑼擊鼓以驚駭之，第二除盡瓜田四週荒草和石穴，使無隱身之地，第三常喂獵犬以防預之。

3.竊賊　除病蟲獸害外，爲害最烈者賊竊也，於瓜苗出土二三寸時，常發現竊取幼苗栽植，爲害小者，每區損失數拾窩，大者全區盡失，而瓜果成熟時益需嚴防竊賊，方能得美滿收穫，不然，難免無損失之憂也。

十六，結論　據上觀之，凡一作物之得豐收，除天時地利之外，人力與方法亦爲要策也　而方法之優良，更足以使產量增加，況目前西瓜價值數倍於其他作物，際此農村經濟之破產，而泊來消夏品，日益進逼，至不得不有所提倡與抵制，以救農村於水火之中，盼農友其共勉焉。

西山坪農場奮鬥的經歷

周　復

西山坪農場位於北碚對岸四十里路遠的地方，屬於江北縣的管轄區域，中國西部科學院農林研究所把牠經營起來，迄今已是三載，因爲經費困難的緣故，所以一批青年只有在那裏窮幹！因此所做的工作，是極其有限的，當然成績也不十分顯著，這是農場的朋友自愧之處，在工作月刊第一期裏，葛向榮，華文綸，韓漁舫三位朋友，曾將牠作過簡短的介紹，并賜以切實指教，不僅個人誠摯的接受，就是農場的朋友亦深深的感謝，不過在那三篇介紹當中，尚不能使讀者充分的愔悉牠的經營過程，明瞭牠的眞實現狀，至常引起無限的憧憬！許多人究以爲牠原就是一個「天堂」……個人爲了這個錯誤觀念的解除，特把牠的過程和現狀作一度澈底的整理，以供讀者的指正。

一、過去的西山坪

西山坪並不是一個「天堂」也不是一個「……」，他原是一個厭棄無用的隙地，是一個絕跡的人間，是一遍不毛的荒土，而且是土匪潛匿的魔窖；據附近居民相談：以前西山坪「梁子上」(崗子)簡直無人敢走，尤其是寒當，風箱彎，楊侯廟等幾個地方，常常都在搶人，甚至於打死人……決不像現在這樣的安靜，足見當時西山坪已不是一個太平世界了。

二、屯墾之倡議

這樣龐大的山地，棄而不用，而且又被土匪所盤据，殊爲可惜！於是中國西部科學院，與江巴璧合特組峽防團務局（卽今之三峽實驗區署）共同發起屯墾運動，將來收益擬作科學院文化事業的基金。於是由科學院農林研究所組織墾殖學會，討論進行方案，又由峽防局抽調部隊，實施墾殖工作，這樣一來，一方面可以盡地利，再方面可以除匪患，遂得兩成其全。

三、初步進行

1.租佃山地　這一塊幅原二千餘畝的荒地，原屬於禪岩寺的廟產，多經陝防局盧爾勤先生之幫助，得交涉與該廟僧主訂契永租，每年租金十元，并於前二十一軍部備案，二十二年春季始着手經營。

2.調查實況　地租好後，我們第一步就是調查，將該地的地勢，氣候，土壤，物產，交通，水利，農墾，治安……等細細的考察，然後才可以決定今後實驗作物宜於何種同時亦可解決副業的經營，例如該地多草原，而副業亟應着手畜牧，如多森林，則應經營木材……茲將當時調查之實況分述如次：

甲、地位　西山坪在江北地界內，離北碚三十餘里，由山頂出河到草街子約十餘里。

乙、氣候　西山坪雖較高于北碚，但其氣候並不大寒，普通作物均可生存，牛羊牲畜均能畜養，對於墾殖方面，毫無阻礙。

丙、地勢及土質　西山坪之山路，係逐漸而上，山坡不爲太陡，且山頂頗爲平坦，水分容易保存，此項地界內之土質，可概括分爲三種，一爲黑沙泥，係砂質壤土甚爲疏鬆，土帶黑色富于有機質，惟惜酸性甚重，帶歸之泥曾以藍色黑底馬氏紙試之，轉變紅色甚快，三種泥土之中，此種最爲肥美。一爲死黃泥，偏于粘性，凝結甚固，對於作物不甚相宜，只可用以植樹造林耳，此土亦有酸性，較黑沙泥弱，較灰色泥又稍強，第三種爲灰色泥，顏色灰白，缺乏有機質，甚爲瘠瘦，栽種水稻，亦不能茂生，此土雖有酸性但較其他兩種均弱。

丁、原生植物　關于竹木方面，西山坪產存松杉及柏樹等，惟惜歷年砍伐大樹，無一存留者，現時所有，僅矮小松樹而已，山上最多者爲青杠樹，但叢生擁擠，生長五年之樹，其粗亦不過如大指，此外最多者爲水竹，到處均有，尤以大竹林一帶爲尤夥，油桐亦有生長於山中者，惟不甚多耳。關于作物方面，則當地農民廣種苦蕎，因山上肥料缺乏，不能多種玉蜀黍，故只好種苦蕎，農民卽以此爲食品，山上所種豌豆蠶豆，均甚暢茂，因土合酸性，農民種豆時，多施草灰，故豆生得甚佳也，各種蔬菜均有，僅見之於農家附近周圍，因肥料不敷，不能多種蔬菜，山上更出產小米，但不及苦蕎之多。

3.預定計劃 調查之後，即係設法經營：如是森林，則應如何開發，運輸銷售，如適畜牧，則宜養何種牲畜，又如何飼養，繁殖，推廣等，下面便是當時的一個計劃。

中國西部科學院與峽防局合組墾殖荒地計劃大綱

（1）開荒意義

本院與峽局合組墾殖荒地，其要旨則在提倡農事改良，增進農業生產，創造社會財富，并作化兵爲農的先聲，安置無業遊民的場所，同時亦可樹本院經濟基礎，助峽局士兵餉糈，以促成中國西部科學之發展，培養峽局士兵生活之自立，造社會福，謀峽區安，此即合組墾荒之大意也。

（2）墾殖區域

本院現租訂峽區二岩之西山坪楊侯廟廟地一幅，約十五六方里，暫作墾殖初步的試驗，如有成效，即就峽區各山公私荒地，依經營先後，按照其原租分段租墾，務使地主無損，而於社會有所增益爲要。

（3）墾場組織

（一）設審計出納部，由本院派員任之，辦理墾場支出收入，農事買賣及審核登記收支款項，農產數量，銷售價值等事。

（二）設考察設計部，由本院覓請農業專家或有經驗之老農會同本院農事研究所人員組成之，專任考察適於該地各種種子及分配種地，教導工作人員，實施種植法事務。

（三）設實施工作部，暫由峽局常備隊官兵担任墾殖工作，設試辦有效，始收集峽區無業遊民，如常備隊然，先加以平民教育，軍事訓練，并授以農事上必須的常識後，即行分地墾殖，其管理法全照軍隊，注重紀律化，并於農閒時施以上項教育。

（四）設各種合作社，墾場人員共同組織生產，利用，信用，消費各合作社，以求事事經濟。

（五）墾利分配，凡墾場一切果樹，森林，按年所獲利益，除全作本院進行經費外，所有每年種植之糧食與原料等農作利益，即撥峽局，關發工作士兵薪餉，設有不足，則由峽局補充之，其利能超出餉額以外者，即以超出利益之半分給工作人員及士兵，但須代爲儲蓄，投資生產事業，以備欠收之年借作補救，其餘半數則辦該場人員全體養老育嬰教育及一切公益事件。

(六)工作獎罰，工作士兵及將來工作人員，凡能勤作者，在原餉之外，酌加獎勵，如工作怠惰者，即於原餉之內酌量罰扣以示懲獎，而勵人心。

(4)實施步驟

甲、墾地之分區 就山上原有情形，因地制宜，可將山土分爲五區，大竹林磨碾溝到獅子岩一帶，泥土甚厚 且多係黑沙泥，甚爲肥美，可以劃爲作物區。

白泥灣冒眼灣等處表土甚淺，只能生草，可劃作畜牧區爐堆子及土牆垣一帶多爲礫土，可作油桐區。

廠坪一帶原產青杠，可用以種植板栗及其他果類，可以劃作果樹區。金竹溝，野貓坪，分水嶺，和尚坪等處，現有小松樹甚夥，若將叢雜之灌木修去，蓄留松樹，使之生長，將來可望成林，故此區可劃爲松林區。

乙，土質之改良 以前踏看西山坪所帶歸之泥土，以黑底馬氏紙試驗，證明三種土壤均帶酸性，將來開墾時，宜多施石灰草木灰及其他鹼性肥料，藉以中和其酸性，作物方能茂生，開荒時若遇叢雜荊棘，砍伐費工，其材料亦無大用，可即將荒亂荊棘燒去，土經燒過以後，一則可

使其中養料易于溶解，一則亦可借以減去土壤之酸性。

丙，農具之採用 荒地開闢，首當砍去荊棘，故斧鋸爲必具之物，竹林須用篾刀，割草須用鐮刀，挖掘樹根應備鐵嘴鋤及踩鍬，草根盤結之土，犂之不易，可製圓碟耙，用以切碎土塊，並切斷草根，犂地時用洋犂爲之，入土較爲有力，再有拔取樹根時，若用外國之拔根器，用轉盤緊繩旋轉，將根拔起，亦屬善法，惟恐購買此機費錢太多耳，在中國之主要農具，實爲挖鋤，是宜多製，將來使用農具時，常有修理之必要，宜自設鉄爐，以便就近修理。

丁，房屋之建築 山上房屋稀少，施行墾務時，必須新建房舍，將來峽局最初派去之屯墾隊，可暫時居住於楊侯廟，其地可容一分隊，到後立即建築營房，先在大竹林選一軍事適合安營之地勢，將地基坪出，估計營房可容一中隊人數，除宿舍及辦公室以外，須設備農具室及倉庫，以作農事上之用，築一碉樓，以作軍事上之用，營房外面須坪一操場，一則可以操練士兵，一則可以晒乾農作物，營房後面可建築畜舍，牛羊豬棬，共分三部建築

，均主簡單，如羊舍牛舍，只有天蓬，可以避風雨，即已足矣，因在山上放牧之時居多，僅于晚間牽回短時間居住而已，若因大竹林之土地肥美，不宜用修宿舍，以致多佔地積，則離開營房單獨建築畜舍于冒眼溝，及白泥灣之畜牧區內亦可，管理畜牧之工人亦即另住彼處，建築房屋之材料，宜于就地取材，山上多有黃泥，正好利用之以築土牆，開荒時所砍去之荊棘亂草，即用以燒瓦，樑柱材料，可取之于金竹溝及野貓坪等處之松林區內，但彼處現已缺少大樹，將來或須取材于較遠之地也，所有修房之費用，另列預算於后。

戊，分期工作　墾荒之步驟，可分五期進行：

第一期　西山坪之土壤，以大竹林為最肥，開墾時第一由此地着手，全體面積約有二方里，原生矮小水竹甚多砍伐費工，不如用火燒之，先在周圍掘一溝，肅清竹木亂草，露出赤土一二丈，以免延燒別處，大竹林之土壤，酸性甚重，經燒土後，酸性當可減少，所有燒餘之樹根，用窩鍬躁鍬及挖鋤等掘起之，可用以燒樹頭杠炭，塡窩耙平以後，即可預備種植，最初仍種苦蕎，俟將來畜牧發達，肥料有來源以後，再種玉蜀黍，此期工作，除一方整地以備耕種外，一方即可坪出屋基，以備建築。

第二期　西山坪之肥料問題甚感重要，故此時宜急于從事畜牧，首先放牧牛羊于白泥灣及冒眼溝一帶之畜牧區內，以牛羊糞種出一季玉蜀黍以後，再將玉蜀黍作為豬之飼料而從事于餵豬。

第三期　廠坪一帶土地，宜用作果樹區，若欲範圍擴大，則大竹林冒眼溝等處均可栽植果樹，作物種于果樹之空隙中，將來果樹結實收益較豐，所需果類當以板栗，葡萄，柿子，核桃，柑橘。梨子，蘋果，棗，梅，杏，桃，李，及山查等為適宜。

第四期　爐堆子及土牆垣一帶之礫土，此時點種油桐子實，以便造成一油桐區。

第五期　金竹溝野貓坪一帶之松林，好自蓄留，將雜亂之野草及小樹砍去用作材薪，以供燒瓦之需，松樹經疏伐後，能多得地面及陽光，假以時日，自能長成大材。

巳、開荒經費之預算

農具購置費　四百元
房屋建築費　七百元
家具設備費　五百元
種籽牲畜費　三百元
預　備　費　一百元
共計開辦費　兩千元
士兵(一分隊)每月伙餉　四百元
官長職員工費伙食　一百五十元
共計每月經常費　五百五十元

庚、水利及魚業　山地雨水冲洗太快，是必多開堰塘，以作灌溉之用，凡遇低窪易于蓄水之地，均可鑿池，利用水池以養魚，亦可別添一利源。

辛、交通　由北碚到西山坪，究以何路為最捷徑，是宜先行測定，略為修葺，以便行人，山上安置電話，接于峽防局，以作警報及商辦一切事宜之用，將來開墾穫利，多租鄰近地皮以後，修造由西山坪到草街子之大路，以便運輸。

以上這個計劃，除森林，交通，魚業，因人力財力未能辦到

外，餘皆按步就班的實施下去，自然中間經過了不少的困難，同時亦得着了許多難得的墾荒經驗。

4.墾殖學會與峽局士兵之工作　墾殖學會組成後，每日即專討論墾荒之各種問題：如農具之製備，交通之設施，土壤之化驗，以及種植上之各種問題，均由各會員分別担任，并領導峽局派來之士兵，分組分區，共同工作，秩序毫不紊亂，每日工作十小時之久，大有墾荒英雄之風，至與國內空喊兵工屯墾而未見諸實行者比之當足以自慰了。

5.試種普通農作　初墾之荒土，先作玉蜀黍甘藷等之普通作物試驗栽培，後因整地不良，成績欠佳，乃極圖改進，并謀其他新品種之種植和試驗。

四、西瓜試驗

經第一次之失敗後，次年(二十三年)遂作整地及其他方法上之改良。當時感覺得消夏的西瓜，在省外已幫助不少的農民，解決了他們一部的生活，而且幫助了不少的朋友解決了酷熱的煩悶，可是在四川偏偏沒有，殊為憾事！當時農場的幾位朋友，為了好奇心的驅使，為了想幫助四川的農民增加一些生產的收入以解決他們的生活問題，所以不怕失敗，特向京滬冀杭等地徵購大部

份瓜籽試驗栽培。原來也預料牠成功的成份必多：因爲氣候很相宜，而且帶砂的土壤尤其是新墾的荒土更適合牠的生長，至於肥料同水分，都可以人力解决的，並不是無把握的去犧牲，到了酷熱的時候，碩大的西瓜，如頭首般的一個個擺在地上，用來嘗試味道，果然不錯，那種甜蜜的滋味，據嘗試過人的批評：有的說與省外的西瓜差不多，有的說比省外出產的西瓜還要香且甜，總之，足以證實牠並不亞於省外的產品，可惜這次種得太少，僅僅貢獻於素來幫助科學院的朋友嘗試滋味罷了，也許是試驗成功後對周圍作一度實物試驗的報告吧！

五、擴大經營

當在這農場初初經營的時候，只屬於農林研究所的林墾部。就科學院整個範圍說，他是文化事業中的極小部分，目的在從事於農林的研究，西瓜還算是附帶的試驗，可是因爲自身的經費太成問題，研究還不容易着手，至不得不改變方針，擴大經營，以使生產增加，進謀獨立，然後漸入研究推廣之境。

自從第一次西瓜試驗成功後，即覺此椿事業還留有大量的生產收入，乃於去今兩年，再次大批種値，計二十四年種瓜一萬八千窠，佔地九十畝，出瓜十萬斤，共售洋三五一四、九六元，純餘一二一七、八五元。二十五年種瓜二萬窠，佔地一百畝，出瓜二〇萬斤，共售洋七二二二、八三元，純餘四五〇一、二二元。其結果不但自身有了經濟的補助，而且還造起一個渝合間甚至於川江上下游的朋友的吃瓜風氣，無形中抵制了不少舶來消夏品的輸入，至使許多冰店關門，更影響到渝合間，川江上下游，甚至於全川各地的農友的種瓜風氣，足見栽培西瓜，已達到我們過去的理想推廣到民間了，於此即覺得凡有成效的事業，自然可以影響周圍，推廣是不成問題的，今年一方面從事於現有品種之育種改良，並於新疆甘肅等地徵集全國馳名之哈密，醉瓜等品種試驗栽培，現已頗著成效，明年擬更作普遍的推廣。

我們利用這一遍荒土，做人家所沒有做過的西瓜工作，幫助了大家解暑，幫助了農民生產，然而我們負的使命，始終是「開路先鋒」！應該不斷的爲農民想出增加生產的道路，所以就利用種過西瓜的空土，約八十多畝的面積，定植了大批果樹，計有：桃類二十八種八二一株，柑橘類六種七一三株，柿三種一六六株，蘋果七種八三七株，梨八種二五七株，櫻桃二種八七株，杏四種六七株，李三種一四六株，葡萄一四種三三五株，石榴七株，無花果五株，楊梅三株，共計七八種三四四四株，這些果樹都已達到三齡，不久將有大批果實出現了，將來還準備大量繁殖有價値之果樹，推廣及於附近農家，又爲了將來造林的需要，乃大批的育着森林苗木，計有：針葉樹十種三五七九八株，闊葉樹三五種五三八四八株，大牟都達到定植的年齡，短期內將推廣於附近農家及峽區各地，還有一萬株油桐，三年後可望正式結果，而且數量逐年要求增加，將來或許會成爲主要生產品，或許可以供給農場的經費自足！除了果樹森林之外，短期內也種了不少的東西：從這上面生產過大的蘿蔔，白菜，大的南瓜，東瓜，大的甘藷，大的地瓜，還有大量的落花生，玉蜀黍，麥，蕎……，都一一從土裏面生長出來，而且比旁地生長得好，味道總是甜，據此，可以證實這土質許多東西都能生長，而且都生長得很好，地裏面的生產大概如此，但是在地表面亦有不少活動的東西；有百零伍斤的綿羊，有大羣的山羊，有優良的豬種，雞種，鴨種……每天在山上跑，在池裏游，只需幾個人管理牠，也可以得到不少的收入，誰說荒山廢落？誰說曠土無用？只要肯創造，願努力進攻自然，荒山將不斷地被人們所征服，一向在社會上劇烈相爭的習氣將無形的消弭。

六、三個問題

，荒土變成熟土了，植產在土裏生長了，畜類在山上活動了，但是問題來了，我們便不敢讓牠醞釀下去，只有盡量想法應付，在不能解決的時候，亦不讓他擴大。下面的三個問題，算是比較困難的。

第一是肥料問題 因爲他的重要，足以左右植物生產的好壞，但是在這山間，異常感覺肥料的恐慌！遂形成了主要的問題，爲了要使一切農作的生長佳良，肥料問題是必須解決的。在這窮僻的荒山上，是很不容易找到大量的肥料，我們只有採取廢物利用，東湊西補的來應付，開墾的雜草，灰燼卽爲最好的鉀(K)質肥料，收穫作物後的殘根敗葉……凡是廢棄不用的東西只要可供作肥料，都盡量利用，畜牧是生產的動物，也許是造糞的機器，因此大批飼養肥育豬，肥育羊……，一方面可以生產，一方面可以得大量的肥料，此外更蒐求城裏的死鼠，殘骨，再買點菜餅，也算夠用了。

第二是水利問題 植物的生存，是靠着溫度，靠着養分，還靠着水分；在這山中，溫度算是不成問題，養分也比較得了相當的解決，然而水分却急需設辦法纔行，不然，一切收成均會失望！爲了避開「靠天吃飯」的陋習，決定以人力征服「天旱」計劃定了，不過兩個月的工夫，四個大的堰塘築成功了，水蓄滿了，今年炎夏中長了四十多斤的西瓜，全係牠的功勞，還有森林及果樹苗木，與及其他作物，蔬菜等…，都承他的幫助，可以說他是全場植物的保姆，當在施用抽水機灌溉時，簡直像下雨一般，不過範圍較小能了，若果更精於去講求水利，這天旱問題或不致有什麽影響吧！我想。

第三是敵害問題　對野草作戰，對牲畜作戰，解決了肥料問題，對旱魃作戰，解決了水利問題，可是我們的周圍，一向都被敵人擾害，因此我們應不斷地對敵人猛攻。新墾的山地，自來是野獸盤据，是蟲類棲息，是病菌寄生，於是種出來的作物，他們都常來擾害，從右邊來吃西瓜，由左邊來害果樹，有在白晝來突擊，有在晚間來偷襲，弄得我們幾乎手足無措！於是從新定了步驟，依了方法，三面備戰，晝夜增兵，終於是克復了牠。

七、四個運動

1.農民的墾荒運動　當起初經濟稚育的時候，曾與峽防局取聯絡，以兵代墾，後來因爲峽防局的士兵，另負有駐營區域以內地方經營的任務，警察的任務，教育的任務，防匪的任務……；同時感覺得少量的兵力，拓出來的大地，不供種植的需要，且常

感到附近周圍的農民，受了數年的旱災，生活難以維持，極苦於無法救濟；乃招集那些農民，作一種新的屯墾組織，藉此亦可作失業的拯救。組織確定了，開始墾荒了，不過一月之久，原來一大遍荆棘縱橫的荒山，已變成了一百多畝的沃土，今年大批的西瓜，便是從那裏生長出來的，曾經考核過他們的成績，原來依他們工作的較高紀錄，規定了基本畝位，每人每天祇能墾六方丈，每畝酬金三元，計算起來，一個月每人可以墾到三畝，共得洋九元，除應需伙食洋四元外，純餘伍元的淨款，這樣一來，一方面促起他們有着工作的比賽，再方面無疑的是使他們酬金增多，因此他們舉鋤拚命的硬幹，加速的邁進！其結果，自有不少的農民，超出了基本畝位，而且更達到了十方丈以上，甚至於十五方丈，造成了最高紀錄，這自然是比賽標準的形成，也不能不說是一些西山坪的斯達漢諾夫者。

除此他們還自動的將他們一向廢棄的荒土逐漸的開拓，於是他們耕種的面積，亦逐漸的擴大；生產的收入，亦逐漸的增加，由一個人起頭，於是許多農民見爲有利都於此幹了起來，年來山間到處都在開墾，這大概是這個運動的影響吧！

2.農民生活的集體運動　一向農民的生活，都是散慢的，無

組織的，爲了使他們的生活，有一定的秩序和一定的規律，才多方的運動由散慢的集合；漸入於集團的方式，以適合現在的時代，應付當前的國難，乃以農場爲中心，從本身出發，由幾個青年訓練幾十個農人，不論生活方面，工作方面，或其他娛樂方面，均要求着集體的表現。這幾個青年和幾十個農人，在一塊兒生活，同時工作也同時休息，而且是從早到晚的工作和休息，太陽出來，他們便工作，除了三餐之外，一直到太陽西沉的時候，這裏自然也沒有甚麼星期！工作開始了，大家就整隊出發作工去，休息的鑼聲鳴了，大家又纔荷鋤高歌而歸，凡一切活動，都不像尋常一般的零亂，一定都是集體的，在集體中，自感無限的興味！共同工作時，可以互相比賽，相互邁進，於是從勞苦中獲得快樂的安慰。一致休息時，更有問答的山歌，喚醒了若干農場以外的農民，加入集體的隊伍裏，晚間，則利用暇時，作正當娛樂，作常識講話，作識字教育；自然形成一個集體的農民組織和訓練。

3.農民教育的推廣運動　許多農民，都苦於不識字！所以他們工作的經驗和方法，一向都是用口頭傳遞，至免不了有些遺忘，爲了補就這個缺憾，乃就農場抽出一間空屋子，讓他們晚間來

學習認字，每晚由農場裏的幾位青年朋友，輪流教他們讀書，並介紹時局的消息，和國內外農業改良的方法，他們亦最喜歡聽這些報告，甚而至於相互研究與共同討論這些問題和方法，有時雖至深夜，尤在研討中，一點不覺得疲倦，他們讀書，却非常專心，不論在田間，或路旁，只要是休息的時候，都自動的讀書，不識字的農民問識字的農民，由識字的農民教不識字的農民，顯然是懂得了卽知卽傳的教育，都不願意當守知奴，凡遇一物，必發起讀書的意念，例如用鋤頭挖地，則追求「鋤頭」兩個字，如何認法？怎樣講法？怎樣寫法？都要求一一把他弄清楚，在田間沒有紙筆，便用指頭在地上劃出字來，他們只憑着一本「老少通」，便運用到任何地方去，確是生活教育的實行者，雖然沒有小先生的活動，大先生亦可以推行，誰說農人不能讀書？沒有機會讀書？你看，他們是如何的勤學！只可惜能實際教導他們讀書的人太少了！

山上的農民，除了終日在田間埂頭工作以外，自有他們休閒和娛樂的機會，每年的端陽，中秋，過年，便是他們的例假。也是中國農村普遍的一般現象，每當這個時候，他們都自由的單獨的閑耍去了，到廟上燒香，到北碚看划龍船，到親戚家下拜年，

逢節，甚而至於作賭博等游戲，總是很少帶有居上的意義，而且沉寂沒趣，孤獨寡味！甚至於枉費了許多不應該用的錢和時間，我們為了使他們不枉費這些用費，為了使他們不孤寂沒趣，而集中鬧熱，為了提高他們的知識，為了聯絡他們的情感，乃利用他們休閒的機會，作較大的娛樂教育的運動，今年的夏節，曾經作過一回試驗，在山上划過一次「龍船」。所謂山上划「龍船」，原非事實；目的在使他們非常的注意來參加西山坪農場夏節的民教活動，其結果，是集中了山上周圍的農民，在一起快樂，在一起談笑，在一起表演及欣賞許多活動，在一起相互認識了，相互聯絡了，相互希冀了，西山坪將是一個廣大的農產區域，這是大家共同慶祝最後努力的勝利。

那天活動的內容與北碚開放的節目，有許多不同的地方，完全是適應農民的環境而產生的，農民一向是靠着身手的力氣來吃飯，因此決定了「手力」和「肩力」比賽的節目，委實是有雙手舉重百斤肩重四百斤至六百斤的大力士，在許多農民當中出了風頭。山上有較大的水池，為了不相信山上的農友盡都是旱鴨子，又有「游泳」的比賽，他們平時都喜歡唱山歌，唱京，川劇，喜歡擺龍門陣（即講故事），喜歡用手和口奏出怪好聽的聲音（即是口技），

喜歡抱蛋，競走等遊戲，於是都盡量標出他們活動的節目，到了每個節目開始，他們都不慌不忙的表演出他們的巧妙，又為了增加他們比賽的興趣，纔有獎勵的設備，獎勵的不是金杯，銀牌，而是他們日常需要的草鞋，汗帕子，篾巴扇，麵包等，到了夕陽西下的時候，他們都各持着勝利的獎品，興高采烈的凱旋而歸。

最後一算：二十雙草鞋，百多把篾巴扇，三十幾根帕子，一斗麥子的麵包，僅僅五六塊大洋的獎勵，能做出這樣有意義的活動，竟至把這山中周圍的農民從死氣沉沉中造活躍起來，尤其是造起一個集體娛樂的方式：這正是現代農村急切需要的，我們還準備下次更有較好的活動幫助農民。

4.農業技術的改進運動　過去的農民，對於農業的技術，老是值得欽佩，他們隨便道出幾句「九月重陽不打傘，胡豆光幹幹」……的農諺，已可知他們的經驗着實是很豐富了，所欠缺的，是他們太過於保守，很少求進取的心理，因此經驗逐代遺忘，技術逐漸沒落，於是生產次第減少，而消耗却並未減少，甚至不斷的增加至演成一種衰頹的景象！這也為農村破產的一個原因，為了挽救這一點，乃不得不從事於技術的改進，可是農民自來沉寂的習性醞釀得太深了，必須造起他們一齊作這個運動，還是從自身

出發，將自已工作的方法，工作的步驟，工作的效率，工作的成績，均擺出來使他們看，讓他們批評，讓他們指正，遂促起他們無意中以良心指出那件工作對，那件工作不對，那種方法合理，那種方法不合理，自然形成了一個改進的方式，更利用他們晚間讀書的機會，常作農事改進的討論，如像怎樣育種？怎樣栽培？怎樣除蟲，治病……等，都談得來條條是理，津津有味，有時還作個別的工作報告，藉供彼此的批評的和討論，也於此時交換過工作的方法，自從這個運動發起以後，一般農民都自覺得他們近來的工作方法，似比過去好多了，可是只限於附近周圍，較遠一點的農民，都苦無此種機會！爲了解除這點渴望，又另外設法幫助他們。播種的時候，曾經幫他們選種，教過他們採用溫湯，與鹽水的浸種方法選種，以防病蟲害的傳染。他們亦極願意接受我們的幫助和告訴的方法，而且不斷地要求這樣的做，足見農民求進取的心，亦非常之切，只可惜被歷代傳統農業的束縛，至改進上，受了無限的創傷，如果要救起目前破產的農村，我想，這運動是應該在民間發展的。

（註一）中國西部科學院第二農事試驗場

實驗區當前應努力的工作

盧局長十月二十六日在紀念週講
劉文囊筆記

聽了各方面的報告，感覺實驗區署做的事比從前峽防局多，就現在實驗區的區域說，比從前峽防局所負責的小，從前北碚一鄉都不能做的事情，現在居然能夠做到五個鎮鄉去；更能爲這實驗區裏六萬五千多人想辦法，這確是一件値得人注意的事。不過我還覺得實驗區的事做得太瑣屑，沒有抓着重心，我以爲目前人們急切需要幫助的事情，應該有三點：

第一、治安：峽區周圍的匪，近來這樣地猖獗，尤其是今年的旱災，秋收不好，使得大多數農人生活成了嚴重的問題，更是逼人爲匪的重要原因，盼望很快的把保甲整理清楚，趕快地把壯丁訓練起來，保持眼前這治安的局面，更設法幫助到週圍，最低限度，務使外匪不易侵入，土匪不能起來。

第二、救荒：昨天問實驗區農作的收益，據說穀子好的收了四層，包谷約收三層，往年的粮食不夠，還可以用錢向別處購買，今年到處都遭同樣的災患，同樣都感覺粮食缺乏！各方面都感覺這問題非常的嚴重，實驗區署的建設股，應該趕緊想法舉行調查，不過這種調查，比戶口調查較爲繁難，如要求實在的情形，僅僅交由「聯保辦公處」去辦理，是難得可靠的，因爲決定救濟辦法，不是憑自已的想像亦不是憑隨便的視察，而是要明白絕對正確的數目和飢荒的程度，例如：目前缺糧的人有若干，今年冬季缺糧的人有若干，明年春季缺糧的人又有若干……………這樣得着一個明確的數目之後，纔能決定對何種人，應該用何種方法救濟，這工作，應該是整個實驗區署的人都動員，竭盡全力，幫助到六萬五千多個民衆身上去，不僅實驗區署人員的工作要如此，各鎮鄉各保的學校，也要以這六萬五千多人的生活問題爲教材，使整個實驗區的人，都爲這個問題想辦法，「教」「學」「做」三方面都聯成一氣，共同來解決這個嚴重的問題。

第三、保健：實驗區的保健工作，好在有了地方醫院和民衆體育場兩個機關去推進牠，聽說快要做到各鄉鎮各保甲裏面去了，這是很需要的事，盼望今後逐漸減少人民的疾病和死亡，增進鄉民體魄的健康，但這不僅是醫院和體育場的責任，各方面都負有同樣底責任的。

我們既然要幫助這六萬五千多人解決這幾點急切需要解決的問題，專憑自己的辦法還不夠，要趕緊向國內外作實際鄉村運動的徵求辦法才妥當，一方面還要趕緊調査，找出人民需要幫助之點。實驗區署的工作人員，今後的讀書和預備的能力，要切實與工作聯成一氣，各個事業機關要切取聯絡和衷共濟。人，不要專門坐在辦公室裏弄筆墨，儘量減少辦公室的人數，每個人要多到社會去活動；更盼望做事不在乎專門求花樣翻新，事事要顧到人民生活的利益，工作不要太瑣碎，大家都要把剛才說的幾樁成整的事業，當作目前努力的中心工作！

調查

雷馬屏峨概況

（屏山通訊）

霈平

雷，馬，屏，峨四縣，為四川邊區之一，土地袤廣，出產豐富，為吾川富庶之區，然其面積人口等，向無確切統計，記者有鑒於此，近特馳往調查，記載統計，極為詳盡，玆將雷馬屏峨四縣概況誌後：

一、雷波

（土地面積）八百九十九萬三千七百畝，漢民四萬二千八百人，夷民三十三萬六千人。

（物產）1.礦產　猓子郵之銀龍頭山下之沙金，宋家岩之鉛，中山坪之鉄，蘊藏甚富。

2.植物　穀米，豆類，梨，柑，蜀麥，羅漢筍，以及捲桐麥，各地可產，森林亦甚。

3.動物　家畜野獸均甚，故出口多鹿茸，麝香，牛羊毛等類。

（交通）1.舊道　由雷波城東北行，至大岩洞，入屏山秉彝鎮，東南行到屏山城，西北行入馬邊。

2.測量路線　疏通美姑河，為雷建通道，縱橫區內馬路，由馬邊到屏山，西甯再到雷波樂山溪，再由濫壩子，通河貫雷城疏金沙通敍瀘，雷波鼇時凡黃茅崗東面皆屬漢人，西面乃屬猓夷，分上十地，下八地，共十八郵，現夷匪滋擾，人民流離僅存三郵，據最近調查，漢人人口不過兩萬多人。

二、馬邊

（土地面積）三百四十三萬一千二百六十畝，漢民三萬六千三百人，夷民十八萬人。

(物產)1.礦產　黃泥崗大崩坎回龍溝等地產銅，袁家溝茶條溝產鉄，午寶山烏拋溝產鉛，舊山西安子沙口產煤，，月兒壩產硝。

2.植物　稻麥豆玉麥等，森林甚多桐杉棬竹木等。

3.動物　家畜六畜皆存，森林中多虎，豹，鹿，熊，、豺狼，山羊等類。

(交通)(1)向東北行出犍爲(2)向東南行可達屏山(3)向北，行出到屏山之慈竹坪，(大道一百八十里，小道一百三十里)，即抵大渡河。

三，屏山

(土地面積)二百六十四萬四千三百八十畝，漢民三十萬人，夷民二萬四千人。

(物產)1.礦產　朝大馬五聖場產銅，黃丹產礦均著名於世。

2.植物　穀米，谷麥，十烟，玉麥等產頗富，斗樂山馬邊猓夷猖獗，距城僅廿里，城內稍安，以外民房廬舍，大都被猓夷焚燒，如欲耕耨必須夷目保護，其間月兒壩，油榨坪，烟峯，大竹堡頗可孳殖，據最近調查，全縣漢人人口不過三萬人，叢林特多，有竹木藥材棬桐等。

3.動物　多牛羊，雞犬野獸亦多，故多鹿茸麝香牛羊毛等類出口。

(交通)1.陸路　由縣城東北達犍爲計程三百四十里。

2.水路　沿金沙江上溯可達雷波猓子郡，向下駛可達瀘縣，以上水陸二程，均待整頓，屏山居金沙江上游，分內十鄉，外八鄉，統分七區，悉屬膏腴之地，惟西北之慈竹坪，觀慈寺，與西南之西寧，時遭夷擾，且土匪潛滋，恆與猓夷勾結，誠張爲患。

四，峨邊

(土地面積)一百一十六萬五千八百六十畝，漢民二萬八千七百人，夷民十六萬人。

(物產)1.礦產　沙坪，毛坪，金河等新沙金，鑾河，沙墩埛梯子岩，琵琶崗，黃泥崗均產銅，中崗子，楠木園出鉛，硫黃，鉄及產煤。

2.植物　烟土，藥材，胡挑，箭子，毛茶，芝麻，高梁稻麥等產很富。

3.動物　家畜，野獸都夥，出口多鹿茸，麝香，牛羊毛等。

（交通）（一）水路，順大渡河而下，繞東山到犍爲，可赴馬邊等地，（二）陸路，由峨眉經經新場，沙地坪，而入大普，計程二百三十里，（三）新路，由鹽井溪直達越嶲之田壩，係省赴寧遠之捷徑，峨邊原有十八場，嗣因倮夷滋擾，己不盡存，且距城十數里之兩河口毛草埂，陰山坡，昔之住戶，今皆遠去，據最近調查，全縣漢人人口約二萬餘人。

五，墾地調查

1.波雷

（土地面積）八百九十九萬三千七百畝。（一）濫壩子，四萬八千畝，宜種稻玉蜀黍菽麥（二）三稜崗，八萬五千畝，宜種稻麥玉蜀黍洋芋，（三）子部，十九萬四千畝，宜種稻麥玉蜀黍豆類，（四）其他三百零五萬零一百畝，宜種玉蜀黍麥豆，統計三百三十七萬八千畝。

2.馬邊

（土地面積）三百四十三萬一千二百六十畝，（一）油榨坪，六萬六千五百畝宜稻菽玉蜀黍豆蔗山烟桑蔴，（二）月兒坪，四萬零

五百畝，宜稻菽玉蜀黍豆類，（三）貓子蕩，二萬畝，宜稻菽玉蜀黍豆類，（四）烟峯，三萬六千畝，宜稻菽玉蜀黍豆類桑蔴，（五）走馬坪，四千五百畝，宜稻玉蜀黍桑蔴棉蔗，（六）袁家溪，四萬五千三百畝，宜稻，玉蜀黍豆類，（七）濫田壩，三萬三千七百畝，宜稻菽玉蜀黍豆類，（八）其他一百十六萬三千五百三十畝，宜稻菽玉蜀黍豆類，統計一百四十萬〇〇三畝。

3.屏山

（土地面積）二百六十四萬四千三百八十畝（一）沙壩子，六萬八千畝，宜稻豆玉麥桼子磨芋玉蜀黍桑，（二）五寶山，十萬〇一千二百畝，宜玉蜀黍豆麥洋芋（三）長沙壩二十萬零四千畝，宜同前，（四）其他，六十七萬八千八百畝，宜玉蜀黍玉麥，統計百二十四萬一千畝。

4.峨邊

土地面積，一百一十六萬五千八百六十畝（一）廟兒垻，七萬零二百畝，宜稻菽玉蜀黍洋芋，（二）化林坪，五萬六千畝，宜稻菽玉蜀黍桑蔴，（三）蘿坪，十四萬五千八百畝，宜稻菽玉蜀黍山烟豆洋芋，（四）琵琶崗，八萬二千六百畝，宜豆蔗桑麥玉蜀黍，（五）其他二十六萬三千四百畝，宜玉蜀黍菽麥豆類，統計六十萬

萬八千畝。

所有粮契兩項附加，現經規定者，昨己由此間征收局長陳耀昇，明白佈告，茲將開征粮稅之期，仰縣屬人民，一體遵照，併同附加完納，粮契兩稅各項附加名目及金額，分誌於次，

（甲）粮稅附加名款

保安費大粮一兩，六元一角六仙，小粮一兩三元七角六仙

財政科，每粮一兩，六角六仙五星。

民生工廠，大粮一兩，三仙。

水利會，大粮一兩，五角。

農會，大粮一兩，一角一仙二星。

司法費，大粮一兩，一元四角，小粮一兩五角。

建設科，大粮一兩，一仙八星。

紅會，大粮一兩，一角七仙八星。

教育科，大粮一兩，一角四仙七星。

（乙）契稅附加各款，（以業價百元計）

教育科，三元八角二仙五星二。

縣指委會，二元一角二仙五星二。

司法費，一元六角四仙二星。

初中校，一元。　民生工廠，一一元。

省指委會，五角。　縣立第二小校，六角。

地方醫院，五角。　水利會，貳角五仙。

右前粮契兩稅各項附加，經縣府函送徵局代收，呈報省府備查并奉省政府財字第八一二號訓令，規定地方附加各項稅款，概行劃規徵局，合併辦理云。

計劃

嘉陵江三峽鄉村建設實驗區鑿塘築堰計劃書

劉選青

峽區多山地頗少平壤，雖有嘉陵江之流注，然河面低下不能利用，故無水利之可言，田畝皆隨地開闢，高低不一，儼如階梯，卽所稱之山田是也。故雨暘時若之年，收成頗豐，一逢旱災，則皆坐受其厄，凡冬季之田，皆飽蓄水量，不另種植殊屬坐失地利，況水之爲物無論其在旱年卽非旱年，農作物亦須賴以灌溉爲之滋長，故本區此次對於興修塘堰，不僅限於平原水稻區域已也。玆將平原邱陵地帶應修之塘堰計劃如左：

甲，調查

（一）舊有塘堰

1. 印就塘堰調查表，交各聯保主任，限期塡交區署以便整理

（二）新闢塘堰

1. 各地不敷之塘堰，應當添修者，由區署派農業技師測勘，規定地區及面積深度，限期開辦調查如左：

乙，組織

（一）屬個人者——凡屬塘蓄水，以供灌溉，而範圍只在一人所有者，卽由該地主權人辦理，如係大押佃及典當者，卽由大佃及典當人辦理，但在兩年以內，不得退佃及贖囘。

（二）屬集體者——如泉水瀑布溪流，有許多農田所共同需要者，宜以水利所及範圍內之各地主，共同組織水利合作社，由區署派員設計與辦。（其辦法遵照法規）

丙，整理

（一）整理舊有塘堰——各聯保主任，調查完竣後，本署卽派農林

技士依次查勘，指導其漏滲補救辦法，並代為計劃所需石灰，石工及整修一切材料，限定時間修理完竣。

(二)規劃新設塘堰——於整理舊有塘堰時，隨即擘劃新開塘堰，測定地勢，預定經費，以為將來開工之準則。

丁，設計

(一)鑿塘——區屬水塘據調查所得僅二百零四個，應添鑿之數在二倍以上，茲將方法列左：

(a)鑿塘標準——據科學家計算，凡有乾地或山地田十畝之場所，有四千零五十立方尺之水即能預防旱災，故鑿塘標準應如下列之大小乃可。

一，長方水塘——寬六丈，長十丈，深八尺。

二，正方水塘——寬八丈，長八丈，深八尺，其在二十或三十畝者應照此類推，若底土構造不漏水地方，可增加深度免耗地面。

(b)鑿塘位置——需水場所如為山田，宜設高處，或中下均設，上下設置水路以資聯絡，如為壩田，宜設正水源處及低下處，以便收蓄水分。

(c)鑿塘工程

一，塘之位置不論其何處，應寬窪，且應用泥沙石灰炭灰混合緊打，以免滲水，塘埂宜寬，塘沿宜植樹，一方可固堤埂，一方可減少蒸發。

二，在山原傾斜地，塘埂仍宜水平，低半部，塘埂應填土較高，使得容受所需水量。

三，塘設於高處者，水門用閘板啓閉，低處者於水中設置骨車，用人力吸水，(如用吸水機更好)。

(二)築堰——區屬北碚之龍虎溪，夏溪口之寶源運河，其上流均有高度之瀑布，東陽鎮黃桷場亦有小溪流橫貫其間，文星場各礦山皆有高度之瀑布，東陽鎮黃桷場亦有小溪橫貫其間，文星場各礦山皆有泉水湧出，若以之築堤修堰，使水位沿流而增高分流而入溝渠，或用過漕或設竹溜引入田畝，或因地勢境界關係不便遠處興工，即就地安設簡單筒車，以資灌溉，庶幾水利之振興有望，糧食之豐稔可期，茲更分述如左：

(a)築堰方式

一，固定堰方式——區屬之東陽鎮，黃桷場，文星場，溪水緩留，泉源混混，各依地勢之情況，照普通之型式分段築成固定堰，藉資灌溉，又便管理。

二，開閘堰——東陽鎮之明家溪末段，建有大橋一座，基礎穩固，於橋基兩頭設置方柱，中具槽溝合閘，能自由上下開閉，築成開閘堰不但可以防旱，並可減洪水之害。

三，榜山堰——北碚龍虎溪，夏溪口寶源運河之瀑布，及高坑岩，高灘岩等水流，終年不絕，但落入溝澗不得灌溉泉水，功用反以銳減，宜培堰築堤，使行其上，或架槽渡水引於高地，然後供用方便，利益洪溥，聞河南淇易武公祠下，泉水流入數十丈之深溝，兩山夾之而行，居民姜得印創為榜山築堰之法，引水出山以灌山田，至今人民尤利賴之，又包頭山民榜山築堰，引水遠行，其形如鷸蜿蜒數十里，水行牆上，寬深各不及一尺，而能灌一二百頃之田，此法亟宜倣行，將來成功本區水利解決過半矣。

(b)築堰準備

一，測量水量——對於各堰地勢如何，及每年最低水量，水力等高差，一一測量清楚，以為將來施工準則。

二，水利範圍——測量灌溉之面積，以為將來合作社組織之範圍。

三，基礎調查——建設各堰地方，須先將堰底及兩岸之地質調查清楚，或石或沙或軟或硬均須詳記，以為將來材料上之準備。

四，繪製略圖——所有各堰之現狀，及將來築成之形式，各繪成略圖以使一目了然。

五，經費預算——各堰需工之多少，材料之價值，蓄水之分量，灌溉之畝數，均一一預算其損失收益以資比較。

(c)工程設施

一，分水設備——堰之上游應設置分水墻，使堰中水面保有一定之高度，及設一座入渠門以節製入渠，灌田之水量，更設餘水門以洩過量之水至下流，或於入渠門下方之渠道旁設節水門，以洩過量之水歸入堰內，如此入渠水量可愈如人意，如能附設放魚門，放水門，放沙門以各施其用，則視將來之情形而定，此項設備適於文星鎮，黃桷鎮，東陽鎮等堰。

二，起水設備——凡水源較農田為低時，其上半部則須有起水之設備，其下半部以分水法供給用水，起水設備之效率最高者為唧機，次為筒車，將來如何要以適應環境費用最省為準，此項設備如高灘岩，高坑岩等最為必要。

三，輸水設備——灌溉引水，從分水處至配水處須有輸水設備，以總渠為主，以水槽裝水管隧道等為輔，如高灘岩高坑岩等處卽設總渠，架設水槽以繞過山坡；並用之以代渠道，以避鑿山之煩，如文星場，黃桷場等處，須設備渠道，如遇山坡道路交錯或被限阻時，可設備裝水管或隧道（卽涵洞）等以通過之。

四，配水設備——總渠之水，欲引之以分溉農田，須設總配水渠，總支渠，副支渠等，水由總渠先流入總配水渠，次第而總副支渠，而終入田間，但設此路線常擇中高傍低之處，又與地面分水界相符合，如是則水之流通方稱便利，擬於將來施工之前，先製一詳確之地勢圖方資憑藉。

戊，推進辦法

（一）時間　本年冬令農隙之時卽着手進行。

（二）人工　區屬人民疾苦，不能適用徵工辦法，且與修塘堰可以增加生產，與地值為有利之經營，故所僱之工資藉代賑濟。

（三）經費　塘堰經費，如有不敷時，由區署代向農村銀行交涉，低利轉向渝埠各大銀行借貸，但須以有價證劵作抵（手續直向銀行辦理）。

（四）佔地　修鑿塘堰經過地基，無論屬公屬私一經選定之後，卽無價讓出，地主不得阻礙，但塘堰所生之水產動植物利益得為其享受。

（五）督促　本署建設股，及各場聯保主任，保長等均負督促指導之責。

（六）利用　塘堰之內均須養魚及種植水產植物，如菱，芡，蓮，藕，慈姑等以厚生產。

（七）附言　上述各項，均按本區實在情形而定，至合作社之組織，或遵照法令辦法，或另定詳細章程，均另專案辦理，茲不贅述。

報告

舉辦保長壯丁幹部研究班的經過

研究班編

一、前言

自峽防局奉命改組為「嘉陵江三峽鄉村建設實驗區」之後，即就所屬五個鎮鄉舉行人口調查，根據調查所得的結果，從新將保甲改編完竣共為一百保，粗形雖然稍具，但感覺保長及壯丁幹部人材急切需要，鄉間雖不免有人曾經住過學校，或在地方服務多年，但為數寥寥並且所習學術新舊參差不齊，尤其對於自衛，自治多數毫無認識，如此不但新政不易推行，建設無從設施，而首要的治安問題亦無法維護，職是之故，對於舉辦保長及壯丁幹部之訓練幾刻不可緩，以此種動機作為出發點，復經過幾度會議之後，於是擬具選送隊員辦法，飭令各場聯保主任從事辦理，一切籌備於焉已起。

可是，我們深知，中國是個窮國，猶其鄉村更窮，舉辦此種軍事教育，問題頗爲繁雜，尤以事屬創舉其困難尤多，但我們爲了訓練幹部人材，作爲鄉村建設基礎，不能説是因爲困難放下不幹，論理尤其應該早幹，我們本着了苦幹實幹的精神，主張以最少的金錢，最短的時間，訓練多量的民衆，獲得最大的效果，我們根據這個原則，對於訓練的方式，決定採取嚴格，教材的內容絕對要求實用，卽是一舉一動都逃不出訓練的範圍，一點一滴都含有訓練的意義，我們辦法定了籌備就緒卽開始工作。

至此次訓練最低限度之要求有左列各點：

一、思想清楚——運用讀書輔導，個別接談，特別講演…的關係實施。

二、行爲正大——除官長處處以身作則外，更注意隨時提示好行爲的標準，并留心觀察各個人的實生活，隨時檢討，予以輔導。

三、習於開會——養成習於個別的集體的商討精神。

四、紀律生活——養成忍苦耐勞，習於團體生活，尤重在促進互助合作的習尚。

五、服務休養——不但訓練服務的辦法，尤在養成自動的精神，助人的習慣，良好的態度。

六、讀書訓練—藉讀書的報告以促進報告的能力，增補各科的常識。更利用時事報告，街頭的時事介紹，訓練講演的能力。

七、其他——訓練習慣的培養，如習於訓練自己，協助訓練他人的精神，與夫熱烈的情緒，勇敢的作爲等精神，亦爲重要要求之一。

二、籌備經過

九月十五日以前，本署已將舉辦保長及小隊附研究班選送隊員辦法，飭令區屬各場聯保主任辦理去訖，卽着手準備開班以前一切應辦事宜，如選派訓練官長，擬具訓練實施計劃，分配住地布置教室，及其他連絡事項…在在須得事前籌備完善，以便進行順利，茲爲明瞭起見特分述於後。

工訓練辦法

1.宗旨：在養成保甲自衛之幹部人材。

2.受訓地點：北碚。

3.名額：保長一百名，小隊附一百名。

4.受訓期間：一月。

5.凡區屬保長，均應一律受訓，倘因左列情形，萬分不能者，可先期呈請區署查明批准後，得免受訓：

(一)年齡在四十五歲以上者。

(二)身患重病，非短期所能醫治痊癒者。

(三)有重大業務，確實不能分身者。

(四)兼任義務教師者。

保長如因上列事故，不能受訓者，得另選小隊附一人代充之

5. 其選定標準如後：

(一)保長之弟兄子姪，或同居鄰近，及其直屬甲長。

(二)須年在十八歲以上，四十五歲以下，身軀高大者。

(三)能粗識文字，品行良好者。

(四)家庭不全靠其維持生活，將來能勝任壯丁教練，及幫助保長一切工作者。

6. 凡區屬各保，應即選定小隊附一人，入班受訓，其選定標準如後：

(一)年富力強，體格高大者。

(二)有責任心者。

(三)品行良好能粗識文字者。

(四)全家不靠其生活者。

(五)如甲長中具有上列四項標準者，即由甲長中選拔，如甲長無合格之人，則由全保各戶中選拔之，每保暫定一人。

7. 報到時間，定於陽歷九月十五日午後三鐘，在北碚新營房報到入班，次日開始訓練。

8. 保長小隊附兩人受訓伙食費洋，由聯保辦公處加徵保甲經費一月(五元)撥充，超出五元以外之數，由區署津貼。制服各員兩套，每套壹元五角，兩人共該洋陸元，由保長七八九月辦公費撥充，其餘費用概由區署支給。茲將各鄉鎮應繳費用，統計如下：(一)北碚鄉，三十三保，三百六十三元。(二)黃桷鎮，二十二保，二百四十二元。(三)文星鎮，十九保，二百零九元。(四)二岩鎮，六保，六十六元。(五)澄江鎮，二十保，二百二十元。

以上費用，由各聯保辦公處，預為統籌，於九月十五日，連同保長小隊附入班報告表，一同繳呈本署。

9. 受訓保長小隊附入班時應攜帶物品如後：

(一)五子夾板步鎗壹枝，護槍彈兩夾。

(二)被蓋壹床，毯子壹床，枕頭壹個。

(三)單夾短衣數套(免着長衫)。

(四)面巾面盆(面盆可兩人共用一個，以瓷盆銅盆為限)。

肥皂，牙刷，漱口盂。

(五)草鞋兩雙，布鞋一雙。

10凡受訓之保長小隊附須於入班前一日，一律剪去頭髮，以歸劃一。

11上列各條，應由各聯保主任督同保長負責辦理完善，準時入隊受訓，不得先後參差，致礙進行。

Ⅱ選派教官　遴選本署學術雙長富有經驗之職員二十名担任學術教授并為了管理周至訓練嚴密故在未開班以前十日將選定官長集中區署，共同討論實施訓練管理上各種方法，俾能整齊劃一，增加效率。

Ⅲ商定教材　訓練實施教材綱要亦經本署決定其內容暫定(1)野外演習(2、射擊預行演習(3)射擊實施(4)戶口調查訓練(5)陸軍禮節(6)步兵操典摘要(7)射擊教範摘要(8)野外勤務摘要(9)夜間教育摘要(10)游擊戰術(11)連絡法綱要(12)偵探常識(13)衛生急救法(14)工作教範摘要(15)違警罰法(16)保甲須知(17)壯丁須知(18)獸醫(19)公牘(20)會計(21)牧畜(22)實驗區署計劃書(23)實驗區署組織規程(24)實驗區署調查統計表保甲圖(25)黨議(26)峽區事業常識(27)新生活運動綱要(28)民衆自衛組織綱要(29)農業技術改良(30)合作大意農村建設概要(31)海軍空軍刑法(32)拳術(33)徒手體操(34)持槍體操(35)刺槍術(36)音樂(37)公民常識(38)時事報告，區屬各場要道旅行。

Ⅳ佈置住地　九月十四日，一面派人清潔住地，一面派人佈置教室，搬運棹橙，借購用具，到十五日已將教室，寢室，辦公室，聚餐室，盥洗室，沐浴室，……佈置完善。並且非常整潔。

Ⅴ聯絡受訓人員入班研究　保長訓練實施方案規定了，一切事務也籌備就緒，即通知各場聯保主任於九月十五日午前將該鎮應出席受訓人員，全部集中，至受訓者之本身一切問題及本署規定事項，應先期辦理完善，午後由各場政務助理員率領到碚報名入班。當時惟恐問題滋多各聯保主任力有未逮，故本署特臨時派官長分頭前往幫助，屆時受訓人員均紛紛到來，計五鎮鄉共一百九十七名，率皆年富力強，身軀高大之健兒，祇以服裝不整，秩序稍紊，是日入班後即編班編組，分配宿舍，檢查武器，整頓裝具，登記名册………籌備工作，暫告結束，訓練實施，於茲開始。

三，組織——如下表：

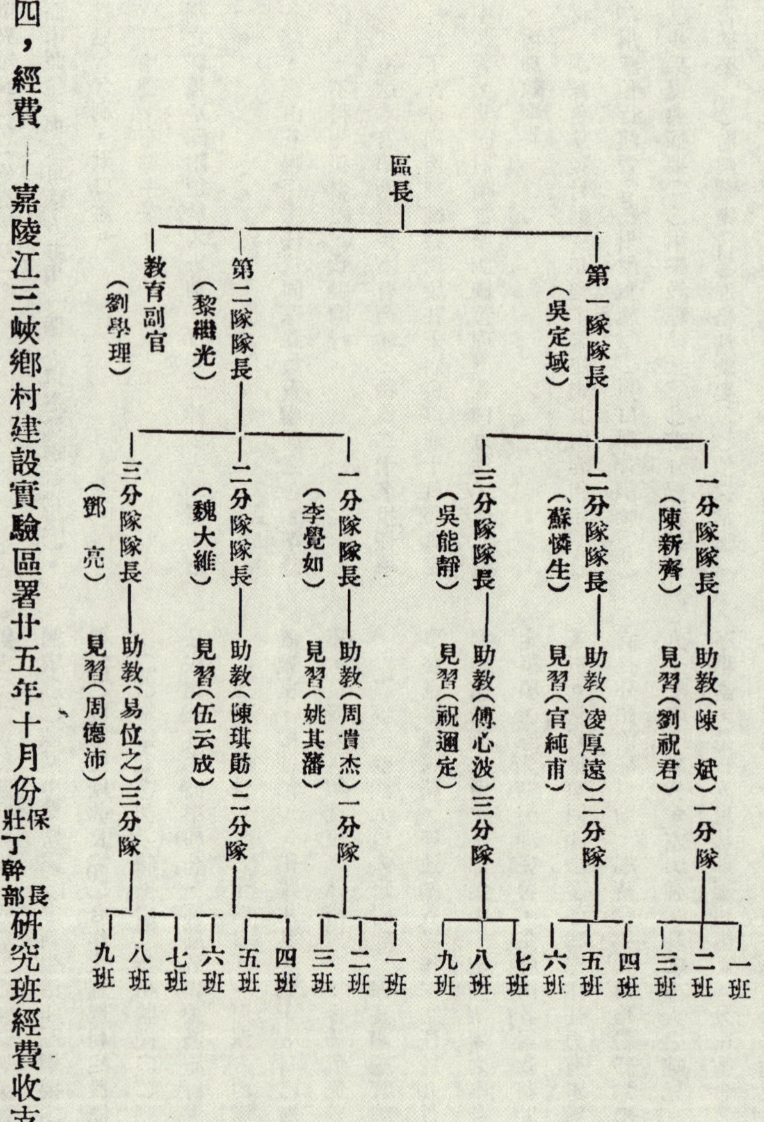

四，經費——嘉陵江三峽鄉村建設實驗區署廿五年十月份保長壯丁幹部研究班經費收支一覽表

科目	摘要	收	入	支	出	備考
保甲經費	每保繳洋十一元五場計一百保共繳來洋一千一百元又聯隊附四人繳來洋十元以上統共繳來洋如下數	一一一〇	〇〇〇			
區署津貼	係官長夫役薪餉及學員不敷用等	八二〇	二〇一			
伙食	聯隊附四人學員二百人每人三十三天該伙食洋四元三角二統共支洋如下數			八八三	三二〇	
公費	燈油紙張筆墨茶炭等實用洋			三九	四〇五	
官長薪餉	隊長二人支洋六十六元教育副官一人支洋卅元隊附六人支洋八十一元助教五人支洋六十二元司務長一人支洋十七元圖書員一人支洋十二元五司號傳達等五人支洋四十二元九			三一一	四〇〇	以上官長係由區署撥來兼任各職
夫役薪餉	九人各支洋六元共支如下數			五四	〇〇〇	
制服	學員二百人每套一元五每人二套共計四百套實支洋如下數			六〇〇	〇〇〇	
招待費	畢業辦歡送會做三十六席每席六角九仙八請各場士紳及研究班同學等			二五	一二六	
出差費	出大毛坪擊匪津貼麵包洋三元二又到白峽口勦匪津貼麵包洋十三元七角五			一六	九五〇	
合	計	一九三〇	二〇一	一九三〇	二〇一	

附註——說明：開支不敷之款(一)官長夫役薪餉三百六十五元四(二)招待費廿五元一角二仙六(三)出差費十六元九角五(四)公費卅九元四角〇五(五)聯隊附火食四人每人一元八角三共七元三角二(六)學員火食二百人每人一元八角三共三百六十六元以上六項統共不敷洋八百廿元〇二角〇一仙此款概由區署津貼

五、實施狀況

1，學術研究

此次舉辦保長及小隊附研究班，時間僅只一月，統計所授學術科達三一〇、二〇小時，平均每日實授一〇、二一小時，而每逢紀念週還要參加峽區聯合週會，並且在訓練期中又曾兩次參加擊匪，地點在百里之外，往返時間總在三日以上，除了耽延的時間不計外，而授課的時間實際上沒有一月，估計每日授課時間不下十二小時，由此可知每天工作之緊張了，茲將其實施訓練科目次數及時間摘要如次：

1.學科	次數	時間
軍事學科	二一	一七
政治學科	二〇	二四
會計學科	二	二，四
普通常識	一二	一四，四
音樂	二一	二一

2.術科	次數	時間
技術	二五	二五
操場	三五	一八〇
野外演習	三	一二
射擊演習	一	六
射擊實施	一	八

2，實地演習

1.戶口調查

A組織編配

a，分班：兩隊分為一十八班，每班派官長一員引導

b，分組：每班分為三組，每組三人，一人塡表，一人接洽，一人發問。

B實習時間及戶數

午前八鐘起至午后五鐘止共廢十小時調查五十四戶

2.警察實習

A設派出所

a,第一派出所設嘉陵江路正碼頭。

b,第二派出所設崗上交叉路口。

c,第三派出所設火焰山。

B勤務交換

a每派出所設置警察一班有官長一員監督。

b,每班三小時交換一次有官長率領交代時有禮節有項目。

C任務分配

a,巡邏：注意秩序治安清潔衛生……等問題。

b,站崗：監視來往行人有無形跡可疑者。

c,休息：在此時內規定劃到與記日記等項。

3.衛兵實施

A地址分配

a,新營房 b,特務隊 c,區署

B勤務分配

a,新營房一班 b,特務隊一班 c,區署一班

C時間分配

a,每三小時各處更換一次。

b,兩隊共輪流五次差兩班共實習五十四小時。

三、課外活動

1.讀書

A對於識字者的處理

學員們，從早到晚除了操作和上課外，幾乎沒有時間給他們自習，或者閱覽書報，這樣生活似乎太枯燥了！我們為了提高學員們的智識程度，不得不去想辦法，使他們能有讀書的機會，留心觀察的結果，於是發現，午後十二至一時那個時間本來留來給學員們診斷和會客的，但那是少數人的問題，而大多數的人不免把牠浪費了，我們於是有計劃的利用起來，每天由管理圖書的圖書員，在他們睡覺的床上，斟酌地各發給一本書，教他們自行閱讀，學員們都知道讀書是於他們有益的，為了求知慾的驅使大家都很願意而且很努力的讀，一點鐘的時間，很容易混過去，圖書員前來收書，他們還依依不捨的樣子，很希望有更多的時間供他們讀書，可是，另外還有更多更重要的工作在等候他們，猶豫終於無用，祇得一個個的將書本繳還圖書員了。

B對於不識字者的處理

學員們有的處在窮鄉僻壤的地方，非但無錢不能進學堂，而且沒有學堂給他們進，故所以二百人中已有三十五人不能認識字，簡直等於挖眼的瞎子，這是多大一個缺憾呵！我們爲了要救濟三十五個文盲，亦只得利用午後十二至一——一診斷會客——的時間，由當天值日官長，集合在教室裏細心地逐字逐句教以認識，予以講解。課本是鄉農的書，看起來，雖然時間上覺得零碎，但他們求知的心太切，而官長望他們成就的心更切，故在短促的一月中，增加他們文字上的才富不少，一本淺俗的書他們也勉強認得過去了。

2. 溫泉游泳

天天在紅日下晒着的學員們，不消說汗是揮流不已的，故在訓練期中，每週都要赴距北碚約十里的溫泉沐浴兩次，但訓練期間僅僅一月，怎能輕易的躭誤呢？故在東方未明的拂曉，遂起床整隊出發，全體按夜行軍的方式，往溫泉行進，在行進的途程中，學員們怕失掉隊伍，故未吊半步的距離，且很靜肅，祇能聽見輕微的脚步音，我們接近溫泉的時候，天色漸漸的亮了，澡塘的職工，尚有在床上酣睡着，經我們喚醒將門開了，學員們才魚貫而入，一個個活躍躍的跳入了碧綠的溫暖的澡塘去，馬上掀起無數白沫的浪花。

我們洗澡的辦法，是將全體分爲三組，一、會泅水的，二、不會泅水的，三、泅得最好的，不會泅水的由會泅水的分組教導，以比賽式的方法來鼓勵他們，因此泅水的成績，却一次不同一次的長進，結果不會泅水的僅得十餘人矣。

在游泳池中的學員們，有的仰浮，有的俯泳，有的側游，大家都興高采烈的唱起歌來，浴能，由官長領導着學員，遍遊了空氣新鮮風景美麗的溫泉公園，然後才轉回北碚。

3. 參觀

我們訓練保長及小隊附，不僅使他們的動作思想能整齊劃一，同時也要使他們明瞭世界的一個梗概，北碚雖是小小地鄉村，却也具備着許多新的建設。我們爲了他們要明瞭峽區各事業機關的情形，亦即使他們明瞭現代國家的情形，特藉剿匪疲勞休息的日子，作爲參觀的時間。在出發出之前：一、由值星官長打電話通知各事業機關主管主人，派人領導及說明該機關之組織沿革經費及將來的計劃，……二、將全體學員分爲六組每組官長二人領導，三、參觀的路綫：由體育場整隊出發至峽區地方醫院，北碚小學高初級，動物園，博物館，平民公園，兼善中學，北碚小學，實驗區署，三峽工廠，科學院，民教處，圖書館，農村銀行，北碚鄉公所，特務隊，民衆俱樂部，體育場辦事處。在出發時由官長向他們說明參觀時應注意之點1。靜肅2。守秩序3。不亂吐痰4。如有疑難發問時須立正。參觀後，須作筆記，每到一處，學員們目不轉睛的凝視着講話者，很熱烈的希望給他們多多灌輸些智識及辦法，他們的精神雖因剿匪疲勞了，但為着了他們自身的利益，求知的熱忱，都拿出最好的精神，來對付參觀的事業。

4。擊匪

第一次：是晚上十二鐘整隊出發，雖然夜色濛濃，咫尺不明，但係坐船，到白廟子搭火車，殊不覺苦，抵大田坎，天色已明，早飯後，即隨公安隊向大毛坪前進，公安隊担任搜索，本隊追遙於後。正行進間驟聞匪警，學員們多不寒而慄，一聞槍聲，皆驚遑失色，手足無措，直至午後三時許，匪徒絕跡，驚魂乃定。當日赴清平場住宿，次日返碚。

第二次：午後八時出發，此時星月俱無，長空如漆，連襟接踵，猶覺履不相繼。鳥虫無聲，人靜如死，遙遙犬吠，風鶴悲驚，其悽切何似，且途程迢迢，山路崎嶇，兼慮伏匪，驚疑不定，其苦又何堪言，到白峽口東方既白，疲勞已達極矣，稍為休息，

即準備擊敵，公安隊為前鋒，本隊任後衛，前面鳴槍，本隊雖然少數隊員心怯，但仍沉着未遑，當日擊斃匪徒六名，餘匪逃竄，次日乃轉回營。

5，打靶

訓練快要完結了，操場雖然教他們的各種射擊，但總不及實彈射擊那樣可靠，故特定一日為實彈打靶的日期。

A打靶前日

a認靶——要知道彈着點是否中靶，及中的環數，須要熟記，故于是晨，趁着大雨，在室內講述靶的認辦法。

b預習射擊——我們為要求打靶精確，故在下午便預習射擊，並由官長告訴要領，及識別成績之好壞，結果全體的學員都領會了。

c挖靶溝——本日上午落着濛濛的細雨，派着挖靶溝的學員及官長們，為了明日要打靶及自已的責任起見，冒着風雨，挑着担子，拿着鋤頭，擔着圓鍬，向靶場地——石谷泚——前進，學員們為了完成他們的使命，於是就拿出全副的精神，挖

的挖，拉的拉，不建好他們的靶溝，不肯罷休，經過了整整的上午，他們的兩靶溝，却擺在他們的眼前，他們見了自巳的成績，興高采烈的唱起歌來了，回營時，他們才發現他們的衣服被雨濕透了。

d製靶標——快要打靶了，而靶却無人照料，當晚跟卽派學員捌名製靶標，亦有官長指導，學員官長振作精神糊着靶標，畫着靶環，非完成不能睡覺，這種精神，實足可敬。

B打靶的情形

黑暗的大地，漸漸的被光綫充滿了，負責抬靶子的學員，抬着靶子，拿着角旗，向靶場去了，後面的隊伍也跟隨前進，到靶場未隔十分鐘，槍聲不斷響着，當日因天氣不好，風，雨，霧，皆有，又因學員們從未放過鎗，所以打靶的成績，還不見得十分好。

若沒有週會來隔斷我們的打靶時間，我們相信上午便可停止了，不幸在午后四鐘，忽然烏雲佈滿天空，大着傾盆似的雨，倒在我們身上，學員們一點不驚，並一動也不動的站着，待着官長

的命令，結果實在不能發射了，才返回營，假若這批人沒有受過訓練，不知隊伍將要分散成何種狀態。

六、訓練資料

1，課外閱讀

A戶口調查統計表。

B保甲編制圖。

C一年來的北碚民衆教育。

D嘉陵江三峽鄉村建設實驗區區署計劃書。

E修正嘉陵江三峽鄉村建設實驗區區署組織規程。

F戶口調查規程。

G壯丁隊學術須知。

H保甲須知。

I壯丁須知。

J教育計劃書。

K峽區事業紀要。

L種痘報告書。

M本署所屬之組織業務關係一覽表。

N公安隊組織業務關係一覽表。

O音樂(油印)。

P單、班、排、連之教練程序(油印)。

Q奉勸農人多種小麥。

R讀書須知。

2，工作須知

甲關於壯丁之組織與訓練

I編制壯丁

1，以每保編爲一小隊保長任小隊長甲長或另委小隊附

2，每小隊分爲若干班，每班十人以上十五人以下。

3，班設正副班長以甲長或壯丁充任之。

4，分全小隊爲甲乙兩組，甲組爲富足組，乙組爲貧苦組，再一家有兩人者則甲組一人乙組一人。

5，各班班長負召集壯丁之責小隊附小隊長負訓練之責

6，斟酌地方之情形可編爲巡察隊，通信隊，守護隊，運輸隊，工程隊，消防隊。

II如何選編壯丁

1，凡保內年在十八歲以上四十五歲以下之男子一概編入壯丁隊。

2，不能起用從前三丁抽一五丁抽二，窮人出力富人出錢之辦法。

3，挨戶挨甲逐一登記，不得遺漏有失公正。

4，壯丁編好，由保長造册呈報聯保辦公處轉呈區署備查。

III不能編入壯丁隊之人員

1，年在四十五歲以上者。

2，在外有職業不能長住本鄉者。

3，現充公職如教師，校董，調解委員等。

4，現在學校讀書之學生。

5，因痼疾不堪勞役的人。

IV武器服裝

1，武器不能何種刀，槍，棍，棒皆可。

2，服裝概着短服，如能自打灰色軍服更佳。

3，旗子符號由區署統製發給

V訓練標準

1，使能明瞭組織壯丁隊是民衆自衛的武力。

2，初一步能遵守時間，服從命令。

3，期能造公衆福，急公衆難。

4，精誠團結臨難勿苟。

5，學術科及其他訓練由區署另列預定表分發。

VI訓練時間

1，農忙時期每月每組各應訓練三次（時間由聯保主任斟酌決定）。

2，農隙時期（十一、十二、一月）每十日每組各應訓練三次（如地方寬闊兩組一齊訓練亦可）。

3，每次訓練四小時，市街壯丁次數可酌量加多，得可分早晚兩次舉行，每次兩小時。

4，小隊訓練二十七次，計一百零八小時爲第一期，再訓練四十五次計二百十六小時爲第二期。

5，聯隊訓練在農隙時舉行，每月至少一次每次一日。

6，全區檢閱每年定陽歷元旦日舉行。

乙關於保甲訓練方面

I對戶籍的注意

1，每保甲內之住戶，保甲長應十分清楚並隨時作簡單之調查。

2，甲長家內應張貼本甲之簡明戶口表。

3，保長辦公處或家中應貼本保之簡明戶口表（此表由區署統印分發）。

4，每年於冬月複查戶口一次，平時則抽查，有更動時塡於表內。

5，取具五戶聯保連坐切結（格式由區署印發）。

6，戶口有異動時，如：出生，死亡，遷移，婚，嫁等．住戶應報告保甲長登記之。

II對於治安的注意

1，保甲內有不正當之無業游民，須設法驅逐出境。

2，凡住戶家內來素不相識之人宿歇，應速投報保甲長

3，更隨時注意防亂止惡，清盜禦匪等工作。

4，對於治安有關之事件發生，立馬報告聯保公所，并通知聯保。

3，附記　學員們早晚飯所呼的口號

A我們的要求

1，要求增進品格　2，要求鍛鍊體魄

3，要求提高知識　4，要求學習技能

5，要求團體生活　6，要求服從紀律
7，要求共同修養　8，要求盡力建設

B我們的工作

1，健全保甲組織　2，完成壯丁訓練
3，安定地方秩序　4，普及民衆教育
5，推廣合作組織　6，積極地方建設
7，創造現代農村　8，促進民族復興

七、生活雜感

1。我們爲甚麽要去剿匪呢？　學員萬鴻洲

我們爲什麽要去剿匪呢？因爲匪人搶刼我們的錢財，傷害我們的生命，擾亂地方上的秩序，使我們地方的人不得安寧，隨時隨地都在恐怖當中，我們爲了自衞權的發動與正當的防禦起見，我們不得不起來把人類的公敵（匪）消滅了，我們抱了有匪無我，有我無匪的决心去澈底肅清他，使我們地方上人人得安居樂業，我們才好共同努力從事我們鄉村的各種建設，救濟我們這破產的農村，使人人有衣穿飯吃，人人都能讀書識字，人人都知道愛國家，爭回國家已喪失的權利，收復國家已被侵的領土，建一個富強的現代國家，這個步驟就從剿匪起，這個責任就是我們負担，我們認清了敵人和責任，我們一致聯絡起來向前去罷！

2。我的感想　學員俞光中

我們青年應當要受嚴格的軍事訓練，具有相當的軍事常識，才不愧爲一個有用的國民，但是我一入隊來就感覺有些痛苦的地方，實在難受，我很想哭，但我一低頭，看見我着的是武裝，就馬上停止了淚，因爲着起武裝不許人喪氣不許人哭，我有了這種感覺我就奮勇起來，我的志向非常堅定，腦子裏幻想了很多英雄偉人的故事，那時全身的熱血直流，每個毛孔裏好像都出了氣力，我這樣自勉自勵，痛苦早已一點都沒有了，一切都變成了我所心愛的了，我於是加緊鍛鍊我的體魄，努力訓練我的技能，我有一點沒有做到，我心中都不安，必定再做兩遍才放牠過去，可惜時間僅只一月，轉眼就到，所學的還多，而「十年生聚，十年教訓」的計劃還遙遙無期，所謂復興民族，振興國家更不知何日得遂其志呵！

3。在白峽口剿匪　吳能靜

一個深秋寒冷的早上，我們的部隊已經連夜的趕到土匪肅聚的白峽口了！在恐慌紛亂，戎馬倥偬的時候，匪早狼狽的逃走了，牠這次的逃走，可說是第一次最倒霉了！密密的槍聲後，戰地

上橫七豎八的倒着了無數屍身，的確使人有些膽怯；但是我們是與高采烈的，因爲我們是獲了勝利，爲羣衆除了害，爲地方造了福，雖然有一羣着灰色制服的學員們——保長研究班，大有聞槍聲而吊膽之概，可是看見了戰勝後的匪屍，都由趦趄而前進，而追擊了。

斜倚山巔的夕陽將入地平線下，羣鳥啁啾，西北風緊緊的奏着松濤，更吻着人們的全身，啊！這是可怕的夜的來臨了，怕的是匪的夜襲，我們佈署周密嚴陣以待，於各要高處多置瞭望哨警戒着，以防萬一，四山山頂隱匿的都是我們的同學，在驚心動魄的，忍飢受寒的，聚精會神，防備敵人來襲，處處有徵候，復荷槍搜索森林以消滅匪類爲榮，因此集體的小心翼翼一致的熱忱任務，致使已受重創，驚弓之鳥似的匪徒，未敢前來夜襲，到了魚肚色的天光使奏着了凱旋的軍笳。

剿匪雖不說是積極的造公衆福，然亦可說是做到消極的急公衆難「舵把子」匪頭擊斃，內管事陣亡了，當場捕獲之匪，亦就地正法了，其餘鳥散了，白峽口的民衆可以安居樂業了，我們完成了任務，我們竭盡了天職，然而假使不有顯著的目標除害安民，不有忠勇的官兵爭先恐後，何能將匪一鼓而殲滅呢？所以我們的凱旋是光榮的，非爲私鬥，非爲割據稱雄的，這是值得多麼深刻的不忘啊！

八，調查統計

1. 保長
壯丁幹部官長學員一覽表

職別	姓名	年齡	籍貫	保別	住址	備考（此表入隊時填好送呈）
區長	唐瑞五	三六	江北石壩場		北川公司	
	盧子英	三〇	合川縣城			
隊長	吳定域	三三	綦江東溪		北碚新營房側	

	黎繼光	二五	璧山	八塘			
教育副官	劉學理	二八	合川	縣城		北碚學園路	
隊附	吳能靜	一八	巴縣	蔡家場			
	李爵儒	二一	南川	縣城		東街	
	蘇濟生	二二	鄰水	河流鄉		洞子	
	陳新奇	二二	合川	雙鳳場			
	魏大維	二七	南川	南平鎮		陳家場	
	鄧亮	二四	江安	木須灝		街上	
助教	陳琪勛	二〇	璧山	城北鄉		涼水井	
	傅心波	一八	巴縣	一品		石板溝	
	馮貴杰	一八	隆昌				
	陳斌	二〇	中江	盛鎮			
	凌淳遠	二四	永川	臨江場			
見習助教	易位之	三四	璧山	澄江鎮	第六保		在本隊任見習隊附
	周嘉陵	三四	巴縣	北碚	第卅三保	杜家街	在本隊任助教
	姚其凡	二五	巴縣	北碚	第二保	打鉄灣	

	周德沛	二二	璧山	澄江鎮	第二保	下街	
	伍云成	二四	江北	二岩	第一保	水馬門	
	祝爾安	二六	江北	黃桷鎮	第五保	正街	
	劉竹君	三四	江北	文星鎮	第二保	龍井灣	
圖書管理	李良善	二〇	忠縣	巴西鄉		長庚灣	
司務長	何文軒	三〇	江北	水土沱		江家沱	
保長	馮介眉	二六	巴縣	北碚	第一保	歇馬場	
代保長	向維陽	三〇	同	同	第二保	和睦路	
保長	魏集	二〇	同	同	第三保	嘉陵路	
代保長	鄧紹全	三二	同	同	第四保	華鎣岭	
	周雲	一八	同	同	第五保	文華路	
	劉仲岳	二四	同	同	第六保	公園路	
保長	艾紹清	三三	同	同	第七保	文華路	
代保長	熊哲明	三六	同	同	第八保	祠灣	
保長	袁孟鑫	三二	同	同	第九保	岩灣	
代保長	申振祿	一七	同	同	第十保	龍虎沱	

	張仲舒	一八	同	同	第十一保	朝房口	
	蔣云豐	二八	同	同	第十二保	元井	
	雷生林	四〇	同	同	第十三保	雷家院子	
	陳沛林	一八	同	同	第十四保	二條磧	
保長	楊祝三	二二	同	同	第十五保	墨林坡	
代保長	景海全	三五	同	同	第十六保	白沙井	
保長	陳忠	一九	同	同	第十七保	野豬灣	
代保長	吳其昌	三六	同	同	第十八保	柏林灣	
	左仁厚	二〇	同	同	第十九保	淺燈	
	劉澤	一八	同	同	第二十保	杜家壩	
	熊謹言	一八	同	同	第二十一保	高石坎	
代保長	吳鶴培	二二	同	同	第二十二保	大灣	
保長	曾云華	二二	同	同	第二十三保	樓房崗	
	李興全	同	同	同	第二十四保	大堰灣	
代保長	王才良	二八	同	同	第二十五保	白雲寺	
	李紹于	三〇	同	同	第二十六保	馬灣	

保長	官沛林	二八	同	同	第二十七保	大林坡	
代保長	何政	一八	同	同	第二十八保	柳家坡	
保長	蕭洪全	二八	同	同	第二十九保	新房子	
	王榮華	三〇	同	同	第三十保	野鴨灣	
	何志云	二七	同	同	第三十一保	金剛碑	
代保長	何子華	三〇	同	同	第三十二保	楚石灘	
	王純西	一八	璧山	澄江鎮	第一保	青雲路	
	甘照南	二二	同	同	第二保	合陽路	
	林朗光	一八	同	同	第三保	白沙路	
	藍自鳴	二三	同	同	第四保	運河路	
	梁學倫	二〇	同	同	第五保	足家灣	
保長	易俊				第六保		
代保長	王希文	二〇	同	同	第七保	上灣	
	余樹山	二一	同	同	第八保	夏溪口	
	王紹崙	二一	同	同	第十保	雙十鼓	
	唐炳生	三四	同	同	第十一保	廖壩	

保長	周炳恆	三二	同	同	第十二保	黃焰溝	
	王淞成	三二	同	同	第十三保	炮木林	
代保長	向青云	三〇	璧山	澄江鎮	第十四保	蕭家岩	
	黃子恆	一八	同	同	第十五保	大黃溝	
保長	王雙全	三八	同	同	第十六保	新門洞	
代保長	饒榮	一九	同	同	第十七保	柏林灣	
	陳文	二〇	同	同	第十八保	袁家岩	
	蒲良安	三四	同	同	第十九保	大灣	
	董敬康	二〇	同	同	第二十保	菜子溝	
	周恩溪	二五	江北	二岩	第一保	江合路	
	周維新	二〇	同	同	第二保	同	
保長	楊旭輝	三〇	同	同	第三保	磨子灣	
代保長	賴從見	二二	同	同	第四保	雙根塘	
	劉炳然	二三	同	同	第五保	古墳坨	
	譚漢成	二六	同	同	第六保	小溝	
	劉梓彬	二八	江北	黃桷鎮	第一保	麻柳灣	

	曾信富	一八	同	同	第二保	正街	
	王澤南	二四	同	同	第三保	正街	
	左開倫	一八	同	同	第四保	東陽路	
	賀克強	同	同	同	第五保	樹人路	
	鄭普清	二二	同	同	第六保	東陽路	
	吳云光	一八	同	同	第七保	尖嘴	
	姜俊	二二	同	同	第八保	么店子	
	劉哲生	二三	同	同	第九保	李家坪	
	張南東	二七	同	同	第十保	上壩	
保長	吳映輝	二六	同	同	第十一保	瑤灣	
	李紹宣	三六	同	同	第十二保	小屋基	
代保長	李宗伯	二一	同	同	第十三保	牌樓	
	王甫仁	二〇	同	同	第十四保	袁家灣	
	胡麟書	二二	同	同	第十五保	磨心坡	
	李清維	一八	同	同	第十六保	劉家溝	
保長	廖財源	三七	同	同	第十七保	蕭家灣	

	鄭相清	二二	同	同	第十八保	游草壩
代保長	劉榮卿	二六	同	同	第十九保	新田溝
	黄紹伯	三一	同	同	第廿保	大橋灣
	祝維邦	二二	同	同	第二十一保	登雲路
	陳克明	二五	同	同	第二十二保	白廟子
	胡愼之	三五	江北	文星鎮	第一保	正街
	劉之純	二〇	同	同	第二保	
	劉運祥	二八	同	同	第三保	王崗子
保長	萬銀成	二六	同	同	第四保	鉄廠溝
	劉爾梅	四〇	同	同	第五保	新灣
	劉之厚	二〇	同	同	第六保	紙廠溝
代保長	蕭懋林	一八	同	同	第七保	劉家灣
	劉一安	一八	同	同	第八保	水嵐埡
	張大氏	二〇	同	同	第九保	盤盤井
	程希北	二二	同	同	第十保	小屋基
	萬明章	二二	同	同	第十一保	鉄廠溝

代保長	謝漢清	二九	同	同	第十二保	大岩脚	
	潘云河	三一	同	同	第十三保	麻柳灣	
	張文彬	二九	同	同	第十四保	雙[illegible]房	
	周順成	三八	同	同	第十五保	竹林溝	
	鄭伯萬	二七	同	同	第十六保	鄭家灣	
	劉一成	三九	同	同	第十七保	磯子堡	
	汪學理	一八	同	同	第十八保	[illegible]房	
	左錫文	三〇	同	同	第十九保	左家舖子	
小隊附	徐少臣	二九	巴縣	北碚	第一保	歇馬路	
	官志鹹	一八	同	同	第二保	打鐵灣	
	張全興	二八	同	同	第三保	嘉陵路	
	魏克凡	二三	同	同	第四保	華鎣路	
	喻光宗	一九	同	同	第五保	文華路	
	田云清	二五	同	同	第六保	鞍子壩	
	熊元凱	二〇	同	同	第七保	劉家灣	
	周云華	一九	同	同	第八保	祖灣	

	吳郁光	二七	同	同	第九保	毛背沱	
	康照熙	二六	同	同	第十保	北極灘	
	張瑞清	一九	同	同	第十一保	大田坎	
	蔣向云	一八	同	同	第十二保	白沙井	
	蔣西武	三三	同	同	第十三保	深基堡	
	張文富	二〇	同	同	第十四保	金竹林	
	曹院清	三〇	同	同	第十五保	小屋基	
小隊附	周遠明	三三	同	同	第十六保	姚家灣	
	李紹全	二二	同	同	第十七保	老院子	
	劉良成	三四	同	同	第十八保	河嘴	
	馮登常	二二	同	同	第十九保	石坡	
	蕭普均	一七	同	同	第卄保	天生橋	
	楊成武	一八	同	同	第二十一保	袁家壩	
	周逃清	二三	同	同	第二十二保		
	嚴少安	四〇	同	同	第二十三保	五斗秋	
	曹云書	二〇	同	同	第二十四保	馮家灣	

	曾少良	一八	同	同	第二十五保	白雲寺
	陳光宗	二一	同	同	第二十六保	馬灣
	馮云清	二六	同	同	第二十七保	變石溝
	何敏	一七	同	同	第二十八保	林家壩
	萬正清	二二	同	同	第二十九保	新房子
	蕭子成	三〇	同	同	第卅保	野鴨塘
	周耀廷	二四	同	同	第三十一保	金剛碑
	葉樹林	二八	同	同	第三十二保	騎龍騎
	謝換章	三二	同	同	第三十三保	劉家園
	王遠	一七	璧山	澄江鎮	第一保	青雲路
	王俊德	一七	同	同	第二保	合陽路
	王忠庸	一八	同	同	第三保	白沙路
	張良福	同	同	同	第四保	同
	馮鏞	一九	同	同	第五保	青雲路
小隊附	易元林	一八	同	同	第六保	糖房嘴
	陳之能	二〇	同	同	第七保	夏溪口

姜澤明	二二	同	同	第八保	同	
王啓賢	一九	同	同	第九保	上石盤	
張紹林	二五	同	同	第十保	罐子岩	
駱紹明	二四	同	同	第十一保	蔡家溝	
周鎔	一八	同	同	第十二保	黃焰溝	
左乾林	二八	同	同	第十三保	夏溪口	
劉樹文	二七	同	同	第十四保	小屋基	
錢淵明	二〇	同	同	第十五保	大黃溝	
王杰	二〇	同	同	第十六保	竹林壩	
王恕	二〇	同	同	第十七保	同	
陳運生	二八	同	同	第十八保	橋耳坡	
彭月高	二八	同	同	第十九保	榨房	
朱青云	四三	同	同	第廿保	河焰口	
周紹齊	二四	江北	二岩	第一保	水眼	
周紹伯	二〇	同	同	第二保	同興路	
周學良	二〇	同	同	第三保	新房子	

	周永昌	二〇	同	同	第四保	白沙沱
	鄧炳生	三四	同	同	第五保	新房子
	劉長寧	二四	同	同	第六保	唐家灣
	王潤文	二九	江北	黃桷鎮	第一保	字藏路
	王和清	二八	同	同	第二保	正街
小隊附	廖仲倫	三三	同	同	第三保	背街
	吳耀榮	一八	同	同	第四保	東陽路
	賀吉熙	二九	同	同	第五保	樹人路
	鄭元光	二〇	同	同	第六保	游草壩
	胡昌榮	二〇	同	同	第七保	下壩
	李永富	二〇	同	同	第八保	明家壩
	何相全	同	同	同	第九保	半坡
	官純甫		同	同	第十保	
	鄭希賢	二三	同	同	第十一保	長屋間
	明瑞楨	二一	同	同	第十二保	吳家坪
	張文俊	二七	同	同	第十三保	馬家灣

熊紹臣	二二	同	同	第十四保	長壩
殷何富	一六	同	同	第十五保	吳家溝
張宗穆	二四	同	同	第十六保	石崗
廖福乾	二〇	同	同	第十七保	蕭家嘴
廖振祿	一八	同	同	第十八保	帥家壩
廖國清	二〇	同	同	第十九保	石橋
黃明安	一八	同	同	第二十保	大橋灣
顏學淵	二五	同	同	第二十一保	白廟子
王慶臣	二二	同	同	第二十二保	同
葉紹云	二三	江北	文星鎮	第一保	正街
楊海云	二九	同	同	第二保	五井堰
余孝清	二五	同	同	第三保	拱橋
萬太安	三一	同	同	第四保	樓梯溝
黃正文	一八	同	同	第五保	叚家灣
馮沛然	三四	同	同	第六保	新堰
馮尊三	三五	同	同	第七保	馮家灣

	蕭和平	二四	同	同	第八保	鰲魚堡	
	蕭銀宣	二四	同	同	第九保	槃盤井	
	張錫彬	二一	同	同	第十保	辣子園	
	鄧布寬	一八	同	同	第十一保	裴家溝	
	胡順廷	一八	同	同	第十二保	瓦廠灣	
	張永清	二九	同	同	第十三保	尖山子	
	李海云	二六	同	同	第十四保	水壘溝	
	范少全	四二	同	同	第十五保	土地埡	
	鄭學普	三二	同	同	第十六保	鄭家灣	
	劉惠安	四二	同	同	第十七保	提石梯	
	李紹全	二三	同	同	第十八保	張家灣	
	向中福	二八	同	同	第十九保	梘槽灣	

2.壯丁幹部隊年齡統計表

縣別	鎮別 \ 年齡
巴縣	北碚鄉
璧山縣	澄江鎮
江北	二岩鄉
江北	黃桷鎮
江北	文星鎮
合計	

十六——二十	一一	一二	三	一一	五	四二
二十一——二十五	五	二	二	四	五	一八
二十六——三十	一〇	三		五	三	二一
三十一——三十五	三		一	二	一	七
三十六——四十	二				四	六
四十一——四十五	二	二			一	五
合計	三三	一九	六	二二	一九	九九

3.壯丁幹部隊婚姻統計表

類別\鎮別	北碚鄉	澄江鎮	二岩鄉	黃桷鎮	文星鎮	合計
己婚	一四	一〇	二	一一	一一	四八
未婚	一九	九	四	一一	八	五一
合計	三三	一九	六	二二	一九	九九

4.壯丁幹部隊教育統計表

籍貫	縣別	巴縣	璧山縣	江北	江北	江北	合計
	鎮別	北碚鄉	澄江鎮	二岩鄉	黃桷鎮	文星鎮	

不識字	五	三	三	二	一一	二四
私塾	一九	三	二	一三	七	四四
小學 初小	六	六	一	三	一	一七
小學 高小	二	二		一		五
中學		二		三		五
武學	一	三				四
合計	三三	一九	六	二二	一九	九九

5. 保長隊年齡統計表

年齡＼鎮別	北碚鄉	澄江鎮	二岩鄉	黃桷鎮	文星鎮	合計
十六——二十	一〇	七	一	九	六	三二
二十一——二十五	五	七	一	七	三	二十一
二十六——三十	九	五	一	二	六	二三
三十一——三十五	六	二	一	二	一	一二
三十六——四十	三	一	一	二	二	九
合計	三三	二〇	五	二二	一九	九八

6.保長隊婚姻統計表

鎮別	北碚鄉	澄江鎮	黄桷鎮	二岩鎮	文星鎮	合計
已婚	二四	九	一〇	二	九	五四
未婚	九	一一	一三	二	九	四四
合計	三三	二〇	二三	四	一八	九八

7.保長隊教育統計表

籍貫 縣別	巴縣	壁山	江北	江北	江北	
鎮別	北碚鄉	澄江鎮	二岩鎮	黄桷鎮	文星鎮	合計
不識字	三	一			二	六
私塾	二三	一三	三	一四	一六	六九
小學 初小	一	二	二	四		九
小學 高小	四			三		七
中學	一	四				五
武學				一		一
合計	三三	二〇	五	二二	一八	九八

九，畢業紀事

此次舉辦保長壯丁幹部研究班一月，訓期已於十月十七日屆滿，十八日午前十鐘，在北碚兼善大禮堂，舉行畢業典禮，參加來賓有區屬各場聯保主任各仕紳及本區各機關人員，共約七百餘人，蹌蹌一堂，秩序井然，儀式頗爲隆重。

一、會場佈置——門外用松枝樹葉點綴得十分精緻，場內佈置亦大有可觀，主席台上懸掛黨國旗及總理遺像，莊嚴堂皇，兩邊貼着「臥薪嘗胆，勿忘國恥，鞠躬盡瘁死而後已……」等對聯，

四週的粉壁牆上嵌着斗大美術字的標語襯着鮮艷的各式圖案，顯得分外好看，這標語是一「我們羣策羣力，建全保甲組織，」二「努力訓練民衆，澈底肅清盜匪，」三「協助普及教育，改進人民生活，」這正是昭示他們今後努力的目標與步驟，由此可知他們所負的責任，是如何的重大了，午前十鐘，即行宣佈開會，歌聲宏亮，行禮如儀，學員們宣誓後，即由區長及各來賓相繼訓詞，語多懇切，勉勵至殷，達四小時始撮影聚餐，散會。

峽區物產展覽會經過報告

蕭蘊琨

一、峽區物產展覽的意義

峽區地方，山多田少，除了大宗煤炭石灰可供運銷各地外，其餘工藝事業，非常幼稚，農產物品，每年不足分配，常要從外面買大批食糧來接濟。倘遇天年稍差，或意外災害，多數人家，就不免陷于飢寒交迫的境地。但我們仔細考察，這些地方並不見得十分地壞，天然產品，又都與別處出的一樣好，或者還要好些、至如北碚豆腐，土坨酒，東陽鎮煙草，溫泉掛麵，禪岩桐子，縉雲寺的甜茶，左家柚子等，都是人們所稱道的。若能再加改良，大批經管，必更可推銷外地，倘眞是這樣，峽區的生產，或者還有過剩的一天。却是峽裏的人，雖然勤苦耐勞，誠樸有餘，但又每多作事守舊，若說要用近代的科學方法來經營各項農工事業，提高效率，增加生產，那就不夠了！所以我們爲謀改良進步起見，才有這峽區物產展覽會的發起，兼之在這雙十節的時候，趁着大家慶祝國慶典禮，順便加入物產展覽會，看看峽區物產，誰好誰壞。好的在那點，又是怎樣的好，應該怎樣效法，怎樣改進，使它更好；壞的在那點，又是怎樣的壞，應當怎像改好使他不

壞，這些問題，恐怕有許多人，都是不知道的。我們開展覽會，集峽區物產的大成，並將上項問題，於各類物品上標明出來，把同類的物品作爲比賽，有相觀而善之美，更引起參加人們的研究興趣，互相砥勵共謀改良，把一切農工事業之管理與技術皆科學化，以與外面的物品相競爭，而達到地方經濟有自給自足之能力，這是我們開物產展覽會的意義。

二、徵集峽區物產進行計劃大綱

甲，徵集的物品

一、工藝製造品類

(物　名)　(各種附件)　(產　地)

1、玻璃器皿　自鵝石粉混合原料藥料至成品　土沱利華玻璃廠

2、渝北酒　自高粱麵糟至成品　土沱渝北酒廠

3、火柴　自木片木千各種單純藥粉混合原料至成品　土沱惠利火柴廠

4、石灰　自岩石，至石灰，　觀音峽

5、煤球　自煤粉，黃泥，煤球　白廟子嘉陵煤球廠

6、方電池　自鉛板，錳粉，炭條銅紐至成品　北川鐵路和泰廠

7、陶器　自白石粉，泥，釉子至成品，缸鉢，罌罐，花盆，碗，碟子等　1、翁家溝磨心坡江家沱 2、龍潭磧麻柳坪

8、棕繩　自棕絲繩及造器一如尖背刷，平背刷，洗衣刷，圍腰等　黃桷樹癩疤石

9、掛麵　自麥子麵麥麩至成品　温泉公園

10、甜鹹菜　自各種菜蔬　至成品　土沱　靜觀場

11、白橙糖　自橙子橙皮至成品　1三匯壩2北碚

12、甜茶——(老鷹茶附)　縉雲山

13、香菌　草街子

14、各種煤樣　峽區各煤廠

15、白礬　自礬磚相碱　至成品　黃桷樹白礬廠

16、紙類(包括火紙紙殼)　自竹子麻屑　澄江鎮 北碚 黃

石灰構菓蕭　葛樹 二岩 文星

子至成品　靜觀　土主　七場

17，鋼　自生鐵礦熟鐵礦毛鐵　1歇馬場豹子溝
至成品　2金鋼碑

18、生鑛礦　歇馬場東山
清平場横担山

19、蠶絲　自蠶卵繭子　峽區各場家產自造
至生絲

20、草鞋　自竹麻草線　靜觀場
至成品

21、香　自香灰，竹千，　北碚
至香，

22、土紅　自銅包，黃泥，　霍背洞
至成品

23、布疋　雞腸帶，毛巾，白線　峽區各場—三峽廠
子，至成品

24、麻窩子　自竹麻至成品　歇馬場　北碚

註：凡關於工藝品之徵集，應詳記其產地，開辦人姓名製造程序原料之來源及產地與價值，成品之銷場價值，現在及過去銷

售情形之比較，資產數量，是否合顆或獨資經營。股東有幾？何人創辦，開辦時間，平均每年有多少盈虧，每月出品數量等。

二，農產品類：

包括包谷，膏粱，谷子，豆類及各種菜蔬種子，或特色之農作物。

註：關于農產品，應詳記其產地，農家姓名，品種，播種時期，收獲時期，每畝田或土的產量，病蟲害情形，生長情況，管理方法，土壤顏色及厚薄，種子的來源，市價，用途等。

三、畜類：

包括大種雞，鴨，鵝，兔，牛，羊，馬，猪，或多產卵之雞鴨及奇特之畜類。

註：畜類應記明飼養地點，飼養人姓名，畜種的來源，詞養情形，重量，價值，疾病及其醫治情況等。

乙、徵集的辦法

一、由區署訓令區屬各場聯保主任代爲徵集。

二、由區署派員赴各場鎮鄉接洽聯保主任共同徵集。

三、由博物館在民衆會場以講演方式向民衆徵集。

四、託人徵集。

丙、徵集的方式

一、捐募。

二、寄存。

三、購買。

丁、徵集的準備

一、人員的分配。

二、區域的分配。

三、應帶物品的準備（鉛筆日記簿徵集物品登記簿若干份）

四、標簽的準備——另行擬式印製（由博物館擬定）。

五、造徵集物產經費預算表呈區長核奪

戊、陳列品的保管

一、徵集時由徵集人保管。

二、徵集後由博物館保管。

己、徵集應注意事項

一、注意聯絡有知識之地方人士幫助，其優點如下：

1,熟習地方情形。

2,使週圍人少生疑惑。

3,徵集容易。

二、注意陳列品徵集，詳細的記載，保管的優點如下：

1,便於整理，便于鑒定，便于陳列的介紹及統計。

2,不致損壞，不致失落。

三、注意宣傳峽區事業常識，及衛生常識

四、注意調查各鎮鄉應興應革事項

五、注意說明峽區物產展覽會的意義，其要點如下：

A、關于工藝方面

1,峽區人不知峽區物產，藉此認識清處。

2,峽區工業不進步是由少有比較的關係，藉此比較促其進步。

3.實驗區署擬獎勵工藝的改良，並作工藝改良的指導。

4,用合作方式推銷工藝品。

5,合作推銷的好處。

6,直接傾銷，大批購買，不至受販賣者的剝削。

7,不生競爭不至折本。

B、關於農業方面：

1,以研究所得供給農家實施（包括農作栽培，管理，施肥

，病虫害等)

2,創辦農業合作直接幫助農人。

3,使生產增加。

C、關於畜類方面：

1,改良畜種。

2,作畜類疾病醫治。

3,畜類的飼養及管理等。

庚、其他

一、會議商討確定展覽會場場址。

二、會議決定會場佈置的人員及解說，引導等。

三、確定會場陳列的方式。

四、會議決定評判員，評判陳列品之好壞給予獎勵。

五、由評判員作評判工藝及農產之報告彙報區署，由建設股指導工藝及農業之改良，并造起各種合作運動。

1,成立合作推銷。

2.合作購買原料種籽。

3.區署便于從中指導。

六、由區署聘請渝合間工農專門人才，在會場中作工農常識講

演。

七、商民教處作游藝活動。

八、登記參加物產展覽的人，並予以組織。

九、請工農界資深者，作工藝製造及農業改良與運輸銷售之報告。

十、以大量展覽品參加展覽之農人，由區署與以招待。

三、峽區物產徵集經過

一、事前的準備——在區署開籌備會議兩次，決定一切進行事宜如次：

1.分區及選派徵集員：

A北碚組——顏光照

B黃桷組——胡鳳梧

C澄夏二岩組——鄧伯初

D文星組——蕭蘊昆

E土沱，靜觀，蔡家組——郭正輝

2.接洽及宣傳：

A接洽當地聯保主任，公安隊，及熱心地方事業之各界人士。

B召集保長會議。

C利用逢場期鳴鑼宣傳，說明展覽會的意義。

D張貼新聞簡報。

二、徵集的成品：

1、北碚組兩天內獲得農產品七十件，工藝品三件。

2、黃桷組兩天半獲得農產品一件，工藝品三件。

3、澄夏二岩組，兩天內，獲得農產品十四件，工業品十四件

4、文星組，一天半獲得農產品六十九件，工業品八十三件，其他八件。

5、土沱，蔡家，靜觀組，一天半，獲得工業品十三件

四、峽區物產展覽情形

一、會場佈置：

1、地點——北碚兼善校大禮堂。

2、場外佈置

A進大門口——上面貼着「峽區物產展覽會」七個大字，在字的四週釘上很多松毛，門的邊緣，釘着扁竹蓁葉，和法國梧桐葉，並垂着細長的柳條，點綴着若干的鮮花頗為美觀。

3、室內佈置——四壁挨次的釘着標語，在牠的邊緣，用了鮮妍的花草，佈置成各式的圖案，十分玲瓏精緻，場的正面釘着黨國旗和總理遺像，更覺莊嚴燦爛。

二、陳列的方式：

依着禮堂的形式佈置一個長方形的圖案，四面為參觀人的過道，內部空隙地為解說人工作地方，參觀的人由進口的左邊魚貫而入，解說人便替他們解說一切，看畢又從右邊魚貫而出，門口上有兼善中學的童子軍，在那裏指導參觀的人，進出的路線，及糾正參觀者的不規則的行為，如吐痰，喧嘩，不靠左走……等。

陳列桌上面，舖着白色有光紙，然後始將所徵集得來之各種物品，依次的分類陳列，每件陳列品有牠的距離，每類陳列品，有人担任解說。

三、解說：

1、解說之訓練

A事先由區署建設股通報解說人員，在開會的前一天，齊集民教處辦公室，並由建設股主任黃子裳出席指導解說人應向參觀者解說的事項。

B訓練兼善童子軍維持秩序

C研究陳列方式，應如何始能臻于至善。

五、解說的內容

1、農產品類：

a名稱。

b產地。

c出產農家的姓名。

d種籽的來源。

e簡單的經營法——包括病蟲害的防治及施肥管理等。

f每畝田或土的產量。

g市價及用途。

h各種選種的方法，如清水，鹽水，野外等。

2,工業品類：

a名稱。

b產地。

c製造人的姓名。

d原料的來源和簡單製造的方法。

e市價，用途，及銷售的情形。

五、展覽會中

一、解說員的優點：

A能抓着中心問題。

B能抓着參觀民衆的心理。

C有忍耐性。

二、最能吸引觀衆的幾件陳列品

A復興兔。

B意大利雞。

C北平鴨。

D能燃的電池。

三、號召觀衆的臨時辦法：

1、沿街鳴鑼招呼趕場農人前往參觀。

2、利用行國慶典禮後向大衆介紹前往參觀。

四、展覽時間——午前十一鐘起，午后五鐘止。

五、參觀概況——團體參觀，有十餘組，總共約千餘人。

六、展覽會鱗爪：

(1)一位農人引為遺憾——在徵集陳列品時，一般人都有懷疑以為是敲竹槓，以致有很好的物品，不願拿來參加展覽，直到展覽會開幕時，一位農人見着深惜他家出的好品沒有送來展覽引爲遺憾。

（2）一家麵廠趕辦成品來不及參與展覽——溫泉掛麵，本爲當地的特產，在徵集時，表示不願拿出，直到開展覽會的一天，該廠始趕造佳品，馳送展覽會陳列，可惜時間不待，在送到本會時，已閉幕矣。

六、給獎

一、組織評判委員會

二、致函峽區各事業機關，及民生公司，三峽工廠，徵求獎品，結果收到重慶民生公司毛巾十打，三峽工廠毛巾五打，合川電水廠藍綢方旗一首，北川，天府兩公司各贈洋二元，三峽煤業公會贈洋二元，實驗區署獎旗十首，以上所收獎品，俱登報致謝。

三、評判結果，計得獎品物名，出產地及產者姓名如次：

工業品

品名	得獎地方或得獎人姓名
掛麵	溫泉張樹興
特別細麵	溫泉張文煊
龍鬚細麵	溫泉張海州
金錢橘	溫泉公園
渝北酒	土沱渝北酒廠
豆腐肉甜鹹菜	土沱全興公
玻瓶	土沱利華玻璃廠
炮藥	文星場沙灘楊定臣
草鞋	夏溪口徐方舟
陶器	翁家灘橋灣玉和祥
方電池	霍背洞戴如鑑
蘇鋼	三花石劉炳輝
方連紙	沙壩上劉繼臣
紙殼	翁家灘埡口瑞生祥
安息香	澄江鎮邱希堯
沙鉢	大沱口上面陳海清
白礬	黃桷鎮

農產品

品名	得獎農家住地及姓名
刺包谷	文星場澗壋灘劉廣生
排燈麥	文星場澗壋灘劉榮發

高　粱　文星場澗壿溝蕭炳臣

小　米　文星場安山黃吳氏

香　谷　文星場安山李樹林

桊海椒　北碚水口萬清和

鵝掌販　北碚斗湯南嵐王老么

甜　茶　北碚張山坡張光雨

老鷹茶　北碚二特壿張潤全

向日葵　北碚二特壿張海全

五爪桐　北碚寨子坡周還浦

米　桐　禪岩僧啓元

湖南糯　二岩磨子灣楊遂生

大白葫豆　二岩磨子灣譚云發

大甘薯旱稻　西山坪科學院農場

白　果　文星場糟房劉伯宇

核　桃　北碚二特漕張紹清

馬牙齒大包谷黃桷鎮張代聘

四、訂國歷十月十九日齊集應得獎品的人于北碚大禮堂，由建設股主任說明此次物產展覽會的意義。以及今後工農業技術的如何改良和組織各種合作社的意義及其辦法等。講演畢攝影，給獎。

五、獎品：

1.綢，布，三角旗——上書「模範農家」。

2.毛巾。

3.碗筷，以及鄉人日常用品。

六、獎狀——道林紙精印。

七、今後展覽會應注意的事項

一、展覽物品不宜過多，應舉行物產獨立展覽。

二、展覽會不應混着其他活動，應單獨舉行。

三、徵集物產，應徵集其特殊式樣，或與人的生活上有密切關係者。

四、徵集物產不宜過多，也不宜過少，過多則被徵集者吃虧，過少則不便陳列。

五、不單是注意大的組織，尤須注意小的輪廓。

六、以後若辦展覽會，或其他有意義的活動，都應有充分的準備和精細的計劃。

七、一人不應担任兩個活動，應設專人負責。

八、人員應有互助的精神。

實驗區公安隊的四個活動

自從峽局改組爲實驗區署，各部隊的名稱，也由特務隊改稱公安隊了，名稱雖有變更，但性質和工作，仍然是執行警察的任務，協助地方一切之建設，現在把官兵活動的情況，分頭談一談。

(一)軍警

現在區署共有三個公安隊，除了平時分駐北碚場，北川鐵路沿線，黃桷鎮，夏溪口，二岩鎮共計有中隊部三處分所八處，担任警察，平時留意當地的治安，秩序，清潔，消防。倘一旦得到匪警的報告，不計路程，不拘時間，馬上部隊出發，夜行通宵，風雨無阻，例如前一月翠雲寨的匪，我們曾連夜趕到，晝夜不休的搜捕了八九天，擒拿了二三十名匪犯，一直到現在，我們都還在追究中，，隨時都有人在外面偵緝一切匪徒。

關於治安方面　我們駐有隊伍的地方要調查戶口，每年有詳細調查一次，每月有簡單調查一次，並有戶籍登記，以明人事變遷，如人民有出生死亡婚姻遷移都要到公安隊登記，又調查力夫，鑛工，市場的力夫和鑛廠的工人對於我們治安有特別的關係，所以有詳細登記並發給力夫證，凡屬實驗區裏面，都有武裝兵晝夜不斷的巡邏，防止盜賊扒手活動，取締賭博，無論公開賭祕密賭都已絕跡，並取締迷信如星卜相士問仙觀花等，驅逐境內明暗娼妓以純風化。

關於秩序方面　維持市街市場秩序並整理市鎮，各街設置指引牌定有名稱，各戶定有門牌號數以便清查，各市鎮於相當地方設置揭示處，使貼示與觀看的人也有一定的地方，維持囤船上下汽船秩序，維持民衆會場秩序男女依序出入挨次就坐，維持力夫秩序並取保發給力夫證。

關於清潔方面　每日檢查市面清潔一次，每週檢查市民家庭清潔，食旅店及公私廁所清潔一次，暑天撲滅蒼蠅收買死鼠，取締廠猪，嚴防傳染，各隊製有粘蠅紙捕蠅罩贈送市民，蠅拍每拍一把，收回蒼蠅三十杯，以爲代價，疏通明暗溝渠，爲各隊經常任務，暑天巡邏。兵身帶救急藥水，救濟力夫和市民各市鎮市街上設置痰盂菓屑箱。並指定傾渣地點，按期掩埋。

關於慈善方面　西醫——各隊設立分診所，每日按時診斷貧苦免費。

中醫——設有中醫醫生隨時送診，並募捐施藥，凡陸地水面見有浮屍由本隊派人掩埋，並爲之募木匣。

救濟水災——每年洪水之際，河邊居民房屋時被水淹有時搬運不及，由各隊晝夜派兵幫助搬運，災後生活無着並募米施粥賑濟。

嚴冬濟米——白廟子，澄江口等處苦力甚多，每當歲暮之際，生活無着，由公安隊會同士紳募米施賑。

成立收容所——鉄路沿線工人不下數千，不能工作者，每於嚴冬歲暮饑寒交迫，公安隊商當地士紳成立收容所，施與稀粥以救其生活。

每年春秋二季派官兵幫助到峽區各場種痘。

(二)民衆教育

區署大部份的工作，都偏重於民衆教育方面，公安隊幫助的可分四點：1、在警區內要地，及市場設置新聞簡報牌，每天公佈新聞，並派兵宣傳，2、設立書報閱覽室，澄夏及白廟子，黃葛樹文星場二岩各設有書報室一所，人民更可借閱，內部的書籍報紙都從勸募得來，3、募捐創辦平民學校，力夫學校，澄夏

辦有夜課學校一所，燧川，寶源辦有工人學校一所，蔡家溝辦有民衆學校一所，白廟子辦有半日學校一所，力夫校一所，其餘各鄉鎮正在積極籌辦中，4、各隊皆設有民衆問事處，幫助人民寫信，唸信，問事決疑，並贈送信封信箋，公安二三隊駐在地：白廟子，文星場，黃葛鎮，和夏溪口，也設有俱樂部，問事處，每天並作新的知識廣播運動。

(三)地方經營

1、建築公共運動場，白廟子，水嵐埡，文星場，夏溪口各設有籃球場一個，并有各項器械設備。

2、三中隊官兵設計經營運河公園，并成立董事會，募集常款。

3、助修北碚市場民衆馬路，是爲防止水災，人民得安全除險，前年夏天聯合民衆每家担泥，費時三月築成民衆馬路一條，長十六丈，寬四丈，今後如遇洪水，人民可安全通過也不致恐慌了。

4、各隊於市場建築公共廁所其收入用以整理市鎮之用。

5、澄夏兩鎮建設鐘樓一座，使人民知道時間。

6、白廟子建築民衆會場已先後募得捐款洋二千四百元，曾

買靑山一幅，官兵集中力量，砍伐運樹費時兩月現已建築完成了。

7、白廟子建築民衆沭浴室，便利力夫市民洗澡，這兩處的地基全是硬石，二中隊製了大批鑽子手鎚，由士兵打炮削平，費去火藥二百餘斤，是同民衆會場齊完工的。

8、各隊利用空隙地方大批植樹增加風景。

9、今天溫泉公園和北碚平民公園的許多道路以及北碚夏溪口等處的公共體育場都是官兵學生們工作起來的，現在北碚以外的經營，如北川鉄路附近的金劍山公園，和夏溪口的運河公園，都在積極進行中，不但如此，還幫助了地方不少的公共享用的建設，最近各地方上的人士些都高興幫助而且也自動的幹起來了。

(四)幫助公益

(1)幫助淘灘——嘉陵江渝合間每年到了冬季水枯時有許多最險要的灘如『紅沙磧，黑羊石』等，對於汽船木船很不容易通過，並且常常發生危險，峽局每年派官兵淘灘以利交通。

(2)幫助科學院於西山坪開墾。

(3)幫助農民插秧打谷。

(4)幫助建築碉堡，瓦店子要隘地方建築新式碉堡一個，很像一座西式洋房，由北川公司提手建設費去洋二千餘元，純係募款，二中隊官兵担任一切雜務工作，已於去年上年完成可容兩百人住營。

總之本署各隊凡有空的時間有空的人都要實行勞作『挑泥抬樹抬石頭都是經常的工作』除此之外，每天都有專人担任社會教育的責任，簡單的說，我們的官兵，每天都在活動，而活動的目標，都不是爲個人，而是爲的社會公共的享受。

嘉陵江三峽鄉村建設實驗區署二十五年九月份工作報告書

(甲)內務方面

一 調集保長小隊附訓練 區屬各鎮保長小隊附等，選任雖屬嚴格，但知識缺乏者仍多，以之直接民衆，辦理政務，殊成問題。乃調集壯丁幹部人員，施以軍事政治訓練，俾有相當之軍政常識，用以組織民衆訓練民衆，始克有濟。本署於本月一日，，即開始準備，訓練期間 定爲一月，共需經費一千一百七十餘元，除伙食費一千元在本年七，八，九三個月徵收保甲經費時附徵一月湊足五百元外，其餘不足之數五百元，及事務費一百七十餘元，均由本署勉力津貼，受訓學員，計有保甲長九十八人，小隊附九十九人，編爲一二兩隊，至十六日已開始訓練，刻正加緊訓練中。

二、奉令處理澄江鎮鬧學糾紛 區屬澄江鎮鎮長梁澤林，因包庇演劇，與該鎮小學校學生發生鬥毆情事，經該校校長劉瑞祥訴行營及經三區專員公署令飭本署就近處理，并准璧山縣政府移送全卷過署，經傳集雙方當事人到署研訊，並派員赴澄江鎮切實調查審訊，結果學校損失書籍伙食費一百二十一元五角，責由梁澤林賠償洋五十元，又負傷學生劉明成等醫藥費洋拾元，并罰金一百元，均由梁澤林負担，充作該鎮舉辦公益事業之用。該劉瑞祥不應暗示學生上台拋擲樂器，致釀事端，所有該校損失，除梁澤林已賠償一部份外，其餘七十一元五角，應由劉瑞祥自行賠償，至傅合林，張華明，張漢超，甘偉常，秦國藩等，三人各處拘禁一月，送交璧山縣

政府執行。此案詳情，經製就處分書，呈奉本區專員公署核示在案。

三、奉令代徵土地 奉四川省政府令飭代四川蠶絲管理局負責徵收之江北東陽鎮土地作製種場，本署奉令後，即先行派員前往該處查勘，并區劃地域，刻正從事調查接洽住民中。

四、訓練士兵 本署公安各隊，因分駐各地，均有任務，不易集中，復以近來匪風甚熾，防匪至爲切要，故本月乃集中訓練，以當前盜匪爲對象，學科方面，則側重保甲須知，與警察須知，以期達到實行「警衛連繫之途徑」。術科方面，側重射擊與散兵等應用教練，野外方面，亦注意散兵與利用地物等之溫習，并常於深夜緊急集合，以養成隨時均有出動準備之習慣，早上更加練習刺槍術，以備白刃交鋒之能力。

五、會剿大茅坪股匪 江北合川兩縣交界之大茅坪，山勢險峻，綿延不絕，匪徒甚易潛匿，本區雖迭次派兵搜剿，無如山深林密，不易肅清，且匪徒刁狡異常，此擊彼竄，兵去匪來，近來該處已成爲藏匪之淵藪。本月二十三日晚，忽接合川小沔溪電訊：該處盤踞有匪徒二百餘，武器多爲手槍時出刦掠，擾害地方治安，并謂：該隊已在三匯鎮屬要隘向白峽口方

面警戒，請派兵會剿等語。同時復電商江北縣第四區，約定會剿辦法及時間，次日晚十一時由本署令飭公安一，二，三各中隊，(其餘留守後方負警察任務)及保甲長壯丁幹部訓練班全部出發，一面通知小沔溪，二十五日午前九時，尖兵到達大茅坪時，即與匪人接觸，匪因見我大部進攻，即向李家山方面逃竄，而我以一夜行程，疲勞過甚，追匪不及，乃會同江北第四區及合川團隊，合圍搜剿，結果因山林深邃，未獲踪影，仍率隊返碚。

六、維持治安情形：

Ⅰ屬于公安一中隊者——(1)令金剛碑派出所担負東陽鎮上壩盤查，注意行跡可疑之人，破獲盜竊合川青絨案一起。(2)查獲合川唐姓刦案之逃匪龐成之一名，捕獲盜犯梁金堂一名；(3)每週大檢查武器一次，每晚檢查旅店，責成店主注意盜賊隨時密報。

Ⅱ屬于公安二中隊者——(1)每日設哨在黃桷鎮檢查上下船隻，嚴防匪人潛入境內，(2)每逢場期，派兵一班在黃桷鎮入場要道之牛角廟地方警戒，預防匪患。(3)每夜派兵清查各旅店，有無匪人混迹，并隨時令派便衣兵祕密調查。

Ⅲ屬于公安三中隊者——(1)每逢場期，派兵一班在澄江口火藥堡碉樓警戒，并盤詰由八塘鎮臨江場到本鎮之行迹可疑之人，(2)夏溪口對岸之白沙沱，爲峽中水上交通要道，有小船停泊，每晚派兵前往檢查，并飭以後一律停靠夏溪口，免生意外，(3)澄夏兩鎮間之鐘樓，原係碉堡改建，地勢極爲重要，特于該處趕築工事，以防萬一。

七、調處案件：

Ⅰ屬于區署者：　1.毀損案一件　2.邊界糾紛案一件
3.租佃糾紛案一件　4.債務案一件　5.雜案三件

Ⅱ屬于一中隊者　1.債賬案六件　2.盜竊案二件
3.損害案一件　4.口訴糾紛案八件　5.賭博案二件
6.拐逃案一件　7.虐待案一件　8.雜案三件

Ⅲ屬于二中隊者：　1.租佃糾紛案三件　2.鬥毆案二件
3.債務糾紛案二件　4.盜案二件　5.口角糾紛案八件
6.賭博案一件

Ⅳ屬于公安三中隊者：　1.盜竊案三件　2租佃糾紛案五件。
3.鬥毆案四件。　4.債務糾紛案五件　5.雜案七件

6.口訴糾紛案廿三件

(乙)建設方面

一、整興水利　1.區屬文星場後礄，連年遭受旱災，損失極重，本月區長躬偕建設股主任黃子裳前往查勘，俾爲適當之計劃，結果以該處純屬山地，不易蓄水，宜深掘塘堰，以利灌溉，特函四川水利局派工程師來峽測量，并指導修築工作，現正與該局往復函商辦法中。

二、調查工作　(1.)派職員胡鳳梧鄧伯初視察各場災情，統計損失數目，撮影彙報請賑。(2.)派員分赴各場訪問農民需要借用種籽情況。(3.)擬製食糧調查表，菓樹調查表，桑樹調查表，牲畜調查表，分發各鎮鄉聯保主任，分別調查，切實塡報，以便改善農村經濟。(4.)幫助成都大學調查乾洞子土質，準備經營種菌場。

三、組織合作社　(1.)擬好農村信用合作社兼營運消合作社簡章，擬待呈請核准後施行。(2.)成立峽區事業機關消費合作社。以採辦糧食爲主要業務，除供給各事業機關外，有餘接濟市面，藉以平抑物價。

四、博物館　(1)印製徵集峽區物產記載表，分發各場，徵集峽區物產，以供陳列，計在文星鎮徵集物產，費時二日，獲工藝品五十三件，農產品四十二件，其他十二件，共一百零七件。(2)規定全館服務生及粗識文字之工人，於每日午后七鐘半至九鐘爲讀書時間，并于每週星期三六作讀書報告，於逢場期間，在民衆會場，向民衆作博物智識之介紹，藉資練習講演。(3)規定全館工人，在每週星期六午后七鐘半至九鐘，作一週來之生活報告，以資檢討過去工作，計劃未來工作。并由練習生輪流充任主席，管理人從旁監督，指導或批評。

五、動物園　(1)印製推廣雞鴨表，派員下鄉接洽推廣。(2)訓練服務生及工人飼養動物方法，及應注意之事項。(3)助博物館及平民公園督工建修魚池兩側之花卉園藝展覽地及陳列室。

六、平民公園　(1)整理各處花壇及掉換各機關盆景四次。(2)平日督促工人在愛湖挑水灌溉花木一次。(3)撒播花木花種三十二種，并修剪民教處葡萄繁枝。(4)中耕各處花壇及施肥。

(丙)教育方面

一、分發義務教師服務　前月所辦之小學教育研究會及義務教師研究班，已于上月底辦理結束，本月初卽將小學教育研究會會員，派往各區立小學服務，其有義務教師研究班學員，則派往各保籌設學校。同時復召集各保長開會，討論義務小學校地校具及選舉校董等問題，限本月十五日以前一致成立，全區計設有義務小學七十五所。

二、試辦小先生教學制　(1)擬定計劃，(甲)區屬小學及義務小學實施小先生之教學計劃。(乙)區屬小學及義務小學校附設民衆學校之計劃。(2)試行小先生教學。劃黃桷鎭第七保及北碚三十一，三十二，三十三各保爲試驗地，黃桷鎭第七保調查結果，不便之處甚多，停未舉辦，專就北碚各保派專人作實驗輔導，并擬以學校爲中心，作改良社會活動。

三、民衆問事處，民衆圖書館　(1)民衆問事處：代人寫慰問信五封，通知信十一封，謀事信二封，索債信五封，借錢信一封，請託信四封，購物信三封，兌錢信二封，合計三十七封。雜件有包約二件，悔過書一件，合同一件，支條七件，共十一件。引導參觀團體及旅客共三十起。(2)民衆圖書館：(一)蒐集關于保甲方面圖書，備作保長研究班學員之研究或參考。(二)本月巡迴圖書担，繼續登記三十七人，收回二千二百八十一册，借出二千一百九十九册。(三)本月開放三十天，閱覽人數，全月共爲六千五百四十六人，借出書籍爲一千七百六十四次。

四、各公安隊之民衆教育

Ⅰ、屬于公安一中隊者(1)每晚在北碚民衆會場安置收音機，收播國內重要消息，及國內外音樂。(2)民衆會場每週開放二次，表演新劇川劇及各種游藝，並報告時事消息，常識講演。

Ⅱ、屬于公安二中隊者，(1)每日選佈時事新聞於文星鎭北川鉄路沿綫一帶。(2)黃桷鎭民衆問事處代人寫信約條據等共十四件，計寄錢信二封，問候信三封，借約一件，家信三封，佃約及借據五件，并解答疑問者十五人。(3)圖書館閱覽人數：計黃桷鎭六百二十名，白廟子七百一十名，文星場四百一十三名，共一千七百四十三名。

Ⅲ、屬於公安三中隊者，(1)圖書館本月內募得書籍雜誌一百零七册，大公報半年；小說半月刊半年；新中華一年；良友畫報半年；世界知識一年。(2)閱覽人數；統計七百八十八名，平均每日有二十二人。(3)民衆問事處代人寫信十三件。

(丁)地方醫院

一、戒煙工作：該院戒煙以非強迫，自願來院受戒者甚少，本月計入院女子一名，來自綦江，男子二名，來自重慶，結果皆戒脫出院，毫未取費。

二、擴大種痘運動：本區春秋兩季之種痘運動，常年均按期施行，本月除向上海訂購大批痘苗外；特預為宣傳，對人民來院種痘，其方法如次：

(1)逢場期鳴鑼週知市民，無論何時，均可來院種痘，不收絲毫用費。(2)逢場散時，在各要口特派學生逢人個別宣傳

。(3)製印勸人種痘標語，分赴區屬各鎮張貼。(4)投稿嘉陵江日報社宣傳。(5)各分所種痘時口頭宣傳。

三、遷移醫院：北碚初級職業女子校，因學生過少，新建校舍甚寬，一部份空屋，殆無所用，乃將女職校移入北碚圖書館內辦理，騰出校地備作地方醫院之用，已於本月遷入，較前可多容病人三十名，原來院址，作為分診所，每日派員前往照料治療事宜。

四、治療病人統計：本月施用特種手術五次；院內外接生四次；區署內病三百五十五名，外病一千三百名，普通人內病一百二十五名；外病九百一十四名。合計治療二千六百九十四名；每日平均一百零四名。

一月來的北碚婦女讀書會

民衆教育委員會

一，引子

婦女讀書會是六月四日成立的，那時候的會員，共有二十四人，依其識字能力分做二組授課，後來因為天氣酷署，或會員家務的牽制，於是人數便略有增減，尤其本月來減得更為厲害，本月人數由二十餘人減至十餘人，甚而僅有幾人來受課了，乃幾次改變辦法，謀恢復原態，自辦法改變後，不特原有會員一齊到了，就是新加增的，却也不少，直到而今，還有源源而來的呢。

二，幾點變遷

1.課程的變遷　原定課程有國語，音樂，算術三科，教材有婦女讀本，後來以各個讀書會員的需要，新增了講話一科，先由

五分鐘遞增至十分鐘，其內容暫分為新聞談話，新知識談話，家事談話三項。

2。教學法的變遷　最初教學，時間有一定，教科書有一定，地點有一定，教法亦用講書式，也有一定，似覺呆板，本月來乃實行活動教學法，第一時間不定，無論午前午後或晚間，只要會員何時來，便何時教他，亦不拘泥時刻，他們要學一分鐘便教一分鐘，要學一刻鐘便教一刻鐘，不若既往之每日午后或晚間規定教一小時，那樣限制人，第二教材不定，以會員生活上之需要而異，譬如需要識字的，便多施以文字的教育，教之以日常用的字，需要寫信的，便教以白話尺牘，需要記賬的，便教以記賬法或珠算，諸如此類。第三教學地點不定，有時在辦公室裏，有時在應接室裏，有時在女職員們的寢室裏，視臨時何處空，何處便當而定，第四教學法不定，因人而教，因材而教，用談話的方式，循循誘導，務使學者得着實益，是以漸漸引起了各讀書會員的興趣，對於讀書的要求，更為強烈了。

3。音樂中途停授　音樂一科在中途停止了教授，其原因有二：第一，因為實行活動教學法以來，終日差不多都有人來讀書，七零八落，參差不齊，而音樂又不便單獨教授，因了這個關係；所以停止了；第二，因為民教會能教音樂的人，本有三位，嗣因有一位調白廟子辦理民衆教育去了，有一位調在小學教師研究會助理研究去了，有一位又請了長假，所以婦女讀書會的音樂科，也就暫時停止，等到研究會結束後，這一位教師回轉來時，再設法恢復起來。

三，一種訓練

在露天會場開放時，曾利用這個機會訓練會員服務，如化裝，保管，佈景等事務，都令他們去做，藉以訓練他們的服務能力，他們却也非常高興，簡直當成自己的事在幹，一點也不覺得勞苦了。

四，兩個問題

剛辦得有勁，引起了各會員的興趣，於是問題發生了，這問題雖然很小，可是於讀書會的進行不無障礙，茲分錄於次：

第一個問題，是兩位教師請長假，担任婦女讀書會的教師是民教會的女職員，原來是四位，到本月來有兩位因事請假他去了，於是只剩下兩位，教師便不夠分配，對於會員讀書進行，不免要受相當影響，然而現在雖減少教師兩人，却仍繼續維持原來活動教學的方法，不過加重了其餘兩位教師的担子罷了。

第二個問題，即是催收書錢，以致減少了讀書會員，婦讀女書會的教材雖是活動的，然各個人總有各個人不同的教本，這種教本是從外面買來的，或自己編印的，不邑花了一筆經費，所以會員取書，一定要給最低的錢，當其發書的時候，未付現款。到而今催促他們補繳，遂發生問題了，一些窮苦點的會員，害怕出書錢，簡直連書也不來讀了，於是又暫時緩收，以維持其繼續求學。

五，今後的辦法

1.確定結業時間　今後婦女讀書會，打算明定結業時間，以劃清段落，約分爲前後兩期，前期終了業，再入後期。

2.採用標準制　在每期所預定的課程，能夠提前或者延長時間學完，以考核的成績合於預定標準爲定，不以預定的時期爲定。

3.利用資深會員爲導生　在各個會員中，以比較優秀的，去教那笨拙的，以時間讀得久的，教那新來的，以畢業返家或平日讀書歸家去的，教其鄰居不識字的婦女，而以教師隨時檢舉錯誤而糾正之，如是即可以減少教師，又可以收極大之實效。

4.教材的預定　今後教材，前期除原用之婦女讀本，使其多

識字外，再注入普通常識，時事新聞等，到後期則更添授應用文，如寫信，寫賬，寫借約，條，柬帖之類，俾學了之後有所應用。

5.注重實習　只要有機會，就將他們所學的應用出來，以資實習，譬如平日所學的唱歌，可於民衆會場開放時，公開唱歌，藉此也可以引起市民唱歌的興趣，所學的應用文，可於市民來要求代爲寫信，寫收據，借約等時，叫會員練習寫，則會員有實習的機會，再則可以感動來要求幫寫信的人，發生一種必讀書的心理。

六，結語

婦女讀書會，是民衆教育之一，只要繼續不斷的好好辦去，北碚市婦女界的文盲，不難於短期內掃除盡淨，但是我們的力量還不夠，我們的辦法還有限，還要望各界先進婦女竭力提倡，鼓吹婦女讀書，并要望各界人士，亦予以各種的幫助，使北碚婦女，個個能識字，個個能知世界大勢，個個得着知識的應用，那嗎北碚的文化，就日漸增高起來了，北碚的市民也就日益文明了，這不是讀書會的賜與嗎？

民衆體育場近況

陳年邵

民衆體育場成立，遠在峽防局時代，距今已有七八年歷史。在七八年中，依理民衆體育可普及了，運動器具可設備完善了，體育場規模可粗具了。可是爲了財力，人力的不濟，雖時間是這樣的悠久，終於不能盡如人意。今者，實驗區改組成立，各種建設事業，正在積極計劃設施，於民衆體育方面，不但希望本場完善，亦且需要普及到各鄉各保去，使全區民衆，個個有運動的技能和習慣，個個能注意體魄的健康，是則推動的中心機關的本場，事實上更不能不力求其組織嚴密設施完善。以期早日達到我們預期的深度與廣度。

推動各場各保體育的中心機關—本場—，最感迫切需要的是一個事務處的建築，因爲這樣對外才可以便利運動員的更衣洗浴，民衆的參觀閱覽，以及各方的接洽商討。對內又便於組織一切，計劃一切，以及佈置設施研究等。此項工作，已於本月內完成，今後民衆體育運動的進行自然便利得多了。

在修築本場事務處的本月內，同時還做了下面的幾項工作：

1.各項球類的銀盃比賽，事實的發起在前三月，本月內根據行事歷，繼續主持一切比賽，作爲第一次的小結束。

2.各保義務小學，均已開設，至於運動場的建設，各項運動器具的置備，以及管理組織等，在在須得前往指導。期底於成，於是合同區署教育股，民委會，地方醫院，分別前往設計，幫同進行，計在月內所到義務小學，共十六所，區立小學三所，一切正在計劃進行中。

3.本場爲了加速普及民衆體育，特分函國內各大都市各實驗區索取關於體育場的實施辦法組織規程等，以期在普及民衆體育的方法上得一指南，使進行順利，效果增大。

（此外如交通模型亭子的修建，雙十節主持全區學生的會操、教授全區義務小學教師的體育教材等，以事屬瑣屑，恕不贅述尚望社會人士多賜指導批評）

科學

二十五年來中國研究機關之類別與其成立次第

蔡元培

研究綜合學術之機關，略可分之爲四類：一、前國學研究院；二、獨立研究所，三、大學中之研究院；四、工業機關中之研究所，民元以來之學制有通儒院在大學之上介乎一與三之間，蓋其時定學制者以大學卽古之太學，全國僅設一所也，民元之大學令，認全國不止一大學，改通儒院之名爲大學院則純屬第三類。

第一類最先成立者，爲國立中央研究院；於十六年成立，逐年發展，現在物理，化學，工程，地質，天文，氣象，歷史，言語，社會科學，心理，動植物等研究所，國立北平研究院繼之，成立於十八年，設三大部：第一理化部，分設物理學，數學，化學及藥物等研究所。第二生物部，分設生物學，動物學，植物學等研究所。第三人地部，分設地質學研究所及測繪部。

第二類最先成立者爲地質調查研究所，成立于元年，（屬實業部）逐年發展，設有古生物，燃料，土壤及地震等研究室。十一年，中國科學社之生物研究所成立，分動物植物兩部。十一年六月，浙江省昆蟲局成立，設寄生蟲，蚊蠅，植物病理，稻蟲，果蟲，棉蟲，等研究室，是年八月，熱帶病研究所成立，設病理學，細菌學及寄生動物學三組。是年十月靜生生物調查所成立，分動物植物兩部。十八年，中國營造學社成立，分設法式文獻兩組。二十二年，中國經濟統計研究所成立，有全國工業城市總調查及銀價問題研究等工作。其他實業部之中國農業實驗所及中央工業試驗所，亦均於近年成立。

第三類，以國立北京大學之國學研究所為最先成立者，清華大學之國學研究所及交通大學之經濟研究所繼之。十六年，國立中山大學教育學研究所成立，有中小學國文教學，民衆教育，教育一般問題等研究。二十三年，國立中央大學教育實驗所成立。有知覺單元形成之條件，漢字測量與全國中學英文教學研究等工作。現在教育部已指定幾所大學分設各種研究所，此類研究機關，必可以漸推廣矣。

第四類在我國尚甚少見；惟聞黃海化學研究社，為九大公司所設，中華化學工業會，為天廚味精廠所設而已。

右列各機關，均為二十五年以前所有，我等聊以自慰；然而有者尚須儘量擴張，未有者尤當努力建設，我等又焉得不自勉耶？

昆虫採集製作經驗談（續二）

黃楷

第二章 採集

第三節 普通採集法

第一項 捕捉法

捕捉法係以器械徒手捕獲各處飛翔、遊行，或潛伏之昆虫之謂也。其法亦有數端，茲擇其要者，述之於次！

一、簡便捕捉法！ 從四月至七月間，花開遍地之時，可於每日早晚，持毒瓶及鑷子，在花間往還尋覓，此時可得吸食花蜜之蜂子，蒼蠅，甲虫，或被露凝草上，不善飛翔之蜻蜓，鳴蟬蝴蝶等，其採法，即用鑷子將上項昆虫輕夾於毒瓶中，或以毒瓶湊近昆虫所在之地而掬合之，或在秋季播拚枯草，撥亂石，亦可得若干種類之昆虫，有時並鶴立一處，僅待昆虫飛近身傍而擊捕之，又於夏秋之間，天氣傍晚之時，僅帶毒瓶網子，到各瓜類之花瓣上及有一種俗名粉團花之花上，或養蜂桶子之傍邊，亦可捕得各種天蛾科之標本，凡此種種，不一而足，類皆易為之事也。

二、網掬法！ 運用此法，動作須輕敏，交點要準確，遇着昆飛行時，宜對準其前進方向迎頭網去，若有風吹時，則迎風網去，若虫體休息在草尖，枝頭及葉頂時，則宜連枝帶葉合併網之，如此採法，可望豐收，若虫體休息在荊棘林內，切不可舉網，欲捕捉時，則宜先驚之，待其飛近身傍而後網掬之，凡網掃之後，不問欲捕之昆虫，曾否獲得，概須將網柄扭轉，使封閉網口，以免逃逸，倘所捕之昆虫爲蝶類，則宜速用兩手之食指與母指，提摺網紗，使其四翅反叠，然後以左手握其胸部而扼之，俟蝶暈斃，再翻開網口，以鑷裝入紙包，此時須注意將其四翅併齊，觸鬚直附前翅之前緣，如此則彼縱醒來，亦難動彈，標本亦不致於損壞，最後可帶回，置毒箱毒殺之，若所捕爲無鱗粉之昆虫，如鳴蟬蜻蜓之類，則可逕捉其翅，以手或鑷子包入紙包，若係蜂子，蒼蠅，或善飛之蛾類，須先驅至網底，連網帶虫納入毒瓶中暈斃之，然後再爲包藏，或竟收存毒瓶中，帶回整理亦可，凡有毒氣之甲虫，爲防中毒計，則必須鑷子夾入毒瓶，無毒者，可用手捉，惟須注意其假死以免乘機逃逸，或將其足翅鈎住網紗，因而損壞標本，此雖些瑣之事，亦不得不注意及之。

三、打落法： 此法多行之於秋季，凡在較高山頂之灌木（如青杠，馬桑……叢中，一人張昆虫傘於小樹下，另一人持木杆猛擊樹枝；待棲於枝葉之昆虫被震落網中時，乃急捕入毒瓶中

而斃之，倘人數不敷，則一人可以左手撐傘，右手擊樹，惟須注意接傘，不能離樹枝太近或太遠，恐被震落之虫子墜至中途而即時飛去也。

第二項 引誘法

引誘法純係利用昆虫之習性，以種種方法誘之至一處，乘機捕獲之謂也，其法亦有數端，玆略分述幾種以備採擇：

一、食物引誘法：此法係用昆虫所喜食之物品。誘之使集於一處而捕獲之也，亦可細分四點敍述；

A、放帶子法： 此法多行於秋季黑暗之晚上，用碎沙糖一斤，溶於十斤温水中煮之，再添蜂蜜半斤，充分攪和，待其將達沸點時，即移入泡帶子桶內，不即加蓋，聽其自然發酵，待糖液現有酸味時乃將帶子泡入，經過若干時後始取出，預於白天選定地點，挨近森林邊之雜花草原，微有流水而潤濕之地，或兩林相接之間，或谿谷岸邊，皆爲最良好之地點，至午後六七鐘，天色昏黑時，將前述浸漬之帶子取出，加上少許香酒，牽於高矮適宜之樹枝頭，旋即準備大毒瓶，捕蛾燈，或馬燈電筒，靜候搜捕，若有二人，可一人傘燈，一人捕蛾，若僅一人，則掛捕蛾燈，或手電筒於腰際，左手握毒瓶，右手按住瓶塞，見有蛾子在吸帶上之糖

時，即輕啓毒瓶蓋對準蛾子迎上，右手以瓶塞輕擊糖帶，蛾即中毒暈墮瓶中，可如法一一取得之，百無一失，但須注意下列各點：

一、最適宜的時間，是從舊歷五月起八月止，其餘的時間，施行此法，收效甚微。

二、調治糖漿，不宜煮沸，其濃度以冷却微帶粘性爲宜，務須待其發酵，始可取用，且愈存得久愈好。

三、香花酒有花香味的酒必於將放帶子時，始可加上，且只須滲透帶子，若加之過早，則其香味散發，效用銳減。

四、地點要在雜樹林或竹林之傍邊，最好是周圍有樹，中間有草坪，如在山谷中之園圃內，尤爲適宜。

五、時機以午後七鐘至十鐘，天氣乍變，涼風吹送之黑夜爲宜，若在星月皎潔之夜裏，則須擇暗地以行之，倘能通宵從事，當可增加收獲。

六、帶子必須輕縛樹尖或枝頭，只離地二三尺高，以便收捕，再帶子須牽成直線，使棲在兩端之蛾子，不致被捕蛾燈光驚去。

七、毒劑須用較多之哥洛訪謨，始能在短時間毒斃標本，氫酸鉀則多不合用，再者每連收三四蛾時，即須另換一毒瓶，以免未斃之蛾，乘啓瓶蓋時而飛逃，故每次宜帶二個以上之毒瓶，以備輪換。

八、收帶上蛾子時，舉動宜輕便敏捷，勿發怪響，勿動搖糖帶，遇蛾驚逃時，可隨網子以捕之。

九、每隔一小時，察看帶子一次，若所放帶子過多，可循環巡視，至十鐘後，蛾子比較稀少，此時遂將帶子收回，捲疊成餅，仍泡於糖水桶中，到次日或間一日將放時，始取出擠乾，再加香花酒。

十、用此法所得之標本，多半爲夜蛾科(Noctul idae)之昆虫，或其他小形蛾類，收回時即須傾出，將蛾子之背面向下，腹面向上，用鑷子尖從前端伸入，輕壓其翅基，再夾之而起，此時蛾之四翅，已略向背面翻摺，乃用左手之食指與母指輕持胸翅，再換以鑷夾之，左手持紙包，隨即裝入，放進毒箱，若經過時間太長，蛾之翅鈎與翅刺容易硬化，此時便難翻轉也，倘所放帶子過多路途又遠，恐待全數帶子收完才帶回來整理時，蛾翅已變硬，或不便往返時，爲免此項麻煩，亦可攜帶器具，到野外整理。

十一、蛾之腹部，常較大而軟，故於未裝之先，須在紙包之角塞一小紙球，以免壓壞其腹腔。

B、埋腐物法：此法係將無用之死鼠，死蟆，及牛羊豬之肉與臟腑等埋入坑內，以誘集埋葬虫科(Silphidae)之甲虫，挖坑之地點須擇定竹林或樹林內之近水平地，坑深約五寸，寬八寸，將泥粒捧出後，內鋪無臭油紙，或耐用之牛皮紙，紙面置泥粒，約二寸厚，放上腐物，再覆以亂石如蓋樓狀，並蓋上枯草竹枝，隔二三日後，埋物即行腐臭，乃啓石圍觀察，見有逃跑之大形虫子，隨即夾入毒瓶，旋將腐物移開，提取油紙上面之泥粒，入雙層篩網細篩之，已篩出之無虫泥粒，仍鋪油紙，倒入坑內，掩埋如前狀，篩中有虫之泥粒，則可帶回，解網底縛繩，傾出泥粒，置玻璃盤中，或白紙上面，用擴大鏡檢捕之。若篩泥過多，可在野外將泥粒傾入一小布袋中，待將全部埋有腐物之泥坑陸續篩去，工畢後，始一同帶回檢捕，若泥內之小虫而行太速，不能用細鑷挾捕時，可以毛筆蘸酒精，或哥洛紡滴於虫體，虫中毒氣即暈絕，可以從容捕之，但須注意埋物須十分祕密而穩固，以免狗來翻吃，或好事者之搗毀，且此法宜行於秋季之晴天，收效方大。

C、人糞法：有些鳳蝶科(Papilionidae)之昆虫，因嗅覺不同，似宜用此法，即在天氣炎熱，微風吹送之四五月間，可於林邊，道傍，或菜田之內，撒潑廁內之糞數小團，專捕此項蝶類，放糞後經一小時之久，即可持網巡視，若見有蝶集食其上，即輕輕前往捕之，此時之網口須側着，使其一邊着地，徐徐移近糞側，再急猛力罩下，因蝶尚在地面，故又須提高網底，待蝶皆向上飛起入網頂後，始可放下網紗，依次以食指與母指輕壓蝶胸，（如網捕法）待蝶一一暈絕，乃張網將其裝入紙包，如此則無有一能漏網者，倘若不依此法，則蝶每有乘舉網之時而飛逃者，或罩下不嚴，蝶由網縫邊逃出者，或一經罩下，蝶尚未進網中，遽即取網，而致逃走者，故不可不慎也，再昆虫雖小，亦甚機警，凡受過一次驚駭之後，下次便難捕獲，故不捕則已，一捕則須期在必得，又遇有農人澆糞於菜田，或攪糞於毛廁中，或晚間掌燈到毛廁邊檢視，亦同樣可以採集很多蝶或蛾類標本。

D、其他：食物引誘法除上述三項以外，還可利用過熟將腐之桃，梨，苹果，花紅，切成小片，用繩穿之，如帶子法牽於林邊，或則剖瓜類伏於地面上，亦可誘集幾種虫類及蛾類，要之，利用之方法很多，採集者當臨機應變而善自為之可也。

二、光線引誘法；　此法卽用白布擋子，懸掛於較高之雜草原，或樹林中，或遼闊之山谷內，再置以誘蛾燈光，或加爾比燈於其對面。使燈光如映電影式直射於布擋之上，人立布側，持毒瓶及捕虫網以待之。凡被誘來之蛾，或甲虫類，其飛行者，則網捕之，休息在布擋上者，則用毒瓶籠捕之，若無是項設備，可鋪白布於雜草叢中，或雜木林中之平地上，布上置強光馬燈一盞，亦能誘集不少之蛾類或甲虫類，惟須注意下列兩點：

1、此法多行於夏秋兩季，以午後七時至十時，天氣乍變如鬱熱之時爲宜。

2、燈光須強烈，且宜置之較高，使能遠照，方可誘集多量昆虫，採得標本務須卽時處理。

三、同類引誘法：　許多昆虫如蝶類，甲虫類，蜻蜓類等，常翩翩飛舞於花間，草叢，或空際，或覓食物，或尋玩所，或專爲求配偶……每用其特有之色彩，香味，或飛行之姿勢，以招致其同伴而羣棲共遊，故此時可捕各種昆虫擬之，而置於地面，花叢，及陰濕而微有流水之處，利用其同情心，或雌雄關係，亦可誘集而捕之。

四、環境引誘法：　此法係利用昆虫之習性，假設其所喜住之環境而誘集之也，例如有幾種特殊之蝶，蛾，蜂等，專喜在一種花上居留，而此種植物又因其太高大，不便網捕，於是不得不用此法將樹之頂端割下，插於低處，利用其特具之色彩，香味，以誘集此項昆虫，如(Papilio)(Chaon)(Wst, 及Papilio Chinensis Rsch 之常喜住在夜合樹花上是，此或係因其幼虫祇能生長於該樹上，故成虫常須至此樹產卵，或成虫專食此種花蜜，而每聚餐於此也，又如有許多甲虫喜棲石下，及枯草內，腐葉內，或牛糞內，因是採集者可假設枯草，腐葉，牛糞以誘之，此法之好處，卽在人工所設，地點有定，可以按步就班，直趨其地，而不必四處探尋，枉費勞力也。

第四節　各種方法之運用

上述方法極多，然各有其運用之妙，而不能偏重，但採集者，須因地治宜，方能收效，如蝶，蛾，蜻蜓，蜂子，蒼蠅，鳴蟬等，大部住在平地上，此時必須用掩捕法，以右手將網輕置昆虫之側，網口一面接地，一面上向，待靠近虫體時，卽速行罩下，或左手張網，右手提網底，對準欲捕之昆虫時，輕捷撲下亦可，虫若向上飛行，卽其自投羅網，切不可用橫掃法，若住在樹幹上者，則須以網口一面貼接樹幹一面斜罩虫體向上迎捕之，住在草尖及枯枝上者，則當橫掃之，在花間或葉面者，繦捕或網羅之，在朽木或樹皮內者則用小刀挖取之，在樹生苔蘚中，及枯葉塵芥中者，以雙層篩網或就網接着樹幹。用小刀刮下，捧入網內而後篩尋之，在石下或枯草內者，翻搼之，其在不易察覺之灌木葉上或竹葉上者，則下面接昆虫傘而打落之，再有應注意者，卽昆虫每有棲留性，一次受驚飛去後，下次還能再來如蜻蜓者，宜等待之，在草叢中之小虫，則以掃網往來掃刮為宜，在泥內者，可掘取之，在石穴或木孔中者，可用吹煙管而煙薰之，待其鑽出而捕入毒瓶，生於水中者，則應以水網撈捕之，或收取水中苔藻，刮取水池底之汚泥，連水帶囘置入玻璃盤中，細細撿出之，總之欲得多量之標本，必須隨時隨地留意，臨機應便而捕捉，經驗既多，則自然熟能生巧。

第五節 採集之時令

採集標本，普通以晚春，盛夏至秋末為最適宜，冬季及初春，則因昆虫多蟄伏潛所詭祕，不易察覺，然細心搜尋，亦未始不能有相當之收獲也，一日之內，則以午前八鐘午後三鐘，及晚間七至十鐘為最宜，蓋在朝露未央，或夕陽西下之時，昆虫多不活躍，故較難尋見，惟能知其所在地點，則所獲可出意料之外，至若天氣乍變鬱熱之時，則昆虫四處飛翔，採集者又當勿失此良機。

第六節 採集之地點

昆虫分佈極廣，無時無地不有其蹤跡，但因各環境氣候之所宜而有其差異，故欲收事半功倍之效，則必於地帶加以選擇，如森林附近高山草原，園圃田間，河畔池旁等處，皆為昆虫棲息最繁之區，此外如陰濕之所，瀑布細流之側，僻靜無風之河灣，以及池沼水面，深山空谷，茂林中無人居住之空屋內，植物之花間葉底亦復不少，雜木雜草叢中，種類更繁，至兩岸有山，有田，有林，中有溪流，後面有大山橫斷之深谷，則更為採集之佳地。

第七節 採集之注意

昆虫中固以害虫為多，但有益於人類者亦屬不少，故不宜隨便妄殺，又對於作物，尤須注意，勿使損傷，此外對於昆虫之擬態，保護色，雌雄之分別，生存之環境，防敵之方法…等，亦須隨處留意，詳細記在簿內，以備日後參考，蓋採集之標本在精而不在多，(每種至多廿份)不需要者，可以不必白費勞力，但既得以後，則應為慎重處理，保持其肢體之完整，彩色之鮮艷，及附器之完全，因不完善之標本，卽失去其科學上之價值也，惟罕見之特殊種類，縱有少許破壞，亦當保存幾份，以作爲該種之代表，而最普通之種類，若在高度不同，氣候不同，環境不同，時間不同之情況下，亦須保留二三份，以備爲分佈上之比較。

第八節　整理

標本非經適當之整理，則肢體不規則而易損壞，故由野外採集歸來，即須將當日所得標本集于毒箱內，(免虫子醒來動彈)經過三小時至六小時後，趁其肢體尚軟，即行傾出整理之，若係蝶蛾蜻蜓之類，則先解開紙包，每次約二十至三十個，列於鋪有白紙之桌上，分別種類，依次整理，倘見有四翅不整齊，觸角位置不合度等者，即須於此時加工整理之，務使翅之方向互相一致，身體與翅彼此成一直角，足屈曲，緊貼胸際，而後細心裝入紙包，(如第十九圖)若係甲虫則先分別大小，大者以白紙條個別裹之，捻扭其兩端，當使足附胸前，觸角反搭背上，較小者經整理後，裝入紙捲筒內，每裝至三四個時，即以白紙片隔之，以免互相扭結有傷肢體，其最小者，以及軟體之幼虫，則以酒精浸製之，蜂子蒼蠅，則宜針釘之，(針釘位置及方法見下章針釘法)倘有已經損壞，或不暇整理時則可以酒精暫時保存，或留作解剖之用。

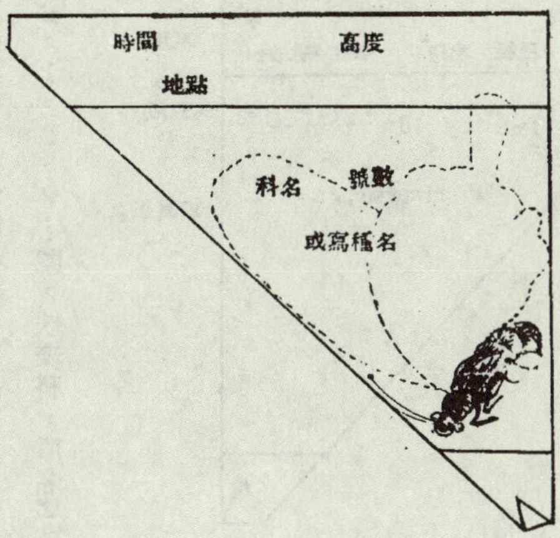

時間
高度
地點
科名
號數
名稱寫成

第十九圖

蝶在紙包內之姿勢

第九節　記載

凡採得標本，既經整理以後，即須記載其採集期，產地，高度，號數及標本之好壞與特點等，於各個紙包上，同時並記其號數，名稱，產地環境，及生活情形於登記簿內，(號數須有與紙包相符，以憑查考：其記法可分兩種：(A)分科登記凡同科之昆虫，不問數目多少，皆用同一號數表幟之，由此可知所得標本之種數，其產地採期等，則於每個紙包上表明之，此種方法，便分別保藏，一望而知每種已有若干數目，俾可酌量決定交換或分送等事，寫法，即用科名之前兩母字冠於號數之前，下面再註明其特點大小雌雄……如鳳蝶科，原名 Papilionidae，在紙包上只簡寫，Pa，1，2，3…號，蛺蝶科，原名Nymphalidae，可簡寫N或Ny，1，2，3…號，以下類推，（如第二十圖），（B）個別登記，凡不能識別之標本，可以每個各編一號，由此可知其標本之數目，在紙包上只分目，或不分目只登記號數，形態，特點…

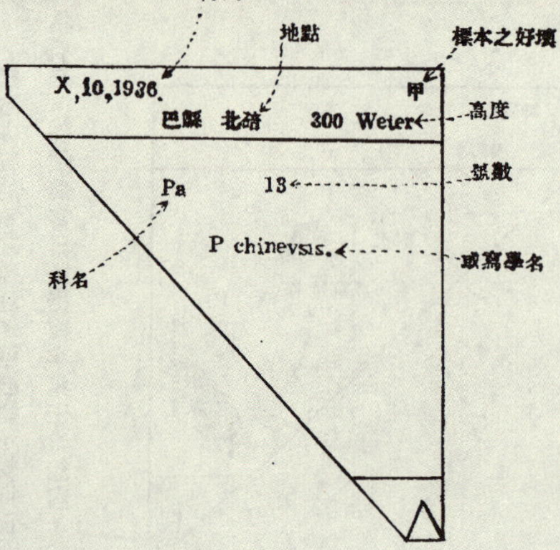

第二十圖
紙包記載法

便於記憶，以免重複太多徒耗時間，登記時則須注意下列各點；

一，乾製標本之號數，採期，產地，高度……須記於紙包上或紙捲上（如第二十一圖），或紙球上，（如第二十二圖），或用小簽書好，釘於針虫盒內，（如第二十三圖），且須先登記而後裝標本，以免記錯，及寫字時而致鉛筆壓碎標本，用自來水筆記載，或毛筆記載，可免此項顧忌也，浸製標本，則用

第二十一圖
紙捲記載法

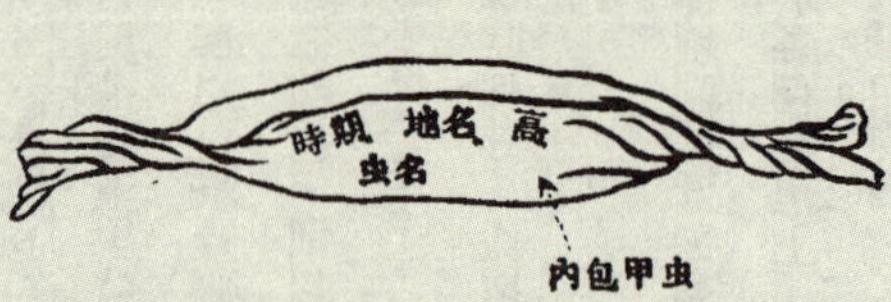

第二十二圖
紙球記載法

上等硬鉛筆寫於紙牌上而後浸入標本瓶中，同時以同樣號數記入登記簿內，務使不致混淆，或標簽號字脫落為準則。

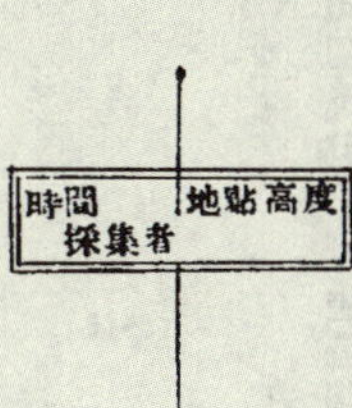

第二十三圖

盒內標簽釘法

有標本之產地，採期，即不難一望而知矣。（可數個標本同用一簽）

二，紙包上之年月日期記載，如嫌其抄寫麻煩時可用年日排號機打印之。

第十節 乾燥

乾藏標本，經過整理登記後，須使其極度乾燥，方不致生霉生虫，或腐爛，若在秋夏酷熱之時，則可遥置於太陽中晒之，晒時須攤於竹筐中，在筐內先撒挪福塔林粉或樟腦粉少許，面舖油紙或草紙，紙面羅置標本，再覆以油紙或草紙，並撒挪福塔林粉以免害虫侵入，若在秋冬或陰雨之日，則當燒木炭火烘之，烘時仍照晒法處理，惟須注意：挪福塔林粉易於燃燒，故務要十分謹愼，宜隨時留意其熱度高低，及距火遠近，更用草紙將挪福塔林粉隔開，以防不測而付成績於一炬，標本烘至一觸即壞時，便可小心收藏矣。

第十一節 保藏及裝運

標本經過上述種種手續後，即可分別號數，日期，每數個標本用白紙包成一小包，包法以兩個三角紙包相對成一四方形相併接則成一長方形，每放標本一層，即隔以簿棉一層，每一包由八個至三十二個為宜，惟當以標本之大小為定，在每包面上，又須寫明所包數目，及號數，採期，產地，而後裝入箱中保藏，裝標本之箱，可利用空煤油桶，剪去一小段，另配一蓋，若能專做合用之木箱則更好，在標本未裝之前，須檢查箱內是否乾淨，有無害虫潛伏，旋撒挪福塔林粉於箱中，四周貼舖油紙一層，草紙一層，薄棉塊一層，再撒挪福塔林粉，始將各包之標本裝入，密排箱中，各包之放法須置立，不可平置，蓋恐壓壞也，裝至三分之一，或半箱時，又須隔以棉花及挪福塔林，同時用白紙記載所裝標本之號數，數目，採期，產地，如是裝滿一箱後，再隔上棉花及挪福塔林粉，並將四周之草紙油紙依次封閉，蓋牢，另用油紙包其箱外，而後以繩縛之，加上箱內標本之總數目牌，以憑認識，運輸時，外面另罩木箱，以免破壞鉄桶而致損及標本，直至到研究室或製作室，方可開箱，分別藏於貯藏櫃內，其用針釘之標本，則可將針虫盒排置空油桶內，四周空處緊塞棉花，或紙屑，以免震動，若能在鉄桶外面另套木箱，則更嚴密，若標本從郵局遞寄，則以鉛皮，薄木板，或厚硬紙板，做成較小較輕之方箱，

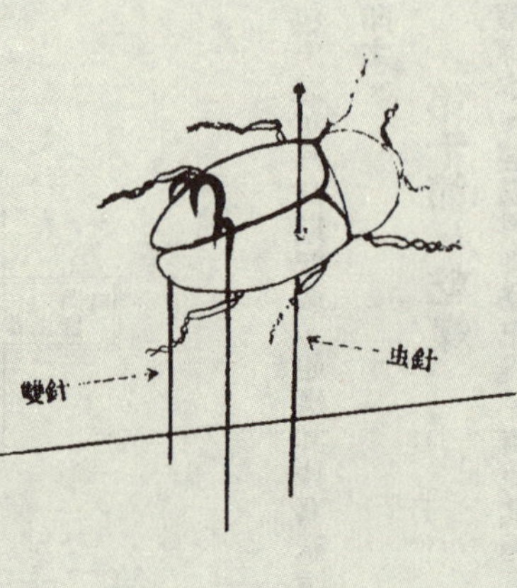

第二十四圖
雙針法

大小又須依照郵局之規定，普通長闊各以五英吋爲宜，木盒則九英吋長，六英吋寬，四英吋高，紙盒爲五英吋長，三英吋寬，二英吋高，內墊軟木或通風紙板，多爲針釘昆虫之用，裝法，箱內先撒揶福塔林粉，舖草紙，棉花，然後將三角紙包相對裝叠，同

時隔以薄棉，並用白紙二張，記上採期，產地，採集人，如法裝滿後，再將總數目號牌一張放入箱內，一張保存身邊，即將其封釘，外面包裹避水油紙或白布，封面寫明寄交地點，收件人姓名，塡好包裹掛號單，貼足郵票，便可寄發，針釘標本，可以針虫盒寄之，標本釘好後，在箱之四周及空處，均須釘置炭酸丸，或稱樟腦丸，以防霉腐，更於甲虫標本之間，夾插雙針，以免標本在盒內動搖，（如第二十四圖），已展翅之昆虫，則宜用較大之硬紙盒，長二百九十三粍，寬一百八十三粍，高五十五粍，內鋪軟木板或泥炭片，標本則依次列針盒內，可以斜插，使稍微堆叠而不互相擠擦，空處仍置炭酸丸，活的昆虫，蛹子或卵等標本可用能透空氣之紙盒或紙筒，或竹筒，務須預給食物及水分，以免餓死，浸製標本，則須於裝標本之玻管內，裝滿藥水，塞以軟木，再用白蠟封固，使不透水，然後以薄綿或紙屑包裹，列於箱中，

裝箱程序與郵寄手續同上，但須注意下述各項：

一，標本裝箱，必須包裹堅實，並以廢紙或棉花塡滿空處，免致外受碰擊而裏面卽行震動。

二，展翅標本宜斜插層叠針釘，但不使虫翅與他虫之翅相接觸，又要不多佔面積爲度。

三，木箱大小及裝入標本之多少，以便於運輸爲定，但箱子必須結實而輕便，免多加寄費運費。

四，活虫標本，須給以食物，務足途中之用，記載尤須明白，並於封面上註明，內係活虫標本，請留心保護等字樣。

中國西部科學院生物研究所植物部五年來之進展

一、沿革

數年來國內各地科學研究，逐漸成爲風氣，就中成績較著者、厥爲生物與地質學，因此兩科有地方性，吾國地大物博，搜集考察均較方便故也，華西生物種類繁多。世界知名，川省素稱天府，物產富庶，六十年來，中外學者或學術團體，先後來川採集調查者，不下十餘起，如威爾遜 E. H. Wilson，亨利 Anguxine Henry 著諸氏，均得有大批之收穫，并先後發現新屬新種或新紀錄，遂使世界公認川省爲華西生物之寶庫，此後南京中國科學社生物研究所，及北平靜生生物調查所，亦相繼派動植物學專家入川調查採集，二三年間，成績均極可觀，但以川康地域遼闊，旅運艱險，每爲時間經濟或治安問題所限，未能勘察殆遍，卽著名之歐西學者如 David, Delavay, Henry, Wilson, Handel Mazzettio' Rock 等輩足跡所至，亦僅限於一隅，未嘗作全部之搜羅，遺珠之憾，在所不免，本院位於川東，成立伊始，卽有籌設研究生物機關之需要，廣爲搜羅，分類整理，旣可供給國內各學術研究之資料，復爲開發實業者之用作參考也。

民十八年夏間，曾由江巴璧合特組峽防團務局，少年義勇隊，全隊學生，赴峨邊採集植物與作社會調查，并有中國科學社派人領導，十九年中國科學社，與靜生生物調查所，合組之四川生物採集團，同年中瑞合組新甘攷察團之新疆甘肅採集，與美國芝加哥博物館派員來川之動植物採集，本院均派員同行助理工作，時德國學者傅德利（W. Frie Drich）往西康各地採集昆虫，亦派員同行作動植物之採集，傅德利君歸來，卽住本院，以便研究整理，總之每次來川學術團體，本院皆盡力想法輔助之，採集歸來，卽分獲大批標本，以供研究之資料。二十年夏間，自北平聘請俞季川先生主持植物部一切事宜，並領導學生繼續作川康植物之調查採集，二十一年爲訓練關係，所以特分組採集，第一建南組，由俞季川先生負責；第二東川組，由杜孫兩君單獨採集，第三雲南組，與靜生生物調查所合組工作。二十二年本部爲作有系統之調査工作起見，擬有分期五年計劃，按年分區派員詳細工作，俾可補足過去之遺漏也。二十三年爲按年分區之計劃、完成第三期工作，原擬分爲三組調査採集，惟當時以川北各地，爲赤匪盤據，院中經濟又復支絀，乃將一二兩組合併同去川西南區工作。二十四年本部主任俞季川，因事離院，繼聘曲仲湘先生主持植物部事宜，本年與動物部合組赴川東北採集，四五年來積有成數，在二十年正式成立植物部，二十二年動物部植物園亦相繼成立。二十三年正式成立生物所，於是生物研究所之雛型於焉粗備。

二、組　織

全所設所長一人，動植物部主任各一人，植物園主任一人剝製技師一人，繪圖員一人，助理七人，練習二人，工役六人。

三、經　費

本所每年經常費，設備費，採集費及其他詳細情形表列如下：

中國西部科學院生物研究所植物部每年預算表

科目	金額	備考
薪俸	二五二〇 〇〇	主任一人一〇五元助理五人平均每人二十元（按月計算）
工資	二八八 〇〇	工人三人平均每人八·〇〇元
辦公費	六〇 〇〇	筆墨紙張
設備費	二〇〇〇 〇〇	儀器書籍以及陳列架櫃
剝製費	一二〇 〇〇	磅紙樹膠及泡製藥水殺虫藥品
消耗費	六〇 〇〇	草紙燈油及郵電

雜費	一〇〇	〇〇	修繕匯兌及其他開支
採集費	一五〇〇	〇〇	本部五年計劃由基金會補助
合計	六六四八	〇〇	

四、設備

（甲）圖書

本部現有系統植物學十六册，植物生態及分佈學四册，植物專名辭典及字典六册，普通生物學植物學及其他二十四册，森林學十五册，園藝學及農學四十一册，植物圖譜七册，中國科學社論文四十七册，靜生生物調查所論文六十五册，中央研究院叢刊三十八册，上海自然科學彙報九册，共計値洋三九六●五六元。

（乙）儀器

現有顯微鏡，打字機，排號機，各一架，氣壓表三只，攝影機二部，指南針一具，其他採集應用器物及製作用具與各種木器各若干份，共計儀器値洋六九二●三元。採集用具値洋二二〇●七元。傢俱値洋六五四、五元。

（丙）標本

本院現存川康植物標本計一五、四七五號，正在分類整理鑑定中，如有重餘份數，則送往國內外各學術機關交換，又中國各省區植物標本，計九七〇八份，則自國內各學術機關互贈得來者；此外有各種林木，農作物，蔬菜及花卉籽種，計三九九號，藥材標本計二〇九號，經濟植物標本，計二四號，野產及商用木材標本，計二三六份，泡製各種果實標本，計二六份，玆將臘葉標本分佈情形，表列如下：

一，川康植物標本統計表（係自採標本）

地點	數量	採集人	時間	備考
峨邊	四〇〇號	少年義勇隊、	民十八年夏間	大部份標本已分送國內各學術機關

華鎣山	五五〇	同	同	同
建南	七三七	同	民十九年秋間	同
西康	二〇〇六	同	民十九年夏間	同
峨眉、瓦屋	五一一	同	民二十年夏間	同
北碚附近	一七四	俞季川等	民二十年秋間	同
馬邊	一四二	杜大華 孫祥麟 秦沛南 彭彰伯	民二十年春間	同
建南	一七八九	俞季川 蔣卓然 彭彰伯	民二十一年春間	同
東川	一四三三	杜大華 孫祥麟	同	同
川西北	九五一	俞季川 孫祥麟	民二十二年春間	同
川西	八二七	杜大華	同	同
峨眉	三〇四	彭彰伯	同	同
華鎣山	三二	孫祥麟	民二十三年春間	同
巴縣、江北	一五八	俞季川 杜大華	民二十三年春間	大部份標本已分送國內各學術機關
雷、馬、屏、涼	一四五九	同	同	同
馬邊、屏山	四九三	杜大華 孫祥麟	同	同
縉雲、華鎣山	二五一	蔣卓然	民二十三年夏間	同

西康	一二一〇	劉式民	同	同
峨眉山	四三〇	杜大華	民二十四年春間	同
南川	八五三	曲仲湘　楊宏清	民二十四年夏間	同
北碚附近	四〇	曲仲湘	同	同
同	二五	蔣卓然　孫祥麟	同	同
川東北	六〇〇	曲仲湘　杜大華　楊宏清	同	同
合計	一五四七五			

中國各省區植物標本總計表(係外贈標本)

地點	數量	採集人	備考
川西南	八七八份	汪發鑽	係靜生生物調查所送贈
河北、山西	四六四	唐進　蔡希陶等	同
雲南	二〇六五	蔡希陶等	同
雲南	份　一〇九	H. T. Tsai	係北平靜生生物調查所送贈
吉林	二五六	陳封壤	同
四川	一二〇	汪發鑽	同
貴州	二〇三	Steward, 等	同

川西北	九八一	鄭萬鈞	係南京中國科學社送贈
南京	一九〇	同	同
浙江、杭州	一一六	同	同
浙江天目山	二五四	同	同
四川	一五七	同	同
同	一一六	方文培	同
同	三二七	同	同
南京	一三七	同	同
浙江	一〇一	耿以禮	同
浙江天目山	二六四	錢雨農	同
浙江天台山	五一一	陳詩	同
南京、江蘇	一四一	裴鑑	同
廣西	六四八	秦仁昌	係自然歷史博物館送贈
川東	四九八	章樹楓	係巴縣建設局送贈
廣東	一八四	中山大學	係廣東中山大學送贈
江、浙、冀、魯、等	三七七	焦啓源	係南京金陵大學送贈

南京、江蘇	四二	鄒秉剛	係江蘇第一農場送贈
安、浙、南、江、等	二二三	中央大學	係中央大學森林系送贈
河北	一一〇	W.Y.Hsia T.N.Lion	係北平研究院送贈
北、四、甘、青、等	二三六	郝景盛	同
合計	九七〇八		

(丁)房屋

本所以限於經濟關係，未能建築新舍，暫在兼善校三樓上，計有公共陳列室一間，植物標本製作室一間，植物研究室一間，植物標本儲藏室四小間，本所新房舍，尚在計劃中。現借住理化研究所二樓繼續工作以謀發展。

五、工作

(甲)室內工作

1、整理方面

(1)整理舊藏植物標本：

本部尚未正式成立以前，峽局少年義勇隊員，曾與來川生物採集專家或學術團體，往峨邊，西昌，西康等地工作，或在峽區附近各大山試作採集，二三年間，積有鉅數，原以疏於保存管理之法，大部均已敗壞，自本部成立之後，即着手接收清理，補充號牌，除蟲換紙，以便分科保存，並放二硫化炭及樟腦粉於標本內，以防虫蝕之害。

(2)舊存臘葉標本各種總登記：

本部現存中國各省區植物標本；有南京科學社之浙江，杭州，江蘇，及四川標本，北平靜生生物調查所之川西南，川西北，河北，山西，貴州，雲南，吉林，及四川標本，中央研究院自然歷史博物館之廣西植物標本，國立中山大學之廣東標本，南京金陵大學之江蘇浙江及冀魯等省標本，國立中央大學森林系之安徽浙江南京江蘇標本，北平研究院之河北，四川，青，甘邊境標本，江蘇第一農場之南京江蘇標本，巴縣建設局之川東標本，以及本部自採之四川標本，其中一部，已經定名分科排列，並作登記編號，裝櫃保存。

(3)臘葉標本分組：

本部將舊存之臘葉標本，依野外號數排列，并分若干組，以便研究及交換，第一組作爲本部陳列，第二組作爲研究材料，其餘各組，作爲國內外各學術機關之交換。

(4)整理種籽標本：

整理每年所採各種種籽，如林木，農作物，蔬菜及花卉標本，并作登記編號保存。

(5)整理木材標本：

整理每年所採野產及商用木材標本，并作登記編號保存。

(6)整理藥材及經濟植物：

整理并登記每年所採之各種藥材，及各種經濟植物標本，以便保存。

(7)打寫野外記錄：

打寫每年所採標本之野外記錄若干份，本部與國內外各學術機關交換標本，則附上記錄一份，以便對照標本。

(8)打寫名籤：

選提已定名之標本，打寫名籤，并編號保存。

(9)選提標本：

提選北碚附近所採之標本，以作峽區物產之陳列，可供一般人之參觀，并認識本地之出產物品，及藉此施以民教運動，有時或流動峽區各場展覽，并作解釋。

(10)整理(學校)教材標本：

查提中小學校植物學用教材標本，以備送贈各學校，或出售交換。

(11)整理圖書儀器：

整理本部之圖書儀器，及一切器物，并編號登記。

(12)編輯中國各省區植物標本之總登記：

本部將年歷年與國內學術機關交換得來之標本，分科登記，以便整理，并供國人之參考：

(13)編輯四川植物標本之總登記：

本部將歷年所採之標本，及交換得來之四川標本，分科，分屬登記，以便陳列，供國內學者之參考。

(14)編輯本部採集人所採標本之總登記：

本部將各個採集員，歷年所採得之標本，依號登記，以便提取，或清理標本。

Ⅱ，研究方面：

(1)鑑定本院所藏之標本：

自二十一年起，將本部自採及外送之標本，先行分科，分屬後再作各種之鑑定，惟以參攷書藉缺乏，兼以時間限制之關係，現已定名標本，尚不過全數十分之三四而已。

(2)擬編四川省之植物誌：

本部依據所得標本，分類鑑定，最後發刊四川省之植物誌，記其形態，產地，功用等，除供分類學家作專門參考書外，并可供農林，園藝，畜牧以及實業家之參攷。

(3)擬編經濟植物及特產物品調查大綱：

本部擬定四川經濟植物調查，及各種特產物品調查大綱，以便從事調查採集，并可供國內外學者之參攷。

(4)擬編人造絲之調查：

本部在採集暇時，便作全川人造絲原料植物之調查。

(5)擬編杉類植物調查：

本部在外採集，藉暇時以便作四川杉類植物調查，以供鉄道枕木及其他大建築之用。

(6)莎草科之研究：

本部以此科植物，對於農業關係重大，所以特別注意，先作四川莎草科初步之研究。

(7)鑑定木材及果樹之種類：

本部採集歸來，便作整理研究工作，鑑定每年所採重要木材植物之學名，及本地果樹之種類，以便製作陳列，並可供農林及園藝專家之參考。

(8)擬編四川植物分佈之概況：

本部歷年採集觀察所得植物之分佈情形，整理編輯成册，以供國內外植物學者之參攷。

(9)薔薇科之研究：

本部以此科標本，可供食用，藥用，木材及觀賞之用，對於人羣關係非常密切，所以特此重視，並作初步之研究。

(10)銀耳生活史之研究：

銀耳是四川之特產，其功用頗大，可能補弱症，其價値昂貴，因此所以特研究它之生活史，以便推廣之。

Ⅲ，製作方面：

(1)粘製標本：

粘製每年所採及國內外各學術機關互換之標本，以作陳列，並供學者參考之資料。

(2)裝製標本：

裝製各種藥材，及經濟植物標本，以供醫學與實業專家之研究參攷資料。

(3)製作標本：

製作每年所採之木材，及各種種籽標本，以供林木學及園藝學者之參攷材料。

(4)泡製標本：

泡製本地每季出產之各種果實，特用各種藥水，使其固定，以供園藝專家之研究材料。

II，其他方面：

(1)搜羅種籽標本：

本部關於一般經濟植物之種籽，如農作物，蔬菜，花卉等尤其關於林木草本，皆廣為搜羅，以開闢植物園之準備。

(2)郵送專科標本及普通教育用標本：

本部所存植物標本，有可供國內專家研究材料者，均分科付郵，請為鑑定，先與國內學者，以研究之機會，其已經鑑定之標本，可供普通教育用者，選贈本省各地博物館，教育館之陳列。

(3)通信聯絡國內各大學及研究機關：

本部現已約定作標本交換者，有南京中國科學社生物研究所，國立中央研究院自然歷史博物館，北平靜生生物調查所，北平研究院植物研究所，廣東中山大學植物研究所，國立中央大學，南京金陵大學植物系，南京江蘇第一農場，四川大學生物系等處。

(4)參加農林展覽會：

本院在植樹節時，由農場，峽區圖書館，及本部聯合舉行農林展覽會，本部提取一部標本陳列，如本省之重要林木標本，常綠闊葉樹類，常綠針葉樹類，落葉闊葉樹類，及普通觀賞植物，經濟植物標本，以供造林者之參考，并引起觀賞者之興趣。

(5)專科標本之贈送：

本部所採標本，有可供國內專家研究之資料者，均分科付郵請為鑑定，現據各方答覆，唐進、汪發纘發表蘭科二新種，第一為Calanthe Yuana Tang, et Wang, 第二為Calanthe Oreorchitlora Tang, et Wang, 莎草科新變式，Carex Omeiensis Tang, Forma debilis Tang,秦仁昌描寫蕨類一新種，Dryopteris Punctitera Ching,鄭萬鈞鑑定薔薇科，羅藦科，新種各一，Prunus Yui Cheng，張肇騫鑑定菊科一新種，又科學社鑑定蘭科一新種，不久即可發表。

(6)重餘標本之交換：

凡本部在各地所採標本，經研究鑑定之後，即分贈國內外各大學及研究機關標本室，以供學者之參考。

(7)幫助採集標本：

本院可爲專家或學術機關，幫助採集標本，種籽及球根等，

(8)幫助鑑定標本：

本院可爲實業家鑑定，并蒐集植物原料之標本。

(9)發售標本：

本院可爲國內各大中學，發售適用植物標本，及切片等。

(10)繪製圖表：

繪製每年採集經過路線圖，及各種調查圖表等。

(11)民教運動：

選提臘葉標本，及歷年採集照片，送往成都勸業會陳列，有時到各地向民衆講演普通常識。

(12)讀書會：

本所每年舉行讀書會一次，分組閱讀農墾，邊疆，猓夷及動植物採集法，攝影術等，定期報告，并作批評。

(13)辦理文書事宜：

本部照例塡寫日報，月報及往來公函信件外，并辦理採集團善後之事宜。

(14)搜集教材：

本部搜集四川特產植物之材料，以供中小學之教材標本。

(15)四川學校之調查：

本部調查全川中學以上學校，與完全小學之數量，以便設法準備標本，可供學校之需要。

(16)抄寫名錄：

本部抄寫中小學植物敎材標本之名錄，以便調査採集。

(未完)

天蘆寶三縣之採集工作(川邊通訊)

楊宏清

(一)經過情形：清自本年三月初由碚赴渝，忙將一切用品購好，次日即搭成渝車赴蓉，在蓉逗留二日，辦理一切手續，順便參觀花會，第三日即步行抵雅，由雅溯青衣江而上，沿途山青水秀，風景絕殊，歷二日始抵天全，在該縣工作匝月有餘，該縣因被赤

匪擾害之後，是以百物昂貴異常，例如米每斗十八斤售二元五角，肉每斤五角，雞蛋每個五仙，因此一般貧民，食不能飽腹衣不能蔽體，常見蓬頭垢面，悽慘之色者頗多，由天全赴寶興，歷經六日無人煙之萬山老林，或宿帳棚，或椅崖邊，露宿風餐，頗覺有味，在寶興縣城幾被赤匪焚盡，現僅一遍草房，荒涼已極，蘆山方面較之寶興稍好，街房未毀，商業尚屬發達。

(二)採集成績：此次採集，殊覺無甚成績可言，因霧雨之故僅獲植物標本如左：

1.臘葉標本千六百餘號

2.種籽標本十餘種

3.泡製標本數瓶

以上共計二千號左右，其中以三千米以上之高山植物較為奇特。例如，(薔薇科)，(松沙科)，(龍胆科)等。

(三)物產情況：

1.動物方面。

A家畜類　馬、牛、羊、雞、犬、豕、均有，惟赤匪竄擾後幾無人跡。

B野畜類　鹿、熊、猴、豹、野猪……等均有，常出沒山野，竊食農作物，就中以熊、猴、猪、三種尤甚，致使一般農民束手無策，只得每夜在野外焚火怒吼，以盡預防。

2.植物方面：

A食用植物　如玉蜀黍，洋芋，蕎子，麥子，以及各種疏菜等。

B木用植物　有漆樹，楠木，松木，以及各種雜木等。

C藥用植物　有虫草、貝母、厚朴、大黃、牛夕、(牛夕產於天全)，其餘藥材天全，寶興均有。

3.鑛產方面：金、銀、銅、鉄天全寶興均有。

4.交通情形：天全為川康交通之孔道，寶興為懋一撫，綏，崇之咽喉、蘆山為寶興等之門戶，惟交通不便，蓋道路崎嶇故耳。

廿五年北碚國慶誌盛

隨筆

韓于枋

一，熱鬧的民衆體育場

一年一度的國慶日又被嚴肅的秋風送來了。實驗區署爲了熱烈慶祝起見，所以在當天便開了一個盛大的紀念會，計到有全區中小學生二千六百餘人，該署職員官兵和民衆約數千人，黑莊莊地站滿了整個的民衆體育場，四周并有童子軍維持秩序，各學校及公安隊等，都依了指定的地位，一排一排的站立着，他們那種嚴肅的精神，和熱烈的情緒，眞的令人望而起敬。

皎潔的秋陽發出了它的光芒溫暖地照着大地，的確，這愈顯得空氣的融和，嚴肅，這時體育場的西南角公園的大路上，都站滿了看熱鬧的民衆，路旁的法國梧桐樹稍上懸掛着黨國旗和總理遺像，下面的兩塊黑板上貼着慶祝團體操，檢閱各式的圖案，和開會的程序，在兩塊黑板之間，就是司令台，台前坐滿了七十以上的男女老人，他們的精神都非常之好，靜靜的等着開會。

忽然司令台上，站著一位身着黃色服裝的青年，手上拿着揚聲筒，向左右發出了宏亮的聲音：「整列開會」，「全場肅立」，唱黨歌」接着就是一陣慷慨的歌聲，惜乎因爲人數太多，聲音的高低節奏不很整齊。奏樂敬禮後，賡着又來了一聲「恭讀總理遺囑」，約莫經過了五分鐘的時間，空氣又爲之沉靜起來，一羣黑莊莊的頭低着，好像都在默默地想着什麼似的，移時「主席致開會詞」的聲浪便向揚聲筒裏傳出來了。

唐區長，便踱上了司令台，講起話來，其大意謂：「我國過去二十年，都在自私自利的爭奪中，故全國一切均無成績可言。近五年來，一般人都有了新的覺悟，多數均能為社會服務，造公衆幸福了；所以在今天雙十節以後，我們更應多為國家多為社會而努力，才不負我們今天舉行「國慶」的意義。繼由兼善中學校長張博和講演，略謂：「第一，我們要完全大公無私的為國家而犧牲；第二，我們要養成健全的體魄，才能勝任一切，所以今天才請了全區的老人，在一塊兒來開會，並且同時還請了一位一百三十二歲的老人，陳元慶先生來參加，以示提倡健康教育……，接着盧區長就扶着一位老人上了司令台，鬚髮皆白，但其精神甚健，若與中年人比較，尤有過之，據云：他所有長壽的主要原因一是存心坦白，喜於為善，良心為安，二是生活有秩序飲食有節制並極重衛生，三是喜歡運動，跋山幷精國術。

依着開會的程序，這時全體都一齊高呼口號和唱（義勇軍進行曲）這種慷慨激昂的歌聲，更激起了熱烈的情緒。

司令下台去了，接着又上來了一個身着制服的，拿着傳聲筒隨即發出號令：實驗區立各小學及義務教師的學生，我們現在開始團體操了。原來這位才是民衆體育場的場長陳年邵君。

一羣天眞活潑的小朋友，隨着指揮官的口令，做着各種的科目，這是一種很有紀律的團體操演，秩序毫不紊亂，這時秋陽是發出柔媚的光芒，照耀着小朋友們，以及全場所有的人們。

一羣老人，男的，女的，鬢髮斑白，都在兩排行列中出現了盧區長担任檢閱指揮，大呼『立正』『敬禮』，司令甫畢，兩旁士兵，職員，學生以及教師們，都一致立正敬禮，號聲和鼓聲這時都一齊響了起來。

唐區長引導着參加老人會的老人，及來賓，慢慢的從巷道中走了過去，因為他們年老，所以走起路來，都是慢吞吞的，頗饒興趣，這時攝影師忙煞了四處拍照。隊形即變換成了環形，同時場面就開始表演國術了。

一個身着白色制服的胖子，手提着線鏢，在表演着，觀衆的精神都被他的線鏢所吸引住了。這位演線鏢者，你道是誰？我告訴你：這就是馳名的國術家藍伯熙先生，陸續表演拳術者，還有二十軍砲兵團石教官，武器修理所賴教官及峽區何應輝等。國術表演完畢，掌聲四起，這時公安隊及各校學生，都相繼離開了會場。

二、踴躍爭看交通模型　重慶民生公司所造之交通模型，安置於此間民衆體育場新營房前面，通以電流，而飛機，電車，輪船均不斷環繞軌道前進，實驗區署並派員解說其構造與其功用，因此參觀民衆特別踴躍。

三、民衆會場表演游藝　實驗區署爲舉行慶祝國慶大會，午後一時起卽於民衆會場表演各種游藝，藉以實施民教，參加表演者，爲民教會游藝學生班，與民衆俱樂部，保長研究班，水手隊，兼善中學。

四、峽區物產的展覽　實驗區署爲了要想使峽區的人民都，能認識峽區的物產，并指示將來如何改良製造的方法，增加生產的數量，如何開闢銷場，大量的推廣，所以該署就籌辦了峽區物產展覽會，搜集了峽區的工藝及農產等物品約三百件，分門別類的在大禮堂內陳列着。

當日十一時的光景，大禮堂便開放了，黑簇簇的人頭就慢慢地增加起來，鑽動起來，摩肩接踵委實難行，有的東指西畫，有的你呼我喚，忙煞了解說的人員和維持秩序的童子軍。北碚小學，北碚民衆劇團，和鑑伯熙先生，表演節目計有川劇，新劇，魔術，雙簧，歌舞，與時事報告等，觀衆川流不息，約在五千人以上，直到九鐘以後，始行停止表演，頗極一時之盛。

五、國慶紀念日花絮

1.敬老會共到老人二一〇名，男一二〇名，女九〇名，實驗區署特派員招待在新營房聚餐。

2.漢藏（僧侶）籃球隊與此間別抗隊於民衆體育場，比賽籃球，結果二〇比六漢藏敗。

3.民衆體育場三年制銀杯比賽，足球復賽，結果兼善隊戰勝體聯。

4.兼善中學之童子軍，特在沿街糾正行人來往方向，尙屬盡職。

5.一百三十二歲的陳元慶老先生及重慶國術界方面來碚參加國慶大會者，實驗區署特派員招待，並指示在民衆體育場事務處下榻。

6.美豐銀行球隊特由重慶搭輪來此將與此間球隊作友誼比賽

7.參與慶祝大會當中，有幾個學生因爲身體較弱，不耐久站暈眩於地，當爲在場維持秩序的童子軍發見，馬上便將他們扶到新營房，衛生隊診治，經過一點鐘之後卽行恢復原狀。

8。參加大會各小學學生每人都在圖書館領得實驗區署所發之饅頭三個，領者頗為踴躍。

七、附

一、雙十節國慶紀念大會活動程序：

事項	時間	地點	備考
舉行慶祝大會	午前十至十一	民衆體育場	
團體操	午前十一至十一點半	同右	
檢閱	午前十一點半至十二	同右	
國術表演	午前十二至午後一點	同右	由國術專家陳元慶及藍伯熙先生表演
展覽	午前十一至午後五點	兼善校禮堂	陳列峽區物產
運動	午後二至四點半	民衆體育場	足球二至五點半，籃，排，球三點半至四點半
游藝	午後一至九點	民衆會場	

交通模型開放時間

▲午前十一至午後二點

▲午後三點半至五點

二、游藝節目：

名稱	表演團體	表演時間	負責人
1 送妹榮歸（川劇）	游藝學生班	午後一鍾至三	楊鴻圖
2 告狀（川劇）	同	鍾半	
3 蘆花蕩（川劇）	同	同	
4 打虎收孝（川劇）	藍伯熙先生	同	
5 軀辯（川劇）	民衆俱樂部	同	
6 拳術	保長研究班	午後三鍾半至	李爵如
7 滑稽對話	同	三時五十分	魏大維
8 張浪子搞豆（川劇）	水手隊	午後三時五十	楊相臣
9 魔術 口吐百丈 火燒鈔票	同	分至四時卅分	
10 拳術	同	同	
11 雙簧	同	同	
12 敲盤子	同	同	
13 蹶蓮花落	同	同	
四時半至五時半休息一小時			
14 刀痕（新劇）	兼善中學	五時三十分至七時三十分	陳春玉
15 口琴合奏	同	同	
6 合唱	同	同	

17魔術（尖刀碎石） 同 同

18洗衣曲（歌舞劇） 北碚小學 七點三十分至八點 張希濤

19唱歌（吹泡泡） 同 同

20殺秋瑾（話劇） 北碚民衆劇社 八點至九點 劉文襄

金沙江上—旅行雜記

常兆寧

四月七日早上六時許起床。昨夜的床只有三尺來長，幾乎沒睡着，早上很不舒服。乃坐店側草堆上記日記。飯後八時許起行，向西北山上，順山溝而下，又行第三紀之邱陵地上，乃入片麻岩河谷中，共行二十五里。忽見前面有一河，河水極清，而河面之寬只約百米，學忠說是安甯河，而我以為安甯河還要大些。及問一過路人，才知道這就是金沙江。乃驚異此地之金沙江，竟至如此其窄，而兩岸竟如此其平，實為我所見金沙江上流之最平的河岸，最窄的河面。其他各地的金沙江河岸，都成一深峽，要從岸頂到河邊，都須下二十里以至三十里的「江坡」。所以金沙江上游的人，都把這河看得很嚴重，就是怕上下這種難走的「江坡」，我在證實了這是金沙江之後，心中十分快活，乃下馬步行，細細賞鑑河岸風景。河兩岸的山，都是片麻岩組成，山很低而秀，沿途許多潘潘花，即是廣東的木棉花。只可惜此時已經看不見樹上肥大紅艷的花了。河水深綠水流極平，而河亦曲折，不現石灘。水流無聲極幽媚，眞是貞靜坐嫻的金沙江了。較之下游的濁浪滔天的景象，其美惡不啻天淵之隔。約三數里乃到三堆子。有十數人家，乃覓開水解渴，學忠即去找首人派人引路，本日值三堆子趕場，然街上不過寥寥十數人。這實在是此地人口太少之故。

在三堆子過江，須事先扯票。我們假借政府力量，未破慳囊，船票上六印，表示有六個人過河。而馬二匹，則用漢字注明，我們還不知道刻馬形印章呢。據說，渡人過河，空手每人取小洋二毛，挑子二毛五，馬則取四毛，過江後，我們隨即步行十里，即到岔河，為雅礱江與金沙江會合之地。雅礱江曲折自西康雅江流來，在會理迷易下方太平地會合安甯河，又數十里即會合金沙江。岔河風景很好，乃拍照二張。因渡船很小。先收行李馬匹運過去後再來運人。在河邊等了許久，我即在兩條河水交匯處洗淨我的髒手，又掬水來吃。即時全身輕快，忘記了天氣的炎熱。當地的高度，已下降到一千二百六十米，已而船夫駕船回來了，乃換乘小船，船夫年紀很小，而技術很好。先推過雅礱江的急流，順着兩江的回漩水，直放到金沙的南岸。乃沿着雲南邊界，上行一里許，乃將船駛向北岸，仍在兩江合流處一石嘴上岸。兩江合流處。水勢極大，而船夫能於數橈中推過。在船上與船夫談天，知由此可以坐船上行到新莊，下行可以到新街，而新莊以上之馬上，亦可以去，不過更危險些。他們在船上每日才領得工資一毛，而街上人收錢則如此之多，實在太不應該。乃給他小費二毛，他很道謝，在雲南岸上，見有淘沙金者。而雲南岸見有碉樓二個，很修得好，並且是塗上石灰的，四川方面，固然也有碉樓，但係用土塊堆成的，於此就可以比較川滇兩省的江防工作了。

我們過界，大約費了三點鐘，過河即入鹽邊縣界，仍行片麻岩北上，五里即到倮果，倮果係一小村，有三家以上的馬店，皆能住馬數十匹。因爲夷匪未鬧事時，此地爲通寗南麗江府的大路，在十年前此地來往人還極多，我們住在苟家馬店，店中很多十數歲的女子，皆操作家事，只有一男才三歲，男店主則係才招上門的贅婿，我們進店以後，他仍然在床上抽鴉片煙，他毫不費力的當了這一羣孩子的父親。無怪乎不知操作，我隨即出門閑

走，見街上搬柴運水的盡是黃髮垂髫的未婚女子。乃知此地男性過分缺少，大凡邊地的男女兩性，往往不能供求相應，不缺女子就缺男子，某一類缺乏愈甚，則求之者多，用之者衆，結果由缺乏而失蹤，以至於兩性同歸消滅。這是人類很嚴重的問題！此地之大喉嚨人極多，然此地鹽巴才四毛一斤，人們也常常吃鹽巴，竟有此種不能免除的毛病，我以爲是吃了花剛石或片麻岩中的泉水，或者是冷熱不和的關係，姑記之以待證實。在此心中忽然很煩，情緒極亂，很不快活，或者是天氣太燥太熱之故。

在又一馬店門上，見貼有前清功牌，爲曾國荃給一鹽邊參收者，係皮紙藍印，銜曰「欽差大臣兩江總督部堂，兼辦南洋軍務，兩淮鹽務，太子太保，兵部尚書，一等威毅伯爵」。惜後方之印及花押均扯落，然亦難得。聞此係店主在房樓上得來，當係房東之物，去年因大兵過境。乃取出貼在門口，以爲防兵之物。其用意有似貼門神。店主不識字，不知此爲何物，不過以爲其上蓋有大印，印可駭兵，而來往大兵，亦竟未覺此物之奇特，僅一度爲本地頑童扯去作爲揩鼻子之用。用之大得其當，殊可惜也。乃由學忠將其扯下，扯下殊不易也，竟費時一時以上。擬以之送入北碚博物館。

倮果在金沙江北岸，係長約二里，小平地，近江之一面，有一小石山，風景尚佳，而地形亦開闊。自三堆子以至倮果，皆屬邱陵地，無高峻之江坡，假設需要建築昆明西昌或成都的鉄路，必定要在三堆子及倮果一段中選擇過江的地點。才能避免江邊的峽谷及徒峭的坡度。我感覺金沙江河谷，在建築鉄道上的障礙，比大小相嶺的障礙還大。所以三堆子及倮果附近，將來一定是很重要的地方。

[illegible]從街上繞了一個大灣轉來，肚子已經極餓 於是趕忙吃晚飯，幸喜菜很好，還有臘肉吃，此肉係向一寡婦買來，在他的秤上有二斤十五兩，然而在我們店主的第一種秤上，則只有二斤四兩，在第二種秤上也只有二斤六兩。我們依第二種秤，言明每斤小洋五毛，總共該洋一元一毛八仙零。即給他一元五，請他補三毛一分。殊他來回擇洋錢至三四次之多。而找回的錢，又少幾百，很覺討厭。於是我的老毛脾氣大發，教他定要將錢補夠。學忠說：「這也是本地沒有男子的一個原因」。

飯後乃去找柴百總，他是一個白夷。百總是一種官名，在此地很有權力。因為此赴新莊。路上很不清淨，想請他找幾個蠻子引路。殊不知他不在家。乃請他的太太派人，太太就毫不理會。

我向他說了很多好話。又侍候他吃完了飯，他才願意領我去找漢人的保正。於是他指了一個水桶，我同學忠跟他走出村子，約有一里路入一山谷中望見．漢人家．他指給我說，這家就是保正。又說他不能奉陪要去指水。我們就去問詢，才知道保正府距此地還有十里以上。天又要黑了。那能再走，無法，乃由胥家代我找了一個排首，是此地唯一的排首。我請他派人相送，他很老實地向我說，我的部下只有三家。其中有一家是寡婦。至于壯丁呢？連他算在內只有二人 不過武器完備 共有火藥鳥鎗兩支。我請他把全部壯丁調來相送，他慨然允諾，只是說還是要請柴白種助一臂之力才算安全。並願意同我上街請柴家出兵。我才覺到漢人究竟是我們的同胞。我們同着回街，天已經黑了，我在店中候信，他一會兒轉來向我說，失望的結果。我想了很久，又不敢在此停留，只有請他二人，明天全村武裝送我走一段，在路上再想辦法。他也慨然答應，於是我輕鬆的心情中又浮上了些掃除異種的計劃了。乃囑同人預備明天早行，並獨赴村外山上採取標本數件，歸寓已深黑。

義務小學視察雜感

羅中典

此次區署派我赴二岩鎮視察，一共看了五個學校，在大體上說來可說還不頂差，不過要作進一步的要求，便有幾件事情，我覺得各義務教師還須得多努一點力。

第一是創造性的微弱　在今天來幹鄉村工作的人——尤其是鄉村教育如果不找出新的道路來走，只管繞舊圈子，結果是白費氣力，於事無補。今天的局勢是一個嚴重的局勢，今天的世界，是一個緊張的世界，負鄉村教育責任的人，只去做「先生講學生聽「那一套，已經不夠，只會教小學生讀書，而不教失學的成人讀書，更是不讓。教學是要聯帶到改造社會來講，所以他是應該天天找求新的方法，天天實驗新的理論，是創造的，而不是保守的，二岩鎮的幾個義務教師，能夠努力的，尚還有人，但在創造力上，我們便不會看到有好大的表現。以後我們在區屬的教育上。要作的新事業很多，這是需得有充分的創造性，才足以應付的。

第二是領導力的缺乏　作一個鄉村教師，便應是一個鄉村領袖。他不僅會教幾個小孩子便算盡了能事，他是要能夠領導起小孩子在鄉村裏革命，實際作起改革的事業來，進一步，更要能夠領導羣衆，進行各項的建設，在現在已不乏這樣的例：黃麓鄉村師範，是以學校的教師作領導，以學生作戰士，與旱災抗戰，與舊風俗，舊社會抗戰，結果勝利到是屬於他們的，過去的燕子磯小學，由他們的學校，改革到校門外，改革到市街，其結果流風所被竟影響到中國的許多小學，所以一個鄉村小學的教師，第一，便該自已認清自已是屬於領導地位——領導學生，領導民衆，第二，要切實地作起領導的工作，他是應該有組織羣衆的力量，有鼓動羣衆的力量，他是應該學習指揮羣衆的技術，教育羣衆的技術，我們這次所看到的幾位教師，以我們觀察所得，於接洽羣衆的工作，似乎還做得不算頂好，至於領導，那當然，恐怕還不會着手。

第三是學習興趣的淡薄　孔老夫子之所以能成爲「萬世師表」的教育家，其成功不僅是「教不倦」而是「學不厭」「教學相長」，雖然是一句極平凡的成語，如果是一個優良的教師，一個有志的青年，他是會理會得到牠的重要的，當小學教師的人，說私，是把擔了多數兒童的教育生命，說公，自然有民族復興的重責，世界一日萬變，如果自已不長進，不但趕不上時代，而實際上是會貽誤無數的次代民族。爲功爲罪，全在自已，肯學習，不僅是有益，也確是有味，幷可暗示學生以學問的興趣。此次視察二岩，二岩街上的圖書館，曾去粗略看過。有好些書，是學生教師都可以看，都必須看的，但問一問守圖書館的人，却並未曾與學校取起聯絡，而在街上的兩所學校，亦尙不曾向圖書館作具體的接洽，我們將來，是想凡在鄉村的小學，便應該負起鄉村圖書巡迴的責任，如果負小學全責的小學教師，自已也不讀書，怎麽能夠以讀書的風氣，去影響人羣。所以提高學習興趣，是目前小學教師第一該自勉的事，學習還不僅止讀書，此外如建設事務的學習，各項技能的學習，也當看得十分重要。

上面只說出三點，這三點不是責備，而是勉勵，盼望當小學教師的人，能夠通把這三點做到，其餘的事，也才好次第進行。

小先生在金鋼碑萌芽了

舒傑

不到温泉，將近兩月了。今天是我們的星期，午後照例該區署的職員去沐浴，我爲着要看看三十一，二，三保籌備小先生教學的活動，又是到温泉的必由之路，所以就同着幾位去洗澡的同事一道出發。

首先到的是三十一保義務小學，教師是一個十八九歲的青年，正在教十多個小學生唱『義勇軍進行曲』教室倒還清潔，學生也很規矩，教室後面擺着一間舖位，篾席上只有一床白色的被蓋，書棹上放有禮帽一頂，漱口盅一個，還有牙粉牙刷，教授書……等，很容易想到教師的『食』，『宿』，都在這裏了，窮社會教育，只有這樣窮幹。

其次到的是三十二保義務小學，校地在一個茅草房的院內，大約是保長的屋子吧，教室很窄，裏面擠了二十多個學生，課棹盡是舊式的摺衣凳，按高矮寬窄一列一列地排着，黑板是一面黑漆的圓棹，上面寫有幾道算術習題，學生有的在寫字，寫的都是「老少通」準備發給自已所教的學生做課本；有的在做算術，有的在看書，極其靜肅，但不是抬起頭來偷看我們。及至我們的目光向他們望去，他們又馬上低頭各做各的工作了，這種羞澀膽小的態度，十足表現出鄉壩老的風味。

教師是一個沉默寡言的人，老是不大開腔，保長愁皺着眉向我們滔滔不絕地申訴困難，他說：「我這一保，拉船的人要佔二䞓，担炭的人要佔六䞓，年老的，有病的担不起一個元挑（炭秤一百二十五斤）便撥二三十斤給細人担，前回開會，要他們家裏的細人來讀書，人家哭流殺涕還不肯來，這回又要大人讀書，怎樣辦得到呵！」我們向他解說：「這正是你們不肯讀書，所以子子孫孫都拉船担炭，一輩子過着苦如牛馬的生活」他說：「天哪！我們何嘗不肯讀書，要得空嗎？一家人天不見亮就起來拉船担炭，半夜三更才回來，得的錢買不到一升米，那裏還有閑心讀書？「我們說：「未必他們終年都在拉船担炭哪？一天到晚完全沒有一點空時間嗎？」我勸你們長痛不如短痛，還是抽一點空時讀書才對」，他皺了一皺額頭說道：「說起你們不信，這一保有一千銀子家屋的不上三家，有一百銀子家屋的不上十家，那個不曉得大家都是十兩銀子左右的家屋，寫點田土，不拉船担炭，就莫得吃，未必叫人家餓着肚皮來讀書嗎！」我們心裏暗自着急，於是改變口氣向他說：「我們叫人讀書，是先要找生活閑散點的人，再找

勞苦的人，分期舉行，並不是問三不問四，估倒人家一齊來讀書」，這時的保長，臉上露出了微微的笑容，撇了一下鬍子 答道：這才行得開嗎？我那老二也請先生找個學生教他」。

話有了轉機，保長眉開眼笑不是先前那樣焦灼了，他願意召集三十二保的農人開會，幫助調查不識字的人，開導無知的人民來讀書，我們才離開了學校，腦中留一個深刻的意念；破落的農村，救愚救窮，眞是刻不容緩的工作。

三十三保義務小學，是在金剛碑街上禹廟內，教室裏有課棹，有黑板，地勢寬朗，光線充足，比起三十二保，校地當然要好多了，學生也要活潑些，教師是本場的人，對於各方面都很熟，所以對於施行小先生教學，毫不感覺困難。他本人又很努力，準備在下週星期六，召集三保的農人，和小先生的學生家屬，開一度擴大的集會，說明識字的重要、如小先生教人的好處，於是我們就代他計劃，如何佈置會場，招待來賓，如何訓練小先生？準備活動？服務會場？直到四點十分，我們才匆匆離開學校，走向溫泉。

峽區要聞彙誌

良 善

一，文化類：

1，十月八日「澄夏圖書館合併」，北碚鄉「金剛碑開闢一書報室」。

2，十月十四日「實驗區立各小學校開首次會議」商教育經費整理問題及學生成績考核問題。

3，十月十四日「江津中校及職業中校」同時「來峽旅行」

4十月十六日，實驗區署「教育股」主任葉心符等赴區屬各鎮鄉「視察義校」。

5，十月十六日科學院礦產調查派員分道出發——第一路赴萬縣 開江，達縣，萬源一帶，調查土質及測繪礦區。第二路赴永川一帶測繪煤田礦區及調查土質。

6，十月十七日，北碚卅一，二，三，三保「義務小學在果園舉行聯合紀念週會」。

7，十月十八日各「義務小學教師在實驗區署開第一次月會」，各機關主管人員均列席并參加談話，會議達五小時。

8，「物產展覽會」——此間雙十節舉行峽區物產展覽會，計有峽區特產共二百一十四件，其中農產品一百二十三件，工藝品七十八件，畜類四件，連開放兩日，觀衆達千餘人，十二日經評判委員會評定後，獲獎者共有三十三家。計農業特等三家，工業品甲等三家。已于十九日，由實驗區分贈獎品。

9，十月二十二日，民衆教育委員會召開保長會議，解釋以北碚三十一，二，三，三保先行「試驗小先生教學」。于十月二十八日起在第三十二保着手實施。

10，「二岩鄉新闢一體育場——二岩政務助理員商請區署體育場長設計開闢，至十月二十八日該場集合全市學生士兵市民共同工作，不日即可竣事。

11，十月二十四日，北碚金剛碑三義校開「聯合懇親會」。

12，「實驗區各場民衆夜課校紛紛成立」：——實驗區署爲推行全區識字運動，普及民衆教育，特以區屬各保的義務教師負責辦理，民衆夜校，計已開學者有二岩鄉第一保，學生約二十餘名，黃桷鎮第八保，到校學生約五十餘名。文星鎮籌備就緒已于十一月一日開學。

二，政治類：

1。「北（北碚）青（青木關）支線測量完竣」在最短期內可望開工。

2，十月二日「巴縣縣長羅國鈞等巡視來碚」，此間派員引導參觀各事業。

3十月十一日「實驗區派便衣隊誘剿白峽口股匪」結果擊斃匪首朱斌等六名，獲得手槍二支及士夾板新式步槍各一支該署便衣隊負傷四名。已送地方醫院就醫。

4，「實驗區保長及壯丁幹部研究班于十月十七日訓期屆滿」，十八日由區署各機關發起開聯合歡送大會，人數達七百餘，各機關主管人，均有懇切訓話。

5、十月十八日實驗區署出佈告嚴禁買賣田業隱匿不報。

6，十月二十五日「前峽防局長盧作孚偕賴殿與先生來碚參觀」，對於此間各事業工作方面，垂詢甚詳。

7：十月二十七日澄江口聯保辦公處與公安三中隊「聯合辦公，並召集市民大會」。

三，經濟類：

1，「川蠶絲管理局設製種場於東陽鎮——四川蠶絲管理局決于此間江北縣屬之東陽鎮上壩設立製種場，該局祕書長周海環偕技士陶代華等已于十月三日來碚，籌商徵收上壩土地辦法，擬定分購買與收買兩種以定價格，荒山竹林房屋稻田均酌量給價。十月二十二日該祕書長又偕改良場場長尹良瑩等來碚籌劃一切。并該局指導員王一意留碚專辦接收事宜

2，實驗區屬各鎮鄉「旱災調查完竣」，計北碚鄉受災農民九六二戶，黃桷鎮七九一戶，文星鎮八八三戶。二岩二六一人，澄江鎮六五七人。

3，十月四日「省銀行」劉泗英偕該行界女職員四十餘人，「來碚參觀」五日午后離碚返渝。

4，十月八日，實驗區署由京運回，「小麥新種」數袋擬于日

內「發給農民試種」。

5，國慶日「來峽觀光」之渝「美豐中央兩銀行及中國南洋兄弟煙草公司，大華煙草公司，漢口美國南星星靛青料廠」等職員二十餘人均于十三日返渝。

6十月十四日北碚民生三峽染織工廠營業主任「孫渼陶出川考察歸來」，談該廠將來設備完善後，開支較現在僅多一倍，而生產量可增加四分之三。

7，「巴縣士紳」王嶽生籌組織「農村銀行」，決採信用放款，週轉農村金融，資本現暫定二十六萬元。

8，十月二十四日「實驗區署辦理農村信用借種」，先登記後，由保甲長担保，種糧照市合價，每元月息一仙，自該署開辦以來，前往領借者頗為踴躍。

9，「四川家畜保育所之江巴實驗區決設北碚」該區主任焦龍華已于二十五日抵碚二十九日在碚文星場蔣院內租定辦公處，實驗以牧畜獸醫兩項為中心工作。

10，十月二十九日「實驗區派員下鄉視察農家家畜」，準備加速推廣雞鴨。

四，社會類：

1，峽區「地方醫院調查峽區穩婆」，將來準備加以訓練。

2，「實驗區舉辦敬老會」凡七十歲以上之男女均得參加，十月九日截止登記時達三百四十五人，國慶日參加檢閱學生及部隊并由該區招待午餐，十四日起分贈獎品以作紀念。

3，十月六日「地方醫院新寄到募得捐款七百元」。「文星鎮擬設戒煙所」，經費由唐瑞五區長負責籌募，地方醫院派員辦理，并準備將該鎮分診所改為醫院。現已決訂十一月一日開幕。

4，「一百三十二歲之老人陳元慶」，參加國慶典禮，十三日即偕同術家藍伯熙等離碚返渝。

5，十月三十日「地方醫院，舉行孕婦檢察，據公安隊調查結果北碚全市共有孕婦八十五名。

一致克服：國家的困難，事業的困難。

努力鞏固：國家的基礎，事業的基礎。

編輯後記

編者

「如何加速國家的進步」和「中國應該怎樣辦」兩文，作者不僅將中國的現狀和未來輕輕的畫出了兩幅不同的輪廓，同時幷具體地提出了確立國家根本政策的原則和國家整個地經營計劃的步驟，在此國際局勢非常複雜難于應付的現時，中國應該怎樣辦和如何加速國家的進步，這是值得吾人細心研討的一個嚴重問題。

「西瓜栽培法」乃作者實地經驗之記述，內容簡明翔實，確爲難得之作品，用特介紹，俾資研者之參攷。

「西山坪農場奮鬥的經歷」乃是一篇墾荒奮鬥史，他們怎樣發起墾荒運動，怎樣將一片荒野變成了大規模的農場，怎樣採取科學的耕種方法，試驗成功了年產十餘萬斤的西瓜 又怎樣應付所感受的一切困難問題。至於怎樣去作農民運動！如何組織，如何教育，如何倡導幫助改良農事，如何造起他們的情誼和信仰，如何誘掖他們步入時代的圈子，如何改革他們的生活習慣……這些都描寫得很細到，很可供從事墾殖或作社會運動者之參攷。

壯丁訓練的目的，在普遍推行國民訓練，一方而要給與壯丁以衛國自衛的軍事技術，一方而要增進國民的道德修養。「舉辦保長壯丁幹部研究班的經過」一文，將其訓練目的，實施方法……分述得相當明晰，確是研究保長，壯丁幹部訓練參攷的資料。

「峽區物產展覽會經過報告」除將徵集展覽經過介紹備詳外，更提示了展覽會的三點重要意義：

第一：可以明瞭全區物產情形，何以衰落，何以退步，如何改良，如何發展，都可以一一在展覽會中看到。

第二：可以得到觀摩比較研究的利益。

第三：可爲初步改良及發展峽區工農業之張本。

「科學院生物所五年來之進展」一文，作者將該所之組織，經費，設備，工作，與成績，述敘得非常詳盡，尤值得介紹者，則爲野外之採集，此工作歷爲前峽防局訓練之少年義勇隊學生担任，他們曾作種種社會的，自然的，實際調查，足跡已遍西南各省如川邊，雲貴，西康，青海，甘肅……等，幷曾深入夷地之大小涼山，接觸許多奇異的社會，雄偉的自然，經歷許多非常冒險的生活，飽嘗着原野人間的困苦，其生活之味却出夫一切田園都市生活之上，至歷年所獲之生物地質標本，雖於學術界之供獻甚微 而其工作精神則甚偉大，至今猶在繼續工作中，斯篇一切記載 均是他們經歷所及之事實。這種作品，我們以後希望多多刊載。

「第二期載「嘉陵江三峽鄉村建設實驗區畜牧改進五年工作計劃大綱」一文，乃四川家畜保育所梁正國先生所擬，特此聲明並示歉意」。

特載

一，奉勸農民多種小麥

嘉陵江三峽鄉村建設實驗區署編

一，種小麥有七層好處

別樣作物要看地方出與不出，獨於小麥到處都能夠生長，我們三峽裏地土尤爲適宜，這是第一層好處，小麥的特性能夠抗旱，不像水稻離了水田，就不容易生長了，無論土壤好壞均有收成，這是第二層好處，小麥下種期間，都在降霜時節，水稻收獲過後，已經放水的旱田種了麥，明年仍可種稻，不會妨礙稻作，栽培的時候，洽能彌補稻作的空閒，這是第三層好處，小麥栽培的手續，不像種稻那樣麻煩，那樣費時，地畝的大小都覺得便利，工具也很簡單，這是第四層好處，新墾的荒地，池塘溪流及河邊的冲積地，均可利用來種一季小麥，算做廢地利用，這是第五層好處，小麥的莖桿，可以作草帽，農家婦女，利用空閒時間，作此項家庭工業，輕而易舉，實是農家最有利益的副業，例如巴縣單就西里與隆歇馬兩鄉，每年草帽的出息，不下萬元，倘若各鄉農民多種點麥子，將此種副業推廣起來，數萬元的增加，可以預料，這是第六層好處，除小麥以外的別樣作物，都容易受病蟲害的危險、水稻防螟害蝗害，吃棉花的蟲更多，荳類也怕甲殼蟲，祇有小麥的危險少，即有，也很容易防治的，這是小麥第七層好處。

二，種小麥的七項要訣

(一)耕地　地要耕得早，大約下種前一個月就要耕過來，初次宜深，再耕不要太深，耕後就要用釘耙耙平，要把土面上耕得十分細碎，然後下種，這樣一來，發芽就很整齊了。

(二)選種　種子要大、要重，要堅實，而且要完全不霉壞，要純碎而不雜，外皮頂好是白色或黃色，最好先用鹽水來選過，汰去輕浮與劣壞的種子，用重而堅實而下沉的種子，這樣不但生長很好，並且還可以減少黑穗病，（比重大約一，三，配合）（鹽水也須依此標準）。鹽水的配合量是六兩鹽一斤水，經鹽水選過的種子，馬上就要用清水洗過，以免妨礙發芽。再如不用鹽水，用炭酸銅藥粉拌和使藥粉粘在籽粒面上，防止黑穗病，尤其有效。只要一兩炭酸銅，就可以拌和二十斤種子。

（三）下種　下種的時候，頂好在未下霜以前半過月，不得太遲天氣一冷，便不容易發芽了，要收成好，播種的方法也要注意，最好用條播，就是將麥種播成條行，用撒播是不行的，點播也不如條播好，播下土中平常是一寸多深，天旱或係砂土更要播深點，兩條中間頂好有七八寸的距離，那嗎，雜草便不能生長了。

（四）管理　冬天偶有雨水，應開幾條溝排去水分，可免小麥根部的冰結和冷壞，若恐土壤冰結鬆動鬚根，可用鋤將土稍為鎮壓，種後不必用補肥，可以省一筆費用。

（五）肥料　看地方說話，通常頂好用堆肥，每畝四五擔，預備堆肥的法子，在一月以前，將馬糞十二担骨粉一擔草灰二擔混合，稍加一點水堆在草棚裏，以後翻動二次，這種堆肥，在沒有播種以前，就要均勻地撒在土面，然後耕到土裏面去，倘若沒有

馬糞，用牛糞雞糞和乾的人糞也好　骨粉的用法，在我們峽裏從無這種習慣，但從種麥的收獲上打算，這種肥料萬不可少的。

（六）輪種　年年種一樣的東西，不但土力變壞，並使病蟲加多，譬如年年種苞穀或高粱，過幾年這塊地就瘦得不堪了。所以種糧食的土，要兼種小麥才好，種過小麥，就可以種旁的東西了，有人說，種過苞穀才種麥子　是很好的　又有人說，先種黃荳後種麥子才好，這都是老農經驗之談，說來都不錯，總之種過麥子這一兩年裏頭一定要種一回荳子，不拘黃荳綠荳豇荳豌荳都可以，我們南邊收麥後種稻，收稻後種麥，這個法子是不成的，因為兩年不種荳子，田就快變壞了，這就要運用輪種的法則，來補救他。

（七）留種　如果自已有好麥子，最好自已留種，種要留好的，因為好種壞種的種法，都要花一樣的工夫，一樣的錢，但使好種能夠多收多賺錢，這不是留種是很要緊的嗎？怎樣留法呢？麥子要熟的時候，拿一個籃子跑到田間去，見了個好麥子就摘了，放在籃子裏，見了麥草很直很強壯健全的，穗子最大，麥粒多的，成熟得早的，無病無害的，就可以採下來了，晒晾之後好好收藏起來，下年作種，那就能夠達到一子落地萬子歸倉的目的了。

二，孕婦保健表

北碚地方醫院編

時期	事項	應注意而進行的	忽略衛生的危險
	月經	婦女如月經素日正常，一旦停止，則有懷孕之可疑須即就醫診斷，是否受孕。	不知受孕，則易忽略孕期衛生而致病。
	延醫	月經逾期不見，即當就診於產科專家，以待其診斷，聽其指揮	如置之不理，或求診於舊式穩婆或醫生則於生產前途大有危險。
產	初次就診 全身檢查	如診斷受孕，即須檢查全身，有無病狀，能否任其繼續懷孕，而不害其孕婦與胎兒。	肺癆，心病及花柳病，均於孕婦及胎兒生命有害。
	初次就診 盆骨測量	在初次就診時，即當測量盆骨大小，是否正常，盆骨狹窄者，須十分聽從醫生指導勤密診視胎兒與盆骨大小之比例，以免難產。	盆骨狹窄，嬰兒不能產出，必成難產，嬰兒孕婦之生命均極危險。
	初次就診 陰道檢查	陰道檢驗，爲診查婦女疾病之唯一方法，不可因習俗隔閡，但陰道檢驗必須專家行之。	如臨盆期近，或陰道出血，除專家外，不能任他人隨意檢查陰道。
	初次就診 小便化驗	小便含蛋白質，或糖質，均爲疾病之徵象，須預先化驗明白，設法療治。	倘忽略不治，後來有身腫，頭痛眼花昏厥種種病狀。
	初次就診 血壓檢查	凡孕婦加雜腎病心臟病或產驚病，檢查血壓均有顯著之改變	妊娠晚期常現劇烈病症，如昏厥抽風對孕婦胎兒均甚危險。
	妊娠期間	共約二百八十日左右自末次月經來之日起倒推過兩月，再倒推十日，即爲預定之分娩期，例如本年八月十五日起月經五日，以後再不復現，自八月十五倒推算兩月爲六月十五日，再倒推十日，即六月初五，則預定之分娩期爲明年六月初五左右。（本推算法係依陰歷計算，故如遇孕期中有閏月者，須倒推過三月再倒推十日即爲分娩期）	不知預定之分娩期，則無從預備一切，臨時倉促定多危險。
	孕期中診視 次數	孕期中須就醫診視以防不測，至爲重要，切勿忽視，自第一至第六個月須每月一次，七八兩月每兩星期就診一次，末月須每星期一次，在預定分娩期前三星期，移至醫院住院接生，最爲適宜，經產科醫師檢驗一次，定斷胎位，產式，嬰兒大小與盆骨口之比例、及孕婦之身體，以免臨產危險。	孕期中雜症發生，無從防禦，傷害孕婦及嬰兒之生命。
	孕期中診視 險症	嘔吐過度、面色發黃，昏厥抽風胎兒過大，羊水過多，或位置反常，陰道內無端放血，腹部忽然絞痛。脚腿浮腫，即須立刻請產科醫師診視	否則，生產困難易生危險。

產式		產式通常為頭朝下，此須早經醫生診斷，如有反常產式即須受相當之注意或矯正以免臨產時有不測之患。	反常產式，如不矯正，臨盆難產而無相當準備，勢必殘殺孕婦或嬰兒
前	飲食	儘可任意採取，惟不宜多食肉類，宜常食菜蔬水菓，多飲水，煙酒及其他刺激性之食物須禁絕。	多食肉類有害心腎。
	衣服	須鬆動舒適，溫暖合宜。	衣服太緊，可使血脈循環不暢，太少即易受寒。
	睡眠	每日至少須睡八小時外，宜在午後小眠一二小時，至孕期末月，尤須少動，以資休息。	睡眠或休息不足有害孕婦之精神及胎兒之生長。
	沐浴	在孕期之前六個月，隔日用溫水沐浴一次，末三月只宜擦身，不宜用盆浴，切勿在孕期內灌洗陰道。	末月沐浴，及灌洗陰道，皆有染毒致病危險。
	操作	姙期中除末月外，可作日常輕便家務，不宜洗衣舉重或攀高，在末月尤須謹慎不可多操作。	有墮胎之危險。
	運動	每日清晨在戶外作柔軟體操或散步半小時，不宜操作用力之運動及騎車遊泳等，在姙期末月，雖柔軟體操亦須謹慎。	運動過度能致流產或小產。
	排泄	大便至少須每日一次，小便亦須通暢，並須每星期檢驗小便一次，以防腎病。	腎病能引起抽瘋浮腫，早產等症大便祕結能引起骨盆內部慢性充血。
	乳腺	須謹慎保護，務使清潔，時用溫水洗濯，後以純潔甘油塗擦乳頭以免破裂或染病。	姙期中之乳腺，極易染膿毒病。
	會陰	姙期中會陰務須清潔，時用溫水洗濯，切禁舊式產婆接觸會陰，遇白帶過多亦須就醫於產科專家。	不然，能得流產及致命之產褥熱。
	房事	在姙期中須節制，在前二月及末三月中絕宜禁止。	能致流產，及致命之產褥熱。
	雜症	遇無端大燒熱，腹痛，骨酸，傷風，咳嗽，痔瘡等病時須立刻就醫，切勿遲緩。	能妨礙孕期中之生理。
臨	臨產徵兆	初產婦當子宮頸逐漸擴張時，由陰道流出少許含粘液性血液。	如忽略此徵兆，易致手忙足亂。
	接生	在預定分娩期左右，發現下部脹痛，立即延請本醫院診視，準備在家，或在醫院接生，切勿請舊式產婆，（即接生姥姥），或親屬接生，以免殘殺嬰兒及產婦之危險。	舊式產婆毫無學識，平產能致孕婦染病，難產可殘殺嬰兒及孕婦。
	消毒	臨盆時最注意者為消毒，會陰及接生者兩手，均須用相當藥水消毒，墊布須蒸過，剪臍帶之剪刀，包臍帶之布件，均須消毒後使用。	孕婦有得產褥熱，嬰兒有得抽瘋，（即嬰兒破傷風）之危險「俗稱臍風」

階段	項目	說明	後果
	狀況	臨盆共分三期，1自腹脹痛起始至子宮頸完全擴張——，孕婦即應躺臥床上不可用勁，2自子宮頸完全擴張至嬰兒產出——，痛劇時，用勁向肛門部下送，（與大便用勁時相同），不可在腹部使勁，3嬰兒產出後至胎盤落地——注意流血。	未到痛不可忍時，切勿急燥，切勿使勁，以免疲乏難產。
產 臨盆嬰女	勿探陰道	，除產科專家外，切勿使別人或舊式接生婆（姥姥）用手探入陰道。	能得產褥熱。
	縫補會陰	會陰因產兒破裂時，即宜用線縫補。	裂口不縫，易染病或致會陰變形。
	包塞陰部	胎盤下地後，即須用消毒沙布包塞陰部。	流血或染毒。
	臍帶	嬰兒臍帶須以消毒法剪斷包好。	嬰兒得破傷瘋症「即抽風」
	兩眼	用百分之一硝酸銀溶液在每眼中點一滴。	嬰兒得膿性眼炎，如係淋菌所致，嬰兒雙眼均瞎。
	胎盤	胎盤及羊膜，須檢查明白，是否完全出來。	如小塊胎盤或羊膜留在子宮內常有流血及染毒之危險。
產後	出血	產後小復內應有一塊硬物逐漸上升至臍或臍以上是為復原之子宮，若子宮軟而不硬應常以手向下揉送助其收縮。	子宮軟而不硬常易流血甚為險危。
	染毒	墊布應完全消毒，大便後用紙，應向後擦，兩腿宜夾緊。	能染致命之產褥熱。
	休息	產後休息為產婦唯一要事，初數日應平臥，體力稍好則不拘姿式，若每日以頭在兩膝間跪臥兩次，能助子宮位置復原，至少眠臥十日始能起床，二十或三十日後漸能工作。	身體衰弱。
	營養	此時除平常之米飯及菜蔬外，應多食肉，肝，牛乳，雞蛋等類，以補損失之血，並增乳量。	營養不足而致病或無乳。
	惡露	產後陰道常流粘液性血液，內含子宮之蛻膜並上皮組織，是即惡露，（俗稱鬱血）七日後即漸停止，如產婦燒熱，或惡露太臭，或含血份太多應即就醫。	產褥熱。
	吮乳	產後第二日不論有無乳水，即可令嬰兒吮吸乳頭，以促乳來，又初乳有潤腸功用，能使嬰兒早日排盡黑綠色胎糞。	嬰兒缺乳以及嬰兒腸胃道易顯病（例如嘔奶）
	產後檢驗	產後六至八星期之間，到醫院就診。可知子宮已否復原，有無染病危險，並指導嬰兒營養法。	恐子宮不復原或染病而不自知。

末次檢驗	一年後攜帶嬰兒到本醫院就診，視查母親與嬰兒之營養與健康。	產後失調，營養失宜或不足。

(一)凡孕婦生產發作時，須立刻通知醫院，萬勿容孕婦自行生產。

(二)凡孕婦於生產前三星期最便莫如住院生產。

(三)如遇特殊情形不能住院者，可派人來院邀請出診，凡峽區各場無論遠近均可隨請隨到。

(四)凡能出費者由醫院酌量勸出捐款以津貼其他窮苦病人。

(五)凡窮苦病人得由本院免去一切費用。

二，獸醫淺說

四川家畜保育所編

一，畜舍衛生

奉勸農友們，家畜要衛生，農家猪牛舍，汚臭不堪聞，猪圈糞坑上，牛圈黑沉沉，不管猪難受，不管牛發昏，猪屎隨處流，牛糞滾一身，這樣待牲畜，隨保不發瘟．牛是農家本，猪是過年錢，要是瘟死了，是你大犧牲，快聽我們勸，畜舍講衛生，衛生如何講，你們只細聽！

猪舍架平地，牛舍要清淨，屎尿常掃除，臥處宜傾斜，糞堆快拾去，尿坑速塡平，免得眼睛瞎，免得蹄跛行，汚泥滾久了，又能起濕疹，弄得利害點，還得要發瘟！猪圈與牛舍，空氣要流行，太陽要照到，不要黑沉沉，三天洗回圈，一日括回身，猥後槽洗淨，食了使游行，食料忌霉爛，飲水忌殘羹，人家發瘟症，你家要小心，莫到他家去，莫請他人們、猪圈洗清淨，再用石灰淋，若無石灰水，草灰也能行，燒鍋滾開水，草灰攪均勻，畜舍都洒到，也能免惹瘟，留心長虱子，每日捉一次，或用菸葉子，煎水洗牠身，或用猪油擦，封閉虱氣門，常常摸猪身，是否在發燒，留心牠吃料，是否減幾成，要是牠生病，快快報我們，馬上派人來，保你不發瘟。

二、防除瘟症的方法

四川農友們，聽我說原因，你養猪牛羊，頂怕要發瘟！牛若發瘟症，一死死一羣，羊若發瘟症，一死死一平，豬若發瘟症，死得無一根。不但你們苦，政府也關心，家畜保育所，重在防發瘟，防瘟生效果，免得藥不靈，防瘟的方法，也可分幾層，第一要清潔，日常重衞生，畜舍常洗淨，尿糞須除勤，不但見不到，硬要臭不聞。日光須充足，空氣要流通，臥處須稍斜，臥草宜換新，食槽須常洗，食料忌殘羮，虱子常常捉，夏天長洗身，講到第二層，每年發瘟期，月前先打針，打針用什麼？血淸與菌苗，家畜按體重，打在皮下層，血淸防一月，苗菌一年零，兩物那裏有，請你找我們，預防注射後，保你六畜寧，還有第三層，遇到發瘟症，格外要小心，人家發瘟症，你家莫去人，預備石灰粉，用水攪均勻，洗圈滿地洒，能夠防惹瘟！能用各藥品，防瘟更見靈，亞淋臭藥水，百分加二分，或用百分五，石炭酸也行，還有旁的藥，升汞福馬林，或用洗手脚，或用遍地淋，這些是西藥，買藥照法行，死畜須快埋，賣了就害人，加點石灰粉，埋深再塡平，不要近流水，要防別家瘟，你家發瘟症，好的快隔分，先摸燒不燒，再看吃幾成，早點報保長，最好打封信，直接報我們，我們方法多，防治都能行，政府頒法令，你們要遵行，隔離就隔開，斷絕就勿行，屠殺病死畜，最易傳瘟症，消毒要嚴厲，免得留禍根，我們爲啥子？都是爲你們，農是爲政本，牧亦富農人，六畜少瘟症，農事得安寧。

三、預防牛瘟（爛腸瘟）的方法

諸位農友，家家都養牛，牛是幫助農家勞力的生力軍，假若牛忽然生了病，不是那些普通的毛病，是得了爛腸瘟，那就是凶多吉少了，爛腸瘟的病狀究竟是怎樣的呢，就是無論那一種牛得了病，漸漸的草料不要吃了，屙硬糞，口裏起了許多水泡，隔了兩三天以後，水泡就破了，破的地方，好像些糠皮一樣，一張開口，有難聞的臭氣，到了這時候，牛屙糞變成稀薄了，糞裏還雜着些血液和白色的腸膜，牛也不能站起了，倒在地上虛脫的死去，像這種病一發生，就不止一頭如此，慢慢的傳染了一家的牛，一村一鎮一縣的，甚至全省全國的牛都可以成千成萬頭的死掉，這種情形非常可憐可怕，因爲沒有牛來耕田，莊稼就沒有收獲，那末只有受飢荒，從這樣看來，定要把爛腸瘟撲滅了，牛才能夠平平穩穩的終年終日替農民去出力，田禾也可以豐盛了，大家才可以安居樂業。

用什麽方法去撲滅這種病呢？法子是很多的，不過農家的人力財力都有限，祇能做到些簡單容易行的方法，如果眞是發生了爛腸瘟，還是趕快來報告成都南門外的四川省家畜保育所，那裏立刻可以派專門做撲滅一切牲畜瘟病工作的獸醫來，替你們設法防治，現在下面來說幾種簡單的方法，若照樣去做，就可以防治爛腸瘟，我們不要怕麻煩，怕用些小錢，反而遭遇大禍。

第一，是用剷草除根的方法——發見了牛生爛腸瘟，就把這頭牛殺死，連肉和骨骼都埋到土裏去，至少要深五尺，病牛舍裏，四壁和一切用具，都用石灰水去冲洗，管牛的人，自已衣服要用開水和石鹼去洗淨，這座牛舍要隔一個月以後才准牲口進去，照這種方法，是可以把爛腸瘟根本撲滅的，一家的牛固然可以不會受傳染，全村的牛也不會遭受禍害，對自身對人都大有功德的。

第二，是淸潔保護法——牛舍裏要掃除淸潔，日光要充足，空氣要流通，食料飲水要新鮮，這樣牛害病的機會就比較少些了。

第三，是打預防針的方法——打了牛瘟的預防針就不發爛腸瘟，好比人種了牛痘就不會生天花一樣，現在四川省家畜保育所不久就要製造預防爛腸瘟的血清及臟器菌苗，用針將血清及菌苗打進牛身上去，保險一年不會生爛腸瘟，我們用這種方法，實在是一勞永逸，再好沒有了。

上面一段說話，大家不要忘記，村裏無論馬牛羊豬雞得了瘟，就趕快報告成都南門外四川省家畜保育所，自然能替你設法使六畜平安，轉禍為福。

四、預防豬瘟(豬霍亂)的方法

什麽叫豬瘟，說與諸君聽，就是爛腸症；四川養豬多，榮昌更出名，每年死的豬，說來眞駭人！民國二十年，死去九十萬，每豬打十元，就值千萬零，這宗大損失，以前無人問！省府初成立，建設重農村，建廳圖改進，家畜保育興，本所初成立，注重防豬瘟，想個好方法，幫助農友們，豬是農家命，應先防豬瘟，要想豬不死，請你照法行：

啥子叫豬瘟，開頭豬不吃，身上有點燒，眼睛生眼屎，睡倒有點哼，不過兩三天，身上現紅星，實在是出血，開頭屙乾糞，隨後下水糞，若不趕快治，一定失老本，中國豬太醫，方法多不靈，不是尾放痧，就是打耳根，也有吃官藥，治好又不能，要想治猪瘟，請你報我們！預防猪瘟法，可以分三層，第一講衛生，猪圈要乾淨，不要近糞坑，日光和空氣，都要有充分，勤勤看虱子、常用水洗身，不要喂惡水，食槽要乾淨，自然少發瘟，第二治猪瘟，方法叫預防，啥子叫預防，講來話很長，抗猪瘟血清，打（給猪打針）在猪身上，可保短時期，若再打血毒，管保終身安，不要自己弄，小心生危險，最好報我們，公家與你防，也不要你錢，是幫農人忙．時候要得緊，初病醫才靈，過了三五天，希望少幾成。另外還有點，也要告你們，隔離亦要緊，啥子叫隔離？好猪病猪分，好猪另關開，瘟猪請獸醫，因為猪瘟惹，所以死一羣：還要消消毒，以免留病根，莫管啥叫毒？請你照法行，鄉間多石灰，攪水到處淋，石灰若沒有，草灰也能行，燒鍋滾開水，草灰攪均勻，也是滿圈洒，先要洗乾淨，猪圈消毒後，短時用不成，不信關進去，仍舊發猪瘟！有點要得緊，就是忍得心，若有一槽猪，一個發猪瘟，請醫來不及，請你忍點心，拿開殺了罷，免得害一羣，一個是小事，一羣打瓜經。

要請我們醫，知道就來臨，報告的方法，書面都能行，可以請區長，說給縣長聽，或者寫稟帖，直接進衙門，最好的法子，打信給我們，不管那一縣，馬上就來臨，我們保育所，成都南門外，可敬的農友，不要怕衙門，省府的新政，是在幫你們，你們大家好，四川也太平，猪瘟永不發，本所也歡欣。

五、預防豬瘟（豬肺疫）的方法

可敬農友們！說點事你聽，你們愛養猪，怕嗎發猪瘟，不是打火印，另是病一種．你們叫廣症，實在說起來，名叫肺疫病，猪醫既不懂，無人告你們，四川死得多，沒人仔細分，年死幾十萬，都叫發猪瘟，損失雖然多，無人知病名，省府初成立，建設重農村，建廳圖改進，本所組織成，猪瘟雖着重，肺疫也要清，盡量想方法，幫助農友們！

猪的肺疫病，有點像猪瘟 發燒和不吃，完全像豬瘟 有個啥分別，講給你們聽，其他多一樣，咳嗽有點很，喘氣喘得兇，鼻子有清涕，渾身發抖慄，死了花開看，肺上病甚清，出血成黑色，或者爛一層，腸子也有病，血點一大坪，肺還有點腫，花開血淋淋，或如肝子樣，放在水內沉，若有這些病，都是猪肺病，有的死得快，不到幾時辰。

要是想防治，方法有二種，也同人一樣，第一講衛生，猪圈要乾淨，最忌近糞坑，太陽和通氣，都要有充分，虱子常行捉，洗澡也要勤，不要喂惡水，料槽要乾淨，肺疫自少生。

第二用藥品，就是打藥針，藥針那幾種，說來話很長，豬肺疫血清，用針打進身，可保短時期，不致發瘟症，倘有菌苗等，可保長時期，効力更顯靈，忠告農友們，莫存僥倖心，最好請我們，派人與你防，公家不要錢，是幫農人忙，最好早點防，希望多幾分。

還有要緊事，也要告你們，除過上二樣，隔離要得緊，好猪分開喂　病猪請獸醫，因由猪染猪，動輒死一羣，還要重消毒，以免留禍根，不問嗓叫毒，請你照法行，最好臭水藥，百分加五分(一百分水加五分藥水)或用石灰粉，攪水到處淋，石灰若沒有，穀草灰也行，燒鍋滾開水，草灰攪均稱，還是滿圈洒，先要洗乾淨，猪圈洗淨後，短時不能用，若是要關猪，進去就發瘟，還有妙方法，屠殺也治病，若有一羣猪，一個發肺疫，殺還來得贏，請你殺了罷，免得害一羣，死一個事小，死一羣要緊。

要請我們醫，即刻就來臨，直接打封信，到成都的南門，馬上派人來，替你除肺疫，免得猪死多，你們損失大！

六、預防雞瘟(雞霍亂的方法)

養雞是我們農家唯一的副業，一只小雞，値不到多少錢，可是養大了以後，大雞可以賣錢，雞蛋又可賣錢，或者用雞蛋孵成

小雞，眞是本輕利重，但是一旦發生雞瘟，那就大鷄小雞都能陸續死完，不但白費了很多心血，而且還要損失很多的金錢，所以雞瘟是我們農家的公敵，我們應該消滅牠。

好雞一得雞瘟，就不要吃東西，羽毛蓬亂，時時磕睡，再過一二天，大便稀而帶血塊，漸漸虛脫而死，自得病到死，急性的祇有二三天，慢性的六七天，而且傳染得很快，能從一家傳到全村，一村傳到全縣，一縣傳到全省全國，這種損失，的確很驚人。

醫治的方法雖是有，但藥的成本太大，很不合算，所以最好是預防，不要讓他發病，預防的方法，雞舍要清潔，不要太擁擠，鄰家一發生雞瘟，自己的雞立刻要關在家裏，不准外出，大門口要鋪石灰，以免進出的人，帶進病原細菌，倘使自巳的雞羣中，巳經有一二隻發生雞瘟，那麼立刻將這病雞殺死，屍體和在木柴一起，用火燒掉，未發病的雞，另外搬到乾淨的地方去，從前的雞舍和雞常走動的地方，都要用石灰水或臭藥水洒過，在半年中不要再放雞進去，若能照此辦法，雞瘟一定很少發生，就是發生，亦不會傳開，以致全部死完。

北碚農村銀行

業務：
五角可存
五元可借
十元可匯
五元一股
歡迎加入

宗旨：
服務農村社會
發展農村經濟
提倡農村合作

歡迎定閱

歡迎介紹

招登廣告

敬請批評

工作月刊

第一卷 第四期

二十五年十二月一日出版

中國西部科學院出版品要目

裁兵與屯墾……………………………………劉雨若

整理川東北農田水利之商榷……………………嚴育得

四川產業記載索引……………………………圖書館

重慶南川間地質誌……………………常隆慶　羅正遠

四川嘉陵江三峽地質誌…………………………常隆慶

四川嘉陵江下游魚類之調查…………張春林　施懷仁

四川嘉定峨眉魚類之調查……………張春林　施懷仁

四川鳴禽之研究…………………………………王希成

四川煤炭化驗報告………………李樂元　徐崇林　王以章

四川省雷馬屏峨調查記…………常隆慶　施懷仁　俞德浚

發行處：四川巴縣北碚中國西部科學院

嘉陵江三峽鄉村建設實驗區署出版品要目

四川人的大夢其醒………………………………盧作孚

鄉村建設…………………………………………盧作孚

東北遊記…………………………………………盧作孚

三峽遊覽指南……………………………………盧作孚

峽區事業紀要…………………江巴璧合特組峽防團務局

嘉陵江三峽鄉村建設實驗區工作報告……嘉陵江三峽鄉村建設實驗區署

嘉陵江三峽鄉村建設實驗區｛戶口統計表、保甲編製圖、教育計劃書｝……嘉陵江三峽鄉村建設實驗區署

發行處：四川巴縣北碚嘉陵江三峽鄉村建設實驗區署

北碚農村銀行叢刊要目

中國農業金融機關論……………………………伍玉璋

中國農業金融制度及其實施論…………………伍玉璋

評「考察四川農業及鄉村經濟情形報告」………伍玉璋

建設川康合作事業五步計劃……………………伍玉璋

發行處：四川巴縣北碚農村銀行

本刊更名啓事

逕啓者，本刊自發行以來，已屆四期，茲因多數閱者之建議，同時敝部亦深覺「工作月刊」在顧名思議上，取材每多拘束，不如改名「北碚」兩字後之較活動。因此本刊決自第五期起改爲「北碚」其內容質量，多仍其舊，僅將封面省去，暫以插圖代之，售價同前，原有訂戶，當繼續寄奉，特此公佈！

工作月刊編輯部謹啓

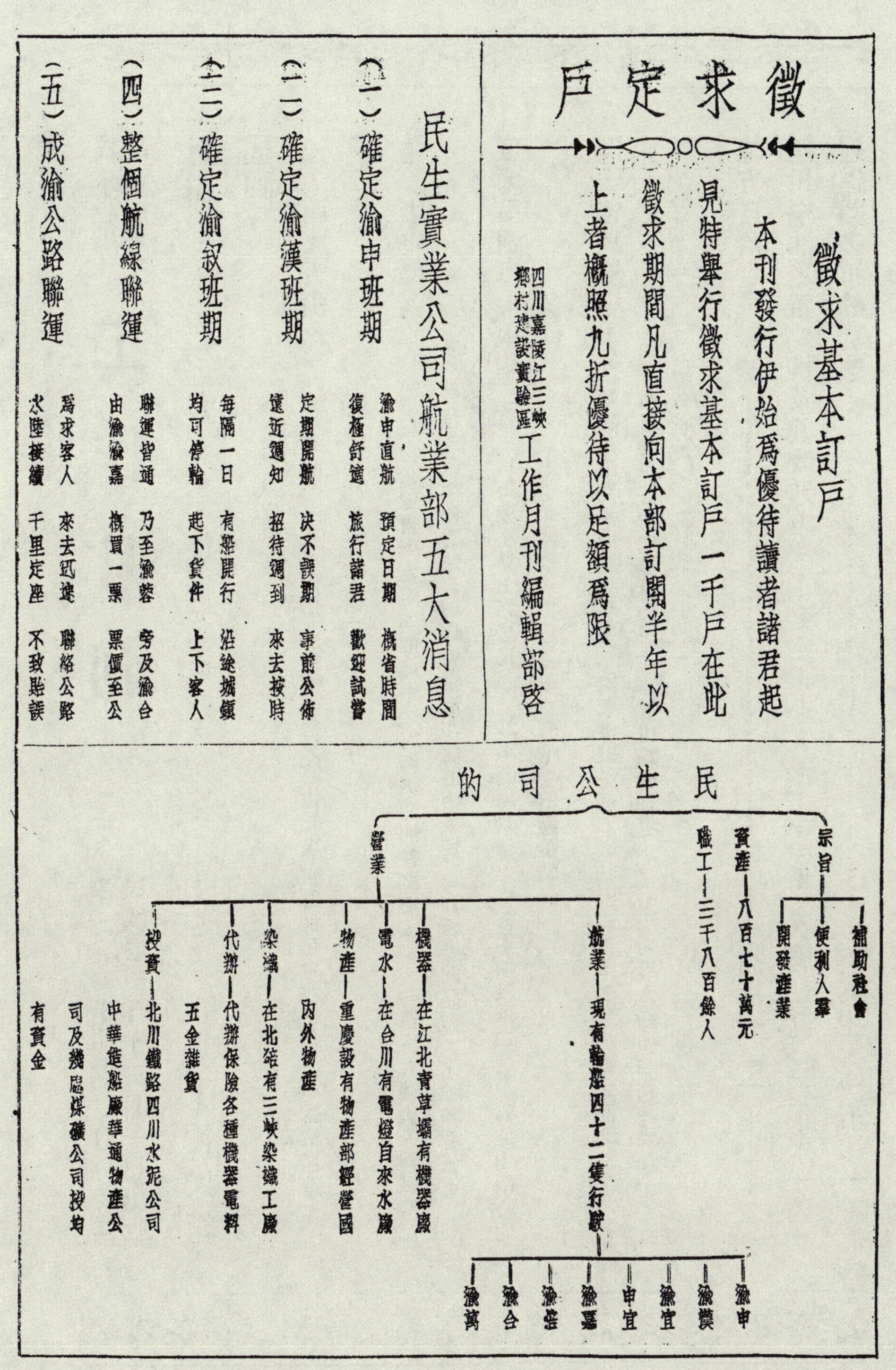

徵求定戶

徵求基本訂戶

本刊發行伊始為優待讀者諸君起見特舉行徵求基本訂戶一千戶在此徵求期間凡直接向本部訂閱半年以上者概照九折優待以足額為限

四川嘉陵江三峽鄉村建設實驗區工作月刊編輯部啓

民生實業公司航業部五大消息

(一)確定渝申班期　渝申直航　預定日期　概省時間　復極舒適　旅行諸君　歡迎試嘗

(二)確定渝漢班期　定期開航　決不誤期　事前公佈　遠近週知　招待週到　來去按時

(三)確定渝敘班期　每隔一日　有船開行　沿途城鎮　均可停輪　起下貨件　上下客人

(四)整個航線聯運　聯運皆通　乃至渝蓉　旁及渝合　由渝渝嘉　概買一票　票價至公

(五)成渝公路聯運　為求客人　來去迅速　聯絡公路　水陸接續　千里定座　不致貽誤

民生公司的

- 宗旨
  - 補助社會
  - 便利人羣
  - 開發產業
- 資產—八百七十萬元
- 職工—三千八百餘人
- 營業
  - 航業—現有輪船四十二隻行駛
    - 渝申
    - 渝漢
    - 渝宜
    - 申宜
    - 渝嘉
    - 渝涪
    - 渝合
    - 渝萬
  - 機器—在江北青草壩有機器廠
  - 電水—在合川有電燈自來水廠
  - 物產—重慶設有物產部經營國內外物產
  - 染織—在北碚有三峽染織工廠
  - 代辦—代辦保險各種機器電料五金雜貨
  - 投資—北川鐵路四川水泥公司中華造船廠華通物產公司及幾處煤礦公司投均有資金

民國廿五年創始

工作月刊

第一卷　第四期
民國廿五年十二月一日出版

目錄

本刊發行章程

一、本刊每月出版一次，對於預定各戶儘先發送。

二、書費概須照本刊價目表先惠，否則恕不照寄。

三、訂閱須註明起期，如不註明，或起期已早經售罄卽自最近一期起寄。

四、定單開出，概不退款。

五、預定來款不足時，暫准發書并予通知，俟補足欠款時再發給正式定單，否則以零售論，照來款發書。

六、定閱者須將詳細住址塡明，如改變住址，或查詢未到請註明定單號數，定戶名稱，在何處定，原住何處諸項以便查考。

七、到期如欲續定時，請預爲通知。

八、定價以國幣大洋爲準．郵費十足代價，外國貨幣照市價合算，不通用者退還。

九、如有匯款不掛號，遺失等情，本部不負責任。

十、各種刊物，欲與本刊交換者，無任歡迎。

十一、預定手續可向本部或代售處辦理，代售處價目一律與定價表相同不得妄事變更。

十二、代售章程另定之，其願担任代售者請向本部發行處書面與口頭接洽均可。

本刊代售章程

一、代售處除承担零售外，並得代辦定閱。

二、代售處代辦定閱，每份照定價扣除百分之二十爲佣金，款到本部後，開給定單，直接寄書，以省手續。

三、代售處每期銷數在五十册以下者給予佣金百分之三十（卽七折）一百册以上者，給予佣金百分之四十（卽六折）在一百册以上者，給予佣金百分之五十（卽五折）。

四、代售每季結賬一次，將本次所銷數目連同扣淨售款一併開單，逕交本刊發行處，遇有不清，除停發書外並以合法手續，追繳欠款。

五、凡代售本刊，每季在十册以上者得自行刻製「工作月刊特約代售」印章及懸牌於門首。

六、繳款須用法幣，郵票代洋以一角以下者爲限，外埠匯款其匯水與郵費，概由寄者負担，如有中途遺失情事本部不負責任。

七、代售處於代售本刊，應負保管愛護之責。

八、承担代售者，爲謀增加銷路起見所有自爲之宣傳費用，歸代售者自已負担。

西康雪山
（少年義勇隊採集團所經之地）

採集隊經過瓦灰山頂

榆靈宮之高山牧場

採集隊在瓦灰山下露宿情形

採集隊在黄毛梗大樹之空洞內午餐

(1)採集隊自康定至九龍途中

(2)西康九龍縣之夷人

(3)西康九龍夷人爲減輕烏拉及稅捐會議情形

(4)康定至九龍道中風景

(5)西康九龍夷人之跳神會

馬湖與牛牛壩

馬湖小島上之居民

馬湖風景(一)

馬湖風景(二)

涼山中心之牛牛壩遠景

牛牛壩過美姑河

雷馬屏峨

(少年義勇隊採集團所經之地)

雷波耶路那打馬牛羣

雷波縣全城

馬邊大竹堡夷人之賭博情形

峨邊尸各角之羊羣

屏山縣城鳥瞰

懋功夷人過節之跳神會

峨邊大河壩之淘沙金者

地方自治實施辦法

胡汝航

地方自治，在歐美先進諸國中，早成過去之名詞，而在吾國光復以來，雖不乏人提倡，然實際施行者則至少，以故地方一切事務，不由官廳之支配，則必受土豪劣紳之把持，此固國人向來不問公共事務之過，而無人爲之先倡亦一主要原因。

自治一語，乃對官治而言，即由官廳行政範圍內，分出一部事務授與地方團體辦理之意，現今歐美先進諸國自治權力，日益擴張，都認爲此乃地方事務自然之進步，不認其爲中央或官廳所授與。在將來大有消泯自治與官治的界限之趨勢。

民主國家欲實現其主權，在民主之原則，尤不可不從地方自治做起，此層如不能辦到，則所謂民治，仍無異於官治，歐美諸先進國的政府和官廳，權限以內的政務，多是與全國人民有切身利害的重要問題，如外交，軍事，交通，經濟之類，以求其國家在國際上有突飛猛進之發展，而增高其國際的地位和榮譽，至於地方事務，則多由地方人民決定之，地方與中央權限的劃分，縱有所出入，其趨於民治則一，我們要實現民治的精神，自治便事訓練我們最好的機會，幾乎一致而很少例外的，故孫中山先生所訂國民革命程序，於軍事時期之後，繼以訓政時期，在訓政時期內，便以地方自治爲重要工作之一，茲將吳拯寰著地方自治概要，所列自治實施程序列左，以供參考。

第一時期：一，舉行考試 二，設立短期學校或養成所，甲，警務學校，乙，合作人員養成所，丙，測丈人員養成所，丁，區長鄉鎮長訓練所，三，召集會議：甲，行政會議。乙，教育會議：丙，實業會議，四，組織各種調查會，調查各縣政治，警政及教育，交通，農業，工業，商業，人民生計，財政積弊，人民痛苦貧民狀況等。

第二時期：一，劃定縣以下自治區域，二，確定自治經費，甲，詳查各縣自治經費實況，乙，釐定各縣自治經費標準，丙，就整頓土地及公共事業之收入，確定地方自治經費，三，舉行地方自治運動，四，甲，開始清查戶口，造册報省，乙，辦理人事登記，丙，實行戶籍法，五，開始測量土地，整理田賦，六改良及擴充警務，七，測量幹路支路路線並開始修築，八，整頓教育甲，考試並銓定教員資格，乙，推廣農村教育，丙，舉行識字運動，丁，中等學生實施軍事訓練，戊，以勞動學院爲基礎，推廣勞動教育，巳，設立殘廢貧兒低能等學校，庚，審查書報戲劇，九，設立公共衛生局，甲，考試醫生，乙，實行飲食物及藥品檢查，丙，設立檢疫機關，丁，推廣衛生行政及設備，十，革除陋習，甲，禁賭博鴉片嗎啡，乙，禁溺女棄嬰及販賣人口，丙，禁蓄妾納婢，丁，禁男女蓄辮，女子穿耳，束胸，纏足。戊，限制慶弔酬酢，巳，破除風水神權，庚，取締卜筮星相，十一，設立糧食機關，調節糧食，十二，開辦工廠收容犯罪游民，十三，釐訂各種稅則，剔除財政積弊，十四，施行所得稅及遺產費，十五，調查各河流，水道，堤岸，有無淤塞障礙衝缺水患，並計劃濬治，十六，宣傳並指導農村組織改善農民生活，十七，宣傳並指導農民以生產合作及消費合作，十八，宣傳並指導耕地改良及種子肥料改良，十九，實行勞動法及農民保障法。

第三時期：一，鄉區戶口調查完竣　二，試辦鄉鎮自治試用四權及鄉鎮普通選舉，三，繼續測量土地，規立土地登記局，規定地價依價徵稅，並促進開墾荒地，四，計劃開發地方富源及籌辦大規模之工商事業，五，實行造林，六，治理水道河流，七，鄉區警察整理完成，八，鄉區道路修築完成。

第四時期：一，試辦區自治試用四權及區普通選舉，二，全縣幹路修築完成，三，全縣戶口調查完竣，四，全縣土地測量完竣，五，全縣警察整理完成，六，實行鄉鎮自治及普通選舉，七，自治鄉鎮自定鄉鎮自治法。

第五時期：一，試辦縣自治試用四權及普通選舉，二，普及教育實行普及，三，實行區自治及區普通選舉，四，自治區自定區自治法。

第六時期：一，實行縣自治行便四權及縣普通選舉，二，自治縣自定縣自治法人民直接選舉縣長。

第七時期：一，全省各縣自治完成，二，組織國民代表會。選舉省長及省高級官吏，三，實行四權，四，憲政時期開始。

以上所列實施自治的程序，自然有當斟酌地方情形變通的，就四川實施地方自治言，左列事項，尤爲當務之急：

第一，訓練人才，不僅予以課堂上講習的機會，尤須予以實施上學習的機會。

第二，調查戶口，不是發一通令於鄉鎮公所可以辦得到的，必須訓練專門的人員專任調查的任務。

第三，禁煙禁賭，四川各縣鄉鎮每每煙館多於飯館，賭場盛於商場，實為盜匪之源，應當厲行禁止。

第四，指定試驗區域：

（一）每一縣至少有一鎮鄉為指定試驗自治的區域，成績好者，由縣政府予以補助，其餘各鄉鎮派人前往學習。

（二）每一行政督察區至少有一縣為指定試驗自治區域，成績好者，由省政府予以補助，其餘各縣，派人前往實習。

四川桐油之重要性及其改進方法

周 復

一，引言

桐油為我國最重要之經濟樹木，能在短期內獲利，早為人所共知，故年來提倡植桐者頗廣，尤以四川為最著。每年川桐產量，冠於全國，造成中國每年出口量之第一位。惜未從事方法之研究與改進，常使生產不繁，品質低劣。看了農報三卷七期「桐油在世界工業上之重要概況」及「美國植桐之概況及機器榨油之成績」兩文以後，即覺桐油之必須改進刻不容緩，亟應促起川人共謀改進的方案，以挽回國權，而免再蹈絲茶之覆轍。

二，桐油之起源與其在工業上之重要

油桐之生長，原於野生之演進狀態，早已無可稽攷。而利用桐油，亦遠在無可稽攷的世紀以前，直至十六世紀時；始成為一種物品與外洋貿易。最初有葡萄牙商人至廣州以歐洲貨物換取「中國木油」，通商以後，乃漸輸運美國，其量初極細微，大戰後逐漸激增，年佔美國桐油入口量百分之七十五。而美國油漆工業的消費量亦佔全消費量的百分之七十五，即美國油漆工業的消費總數，皆全是我國的供給。如：

一九三二年總消費量爲一萬零五百萬鎊

一九三三年總消費量爲一萬一千五百萬鎊

一九三四年（未統計出惟上年較去年上年超出百分之五十）

從上面的增加率觀察，可知美國桐油的需要，日漸增加。而據他們政府的報告：「桐油的消費量是日漸增多的，假使有多量的供給，更有許多種類的物品將漸趨於消耗桐油」。此足以證實美國桐油的消耗數量是非常的大，直成爲中國桐油的主要銷場。

近年以來，歐洲諸國，因工業之邁進，亦大量需要桐油，致使價值飛漲，有些懷疑的朋友，認爲這是第二次世界大戰要爆發的需要。

自然這裏也不無原因，但主要的實爲世界工業上的需要至廣，因爲牠可以作醫藥（可解砒毒可作嘔吐劑可治瘡癬及燙傷等）殺虫劑，塗飾機械器具（房屋舟車飛機雨具金屬器物）及其他製不透水之油漆，製油漆乾燥劑，製人造皮革，製漆布，製印刷墨，製圖畫墨，更據專門研究桐油者言，將來尤可製絕緣漆，製假橡皮，製絕緣固體，與製其他膠質物等。目前世界工業不斷地進展，而需要量亦是不斷地增加，但每感供給太少，至演成一個恐慌的局面。

三，世界新近對於桐油之積極經營

桐油在工業上因佔極重要位置，遂引起世界各國均對此極端注視，都致力於大量桐油之供給競爭。東方日本，西方歐洲諸國如德意志英吉利及俄國等，又如南北美諸國均認爲桐油有特殊之價值，積極提倡：

1，日本　日本曾在朝鮮全羅南道作大批種植，但以風速過大油質遠不及中國。

2，美國　美國消耗桐油量，在世界各國中要算最鉅，前已述及，但因我國桐油供給之不足。品質優劣之不同，價值漲落之無常，至有自動倡植之舉。溯自一九〇五年一株起，一九二三年繁植成功。最初在福祿利達州 Florida ，繼及於塔薩斯州 Texas 漸及於密昔昔比州 Mississippi 等，經十年努力經營，种植面積已達二八，七五〇——三一，〇〇〇噸左右（係據一九三二年之估計）其分佈狀況如下：

州名	最低數（英畝）	最高數（英畝）
福祿利達州Florida	一四，〇〇〇	一五，〇〇〇
密昔昔比州Mississippi	一〇，五〇〇	一一，〇〇〇

喬奇亞州Peorgia	一，七五〇	二，〇〇〇
阿拉巴馬州Alabama	六〇〇	七五〇
搭薩斯州Texas	四〇〇	五〇〇
路易西阿拉州Louisiana	一，五〇〇	一，七五〇
總計	二八，七五〇	三一，〇〇〇

其面積如此之大，而進程亦加速的快，茲以植桐最早成績最佳之福祿利達州 Florida 歷年來種植株樹之增加率列次，以明其概要：

年份	種植面積之估計（英畝）	逐年增加之畝數
一九二三	一四〇	
一九二四	三〇〇	一六〇
一九二五	一，〇二〇	七二〇
一九二六	二，〇〇〇	九八〇
一九二七	三，〇〇〇	一，〇〇〇
一九二八	四，〇〇〇	一，〇〇〇
一九二九	五，〇〇〇	一，五〇〇
一九三〇	七，七五〇	二，二五〇
一九三一	一一，五〇〇	三，七五〇
一九三二	一四，〇〇〇	三，〇〇〇

美國桐油之生產，亦較我國桐油產量尤多，而且壽命較長，據美國貿易局報告種桐油Aleuritesfordii在彼邦最優之土地其生產量之估計如下：

樹齡	果實	（未剝去外殼）	每英畝出產桐油之磅數
	每顆樹所生產之磅數	（每英畝所生產之磅數）每英畝平均以百株計	依福祿利達榨油工廠以18%含油量計算
第三年	四——八	四〇〇——八〇〇	七二——一四四

第四年	一三——二〇	一三〇〇——二〇〇〇	二三四——三九〇
第五年	二七——四〇	二七〇〇——四〇〇〇	四八六——七二〇
第六年	四五——五五	四五〇〇——五五〇〇	八一〇——九九〇
第七年	六〇——七〇	六〇〇〇——七〇〇〇	一〇八〇——一二六〇
第八年後	八〇——九〇	八〇〇〇——九〇〇〇	一四四〇——一六二〇

從上表裊可知美國桐油八年後仍逐漸增加，不似我國三年桐七年後卽衰退。

他們除以栽培改進之外，更從事於油質榨取的研究；脫殼用機器，每小時可脫三四千磅。榨油亦用機器，故出油量較多，品質較佳。（因顏色較清淡耐水濕之力極強）。從下面美國機器與中國木車以相同等之材料榨油，卽可知中國油質不如美國。

榨油方法	出油百分率	含桐餅百分率	備註
美國新式榨油機	40——44	42——46	除桐油餅外餘所損
中國舊式榨油車	30——35	32——58	失者爲水分

3，南美諸國因土壤與氣候，似適宜桐油之生長，亦正作極小規模之試種。

4，英國　英國在油漆工業財力之下，則以桐油爲重要原料，爲避免不依賴外來供給計，特盡量推廣於其屬地。已於澳大利亞及紐西蘭New Zealand作大規模之試種；并於緬甸HsumHsai柏馬Burma作極大面積之栽植。

5，俄國　爲求本國製造工業之自給政策，曾於五年計劃中，政府擬植極大面積之油桐，以足供給俄國之需要，已向美國運回大批桐種試驗。

6，德國　亦正作籌備中

四，四川桐油在中國之地位

四川桐油之在中國，猶中國桐油之於世界一樣的重要，而四川之適於植桐，與近年實際出口量之增加，均顯示出其特殊之重要意義，今將其產桐油之原因與近年出口量分述如左：

1,產桐之特性　四川桐油獨厚之原因，除氣候溫暖，土地肥沃外，而風速之緩，亦為主要原因。蓋油桐花芽，易受風害，影響結實，日本於朝鮮全羅南通大批種植，油質之不如中國者，則以風速過大每秒常達二〇——三〇公尺；而漢口風速罕達十公尺，三峽以內，風速更小；川內四面環山，風速極微，油桐之受精極易，故油質佳良。

2,近年桐油之出口量與全國出口總量之比較。

年度	全國出口總量	四川出口總量
一九	七〇五，九四四　公石	四八二，三七一　公石
二〇	五二三，〇六一	二八二。七五六
二一	四八九，五〇六	三一六，六七六
二二	七五四，〇八一	四五六，〇七一
二三	未統計出	
二四	未統計出	

從上表裏可看出四川桐油出口總量不但居各省中第一，而且超過全國出口總量半數以上。

五，改進之必要

根據三節裏所言世界各個國家對於桐油之趨向而至於競爭，可以推想出中國桐油的前途，是帶着非常危險性的。因為美國的栽植與機器榨油的成功，幾佔去了中國桐油銷場的百分之七十五，而且她們的產量是逐漸增加的，將來或可推銷世界各國，於是世界桐油的供給，她竟代替了中國。就歐洲方面說，需要桐油量亦是不斷地增加，然而英俄德諸國却有大批的種植，如果將來成功之後，至少可以影響中國銷場的一部分。此時中國桐油將有步茶絲後塵之虞，所以我們在事前不得不有這樣的預測，希望同胞們不要以此而消極，而放棄了他。我們不要畏懼美國之成功及英俄之種植，須知她們并未在此極短時間內顯著最大的成績使量的增加，目前世界桐油供給量亦感覺異常缺乏，故其栽培與改進，亦可立起直追。況際此國勢風雲農村經濟破產之下，「桐油」——四川的寶藏——實是我們的生命線，朋友！努力吧，競爭的勝利，將在光榮史上佔極重要的一頁。

六，改進之方法

A品種

a 原有品種之種類

1、就年齡言

一，三年桐　有單稱油桐或稱光桐，學名爲Aleurites Fordii高丈餘，葉綠色，有光澤，多全緣，亦有時爲三裂片，葉柄頂端是無柄之腺，果實外面平滑無縐紋，每顆含種籽三粒至五粒，性耐寒，冬季華氏二十度以上尚無妨礙，分佈甚廣。

二，千年桐　有稱木油桐，高桐，縐桐，五爪桐等，學名爲Aleurites Montana 高二三丈，葉淡綠，多爲三至五裂片，亦有全緣者；葉柄頂端具有柄之腺，果實外面有縱稜三條，及多數縱橫之縐紋，每顆通常含種籽三粒，無耐寒性，分佈不廣，川中尤少見。

2,就樹性言（此爲川中之通用名詞）

一，紫桐　枝幹粗壯而稀少，果實碩大而光滑結實不多，含籽三至五粒。

二，米桐　樹身矮小而側枝甚多，結實纍纍，含籽五至七粒。

三，柿餅桐　果實似柿餅，形如米桐。

四，五爪桐　果實兩端尖銳，爲米桐之變種，較柴桐爲優，惟遜於米桐（此種桐似近於三年桐之一種，其生長年齡：一——三年爲發育期，四——七年爲初結實期，八——十五年爲結實極盛時期，此後卽逐漸減退，壽命達三十年——五十年。）

b 應改進之事項與方法

1，品種複雜　不論集體造林或私人經營，常有多數品種混合而未分明區段，甚至有不知是那些品種混合者，因此常使好種變劣，故經營桐林，必需造定好種數種分區造林，庶免雜交變劣之弊。

2，品種不良　由於品種複雜的緣故，至分辨不出好種來，所以壞種特多，故種桐尤須注意佳種，不然將來獲利太少，徒空費勞作與時間。

3，選種方式

一，政府設立油桐改進所，專作品種之比較試驗而加以改良之，以後逐漸推廣。

二，人民自身應隨時隨地注意各處油桐之生長情形，擇其品種佳良者徵集栽種。

4，選種條件

一，果實多

二，油質豐

三，結實久（如千年桐米桐是）

5，選種方法

一，選樹

甲，發育強勝　乙，年齡適中　丙，無病蟲害

二，選果

甲，位置適宜　乙，面向東南　丙，充分成熟

三，選籽

甲，大小適度　乙，無畸形者

四，種籽貯藏

甲，過去之積習　臨時在堆積之桐中取籽不加選擇。

乙，改進之點　將選定之種籽貯藏於有砂之木箱內保存之，無使過濕或乾燥，以待來春播種。

A栽培

a過去之積習

1，民情方面

一，認爲種植油桐者將得「桐子癆」。

二，臭桐花者亦得「桐子癆」或「流鼻血」。

三，將桐油樹當爲野生常是不勞而獲的樣子。

2，種植方面

一，地勢　常種於不能栽種之山坡或懸崖處，亦有種於低窪之山谷中。

二，育苗　採就地造林法無育苗手續，距離尺寸亦無一定。

三，管理　不除草，不排水，灌溉，不加肥料，樹枝不加修剪，不防除病虫害，倘有不良之徒，常打柴將桐枝竊折爲薪亦不管。

四，收獲太早其原因是

甲，山坡桐樹因草密路峭桐實自落不易尋覓。

乙，怕人盜竊不便管理。

丙，農民經濟枯窘提早摘售以資調劑。

b改進之方法

1，民俗方面

一，屬於前兩次用口頭向愚笨之農民親切勸導或自己從實

地試驗以證實此說之錯誤。

二，關於後者應向農民介紹油桐之重要與價值以增加其植桐興趣。

2，種植方面

一，地勢　峭壁之山坡不宜植桐，須在傾斜稍緩之度爲佳。

二，土宜　甲，地勢高敞常受日光照臨好風吹噓　乙，斜坡或向陽之處　丙，土垠疏鬆土面有二三寸之淺沙　丁，土壤含酸性富有機物　戊，新墾荒土不宜植桐須種植其他作物兩季以上者始可。

三，育苗

甲，就地造林法　將去秋收獲後貯藏之良好種子於二三月間(陽歷初春)每距十尺至十五尺處，挖二三尺見方之穴，(就新墾土言熟土不必)每穴種籽三粒，四星期後即出芽，滿一年後高達二尺，留其生長最旺盛者一株，餘則移植於別處，每屆早春將根旁之土掘鬆培高。夏季宜行中耕除草，若施以油餅或人糞尿，則發育更佳。三四年後即開花結實。

乙，植樹造林法　早春時將圃地整理均勻作成三尺寬之苗床行點播法，用橫行，每行間距離約五寸遠，於中掘寬三寸深三寸之溝，將桐種子每距三寸按置一顆，使成一字排列，成品字亦可，當年苗可達二三尺長，翌春即行定植，如能假植一年更好。

四，管理　管理工作極爲緊要，若果稍一失愼，則全局失敗，好在桐樹之自生力甚強，故每年尙能開花結實，但實總欠豐裕，油質總欠佳良，就是管理上不注意的緣故果，所以除草中耕排水灌溉施肥剪枝殺虫治病防盜，均是極要的工作，必需應時施行的。

五，收獲太早的避免

甲，除有石縫深谷之地，提早採摘外，密草平處仍須延留至十分成熟，始行採收。

乙，組織護林隊相互照料若有竊盜嚴以處分。

丙，組織農民信用合作與產銷合作。

C製造

a過去之習俗

1，民情方面

一，反對設立榨房，認爲木榨有白虎星寄託，榨久可壓斷當地龍脈寸草不生。

二，桐油因可節省油，又不易釀成火災，故雖油價高漲亦有供作燃燈。

2，製造方面

一，剝殼

甲，堆積一處蓋以乾草，任其自然發酵裂開。

乙，不聽桐殼自然發酵，常以沸水沃淋使其速腐，致桐實入水分或以火烘裂外殼使油質深黑。

二，烘乾　置鉄鍋或特製之烘乾器，惟火力過猛，故榨製之油，常作金黄色。

三，輾碎　置石製大輪盤内用畜力以石滚壓碎，每小時可輾桐籽一六〇斤亦有用石臼舂碎者。

四，榨油　用木榨榨油，每桐籽一夬斗(五十斤)可榨油十斤至十三斤，此種榨油之積弊如下。

甲，天然的

(一)油餅尙含油百分之十。

(二)榨取不盡，每百斤油籽較用機器榨油較少三分之一油量。

(三)以榨後之油粕用水泡開再與第二次油餅合榨，

(四)榨油之木機有時方榨他種油類，又榨桐油，常至混入不少雜質。

乙，人爲的

(一)以木油籽罌粟子加入桐子合榨。

(二)榨油摻入其他植物油。

b 改進之方法

1;民情方面

一，開導農民除去設立榨房之謎信說法。

二，提倡植物油燈專燃桐油及以外之植物油以供燃燈之消耗。

2，製造方面

一，質的改良

甲，第一步就現有木榨改良之

(一)剝殼

(a)取締用人工撥沸水使殼腐爛與以火烘殼裂開之弊讓其自然發酵。

(b)應以日光晒乾或乾草覆蓋使之自行裂殼。

(二)烘乾

(a)烘乾器所用之火力不可過猛免使油質變壞

(b)用日光晒製

(三)輾碎 畜輾或臼舂其效果異常遲緩，應仿磨麵輾米所用之火力研細以增效率，而利經濟，最好榨房設於能利用流水附近藉水力輾碎。

(四)榨油

(a)榨桐油之木機於短時內不得榨其油類以免雜質混入。

(b)嚴密檢驗出油成分及固定裝置，以杜人工攙假，由政府分區厲行。

乙，第二步從事機器榨油以期油量增加。

二，量的增加

甲，依當地油桐之生產量而酌設木機榨油房。

乙，若常地油桐之生產量過旺，致所設木榨房不足供用而有充分之經費時，可增設機器榨油廠。

D運銷

a過去之習俗

1，農人

一，售賣方法

甲，預賣 桐花開時或初結實時即先行出售價值極廉。

乙，現售 將淨油籽出售常有碎殼泥礫等夾雜物故有出稱斂斗之說。

丙，掉油 有少量桐籽之農民常以少數桐籽持赴榨油房掉油，其標準大抵農民佔十分之八，榨房佔十分之二，亦有請託榨油者，但須另付榨費。

二，售賣方式

甲，桐販下鄉收買。

乙，自運入市出售。

三，積弊 生產收入太少，常被桐販欺騙。

2，桐販

一，性質 收買桐籽及桐油之預貨與現貨，囤積待價而姑，多係鄉間富農及地主爲之。

二，售賣方法

甲，賣與榨房。

乙，交榨房代榨後出售桐油。

三，積弊。

甲，重利剝削農民。

乙，售油者常以他種植物油攙假。

3：油販

一，經營性質　專是運輸桐油，常往來四鄉隱瞞眞實行市，期得兩地行市漲落之利益。

二，積弊

甲，油質作僞，攙其他植物油及油脚子（油之渣滓）。

乙，缺乏信用　交貨遲緩，遇天災人禍則多潛逃，油舖多吃此虧。

4，油舖

一，性質　坐視營業專作躉買與推銷事項。

二，業務

甲，躉油　向油販預買、訂油時先交半價甚至全付危險甚大。

乙，儲油　毛油係用竹簍裝置不便久藏，油至時即堆存舖內，常有漏蝕及火災等危險。

丙，售油　由過儎舖經手賣與出口行家，成交後每萬斤得訂金七百元交足時即收款。

丁，押油　有時油價不佳，油舖不欲出售，遂將油押與過儎幇，照市價八折，若油舖不信任過儎幇，則須經其介紹押與洋行，照市價五六折，此在二三月最盛行

三，積弊

甲，油質之作僞

(一)清油月份（桐油未凍時）。

(a)將油簍下部裝欠度數之油，上舖紙，裝以品質較佳之油，俟洋行收油前數分鐘揭去油紙，最時好油徐徐下沉（相比其他什油爲重）底層及中部均爲好油，收油者常被朦混。

(b)以其他植物油攙和。

(c)以脚油攙和。

(d)以松香攙入提高折光度數。

(二)凍油月份（冬季凝結）

(a)木油籽熬化攪入以，每簍之底，或四周中

心與而上，則裝好油。

(b)攙熟洋芋稻草沙石油滓增加重量。

(c)以盛過油之竹簍再裝桐油（通常每簍只限裝一次），以增重量。

乙，交易上之積弊　如當地油價上漲，預賣之油，往往不能如期交貨，或以劣油搪塞。

5，過儎舖

一　性質　專經營油儎業務。

二，方法

甲，與洋行及油舖往來專事介紹之責取佣金每担三角（買方二角賣方一角）。

乙，每成交一萬斤油時，即書立約，洋行先付訂金七百元過儎舖即利用此項資金向油舖訂購。

丙，押油照市價八折。

三，積弊

甲，常發生倒場及失信之事。

乙，遇油價漲則以油舖之油另售高價，預定之油，延期或以另以劣油搪塞。

丙，買空賣空由純粹之經紀性質變爲投機者。

6，出口行家　各洋行以雄資大批購買過儎舖介紹之桐油而後提煉直銷海外，因其資本之雄厚與消息之靈通，故常作市場之操縱。

b，改進之方法

1，組織信用合作社或農民貸款所以免農民預先廉價拍賣，期達生產收入增加。

2，籌設生產製造合作社以杜桐販之重利剝削。

3，組織桐油運銷合作社，以杜油販油舖之再次漁利而屢事假冒，致變壞油質。

4，組織運銷聯合社

一，專作桐油之介紹以免過儎舖從中投機而喪失國家信用

二，作國內外消息之聯絡不經出口行家而直銷外洋以免別人操縱價格。

七、結論

這一篇拉雜的文字，是從朋友的介紹與催促和自已所探討的實際問題而寫的。當中所言植桐過去的積弊是昭然若揭，爲研究桐油者，所共同感到的事。至於改進之方法，亦祇限於管見所及

，故僅提出綱要，以供關心桐油者的商論和指正，期於達到這有關國民經濟的桐油事業有所改進。

巡迴圖書担的實驗

張惠生

本館雖然位置在四山環抱，一水瀠洄的小小鄉村中，但僅就本年第五月份的圖書閱覽而論，不想竟有了下面的一點統計：

閱覽人數　一萬二千一百二十八人

館外借書人數　一千以上

借出書籍　一千〇七十册

就這些數字看來，想不到在一個鄉村中，讀書興趣，會提到這樣高，一方面自然覺得可喜，但一方面也不免十分抱歉，因爲到館閱書的，分析起來，學生，教師，公務員，市民，成份却佔得最多，而館內還很少有勞工小販學徒和農人們的足跡，這不能不怪我們的工作，尚不會做到深入社會的地步，我們爲要努力補救這種缺陷，才想法辦理一種巡迴圖書担•巡迴圖書担，是想把館內適當的讀物，盡量介紹給民衆，並盡量推廣到民間去的，這工作做起來，自然免不了困難和麻煩，但想到惟有困難和麻煩，才是工作的意義，因此，便立定計劃，開始工作。

這工作進行起來，時間並不很久，這裏只能把計劃和進行中的大概情形，略爲說說，至於工作的經過，等後來再作一個詳細的報告。

我們進行的計劃，共分（一）目的，（二）要求，（三）進行步驟，（四）圖書選擇標準，（五）辦事員的訓練法五項，茲分別說明於後，請求各位指教。

（1）目　的

目的共分三段：即（一）把圖書送上門去，把智識送上門去，（二）借此推廣民衆教育，實施公民教育，（三）提起普遍的讀書興趣，增高一般的文化水準，在我們的工作開始以後，可說是很圓滿的達到了目的第一步，在我們送書的區域，由市街而至鄉下，在北碚市附近的五里以內，都是我們挨戶送書的主顧，接受我們送書的人，幾乎全是勞工小販店員及婦女，甚至在一個小家庭中，多至三四人，都同時借我們的書去讀，這種情況，我們認爲是十分佳良，由此推測，覺得目的的第二步，也許在短期內有做到的可能，我們常常從一般借書人的口中，得着不少的意見，他們大都喜歡讀新書，喜歡讀與他們生活有幫助的新書，根據着這傾向，我們想，只要有法能夠滿足他們求知的欲望，大約最後的目的，也是不難達到的。

（2）要　求

要求也分三段，卽：

（一）人人有書讀，人人想讀書，人人願讀我們的書，人人肯接受我們的勸告。

（二）與民衆教育融成一片，相互爲用。

（三）幫助民衆在讀書中認識現代，從讀書中推進社會。

在許多讀者的感謝聲中，都認爲圖書館的書，很合他們的口味，他們都喜歡讀，我們新書不斷的供給，他們也就不斷的替我們介紹，讀者的增加，有大半不是我們直接宣傳的力量。要做到人人想讀書，依情形看來，大約並不是難事。看我們圖書担的讀者，有很多都曾經在民衆校讀過書，或者正在民衆校讀書，這已做到了相互爲用的初步。至於最後的要求，那自然，我們常作更大的努力，我們相信是不會失望的。

（3）進行步驟

進行步驟分（一）宣傳（二）登記（三）接洽（四）實施（五）推廣五

步，玆分別說明進行情況於后：

（一）宣傳　宣傳以文字宣傳及口頭宣傳兩種爲主，文字曾經利用報紙和傳單，編成淺顯的話，借各種不同的方式發表，登記的時候，到一家便把傳單送到他們手裏。有一點近於牧師傳教，口頭宣傳，也同樣的不怕討人厭煩，逢人便說，自然，有時軟硬的釘子，都得碰到幾個。

（二）登記　一方面在館門的廣告牌上，寫着淺明的廣告文字，請他們來報名登記，一方面挨戶勸人讀書，勸人登記，這工作做起來還算十分順利，北碚市的各路，幾乎都有登記了名字願意借圖書担的書的人，北碚市讀書能力稍爲低淺一點的民衆，可說大部份是被我們網羅了。

（三）接洽　登記了之後，接着我們的工作，便是一一去探詢他關於讀書的意見，最初也有些表示懷疑的，他們懷疑着，社會上那有像這樣熱心幫忙的人，那有像這樣便宜的事，後來經我們再三解釋，並舉過去峽防局，及現在實驗區署其他幫助民衆的事例，以破除他們的疑團，增加他們的信心，他們也就釋然了。

（四）實施　我們在進行了前面幾個步驟之後，便開始實際送書，家家去送，個個都送，這樣民衆對於我們發生了很大的興趣，增加了無數的好感，我們出去工作的人，除了收到一片感謝聲而外，還間或有零碎飲食可吃哩，（自然我們站在工作的本義上，是不好領謝的）。

（五）推廣　我們預定四步工作完成之後，只等稍一整理有緒，便準備作放射式的擴展到四鄉，到各場，以各鎮小學及義務校爲推動核心，而期必做到普遍化，深入化，但目前一則書籍不夠，感到供不應求的困難；一則人力不夠，頗有照顧不過的憂慮，而實際一個根本問題，便是受到經濟的限制，經濟的問題，一時尚無法解決，不過，我們終想打破困難，只是在時間上稍緩一點吧了，目的是終於會達到的。

（4）　圖書選擇的標準

圖書担的圖書，較之普通圖書，選擇標準，略有不同，也是一件極感麻煩的事，我們選擇的標準，預定了下列幾項：

第一期：

（一）在文字上只要讀過千字課的民衆便看得懂。

（二）在分量上最好三十分鐘內讀得完，至多兩點鐘內可讀完。

（三）在體式上採取章回小說，連環圖畫，彈詞，戲曲……一類的書。

（四）在內容上以社會常識爲第一步，自然常識爲第二步。

第二期：　提高閱讀程度，充實讀物內容，就第一期標準加多其分量及門類。

第三期：　凡不便到圖書館來研究或參考的，即擇圖書館所有的書送出去。

我們定了上項的標準，便開始選擇書籍，說來眞可憐，中國的出版界，著作家，老早就喊着民衆化，大衆化，通俗化的口號，而實際上一清理起來，眞正是合乎民衆的讀物，在書店裏都不大找得出，不得已只好降格相從，盡量地選了一些，然而爲數還是很少，頗有不敷分配之勢。

（5）工作人員的訓練

我們對於工作人員的要求很大，因此對於工作人員的訓練，也感到十分重要，所以在事先便預定一種簡單的訓練法，下面便是：

一，多活動，與民衆接洽，親近。

二，提高文字能力，提高閱讀指導能力。

三、須培養相當的社會常識，及自然常識。

四、最好能學一點簡易治療術。

五、須練習有簡潔，清明，懇摯的說話能力。

六、須具備誠懇，和藹，禮貌的態度。

七、須養成遇事肯幫助人的習慣。

八、在第一期訓練期間，每日至少要有三小時的讀書時間，有一點鐘以上的習字時間，有兩點鐘以上的勞動及體育訓練。

九、在第一期訓練期間，每日須寫日記，每週須作文。

十、應訓練能寫作當地普通應用文。

十一、初期訓練，每日應有一點鐘與民衆接近的時間（最好從學校教師及本市學生着手）。

十二、須學一兩種與民衆容易接近的技術。（或游藝）

十三、須養成有經理事務的技能。

我們對於工作人員，不僅對於送書收書及宣傳登記整理各項工作，做得迅速，準確，切實，有效，更盼望他們本身便是一個民衆教育的推行者，便是一個講師，便是一個教員，因此我們初步預定的訓練標準，不免略近於複雜，而我們的訓練方法，全是實際的行動的，每一項工作，即有其每一項的訓練意義，不坐講堂，也不發講義，訓練起來，大體還算不差，工作人員，現在僅有兩個，我們按定標準做去，只一點，他們的工作都較忙，所以關於文字技術及文字修養方面的訓練，尙不免有些匆促，關於這點，恐怕一時還沒有改正的辦法。

圖書担工作進行的初步，與我們預定的標準，在上面可說是已報告一個大略了，問題自然很多，不過相信我們自己有了決心，問題決不難被逐步解決，至於實際工作的經過，準備另文報告，這裏且不提牠了。

秋蠶飼育法

四川蠶桑改良場

飼育秋蠶，對於農民的經濟，補助甚大，因為秋蠶飼育時期在收穀之後，小麥播種以前，正是農閒的時候。於此時期，利用夏伐後生長的廢棄桑葉，閒暇人工，來飼養秋蠶，增加收入，確屬有利之舉。不過秋天的氣候，桑葉，處處不如春天。飼養的方法，比養春蠶，當然略有不同之點。現在特就飼養秋蠶，應注意之點，摘要敍述，以供飼養秋蠶的農友們，作一種參考，要能遵照做去，才會豐收，而不致空費勞力喲！

第一　消毒

意義　養蠶的人，最怕的一件事，是蠶兒生病。消毒的目的，是在預防蠶病的發生。因蠶室蠶具，養了春蠶之後，都附着有各種病源微生物，若不設法將他殺死，第二次養蠶，一定會發生各種病症。所以在養蠶之前，蠶室蠶具，務須嚴格的消毒，以防發生蠶病。

方法　消毒方法，種類甚多，效力最大的，有昇汞水消毒法，福爾馬林消毒法，漂白粉消毒法等種，但簡單而易實行的，則有石灰水消毒，及日光消毒法，特分述於后：

一、石灰水消毒法　本法簡單易行，蠶室四壁，可用灰漿粉刷，既能殺滅病菌，又甚美觀，誠一舉而兩利也。至蠶箔，蠶架，蠶網，用石灰水洗滌，收效亦大。石灰價既便宜，又易購買，蠶戶們最宜採用。

二、日光消毒法　本法僅適用於蠶具，當夏日炎熱之時，將

各項蠶具，曝晒於烈日之下，經過三五天後，各種病菌，都可殺死，既不費金錢，又易施行，誠良法也。

第二　催青

意義　催青俗名暖種，就是用合理的溫度，把蠶卵胚子變成蠶兒的意思。那末，溫度的高低，對於胚子的生理，蠶兒的健康，影響甚大，秋蠶種自冷藏庫取出，經過稀鹽酸浸漬後，胚子即漸發育，故此時期內，即係催青期，保護的溫濕度，均應注意。

方法　秋天氣候熱而乾燥，催青的時候，非但無須加溫，且應將蠶種置於清涼之處，以待孵化，並宜時時引入涼風，撒佈冷水，以圖散熱，大概溫度要在華氏八十度左右，不可超過八十五度，至於溼氣，亦要潤濕一點。

第三　收蟻

意義　收蟻就是把已經孵化的蟻蠶，從連紙上掃下來的意思，秋天氣候很熱，蠶卵孵化後，就應當把牠掃下來，早給桑葉，以免饑疲。

方法　在蟻蠶快要孵化的前夜，須用絲棉紙將蠶種包好，以免蠶兒四散，收蟻時候，將棉紙解開，

拿出蠶種，用鵝毛將種紙背面及四角的蟻蠶掃下，兩人牢持四角，把有蠶的一面向下，離坪紙三四寸高，然後用蠶筷輕敲種紙的背面，蟻蠶卽齊落於紙上，一次不能掃完時，就不能採用此法，祇可用鵝毛輕輕掃下，那麼，未出的蠶卵，就不會受傷。蟻蠶掃下後，先撒上一層細糠，再撒上少許細切的桑葉，等到蟻蠶爬出糠面時，就將蠶和細糠，輕輕拌勻，把蠶座整理成一長方形，然後就餵以切細的桑葉。

第四　桑葉

飼育秋蠶，大都在夏伐後生長的新條上採葉，小蠶的時候，要選摘條端的嫩葉，到壯蠶時，宜選摘肉厚的葉子，如小蠶期飼以硬葉，壯蠶期飼以發育未全的軟葉，均非所宜，玆將摘葉的標準，條舉於后：

（一）頭眠前　自條端第二至第四葉中　選摘兩葉

（二）二眠前　自條端第三葉至第六葉中　選摘三葉

（三）三眠前　自條端第四葉至第八葉中　選摘四葉或五葉

（四）大眠前　自條端第五至第十一葉中　選摘五葉或六葉

（五）大眠前　自條端第六葉以下　除基部過老者外，全部採摘。

摘葉時刻，以早晨及傍晚時爲最宜，日中天熱時，切不可採，採回來的桑葉，要放在陰涼的地方，或用濕布覆蓋，以免乾燥。

第五　飼育

養秋蠶的時候，開初天氣還熱，箔上的桑葉，不但容易乾燥，而且桑葉的品質。又不及春蠶期嫩軟適宜，故對於飼育方法，應特別仔細，桑葉要選嫩綠的。自不必說，就是每晝夜給桑的次數，也要比春蠶加多，可是每次的桑量，則宜減少。

蠶箔要放在清涼的地方，外溫過高時，應將南面的窗和門關閉，免受外溫的影響，到晚間外溫降低時，再將窗子開放，直至夜半或天將明時，然後關閉。

給桑的回數和分量，不能說定，要依當時的情形，隨機應變，大概秋天總是高溫乾燥，故蠶兒吃葉快，而桑葉凋萎也快，乾了的桑葉，蠶兒是不吃的，所以每天給桑回數要加多，每回分量要減少，使蠶座時常有新鮮桑葉，可以飽食，現在將各齡飼育的要點，表列在後面，務請注意。

齡別＼項目	給桑回數	切桑分寸	每次給桑量	給桑手術
第一齡	每晝夜八次	二分方至三分方大	不宜過多	要撒佈均勻
第二齡	每晝夜八次	四分方至五分方大	不宜過多	要撒佈均勻
第三齡	每晝夜七次	六分方至七分方大	不宜過多或過少	要撒佈均勻
第四齡	每晝夜六次	粗切	不宜過少	要給與均勻
第五齡	每晝夜五次	除餉食及將上簇時粗切外，均用全葉	不宜過少	要給與均勻

一二齡的蠶兒，體小而發育快，務須選用良桑，細切給與，在小蠶期的蠶兒，如小孩一樣，稍受不良障害，即易傷害身體健康，而影響壯蠶期的發育，在收成上經濟上無形中遂受莫大的損失。所以在小蠶期中，須冷暖有定，食息以時，飼桑求適，乾濕得中，那麽！稚蠶體得健全發育，壯蠶期卽可減少蠶病，而蠶繭豐收，亦較有把握，故俗語有云，「稚蠶半作」就是這個道理。

四五齡的蠶兒，體漸肥大，食桑最多，室內空氣，易陷不潔。要時常開放窗戶，引入新鮮空氣，每天須除沙一次，要用良桑，使蠶兒飽食。

第六 除沙

意義

除沙就是把桑渣和蠶糞除去，使蠶座清潔的意思，也是養蠶中的重要條件。因爲每次餵桑後，所餘的桑渣，及蠶兒所排泄的糞，必漸堆積。蠶沙堆積過多，爲養蠶家所最忌的一項事，氣溫低時，易使蠶座冷濕；氣溫高時，易使蠶座發生蒸熱，病菌滋生，蠶受到這種濕熱，各種蠶病，遂因之發生，故蠶沙堆積時，應隨時除去，以求清潔。

方法

除沙的方法有二：有的用糠，有的用網，用糠除的叫糠除法，用網除的叫網除法，一二齡時宜用糠除，三四五齡時則用網除。

小蠶在除沙前二回給桑時，先撒一層焦糠或細糠，然後餵上桑葉，有了這層糠，就把上層的桑葉和下層的蠶沙隔開了，經過兩次給桑後，蠶兒都爬到糠面上來了，於是將糠上蠶兒用手捲起，撒在清潔蠶箔中，再來整座，用網除時，鋪上蠶網，餵過兩回桑葉，把網抬到另一箔裏，就成功了。

次數

第一齡　兩次

第二齡　三次

第三齡　三次

第四齡　兩天一次

第五齡　每天一次或兩次

第七　擴座分箔

意義

擴座就是在飼育期中隨蠶兒發育的程度，漸次擴大蠶座面積的意思，蠶兒自孵化後，生長極快，由蟻蠶孵化，至達五齡成長極度時，增加倍數，極為顯著，就體重說，約增加八千乃至一萬倍，就體積說，約增加三百倍，像這樣增加迅速的蠶體，倘不隨牠的成長擴大蠶座，那麼，必障礙牠的生理，影響牠的發育，甚至惹起蠶病，故養蠶者，對於擴座這件事，決不能忽視。

分箔亦係擴座之一種，因蠶兒發育迅速，先在一箔之中逐漸擴大其面積，到一箔不能容納時，遂不得不為之分開另置一箔。

方法

在給桑前或除沙時，用鵝毛或蠶筷將蠶兒薄薄勻勻的展開。

次數

第一齡　三次或四次

第二齡　二次或三次

第三齡　二次或三次

第四齡　二次或三次

第五齡　二次或三次

第八　眠起

蠶眠的時候，身體是很軟弱的，保護要特別週到，蠶眠之前，要把蠶沙除去，使蠶箔裏清潔乾燥，將眠的時候，要稍為暖一點，纔容易眠得齊，將眠時候的給桑，要特別注意，切不可太多止桑不能過早，桑葉不吃足，勉強就眠是很不好的。

倘若蠶兒就眠不齊的時候，眠除後給桑一二次，一大部份已經眠了，另一部份還要吃桑葉，那麼！須將未眠蠶提出，另置一箔中，再給桑葉，對於眠蠶就無防害了。

眠齊之後，溫度要稍為低些，不能震動，不可吹直接風，開業不要太遲，起蠶長久飢餓，對於蠶體是不利的，大概蠶箔裏有八九成起蠶時，就可以餵桑了，開葉時桑葉不能太老，這也是要緊的。

第九　上簇採繭

養蠶的目的，在獲得優良的蠶繭，有許多蠶戶，對於養蠶，雖十分注意，可是對於上簇的材料及上簇的方法，則極不講求。須知蠶兒雖養得好，而上簇的方法，如不適當，也難結出品質優美的繭子，品質既不好，價錢就賣不起，這豈不是空費勞力嗎？所以當業者，對於上簇的方法，實不能忽視。

材料

農民上簇，多用栗子苗，竹枝，蕨萁草，荳桿等來上簇，這一類的材料，除栗子苗，免強可用外，其餘的絕對不能採用，因為用這類材料來上簇，多不正形繭及柴印繭；最好的莫如用乾谷草製成草籠來上簇。

草籠亦名蜈蚣簇，製造的方法，先將谷草一束，切成七八寸長，用兩股草繩，一端繫於索車上，另一端繫於木棒上，一人將谷草插入兩股草繩之間，一人絞轉索車，不多時候，即成一條蜿蜒狀的蠶簇，故有蜈蚣簇及草籠之名，此種蠶簇，排列整齊，疏密合宜，所結的繭，色既白漂，同宮繭不正形繭污染繭也少。

上簇

捉亮蠶不宜太青，亦不宜過熟，過青時不易結繭，過熟了，廢絲已經吐得很多，所結的繭子，就要薄些。

採繭

採繭不宜過早，要等繭中的蠶都化丁蛹，才能採摘，否則多毛脚繭及污染繭，有損繭質，照秋蠶說，上簇後五六天，即可採繭，而採繭的時候，要注意下列幾點：

（一）繭子上面的蠶糞同簇草，要弄得清潔。

（二）雙宮繭，薄皮繭，血繭，蛆繭等，都要同上等繭分開。

（三）繭子上面的浮絲，不要剝去。

養蠶十二要

一　要蠶種優良
二　要蠶室寬敞
三　要桑葉新鮮
四　要空氣流通
五　要蠶座清潔
六　要勤除蠶沙
七　要疏密合宜
八　要給桑均匀
九　要溫濕適當
十　要眠中安靜
十一　要老熟上簇
十二　要簇室通風

北平鴨之雜交實驗

蕭蘊琨

余木匠飼養的鴨子

余木匠的家是住在位於北碚之東的深基溝，挨近觀音峽之左翼，距河較遠，交通不大方便，有小路一道可通歇馬與隆等場，然皆崎嶇不平，因此趕場之鄉民亦多走大道，於是深基溝便成爲清冷幽僻的鄉村，兼以土質甚劣，四季出產，僅能維持日常生活三月之需，居民平時多以挑炭爲活，間亦有傭工於人者，但其生活之苦，不言而喻。

余木匠屋外的田有如樓梯似的滿盛着綠水，余木匠的三隻白鴨子就在那裏優遊自得的過活。據他說：這三隻鴨子已飼養四年，平均在每年的臘月初邊卽行產卵，直到次年的七月十幾(陰歷)才得停止。其種子的來源係在市上購買的，又據余木匠說起購鴨子的經驗；若選買鴨子，除注意牠的羽毛光澤，骨骼粗細，背腹寬狹，眼神光亮大小等而外尤應注意鴨子嘴腔的齒輪，若齒輪生有六輪以上者，此鴨卽爲多產卵之預兆；反之，在六輪以下者卽爲少產卵之特徵。一般爲增加鴨子產卵的數量，有用母雞代孵小鴨的。此種土法現已普遍鄉間，尙著成效，現余家養有三隻母鴨，每日能產卵三個，以目前的行市、每個鴨蛋能值五百錢，一個鴨子一年能產一百八十個蛋，三隻鴨子一年就能產五百四十個蛋，就能值錢二百七十吊。他的婦人在旁插嘴說：他們一家三口人，平常的生活費單靠這三個鴨子的生產就能維持半年。他們的飼料，因困於金錢的關係，早晚僅給適量的苞谷，其餘都靠鴨子在水田裏自己找吃。我們因爲想將牲畜的好種子大量的蕃殖，推廣到農村，藉以補救農民的生活。記者於是提議將科學院農場所飼養之北京雄鴨暫借與余木匠飼養，將來所產的卵，我們照市價稍貴收買，俾便蕃殖，推廣到各個農家。大家都可以增加一些生產，記者談起 余木匠極表同情。

交配的成功

歸來商得科學院當局的同志，將農場所飼養的北京鴨(雄)借一隻與余木匠飼養之本地鴨作交配的試驗，當時記者在旁，見兩種鴨情若冰炭，不相融洽，不但不能交配，且有嘶啄的現象，其原因是本地鴨體小靈便，運動迅速，北京鴨身體笨重，動作遲緩，所以每有跟趕不上之苦，兼以北京鴨形相不同，很能使對方發生恐懼，見之逃颺，(而本地鴨也同樣的害怕)。記者理想中的交配，卽無形的失望，在失望中連想着畜與人同，不相識決不能相愛，於是用強迫的手段將北京鴨與余姓之本地鴨關在一起，幷刺出兩個之血液少許，拌入飼料分別喂予幾隻鴨子，如是同居兩天，再放在田中，則與前次反是，牠們大相歡愛，進而交配起來。

精卵的檢查

一般人認爲卵的受精與否，是根據卵殼表面的粗細而定。若卵殼構造粗糙，卽是巳受精者。反之，蛋殼細膩，必爲未受精者，這是土法辨別的一種。據記者此次以電燈光線査驗卵受精與否的可靠方法，則以卵內所藏黑點胎珠的有無爲判定受精與否，受精的卵，胎珠黑點極明，未受精者，卽爲透明之黃色液體，無顯明的黑點胎珠。

孵化的選卵法

選卵如同禾苗的種子一樣，若是種子不良，雖費盡了春耕夏耘的血汗勞苦，秋天的收獲一定不能十分圓滿，所以選卵一事，是最重要的，千萬不可忽略，免得孵化失敗，茲將孵雛選卵的標準略述如下：

一，須用精力充足之卵，雌鴨未受過雄鴨交尾所生的卵，爲「寡蛋」，當然孵化不出來。但鴨羣之中，雄鴨太少，雌鴨大多，則一雄的性慾。不能供羣雌的要求，因之，雌鴨所產的卵，精力大半不足，孵化時亦難得着良好的結果，一個雄鴨交配的能力，按鴨的種類不能一定，如果卵用種鴨，(身體單瘦，產卵最多)，性慾發達，好色力强，一雄可配十雌，如肉用種鴨，(身體肥胖，產卵最少)，性質遲鈍，情慾淡薄，一雄僅可配五雌。又脫毛時期所產之卵，或過老及過幼的雄鴨和雌鴨交配，卵之受精不易健全，所產之卵亦不宜用以孵化。

二，須用健全之卵，雙黃的卵，蛋黃不正的卵，無黃的卵，外殼過薄或過厚之卵，外觀上形式不正之卵，外殼過軟之卵，病鴨所產之卵，皆不可用以孵化。

三，勿用裂縫之卵，如果卵有裂縫，腐敗細菌容易侵入，卵之內部最易腐敗，有時破裂，臭液流出，汚染羣卵，當注意檢出，但小裂縫肉眼不易看見者，可將二個或三個卵，放在手掌中，全手向內外伸屈，使卵彼此相觸，無裂縫的卵，就發出清脆的聲音；有裂縫的卵，發出悶裂的聲音，一聽卽可辨知。

但若是最寶貴的種卵，雖有裂縫終覺棄之可惜，可將裂孔塗以百分之二的鉻化汞溶液，再用大棉酒封之，有時徼幸亦可孵出

四，新陳卵與孵化之關係，凡產出之卵，愈新愈好，當日的卵更好，但不易多得。三日以內的卵，孵化皆易得好成績，如存

放種卵的地方，溫度四十五度，空氣流通，并不十分乾燥，少見日光，卵的小端向下，置在木屑或糠皮內，防蚊虫吸吮，不受過冷過熱的刺激，如此保存得法。則卵內胎珠生活之力可延至二十天。但孵化之結果，不十分良好。有時雖僥倖成功，但所孵出鴨雛均多體弱，易生疾病，不逾一月，已大半夭亡，所以種卵愈新，孵化的成績愈好。且孵出的小雛體多健康，容易長成。中國固有孵雛事業，對於此事，多不注意，孵雛事業，失敗者甚多。茲將新卵陳卵孵出的成數和鴨雛育成的差數，列表如下：

新卵與陳卵孵化比較表

卵產出後之日數	原有卵數	平均孵化出的雛數
當日	二十五個	99%
三日	二十個	91%
六日	二十個	78%
九日	二十個	70%
十三日	十個	60%
十六日	十五個	40%
二十日	二十個	20%
三十日	十個	無

卵之新陳與雛之成育表

試驗時間	卵產出後之日數	成育雛數（以百個幼雛計算）	備攷
二十五年四月六日至五月四日	當日	94%	
二十五年四月六日至五月四日	三日	89%	
二十五年四月九日至五月七日	六日	80%	
二十五年四月九日至五月七日	九日	72%	
二十五年四月十日至五月八日	十三日	63%	

二十五年四月十二日至五月十日	十六日		39%	
二十五年四月十二日至五月十日	二十日	、	18%	

春卵與秋卵：春季萬紫千紅，羣芳爭媚，凡百動物，春性易動，雌雄受環境的刺激，情慾勃發，戀愛情深，交尾時多，所產之卵，精力亦強，最宜於孵化。秋季寒風肅殺，百卉凋零，雁斷風寒，烏啼月落，雌雄觸景傷情，春心頓減，交尾時少，故含精種卵，不易多得。

雌卵和雄卵的分別：幼鴨及老鴨所產的卵，雄性最多，中年鴨所產的卵，雌性最多。形長之卵，及兩端尖銳相等之卵，多屬雌性，卵形長，兩端尖銳不等的卵，多屬雄性。

巢箱的設置

巢箱依據氣候環境的不同。其形狀亦有大同小異。按記者的經驗，以稻草或麥草編成上口大，下底小之圓筐甚佳，上口週圍約五尺，下底宜鷄孵化爲適，高約二尺餘，內鋪以棉褥，上覆柔軟之草，筐底用木架，或以磚砌之。使其穩固不動，關於巢箱的安置地點，應注意下列事項：

1. 巢箱附近當安靜無聲。
2. 貓犬等物不可接近，鼠蛇等物尤當注意。
3. 巢箱常置於清潔地方，空氣過燥過濕之處，皆不適宜。
4. 巢箱附近，空氣宜流通，但光線不可太強。
5. 移換巢箱，宜在孵雛出巢飲食爲佳，否則卵體最易生冷，因之胎雛發育停止者很多。

巢雞的選擇

巢雞良否，關係孵化最爲重要，若巢雞不良，雖管理若何得當，亦難免遭意外之失敗，凡不良巢雞，就巢性弱，或半日就巢，半日離巢，年齡過老過幼，四肢有殘廢，性情粗暴，舉止輕浮，皮膚有病，下痢，皆不宜用以孵雛，好巢雞就巢性强，終日縮頭閉目，臥伏巢內，雖烈日蒸熏，暴雨淋漓，仍死守如舊，初志不移，貓犬近前，則勇氣勃發，目光炯炯。羽毛蝟張，怒髮冲冠。雖至大的恐駭，牠也不怕。意外侵擾，牠也不管。據記者經驗，凡良好巢雞，必具下列數點：

1. 體軀肥大。
2. 羽毛豐厚。
3. 疾病無有。

4. 就巢性強。

孵鷄的管理

依據記者管理的方法，是按照一定的時間給孵鷄以適量的食料（如玉蜀黍，碎米，剩飯，菜根，山螺，細沙等），潔淨的清水，有時可將水壺食盆懸掛巢旁。關於抱雞的離巢，每日至少有一次。卵內空氣，藉此吸收新鮮空氣，如離巢不過五分鐘，卵箱不必細蓋，使卵得以收取充足空氣，不致胎珠窒息死亡，如離巢逾十分鐘以上，可用被氈等物遮蓋，以免失溫太多。巢雞常伏箱中，牠的溫度易養活不潔的虫菌，久之能使巢雞於死，抱卵失其孵化之效力，甚有傳染其他巢雞的，所以我們應常檢查巢雞皮膚上之疾病，不時可塗以亞砒酸於巢雞的毛內，或巢箱的縫隙，預防虫菌，並於每隔三四日使巢雞遊行於日光充足之處。於孵化室之一角，堆積砂土，使巢雞便於砂浴，抱雞抱久了，兩翅常有下垂的病象，且巢箱每多乾燥，使抱雞呼吸迫促，對於雞的身體，及衛生方面，妨礙極大。宜於每日在巢箱的外邊和上口，及雞的雙翼下面噴以適量的清水。孵化室及巢箱應常加清潔。

孵卵的檢驗

驗卵可分為二個時期，在第七天和第十四天行之，孵化第七天的卵，用日光查驗，可分為三種：

一，無精卵　卵內無胎珠，因為雌雄未受過交尾，這種無精卵，雖受過七日溫度，但是內容除了水份減少而外，餘則一點不起變化，仍可充作食料。如對光查驗，與尋常的卵一樣，無有黑點和血線，有時見着卵黃疏影，上下浮動。

二，死卵　卵內有胎珠，但發育後，因為胎珠本體太弱，或因為溫度不適宜，胎珠死亡。如對光查驗　有一黑點血管無有張放的樣子，而集合成圈狀，這種卵若不移出，日後容易腐臭，有時破裂，污染羣卵。

三，活卵　卵內的胎珠進行生活，用光查驗，內有黑點的影子向外放射血線，如蜘蛛網一樣，並略行活動，紅色的血線，墨黑的影點，白色的卵壳，對光一看，極為清楚也。

孵化到十四天，無精卵早已移出，照驗的結果，只分活卵，和胎死卵的二種：

一，活卵　卵內除了氣室而外佈滿黑影，用强燈光或正午日光照驗，胎珠活動情形清楚，記者常用二三寸長之厚紙作一橢圓長筒，筒口略小於卵，一端置於目上，一端以被驗之卵覆之對日光查驗，則見卵內胎珠跳躍，如活動電影一般。

二，死卵　血管凝結，黑影流動太甚，不見胎珠絲毫活動，

第二次查驗後，死卵全行移出，以免腐臭崩裂。第十七天可置於攝氏表四十度溫水內，活卵在水內浮走，或轉動，頗形趣觀，泡久了或置長時間的冷空氣中，卵雛有時因之死亡，不可不愼也。

胎雛的發育

參攷各書的記載，和自已此次實驗的經驗，并常將破裂卵壳的胎雛用福爾馬林浸製作詳細的觀察，日積月累，把胎雛在二十八日以內的發育概況，略述如左：

頭五日　胎珠形體增大　　第六日　略現出頭部形狀
第七日　頭部顯著　　第八日　心部現形
第九日　羽部現形　　第十日　心房出現
第十一日　肝胃略具形狀　　第十二日　泌尿器現出
第十三日　血液增多　　第十四日　腦髓成形
第十五日　五官全現形狀　　第十六日　胸骨現出
第十七日　肋骨顯出　　第十八日　雛體活動大增
第十九日　眼之構造完成　　第二十日　肋骨完全
第廿一日　肋骨完全　　第廿二日　內臟諸器完全成就
第廿三日　嘴能張閉　　第廿四五日　脫掉尾

第廿六七日　能發聲音　　第廿八日　出壳

發育停止及籠死的原因

胎雛孵化在十九天以內，死於壳內者，叫作發育停止。在孵化十九天至二十八天，死於壳內者，叫作「籠死」。發育停止的原因，是過冷過熱的打擊。籠死的原。爲空氣不足。據記者的經驗，以攝氏寒暑表放於抱雞的旁邊，在九天以內溫度雖一時高至四十二度，尙無害於胎珠發育，但如低至三十五度就容易停止胎珠的發育。孵化第九天至十九天所需的溫度，雖一時低至三十五度，害處倘少。但如高至四十二度，胎珠卽容易熱死於壳內。（記者於孵化室內燃以微火，并封閉窗戶，此可備作人工孵化的參攷）。由十九天至二十八天所需的溫度，雖一時過低過高，害處尙少，胎珠生命仍能保持。若空氣稍一不足，胎雛卽傾刻死於壳內。

簡單的說起來，在十九天以內，最怕的是溫度過低，由九天至十九天最怕的是溫度過高，由十九天至二十八天，最怕的是溫度不足。

胎雛的出壳

如種卵新鮮，孵化的溫度適宜，胎珠可早出壳一二日。反之，種卵陳舊，孵化

的溫度不適宜，則遲出一二日，雛在殼內用嘴啄破一小孔，借此流通空氣，以免窒息，雛體漸漸增大，把殼內由小孔處張開，壯雛打孔後，六小時即可離殼。弱雛往往經過二十六小時，始行出殼，非至萬不得已時，不可加以人工的幫忙。

第一代雜交鴨與北平鴨生長情況比較

依據記者平時記載，在同一飼料，同樣管理之下，其結果：雜交鴨的生長率較北平鴨加多百分之三，疾病的抵抗，亦比北平鴨爲強。平常的健康，當然更比北平鴨爲雄壯，近來因天旱關係，未得下田放飼，以致飼養六七月的時間未能產卵，目前又因換毛時期，冷凍將至，恐產卵期須待明年開春也。茲將第一代雜交鴨與北平鴨七月來之生長情況比較表列後：

第一代雜交鴨與北平鴨生長情況比較表

種別	純種		
名稱	北平鴨		
試驗時間	、二十五年四月六日至十一月六日		
孵出後之重量	五兩九錢		
月別	飼料	重量	備攷
第一月	碎米，飯，細沙，清水，	十六兩七錢	北平鴨係肉用種，記者調查深基溝之鴨子係卵用種，此次之實驗，是準備改良成卵肉兩用種
第二月	碎米，飯，玉蜀黍粉，山螺，細沙，清水，	二十三兩五錢	
第三月	玉蜀黍，谷，菜葉 細沙，山螺，清水，	三十四兩	
第四月	玉蜀黍，谷，菜葉，山螺，細沙，清水，	四十兩	
第五月	玉蜀黍，谷，菜葉，山螺，細沙，清水，	四十三兩五錢	
第六月	麥麩，谷，菜葉，細沙，山螺，清水，	四十六兩九錢	
第七月	麥麩，谷，菜葉，細沙，山螺，清水，	五十兩弱	

第一代雜交		
第一代雜交鴨		
二十五年四月六日至十一月六日		
五兩六錢		
第一月	碎米，飯，細沙，清水，	十六兩一錢
第二月	碎米，飯，玉蜀黍粉，山螺，細沙，清水，	二十二兩九錢
第三月	玉蜀黍，谷，菜葉，山螺，細沙，清水，	三十四兩三錢
第四月	玉蜀黍，谷，菜葉，山螺，細沙，清水，	四十兩九錢
第五月	玉蜀黍，谷，菜葉，山螺，細沙，清水，	四十四兩七錢
第六月	麥麩，谷，菜葉，細沙，山螺，清水，	四十四兩八錢
第七月	麥麩，谷，菜葉，細沙，山螺，清水，	五十二兩

按此表的記載，可知同時孵出之北平鴨及第一代之雜交鴨，飼養無異，而以七月的時間，雜交鴨比北平鴨加長二兩，即可證明第一代之雜交鴨幷不亞於純種之北平鴨，可惜記者因事他往，不能候到產卵時之比較，殊覺遺憾！以七月來之試驗，估量第一代雜交鴨之產卵率決高過北平純鴨之產卵量也。（完）

●善於養禽者，不應令禽生病

●養鷄養鴨是極容易的事，但你必須要曉得極容易的方法。

●我們要研究如何可以多得些蛋，減少些飼料，避免了疾病。

●雞鴨不生蛋，不是鷄鴨不好，却是你自已不好！

●你能養鷄鴨，鷄鴨便可以養你。

四川家畜保育所江巴實驗區二十五年下期工作計劃書

一、籌備成立

1,選定區址——以北碚已有之鄉村建設運動之推進，故即就北碚為此項實驗區域之開始。

2,接洽——與鄉建運動之各事業機關及當地對本區有關人士取得聯絡，以利將來工作之推進。

3,擇定辦公處——須接近北碚場而又便利農人接洽之地區，就民房稍加培修。

4,種畜場場址之勘定：豢養種畜以備推廣，亦以示範，惟種畜場之畜舍建築，須于勘定地址開工後兩個月，方能完成。

5,劃定研究實驗區。

以上各項限十一月十五日以前辦妥

二、調　查

（一）在研究實驗區中之調查工作

a,目標 1,認識各畜主，作訓練與使其接受之基礎。

2,探找實際問題。

3,明瞭各項畜牧與獸疫問題，須待改進之重要程度。

b,方法——由正副主任，親自挨戶調查，精詳詢問與考察，謀切合實際上之改進研究。

c,工具——各項畜牧獸醫問題調查表，1,牲畜頭數，2,牲畜買賣與屠宰，3,種畜情形，4,肥用猪之飼養與管理，5,牲畜之瘟疫種類，症狀，原因，及其土有療法之調查。

d,時間——研究實驗區內之調查工作，規定除北碚場期外，逐日進行，限十二月二十以前完成，調查之當晚，即以統計與整理，以免日後遺忘與錯誤，並使日後整個之報告，在十二月二十五日以後，區中每週仍繼續有兩次之各戶巡迴指導與督察，定星期三與星期日，使在畜主之生活中，從與接觸之機會。

（二）研究實驗區外之調查

1，牲畜市場買賣情形之調查。（北碚區署所屬之各場場期）

2，肉店屠場之調查。

3，土有良種及其他特殊之畜牧獸醫問題之調查。

此項調查，時間上有繼續性，並無限制。

三、宣傳

（一）目的

1，造成牲畜改進運動之空氣，將來須辦到畜主能自動設法改良。

2，廣播畜牧與人類之關係，使人人起而注意及之。

3，灌輸畜牧獸醫常識，散佈科學智識，解除迷信。

4，使人認識獸醫工作之重在預防，而不在治療之意義。

（二）方法1，——a，標語 b，淺說 c，傳單 d，臨時編製淺近之畜牧獸醫常識及各項緊要問題，須得介紹至一般民間者由嘉陵江日報，農民週刊，及實驗區署之工作月刊等，刊載露佈。

2，口頭宣傳，利用知識階級，間接傳播，如兼善中校，女職校，民衆夜校成人班，北碚小學，研究實驗區內

之義務小學等。

3，利用民衆集合之機會，如民衆會場，（星期一與星期四）實驗區署召開之各種臨時訓練班，及保甲或小隊附之集合會議機會，又舊例之北碚夏節組織之兼中學生宣傳隊，幫助宣傳，

四、訓練

（一）目的1，灌輸農民以畜牧獸醫常識，接受科學方法，2，使農民能自動實際去幹，自動起而解決組織，以謀畜牧副業之改進。

（二）方法1，學校學生方面。兼中二年級學生及女職校學生，授以現代之畜牧獸醫之智識，（至六月底爲止）賴以宣傳與此項運動之推動。2，民衆夜校授以淺近而較具體之畜牧獸醫常識，如：如何防疫等問題。3，義務小學學生（或鄉村學齡兒童）授以三項之具體問題：即（1）如何選擇猪種（2）如何喂猪（3）畜舍衞生。4，訓練農民（先由甲長起每週集合講解一次）及農婦（每甲十家作一團，各甲輪流遷就訓練）——此項訓練限二月前完成之。

五、提倡與改進

(一)經訓練後之義務小學學生，或家庭婦女(時間須在二月以後)提高其豢養牲畜之興趣，利用彼等之餘暇教以方法，並予以健康保障，在必要時或交與畜種，教以記載辦法，用後作比較之參考。

(二)在夏節前研究實驗區內舉行養豬比賽會(或展覽會)一次——其比賽項目，規則及獎勵辦法等另訂之。

(三)在夏節後，使上述之農婦或小朋友組織成養豬會或養兔會，令相互間發生連繫與合作。

六、推廣與實施

(一)二月間區內闢陳列室一間，搜集各項畜牧獸醫圖表照片及實物模樣陳列之，俾農民參觀時得以觀摩。

(二)自二月份起，研究實驗區內，舉行畜舍衛生情形檢查

1、目的——挨戶視察，勸告說明理由，與原委後，希其依照規則實行，數月後即成習慣。

2、方法——每星期查閱一次(日期不預告)當即依据實際情形，判定分數，記錄後作為該戶該週之成績，逐月結算，發表次第，按成績給獎，至六月底評定總分，判為第一期結束，成績優良者，即將來之表證農家，並請發表于農民週刊。

3、獎品——(1)獎狀(總所發)(2)面巾，(3)糖菓，餅餅。(4)其他優待辦法。

(三)三月間施行豬瘟預防普遍注射一次。

(四)六月間再舉行精洋調查一次，考核成績，呈報經過，以資結束。

全國報社及通訊社統計

最近內政部統計處根據廿年十一月起至廿五年三月止，由部核准登記之報社通訊社及雜誌社，統計全國報社一一五〇所，通訊社七八八所，雜誌社一八七五所，內以滬京為最多，平市次之，其分佈各省市概況：

蘇四九一所 桂一五所 寧，三所 津三五所
皖一〇四 滇二九 青八 威海衛六
贛七〇 黔一四 綏三二
鄂二〇八 魯一四五 察一九
湘二四四 晉二九〇 南京三七二
川一五八 豫一三七 上海六七九
浙三七八 冀二四 北平三五二
閩七七 陝三〇 青島四四六
粵一三五 甘二三

其正在辦理登記手續者，尚未列入。

九年來之嘉陵江温泉公園

鄧少琴

●公園之緣起

1,最初發願者爲住持隆樹和尚。前任峽防局長胡南先先生首贊其議。

2,實現其事者,爲現任局長盧作孚先生。既得何北衡先生之扶助,事乃克舉,而辦理其事者則屬諸少琴。

3,經營始於民國十六年五月,是年秋間峽防局派常備隊官兵三十名次年春復加一中隊幫助開闢,越年更派兩中隊及峽局全體職員官兵由盧局長作孚躬親指導築路諸務凡三閱月方得粗具規模。至今已有九年歷史。

●温泉之古蹟

4,温泉爲寺,當與縉雲同時,縉雲開創於南宋景平元年。

5,趙宋勅賜縉雲爲崇教,温泉則賜額崇勝。

6,宋嘉祐年間,道州周濂溪赴合州州判,過峽,曾序刻彭應求詩,置之寺堂。

7,宋代之羅漢造像多尊,尚存寺右山麓。

8,接引大雄兩殿,爲明代遺構;中設池橋,儼然宮殿製作。

9,明清間顯貴留題石刻,及浮雕盤龍香爐,尚存接引殿中。

●温泉之效用

10宜於健身,有浴池浴室,溫煖宜人,隨時均可入浴。有游泳池,同時能供多人之比賽。住園半月或一月。即可習會游泳。

11宜於治病,温泉含硫化鎂硫化鈣成分特多,能治胃病,加强消化功能,能愈婦女腹痛,可促進腸胃蠕動;能療皮膚病,可滅菌防腐。

●公園之範圍

12温泉區,以温泉爲主眼,附以娛樂運動之設備。

13黛湖區,以湖山爲主眼,促成新村園林之建設。

14縉雲區,以避暑爲主眼,造成消夏療養之勝地。

●公園之經營

15圖書館,作西南文獻之保存,與現代文化之傳播,以供遊客之參考,引起究治學術之興趣,心儀往哲時賢,而思有以與之並立。現購求書籍，約值五千餘元，惜無力建館陳設。

16博物館，作西南史地博物之搜藏，及特產之徵集，以供遊客之瀏覽，引起經營事業之興趣，審今酌古，而作實業之開拓。現搜集物品，約值三千餘元，惜無力建館陳列。

17水族館，作西南各地水族之蓄養與陳列，以供遊客之觀賞，使遊觀之餘，人人領略科學之整理與價值，現正設計中。

18療養院，作肺病之調養，及業務勞頓之將息。院址現已購定在山後松林深處，尙無力建築。

19游泳池爲提倡健身運動及水上活動，擬創長百米寬二十米之大游泳池，可供千人游泳，地址已選定寺左，此時無力建造。

20大禮堂，須容千人之廣廈，可供開會講演，及團體聚會，集團結婚之用。地址已選定搭院柏樹林中，此時尙無力建築。

[illegible]公園之設備

21備游浴之用者，有浴室，浴塘，游泳池，浴票分一角二角兩種。水圈水袋，亦可出賃，最便游泳之學習。

22備住宿之用者，有數帆樓，農莊，（均安置鐵床）磬室，琴廬，花好樓，益壽樓六院。房費分四角，六角，一元，一元五角四種；一週九折，半月八折，一月七折，三月六折，半年五折結

賬。並可特別交涉，獨租一院。惟在旺月常有人滿之患，須先期預定。

23備飯食之用者，有嘉陵飯店之設置，及其新修餐堂。能點菜，每種價由一角至六角；能包餐，一週二元五，半月五元，一月八元；能便餐，每份角半，三角，五角，一元四種。並代辦席棹，每席由二元四至四元。

24備呼應之用者，於數帆樓，花好樓，農莊安置電鈴。於餐堂，囤船，浴室，辦公室，安置電話。

25備憩遊之用者，有乳花洞，蘭谷，楓崗，小庾嶺，淺草坪，荷花池，戲魚池，竹林深處，臯亭，菱亭，聽泉亭，瓢亭，唱晚亭，飛來閣，花圃，平林，森園，馬路，及花木交加之道路。

26備運動之用者，有網球場，籃球場，可供球類之比賽。有曲折崎嶇登山之小徑，可作捷足之競走。

27備代步之用者，陸行備有滑竿，每乘視路之遠近，一日往返，由八角五至一元二角五，伙食在內。水行備有梢船，往返北碚五角，白廟子一元，附近來往，由五仙至二角。

28備搭輪之用者，江邊碼頭，設有囤船，可以安全上下，搭輪費用，由渝至園，上水一元，下水五角；由合至園，下水五角，

上水一元。

◉公園之貢獻

29宜於業務勞頓之人，作星期節假之休沐。
30宜於城市幽居之人，作春秋佳日之暢遊。
31宜於年老退休之人，作山水林泉之頤養。
32宜於體弱有病之人，作安閒寧靜之調息。
33宜於崇尚游泳之人，作健身合理之運動。
34宜於愛好美術之人，作風光景物之寫照。
35宜於團體旅行之人，作登山臨水之競賽。
36宜於兩情美滿之人，作結婚蜜月之同居。

◉交通之展望

37水道　擬集資訂造小汽輪行駛三峽間，便利遊覽。俾三峽聯成一大公園，進而促成沿江風景交通之佈置。

38旱道　促成由溫泉到青木關之馬路，以聯接成渝幹線，重慶來園，兩鐘可達，促成來鳳驛以通江津白沙之馬路。再由白沙以達貴州之溫水，貫穿揚子嘉陵兩江，以謀川黔交通之捷便。

◉經費之概況（民國十六年至二十四年）

39捐款之收入　共計三萬二千九百餘元。（團體捐款最多者，爲重慶商會，峽防局，航務處，個人捐款最多者爲陳書農，藍文彬，鄒俠丹等）。

40本園之收益　共計四萬二千餘元。

41本園之支出　共計八萬二千餘元。

42本園之借貸　共計八千餘元。乘利者約佔半數。

43今後之經費　有待於今後自身之努力，與熱情此項事業諸公之輸將。

◉募捐之答謝

44普通捐助者

一，登報鳴謝。

二，勒石紀名。

三，收支賬目列表向其報銷。

45獨資捐造者

一，延請當代名人代爲題名。

二，特爲鐫碑，並請名手摹搨寄贈

三，特別建造之物，攝影寄贈

四，陳列其肖像，並介紹其所作之事業於建築物或公園中。

嘉陵江三峽鄉村建設實驗區署民國二十五年十月份工作報告書

(甲)內務方面

一，繼續保長訓練　區署各鎮保長小隊附等，以缺乏軍政常識，辦理保甲事務，恐難愼職，特於前月半間，調集北碚施以嚴格軍事政治訓練。迄至本月十七日始告結束，計時一月又二日，曾經開往大茅坪白峽口一帶，剿匪二次，所授軍政學科，計有軍事政治會計普通常識，音樂等二十餘種。術科由單人教練完成連教練，全期開支伙食制服及伕役薪餉雜費等，共去一千六百八十元零七角正。除七八九三個月附征保甲經費一千一百元外，不敷五百元零七角，由本署經費項下津貼。

二，整頓保甲事務：

1. 保甲整頓辦法——本區保甲長既受相當訓練，今後對於保甲工作，即本其所學，依照指示目標，從事整理。茲爲指示各保甲工作之進行，及方法，并劃一步驟起見，特參照保甲須知，擬具保甲整理辦法，頒發各保，切實施行，并印製調查表分發各保，將各保長小隊附等年齡籍貫住址職業履歷等，詳細塡註，分其性質及學力之深淺，以爲督促之根據。

2. 刊發保長圖記——全區各保長，既經分別委定，應亟刊發辦公處圖記一顆，以昭信守，爰遵照保甲須知規定尺度式樣，刊製保甲圖記一百顆，於二十二日頒發各鎮聯保辦公處轉發各保。

3. 規定保甲長辦公處標識——保甲長辦公地點散在四鄉，若無標識懸於門首，一遇投報事件，在不明當地情形者，必多貽誤。本署本擬製發木質吊牌，以歸一律。惟因限於財力，不克如願，乃變通辦法；由本署規定式樣，分令各鎮轉知各保甲，依照規定紙質尺度及大小式樣自行寫製，張貼於保甲長辦公處當眼處所，俾便識別而免貽誤。

4. 攷查各鎮辦公情況——區屬各鎮聯保辦事處，自規定與本署公安隊聯席辦公以後，猶恐各保對於新政及保甲工作之推進不力，由本署隨時派員不定期前往視察，以杜因循敷衍之弊，並規定從十一月一日起各聯保辦公處每日均須舉行常會一次，以整理上日事項，辦理本日事項，計劃來日事項。且須將逐日辦理事件記入辦公日記，按日連同會議錄呈署查閱，以資攷核。

5.各保設備定期刊物——區屬民衆，居住鄉村者，歷無書可閱，不但對於現代時勢，茫然不知，即本地情形，亦鮮有所聞，以此故步自封，推行新政頗感困難，特令行各保長規定每保各訂嘉陵江日報及農民週刊各一份，照一般價目七折付費，令將報載新聞及各種常識，隨時轉告所屬民衆，吸引保內民衆，隨時前來讀報，藉以灌輸文化。

6.編練壯丁——本月爲準備壯丁之編練，特參照四川省政府公佈之全省壯丁訓練實施計劃，擬具壯丁訓練辦法，頒行各聯保遵照施行，並印發壯丁調查表，分令各保，限期調查編組完竣，即準於下月半間開始訓練，現正着手擬訂第一期訓練實施計劃，及科目預定表。

三，圍剿白峽口股匪　江河交界之白峽口大茅坪一帶，時有股匪盤踞其間，消息靈通，運動敏捷，剿除不易，本署特組便衣兵一隊，駐近匪巢，僞爲匪徒，佯欲與之合股，即有匪首二老千來隊接洽，預定於本月十一日約集各大小棚子，在白峽口會哨，本署得報後，即星夜出隊，分四路進剿，并聯合江合兩縣團隊担任後方警戒，結果因山形複雜，匪徒奸狡，發現我方部隊後，紛向山林叢雜處逃竄，僅當場將匪首朱彬黃鵬等六名在白峽口擊斃，奪獲手槍二枝，十造步槍二枝，我便衣隊與匪激戰時，亦負重傷三名，計是役自十月十一日出發，至十四日全部回署，耗時三日四夜，捕獲嫌疑犯七名，除奪獲槍枝由本署烙印外並將剿匪經過呈報備查在案。

四，公安各隊之訓練

1，屬於一中隊者——（1）術科方面：複習各種行進，隊形變換，各種轉法及舉槍瞄準，刺槍術，拳術等二十四小時，（2）學科方面：授保甲須知，及讀書，習字，音樂，讀總理遺囑等，十六小時。

2，屬於二中隊者　（1）學科：保甲須知，刑事條例，識字寫字，音樂，及總理遺囑等二十小時，術科每晨訓練刺槍術據槍瞄準拳術等二十小時。（2）幫助黃桷鎮訓練甲長，因該鎮聯隊附調赴區署受訓在本月一日至十八日受訓完結返場後，仍由聯隊附訓練。

3，屬於三中隊者　（1）術科：踞槍瞄準及國術刺槍術等二十小時，猶以練習國術時間爲最多(2)學科：保甲須知警察常識，剿匪須知，總理遺囑，音樂等十六小時。

五，治安事宜

1，屬於公安一中隊者 (1)派隊到大茅坪一帶剿匪，十一日出發十四日回防，(2)破獲竊案六起，私買贓物一起•賭博案一起，(3)國慶日派隊於各要道警戒，以防意外。

2，屬於公安二中隊者 (1)本月十一日全部動員赴白峽口擊匪，搜索金劍山一帶股匪，歷四日返隊(2)召集黃桷鎭保甲長開會商討設哨盤查問題，并分配各保甲長任務，指示設哨地點以固後防(3)捕獲慣盜熊大毛張春山二名送署訊辦，并破獲窩戶二處查出贓物多件并佈告失物之家限十日內由失主自行到隊領取，業已先後領去。

3，屬於公安三中隊者 (1)本月十一日派全隊士兵赴白峽口剿匪一次。(2)月來匪風大熾，搶刦之事，時有所聞，該隊於草街鎭治安，特別注意，每逢場期，增派士兵一班駐防，以資鎭攝。(3)澄江鎭火藥堡碉樓，本月整理就緒，全隊遷入駐紮，

六，調處案件之統計

1，屬於區署者(1)調解民事糾紛案十一件，(2)刑事糾紛案二十三件。

2，屬於公安一中隊者 (1)債務案六件，(2)會務案一件，(3)賭博案一件，(4)主佃糾紛案一件，(5)口角案一件，(6)買賣糾紛案二件，(7)鬥毆案一件。

3，屬於公安二中隊者 (1)盜竊案三件(2)債務糾紛案三件(3)鬥毆案二件(4)會務糾紛案四件(5)口訴案四件

4，屬於公安三中隊者 (1)拐逃案二件，(2)賭博案一件，(3)吸煙案三件，(4)婚姻案三件，(5)打架案四件，(6)雜案九件，以上合計八十六件。

(乙)建設方面

一，舉辦峽區物產展覽會 峽區山多地瘠，物產不豐，鄉人墨守陳法，不知改進，以致難獲優良產品，加以連年荒旱，損失猶爲不貲，若不設法提倡，積極改良，則未來之損失，爲數愈大，本署因於雙十節舉辦峽區物產展覽會，以資互相觀摩期達改良之目的，謹將舉辦情形，分述如下：(1)山本署派員分赴四鄉徵求物品，計農藝品一百五十四件，工藝品七十

一件，家畜類八件，(2)擬定展覽會解說大綱分配担任解說工作人員，專負解說任務。(3)編印峽區物產展覽傳單，散發民衆，擬製標語，粘貼於展覽會場(4)發函各事業機關徵求獎品，計民生公司及三峽廠合獎毛巾十五打，北川天府公司合贈獎金四元，合川電水廠贈送綢旗一方，臨期午前十一時開會，午後五鐘閉會，觀衆約三千人頗形熱烈，次日分配獎品，按等給予，計農業品特等三名，以旱稻，湖南糯木瓜等為代表，甲等六名以小米，香穀等為代表，乙等六名以甜茶老鷹茶等為代表，工業品，，甲等十二名，以蘇銅白磐玻璃等為代表，乙等二名，以陶器石器等為代表，丙等二名，以紙類為代表，各物出產地點及得獎者姓名，曾在嘉陵江日報披露。

二，代征江北縣區屬東陽鎮土地　本月十八日奉　建設廳令飭代蠶絲業管理局征收江北縣東陽鎮上壩土地，本署奉令後卽速派員馳赴該鎮會同聯保主任，約集保甲長同往該地調查，并接洽各地主，調查清楚後，復約同江北縣政府及蠶絲業管理局當地聯保主任會商收買辦法，并組織購地委員會，籌商征收辦法，大約如下：(1)田土面積按畝計算，(以營造尺六十方丈為一畝)(2)地價分四等，(甲)凡地勢平坦而肥沃，年產谷在九斗以上者，每畝價五十元至七十元，(乙)土質肥沃，地勢傾斜，年產包谷七斗以上者，每畝四十元至五十元。(丙)出產較少，并在山邊河邊者，每畝價二十五元至四十元，(丁)凡未耕種之荒山荒地酌量給價。(3)田與房屋，均酌量議價，辦法擬妥後，曾經會同蠶絲業管理局，及江北縣府呈准省府，并由本署佈告東陽鎮各地主，現正幫助着手收買中。

三，協助家畜保育所　本月奉　三區專署令，以四川家畜保育所現派焦龍華來碚設立江巴實驗區，飭卽設法協助，本署奉令後，隨卽派建設股主任黃子裳妥為協助，并在北碚附近文星灣覓定房屋一所，作為該所所址，刻該所主任焦龍華現正到碚組織一切，進行工作。

四，勸導種麥及散借種糧　本年旱災奇重，自夏迄秋，鮮有雨澤，峽區山多田少，地瘠民貧，受災尤甚，本署斟酌情勢預籌補救之方，乃一面提倡種植小麥，編印種麥傳單，散發農民，指示方法，勸其大量種植，以裕生產，一面商允北碚農村銀行借款二千元，作購備秋季種糧，散借農民之需，計登記借種者，二百一十六戶，即於十月二十五日二十八日，就北碚場期，實行借發，已借出葫豆二石四斗，碗豆一石二斗四升，下月尚須陸續借發，至借種辦法，由各保保甲長担保，將種粮照市合價，月息一分，定明春收獲後歸還。

五，統計旱災損失　本年旱災損失，區屬各鎮鄉受害稻子玉麥之損失及受害人口之統計如下：

嘉陵江三峽鄉村建設實驗區旱災調查表

鎮別	戶數	被旱水田		被旱乾土	
		損失數（石）	實收數（石）	損失數（石）	實收數（石）
黃桷鎮	七九一	一、三三九	一、一二一	四四四	五八八
澄江鎮	六五一	二、四一四	一、八二二	四五七	二八五
文星鎮	八八三	六六八	五八六	二五三	二六七
二岩鄉	二六一	一、五七三	六二四〇	九五	七五
北碚鄉	九六二	一〇九一	二六九八	七〇七	六八七
合計	三五五四	七、〇八五	一二，四六七	一九五六	一九〇二

六，試種小麥——向南京金陵大學購回二十六號小麥種，及美國玉皮麥，本地紅花麥二發甲等種，於農場作第一次高級試驗，并散發附近，特約農家試種，將來試驗成功，即行推廣全區農家，藉以增加農民生產。

七，博物館（1）闢衞生標本陳列室一間，將原有之辦公室，改爲農藝陳列室，（2）徵集峽區物產品八十餘件分別陳列。（3）統計峽區物品展覽會應得奬品之農家，及工藝製造者應得之奬品，并於民衆俱樂部分別發給。（4）助峽區物產展覽會徵集農作物五十餘種，工藝品七件，鑛產品五件。

八，平民公園及動物園 (1)本年秋乾未雨，每日担水灌溉花木花秧及菜蔬，并督飭職員逐日檢察所飼動物之清潔及其生活情况。(2)在博物館內天井空處，闢花卉園藝展覽地一幅，植花木二十八種，以便遊人觀賞。(3)挖全園空地作栽花及種菜蔬之用。(4)飼養之豹猫，於本月內病斃，交由科學院生物研究所動物部剖製室製成標本。

(丙) 教育方面

一，學校整理及職員訓練 (1)訂定各區立小學，暨義務小學校產，校具片，及校旗式樣。(2)規定各義務小學教師公差給假手續，和懲獎辦法。(3)規定學校概况表印發各校照式填報。(4)選擇圖書伍百餘册，分發各機關職員及各教師閱讀，并指定閱讀書本。(5)訂製各職員教師讀書表以便考核。

二，籌備雙十節活動 (1)派員購水竹統製區屬各學校旗竿。(2)規定各學校學生雙十節檢閱項目，并通知開會時間及地點 (3)製雙十節各標語及籌備招待引導各事宜。(4)討論會場佈置事宜，并製圖張貼。

三，成立民衆學校 本署爲掃除區屬各地文盲計，本月令區屬各鎮鄉酌設民衆學校限期成立并分別選定教材，印發備用，業經籌備就緒者計有：(1)博物館農民夜校一所。(2)兼善中學成人班一所。(3)北碚小學兒童班及婦女班各一所。(4)澄江鎮民衆夜校一所。(5)文星鎮民衆夜校一所，均擬於十一月一日開學。(6)北碚鄉二十六保義務校成立民衆夜校一所，收有學生四十人。

四，實驗小先生教學 (1)小先生教學，自上月試辦以來，尙屬順利，本月爲辦法統一，施教容易起見，特擬訂教學辦法，俾其依照實施。辦法如下：

1，指導校內實習。

A籌備：

(一)接洽北碚鄉三十一，二，三，三保爲小先生制實驗保并代選參考書籍。

(二)擬三保推行小先生制進行計劃。

(三)選抄老少通千字課範本，分配與小先生抄寫。

B組織：

(一)代三保義務小學分團編隊。

(二)照料選舉團隊長，并分配職責。

(三)代造學生組織一覽表。

C訓練：

(一)精神講話

(1)與三保學生解說小先生意義及重要。

(2)解釋團員應遵守之信條及戒條。

(3)講述小先生應有之精神。

(4)舉行日課問答以隨時激勵小先生進行之勇氣。

(二)團體生活

(1)訓練團員整隊集合清點人數，並依級報告之方法。

(2)督促教師每日舉行團員整潔檢察。

(3)規定團員各種集合之哨音

(4)每週三保舉行聯合週會一次。

(三)教學實習

(1)代選小先生活動書籍。平民課本。教學書籍，作小先生之參考。

(2)代選兒童讀物，以引起讀書之興趣及習慣。

(3)每日視導三保小先生訓練情況。並隨時指導在野外實習多方對於自然物之利用。

2、輔助校外活動

A宣傳：

(一)召集三保保甲長會議，解釋小先生教學之重要及保甲長應盡之責任。

(二)舉行三保聯合懇親大會，利用游藝，標語，報告作識字運動，及小先生教學運動之盛大宣傳。

B編配：

(一)清查三保各甲內失學人數，及應受教者。

(二)分配小先生教學地區及學生。

五、編輯農民週報　為灌輸農家常識及改良農業起見，本月特創編農民週報一種，業已出到第四期，每期印刷五百份，均寄發區內各鎮鄉，其內容分五欄：(一)談天，(二)國家大事。(三)三峽建設。(四)豆棚瓜架。(五)有話大家說。

六、民衆問事處　(1)本月份代人寫信二十二封，計慰問信四封，通知信三封，謀事信二封，索債信二封，請託信四封，購物信五封，兌錢信二封。雜件收支條十一件，保狀三件，借據一件，合計十四件。又引導參觀：團體有學校三起，銀行一起，軍界一起，合計五起，計男性二〇六人，女性一二人，共二一八人。旅客有軍界四起，學界二起，商界二起，政界一起，合計九起，計男性三九人，女性七人，共四六人。

七，民衆圖書館 (一)該館爲便利各事業機關選用書籍起見，特始自六，七，八，九各月選購重要書籍，重行分類編目，并將著者姓名，出版時間，出版書局，逐項編製成表，印送各事業機關人員備用。(二)典藏室內書籍，向無標牌指示，取還均感不便，現就書架欄書報次序排列指引牌一面，俾取還書報時，一目了然。藉可經濟時間。(三)國慶紀念日編製宣傳國慶廣告，并於普通參考室外，張貼宣傳讀者廣告，新到幼童文庫，張貼招徠兒童閱覽廣告。(四)佈置鄉村建設參考室，警務參考室，兒童閱覽室及全館書報室。

(丁)地方醫院

一、工作概況 (1)病人之施教——住院病人，疾病稍愈每感寂寞，尤以外病爲甚，該院特擬辦法數項，并徵求民教委員會代擬詳細辦法，現已着手實施。(2)講授戰地救護——縉雲寺漢藏教理院之學僧約八十名該院教務主任葦舫欲施以戰地救護之訓練，請求醫院代授僧衆，先後由醫院院長左立樑前往幫助教授戰地救護應具知識及方法，計二十小時，并准備衆到醫院分批實習。(3)國慶日舉辦敬老會——本署爲提倡健康教育起見，於國慶日舉辦峽區第一屆敬老會，參加老人以在七十歲以上爲合格，計有男性一百零七名女性九十一名，合計一百九十八名，內有自渝來峽參加之一百三十二歲老人一名，當由各老人在會場講演健康生活之經過，以影響羣衆，如何始達到健康之途(4)訓練區內接生婆——本月委託各分診所負責人員調查各所在地計有接生婆若干，先後召集會議兩次，已查得者計文星鎮一名，黃桷鎮二名，現正進行。并擬於下月應辦到者：(甲)分發調查表，令各保塡報再由醫院復查。(乙)定期召集施以接生之各項初步訓練。(5)其他——(甲)幫助北碚兼善中學計劃設置小診療所。(乙)幫助北碚小學計劃設置小醫院并配外科藥料多種，贈給應用。(丙)普種各義務校學生牛痘。(丁)推行鄉村保健教育，以各保義務小學爲中心，由各校教師學生宣傳衛生常識。

二，治療統計：(1)區署內病一百五十七名，外病一千零五十名普通內病二百五十八名，外病一千二百三十名。合計二千七百一十名。

昆虫採集製作經驗談（續二）

黃楷

第三章　製　作

標本經過上述種種手續，然猶未能合於研究及陳列之用，故回來之後；尚須加以製作功夫，但製作之方法及用具亦有一定。蓋製作不善，常致標本損壞，前功盡棄，實爲可惜，茲特分述其藥品，用具，及方法如下：

第一節　製作之用具

一，潮濕箱：　經烘晒後之乾製標本，肢體極脆，一觸即易毀壞，故於製作之先，必須入潮濕箱內，使之軟化後，方可從事工作，此種箱之製法，可以鉛皮或鉄皮做成長拾二英吋，寬八英吋，高四吋之方箱，上面置密合之蓋，箱底盛沙，或別種吸水物如草紙碎屑等，約二吋厚，以淨水浸透之，再撒以挪福塔林粉，上面鋪乾草紙數張，標本置此紙上，面上再蓋微帶潤濕之草紙屑，等三四日，標本便能軟化而可工作矣。若無此項設備，亦可利用空油桶，剪去其頂面，另配一蓋。或以有蓋之廣口大玻璃瓶，等代之亦可。至若就地採集而即時製作者，　則自可無需此項手續。

二，昆虫針：　凡昆虫標本除浸製者外概須以昆虫針針之，因是針之用途極廣，其種類亦甚多，即同一製造廠之出品，亦有長短大小之別，普通以德國所製者，最爲合用，中分兩種，一爲白色係銅質所造，性柔軟，而不易斷折，雖易生銅綠，但揩淨後，仍可用之，且銅綠對於標本無大損害，惟嫌其太軟，難於針插，只適用於蝶，蛾，蒼蠅及蜻蜓之類，且針虫盒內須嵌以極疎鬆之軟木，方能用此種昆虫針，二爲藍色係鋼質所造，質堅而銳利，適於針甲虫，蜂子之類，惟一經生銹，即易折斷，且銹處每變成粗肥，設將虫針退出時，標本亦必隨之破壞，至少亦要現一大孔，下次不能再在原孔內針插了，但如能妥爲保藏，不使與空氣中之水份接觸，則針亦不致生銹，故亦未可因噎而廢食也，每種之中，因粗細不同而又分爲〇〇•〇〇•〇•一•二……一〇

等號。共計有十三種，黑針則皆長一英吋半，等於三十八粍。白

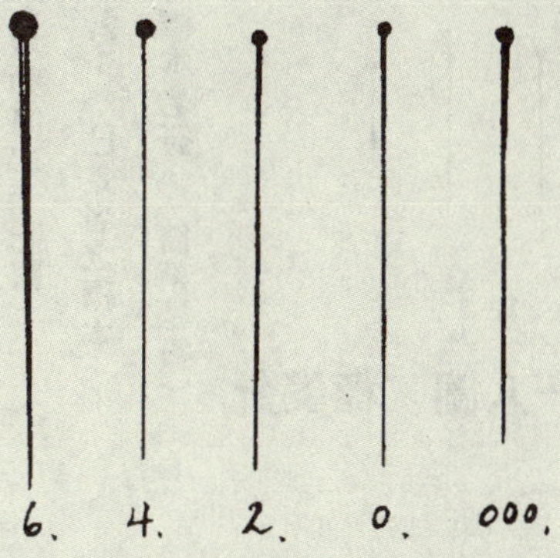

第二十五圖 昆虫針

針則大約有四十粍長，視虫體之大小，而定應用虫針之號數。但製作者須選擇最適用之幾種，酌量多購，例如最小之昆虫，則以〇〇〇號爲最宜(再小者則粘貼之)中等之昆虫，則以〇，二，四號爲最宜，最大之昆虫，則以六至八號爲最宜。(如第二十五圖)

三留針；　標本既經整成姿勢後，又必須以留針（卽普通書店所售之撳針，又名大頭針），將其翅或足固定，以免恢復常態，直待乾燥不再變動後，始可拔下；但留針太短而尖太鈍，針時頗感困難，手指亦易發疼痛，故惟在沒有昆虫針及展翅針時，以

第二十六圖 留針

此爲代替品也(如第二十六圖)

四、展翅針：　展翅針專用爲展釘昆虫如蝶，蛾，蜻蜓等類之翅，較留針合用得多，內分大小兩種，大者長三十三粍，頂端有黑色或紅色玻璃小球，質堅而銳，便於釘下，若使用得法，可以經年不壞，惟稍嫌其尖粗，釘後展翅板上多現小孔，呈不平滑之狀態，小者長十粍，尖極細，對展翅板及展翅紙均無損害，亦可以之刺小形標本，插於軟木片上，再用昆虫針穿軟木片而陳列之，惟又因其太短小，必須用手鉗夾之方可刺下，故又頗感覺得

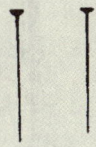

麻煩，但展翅小形昆虫却不可少，二者各有得失，故似宜兼備之

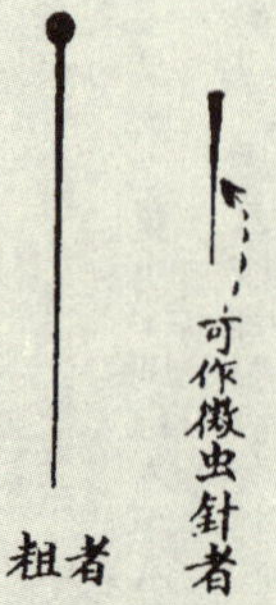

粗者

可作微虫針者

第二十七圖　展翅針

，若能照大者之方式，使尖稍微尖細，則更爲合用矣(如第二十七圖)

五，標簽針：　巳定名之標本，陳列時必須有標本名簽，(簡稱標簽)普通多針在虫體下面，但普通對昆虫無深刻研究者，欲查其名，每爲標本所遮蔽，因此發生困難，故最好針在虫體之下方或側面，觀看較爲方便，惟如此則須有一定大小之標簽針，常用者約長九至十九耗，微似留針，而其製造則較留針爲精美，故亦可以小留針代之。(如第二十八圖)

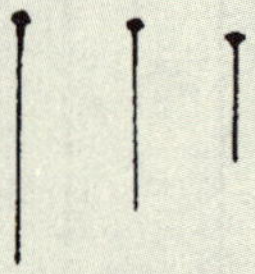

第二十八圖　標簽針

六，撥針：　撥針係鉄質做成，長約七十耗，一端尖銳，一端固插於五十耗長之小木柄內，另套一六十五耗長之木管以護之，用時自木管內拔出，以小木柄插入管內，便可持之以撥動摺疊或捲縮等不規則之翅，使之開展整齊，此外在解剖及檢查細虫時，亦常用此種撥針，(如第二十九圖)

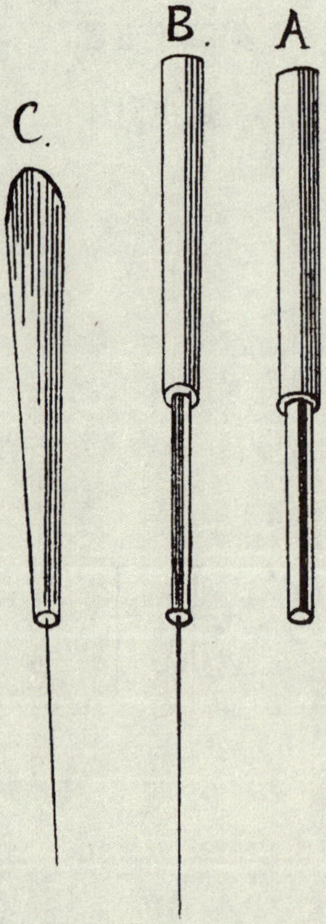

C.　B.　A

第二十九圖　撥針

A撥針收藏狀　B撥針啓開狀　C細小撥針

七，雙針：凡寄運針釘標本時，須使用此種雙針，夾釘虫體之側，使支住虫子不致在針虫盒中動搖而有損壞，此針有大小五種大者長四十一粍，寬三十粍，二號長四十一粍，寬十六粍，三號長三十六粍，寬十一粍，四號長三十六粍，寬八粍，五號長三十五粍，寬六粍皆為兩端尖銳中間紆成枷担之形狀(加第三十圖)

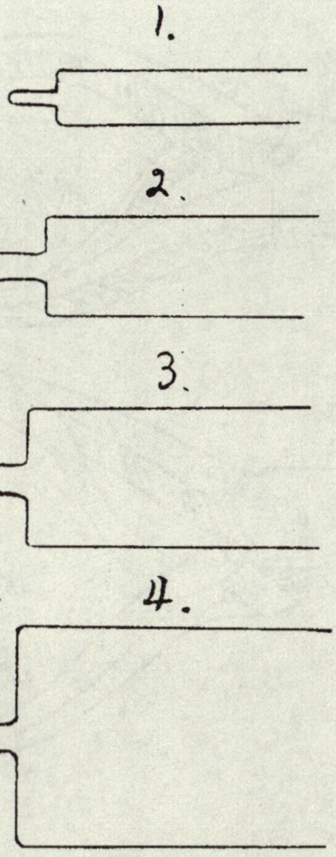

1.
2.
3.
4.

第三十圖 雙針

八，齊列管： 齊列管用為整齊標本之高低，使無參差，製法，以一銅質小管，長寸餘，內面之孔，直徑一粍，中有螺旋，另以一大小適宜之螺絲釘，插於管中，扭轉螺絲釘，可調節管之深淺，針由虫體穿過後，即以上端插入管中，移動虫體，使之接近管口，則虫體在昆虫針上，便可高低一律，此管與刺虫臺及針虫梯之用途相同，但比此二者巧小靈活，既合用於展翅標本，又便於攜帶，故更覺得合用。若因扭轉螺絲釘太麻煩時，則亦可備銅管三個，各異其深度，能插入虫針四分之一者，為第一級，用以針釘最大標本，能插入虫針三分之一者，為第二級，用以針釘中形標本，能插入虫針二分之一者，為第三級，用以針釘最小之標本，如此在同等大小之標本，則僅用同一級齊列管以治之，便可免去紊亂，及時時掉換用具之麻煩。(如第三十一圖)

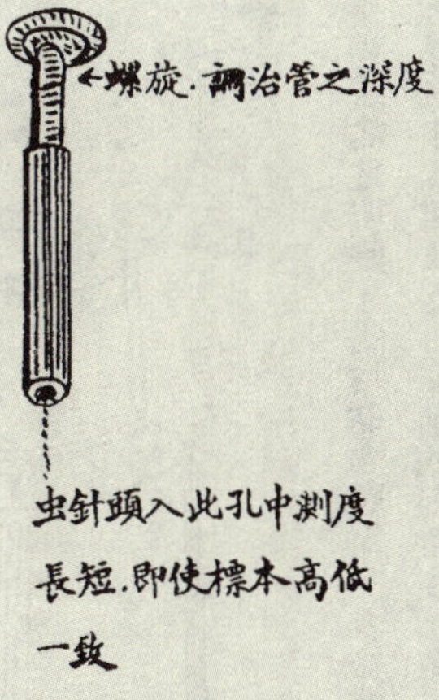

←螺旋.調治管之深度

虫針頭入此孔中制度長短.即使標本高低一致

第三十一圖 齊列管

九，鑷子： 鑷子之用途不一，形狀各異，已詳於第二章內，茲因其屬於製作用品時，非常重要。故始重提之。

十，鉗子：鉗子有曲直兩種，前者適於針釘標本，利用其灣形夾針以刺，以免觸壞肢體，後者宜於鉗取及針釘小展翅針，或拔取他物，其形狀購造，亦略如普通紐鉄絲所用之鉗子，惟其製造較為精良，運用比較方便而已，（如第三十二圖）

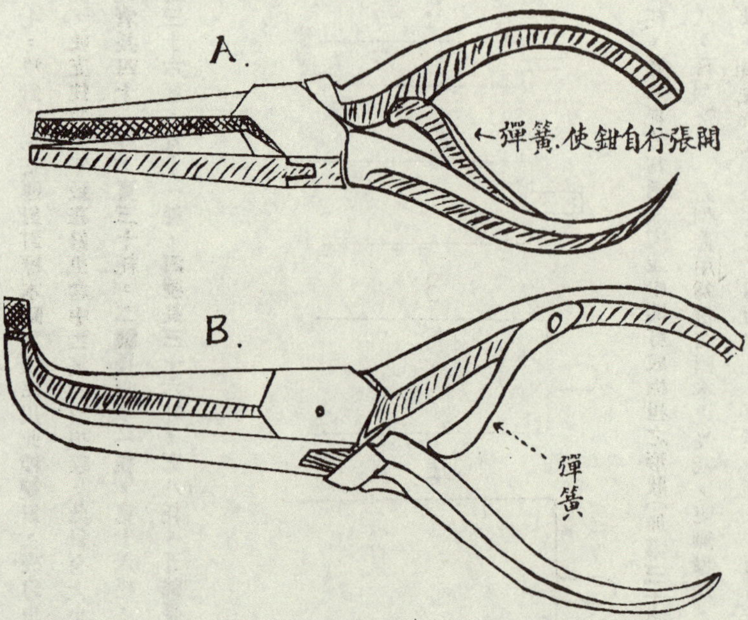

彈簧，使鉗自行張開

彈簧

第三十二圖　鉗子　A直鉗子　B灣鉗子便於針刺整姿標本

十一，昆虫膠：昆虫膠為乳白色，或棕色而成醬糊狀之透明體，為粘貼，凝固，及修補標本之用，此膠水份蒸發以後，即乾固不能用，故必須裝入酒精燈式，開蓋方便之玻璃瓶中，以保持其粘性，其瓶（如第三十三圖）

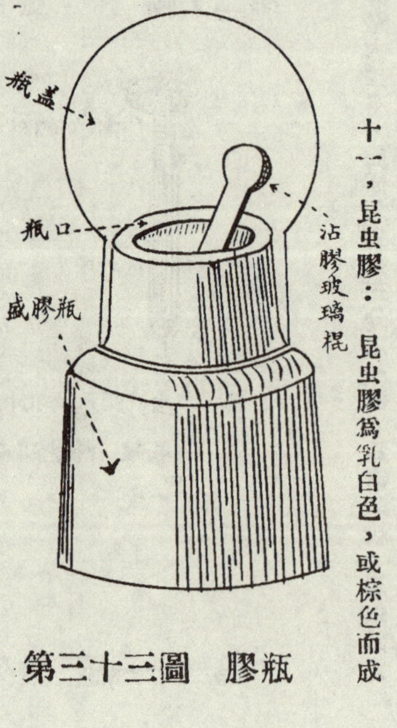

瓶蓋

瓶口

盛膠瓶

沾膠玻璃棍

第三十三圖　膠瓶

十二，剪子，剪子即通常所用之小形花剪，或洋剪，為剪展翅紙條，標簽，及普通紙條與繩索之用

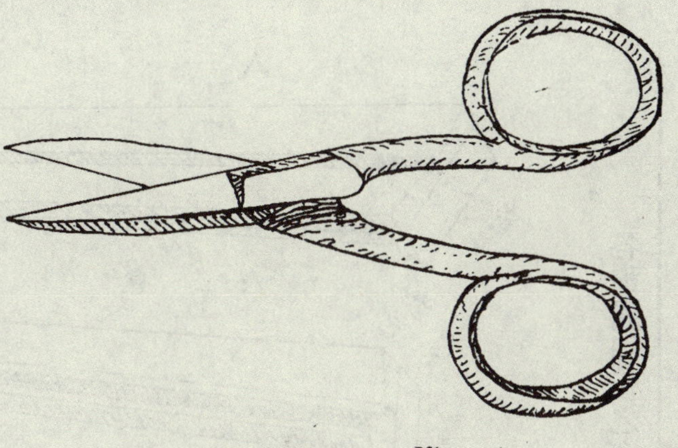

第三十四圖　剪子

、(如第三十四圖)

十三，展翅紙：展翅紙卽俗稱之羊皮紙，或玻璃紙，質地平滑，既透明而堅實，凡蝶蛾標本，經潤軟後，針於展翅板上時，卽以此紙條覆於翅上，再以針釘之，使不動搖以待乾固，紙之寬度有四十，三十，二十，及五十粍等四種，皆捲裹成餅狀，長度無定，用時隨所展標本之大小而異紙之寬窄，隨展翅板之長短而剪斷成適當之長度，若無是項設備，則用軟光滑透明之白紙，或絹絲條代之亦可，惟工作時，宜留意翅上鱗粉，勿被其擦落。

十四，展翅板；凡鱗翅脈翅蜻蜓等目之標本，必以展翅板伸張其翅，使各部顯露，彩色瞭然，此板之方式，有固定與活動二種，皆以杉木，桐木，或其他泡木爲之，固定展翅板之製法。係用平滑泡木板二塊，各長三百五十五粍，寬三十五粍、一邊略薄，約十粍，一邊較厚，約十三粍，故微呈傾斜，再另做二十五粍見方，七十八粍長之木方二塊，另以二十五粍間方，三百五十五粍長之木方一塊，中挖二十粍深，十五粍寬之小溝道，溝中滿塡軟木，面敷白紙，然後將七十八粍長之兩木方，分別橫放於有溝木方之兩端，鑿穿一孔做成雌雄扣縫 以竹釘釘之，或以樹膠粘固，務使成一工字形，然後將兩斜板之薄的一邊，互相對着，平粘工字木板之兩傍，亦以竹釘固定之，如是中間卽成一八粍寬，十粍深之溝道，已經針刺尙待展翅之昆虫，卽插於溝中之軟木上，分壓其翅於兩傍之平滑斜形板上，是卽謂展翅，活動板之製法，一如前述，惟左側之斜形板不固定，兩端各留一較斜板略小之鉄片，上面釘固於斜形板上，下面齊底板，在對着木方中之鉄片上，鑿一長形小孔，中置一枚與孔道相合之螺絲釘，一端固於木方內，另一端則穿一蛾形螺旋，扭之，使緊抵鉄片，板卽可

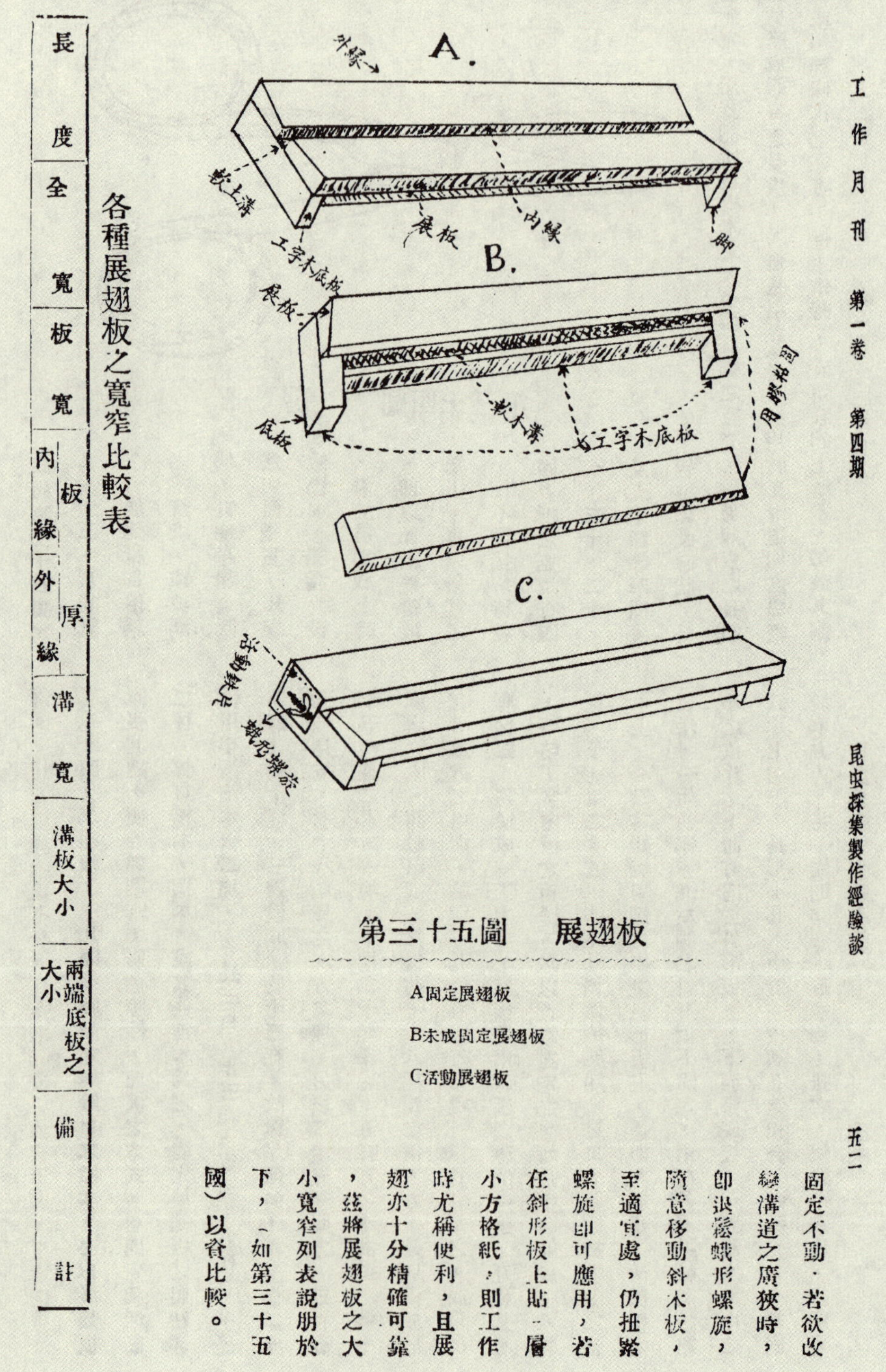

第三十五圖 展翅板

A固定展翅板

B未成固定展翅板

C活動展翅板

固定不動，若欲改變溝道之廣狹時，即退鬆蛾形螺旋，隨意移動斜木板，至適宜處，仍扭緊螺旋即可應用，若在斜形板上貼一層小方格紙，則工作時尤稱便利，且展翅亦十分精確可靠，茲將展翅板之大小寬窄列表說明於下，（如第三十五圖）以資比較。

各種展翅板之寬窄比較表

長度	全寬	板寬	板厚		溝寬	溝板大小	兩端底板之大小	備註
			內緣	外緣				

三五〇、mm	一六二、耗	七四、耗	一四、mm	一九、mm	一四、mm	方間二五mm	方間二五mm	此係活動展翅板耗即等於mm深淺並為二十五耗
同	一五〇、同	六九、同	一二、同	一六、同	一二、同	同	同	
同	一三〇、同	六〇、同	一一、同	一四、同	一〇、同	同	同	同
同	一〇〇、同	四五、同	一〇、同	一三、五同	一〇、同	同	同	同
同	一二九、同	五九、同	一一、同	一五、同	一一、同	同	同	固定展翅板
同	九一、同	四〇、同	一〇、同	一三、同	一一、同	同	同	同
同	七九、同	三五、同	一〇、同	一二、同	八、同	同	同	同
同	七〇、同	三三、同	九、同	一一、同	四、同	同	同	同

十五，滴水管及小玻璃管： 凡浸製小形昆虫，必用各種小口玻璃管，（如前章所述P，一二）但如保存劑逕從其管口傾入，則因管口甚小，勢甚困難，而且損失藥液，此時則可以醫用之滴水管，吸取藥水而注入之，對於藥液之增減亦頗方便，藥水亦無消耗，此種滴管亦可自製，其法即以小玻璃管，在高溫酒精燈上燒軟，拉長而斷之，即成一尖口玻管，上面套一小橡球，便可一樣使用，（如第三十六圖）

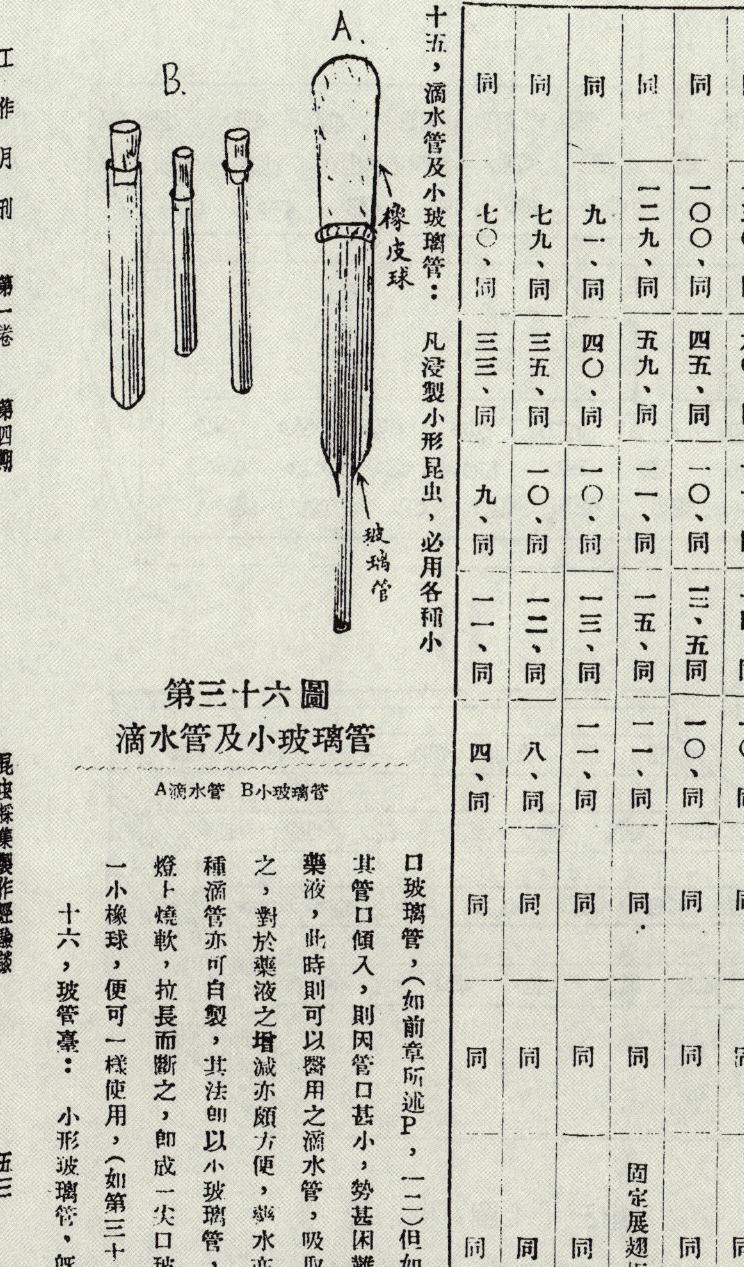

第三十六圖 滴水管及小玻璃管

A滴水管 B小玻璃管

十六，玻管臺： 小形玻璃管，既不能立放，

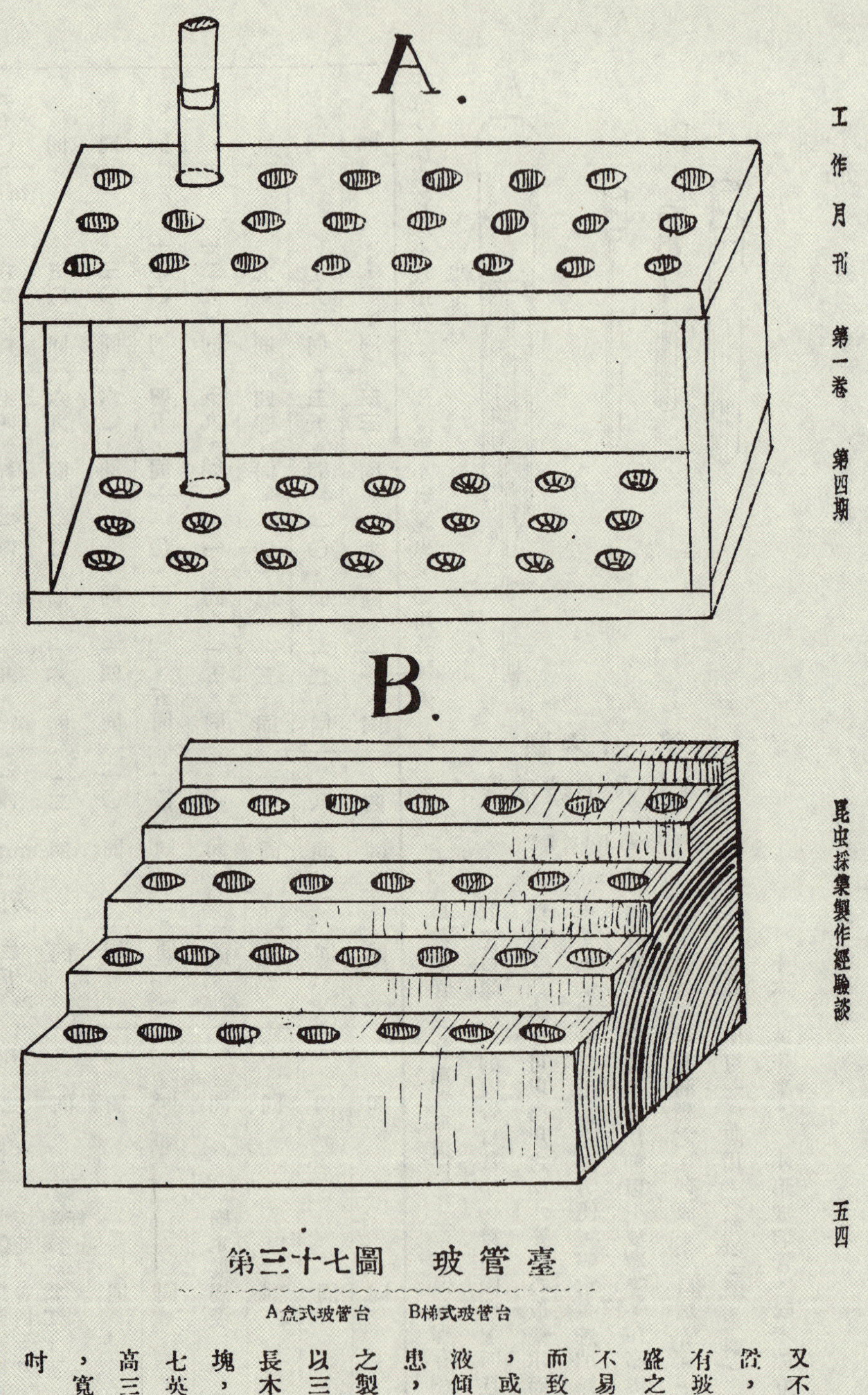

第三十七圖　玻管臺

A盒式玻管台　B梯式玻管台

又不便平穩，故必有玻管臺盛之，方不易傾倒而致破碎，或將藥液傾出之患，此臺之製法，以三角形長木條一塊，長約七英吋，高三英吋，寬四英吋，鑿成相隔半英

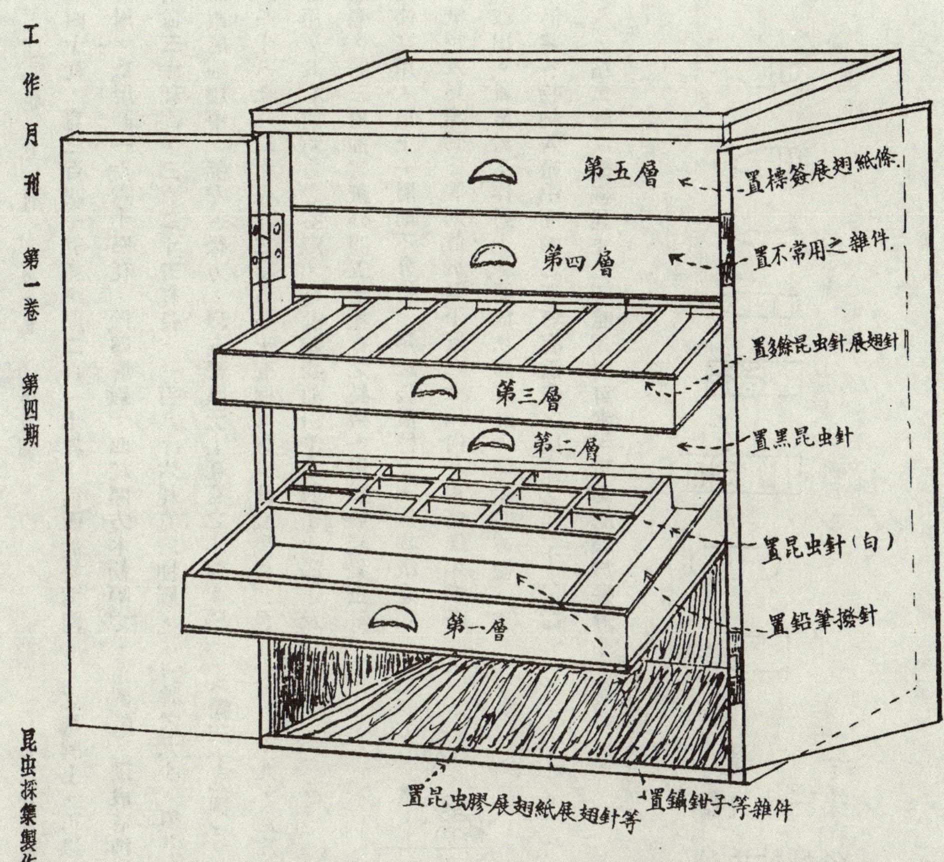

第三十八圖　製作用具箱

吋到四分之三英吋寬之階梯，然後在每級梯上各鑿圓孔十至十五個爲一列，其深淺大小各異，普通則在最下一層鑽淺小之孔，以置小玻管，依次增大，到頂上一層，鑽大孔以置大玻管，但亦有用七英吋半長，二英吋半寬，七耗厚之木板二塊，以一塊鑿成半英吋直徑之圓孔三排，一塊在圓孔相對之下面，僅鑿圓窩，然後在兩傍以二英吋高，二英吋半寬之木板二塊釘定之，略呈一無底箱，孔中即可插置玻管，使不倒壞，或竟以一英吋半厚，廣狹不定之木板一塊，面上列鑿小孔以置玻管亦可，（如第三十七圖）。

十七，製作用具箱：　此箱宜以質地堅實，乾固後木易變態之楠不，或上等柏木爲之，箱高三百九十耗，除底厚十五耗，頂盤二十耗頂厚十五耗外，空高三白四十粍，寬三百四十五粍，厚二百一十粍，前面置雙開門內分五層，底層高一百六十四粍，餘四層以十四粍間方木條隔之，每層置三十粍高，三百二十五粍長，一百八十六粍寬之抽屜，第一二兩層抽屜中，靠左邊後方，以五粍厚二十七粍寬之木條，隔成長約四十八粍寬二十八粍之小方格十五個，以備分裝黑白二色虫針之用，其右前兩方之空處，可置雜物如鉛筆，剪子，鑷子及撥針之類，第三層抽屜祇分開五十粍寬之長格，以裝展翅針虫針，及紙條之用，頂上一層則不分格，用以裝置標簽，展翅紙之類，展翅紙捲及昆虫膠…等則置於最下層之大箱內，用時僅須將各層抽屜取出，羅置於工作臺上，便能秩序井然，運用亦方便，工作完畢仍將各物納入箱中而鎖之毫無有遺失之虞（如第三十八圖）

十八，粘虫牌；微細昆虫，不能用針釘者，可以膠粘於硬厚之紙牌上，再以針穿此牌之一端而陳列之，牌之製法，用硬厚繪圖紙，剪成各種形式如長方，橢圓，三角，菱形……之小牌，但牌之大小，須各種形式有各種形式之同一大小，勿使參差不齊（第三十九圖）

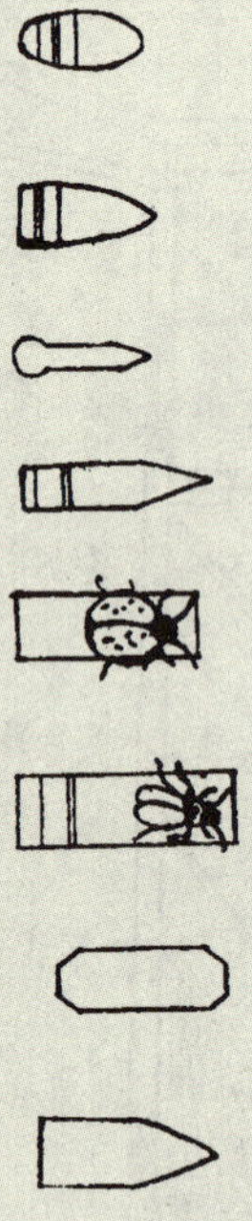

第三十九圖
各種粘虫牌

十九，通片及軟木塊；小形昆虫，可以小針穿之，轉針於軟木片，或通片上面，再以虫針穿通片之一端而陳列之，其製法，以通草或蔡蓋之心，或用寒瓶之軟木，切成長方形小塊，即可使用，（如第四十圖）

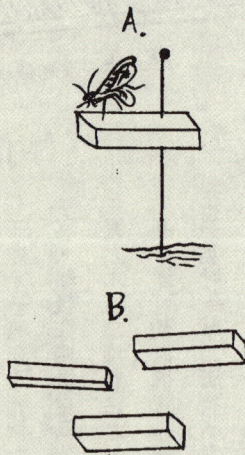

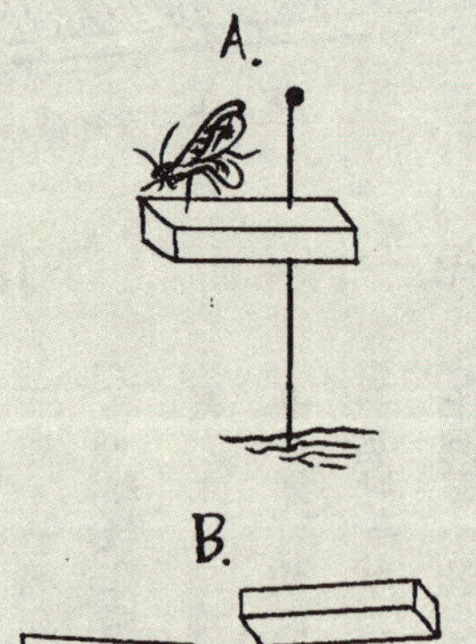

第四十圖
通片及軟木塊

A通片之用途
B軟木塊之形狀

二十，軟木板：軟木板用爲整理甲虫，蝗虫，棒象……等之姿勢及暫時針插尙待稍微乾後始可展翅之標本，此板卽以軟土(又名泥炭片Ltorf)，或用軟木板做成，長約二百八十五粍，寬一百三十五粍，厚三十八粍之長方塊，外面緊包白紙，置製作臺上，以備隨時使用，

第四十一圖　軟木板

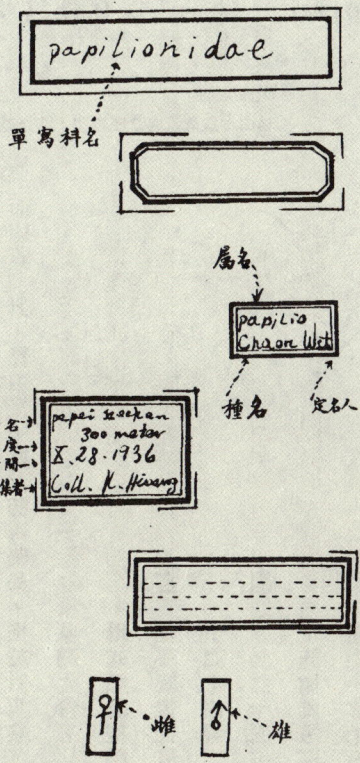

如第四十一圖)

二十一，標簽：標簽卽標本名簽之簡稱，有分科分種標簽，地名年月標簽，及通用白紙標簽雌雄標簽等，大小約有數種，皆爲長方形，用鉛印或石印印成形式整齊之邊線，大小各有一定。在展翅時，卽用白紙標簽(普通以白紙條代替)，抄錄紙包上之採期，產地，號數，俟展翅完畢，卽釘此簽於展翅板上，靠近標本之側邊，以備他日參攷，到陳列時，換成正式標簽，(如第四十二圖)

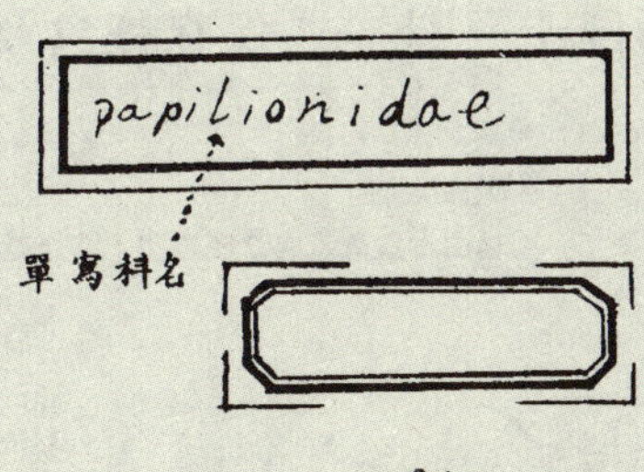

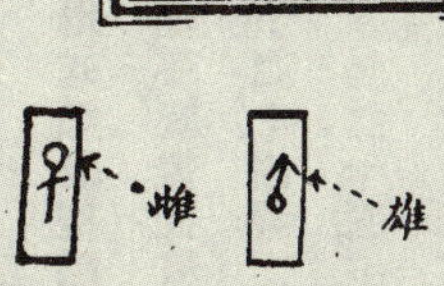

第四十二圖　各式標簽

二十二，紙盒：紙盒多用爲保藏及寄運已展翅之標本，以硬厚紙板做成長約，三百七十五粍，寬二百九十粍，厚五十三粍之方盒，底面鋪泥炭片或軟木板，板上貼敷一層小方格紙，以便

插列標本，面上置夲蓋，四角及背縫以黃布膠固之，凡提分標本及已展翅尚待提取陳列之標本，均可依次插入盒中而蓋之，內置

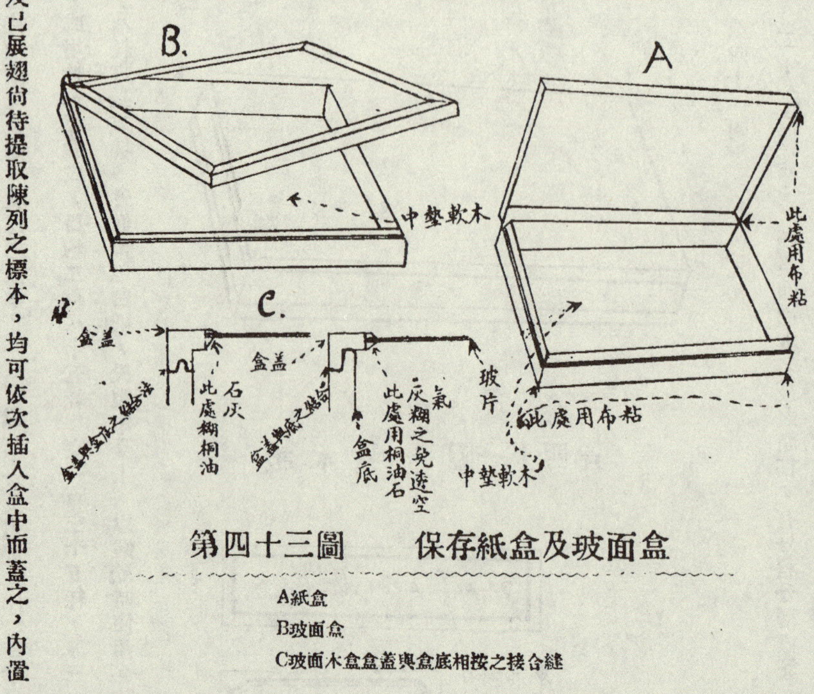

第四十三圖　保存紙盒及玻面盒

A紙盒

B玻面盒

C玻面木盒盒蓋與盒底相按之接合縫

挪福塔林，或消毒管內盛二氧化炭，標本在盒內自可永久不壞，但插有消毒管之紙盒切忌不可倒置，盒之製法（如第四十三圖）

二十三、針虫盒　凡經製作後而有重複之標本，可釘入盒中保存，以便提取分送或交換之用，亦可郵寄標本箱，其製法見前章採集用具項內P1 4.

二十四，消毒管，　消毒管係用玻璃製成如球形之盃，其下面固着一針，管內盛防腐及防毒藥品，插於針虫盒，或紙盒，或陳列盒內，以保護標本，形式頗壯觀瞻，但郵寄標本不宜置此管於內，（如第四十四圖）

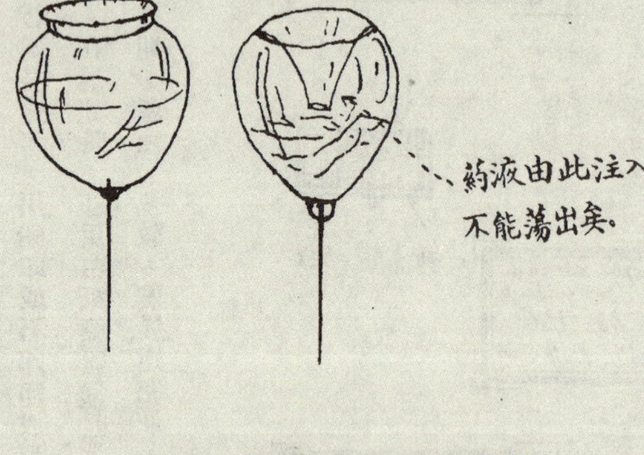

葯液由此注入不能蕩出矣

第四十四圖消毒管

二十五，毛虫供爐，此爐爲方形，係薄鐵皮所造，高七英寸半，寬四英寸半，長八英寸半，前面開插門，更於門上安一玻窗，右側壁之上方，安一活動鐵窗，以便烘製時

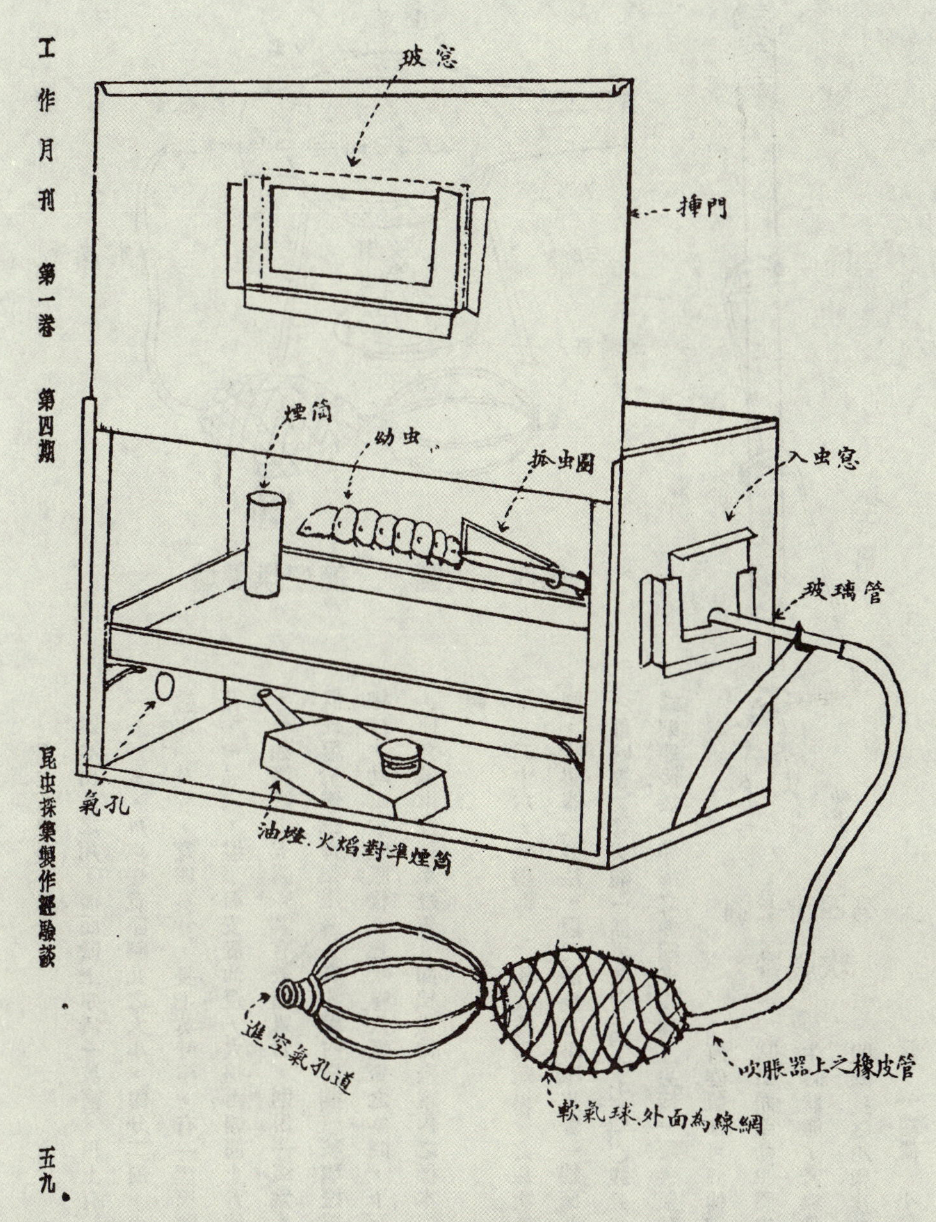

第四十五圖

毛虫烘製爐及幼虫標本烘製法

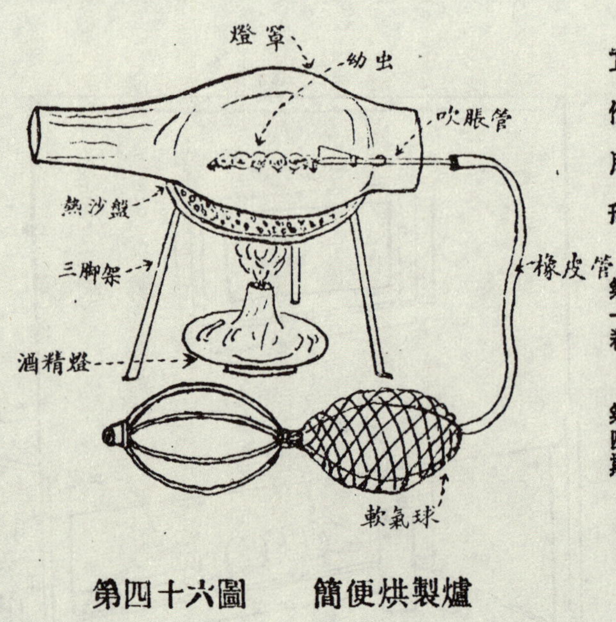

第四十六圖　簡便烘製爐

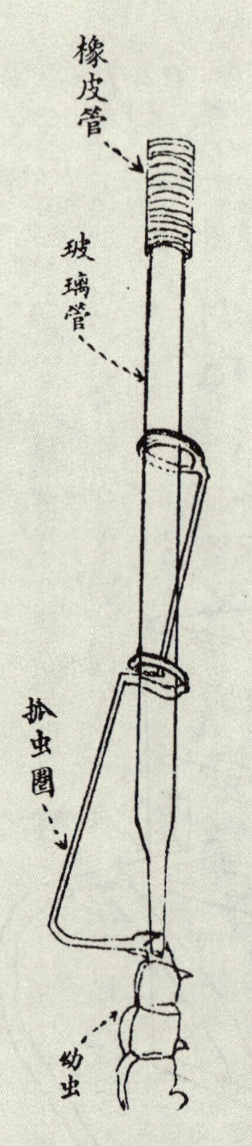

第四十七圖
吹脹器

，標本出入之用，後面壁上亦置一玻窗，頂上有一出煙孔，并置一旋轉蓋，可以任意節制孔之大小，內分二層，中以活動鉄盤（盤高一英寸，寬四英寸，長七英寸半，有一煙筒緊接頂上之出煙孔，）隔之，盤下面安置油燈，火焰由煙筒上升使熱氣散佈全盤，（如第四十五圖）其有較簡單者，則用一鐵盤，盤內盛乾沙，置此盤於鐵三脚架上，另在沙盤內橫擱一玻璃燈罩，以棉花塞其細口，幼虫被吹脹後，連吹管入燈罩之空間，下面燒一個酒精燈，使熱氣由沙傳至燈罩，間接烘乾燈罩內之標本，（如第四十六圖）

二十六，吹脹器　凡欲乾製幼虫，必以吹管吹脹後乃能烘製，吹脹器之製法，以尺餘長之小橡皮管一端裝一細尖小玻璃管（卽吹管）管尖籠一抓虫圈（見四十七圖B）或置一小鐵絲鈎，他端則連接於一卵形之伸縮橡皮球，另接一硬性氣球壓迫此球，球內空氣卽可經伸縮球及細尖吹管吹出而至幼虫體內使虫體膨脹如生時狀態，若無是項設備，則用呎餘長之小橡皮管，一端裝入吹管，一端置一小玻管或香煙嘴子

，製標本時，用口吹入空氣亦可，(如第四十七圖)

二十七，玻璃片　玻璃片有三種式樣，一爲黑色及白色玻片，長六十五粍，寬十六粍至三十二粍，厚約一粍半，均不反光，不透明，凡有色澤之小形昆虫，先以細線縛之或粘於此種玻片上，然後將昆虫連玻片一同浸於盛有酒精之玻璃管內而密封之，如此浸製之標本，因在顏色玻片上故黑白分明，便於察看，一爲載玻片，長七十五粍，寬二十五粍，厚約半粍，以載着昆虫作微物片之用，其另一種爲蓋玻片，長及寬皆十七粍，薄如水紙，每易破碎，此兩種皆爲裝製極小之昆虫，或昆虫之一部份，備在顯微鏡下面觀察者，(如第四十八圖)

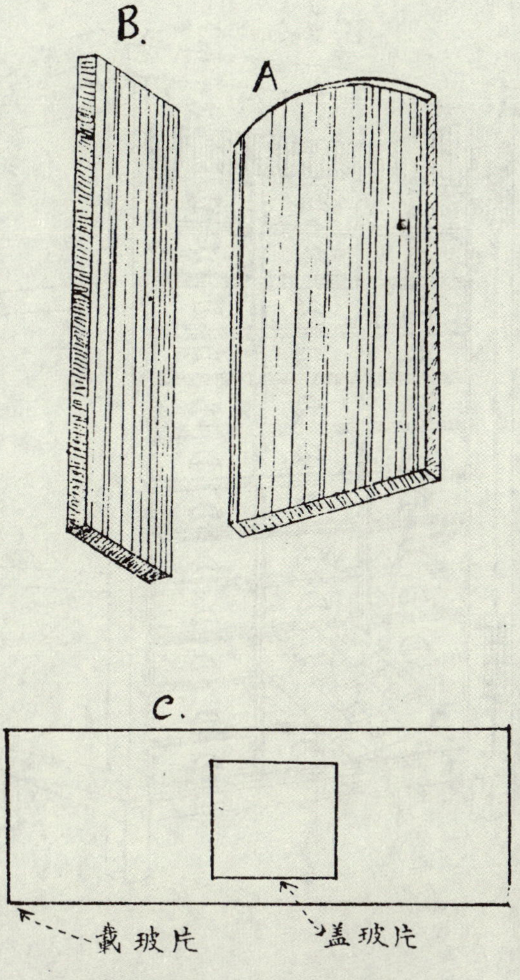

B.　A　C.

載玻片　蓋玻片

第四十八圖　各種玻璃片

AB浸製貼虫玻片有黑白二種皆不透明

C載玻片及蓋玻片皆用爲製微物片供顯微鏡下之用者

二十八，貯藏櫃　凡虫野外採回之標本一時難於製作者可以分別其號數，種類，產地等裝入貯藏櫃內保存之，櫃之造法有二，A櫃之空間高六英呎，寬三英呎五，厚二英呎，前面置雙開門，內分三縱行，以一英吋間方木條二塊隔成之，每行分十二層抽屜，每個抽屜高四英吋半，寬一呎，長一呎又另十一吋，抽屜內再另分數小格，普通則橫爲兩格，縱爲三格，以五粍厚之薄板爲隔壁，每小隔各裝標本一號，(即一種)如中藥店所用之藥櫥然，每層抽屜，以一吋間方之木條隔之，緣口密合以免透入水份

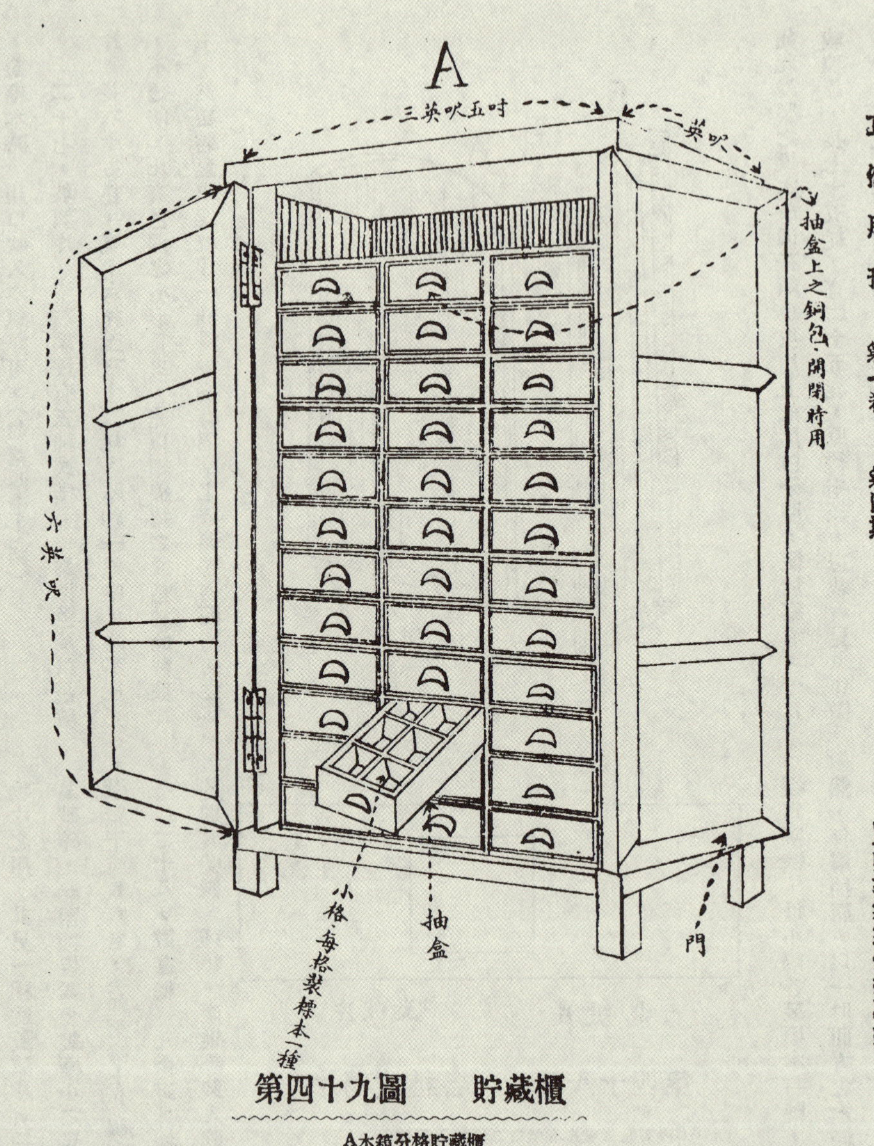

第四十九圖　貯藏櫃

A木箱分格貯藏櫃

，在抽屜外註明內藏標本之號數及種類，屜上置紋縺(俗稱飾界)或磁珠，以便開閉，又在門外註明櫃內所藏標本之科名，產地，俾可一目瞭然，檢取方便(如第四十九圖A)(B)櫃之外形，一如上述，其空間之高度六英呎，寬三英呎七吋半，厚十英吋，中間仍分三縱行，以一吋半寬，一吋厚之方木條二塊隔成之，每行擱置取放自如之薄木板十九層，每層空高三吋半，寬十三吋半，恰能排置兩個香煙盒，其每層之擱板約五耗厚，以便利用煙盒，每盒裝

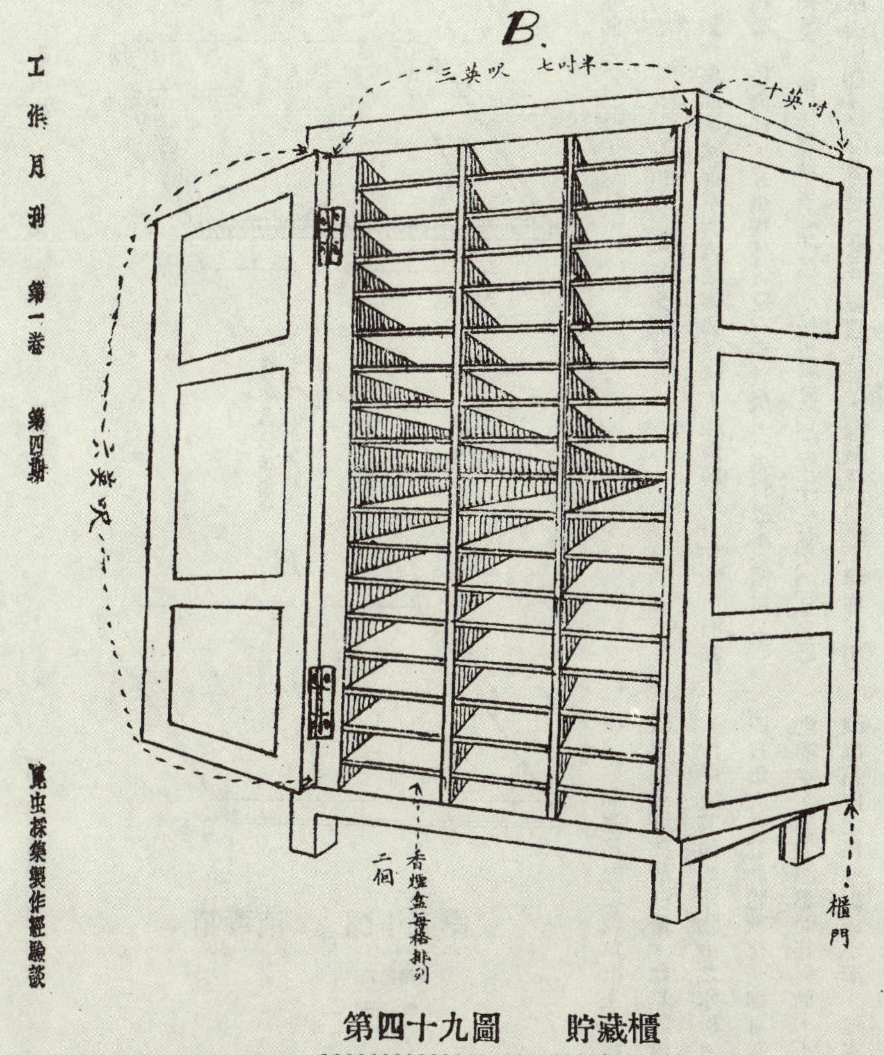

第四十九圖　貯藏櫃

B香煙盒貯藏櫃

標本一種，或隔開裝兩種，在盒之一頭夾紙片一張，表明盒內標本之號數種數，一如上法，此櫃因可利用廢物(香煙盒)，故所用之材料及人工，均較前者節省，調換標本，尤稱便利(如第四十九圖B)

二十九，消毒箱

遇標本生霉或生虫時可置消毒箱或毒箱中薰之，箱之製法，以鋅板做成十九英吋闊方，二英吋高之方箱，口邊有槽可以盛水，其他部份則嚴封而不使透氣，標本及薰蒸劑裝入箱中後，急將蓋蓋入水槽內，薰蒸劑便自不會發散至

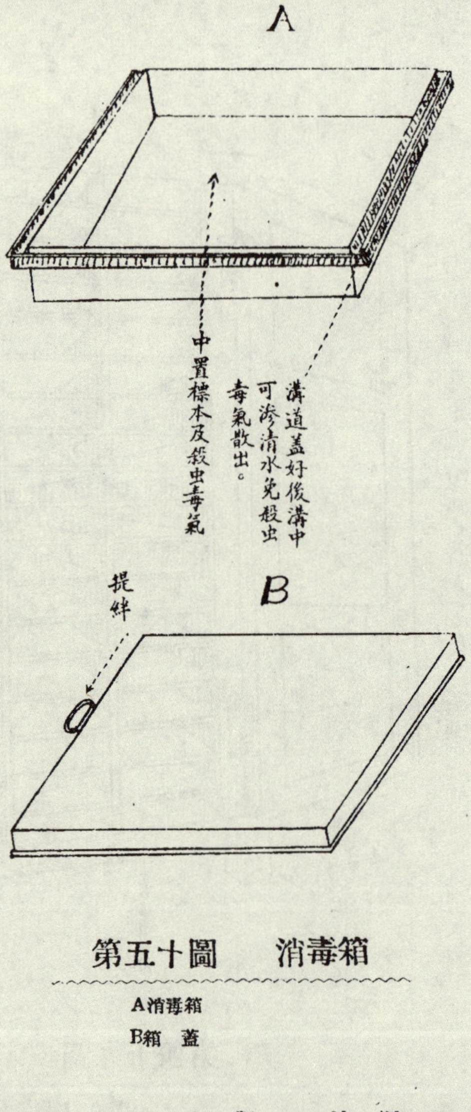

A

溝道蓋好後溝中可滲清水免殺虫毒氣散出。

中置標本及殺虫毒氣

B

提絆

第五十圖　消毒箱

A消毒箱

B箱　蓋

箱外也，（如第五十圖）。

第二節　製作之藥品

製作藥品，除前章所述之挪福搭林，福爾馬林，甘油，酒精，樟腦，松節油，昆虫膠外，還有亞砒酸，（毒殺標本盒內害虫）Chilosol，可保存幼虫之顏色，克司羅兒（Xylol）丁香油（Cloveoil）坎拿大樹膠，（Canadabolsom）氫氰化鉀，氫氰化鈉……等亦為製作時之必需品。

第三節　製作之方法

昆虫製作之方法很多，大別之為針釘法，展翅法，浸漬法，粘貼法，及微物片等五種，各依標本之形狀大小，而定製作之方法，務求研究便利，合乎美觀為原則，茲將各種方法，分述如次：

一，潮濕法　此法係將乾脆標本放入潮濕箱內使其軟化，為製作之先行事項，其法在前述潮濕箱內之乾草紙上，羅置乾燥標本一層，上面覆以微帶潤濕之草紙碎屑一層，如是數層，可以裝滿一箱，然後將箱密閉，沙中或其他吸水物中之水份，可由乾草紙而潤及標本，約經三四日後，查其肢體軟化，即可起箱工作矣，若已經針釘或已展翅之標本，因遇潮濕而翅變動，不合規則，必須重行展翅時，可將潮濕箱內之潤沙劃成小溝，標本則插於溝中，只潤其肢體及翅基，以免鱗粉脫落，因前一批標本工作將畢，即行潮濕第二批標本以免工作中斷，注意(一)潮濕箱內之沙，或他種吸水物中之水份不宜過多，以能擠壓出水可見時爲度，標本不可直接鋪於水濕物上，以免浸壞標本之色澤，水份被蒸乾後，仍須重行噴給，(二)潮濕標本，必先加入挪福塔林粉於水溼物中，以免標本生霉，潮溼之時間，尤須加以預算，自入潮溼箱起，熱天至多不能超過七天，冬天不能超過十天，過長則標本不免腐爛，過短則標本又仍然硬脆，妨礙工作，潮溼之數量，更宜留意，自可以工作時起以足敷三四日工作之用爲度，潮溼後，又要隨時檢視，見可以工作時，即行工作，以免錯過機會。(三)，所潮溼之標本，自可以工作時起，在三四日內，發現所潮標本不能全數工作者，爲挽救腐壞計，急應將潮溼箱打開以洩出水份，或竟將標本取出晒乾，工作時再潮溼之。

二，針釘法， 凡已潮溼之甲虫，椿象，蜂子，蝗虫……等標本，約經三四日之後，查其肢體倘已柔軟，即可整姿，此時當按標本之大小，而以粗細適宜之虫針針釘，其穿針之位置，當有一定，甲虫則應穿在右翅上，約距前緣三分之一之上部，椿象則應針在前胸部背面之三角板上，蜂，蠅，蝶，蛾等，則應針中胸部，針由第二對脚中間穿出，蝗虫則應針在前胸背片之後緣、蜻蜓則應針在前胸之中央，針乃由第一及第二對脚中間穿出，細脆昆虫，則應用微針或小展翅針倒插胸部之腹面，即以針尖由虫胸之腹面插進，另以紙片或軟木片支持針頭，再以虫針穿軟木塊而釘之，虫針穿過虫體以後，所留針頭與虫背部距離亦應有一定，虫體大者，留針長四分之一，中形者，留三分之一，小形者，留二分之一，最好以齊列管測之，使高低一律，此時在虫體腹面之穿針孔中，應滴少許昆虫膠，否則日後虫體能在針上轉動，惟於採得時就地即針製者，則因虫體尚溼，不滴虫膠亦可，穿針既畢，即將虫體插於泥炭片內(即軟木板見P57) 然後以撥針整理其觸角，短者則使之左右分開，長者則使之引向後方，前足則向前伸，中足則向左右橫伸，後足則向後伸，務使其姿態與生前相像，如肢體不規則者，此時亦可以留針支柱之，或彎針壓服之，(如第五十一圖)，若無此項軟木板，可用紙盒，或紙片，虫針盒蓋上，針尖插入盒中，亦可與軟木板同樣工作，待到標本十分乾固後，始由泥炭片或紙盒中拔出，標本即成完整矣，若昆虫之腹部膨大如蝗虫，螳螂等，則在其腹下剪一小孔，用鑷去其臟腑，而以吸水紙吸乾腹中水份，然後塞以棉花，將剪開部份重新拚合平整，如是非但易於乾燥，且不變顏色，關於針釘標本之注意事項

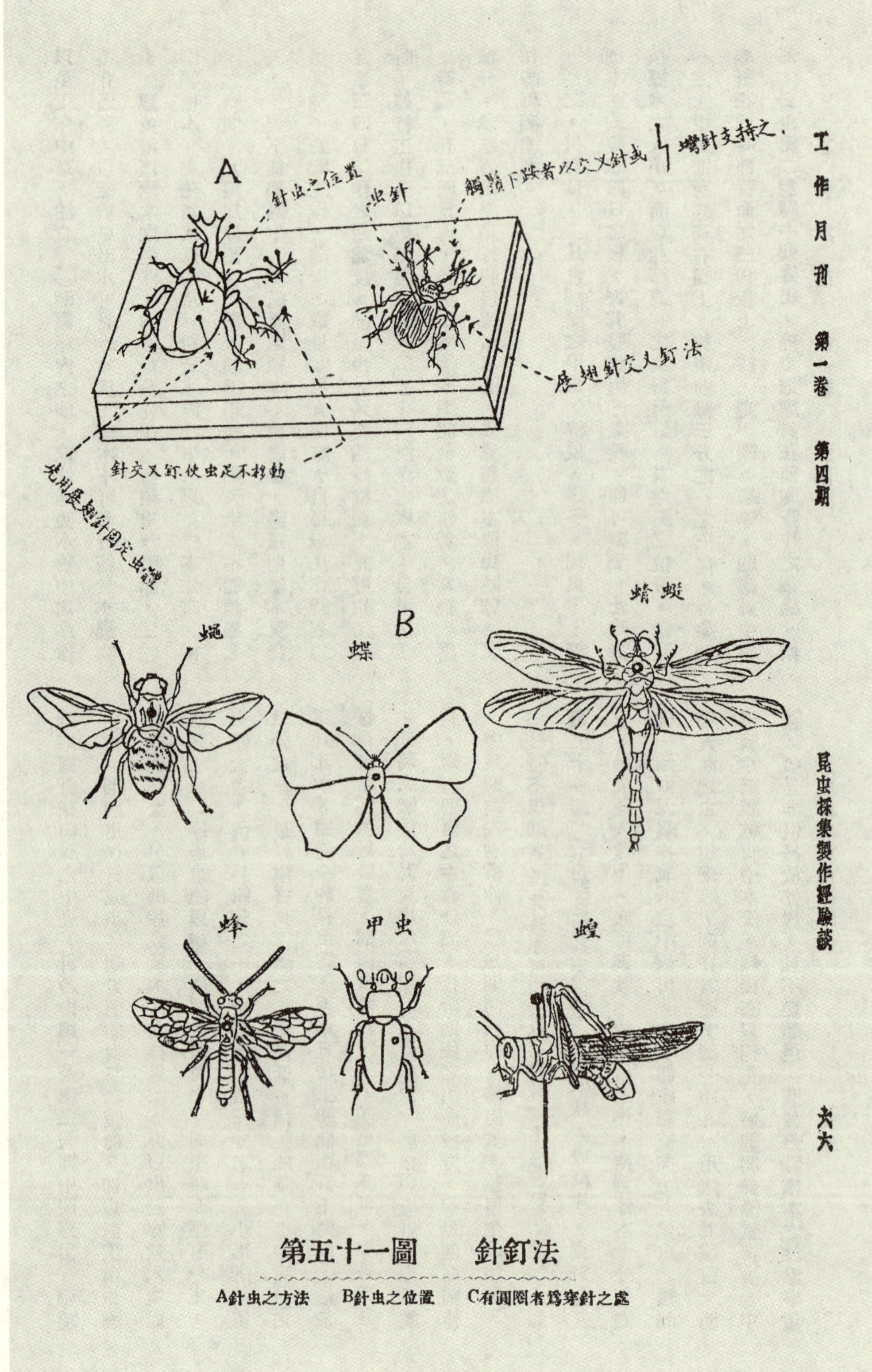

第五十一圖 針釘法

A針虫之方法 B針虫之位置 C有圓圈者爲穿針之處

，有以下兩點：

（一）潮溼標本過多，在工作的第二三日發現不能完全工作者，則開箱蓋，讓水份蒸發，或將標本取出晒乾，到工作時重入箱中軟化。

（二）凡肢體有脫落者，須以虫膠修復之，此外蜂子，蒼蠅亦可作展翅整理。

三，展翅法　此法適用於蝶，蛾，蜻蜓……等，先將標本照上法入潮溼箱內，待其軟化後，解去紙包，以右手持鑷夾其翅，用左手食指與母指之甲，擠持胸部翅基之下，一緊一鬆，數次之後其翅卽自能活動開張，然後右手揀以粗細適宜之虫針由胸部之背面穿下，使針尖由第一對與第二對腳中間穿出，此時卽用齊列管測定高下，并在穿針孔及翅基之下滴少許虫膠，使粘固之，再插入展翅板之軟木溝中，針須垂直，翅基恰能與板邊相齊，而後用狹展翅紙條之一端，沿展翅板之內緣針在展翅板之前端，針須略向外方傾斜，同時以左手持紙條之一端，覆壓虫翅於展翅板上，以展翅針暫時釘定，使翅不再向上方豎起，左右兩方同樣釘定後，再以左手食指與母指緊持紙條之後端，取去暫時釘定之針，而以其餘三指，壓在虫翅後方之紙面，略向後拉，紙自然緊貼展翅板面上，此時右手可執撥針，撥動前緣之大

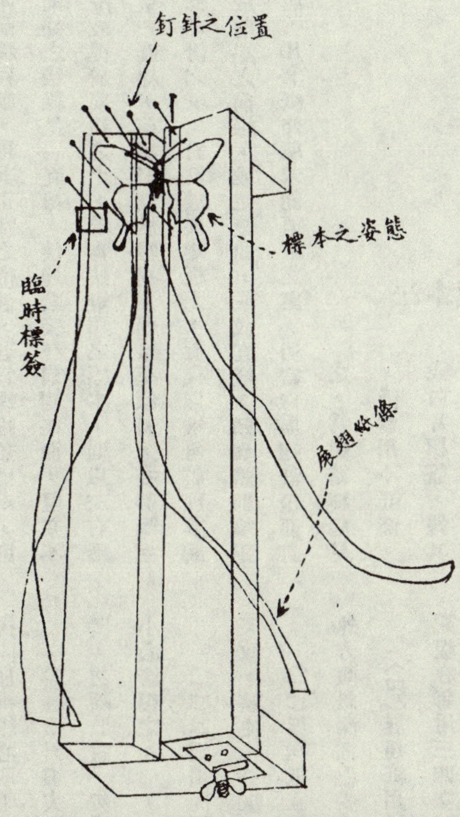

第五十二圖　展翅標本

脈，翅自能向前後移動，得其正當之位置，若爲蝶蛾類標本，則應以左右兩前翅之後緣呈一直線，後翅緊接在前翅後面，但亦不妨有一小部份被覆於前翅之下，若爲蜻蜓類之標本，則以左右兩後翅之前緣呈一直線，前翅緊靠於後翅，而略呈傾斜，姿勢既定、乃將其所餘部份之紙，針釘於展翅板上，旋復以撥針整理其觸鬚，或依附於前翅之前緣，或使微曲，或成直綫，頭與體部須正直，脚須曲屈，凡窄紙條所未能遮蔽之處，仍當以展翅紙覆而釘之，爲免錯誤起見，仍當用小紙條，或白片標簽，錄其號數，產地，採期釘於標本之側（陳列時另換正式標箋）一展翅板上可展好幾個昆虫，其數目當視昆虫大小及展翅板之長短而定，展翅既畢，始置箱內待其乾燥，通常經二三星期便可拔去展釘揭開展紙細心取下陳列之，見（第五十三圖，）注意！

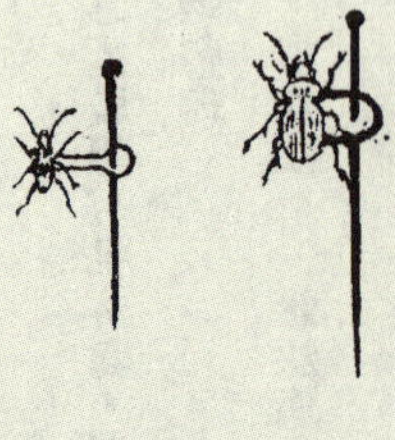

第五十三圖　粘貼標本法

（一）撥針須尖銳，展翅紙須平滑，動作須輕而敏捷，勿折觸鬚，勿斷肢體，勿毀翅脈翅膜及鱗片等，萬一損壞，當以昆虫膠小心修復之。

（二）四翅須開展，勿摺縮不平，勿上下參差不對稱，翅上之斑紋，務使十分顯露，方便於研究。

（三）展翅紙宜貼平壓緊，展翅針須接近翅緣插下，並須略向外方傾斜深插穩安。

（四）展翅紙用過一次後，須將針釘之孔壓平，方能再用，展翅板在每用三四次後，亦須用砂紙擦平換貼小方格紙，方能再用，否則翅上鱗片，有被擦壞之弊。

（五）已展翅之標本，速展翅板放在箱內乾燥時須在箱內預撒挪扁塔林粉，並註明工作日期，以便計算何時始可以陳列，在乾燥期中尤須注意老鼠等鑽入箱內竊食。

（六）標本須待十分乾固後，始可從展翅板上取下，若欲速成則須用微火烘之，因未十分乾固之標本，即從展翅板取下，一遇潮溼，每易恢復其不規則之原狀。

四，粘貼法：　此法多行於不能針釘之小形昆虫，凡此種標本既經整成姿勢後，即滴少許昆虫膠於預製之紙牌(粘虫牌)上，用軟鑷輕移標本於其上而粘之，待其略乾．方將大小適宜之虫針穿此紙牌而收藏之，但須注意，紙牌大小須與標本之大小相稱，勿置大虫於小牌之上，亦勿置小虫於大牌之上，再其粘貼與針釘之位置，亦有一定，不能前後參差，其記載則插於標本之下面，如此則待其乾固後，便立可陳列。(如第五十三圖)

五，浸製法　凡身體柔軟及細小之昆虫，則概宜浸製於玻璃管中，但玻璃管之大小當隨虫體之大小，及數目之多少適宜為定，普通小虫，每瓶可裝數個，大虫則每瓶祇裝一個，故凡標本過多者，則宜分裝數瓶，蓋為便於觀察也，又虫體黑色者，可用線縛於白色小玻片上或用膠粘住亦可，虫體白色者則宜縛於黑色小玻片上，而後裝入瓶中，瓶內預盛百分之八十五至九十五度之酒精中並略加少許甘油，以防萬一酒精乾涸時，標本卽隨之損壞也，或用(Chilosol) 溶於清水中以浸製幼虫，有保持幼虫色彩之效，若用酒精浸製幼虫則須先入百分之五十度酒精中，經二十四至四十八小時後再入於七十五度酒精中經二十四小時方可轉入百分之九十五度酒精中，否則虫體中之水份，驟被酒精吸出，虫體每因收縮而成縐皮之現象。

六，微物片製作法　微細昆虫如蚤，蝨，蚜虫，白蠟虫，及蚊虫之口部等，不能以肉眼辨識者則須製成微物片保存，供顯顯微鏡下之研究，其法先浸標本於百分之二之氫氧化鉀，或痙氫化鈉之溶液中經數日之久，溶去其裏面之柔軟組織，為速成起見亦可以酒精燈熱之，然後用鑷取出放入清水中，冲洗之，再浸入百分之五十度酒精中，四至五小時，百分之七十五度酒精中，四至五小時，經九十度以至於無水酒精中各四五小時，再移入松節油，或克可羅兒 (Xylol) 中，待虫體透明後，始取出置載玻片上，滴少許坎拿大樹膠以蓋玻片蓋之，聽其乾固，作此種微物片亦可以甘油代替坎拿大樹膠，此時則可不必用上項麻煩手續，標本於採得後，祇須經過殺死卽固定，便可放入甘油中保存而透之，惟於蓋玻璃片之邊緣，須用辣克封固，方能永久保存，否則甘油乾涸，便能損壞標本。

七，其他　凡較大之昆虫，不易乾燥者，可剖開其腹，將臟腑取出，然後烘乾之，或則將福爾馬林，或酒精注射於昆虫腹內，再浸製於福爾馬林或酒精中亦可，至蝶蛾之幼虫則須用吹眼烘製法，此法卽以左手持鑷夾住幼虫尾端，右手以展翅針或解剖刀割破其肛門及腹部之一小部份，然後置此虫於新紙上，左手鑷壓其頭，右手持鉛筆桿徐徐從頭至尾，輾壓其體，使其臟腑悉由此裂縫口擠出，并以鑷除去之，如是數次，標本則僅剩一皮，乃用吹管之尖端插入幼虫被割開之裂口內，而以抓虫圈穿吹管上，虫體之皮膚，或用細絲縛於吹管上亦可，然後

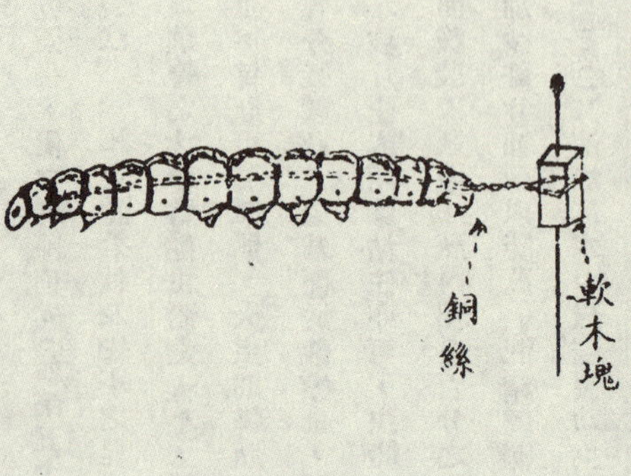

第五十四圖
烘製標本及針釘法

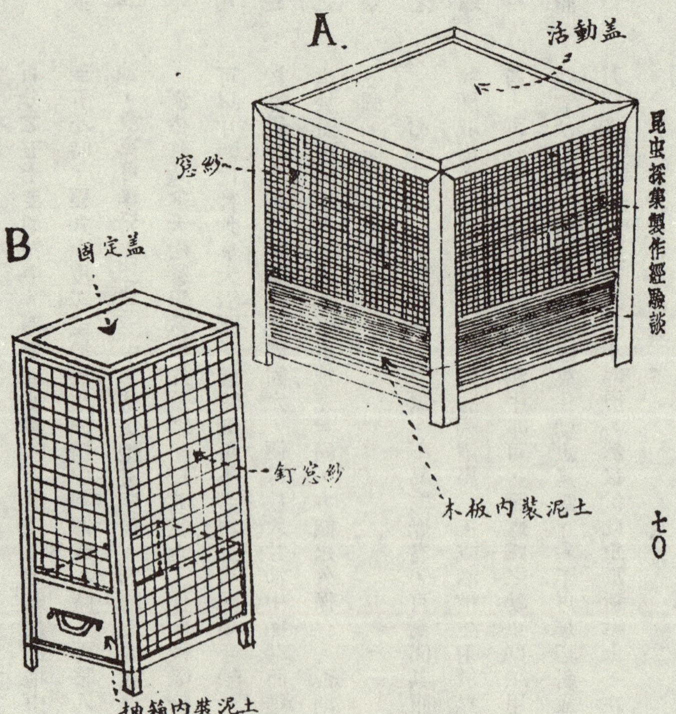

輕捏吹脹器之氣球見前節P60使空氣注入幼虫腹中，標本卽自然膨脹，乃放入烘製爐中烘之(如五十四圖，)待標本烘乾後，取出吹管，用虫針穿軟木一方，絞細銅絲於木上，將所餘銅絲插入幼虫之裂口，卽可以之陳列矣，但須注意爐中溫度不可太高，以免虫皮焦灼而有損壞，其吹脹之程度，須與生前不相上下(如第五十五圖)。

第五十五圖　飼養箱

第四節　保藏法

已經烘乾而尚待製作之標本，須分別種類放入貯藏櫃中，此

種之處理法，則先在各抽屜之小格中，撒挪福塔林，及樟腦混合粉，四周隔以草紙及白紙，標本則羅列於紙上，俾木中油質及挪福塔林粉蒸發時，不致有浸入標本之弊，若係針釘昆虫，則可將粗大虫針燒紅，插入炭酸丸內，待其冷固，再釘入針虫盒內或則用紙煙筒盛入哪福塔林粉，兩端塞以棉花，釘於針虫盒內，亦可避免虫害及生霉之虞，若遇見有生霉之標本，則可以酒精，或哥洛紡謨，或格士林洗淨而後晒乾之，其生者，可在消毒箱內行薰蒸法，或放毒箱中毒殺之，如有受害劇烈者，則只有犧牲一部份標本縱火焚燒之，倘能先以砒酸溶酒精中，塗於箱板上，再置挪福塔林粉，而後裝入標本，切實封固，則亦可保無生虫之虞，浸製標本，只須隨時注意保存藥液有無蒸發情形，倘見藥液減少，則隨時添益之，若能以蠟密封瓶口，使藥水不能蒸發，則更是一勞永逸之辦法，但鎔臘之溫度須高，封時須敏捷，否則蠟能結晶，質地變成疏鬆，易於剝脫，不可不注意也　（未完）

中國西部科學院生物所植物部五年來之進展（續）

（乙）野外工作：

本部為作有系統之調查工作起見，擬有分期採集計劃，將本省分為六區，西康分為四區，按年分區派員詳細工作，俾可補足過去之遺漏，茲將過去工作情形簡述如下：

工、採集方面：

本院未正式成立以前，曾赴各地試作採集調查，并以鍛鍊身體，磨練心性為目的，茲將每年採集，分組工作略述如下：

（1）民國十八年採集情形：

民十八年，採集分為川西，川東，川南，三組，茲分述如次：

a川西組：

民十八年夏，南京中國科學社及中央研究院，均派員來川採集，峽防局局長盧作孚即派峽局少年義勇隊由盧子英隊長率學生廿餘人以襄助之，藉以訓練學生之採集調查能力，俾將來為科學事業而努力，七月在渝出發，由成都而峨眉，其後中央研究院，中國科學社人員改赴雷馬屏一帶，少年義勇隊則由峨邊以入涼山。在峨邊雇有保頭夷人，為之嚮導，經時約四月，風餐露宿艱苦備嘗，兩次被困險遭夷害，雖未至大涼山之中心，然夷地風物，頗有調查，採集之物，亦滿箱而歸，曾於重慶英年會作一度之展覽，社會人士始于黑夷，始於涼山有一種具體之認識，此行所得之植物標本計四百餘號，調查經過採集生活，容另文敍述，茲不贅。

b川東組：

採集員由杜大華彭彰伯趙鈞担任，專在華鎣山天池一帶作長時間之調查採集，幸得該地士紳幫助，共採獲植物標本五百餘號，計時四個月（七月至十一月）。

c川南組：

採集員鄧文俊郭倬甫王高輝漆聯金彭彰伯杜大華與巴縣建設局合組，赴南川各大山採集調查，尤以金佛山之產物豐富，該山竹筍藥材爲最著，共計獲得植物標本二百餘號，茶種二十餘號。

（2）民國十九年採集情形：

本年採集，分爲川西南組，另有四組派助南京中國科學社之川西北・川西南兩組，及北平靜生生物調查所之川西北組，中瑞攷察團之川北組採集調查。

a川西南組：

採集員爲少年義勇隊學生，由傅德利先生（德人）領導，自小川北上成都取道西康各地工作，繼赴九龍雅江丹巴一帶採集，道路崎嶇，行旅維艱，若遇甲巴，（蠻匪）危險至極，因爲匪有先殺人，後刼物之風），所以行走一地，便請派烏拉（公差）護送，途中幸未發生重大之事件，轉康定後，即作社會調查，并在此分爲兩組，第一組負責運輸標本回院，及作沿途採集，第二組由打箭爐至越嶲冕寧瀘沽而到西昌各地工作，後因經濟之限制，未能盡量採集，實爲恨事，此次共獲得植物標本二千七百四十餘號，計時不過九個月（三月至十二月）。

b川西北組：

採集員鄭萬鈞先生領導少年義勇隊學生杜大華彭彰伯，自合川成都到康定九龍雅江丹巴各地工作，每日皆食酥油糌粑，同化於蠻子生活，沿途均派烏拉或團丁護送，安然通行，幸未受險，採集數月，復轉蓉城，取道灌縣汶川等地工作，獲有大批標本而返，後在峨眉山工作，計共獲植物標本二千餘號，種籽若干號，計時九個月（三月至十二月）。

c川西南組：

採集員方植夫先生領導少年義勇隊學生楊宏清孫祥麟鄧文俊，至峨眉瓦屋各地工作，後西行馬邊峨邊，而取道越嶲西昌各地採集，繞兩蹝而到會理及滇屬之東川昭通等縣工作，沿途交通不便，運輸行李，頗感困難，山岔路口，常有土匪出沒，搶刧往來客商，本團幸得各地派團丁保送，尙無意外發生，共計採得植物標本千餘號，計時六個月（四月至十月）。

d川西北組：

採集員汪發鑽先生領導少年義勇隊學生周承烈秦沛南，自蓉灌去懋功轉撫邊理番汶川茂縣各地工作後，更北行江油棉陽平武青川，昭化，廣元，南江，通江，巴中，碧口等縣採集，沿途得當地官紳之幫助不少，所獲成績亦多，共計得標本千餘號，計時六個月（四月至十月）。

e川北組：

採集員郝景盛赫滿爾（瑞典人）領導少年義勇隊學生周仁貴張義德，自合川武勝順慶，更北行南部，閬中，蒼溪，昭化，而赴武都，岷縣，閬州，西寧等地採集調查，共計獲得標本數百號，時間不過六個月（爲四月至十月）。

（3）民國二十年採集情形：

本年採集計分川西南與川西北兩組，均派助來川之南京中國科學社與北平靜生生物調查所工作，茲將採集情形，概述如下：

a川西南組：

採集員汪發鑽先生領導少年義勇隊學生杜大華孫祥麟，由渝搭輪至敍府起岸，取道屏山峨邊而進小涼山，工作數月，轉嘉定去峨眉山等地採集　共計採獲植物標本八百七十餘號，計時六個月（四月至十月）。

b川西北組：

採集員鄭萬鈞先生領導少年義勇隊學生秦沛南彭彰伯，自嘉定成都取道灌縣，汶川，茂縣，到松潘，南坪，平武，青川，江油等處，工作數月後，轉理番，撫邊，懋功，丹巴，康定各大山採集，沿途幸獲當地團紳幫助極大，於採集工作頗感便利，共計採得植物標本九百一十餘號，計時六個月（六月至十二月）。

（4）民國二十一年採集情形：

本年採集，（第一期）依據分期五年計劃施行，本部採集，分川西南與川東南兩區，另有一組則參加北平靜生生物調查所之雲南生物調查團，赴滇工作，茲將採集經過，略述如下：

a川西南區

採集員由本部主任兪季川率領助理蔣卓然彭彰伯三人担任，往建南各地工作，自渝出發經敍府嘉定而至峨眉峨邊採集月餘，更西行抵寧屬各縣，越嶲西昌寧南會理鹽邊鹽源冕寧各大山，均曾涉足，深入夷地土司之境，歷經險阻，始獲通行，多蒙當地軍政官長保護引導，幸無意外發生，惟此次調查採集，所到各處而為國內各學術機關團體，足跡罕經之地，共計採獲植物標本一千七百八十餘號，木材標本三十餘種，經濟植物標本二十餘種，附採魚類貝類及礦產標本各若干份，計時八個月（三月至十一月）。

b川東南區

採集員由本部助理杜大華孫祥麟二人担任，在南川金佛山曾作長時間工作，更入滇省，經正安綏陽桐梓遵義湄潭鳳崗思南而至印江之梵淨山採集，歸途往秀山酉陽黔江彭水等縣，略作調查時，遇黔江境內，聯英會匪為患，本組行李器物，亦遭搶刼，而團員飽受驚駭，幸安全返院，共計獲得植物標本一千四百餘號，木材標本七十餘號，藥材標本八十餘種，計時七個月（三月至十月）。

c雲南組

北平靜生生物調查所，於本年春間，組織雲南生物調查團，派有動植物專家，特赴滇省作長時間調查採集，經渝敍取道川南入滇，本部亦派周承烈楊宏清兩人同行，助理工作，春間在雲南

之東北，秋深則在滇南採集，先後各組共採得植物標本二千三百餘號，今歲以東北問題發生，該團經費竭蹶，本院派員業經調回，以資節省，至於本年各組採集用費，計共旅費 1126.15元，運費489.94元，購置60元，消耗109.37元，雜費480.85元，總共2266.31元。

（5）民國二十五年採集情形

本部原有採集川康植物五年計劃書，自今歲起，得由中華教育文化基金委員會與以經費之補助，使於工作進行上，減少許多困難，同人益加奮勉，為本部採集計劃之第二期，原計分三組，第一組赴川西北一帶，如松潘理番汶川茂縣，以及川甘邊境；第二組赴川西，如天全寶興懋功灌縣以及川康邊境等處；第三組則赴峨眉峨邊兩地，專蒐苗木種籽球根，以備開闢植物園，自五月十三日，由碚起程，經合川安岳樂至簡陽抵達成都，原擬至此，分組工作，適以省門戰事爆發，川西北交通絕斷，無已乃改更行程，全體人員先赴川西工作，而途中仍苦震災匪患，常致繞道往返，不惟時間經濟兩受損失，且預定採集區域，未能勘盡，其為遺憾曷可勝言，茲將各組經過路線及所獲標本簡記如下：

a川西北區

採集員由本部主任俞季川率助理孫祥麟，自台川出發，赴成都先在雅屬寶興魚通各縣，工作月餘之後，取道懋功撫邊雜谷腦理番北上茂縣松潘以及川甘邊境採集，夏間以川西北地震劇烈，山崩陸裂，岷源阻塞，叠溪附近完全陷落，同人等寄居茂縣旅店，屋宇震傾，大部行李均遭破壞，松茂交通，一時斷絕，不得已乃繞道北川縣境而至松潘南坪邊地，來往於岷山，弓槓嶺，雪欄關諸山工作月餘，松北天寒高山已見積雪，始告歸來，途中復以岷源積水，汎濫沿江，大路冲毀，大部標本行李取道綿竹返省，一部工作人員，輕裝簡具，跋崖越嶺，南下汶灌，略事搜羅，始告結束，十二月十九日，搭舟東下返院，共計採得植物標本九百四十餘號，林木種籽標本數十號，木材標本五十餘號，藥材標本三十餘種，各種苗木一百餘株，計時七個月（五月至十二月）。

b川西區

採集員由本部助理杜大華先在寶興魚通詳作採集，後經康定縣界轉赴天全蘆山各縣工作，時以川戰重心南移蓉雅交通斷絕，郵匯不通，而天蘆等地土匪蠭起，困守天全，蓋達月餘，幾經險阻，幸無他恙，冬初復返寶興蒐羅種籽苗木，始告結束，先後共採獲臘葉標本八百二十餘號，木材標本二十餘種，林木及花卉種籽四十餘號，珍貴苗木二百餘株，計時七個月（五月至十二月）。

c峨眉區

本年春間曾派助理員彭彰伯赴峨眉峨邊等縣，專作各種苗木球根種籽之調查採集，凡在峨眉工作二月餘，計得植物標本三百零四號，原擬轉道峨邊，採集時以峨眉各地，受戰局影響匪警時聞，行旅困難，不得已乃結束返院，秋間本院成立植物園新聘劉式民先生主持該園一切事宜，便繼續赴峨眉山蒐羅林木種籽，歷時三月，共獲植物標本五百餘號，種籽三十餘號。

d雲南組

北平靜生生物調查所，於二十一年春間，曾組織雲南省生物調查團派動植物學專家前往滇省，作長時間之調查採集，自川南而入滇省各地採集，本院亦派助員周承烈楊宏清兩君，隨同助理，工作後結果成績頗佳，共計獲得植物標本二千三百餘號，歸來提取其中一小部送贈本院，去歲以該團經濟竭蹶，本院派員遂亦調回，以資節省，至本年度各組採集用費，共計旅費656.597元，運費959.54元購置477.65元，消耗379.59，雜費555.75元總共3029.0元，以上所陳為去歲植物採集各組工作概況，至於各地植物之分佈及種類，曾在中國植物學會刊行第一卷第三、四期）。

（6）民國二十三年採集情形：

本部爲採集川康植物計劃之第三期工作，原擬分爲三組；第一組赴川北及甘邊等處；第二組赴川西南各地；第三組則在川東各地及本院附近採集，惟當時以川北各地爲赤匪盤據，往來交通斷絕，又兼院中經費支絀，乃將一二兩組合併同去川西南區採集，因該區雷馬屏峨等縣，地廣人稀，物產豐富，尤以大小涼山一帶，自爲夷倮勢力範圍，漢人不易深入，並未作學術上之探察，本部今歲乃聯合本院動物地質兩部，合組雷馬屏峨攷察團，計共有團員十二人，工役四人，前赴該地工作，除採集動植礦物標本之外，並作地質土壤氣象等之測量與記載，五月十一日，自碚出發，十一月底，始行返院，又本年夏間瑞典國阿卜所拉尼家大學植物學教授，史密斯氏，二次來華，赴西康採集，函約本院同行，本部以西康原定爲採集區域，卽派員與之同組中瑞川康生物採集團，除作動植物標本採集之外并蒐羅球根種籽，以備植物園之栽培，自六月四日起程，十月二十四日卽告結束，茲將各組工作人員所經路線，及採集成績，分記如下：

a川西南區

採集員杜大華孫祥麟周承烈三君担任，由本部主任俞季川率領，自渝航行至敘府，沿金沙江上駛，抵屏山縣城，卽在該縣南部錦屏山老君山，開始工作，此後派周孫兩君，先去馬邊採集夏季植物，并設測候站，開始氣象記載，其餘工作人員，南行，經黃螂馬湖抵雷波，沿途均暫住採集，并在雷波縣城辦理深入涼山手續，召見各支夷人首領，經多方周折交涉，獎以大批食鹽土布，乃由磨石恩扎里區三家黑夷負責保護，始得啓程西部，至小涼山脈，越黃茅埂而入大涼山脈，西至昭覺，北至峨邊縣界，夷地交通，主要路線，均經躋足，在夷地採集二月有餘，其中歷經險阻，幾至出險，幸保頭夷人維護得力，始克平安外出，返雷波後，再赴馬邊與該地工作人員合併後、乃經屏山北部濫池子及五指山，略事採集，卽告結束，共計採得植物標本一千九百五十二號，木材標本三十餘種，及種籽藥材標本各若干號，計時五個月，（六月至十一月）。

b康東區

採集員彭彰伯甘辛茹由本院植物園主任劉式民領導，在渝與史密斯氏會晤後，卽行起程，沿江上駛，經敘府而至嘉定，路行雅安滎經而抵漢源，卽在大相嶺及川康交界之飛越嶺兩山，開始工作，更西行入西康界，到達康定，乃以該處爲中心，四出採集，康屬諸山，足跡殆遍，不幸助理彭彰伯，以積勞成病乃返渝就醫診治，竟於抵渝數日後，病重故去，在康人員，入秋卽西北行而到大炮山海子山等地工作，該山皆高達 4700 公尺，無時不在冰天雪地工作中，山高候寒，採集不便，乃西行至折多山獅子嶺五色海等處，沿途且行且採，約旬乃返康定，此次所經之地區，爲道孚丹巴康定瀘定四縣所轄，本擬南行而至九龍，惟以時越中秋，大雪紛飛，且預定經費亦已超過，乃於十月二十四日結束工作，卽行返院，共計獲得植物標本一千二百餘號，浸製標本一百三十餘號，百合科球根標本六千二百餘株，蘭科根類一千三百餘株，各種種籽標本三十餘號，計時七個月(四月至十一月)。

c川東區

此區由本部留院工作人員蔣卓然，在北碚附近縉雲山及華鎣山兩地，略事採集，并作各種菓樹之調查， 爲時間經濟上之限制關係，僅得臘葉標本二百五十餘號，浸製果實標本三十餘種。

以上各組採集調查之用費，共計旅費1065.93元，運費861.07元，購置508.07元，消耗364.27元，雜費828.04元，總共全年3627.38元。

(7)民國二十四年採集情形：

本年爲本部採集川康植物計劃，原擬分爲二組工作；第一組赴西康南部各地；第二組在川東北及甘陝邊境各大山，原係舊定採集區域，乃因赤匪禍川停止，而今歲匪區收復，治安無虞，仍派員前往作詳細蒐羅，俾可補足缺憾，完成分區精密採集計劃，惟常時本院經費支絀，乃將西康區工作人員，併合川東北區，并聯絡動物部，組成生物採集團，先到南川工作，後去川東北區，又爲廬山植物園蒐羅種籽關係，特派專員赴峨眉山採集，同時南京總理陵園派有植物學及醫學專家，來川調查採集，本院亦派員同行，幫助工作，玆將各組所經路線及採集成績，略述如下：

a南川區

採集員本部助理楊宏清，由曲仲湘主任領導之，自碚出發，搭輪南下重慶，取道木洞白沙井直到南川縣城，動植物分組登山工作，而植物組由新梯子鳳凰寺而達金佛寺採集，共計採獲植物標本八百九十五號，苗木三十餘號，球根十餘種，浸製標本四十餘瓶，計時二個月(五月至七月)。

b峨眉區

採集員由本部助理杜大華担任，於五月十日自碚啓程，經小川北到成都取道嘉定而抵峨眉縣城，接洽當地軍政長官，明令保護，以利工作，該組採集之主要目的，在搜集木瓜紅，棋桐有花標本，並其種籽，以及其他苗木標本，乃因需員赴川東北區關係，特將杜君於七月四日調回，隨運植物標本四百三十餘號，白蠟虫數種，附作有峨眉山物產及白蠟虫之調查（已於四川月報及四川經濟月刊發表）而峨眉山僅留之人余濟福，待採棋桐及芮德木（木瓜紅）種籽標本，并搜集各種苗木，於十一月底結束返院，共計得臘葉標本五百六十號，苗木七十餘種，一千三百四十株，球根五十餘種，二百餘個，種籽六十六種，三百餘斤。

C，川東北區

採集員杜大華楊宏清由本部主任曲仲湘率領，於七月二十三日，自碚開行重慶，搭輪東下，經長壽涪陵豐都忠縣萬縣雲陽奉節而抵巫山乘木舟到巫溪各地，工作月餘，便取道北行城口萬源，其間經過三百嶺一帶，頗可稱爲採集佳地，惜彼時因土匪猖獗，不能久住，於是成績不免減色，若依原定計劃，尚須由萬源西上至通南巴一帶採集，不料該處又因幣制變動之影響，及赤匪之浩刼，地方異常窮困，雖曾冒險前往，卒經數日之掙扎，而未能詳細工作，不得已乃僱船順江而下，經三匯渠縣廣安合川返院，

此次路途遙遠，多費於行路時間，而所經山嶺并無主幹山峯，不能集中採集，且沿途土匪甚多，更未盡量工作，實爲憾事，共計獲得植物標本六百餘號，及其他籽種苗木各若干，計時約三個月（七月至十月）。

d，川西南區

南京總理陵園派有植物學及醫學專家，於五月初旬來川調查採集，本院亦派助理周承烈同行，助理工作，先在南川金佛山採集數月，結束後，即赴重慶搭輪西駛，經江津合江瀘州南溪宜賓而抵樂山取道峨眉登山採集，在此工作月餘，更西行直到天全，乃因總理陵園經濟支絀，特將周君於九月十四日調回，以資節省，共計採獲植物標本二千餘號，藥用植物苗木及各種種籽標本各若干，計時六個月（五月至十一月）。至本年各組採集費用，共計旅費三一六•九三元，運費二二八•三九元，購置六五•一九元，消耗六六•六七元，雜費一九八•八一元，總計八七五•九九元。

II，調查方面：

本部每年除採集各類標本外，便作各種調查，以供國內各學者之參考利用，現將各項調查錄列如下：

中國西部科學院川康植物採集團自民國十八年至二十四年採集路線圖(三百萬分之一)

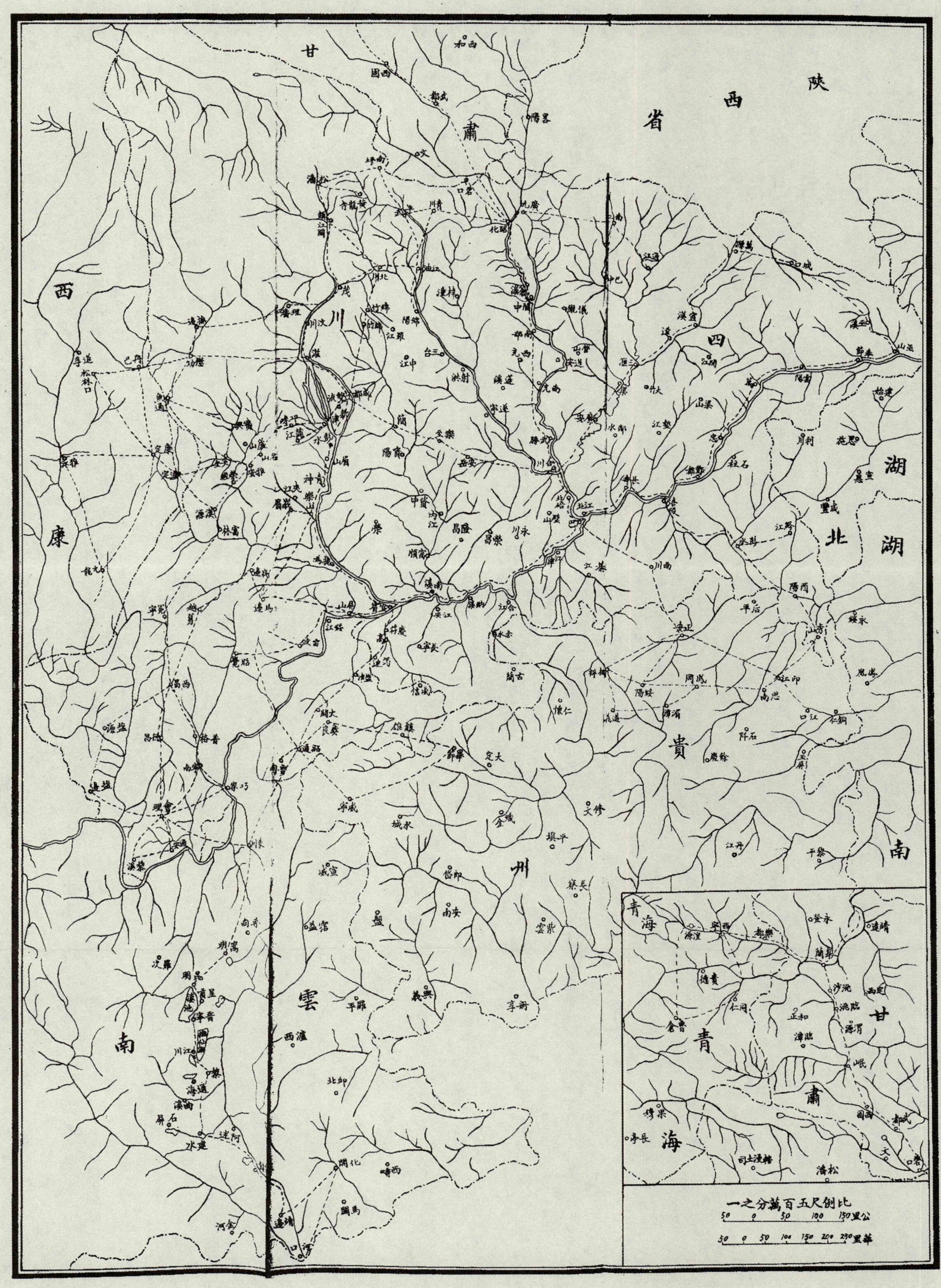

圖内紅線係代表採集所經之路綫

(1)涼山調査記(已發表於建設月刊)。

(2)峨山物產調査記(已發表於四川經濟月刊)。

(3)峨眉白蠟虫調査記(已發表於四川月刊)。

(4)四川植物採集記(已發表於中國植物學會)。

(5)雷馬屏峨調査記(已發表於本院特刊)。

(6)四川造紙原料之調査。

(7)四川人造絲原料之調査。

六、計　劃

(甲)設備方面：

(一)　書　藉

本部每年擬添購各種專門書藉，一千元至三千元。

(二)　儀　器

本部計劃分期分年增購一切應用器物。

(乙)工作方面：

(一)　採　集

完成川康植物採集區域，并擬到康藏青海新疆雲貴各地調査採集，預採標本種類如下：

(1)臘葉標本

詳細搜羅各大山所產樹木草卉苔蘚蕨類，壓製標本，以供國人研究之資料。

(2)木材標本

凡山產林木可以成材者，截切幹部二段，每段長一尺，橫徑在二寸以上，外連樹皮，以便識別，并採購商用木材標本，以供國內實業專家之參考利用。

(3)藥材標本

就所到各處購買各種藥材並作調査，又在附近山野掘取完全標本，以供醫學專家之參攷。

(4)經濟植物標本

各地應用植物性原料。(如纖維料油漆料製紙料等)及特殊食料，除購買成品外并採集標本。

(5)種籽標本

各種林木，特殊農作物，及觀賞植物之種籽及苗木球根，設法搜集之，并注意種籽苗木球根移植。

(6)浸製標本

凡到各地盡量搜羅各種果實，及特殊之花草苔類，製作標本，以供國內學者之參攷。

(二)調　查

(1)調查本省所產經濟植物

本部一面作精密之採集，期於學術上，略有供獻，一面注意各種富有經濟價值之植物，如各種林木，可供棟樑或薪炭之用者，各種纖維植物，可供造紙製蔴材料者，各種油漆樹，可供工藝原料者，均一一調查之，并攷其品種，審其功用，俾供從事實業者，知所採擇或利用。

(2)調查本省所產藥用植物

川廣藥材，國內知名，本省每年出口貨，除油漆絲鹽之外，藥材亦佔重要位置，本部除採作標本外，并調查其分佈，鑑別其種類，以供專門藥物者之參攷。

(3)西陲各地產物之調查

本省與康藏雲貴接壤，地處偏陲，交通不便，國中學術機關尚少大舉調查採集者，形勢重要，產物豐饒，而英法人均起而經營之，國權損失，危險孰甚，本部除致力於本省採集外，此後擬往西陲各地，着手攷察，廣爲搜羅，以供國人之參攷。

(三)籌設系統植物園：

本部擬在巴縣北碚附近之縉雲山劃出地段，自山麓以達山頂，開闢植物園，每年野外採集，即將各種苗木球根及種籽，移植本園，適應植物個性，分類栽培之，造苗育種，以爲廣播林木之準備。

(四)研　究

(1)四川莎草科之研究。

(2)四川竹類之研究。

(3)四川櫻草科之研究。

(4)四川石楠科之研究、

(5)四川薔薇科之研究。

(6)白木耳之發生研究。

(7)華西常見植物圖譜。

(8)四川木本植物誌。

(9)四川經濟植物誌。

(10)另有分年之詳細計劃(五年)。

七、補　助

歷年來之學術機關津貼本部之採集費表列如下：

年月	補助機關	補助金額	備攷

二二	三	一	中華文化基金委員會	三〇〇〇〇〇	(川康五年計劃)採集標本
二三	五	同	二〇〇〇〇〇	同
二四	三	同	二〇〇〇〇〇	同
二四	一二	廬山植物園	五〇〇〇〇	採集種籽及苗木
合計			七五〇〇〇〇	同

八、結論

以上各節，均就本部過去及現況事實，簡單報告，總之歷年之經營，皆努力於建設以作將來研究之基礎，每以時間經濟人才之限制，未能盡量發展，生物研究所植物部開辦伊始，諸種設備，均感缺乏，最近數年間，雖於研究方面，無所供獻，然於華西生物之調查採集，頗努力工作，以求能供國內各地學者之參攷，所望國內各學術機關及生物界導師，常與賜教，如標本之交換，出版物之賜予，及各種輔導幫助，俾能逐漸充實，發揚光大，形成華西生物學研究之中心也。

附錄

(甲)二十年至二十四年標本交換之總表

1，本部送贈國內之各學術機關標本統計表

年度	月份	標本	數量	備攷
民二十一年	二月	臘葉及種籽標本	一箱	寄贈北平靜生生物調查所
同	同	同	同	寄贈南京中國科學社
民二十三年	一月	椇桐木瓜紅種籽楠木	同	寄贈美國哈佛大學植物園
同	同	造紙材料木材標本	十種	寄上海造紙專家(由盧院長轉)
同	二月	蘭科臘葉標本	七十份	寄北平靜生生物調查所

同	同	楠木及木材標本	四份	寄南京金陵大學朱藝園
同	三月	松杉石楠槭樹標本	五包	寄南京中國科學社
同	同	菌類標本	一包	同
同	同	臘葉標本	三十份	寄贈雅安屯殖部農場
同	同	山毛櫸科玄參科標本	三包	寄北平研究院
同	同	木材標本	一包	寄贈開封女子中學校
同	同	苔蘚植物	同	寄贈美國威士康遜大學
同	五月	臘葉標本	七包	寄贈南京中國科學社
同	七月	同	八百份	同
同	一二月	同	二百二十份	寄贈中央大學森林系
同	同	苔蘚植物	五十份	寄贈北平靜生生物調查所
民二十四年	一月	木材標本	三十份	寄贈浙江大學
同	同	同	三十四份	寄贈中央大學森林系
同	三月	臘葉標本	十二包	寄贈北平靜生生物調查所
同	同	同	九包	寄贈南京中國科學社
同	五月	同	二百二十四份	寄贈北平靜生生物調查所

年度	月份	標本	數量	備攷
同	七月	木瓜紅標本	十四份	同
同	同	粘好蠟葉標本	九百零六份	係蒙藏委員會購買
同	同	蕨類標本	一包	寄北平靜生生物調查所
同	十月	蘭科新種標本	同	寄南京中國科學社
同	十二月	臘葉標本	十九包	寄贈北平靜生生物調查所
同	同	同	一箱	寄贈中央研究院
同	同	同	一千四百份	寄贈南京中國科學社
同	同	同	四包	寄贈廣東大學
同	同	白臘樹標本	一包	寄贈四川大學王希成先生
同	同	椇桐種籽標本	六十斤	寄贈廬山植物園
同	同	同	八斤	寄贈重慶市公安局

2，國內各學術機關贈送本部之標本總計表

年度	月份	標本	數量	備攷
民二十年	三	臘葉標本	八七八份	係北平靜生生物調查所送贈
同	同	同	九八一	係南京中國科學社送贈
同	四	同	三〇六	同

同	六	同	六四八	係中央研究院送贈
同	一一	同	八四九	係南京中國科學社送贈
民二十一年	一	同	二五四	同
同	三	同	四九八	係巴縣建設局送贈
同	四	同	七二〇	係北平靜生生物調查所送贈
二　二	四	同	二七〇	係南京中國科學社送贈
同	同	同	八九	係中央大學森林系送贈
同	八	同	一八四	係中山大學植物研究所送贈
同	一二	同	二〇六五	係北平靜生生物調查所送贈
同	同	同	三七七	係南京金陵大學送贈
同	同	同	四二	係江蘇第一農場送贈
同	同	同	四八四	係南京中國科學社送贈
二　三	七	同	三四六	係北平研究院送贈
同	同	同	二二九	係北平靜生生物調查所送贈
同	一一	同	一三四	係中央大學森林系送贈
二　四	六	同	五一一	係南京中國科學社送贈

同	同	同	二〇三	係北平靜生生物調查所送贈
合計			九七〇八份	

現代青年

第五卷第二期目錄

中華民國二十五年十月三十日出版

定價

每期另售一角

預訂全年（廿四册）二元

半年（十二册）一元

優待直接訂閱辦法

（一）凡直接向本社訂閱者，普通訂戶按定價八折，普通學生訂戶六折；

（二）經舊訂戶介紹者，普通學生訂戶按定價七折，學生五折；

（三）凡同時介紹五份者，全年訂戶每人滿五份，贈閱全年；介紹一人對於全年一份；

（四）舊訂戶續訂者，仍得依照徵求基本續者辦法，享受優待，即普通訂戶按定價七折，學生五折。

北平宣內手抄胡同現代青年社發行

快樂與痛苦

盧作孚

快樂與痛苦是產生於人們的感覺，尤其是產生於人們的要求，而非產生於環境或刺激，我們要求甚麼，甚麼便是快樂，相反或不同的刺激，便是痛苦。

快樂和痛苦的程度，亦决定於要求强烈的程度，達到了愈強烈的要求愈快樂，違反了愈強烈的要求，愈痛苦，例如：朋友談天，是快樂的事，但是我們正在要求讀書，而有朋友來攪擾着談天，便是痛苦的事了，運動，是快樂的事，但不好運動的人，倒視運動爲痛苦的事了，要求玩耍的人做事便是痛苦，而要求做事的人，無事却又是痛苦，要求集團生活的人，在集團中便是快樂，離羣索居便是痛苦，要求秩序生活的人，在秩序中便是快樂，雜亂無章便是痛苦，反之孤僻的人，則以人羣聚居爲痛苦，而自由活動的人，則又以規律束縛爲痛苦。

不明白快樂與痛苦的來源在自己，却每每埋怨着社會，其要求愈縮小！縮小到個人的前途，個人的裝飾，個人的舒服……其痛苦則愈擴大，擴大到社會環境的全部，因此爲社會的要求而工作，是非常快樂的工作，却變成了非常痛苦的工作，爲社會的要求而講學，乃至於爲社會的要求而運動而遊戲，是非常快樂的生活，亦變成了非常痛苦的生活。只以個人讀小說爲快樂，一到了讀書會有組織的講學，則以爲痛苦，只以個人亂扯胡琴爲快樂，一到了遊藝會在大庭廣衆中表演遊藝，則以爲痛苦，爲了以社會生活爲痛苦，乃致於謝絕了一切快樂之來源，陷其生活的全部於痛苦的重圍當中，自已縮小快樂的範圍，擴大了痛苦的範圍不覺悟，倒反感覺環境的煩悶，社會的冷酷。社會每成一個被憎惡的中心，雖然那一個社會在用盡力量幫助個人，亦不會產生個人對牠快樂的感情，强者輒思毀壞，弱者止於沉沒，好人自然的消極到只愛惜自已，不好的人便擴大自己要求的範圍到犧牲社會，無所愛惜，尤其是人各爲其自己，產生了人與人間要求的衝突，由此衝突產生了瀰漫周圍的痛苦，愈從個人身上去尋求快樂，便愈加緊了瀰漫了周圍的痛苦。

個人身上是決不會產生快樂的，快樂只有在社會中間尋求，只有將個人的活動全部安放在社會中間，給與社會的仰望，取得社會的贊同，取得社會的欣賞，個人的活動，全爲社會的感情所緊緊包圍，沉酣在社會的強烈刺激當中，乃是人生無窮的快樂，在今天不但這樣快樂須我們去尋求，這樣社會還待我們去創造，我們要創造一個社會，這社會當中任何個人，都爲了社會而工作而學問而運動或遊戲。假設這個社會竟是民生公司，則裏邊的朋友必須努力工作，從工作上增加收入節省支出，擴大幫助社會的實力，而且隨時隨地尋求機會以助社會，必須努力學問，參加一切受課讀書講演的機會；尤其是在一切快樂的會集機會，從這些社會的活動當中去創造社會之要求，社會的欣賞，社會的快樂感情，自已的活動則全部鼓舞於此社會的快樂感情籠罩的當中，則渾身都是快樂，尤其是與人接觸的都是快樂的活動，所謂痛苦便完全被祛除了。

只有社會中間沒有痛苦，快樂都在社會中間只待你去尋求。

北碚小學的星期六

孫開圍

本文的目的，無非是把本校星期六的工作貢獻出來，給同志們作一個參考。因爲這些都是本校試驗沒得到完滿結果的，至於日常例行的工作，請恕不贅。

星期六，是一週最末的一天，接着就是下週的開始。因此，不論機關學校和一部份的公司商店，照例有一個小小的結束，算是告一段落，同時，學生教師同公務員們，誰都眼巴巴的希望着這天的快些到臨，可以把本身以內的工作料理清楚後，回府出外……去幹自己的私事，或是休息一下以調劑身心，恢復疲勞。

惟其是如此，這天的情形，很可以表示得出散漫，無心緒以及做事草率等不好的現象，甚至有的還學着外國的習慣，單是上午工作，把下午整整的放棄了。

至於一般的學校，那雖不至於都是工作半天，但不緊湊的現象，似乎很普遍。一方面，學校當局正爲着要告一個小結束，於是課程的支配上，教導的設施上，種種方面，總免不了減輕一些分量。

其實，這種現象在大家都相信現在的學校制度實在太不經濟的時候，似乎更不應該發現，職是之故，用將本校星期六的工作，擇要列后：

本校在這天，上午還是照着生活月程表分別工作，到了下午，全部舉行各種活動，中心點是一個週會，此外並有成績展覽和各科競賽會等。

一時三十分，全校師生集合在大教室開會，先由校長報告，着重在一週來工作的分析和批判，以及未來事項的準備和注意，次即開始競賽，此項活動，在學期開始時，早由生活指導系分別規定，如演講比賽，辯論比賽，故事比賽……分期分組舉行，用名譽獎來鼓勵各學級的競爭，實物獎來引起學生學習興趣，比賽完畢，繼之以學藝表演，由十二個學級和教師輪流主持，周而復始，最後將平日競賽結果及一週間整潔紀律等優勝學級，當衆宣佈，分別受予獎品和傳遞錦標。

這樣，時間上至少要去兩個鐘點，但工作不是就此完了嗎？

不，原來還有一件重要的事，就是舉行各種測驗：如國文算術社會自然等，事前學生方面，不知科目，也不知測驗那幾個，至週會終了時，臨時宣佈，測驗完畢，翌日就將成績公佈，分別獎勵和共謀補救的方法。

在測驗以前，照例有學藝表演，這是全校各級依次輪流的，輪流完畢，繼之由教師表演，唱歌呀，舞蹈呀，故事呀，新劇呀……大半是各科學習得到的，至於教師方面的表演的，也不出以感化學生與引起興趣，並增進常識爲目標。

實施以來，已近五週，從事實上看來，確信已得到下面的幾個效果。

一，由精神渙散的星期六，一變而爲工作緊張的星期六。

二，由表面上的結束，變成實際的告一段落。

三，引起學級和學級間，學生相互間的競爭而努力進取。

四，於教學改進上，得到較大的効率。

上述種種是否有當，倘希閱者指教！

三峽風光

李惠

嘉陵山水，自昔稱美，江入三峽，乃極變幻之奇，羣山奔赴，各擁形勢，中多古刹，若禪岩，若縉雲，若溫泉，風景均幽，而溫泉前瞰大江，後負蒼岩，左右亭園圍繞，林木叢茂，尤備登臨遊憩之美。余神往者久矣！祇以伏居渝州，未遑往遊。昨晤黃君西甫，來約偕遊温泉，故乃決計履涉，以償夙願。

十月二十五日晨，摒擋行李畢，步至公園路約西甫，同乘轎赴千斯門碼頭。在躉船公票處購渝至温泉之船票二張，共洋二元。上民生公司之民約輪，安置行李，覓好坐位，時巳六鐘。船遂開頭，沿江秋風肅瑟，水天無際，三十里至瓷器口，渝州各大絲廠在焉。煙囪林立，狀如大筍。市街由江濱蜿蜒至山腰，爲壁山水陸交通之孔道，過此水勢紆曲，或摩山麓，或淤淺沙中流，兩岸村樹，江心帆船，點輟其間，足使人心目流連。九十里爲悅來場，一百廿里至水土沱。此地爲峽江製造工業區，有玻璃廠，渝北酒製造廠，火柴廠等，陶器及渝北酒，尤爲該地名產，暢銷渝合各地。自此上駛，山勢漸高，兩岸煤炭洞及石灰窰，紛入眼底，惜用土法開採，產量均不丰佳。入觀音峽，左則峽石磷磷，色白質堅，名曰碑石，右則嘉陵煤球廠，及洪濟造冰廠，規模宏大，山頂爲北川鉄路運煤車站，火車急流，隨山旋繞，汽笛一聲，全峽響應，此奇景也。

過北碚已十一鐘，船略停，上下客人甚多，惟實驗區設有公安隊維持團船秩序，故不如渝埠喧嚷擁擠之甚。旋卽上駛約十里入温泉峽。船抵温泉(由渝至此計水程一百五十里)泊二碼頭，余與西甫卽登岸，上三百梯入公園大門(卽舊有寺廟之正門)爲關聖殿，嘉陵飯店，卽設於此。此時腹正飢，遂午膳，店內售有各種糖菓罐頭及醃菜，香菌，嫩筍，細麵，鮮魚等，味尙可口，惟價昂同于渝市，餐後預定宿爲農莊，房價一日一元，盥洗畢，與西甫遍遊全園。

園之中央爲舊有寺廟，乃唐代以前古刹，宋勅賜崇聖禪院，濂溪先生，曾留宿有詩。寺分四殿，進門爲關聖殿，現爲嘉陵飯店餐堂，再上爲天王殿，中供妙相莊嚴之接引佛一尊，前有明代香盤一座，高與人齊，石質浮雕蟠龍，精工穿透，頗細緻玲瓏，左右有明代題詠石刋數種，未漫滅者甚多，時有遊人塲玩，再進爲大雄殿，左右有花圃，前有一長方池，池上跨石橋，池週用石欄圍繞，池水爲温泉，養魚數百尾嬉戲其中名曰戲魚池。最上爲觀音殿，雄偉莊嚴，鐵瓦之上覆以璧琉玻璃瓦，日光射照品瑩奪目，殿下左右，各有温泉湧出，氣蓬勃如沸湯，隆冬尤温，寺與峽，因以名。

出寺由龍湫道觀飛瀑，此處則爲削壁，有榕樹，樹根縱橫沿石壁蟠結而下，泉水卽從榕處傾流，白沫橫飛，名曰飛雪巖。再前進爲蘭谷，路迂曲至乳花洞，西甫備有電筒，遂入內探視，甫行數十步，心卽為之悸，所見洞石多為巖泉所積，撐者如柱，臥者如橋欅，覆者如鐘，懸者如乳，展者如翼，蓄勢欲如飛，拳者如蓮，含包欲吐。復前行約百步之處，或空如谷，或合如隙，或高不可攀，或深不可測，或路已絕矣。及蜿行而入則又豁然開曠，或闇不見人，摩索不可得路，偶一轉折，則又復漏天光，可以恣行，愈入愈奇，乃愈使人必欲窮探其奇而後已。及臨絕壑聞流泉，西甫竟悚然却步，始折回，出洞門已午后三鐘。下磬室，觀桃柳流泉，越楓崗，賞噴泉，再經蘭谷、上小瘦嶺，憑聽泉小憩，繞翠廳，出嘉陵道，折回寺側，參觀水力磨麵廠，該廠利用寺側湧出泉水之力，衝擊木質車輪旋轉，用以磨麥成麵，出品尚細潤適口，故遠近來採購者甚多。廠側由公園設有籃球場寺後建有網球場各一，專供遊客運動。

由寺前桐陰道過離堆，經數帆樓，（樓用石建，一名石屋，為渝中商人集資所建，今為公園旅館之一，每日屋價一元六角）出垂楊道到滌塵浴室沐浴，浴室分三部，一部為石盆，每人一室，入浴一次，需洋二角。一部為室內游泳池，成三角形，水深四尺，名曰千頃波，入浴一次，均需洋一角。一部為室外游泳池，成長方形，設有跳台，水深處六尺，名曰湧泉池，入浴一次，均

需洋一角。此水經中國西部科學院分析結果，溫度為攝氏三十七度，內含有硫磺，鉄，石灰等質，飲之可治胃病，聞西人來浴，必取泉水若干瓶以歸。

浴罷，迂道菱亭，沿槐香路賞百花，過院塔，數宋代石像，繞淺綠草坪至農莊休息。稍頃卽晚餐，余與西甫皆疲極，相對無語，八時遂就寢。

二十六日六時起，寒曉襲人，朝氣清分，得此新鮮秀浥之氣，昨日疲倦，頓覺烟消也。西甫倡議，今日往遊紹龍縉雲諸寺。余亦贊同，皆因足力甚健，決計步行。早餐畢，卽策杖起程，就園中屧一嚮導，出農莊由槐香道上山，經翠微道，觀古石寨，再繞至寺後，此處峻巖凸兀，高可百仞，竹樹參天，亂石崚嶒，百鳥棲其中，鳴聲嚮應峯頭，溯縉馬路迤邐而上，登飛來閣，縱觀禪岩拱其前，江流環其麓，遠望上下峽門，俯視全園景物：殿宇林園，池沼樓閣，歷歷足下，船舶出沒，小者如蠅，大者列槳如櫛，咿啞人聲若為歌，款乃槳聲若為節，時或有停槳踞坐者，揚帆呼風，嗚嗚應岩壑，蓋尤有悠揚之致，愉快之情，而巖泉激響，自成韻清，坐憩其間直令人有遺世出塵之想，不復知身在人間矣！由此踰峻岩約四里許抵紹龍寺寺在幽谷中寺前清流一脈，

有古松數株大可兩圍高十丈，數百年前物也；寺中殿柱爲合圍烏所建造，殿前左右有石刻佛像二軀及泥塑土地菩薩十尊皆精美。

沿溪行半里許入九龍窩，亂山中兌得平地，可數十畝，温泉公園以此闢一湖，名曰黛湖，正建造中。更六里許登縉雲，凡九峯，峯各異態，有寺藏深谷密樹中，入出所在，終於茫然。惟見青葱一片，入林路愈曲，幾經回轉，乃豁然呈露，則名漢藏教理院，即前縉雲寺改建者，太虛法師任院長以提倡佛學溝通漢藏教理，聯絡漢藏情感爲宗旨。現已開班訓練，有學僧七十人。

院前有一古寨門，左爲洛陽橋，苔蘚重封，稍上有宋代石坊，上書「迦葉道場」四字，皆在參天古木濃蔭中。

進門爲天王殿，有古石像三尊，神采弈弈，據云爲六朝物也。再進爲大佛殿，殿前有蟠龍勅賜碑，頂殿則爲講堂，兩旁爲寢室，均極整潔

由院左上後山，穿茂林，看撐天古木，可千數百步，越山埡，羊腸小徑，入古寨門，從荊棘中闢路上進而至獅子峯頭，天風颯然而至，松濤怒吼有聲，危立石巔，令人股慄，遊目四矚，可達數百里外，鼎之崗巒起伏者，皆成平原，遠近市村數點，江流如帶，北望華鎣，南望歌樂，眞武諸山，頗有更上一重，小視天下之慨。

遊畢已午后一鐘，遂折回院，由蜜嚴法師招待午餐，盡素食，尙可口；食畢約示休息，即辭去，下山時，聞嚮導言：此山產甜茶，色淸味甘，香沁心脾，較之峨茶尤美，淸代曾作貢品，乃於途次農家，購得二斤，共價一元，攜渝以贈至友，待到夕陽未盡，晚霞方濃時，温泉安抵矣！

峽區要聞彙誌 二十五年十一月份

良善

一、文化類

1、十一月一日「巴縣中學」八班學生及「江北平兒院」秋季旅行團抵碚——「參觀峽區各事業」，四日返渝。

2、十一月一日黃桷鎮新建校舍落成。

3、區屬「澄江鎮小學教員捐薪創辦民衆夜校」——十一月二日召開籌備會十一月七日開學，男女學生達百餘人。

4、文星鎮夜課校十一月二日開學。

5、區屬「博物館十月份參觀人數統計」——男一一一一人，女七三人。

6、「北碚民衆圖書館十月份閱覽人數統計」——共一〇〇二五四人巡迴圖書担借還二八八〇次。

7、十一月五日「渝建業校」秋季旅行團抵碚——六七日，「參觀峽區事業」。

8、「北碚設立短期小學」——十一月五日發出招生廣告，十一月六日民教處派員偕北碚小學教員調查北碚全市失學兒童約二百五十餘人，十一月八日攷試，于十一月十日開學到校學，學生二百餘人。

9、十一月六日「江陽中學」旅行團「來碚參觀」。

10十一月八日實驗區署召開，「小學教育行政會」——出席教職員四十五人，議決要項爲各校一律「實行小先生制」，并「添設巡迴文庫」作教員課外參攷。

11「實驗區署派員視導義務校」——十一月十日分赴各場，十一月十二日返署，聞此次視導各場印象頗佳，保長及教職員均能忠於職守。

12「兼中附設民衆夜校」，於十一月十四日報名，十一月二十日開學定四個月卒業。

13十一月十四日重慶市立中學來碚參觀。

14「兼中童子軍」十一月十五日「在北碚實行勞動服務」——糾正行

人來往方向并講演新生活要義及識字之重要。

15北碚鄉「三十二保民衆夜校」于十一月十五日「開學」。

16十一月十七日實驗區署召開義務教師月會——出席義務教師七十五員，該署主任暨辦事員十員，討論訓教問題并宣佈前次視導員視察結果，分別獎懲計得記功者十六名被罰者十三名。

17「黃桷鎮擬辦民衆夜校」——十一月十九日該鎮區立小學暨聯保辦公處公安隊合開籌備會議，決定經費由保長負責勸募。

18合川女中童子軍十一月二十日來峽演習露營。

19十一月二十日巴縣蔡家場小學來碚參觀。

20「北碚三十三保小先生制試驗成績頗佳」——由區屬民教處分贈獎品以資鼓勵。

21十一月二十日「北碚小學新闢排球場竣工」——全由該校學生利用暇餘自動開闢者。

22十一月二十日教育家「湯茂如來峽參觀」各事業。

23十一月二十一日「白廟子民衆夜校開學」求學兒童頗爲踴躍。

二、政治類

1、「實驗區各鎮鄉開始壯丁訓練」——該區所屬各鎮鄉壯丁早已編制完善，己于十一月二，三日先後開始訓練至十一月二十六日北碚鄉壯丁由公安一中隊，重新編制并由該隊官佐負責訓練。

2、十一月七日四川行營主任「顧祝同遊覽抵碚」。

3、「江北縣長黃辛牧」于十一月十一日「來碚候謁沈鵬」。

4、十一月十五日實驗區署召開「保長小遂附會議」——出席保長小隊附二百餘人會議達五小時。

5、「三區專員沈鵬視察蒞碚」十一月十八日下場温泉由實驗區區長前往陪遊縉雲寺，十一月十九日赴西山坪參觀農場午後四鐘蒞碚，當卽召集該署所屬機關主幹人員，垂詢工作情況，六時向職員士兵暨兼中學生訓話，七時民衆會場開聯歡會，對民衆講演管教衞精義闡述甚詳，十一月二十日始離碚。

6、「北碚全市人口統計」——計正戶六二九戶，附戶八九戶，合計七七一八戶，人口計男二三一〇女一六七四合計三九八四人不識字者男八五三人女一二一〇人。已受教育者男一一九九人，女二八三人，學齡兒童五二七人現受教育者二二七人。

三，經濟類

1、「實驗區署令飭所屬鎮鄉組籌倉庫儲蓄管理委員會」—己于十一月十三日發出通令，限十一月十五日以前籌備成立。

2、「三峽廠暫裁夜班職工」——該廠爲實現新計劃，共裁男女職工三百餘人，約六個月後，可望復工。

3、十一月五日實驗區借種截止——計借出農民共四十四戶。蠶荳三石，豌豆一斗六升，小麥二斗五升，灣豆二斗八升五合，共值洋三百元，十一月八日該署復派員赴文星鎭借發，十一月九日轉黃桷鎭。

4、「峽區煤業公會召開執行委員會」——十一月五日在北碚農村銀行舉行商討煤業運銷合作事宜。

5、「十一月十二日西山坪農場派員赴渝調查銷場」——擬將儲往兜售大批蘿蔔。

6、十一月十五日「中央棉產改進所所長馮馥堂來碚攷察」。

7、「四川家畜保育所江巴實驗區六個月的工作計劃」，——首先選定北碚三十三保爲研究區，工作分五期進行：(一)調查——北碚鄉——(二)宣傳(三)訓練——訓練農民解決畜牧獸醫問題——(四)提倡與改進(五)推廣與實施，并擬在明年三月份施行豬瘟預防普通注射。

8、「京滬金融界領袖來峽」——十一月十六日上海中國銀行常務董事馮耿光及新華儲蓄銀行總經理王志華中國銀行南京分經理吳震修偕渝中國銀行經理等七八來峽參觀，實驗區署派員領導。

9、十一月二十一日「北碚鄉金剛碑山開始植桐」。

10「川蠶絲改良場復查上壩土地」——實驗區署于十一月二十六日派員前往幫助打樁劃界十一月二十七日開始調查該地農家，十一月二十八日「南洋新製藥廠廠長杜慶元旅行抵碚，」據談目的是在考察川省藥材將來擬在成都設廠。

四、社會類

1、文星鎭戒煙醫院開幕——十一月一日在該鎭聯保辦公處舉行開幕典禮，同時民衆劇團作首次公演，十一月八日該院第一批黑化份子八名脫癮出院，至十一月十六日第二批又出院，前往請戒者頗爲踴躍，該院擬在下月擴大範圍。

2、地方醫院實施衞生教育——擬在北碚鄉附近擇一義校進行以作將來全區衞生模範校。

3、「北碚動物園募得大批扁鐵通爐」——前由民生公司經理鄭璧成函請上海合興機器廠捐贈，以作建修該園禽獸同棲園籬，現大批扁鐵巳運碚。

4、「地方醫院檢查北碚市孕婦」——十一月七日完成東山兩路，計孕婦三十名，十一月十二日完成歇馬公園學園三路，計孕婦仍為三十名，十一月十五日完成北碚全市，合計孕婦七十五名。

6、十一月九日「江津大同俱樂部來峽參觀」，幷表演川戲。

「澄江鎮設立囤船」——十一月十日巳由渝民生公司寄到購置費四百元。

7、「實驗區署送種牛痘」——十一月二十日由滬運回大批痘苗，于一月十二五日該署派員分七路出發，赴峽區三十餘場送種。

編輯後記

編者

「地方自治」乃訓政時期之重要工作，目前憲政行將開始，此項工作，尚未普遍實施完成，卽是全民衆尙未覺醒與努力。如我們要實現民治的精神，自治便是訓練我們的機會，我們要如何進行地方自治？則「地方自治實施辦法」實爲必須參攷之資料。

「四川桐油之重要性及其改進方法」作者將桐油之重要及用途，分析十分翔明，尤於改進方法，敍述更爲周至，實可作改進吾川桐油業者之參攷。本文承 江昌緒先生多所校正，并此誌謝。

「巡迴圖書担的實驗」作者不僅報告了他們實驗的成績，且介紹出他們工作的方法：如何去親近誘掖民衆，如何去促起人們讀書的需要，如何將書送上門去」如何去指導人們的閱讀……他們對社會是這樣的深入，這種精神、實足以介紹給大衆。努力普及并影響四週

「秋蠶飼育法」將飼養的意義，方法，步驟，分述得簡明扼要，却是農友們飼養秋蠶的南針。

「北平鴨的雜交實驗」乃作者實驗結果的報告，此雖係初度的嘗試工作，其在孵化的方法上和雜交鴨生長之研究上，都獲有相當的成就。

「全人類大可注意之新歷史社世界論文競賽細則」爲美國新歷史社所印發，該社爲引起人類明瞭現代重大責任，卽在戰爭未毁滅人類之先，從事於毁滅戰爭，特請各界人士參加本屆論文競賽，不受任何限制，題爲：

「世界人類如何方能完成普遍的裁軍」獎勵辦法爲：

1、世界第一獎美金一千元

2、世界大陸獎每洲美金二百元

3、世界各國國家獎美金五十元

新歷史社於一九二九年四月五日由張理路易夫婦和蘇拉米塞三人所創，他們是本：「世界聯邦」和「宗教大同」去工作和奮鬥，來形成一個不分國際，不分膚色和不分宗教信仰的自由運動，進爲大同社會，他們主要的活動，爲公共講演，結隊旅行，論文競賽……等，現在他們的發展，已擴充到全世界的各部了。

當此世界各別安全之信念已失，而共同關切制度之形成尙屬不遠之時，本刊特將「新歷史社世界論文競賽細則」「什麼是新歷史社」「新歷史改造人類之設計」「世界青年之呼聲」等轉刊出來。以引起人們之注意。

全人類大可注意之
新歷史社世界論文競賽細則

(一)新歷史社世界論文競賽暫行細則

「大家都要振作起來，去促進能使人類太平的事業。」

——巴哈烏拉

新歷史社懸獎美金五千元，徵求全人類來參加以二千字為限之世界論文競賽。題目是：

「人類如何方能完成普遍的裁軍？」

世界第一獎——美金一千元。

世果第二獎——美金六百元。

世界第三獎——美金四百元。

復以區域為單位，分成六個大陸獎金，須給世界上六大洲所參與競賽的最好論文，每洲一獎，各得獎賞美金二百元。其地域分配如下：

亞洲　歐洲　非洲　北美洲　奥大利亞及新錫蘭　密西哥及中南美洲　此外尚有以國別為單位之國家獎金若干個，共計美金一千八百元，須給各國的參加競賽者，每獎為美金五十元。一國得獎之多寡，須視其論文之優劣為定。論文特優之國家，可獲一個以上之國家獎金。

何以要有世界競賽？

地球上沒有聲息的百姓們，已竟是長時間的忍受和順服了：他們是緘默着投降在政治領袖們所造成的各種環境下：他們是無聲無息的承受了摧殘和死亡。他們眞是十二萬分的緘默了！

新歷史社已經徵求過美國，歐洲，中南美洲，密西哥，西印度，亞洲，非洲，奧洲，加那大，和新錫蘭的青年們，對於下列各問題的意見：(一)世界和平：(二)世界聯邦國；(三)人類社會之再造：(四)宗教大同；(五)如何能發展種族間之合作與諧和的關係。　現在本社又在倡議一個人類總投票，使所有的人們，都有一個很公允的機會，來表白他們對於這不斷的殘殺民衆之意見。戰爭的魔王統治了整個的宇宙，用牠恐怖的宗教和聖歌，催眠了各國的天良。我們僅僅衹有一個力量可以推翻牠的威權和勢力了，那就是集合全世界人民之總力量。

論文評判委員會，係由下列諸公組織而成：

Mr, David p. Berenberg
Editor—American Socialist Monthly
Author—Socialist Fundamentals
A Woroker's World
America at the Crossroad
New York, N. Y.

Mr.H.C.Engelbrecht
New york, N, y,
Author—Merchants of Death
Editor—No Frontier News

Mr. William Floyd
Editor—The Arbitrator
Author—War Resistance, etc,
New York, N. Y.

Rabbi Sidney Goldstein
Free Synaqoque
New York, N. Y.

Mr, Walter White, Secretary
National Association For the Advancement of Colored people

Miss Frances R, Grant
Vice-president, Roerich Museum
New York. N. Y.

Dr. Lohn Haynes Holmes
Community Church
New York, N. y.

Dr. Jessie Wallace Hughan
Secretary—War Resisters Leaque
Author—The Beginnings of War Resistance
The Challenge of Mars
New York, N. Y.

Mr. EdWin C. Lohnson
Secretary—Committee on Militarism in Education
New York, N. Y.

Rev。John Howland Lathrop
Church of the Saviour
Brooklyn, N. Y.

Mr. Frank Olmstead
Executive Secretary—New York University Christian Association
New York, N. Y.

Mr. Eliot White
Clergyman and Writer
New York, N. Y.

暫行細則說明

一，期限：此項徵文係自一千九百三十六年十一月一日起始，至一千九百三十七年五月一日截止。一九三七年五月一日爲論文之在各國最後付郵日期。

二，資格：地球上的人類，不分年齡老幼，地域國別，種族膚色，宗教信仰，以及教育高低，都有投稿的資格。

三，稿本：(一)以二千字爲限。

(二)須未曾發表而爲此競賽特撰之文字，切忌抄襲。

(三)以雙行之打字爲合格，每頁祇須打一面。作者之姓名及地址，均須印於首頁及每頁之右上方。

(四)遇有特殊地域，打字爲有絕對不可能時，則所繳論文，務須膳寫清楚，以便評閱，否則以不合格論之。

(五)每人以一文爲限。

(六)每人須呈繳稿本二份。

(七)各稿本均須印有論文競賽等字樣。

(八)所有稿本，無論錄取與否，概不退還，故願作者各保有原稿一份。

(九)以評閱及諸種手續繁多，故願參與諸君，早惠大作。

四，語言：(一)無論英文，法文，德文，荷文，義文，西班牙文，葡萄牙文，中文，日文，俄文，亞拉伯文。或波斯文均可

(二)除以上十二國之方言外，凡以其他方言或土語寫成者，均須附英文或法文譯本一份，如此則須繳原文稿本一份，及譯本二份。

五，問答：於此細則之後，附有問答一紙，參加競賽者，須將其扯下，以最公正之言詞，確實塡具，隨同稿本，一並寄來。

六，獎金之發表：(一)本論文競賽之結果，將於一九三七年秋季公佈之。

(二)優勝之論文，均於新歷史月刊中發表之；新歷史月刊乃新歷史社之發言機關。

七，稿本請寄：美國紐約省紐約市六五街東一三二號新歷史社世界徵文競賽處。

本社承華美協進社(China Institute in America)

之熱心贊助，負責評閱參加此屆競賽之中文論文，特此致謝。華美協進社之社址，係美國紐約省紐約市五十七街西一一九號。

凡其他未盡詳處，如承詢問時，本社願隨時奉告，凡本社之一切非賣品文藝，函索卽寄。

此項公佈首次在新歷史月刊十月份中發表之。爲使此舉得到完滿之成績起見，本社同人懇請各報館主筆先生，各雜誌編輯先生，以及遠近之朋友們盡量的投稿和建議。

問答表

此表務須塡寫清楚，附在參與新歷史社所舉辦的世界論文競賽稿本之後。這次競賽的題目是人類如何方能完成普遍的裁軍？

（一）姓名（先生，太太，或小姐）……

（二）通信住址……

（三）所在國家……

（四）年齡……宗教……國籍……種族……

（五）論文係以何種文字寫成，是否附有英文或法文譯本……

（六）曾入學校否？若然，請書校名及校址……

（七）現在就學否？若然，請書校名及校址……

（八）如已卒業，得有何種學位？……

（九）曾參加何種會社或俱樂部？……

（十）何項職業？……

（十一）曾否著作書籍，發表論文，詩詞及戲劇等？……

……

（十二）若然，何項題目或書名？……

（十三）已經出版否？抑係稿本？……

（十四）曾游歷何國？……

（十五）生命中之主要嗜好爲何？……

（十六）你是否贊成在各學校中教授一個國際間的語言，並且使它和國語同時並用？你若是贊成的時候，那麼這種語言，應當是世界語（ESPERANTO）還是在現在通行的語言中採用一種。……

……

（十七）備註……

美國紐約省紐約市六五街東一三二號新歷史社

如無此項問答時，作者可照樣自製一份，附於論文稿本之後。

（二）什麼是新歷史社？

基礎和宗旨

西曆一千九百二十九年四月五號，張理路易夫婦和蘇拉米塞三人，在紐約市六十五街東一百三十二號（卽現在總社所在地）創立這個新歷史社。當時加入的共有男女會員二十八位，大家議決爲「世界聯邦」和「宗教大同」去工作和奮鬥。自從那天晚間起，新歷史社便逐漸的發展，擴張到全世界的各部了。

這新歷史社是以巴哈烏拉和亞牟爾巴二位大師之建設和大同主義爲基礎，來形成一個不分國際，不分膚色，和不分宗教信仰的自由運動，進爲大同社會。會員們入會的誓辭是：「贊助和促進全世界新歷史的形成」。每位會員每年繳納會費一元，得享有本社月刊——新歷史——之權利。

公共講演

新歷史社自從創始以來，爲了啓發人民思想和幫助他們解決各種問題起見，曾經敦請世界名人，不斷的向大衆公開的講演，討論種種問題。當代思想銳進的領袖和名人如太戈爾，艾因斯坦，杜威博士，威司拉必，侯木約翰博士，羅斯爵士，舊俄皇太子亞力山大，張彭春博士，開勒海倫，善哥爾馬嘉來特，土耳其之亞的海立得，不來可威，法國衆院副議長亨利伯得先生，阿倫德威爾，日內瓦大學教授賴巴得先生，暨威拉得奥司瓦耳德等等，均來講演過。

國際論文競賽

本社曾經舉行過五種國際論文競賽，參加者有美國歐洲和拉丁美洲的學生，暨亞洲非洲加那大奥大利亞同新西蘭的青年，每次競賽本會均備有美金三百元二百元和一百元　獎給中選之前三名。這五次競賽的題目是：

（一）高等學校如何能促進世界和平？

（二）中上學校之青年如何能供獻于世界聯邦之實現？

（三）職業學校及大學之青年如何能供獻于人類社會之再造？

（四）青年們如何能供獻于宗教大同之實現？

（五）青年們如何能發展各種族間之合作與諧和的關係？

世界論文競賽

世界論文競賽就是地球上的人類總投票●本社定於一九三六年十一月一號開始徵求全世界之人類，來參加這個世界論文競賽●牠的題目是：「人類怎樣的去完成普遍的裁軍？」這次競賽獎金的總數爲五千元美金。

綠色國際

綠色國際是一個帶有教育性質的運動，牠的目的在乎宣傳非戰，不與參加戰爭的國家合作，並且要抵抗一切的戰爭●綠色國際的會員，身着綠色襯衣，象徵沒有邊境的綠色大地●他們的口號是：「如果戰爭到來時，我一定要消滅牠！」他們的刊物是綠色國際月刊，每年定價金洋五角。

結隊旅行

結隊旅行團是新歷史社的社會組織。新歷史社的社會生活是以美術和聯合爲因素，來努力造成一個優美的社會基礎，這個組織的口號是：「旅行者無國界」牠的總部設在美國紐約省紐約市五十九街東一百十號●

初級旅行團

初級結隊旅行團是一個國際間的友誼和通訊俱樂部，由六歲以上十五歲以下的子女所組成，本會會員皆視世界爲一家，並且

督願去幫助各國之童男幼女，世界各國均有本會分會，而分會的數目也逐漸增加，本會印有子女旅行季刊，定價每年二角五分。

高級結隊旅行團

高級結隊旅行團是由十六歲以上二十歲以下之青年所組成的。凡高級結隊旅行團會員，到了二十一歲的時候，便自動的取得新歷史社之會員資格。

基金

爲將來要建築一個新歷史大樓起見，本會發起募集基金運動，歡迎會員們和朋友們都來解囊相助，使這個國際間的種族間的和宗教間的中心機關，可以在紐約市早日成立，以宣傳這新社會組織及精神結構之理想●

非賣品刊物

新歷史社備有許多刊物，奉贈讀者；凡愛好諸君，請隨時向本社函索爲幸●再者凡慷慨爲懷之士，捐贈本社基金以資發揚此大同主義之運動，無任歡迎之至。

新歷史社：

社址：美國紐約省紐約市六五街東一三二號

電報掛號：Nuttistory-NeW York●

(三)新歷史社改造人類社會之設計

不斷尋求眞理，俾能適應當代所迫切需要之各種主義，得諸實現。——亞卒爾巴哈

第一條　同時的和完全的解除和廢止全世界的海陸空軍。

第二條　設立國內保安部，以代替海軍部和陸軍部；並於各國政府之內，設立一個國家和平部，由和平部部長統轄之。

第三條　建立一個國際大學，以訓練世界公民和養成世界政治家爲宗旨。

第四條　(一)取消經濟壁壘，制定國際法法規。

(二)世界各國採用同樣的民法和刑法，但在實行之初，有必須保留的事項，可暫予保留，作爲例外。

(三)全世界一律廢除死刑。

(四)男女在同等的工作上，享受同等的工資。

(五)各國均訂定節制生育的法律。

第五條　創造一個世界公旗，公旗和國旗同時懸掛，製作一個世界公共讚美的詩歌；各學校內，都要教授這個詩歌，所有地球上的人民，都要歌詠牠。

第六條　各國於其國語外，須擇一現存之語言或創造一新方言，作爲國際上公共通用之語言，名之爲世界語。一切外交上和商務上的通訊，均以此世界語爲傳達之樞紐。

第七條　製訂全球統一的曆書，及統一的度量衡幣制和郵票

第八條　用合作的方式，來生產和分配全世界所有的財產富源。

第九條　所有戰敗的國家，領土，委任統治，和殖民地，都要享有完全的及不可侵犯的自由。

第十條　全世界所有的國家和政府，均要無條件的承認及無限制的實行政治平等主義。

第十一條　(一)全世界適用自由貿易，和自由旅行，取消所有管理護照的衙司，以及一切關稅壁壘，和海關官署。

(二)所有一切機車船運。對於陸地水上和空中的經行權利，要適用一個國際通用的規程。

第十二條　(一)在全世界人民之監督下，設立一個世界總銀行；所有全世界的銀行，均爲世界總銀行之分

行。

(二)這個世界總銀行及其分行，應創辦保險制度，以保障地球上各個人之衣食住行教育和醫藥費用。

第十三條　(一)各學校所有的教科書，均須教授世界的和平，全球的合作，以及國際間的責任心。

(二)在世界教育部指導之下。聘請富有世界大同思想的人，編訂教材，以適用於所有大中小學校及其他教育機關。

(三)世界教育部應籌巨量之經費及預備充足之時間以發展各地土番之普及教育。

(四)創設一世界美術部，以培養世界上之美術技能，使之向高尚道德方面去發展。

第十四條　取材於古聖先哲，編纂一具有世界觀念之聖經，全世界各學校。均須講授之。

第十五條　(一)建設一全世人的國會，由世界各處的聯邦代表組成之，這個國會將以大公無私的態度，服務人類。並建設美滿的社會。

(二)取消慈善事業，並剷除過去及將來所以使慈善事業得以存在和維持的一切原因。

(三)消滅各國所有的階級制度，以及種族和血統的差別觀念。

(四)以人道對待牲畜。

第十六條　堅決的要求世界民主政治，杜絕祕密外交。所有一切糾紛的問題，均向國際公開法庭去陳訴。

第十七條　在整個的世界上，創設一個科學的。社會的，和精神的普遍教育制度：使人之腦力和靈魂，如鳥之兩翼，輕重均衡，以達到美滿完備的境地。

第十八條　結合全世界的科學，哲學，宗教，和美術，造成一個堅固不可破的和平力量。

第十九條　諄諄教誨以四海為一家的人類博愛主義，促進世界大同。我們不但要教兼愛主義，對於這個主義有深切的認識和感覺，並且要生活在人類兼愛的熱情中。四海兼愛，天下一家，是所有教規的結晶，如果這個主義能夠見諸實行，那麼「新時代」的曙光，便照耀了整個的宇宙。

我們應該召集一個全世界民衆的國際會議，來探討和籌劃各種方法及途逕，俾此計劃得以見諸實行，以達到美滿完備的人類社會。

新歷史社爲世界聯邦及宗教大同而奮鬥。

(四)世界青年之呼聲

(一)凡是宣傳種族統制的書籍和影片，均要抵制，若是標榜合作運動的利益者，必須鼓吹。——非洲。

(二)奮起和平的，及爲和平而犧牲的意志。——奧大利。

(三)人口稀少的國家，要把其空曠荒蕪的田地給能夠使用田地的人們，不管他們是那一個種族的人。——奧大利亞洲。

(四)各國必須放棄殖民地政策；這政策的意義是剝削殖民地的人民以增加自己的財富。——比利時。

(五)青年們不可過度的尊重那些沒有生氣的傳統觀念，並且要拋棄崇拜偶像的思想。——巴西。

(六)我們要堅決的拒絕一切軍事服役。——布加利亞。

(七)創造事業，可像含蜜的花朵；讓青年人把這種蜜擷集起來，去建造自己的蜂房。——緬甸。

(八)青年們要在本國內去鼓吹革新運動，或廢除根據種族觀念所形成差別待遇人民的法律。——加拿大。

(九)宗教大同是科學的，而非神學的，它的目的在陶養人類一種新生活觀，使社會上不平的現象，不再發生於將來。

(十)這個新世界要有一種將爲人類新文化之礎基的大同宗教。這個大同宗教，必須與現代科學相協調，並且要建築在科學的成果上。——中華民國。

(十一)建全的思想只能在自由的光照下發展，它將使違反各民族之自然原則的一切，化爲粉碎，各民族的創傷，只有他們自己知道最好的醫治方法。——古巴。

(十二)只有青年人需要眞正的和平及良好的生活，老年人是不會理解這些的。——捷克。

(十三)藉着青年人在中上學校的努力，以及富人的捐助，世界聯邦便可在最近數年內實現了。——丹麥。

(十四)青年人比較老年人，能夠以較少的代價，增進人類較大的幸福。——(Ecuador)伊魁道耳

(十五)世界聯邦的創造，繫賴於互相間的了解；而互相間的了解，必須藉世界語以達其成。——愛斯多尼亞。

(十六)現在和永久，我們都須要教青年人知道，別的民族也是在

追求美，眞，公道，及合理的東西。——芬蘭。

(十七)國界廢除，人道始存。——法國。

(十八)我們最後的目的，是實現世界聯邦及和平；我們願意爲這種理想而奮鬥，在它的旗幟下，成爲和平的英雄。——德國。

(十九)戰爭之所以存在，是因輿論沒有反對它。——英國。

(二十)青年們！倘若你們要成功，必須聯合起來。——希臘。

(廿一)培養青年人之各種道德，預備爲世界聯邦之公民、——荷蘭。

(廿二)在獨立的和專制的政治制度盛行的時候，世界聯邦的實現，簡直是不可能的。——匈牙利。

(廿三)也許東方青年爲「所愛者」的右臉所惑，而西方青年則爲其左臉所惑；倘若他們都能看見她的整個的面部，他們會進於怎樣的高度啊！他們的差異多麽快的便消滅了啊！光明多麽快的便會把這心疝治癒啊！多麽快啊！——印度。

(廿四)抵制贊成軍國主義教授們的講演，擴大反戰宣傳。——義大利。

(廿五)國家主義，是人性中之獸性，及自私自利主義的表現。

——日本：

(廿六)倘若青年們今天能夠了解自已，明天他們便可以團結整個的世界。——巨哥斯拉夫。

(廿七)地球已爲恐怖所包圍，人類羣集在死域的邊沿，而嚇出「求救」的呼聲。——高麗。

(廿八)世界聯邦的鑰匙，是在青年的掌握中。——萊多維亞。

(廿九)中上學校的青年必須團結起來，成爲一個「萬國學生聯盟」——立陶宛。

(三十)我們一定需要新教師；不然，青年人將依舊唱那同一的老調。——盧森堡、

(三一)無論我們是異教徒或是猶太人，黑人或是棕色人，我們大家只有一條出路；青年們要把牠做成一個友愛的和親善的大道。——新錫蘭。

(三二)我們的第一責任，是相信別人的善意。——挪委。

(三三)我決不至懷抱這樣可笑的觀念：宗教是人生的另外一支，而屬於某一宗的民族。——巴勒斯坦。

(三四)新眞理正在普遍意識的水平面出現，這是精神發達的心靈所能理會的。新眞理就是一個大同宗教的需求。

——菲律濱羣島。

(三五)人們！請作一個世界的公民　——波蘭。

(三六)德法問題是一切問題中的最重要問題；倘若這個問題解決了，信心也許會在全世界重新豎立。——葡萄牙。

(三七)青年們必須拋棄破產社會的偏見。——羅馬尼亞。

(三八)我們青年學生要求設立一所國際大學。——西班牙。

(三九)大同宗教不是藉領袖們的勢力以及其組織的效率去支持，支持它的是其信徒的信心。——海峽殖民地。

(四十)我們要有一個大同宗教，使所有的教堂，廟宇，和回寺，都完全的奉行同一的教義；一切人民都崇拜同一的上帝；一切能力——金融的，物質的，心理的，精神的——都不必走到千萬相背的途徑；而被引向至唯一的大道——蘇門答拉

(四一)中上學校的青年，一定要相信他們自己國家的福利，是依靠着全世界的福利。——瑞典。

(四二)讓我們學習領導和受苦。——瑞士。

(四三)世界上的青年們，將你們的力量組織和團結起來，去壓止各地的宗教熱狂吧！普及教育，啓發大衆，使他們從教士的精神奴隸網羅中解放出來！——敍利亞。

(四四)如果說：「我不願意打仗」必遭放逐，監禁，或甚至鎗決；因爲沒有人能知道放肆無羈的軍械將走到怎樣的極端，但是勇敢的高等學校之青年，必須接受放逐，監禁，或鎗決，以爲和平的代價。——美國。

以上的引證，是從歐美與拉丁美洲的學生，及亞洲非洲與大利亞加那大同新錫蘭的青年，參加新歷史社所舉辦的五篇論文競賽中摘錄出來的。這五篇論文的題目是：「世界和平」，「世界聯邦」；「人類社會之再造」，「宗教大同」和「如何發展地球上各種族間之合作與諧和的關係」。

非賣品文藝，可直接向美國紐約省紐約市六十五街東一三二號新歷史社索取。

畜牧淺說

四川家畜保育所畜牧科編

一，養猪淺說

養猪這回事，農友們都道，因爲凡是種田的，沒有不養猪的，就是有些不種田的，有時也養猪，實在因爲猪能利用許多剩羹殘飯菜根糟粕之類的沒用東西，不但牠能利用廢物，而且牠的

肉很好吃，就是牠的皮，毛，及油脂，腸腑骨骼等等，也是沒有一樣不可以利用，牠的糞尿還是栽種作物頂好的肥料，所以養猪是我國農村頂普遍的副業。

說到我們四川，乃是養猪頂多的省份，產額約有一千萬頭，猪鬃一項，尤其是全世界聞名的，每年出口，値到四百萬元呢，由此可知，四川農民得到養猪的利益確是不少，是非常値得注意的。

然而養猪若不得法，有時還要虧本，我們希望牠長得快，飼養利用得經濟，那末除開管理和飼養的改進之外，猪種是應該特別注意的，我們可以很明白的看到，外國猪和我們中國猪同樣的放在一起來養，中國猪生後六個月，至多不過長得一百斤，而外國猪呢，生後六個月，就可以長二百斤，而且外國猪的肉還嫩而好吃些！

但是，外國猪爲什麼這樣好呢？這沒有什麼稀奇，我們只要想法來把我們中國猪改良，也就會好的。

如何改良呢？請看下面；

一，改良猪種　改良，一定要從育種着手，因爲我們知道，『種瓜得瓜』，『種豆得豆』，種不好，無論怎樣，也是不會好的，外國猪種好，我們就不妨利用來改良中國猪，即是用外國公猪來和中國母猪交配，生下來的猪仔，再和外國公猪交配，這樣幾代下去，所生的小猪，倘很相近外國猪種了，牠們也會和外國豬一樣的長得快，肉質也肥厚鮮美的了，除了用外國猪來改良外，四川猪種，也有很好的，不過因爲沒有經過嚴格的選擇和適宜的配種，所以逐漸退化，將來很可以就本地種改良，希望也是很大，總之，改良品種的目的，是產生一種特別好而且適宜於四川環境的猪種。

二，改善飼料　一般人都當猪是頂下賤的家畜，隨便給牠些霉爛的東西吃，這觀念實在是很錯誤的，要知道猪也是一樣要吃清潔而且滋養豐富的飼料，才能長得好，經濟固然要緊，但過於腐敗變味或已生虫的東西，頂好不要用，如果爲了節省而一定要用的話呢。那末。應該放在大鍋裏重新煮熟冷却後再喂牠。

三，重視管理　猪舍應該向陽。乾燥些。通空氣。而且可以受到充分的日光。總要免去太暗。太低濕。不汚濁才好。否則容易生病死亡。猪舍外面還應該設運動場。冬夏要能調節溫涼。使牠能夠保持體溫。安逸的生活。才能得到健康。

四川省政府。現在辦了四川省家畜保育所。所址在成都南門外，裏面有許多畜牧獸醫專門人材，是專門來解决我們四川養猪的問題的，現在先從改良品種着手，一方面預備買外國頂好的猪種。來同四川猪雜交，同時，也想法子到各縣去查明土種，買牠足以代表各地土種的種猪回來，既經嚴格的選擇，還要用有系統的科學方法來配種，希望將來能夠達到育成很好的猪種的目的，得到優良結果後，再逐漸推廣到農間去，這種消息，諸位一定是很高興知道的，各位若是另外有種種的養猪困難問題，我們很熱誠地希望能夠來協同解决牠。

二，種用猪的飼喂和管理法

「四川省家畜保育所」是保護和推進四川畜牧事業的機關，上次已印了一本「養猪淺說」，想來各位農友們已直接或間接地聽到或看到了。這次又刊印了一本「種用猪的飼喂和管理法」，我們印這本小册子的目的：是要使諸位能得到很好的種猪，因爲有了優良的種猪，才能產生健全的小猪，所以對於種猪的飼喂和管理應該要特別的注意！

我們所說的「種用猪」就是指做種用的公猪和母猪，用來繁殖仔猪的。這兩種猪的飼喂法，和肥猪完全不同：但是農友們往往會把這兩種猪混在一處喂，這是養猪最危險的一件事！所以希望諸位快快照我們下面的方法來飼養，倘能照法實行，包你們能得到很好的結果哩！

(一)分開飼養　要留作種用的公猪或母猪，當斷奶後就應該和其他肥猪分開飼養，因爲種猪所吃的東西，要比肥猪好一點，使他身體各部發育得很好，將來就會產生強健的小猪呀！

(二)切不可早配　種猪交配年齡有一定的時期，切不可早配，至少要滿一歲或體重一百斤以上，若配得太早，將來生出來的小猪，缺點很多，身體衰弱，生長遲慢，容易死亡，且不僅小猪如此，卽公猪和母猪的本身都會受到不好的影響，所以農友們切不要貪早圖利，要知配得太早，反貽害無窮。

(三)姙猪的飼喂　和公猪已配好了的母猪，叫做「姙猪」。姙猪滿一百二十天左右，就要分娩。在這一百二十天以內，應該好好喂牠，因爲在這個時候的母猪，不僅要維持牠自己的健康，並且要供給胎兒的發育，所以在可能範圍以內，應該要喂比較好一些的飼料。又姙期後半期比前半期要多喂些麩子和豆子等的飼料，因爲胎兒大部份是在後半期發育成形的。

(四)分娩時的管理　將要分娩的前幾天，最好把姙畜養在比較安穩的地方，除養猪者外，不准陌生人進出，地上多鋪些稻草，接近分娩後，管理者切不可離開，以防發生意外。小猪產出後，把胎胞立刻取出，以免養成母猪吃小猪的惡習慣，分娩後幾天內，應喂稀薄的飼料。

（五）斷奶時的注意點　小猪吃奶滿二月左右後，就可以斷奶，斷奶以後的小猪若要留作種用的，就可依照上面所講的方法分開飼養，要是不留作種用的話，就可以早日把牠閹割長肥了賣出去。至於母猪，待小猪斷奶後，應讓她好好休養一二星期，然後方可和公猪交配，千萬不可配得太早，否則前途危險很多哩！

三，怎樣去選擇種用猪？

關於種用猪的飼喂和管理方法，已在畜牧淺說第二種裏講過了。從這一本小小的册子我們可以知道種用猪的優良與否，影響到養猪者的利益很大。所以種用猪應該要經過嚴密的選擇，切不可馬馬虎虎地讓牠自由地繁殖！

種用猪在養猪事業上既佔很重要的地位，那末我們應該怎樣去選擇呢？在未講選擇法以前，先要知道種用猪的類別，種用猪因爲性別如年齡的不同，可分爲種用公猪，種用母猪和種用幼猪三種。這三種猪的選擇上，實際上稍有不同，但原理上并沒有顯著的分別。茲爲便於說明及易於了解起見，把選擇上應加注意的幾點，條述如下：

（甲）父母優良　凡可留作種用的猪，牠的父母兩系的體質，要絕對的優良，因爲父母所有的性質往往會傳留給後代的。這不僅猪是如此，就是我們人類也是一樣的。凡父母品性優良者，他的子女好者居多。至於斷定父母是否優良的方法，請看下列諸點：

（一）父母身材長大，體質健全，絕無疾病。

（二）背部平直，腹部不下垂或膨大。

（三）頭部細緻，各部豐滿而光滑，皺紋不多。

（四）毛質堅硬，長而密生，并有光澤。

（五）繁殖力很強，每窠可產十餘頭小猪。

（六）乳房發達，乳頭很多，乳汁豐富。

（七）母猪性情溫和，善於哺兒。

（八）母猪所生小猪發育很平均，且生長很快。

凡合以上諸條件的猪，都可留作種用。若反過來講，凡父母生材很小，每窠所產猪數太少，或死亡率很高，那末這種猪，絕對不可留作種用！

（乙）個別的選擇　諸位不要誤會着這句話：「凡父母優良者

所生的小猪都可留作種用」。要知道體質優良的母猪，所生的小猪，好的當然是居多數，但也有 多不得的。單就我們人類來講，父母所生的子女，誰能保得定完全相同？不是長短不齊，就是智愚不同，或强弱各異。所以對於種用猪，不僅要注意父母兩系，並且要實行嚴格的「個別選擇」，所謂「個別選擇」就是把同一窠中的小猪，一個一個地分開來詳細地比較一下，凡生材長大，猪毛粗長而有光彩，身上皺紋很少，背部不凹，體格健全而活潑者，才可用來做種。

種用幼猪選擇好了以後，就可依照淺說第二種的規定去飼喂和管理。滿一歲或一歲半後，方可和公豬交配產生小豬。但當第一次分娩時，飼喂者應特別注意的一點，即種用母豬之是否可以繼續留種的問題？因為我們選擇一隻種用幼豬，並不能絕對地保得住牠永遠地不變，所以當產第一窠後，復須經嚴密的檢查，凡具有下列各缺點的母豬，都應該要受淘汰。

(一)所產小豬頭數太少，但每隻小豬生後體重平均在一斤半以下。

(二)小猪死亡率很高。

(三)小猪生長率很慢。或同一窠中小猪發育大不平均。

(四)母豬有吃小猪的惡習慣，或不善於哺乳。

(五)母猪乳汁太少，或有幾個乳頭不出乳汁。

凡沒有以上諸缺點的母猪，可繼續留種。俟小猪斷奶後一星期，就可實行第二次交配。

四，肥用豬的飼喂和管理法

據最近調查：成都市每天要屠猪三四百頭，從此推算四川全省，每年屠殺肥猪的數量，一定很可驚人！肥猪對於我們人類營養上需要的程度，既如此迫切而重要，那末牠的飼餵和管理，更不可忽視！現在把飼肥猪者在最低限度內應該明瞭的幾點，寫在下面：

(一)管理上應注意的幾點

(1)肥用猪和種用猪應絕對地分開飼養，理由請參閱畜牧淺說第二種。

(2)猪舍的位置要高燥，有陽光，並且很安靜。

(3)舍內常洗掃，注意清潔衛生。

(4)夏天更應注意衛生，猪舍須通風，但要避免直射的陽光。可在猪舍前面，種些樹木或栽培農作物。

(5)冬天應注意禦寒的設備，舍內可多鋪些稻草。

(6)不論在夏天或冬天，每天至少須有一小時或一小時以上運動的機會。不過在夏天須設有陰棚，能利用天然的遮陰最經濟。

(二)肥用猪的種類　在未講肥育法以前，先把肥用猪的種類說明一下。肥用猪因為肥育時期的不同，可分為三大種，一種是幼猪的肥育，即把小猪去勢或閹割後就開始催肥，長到一二百斤賣出去。第二種是俟小猪發育完成後，才開始肥育。第三種是老母猪的肥育，這三種猪的肥育法稍有不同。茲為詳細說明起見，分開來討論。

(三)肥育猪的飼料　肥育猪的飼料種類很多，例如玉米，大麥，小麥，麩皮，豆餅，豆腐渣，酒糟，米糠，大豆，牧草等等，都可用以喂猪；其中以玉米為最佳。因為不僅猪好吃玉米，並且玉米含有多量的肥育上很重要的兩種營養分(註一)所以在可能範圍內應多喂些玉米。要是實在辦不到，那末改喂其他飼料亦可。總之，要所採購的飼料，以價格低廉為最要的原則。

(四)普通肥育法　普通肥育法可分牧飼和欄飼二種，茲分述於下：

(1)牧飼：　每天把猪趕到牧場上去，以牧草為主要的

肥育飼料，這種肥育法，叫做牧飼。採用這種方法，雖然可以節省飼料，但是生長要比較慢一些，並且需要廣大的牧草地，附近城市以及地價高貴的地方，採用此法，不很經濟。

(2)欄飼：　把猪關在木欄裏，喂些比較優良的飼料，這種肥育法，叫做欄飼。採用此法，生長雖比較快一些，但是需要多量價貴的飼料。要是飼猪者的境況不好，購買飼料就要發生困難了！

上面二種方法究應採用那一種呢？關於這個問題，不能作一切實的答覆，要看各位的經濟能力以及市場狀況，才能決定，簡單地講一句：能利用牧場最佳，否則只好採用欄飼。

(五)幼猪的肥育法：　我們這裏所說的「幼猪」，就是你們所說的「架子猪」。把這種猪喂以肥育的飼料，俟長到一二百斤然後賣出去，這種叫做幼猪的肥育。因為幼猪的肉質鮮嫩，人人愛吃，肉價較高，所以我們應該竭力提倡幼猪的催肥。不過幼猪正在發育生長，單靠玉米或牧草，生長既慢，危險很多，應該添喂些蛋白質和礦物質(註二)的飼料，例如麩皮，豆子，豆餅，花生餅，骨粉等等。

(六)老猪的肥育法　被淘汰的種用猪，概可採用此法，加以催肥而後賣出去。老猪催肥的時期，以較短爲經濟，不可超過二月。飼料可較幼猪稍劣，但是玉米是不可缺少的。

(七)「催肥」的實際改良法　此次據我們調查的結果：覺得川省農民對於催肥法雖有數點可以採取，但缺點當然難免，現在把實際上可以改良的幾點，貢獻給諸位。

(1)在可能範圍以內，應力求衛生，並努力驅除蠅蚊以及猪虱，因爲肥猪須有安靜的環境，否則肥育的効率就會減低。

(2)農民對於「肥猪」的飼料很講究，但對於「架子猪」似乎太馬虎。要知道架子猪正在生長發育，若飼料喂得太壞，試問架子怎樣會搭得成，所以在這個時期，應多喂些麩子，大豆，豆腐渣，花生餅，酒糟，骨粉等。

(3)在催肥時期農民大多用玉米和米糠兩種飼料，這當然是很好的。但是豆腐渣和優良的牧草，價格低廉，肥育的効果亦不差，大有利用的價值。

(4)農民能利用殘餘物以喂猪，這是很合乎經濟原則的。不過用殘飯或蔬肴，應力求清潔，萬一菜中含有酸或辣的刺激東西，千萬不要喂牠！而且最好煑熟才喂，以免傳染瘟症。

(5)農人大多喜歡把飼料煑熟過後才來喂猪，其實經各國專家試驗：飼料煑熟後喂猪，不但無益，而且有害。不過芋薯類飼料和殘羹等倒是應該煑熟才喂的好。

註一：肥育時期最需要的兩種營養分叫做：「炭水化合物和脂肪」。這兩種東西，玉米中含量最多，所以玉米是最適合於肥育的飼料。

註二：生長時期最需要的兩種營養分叫做：「蛋白質和礦物質」。前者大豆麩子等含量很多；後者魚粉骨粉或蛤殼粉中含量較多

嘉陵江三峽鄉村建設實驗區修築塘堰水庫宣傳大綱

一，本區山多田少，缺水灌漑，夏季常苦旱災，過去連旱三年，農村陷於破產，若再靠天吃飯，不謀救濟，非但農民生活困難，社會治安，亦將大受影響。

二，修築塘堰水庫，可以儲積雨水，以利灌漑，實爲防治旱災之最好方法，且可以改良土質，增加生產。如塘堰修築完成，則田內不必預蓄冬水，可以點播小春，收入增加一倍，以全區計算，每年所得利益，當在二十萬元以上。

三，塘堰可以養魚，爲農業副產，增多農民收益；水庫築成，永遠不乾，不僅可防旱災，且高山雨水流入水庫，遇大雨之時，山洪不致暴發，山上泥土不被雨水冲刷，江河可免淤塞，實能兼防水患。

四，現在政府方面財政艱窘，地方社會亦多貧困，倘遇荒災之年不能多籌賑款救濟，與其遇災望賑，不如預先防災，既少損失，又多安全，所謂未雨綢繆，人定可以勝天。

五，修築塘堰水庫，依照國民勞動服務，利用徵工，應不分畛域互相幫助，勞力可以減少，時間又極經濟，可望迅速完成。

六，經費方面，採取業佃工制，每工給伙食費一角五仙，以期負担平均，自耕農則由自己負担。但自耕農代他人修築時，則由受益田畝之業主攤給伙食。

七，征工修築，利用農隙之時，既不妨害農事，又爲一勞永逸之計，應羣策羣力，依限完成，不可意存觀望。

八，修築塘堰水庫佃業雙方休戚相關，各爲自身謀幸福，利己兼以利人，應共體斯旨，深明大義，不可違抗命令發生異議。

九，征用土地，照市價給值，倘不願收受地價，可按年交租，但地主不得反對征用。

十，各聯保主任保甲長，以及地方智識份子，小學教員等，應將本大綱盡向農民宣傳，俾實施時不生困難。

十一實施辦法，另有規定。

（本宣傳大綱轉自永川縣修築塘堰大綱）

本刊已呈請內政部及中宣會登記

工作月刊

中華郵政特准掛號認為新聞紙類

定價

每月一冊　一日出版　全年十二冊

訂購辦法	冊數	價目	郵費 國內及日本	郵費 澳門香港	郵費 國外
零售	一冊	二角	三分	八分	二角
預定全年	十二冊	二元	三角	九角六分	二元四角

郵票代價十足通用

第一卷第四期

民國廿五年十二月一日發行

編輯者　嘉陵江三峽鄉村建設實驗區工作月刊編輯部

發行者　四川巴縣北碚嘉陵江三峽鄉村建設實驗區

印刷者　重慶新民印書館

分售處　各埠大書局

廣告刊例

等第	地位	全面	半面	四分之一
特別	底封面外面	四十元		
優等	前後封面之內面及對面	三十元	十六元	
上等	圖畫前後及正文首篇對面	廿五元	十四元	九元
普通	首篇以外之正文前後對面	二十元	十二元	八元

詳細廣告刊例函索即寄

工作月刊徵稿條例

一，本刊以記載鄉村實況傳達鄉建實施方法研究社會改良技術等為主旨歡迎投稿其範圍如下：

(一)農村社會實況

(二)鄉村建設之理論及實施

(三)各地鄉村運動之消息及現況

(四)鄉村事業之調查及報告

(五)時代知識之介紹學術問題之商確

(六)寫實的文藝作品國內外旅行實紀等

二，本刊暫分論著調查計劃報告科學教育文藝通訊隨筆等欄

三，來稿須繕寫清楚并加新式標點符號如用洋紙忌寫兩面

四，來稿以每篇自一千字至一萬字長為限過長者不收文體不拘

五，本刊暫不收譯稿

六，來稿如不願增刪修改者須先聲明

七，來稿署名聽作者自便但須將眞姓名及通訊處寫明以便通信

八，凡須將原稿退還者須預先付足郵票否則無論登載與否概不退還

九，來稿登載後酌酬本刊

十，來稿交四川巴縣北碚三峽鄉村建設實驗區本部

民生實業公司
三峽染織工廠
三峽國布　久不褪色
花樣新穎　風行全國
最寶貴的青春！
最難得的春光！
最可愛的三峽廠布料．

北碚

第一卷 第五期

二十六年 一月號

四川嘉陵江三峽鄉村建設實驗區署發行

1 高坑岩的瀑布
2 白廟子的絞車
3 科學院的惠宇
4 前洪濟造冰廠
5 北川鐵路公司
6 火車在進行中

恭賀
年禧！並祝
國人以大無畏的精神，克服！
國家當前的困難，統一意志，齊一步驟。
盡力創造，充實國防，開發產業。
促進交通，提高文化。
完成國民革命！復興中華民族！

嘉陵江三峽鄉村建設實驗區署 同人鞠躬

——苟日新——

恭賀
年禧！並祝
大家幫助民衆：
提高民衆的知識！提高民衆的生活技能；
提高民衆的娛樂！
提高民衆的思想行為！
完成民衆自治的組織。

民衆教育委員會同人鞠躬

恭賀
年禧

北碚各事業機關同人鞠躬
中華民國廿六年元旦日

——日日新——

恭賀
年禧！並祝
一切地方皆無土匪，
一切地方皆有保障，
一切地方皆有秩序，
一切地方皆得安寧。
一切地方皆是桃源！

嘉陵江三峽鄉村建設實驗區公安第一隊第二隊第三隊同人鞠躬

——又日新——

恭賀
年禧！願人人
臉上都常堆着笑容，
心中都常懷着喜悅，
都有藝術的趣興，
都過真美善的生活，

民衆教育委員會民衆俱樂部游藝學生班同人鞠躬

恭賀

年禧！並祝

國人從刊物上檢討過去；

預策將來，把握現在。

努力普及教育！改進人民生活！

完成鄉村建設！復興中華民族！

北碚月刊社同人鞠躬

恭賀

年禧！並祝

一切地方皆有報紙，

一切人皆喜看報，皆爲關心地方國家世界的問題而看報。

皆具有現代的智識，

皆具有現代的精神，

皆努力促進國家的富強，

皆明瞭時代的動向。

嘉陵江日報同人鞠躬

恭賀

年禧！盼望

國內三萬萬二千萬的農友！都喜看報，

都喜接受好的辦法，都能發抒好的意見——

對社會問題，都有豐富的興趣，

對農村建設，都有新的貢獻與最大的努力！

農民週刊社同人鞠躬

——從前種種昨日死，、以後種種今日生——

恭賀

年禧！並願

全國各地圖書館一致努力運輸：

人類的經驗深入農村，

貢獻大家的智力改進生活，

人人視圖書館爲終身學校，

人人視圖書館爲民衆大學！

民衆圖書館同人鞠躬

恭賀

年禧！並祝

全國一切地方皆設博物館，

保存古代文物，搜集現代文物。

供民衆博覽，

供科學研究。

民衆博物館同人鞠躬

恭賀

年禧！並祝

全國城市皆有宏大優美的公園，

一切鄉鎮皆有嬌小玲瓏的公園，

人都利用餘暇遊覽公園，

人都節約耗費的金錢捐助公園。

北碚平民公園同人鞠躬

恭賀
年禧！並祝
國人皆能羣策羣力健全保甲組織，
澈底肅清盜匪，努力訓練民衆，
協助普及教育，
改進人民生活。

嘉陵江三峽鄉村建設實驗區 北碚鄉 黃桷鎮 文星鎮 二岩鄉 澄江鎮 聯保辦公處同人鞠躬

恭賀
年禧！並願
人人皆爲美術家，
把世界畫成美麗的圖畫。
人人皆爲園藝家，
把世界造成美麗的公園。

嘉陵江溫泉公園同人鞠躬

恭賀
年禧！並祝
國人積極推廣衞生教育；
努力促進大家健康。都善防病。
都注意：個人衞生，家庭衞生，團體衞生，都市衞生。
強健身體！強健社會！強健國家！
支危難之局，
雪病夫之恥。

峽區地方醫院同人鞠躬

——愈窮困——　——愈奮鬥——

恭賀
年禧 並祝
一致起來！
鍛鍊健强的身體，建設健强的國家，
造成健強的民族。
突飛猛進！
追逐現代的文明！
超越現代的文明！

北碚民衆體育場同人鞠躬

恭賀
年禧！並祝
學界同人加速提高國民文化水準，
如何奮強不息，如何從行爲上，從工作上，
學而不厭！
誨人不倦！

嘉陵江三峽鄉村建設實驗區 北碚鄉 黃桷鎮 文星鎮 澄江鎮 區立小學校同人鞠躬

恭賀
新禧！並願
國人注意培育青年；
體育與腦力並用；
行爲與智識並進！
社會與個人並重！
嘉陵江三峽鄉村建設實驗區五鎮鄉七十五所義務小學校同人鞠躬

恭賀
新禧！並祝
國人崇尚勤儉，
努力儲蓄，不分多少，但求繼續—
「一日一錢，千日一千，
繩鋸木斷，水滴石穿，」
北碚農村銀行同人鞠躬

恭賀
新禧！並祝
國人不買仇貨，服用國貨，
扶助國有的染織工業，
降低入超！
增加國富！
民生實業公司三峽染織工廠同人鞠躬

大量生產，小心享用

恭賀
新禧 並祝 同胞
採用科學方法：促進畜牧事業，
推廣優良畜種。改良飼養方法，
倡導衛生教育，共同防治病害。
普及保育常識，增加農民財富。
家畜保育所江巴實驗區同人鞠躬

恭賀
新禧 並祝
國人努力蠶絲業經營，
採用新法：栽桑，養蠶，製種，繅絲。
統治貿易！
挽回權益。
四川省蠶桑改良場川東分場同人鞠躬

恭賀
新禧 並祝
努力提倡佛學，
溝通漢藏教理，
聯絡漢藏情感，
鞏固西南國防。
縉雲寺漢藏教理院同人鞠躬

恭賀

年禧 並願

國人都以科學的方法講學，
以科學的方法作事，
以科學的方法應付自然，
以科學的方法組織社會，
文化事業都以生產為中心，
科學的研究，研究生產的方法。
學校的教育，培養生產的人材。

中國西部科學院同人鞠躬

盼望國人以
科學救國：

恭賀

年禧 並與國人相攜，
致力於生物的檢討，
尤其是中國的西部：
有繁複的特異的品種，
盼望於科學上有新的發現，
於生產上有大的幫助。

中國西部科學院
生物研究所同人鞠躬

恭賀

年禧並願

國人從地質的考察上—
搜求地下的寶藏，
開發廣博的富源，
征服天然的環境，
促進物質的建設。

中國西部科學院
地質研究所同人鞠躬

在物質方面。以科學方法

—（促進生產。
發展交通。）

恭賀

年禧 並望

國人調查生產的原料，
研究生產的方法，
追逐現代的物質文明，
超越現代的物質文明。

中國西部科學院
理化研究所同人 鞠躬

在精神方面，以科學方法，
—整理人們的經驗—
—確定人們的信仰—建設社會的秩序—完成社會的組織。

恭賀

年禧 並祝

國人提倡培植森林
提倡培植果木，
改良農產品，
增加農產品，
大量生產，大宗輸出。
降低入超，抵制外貨。

中國西部科學院
農林研究所同人 躬鞠

恭賀
年禧 並祝

大家留心邊地，旅行邊地，
舉全國人之力，經營邊地，
科學家考察蘊藏的富源，
工程師決定開發的計劃，
金融家投下大量的資本，
充實國家富力，完成物質建設。

中國西部科學院
西山坪農場同人鞠躬

本刊 歡迎訂閱 歡迎投稿
歡迎介紹 歡迎批評

恭賀
年禧 並祝

教育界的同志：以學生行爲爲中心。
以學生在社會中間的行爲爲中心。
以學生在社會中間創造的行爲爲中心。
創造良好的社會，影響不良的社會。
改變不良好的社會。

中國西部科學院私
立兼善中學校同人鞠躬

北碚月刊歡迎分銷

本刊發行以來，內容方面，力求精進充實，幸蒙各界贊許，銷行日廣，現爲便利各地閱者計，擬廣設分銷，倘荷賜予提倡，慨允担任寄售，無任歡迎，詳章承索卽郵奉，茲將已設分銷及代訂處列下、

北碚分銷處：
嘉陵江日報，北碚溫泉公園。

合川分銷處：新新書局

成都分銷處：開明書店

重慶分銷處：北新書局

工作月刊第一卷

第一期要目

廿五年九月一日出版

第二期要目

廿五年十月一日出版

第三期要目

廿五年十一月一日出版

第四期要目

廿五年十二月一日出版

本刊更名啓事

逕啓者，本刊自發行以來，已屆四期，茲因多數閱者之建議，同時敝社亦深覺「工作月刊」在顧名思議上，取材每多拘束，不如改名「北碚」兩字發之較活動。因此本刊決自第五期起改為「北碚」其內容質量，多仍其舊，僅將封面省去暫以插圖代之，售價同前，原有訂戶，當繼續寄奉，特此公佈！

工作月刊編輯部謹啓

1937.1.1.

民國廿五年創始

北碚月刊

第一卷第五期目錄

民國廿六年一月一日出版

本刊發行章程

一、本刊每月出版一次，對於預定各戶儘先發送。

二、書費概須照本刊價目表先惠，否則恕不照寄。

三、訂閱須註明起期，如不註明，或起期已早經售罄卽自最近一期起寄。

四、定單開出，概不退款。

五、預定來款不足時，暫准發書并予通知，俟補足欠款時再發給正式定單，否則以零售論，照來款發書。

六、定閱者須將詳細住址塡明，如改變住址，或查詢未到，請註明定單號數，定戶名稱，在何處定，原住何處諸項以便查考。

七、到期如欲續定時，請預爲通知。

八、定價以國幣大洋爲準，郵費十足代價，外國貨幣照市價合算，不通用者退還。

九、如有匯款不掛號，遺失等情，本部不負責任。

十、各種刊物，欲與本刊交換者，無任歡迎。

十一、預定手續可向本部或代售處辦理，代售處價目一律與定價表相同不得妄事變更。

十二、代售章程另定之，其願担任代售者請向本部發行處書面與口頭接洽均可。

◉徵求基本訂戶◉

本刊發行伊始爲優待讀者諸君起見特舉行徵求基本訂戶一千戶在此徵求期間凡直接向本部訂閱半年以上者概照九折優待以足額爲限

四川嘉陵江三峽鄉村建設實驗區北碚月刊編輯部啓

本刊代售章程

一、代售處除承担零售外，並得代辦定閱。

二、代售處代辦定閱，每份照定價扣除百分之二十爲佣金，款到本部後，開給定單，直接寄書，以省手續。

三、代售處每期銷數在五十册以下者給予佣金百分之三十（卽七折）一百册以上者，給予佣金百分之四十（卽六折）在一百册以上者，給予佣金百分之五十（卽五折）。

四、代售每季結賬一次，將本次所銷數目連同扣淨售款一併開單，逕交本刊發行處，遇有不清，除停發書外並以合法手續，追繳欠款。

五、凡代售本刊，每季在十册以上者得自行刻製「工作月刊特約代售」印章及懸牌於門首。

六、繳款須用法幣，郵票代洋以一角以下者爲限，外埠匯款匯水與郵費，概由寄者負担，如有中途遺失情事本部其不負責任。

七、代售處於代售本刊，應負保管愛護之責。

八、承担代售者，爲謀增加銷路起見所有自爲之宣傳費用，歸代售者自己負担。

嘉陵江三峽鄉村——十年來之經濟建設

黃子裳
劉選青

本文爲應「中國國民黨中央執行委員會國民經濟委員會」發刊「十年來之經濟建設」函向「四川省政府建設廳」轉致「三峽鄉村建設實驗區署」徵集而作。原徵稿說明書載明「本年七月十日起徵稿至八月十五日截稿」建廳轉函徵稿時約已在十一月中旬，而本文完稿時又在十二月上旬。逾時過久，未能寄奉。特借本署發行之北碚月刊披露，作者服務於峽區已歷八年，其間經過事跡，歷歷在目，倘有未盡之處，尚祈 閱者指正爲幸！

作者附記

一，總敍

四川嘉陵江三峽是在嘉陵江流域重慶與合川一段間，鄉村建設實驗區即以此間之江北，巴縣，璧山三縣所屬五個鎮鄉爲範圍，原爲峽防團務局於本年四月奉省令改組而成，過去八年間從事鄉村建設工作，有治安，文化，交通，生產，游覽各種事業之建設對於農民生活，農村經濟，頗多助益，玆分類略述其十年來之進展情形如左：

二，農村復興事業之實施

（一）剷除匪患　談復興農村，必地方治安先有保障乃能從事，峽區在十餘年前，曾一度淪爲匪藪，交通阻滯，人民遷居，經地方團隊數年之勦捕，峽防團務局更努力清勦，使全區地面暫乃寧謐，并繼續爲治安上之種種設施，今乃大定

（二）調查戶口　區內住民，因治安情況之轉好，及新興事業之開創，而年有增加，如北碚一市場，民國十四五年間不過二百餘戶，近十年來已增加四倍，人數由千餘人增加至五千一百四十四人，截至本年十一月底止統計；若以全區五鎮鄉之住民而論，從多次調查至最近爲止，全區共有住民一萬二千四百七十七戶，男三五八二四人，女二九八二四人，共六萬五千六百四十八人。

（三）改良教育

1,學校教育　民國十七年初設實用小學校一所，以兒童生活教材爲中心，布置優良的教育環境，使學生所得知識切於實用。民十九年設立中學校一所，訓練學生一部份使能於畢業後升入國內外有名大學肄業；另一部份則畢業後使能供各事業之應用，七年之中，入校受學者，約計五百人。民二十三年感覺女子職業之重要，更於北碚助設巴縣縣立女子職業學校一所，招收學生達三十餘人。廿五年調查區內學齡兒童有一萬一千七百五十九人之多，乃就全區增設義務小學七十五所，舊有各鎮之小學或兩級小學，一律改設完全小學校，總計有教師一百零六人，均於本年暑期作短時間之集中訓練，然後任用，目前學生人數二千九百五十四名，將及學齡兒童四分之一。

2,社會教育　最初由北碚倡辦，漸次及於各鎮鄉，舉其要者約有數事。

甲圖書館　本區爲一鄉村，去重慶合川兩縣城各約數十里，向無圖書館之設置，民十六年冬季，由峽防局就北碚關廟之一角，加以修整，闢作館舍，同時購置圖書數百冊公開閱覽，嗣以圖書添置，閱者增多，乃移於市場附近。民二十三年以北碚三峽染織工廠新屋落成，移讓關廟全部房屋，本館重行移入，遂擴大範圍，增闢一可容八十人之閱覽室，可供陳列百二十種報紙雜誌之閱報室，更有供各種專門研究（如鄉村建設，剿匪，東北問題，………）之參攷室，閱覽人數，從最初每日數人至數十人，今已達三百餘人，經費從每月數十元，今已達於二百餘元。

至於由本館提絜同時舉辦之圖書分館，則有璧山澄江鎮之第一分館，江北縣黃桷鎮之第二分館，及水土沱之第三分

館：本年因峽防局改組爲實驗區，則就區屬之五鎮鄉（除北碚外）一律改爲民衆書報閱覽處。所有書報除由該處設法自置或募捐訂購外，即由本館輪流供給隨時更換。本館更特設巡迴文庫，周遊全區市街及鄉間，按時送往借閱。

乙博物館　民十九年秋季，成立峽區博物館於北碚。係就市場附近之火燄山東嶽廟改闢而成。初時毀去神像，募款修葺。有「人生社」送贈大部陳列品，及由東北攷察團（民生公司，峽防局，川江航務管理處，北川鐵路公司四團體合組）搜集得來之大批陳列品，乃至逐年購製捐募之陳列品，分室陳列館內，現有風物鹽井，煤層，農業園藝，工業，初等各種陳列室，有各種標本三千四百九十餘件，各地照片二千餘張，除大部珍貴物品不便估價外，約値銀二萬元，每日觀衆百人上下，於此間認識自然界之奇觀，人工創造之精巧，對於社會教育意義，貢獻極大。

本館經營初由峽防局主持，十九年後，即併入中國西部科學院，廿五年四月更移交三峽鄉村建設實驗區署代管經營。除北碚外，實驗區屬之文星，黃桷樹，二岩，澄江口四鎮正着手籌組博物分館，搜羅當地產物陳列，供人參觀。

此外在區內正着手創辦一專門古物之陳列室，曾有私人搜集古物約數百件，去洋二千元，方登記整理中。二十六年可望開始展覽。

丙體育場　鄉村民衆每有於暇餘時間作種種不正當之活動，飲酒、賭博、耗時廢事，官廳視爲固然，社會習爲風氣，過去的峽區，即普遍有此病象，自峽防局一面治匪，一面禁除不良嗜好。幷作種種根本設施，使民衆暇餘時間有正當的活動，對於身體復得着健康的鍛鍊。乃於民十六年開始於北碚鞍子壩租設體育場一幅，約五十米長寬，十七年擴充二分之一，約百米長，六十米寬。二十一年擴充至一百二十米長，八十米寬。場爲沙土運動最宜。曾於民十七年秋，及十八年春先後開運動會兩次，重慶合川及附近各場學校均來參加約數千人。場內有足球場一幅，籃球場三幅，網球場一幅，排球場一幅。有田賽徑賽各種設備，有天橋，浪橋，秋韆，單杠，雙槓，可供民衆任意運動。

繼北碚而起設體育場者，爲澄江鎮，夏溪口，文星場，及所屬白廟子、二岩鎮，茲幷誌其場地面積如左：

鎮鄉名	場地長度	寬度
北碚	一二〇米	八〇米

夏溪口	六〇米	三五米
文星鎮	五三米	四〇米
白廟子	三五米	二〇米

丁民教處　即民衆教育辦事處，專管峽區民衆教育事宜，最初在北碚試辦，後來各鎮鄉亦彷行。民十七年由峽防局之政治股主持，民二十年十一月乃正式成立機關，本年四月實驗區署奉令改組成立，遂更名爲峽區民衆教育委員會辦事處，八年以來的工作，可略述如下：

A幾個事業

a成立民衆問事處　代人寫信唸信，貼送信箋信封，幇助解答一切疑難，在北碚者分設辦事處，及公安隊與民衆俱樂部茶社內，在其他各鎮者設公安隊內，白廟子設民衆會場內。夏溪口設書報閱覽室內，每處每日平均寫信或問事約一二件不等，現在將北碚民衆問事處二十四年度的統計數字列出，以見一般。

北碚民衆問事處二十四年度代寫信件統計表

信函 分類	件數
慰問	41
通知	92
謀事	23
借錢	27
索債	10
請託	32
購物	20
兌銀	40
合計	285

雜件 分類	件數
支條	186
收條	52
借條	11
發條	27
保狀	58
借約	8
佃約	11
頂約	5
合計	357

b辦理民衆學校　先後辦有民衆夜課學校十餘所，分設北碚，龍虎山，金鋼碑，東陽鎮，白廟子，夏溪口等地，此外曾辦婦女職業班，三峽廠工人學校，女子音樂班，船夫學校及力夫學校等，畢業者千餘人，曾組織民教同學會。

c建築民衆會場

△在北碚者係將舊時禹廟改修而成，有劇台，座次，圍牆，更於體育場附近築有露天娛樂場，暑天民衆會集即移於此。備有舊式幻燈機一部，值銀二百餘元，新式德國幻燈機一部値銀千四百餘元，無線電收音機一部，値洋四百元，能收南京．廣州，天津，北平，哈爾濱，日本，海參威各地新聞音樂，每週星期日會場開放，有新劇，川劇，（偶有京劇）幻燈，電影各項表演，幷聯絡各機關人員講演常識，報告時事，介紹新知識，此外有民衆俱樂部，設有中西各種樂器，及掛圖照片。

△在白廟子者，建築係一新式洋樓，由北川鉄路捐送地基，地方炭業人士捐資三千元，駐在該地之峽防局公安第二

中隊全隊官佐士兵捐助辛力，搬運材料，自燒石灰，監督工程，以該隊吳中隊長定域總辦其事，出力亦最大。民國二十四年十月動工，本年一月完成。劇台可供表演各種戲劇，及實施各種民教活動之用，劇場可容千人。

△在其餘各鎮鄉者，悉利用舊有劇台或已從事改建（如黃桷樹之王爺廟），（文星場之文昌宮），或正計劃改修（如澄江口之王爺廟是）作為民衆會場之用。

B幾種活動

a巡迴展覽　利用標本模型，照片掛圖，實物儀器，巡迴到區內各場陳列展覽，實施民衆教育，數年以來，屢次舉行，所到的場鎮，則以黃桷樹文星場澄江口水土沱居多，每次觀衆，率在數千人以上。

b集團參觀　將老百姓組織起來，分為男女老幼若干隊人，每一隊人即由民教處或區內各機關職員引導在指定之事業機關參觀。有人詳細解說，介紹事業的意義，此在北碚曾舉行數度。參觀的地方，有北川鐵路，科學院及三峽工廠。

c春節活動　廢歷春節，即是舊習過年，一般鄉村照例貼對子門神，我們為了糾正此種習慣，而力求其有意義起見，乃由民教處將應貼之對聯改製合於新生活之各種標語，印發各家蘇裱舖限制寫賣，并不許人民亂貼。到元旦日的一天，提倡比賽毽子或打核桃，亦曾集合文星場澄江口兩地炭廠工人三千餘名，特地旅行北碚，游覽各種事業，藉以啓發其思想擴充其眼界。

d夏節競賽　到了廢歷的端午節，即是新歷的夏節，全國各地原以風行龍舟競賽，但因治安關係，政府機關例必令禁奉行，本區範圍較小，防護較易，故運用在一年中農民僅有此短時間的餘暇，除各方事業盡量開放予人民以自由參觀之機會外，復號召全峽沿江各場，所有龍舟齊集比賽，特別優異者，為之募捐獎品，以示鼓勵。自十六年以來，歲必舉行。每次觀衆輒以萬計，誠區內難得之盛舉也。

C幾個運動

第一是現代生活的運動，有三種重要的材料；（一）是新知識的廣播；（二）新聞的廣播；（三）生活常識的介紹。

第二是識字的運動，布置一個識字的環境，促起民衆感覺識字的需要和興趣。

第三是職業的運動，辦到普通民衆都有職業，從他們的農隙上增加各種副業，從地方事業上盡量收用民衆。

第四是社會工作的運動，利用人們工餘的時間作社會的工作。

D幾個影響

第一期民衆反對一切建設，以不識爲何用也。

第二期民衆同情於一切建設，以見到建設有實際之成績也。

第三期民衆協助一切建設，以感到建設有實際之需要也

第四期民衆要求一切建設．以已養成一種社會興趣也。

(四)提倡衛生

1,普遍種痘　鄉村社會，醫藥既已不便，人民對於防病之知識尤爲缺乏，以致一遇天花流行動輙死亡極衆，本區爲救濟起見，從民十六年起，開始大規模幫助人民免費點種牛痘，每年春秋兩季舉行從未間斷，範圍以峽區爲限，先後放種達三十萬人，人民初時懷疑拒絕，今乃歡迎樂從，惟恐不到矣。

2,設立醫院　民十七年就北碚天上宮廟宇租設峽區地方醫院，聘醫生一人，每月經費百元，初僅有診療室一間，其後逐年修造下殿爲內科室外科室，待診室藥劑室及病室。十九年購置大批內外科器械以及乾蒸消毒器等，并添聘產科醫生一名，院長一人主持，復購置衛生標本數千幅，病理模型六十餘件，又改修上殿爲男女病室五間，二十二年春招收男女護士七名。二十四年復招收六名，添聘護士長一人。每月經費開支達三百五十元。二十四年開始募捐籌建新醫院，一年以來前後募得捐款六千餘元，因巴縣女子職業學校新修校舍值洋八千元，讓賣本院，乃於本年十月遷入。原來之醫院舊址，即作爲診斷處。

在其餘各鎮有同性質之事業而復受本院之指揮辦理者，有澄江鎮分診所，黃桷鎮分診所，水嵐埡分診所，二岩分診所，文星場新成立之戒烟醫院。

本院近數年來有幾種保健運動，第一隨時派人調查各鎮孕婦，提示其產前衛生上之注意，廿四年舉辦嬰兒比賽會，與賽嬰兒五十五名，男三十名，女廿五名。(皆一歲以內者)本年四月舉行幼孩健康比賽，參加幼孩合計四百七十名，男兒童三百十二名，女兒童一百五十八名。(一歲起十歲止)十月十日舉行老人會，區內各場來此參加之老人一百九十八名，年齡均在七十歲以上，有從瀘縣遠來參加之一人，年一百三十二歲，姓陳名元慶。(計男性老人一百零五名，女性老人九十三名。)

(五)革新市政

峽區市場，大都街道狹小，渣滓遍地，尿缸亂設，與一般鄉村市街，幷無二致，自民國十七年起，首先從北碚改良，乃漸及於峽區各場，工作進行，由前峽防局派員測量或派兵助修，今已悉數完成，行人感覺市場清潔，街道寬廣，居民住宅亦由舊式房屋改換新式，安置玻窗或建層樓，一切景象非復十年以前之舊觀矣。茲將改革時期先後分敍如左：

1.巴縣北碚

甲、籌備時期　民國十七年春季

乙、開工時期　民國十七年四月

丙，全部竣工時期　民國十八年三月

丁、改造情形　民國十七年四月，先試修正街下半段，撤去過街涼亭，到下年九月，始議全部改修，撤去全市過街涼亭，新建禪岩路一條，闢築嘉陵碼頭一個，全市街道連階簷最寬約兩丈，稍窄的一丈六尺。

戊、成立市自治會　十七年九月成立市自治會，選舉市代表及執行委員，辦理市場公安，教育，建設，衛生，評判，諸事務。

巳、建設公共廁所　先就已有的廁所改良，幷在本年十二月新建公共廁所一處，次年再建三處，今已改建完成。

2.合川沙溪廟

甲、籌備時間　民國十七年秋季。

乙、開工時期　民國十七年十月。

丙、全部竣工時期　民國十八年三月。

丁、改建情形　撤去全市過街涼亭，街寬連階一丈六尺。

3.江北各場

場名	開工時期	竣工時期	街道寬度
黃桷鎮	十八年三月	十八年八月	一丈四尺
清平場	十八年春季	十八年秋季	一丈六尺
土主場	十八年夏季	十八年冬季	一丈六尺
悅來場	十八年秋季	十九年四月	二丈
靜觀場	十八年秋季	十八年冬季	一丈六尺
水土沱	十九年四月	尚未完工	一丈六尺

4.璧山各場

場名	開工時期	竣工時期	街道寬度
澄江鎮	十八年春季	十八年夏季	一丈二尺
八塘場	十八年冬季	十九年春季	一丈四尺
臨江場	十八年冬季	十九年一月	一丈四尺

5.巴縣各場

場名	開工時期	竣工時期	街道寬度
歇馬場	十九年春季	十九年秋季	一丈四尺
蔡家場	二十年春季	二十年夏季	二　丈

(六)開闢公園

1.嘉陵江溫泉公園　就溫泉峽中之溫塘寺爲之，民國十六年開始籌備，成立辦事處，夏間開工，積多年之經營。迄今築有西式洋房六座，浴池三種，大魚池一個，淺草坪二幅，其餘花木樓台亭榭，洞穴多處，又由前峽防局士兵築有藝術道路數條，槪係募捐建築，捐款約四萬元，從民國二十一年起將房費加入已能自給，並繼續已餘款購置價値三千元之書籍數千册，構築長約六里之上山馬路一段，用款約七千元之譜。現仍繼續布置，力求精進，尙未完工。

2.北碚平民公園　民十八年春開始籌議，就北碚東嶽廟改築，廟之四週，原係一遍山坡，荒塚壘壘，是年秋序遷移墳墓，開工闢道路，十九年夏移出廟內偶像，募捐改建成爲陳列室，四圍栽植花木，布置地景，復租約近隣王姓地土一幅，兼購得熊姓地畝一幅，以之栽植樹木花草，卽於園內構築動物園，修造雞舍雀籠鳥房獸窟熊屋培養鳥獸。廿年復租得馮姓土山一幅，作建豹窟熊窟。二十三年更添租馮姓山地募捐建大豹窟一洞，可容大豹子二隻，幷能供飼育獅虎之用。二十四年集款三千四百餘元，於公園之東北「之字路」底，建造慈壽閣一幢，是年完工。園中現有草木花八十餘種，木本花七千餘顆，幼苗萬株，鳥獸百頭，安古拉兔四十餘隻。

3.澄夏運河公園

民國二十三年籌議就寶源運河兩岸布置成爲公園，先由峽防局公安隊出示保護沿河竹木禁止砍伐，旋募捐款九百元，構築游艇。並於岸旁砌子河布置草坪花壇修築馬路一段，更於三溪河地方刻募岩壁有李石曾，張人傑，胡庶華三先生提字在焉。今更擴充於近河之山嶺建築鐘樓，每日打點報時，供澄夏兩市街人民守時之用。將來更擬沿山培植森林，增植花木，以與本園聯絡。

4.縉雲寺

此寺位溫泉公園後山，森林參天，古木極多，舊有廟宇，曾於民二十一年由二十一軍部撥款改修，成爲漢藏教理院，招收學僧研究佛學。此地甚高，夏可納涼，冬可賞雪。爲遊覽極佳之地。

5.其他公園

在黃桷鎮，文星場，二岩，近擬從事佈置，此外文星場之金劍山有廢廟一座佔地千畝，特以之闢爲公園，計劃已經擬定，待款舉辦，又如沿嘉陵江溫泉公園之下有大沱口及北碚下流之毛背沱兩岸，擬佈置桃花或桂花，使其一成爲桃花湖，一成爲桂花湖，使人放舟遊覽，雖在鄉峽中仍有江湖之勝。

（七）發揚文

1•報紙刊物

甲、嘉陵江報　本區域內在民十七年己由峽防局發行學生隊週刊出三十期而止，民十七年一月成立嘉陵江三日刊，同時附刊新生命畫報，每期出版爲五百份，畫報至十九年停刊，嘉陵江報旋改爲間日刊，二十年一月一日更改爲日刊。二十三年夏節報紙獨立經營，乃由石印而改爲鉛印，至今繼續發行，領有內政部及中宣會兩登記證。

乙、工作週刊　二十二年三月出版，由峽防局發行，每期千份，中間因故停刊，峽防局改組爲實驗區署後二十五年九月另發行工作月刊每月千本，至第五期則改名爲北碚月刊。

丙、其他刊物　峽區在此數年間尚出有各種不定期的小刊物，爲專載少年義勇隊之採集消息者有「採集特刊」，刊載學者講演，有「講演特刊」，小品文藝，有「區區」遊戲文藝有「哈哈」，學生成績有「樂園」「二五」「峽影及朝陽」，社會評論有「縉雲」。二十五年十一月民委會爲供給農民實際需要之智識及技能，特辦一農民週刊。其他如「教育週刊」「教育園地」，均由實驗區教育股主編，每週借嘉報副刊發表。

丁、各種著述

a、十年來由機關出版之著述有：

A、中國西部科學院

▲重慶南川間地質誌……………常隆慶，羅正遠

▲四川嘉陵江三峽地質誌…………常隆慶

▲四川嘉陵江下游魚類之調查……張春林　施懷仁

▲四川嘉定峨眉魚類之調查………張春林　施懷仁

▲四川鳴禽之研究……………王希成

▲四川煤炭化驗報告……李樂元　徐崇林　王以章

▲四川省雷馬屏峨調查記…常隆慶　施懷仁　俞德浚

▲四川煤炭化驗第一次報告……李樂元　徐崇林

▲理化研究所煤炭分析總報告第一號至第十二號……王以章　李樂元　徐崇林

2.印刷社　民國十六年成立縉雲石印社，二十年并入三峽工廠爲石印部，二十三年五月北碚印刷社辦理鉛印承印嘉陵江日報，同時石印全部器具材料亦讓度加入。二十四年七月此社經營失敗宣告歇業，另由私人集資收買更名爲三峽文化印刷社，資本三千元，有對開機一部，石印機兩部，專門承印各事業書册賬表及信紙信封等件，嘉陵江報，農民週刊均由其承印。

3.照像館　嘉陵照像館民十六年成立，英華照像館民二十三年成立。館址前者在北碚學園路，後者在北碚體育場，代人照像、并售峽區事業風景照片。

4.提倡科學　民國十六年以後，嘉陵江渝合間之三峽，因有溫泉公園，北碚市場，洪濟冰廠，北川鐵路公司等事業之經營，附近各縣學校，春季旅行，整隊學生遊三峽者絡譯道上，然不過遊歷旬日，各自來去，尙少意義，爰利用此美的自然、及新興事業之環境，更創造一專門研究科學之機關搜集生物地質標本，購置理化實驗儀器陳列試驗，約能對於各校學生，到此從容留住半月，匝月在較學校爲充實的環境中作科學之研究，對於社會人士亦有更多之貢獻。

因此十八年秋間、有前峽防局少年義勇隊旅行峨邊採集一次並請中國科學社派人領導，次年並派人隨中國科學社，中瑞新甘孜察團及德人傅德利氏，前往松潘，甯遠，西康，新疆，甘肅，各地採集標本。

民十九年前峽防局長盧作孚氏由東北考察歸來，深驚日人在我東北之經營，如滿蒙資源館對滿蒙財富之搜集與調查，中央試驗所之各種試驗無一非以我東北爲對象，吾國西部諸省，物產豐富，幅員遼闊，不但爲西南屏幛，且與東北有同等之價值，乃議設立科學研究機關於巴縣北碚鄉定名爲中國西部科學院，從事於科學之探討以爲四川未來開發寶藏富裕民生之預備，繼乃商承於四川善後督辦劉甫臣氏開始籌備，顧當時無錢無人無事凡百皆空手創造，院址即暫設廟中，先後派員隨同中外學者調查地質採集生物，並由劉督辦及何北衡康心如鄭璧成等十一人組織董事會，設法籌集款項，次第設立研究所，建築新屋，添聘專門人材增加研究設備，內設四所兩館（兩館即博物館圖書館見前）並附設一中學校（見前提教育欄）焉。茲分述各所之進行狀況如下：

甲、理化研究所　所址在三峽工廠對面，有募捐建築之惠宇洋樓一幢，費洋三萬四千元，有各種化驗儀器藥品圖書，値銀五萬元，六年之間，曾受本省政府，或私人機關委託化驗煤炭四百四十六種，化驗檢定礦物及工業品八十五種，(自十九年十月起截至二十五年九月止)作煤之低溫蒸溜試驗，及植物油提鍊汽油試驗，並研究各種工業原料產品應用及製造方法，以供有心企業者之參攷。印有化驗報告十八號叢刊一號。

乙、地質研究所　採集有國內外各處礦石，設煤礦陳列室兩處，(在民衆博物館)，曾到省內外各處調查，著有「南川金佛山調查誌」，及「四川嘉陵江三峽地質調查誌」，「疊溪地震調查記」，「綦江地震礦產誌」，「甯屬礦產調查誌」，正編印中。

丙、生物研究所　現分動物植物兩部工作，各有陳列室暫附設理化研究所內，(一)動物部，完成川中分區採集。歷年收獲鳥類，爬虫，兩棲，魚類，軟體動物等標本三千四百一十件，昆虫標本一千五百二十號，共計萬件以上，分別加以剝製，或浸漬保存，(二)植物部，曾歷年赴川，康，雲，貴，甘，五省邊地採集，獲林木籽種，農作物，木材藥材各種標本千餘號，普通植物標本一萬五千餘號。

本所曾與國內各學術機關交換標本種籽，計得華南華北華東標本五千餘件，刊行有「四川嘉陵江下游魚類調查」，「四川嘉定峨眉魚類」，「四川省爬虫類」，「植物調查記」，「四川鳴禽之研究」等書。

丁、農林研究所，所址暫設東陽鎮，有四個農場，一在本所，佔地兩百畝，二在西山坪約二千畝，三在點燈寺，約三千畝，四在金劍山，約千餘畝，除一二兩場外，餘均尚待開闢，本所工作分為中美棉，美國玉蜀黍、及葉烟，榨菜，萵苣，甘藍菜之育種試驗，中意雞之純雜育種及各種畜類之肥育試驗，曾作國內各省有名品種之搜集培育，曾大量栽培西瓜，二十四年收獲五萬斤，本年收獲八萬斤以上，附設氣象測候室與四川氣象測量所聯絡，從本年七月起，全所經費完全由生產自給。

(八)訓練青年

實驗區過去為一偏僻鄉村，欲辦復興農村的工作，人材極感缺乏，不得已乃從事訓練。

1.職員　自民十六年起除每日辦公之外讀書或上課一小時，每週作讀書報告一次并舉行各種集會，如每日各部之事務會議逢五之財務會議，星期一的民教會議，星期五的軍事會議，星期六全體職員會議，練習辦事談話任主席，十九年成立高等軍事訓練班全機關職員悉行加入受訓練一月畢業。

2.學生隊　十六年時就峽區境內招募青年學生授以軍事知識及鄉村建設常識，畢業後分派常備隊或新創之事業機關，十七年更招募學生二隊，及學生模範隊，訓練完成。

3.少年義勇隊　十七年秋季成立訓練，分三個時期，第一期軍事訓練，第二期政治訓練，第三期旅行生活。在旅行中經過極有價值之生活與活動。民十八年到峨眉山，峨邊越嶲及大小凉山，十九年，一組到西康，一組到青海，甘肅繞道北平四川，一組參加合組考察團赴華南華北考察，二十年一組赴雲南，一組赴安徽九華山，一組赴松理懋汶，畢業後分派峽防局，及中國西部科學院，北川鐵路公司，民生實業公司服務。

4.特務學生隊　廿二年一月成立，六個月畢業，曾分期受軍事訓練與政治訓練，曾分組在四川安撫委員會領導下赴川北赤匪擾亂之區域救濟難民工作，經過十縣，被救濟者達百萬人以上。畢業人數九十五名分派峽區各事業機關服務。

5.少年義勇隊第二隊

民二十三年三月成立，旨在訓練青年，以科學的方法講學，以科學的方法作事，以科學的方法應付自然，以科學的方法應付社會，并適應新興事業的需要，培育實務人材，計分三個時期完成其訓練，第一期爲軍事學術科及童子軍兼授文書簿記統計等，對於服務必需之知識。第二期訓練警察知識，社會調查及社會教育，第三期旅行邊地，調查蠻夷生活，採集自然標本。

6.小學教育研究班

二十五年八月成立，係召集實驗區所屬各小學校校長，教員三十四人，內有女子四人參加研究，並受嚴格的軍事訓練與管理。期間一個月，畢業後仍分派原校服務，或遴派在區內担任小學教師。

7.義務教師研究班

與小學教育研究會同時舉辦，惟此係招考區內青年塾師或有志教育事業的青年，訓練一月，除軍事生活外，并有鄉村建設及社會科學等科。畢業後分派區屬各保担任保學教師。總額捌拾名，中有女教師八人。

8.協助訓練之護航隊工人義勇隊

甲、民國十九年，協助川江航務管理處，在北碚訓練護航隊學員百六十名，期間六個月，畢業後到航務處護送往來輪船。

乙、民二十年以後隨時協助民生實業公司訓練工人義勇隊，茶房隊，水手隊，先後計七次。人數千餘人。

三，農產之改進

本區地跨江北璧山巴縣三縣間，東西約四十里，南北約三十里，面積一千二百方里，人口六萬餘，山多田少，農產不豐，每年不足總消耗量三分之二。故對於農產之改進爲當前極重要之問題。但欲其改良，必先明其生產狀況，及各項需要之所在，庶幾可達改進之目的，玆分述其梗概如下：

(一)風土

1.氣候　本區位於重慶西北，高山橫亙，嘉陵江復縱貫其間，氣候溫和，寒暖適宜，冬天於千公尺高峯間有積雪之時。而每年平均溫度，約爲攝氏三九度，最低約爲一度，降霜期最短不過三四十日，生長期最長約在三百二十日左右。

2.雨水，本區四季皆有雨，但需雨多在夏天或初秋，冬春兩季，每每細雨綿綿，數日不止，落雪雹之事，極難一見。降雨量每年平均爲一千公厘以上，最多一日間曾達七十九公厘，(據北碚科學院測候所二十四，五兩年之報告)。

3.土質，本區土質爲沙岩頁岩灰岩等之主要成分而成。多帶或深或淺之黃白棕褐等顏色，而土壤種類，殆以砂土粘土爲多，腐植土及礫土亦間有之，但區域不大。

(二)主要作物

本區作物不下二三十種，但從當地之需要及經濟價值論之，其較重要而切需者，厥惟稻麥，玉蜀黍，豆類，甘藷，高粱，菸草，油桐等，因本區產煤區域頗廣，全區煤鑛工人不下萬人，及鄉間平苦農民皆以稻，麥，玉蜀黍，豆類，甘藷等爲經常食品，又以本地除稻田外頗多瘠薄之處，故適於種麥及玉米豆類等，然農人稼穡，非常落後，栽培方法，缺點頗多，以致生產不豐，故改進之道，惟有改良品質以增加生產。

(三)改良方法

本署成立伊始，又限於經費支絀及其他種種關係，於本年上期未克得農場苗圃，但職責所在，又不能不於無辦法中謀一捷徑以作基礎，爰將本署所辦博物館中之動物園植物園添設畜舍農地以爲本署之代辦農場，今秋乃將兼善小學實習農場劃爲本署辦理後，得農地十餘畝，以之培植苗木作物飼養牲畜，如有本身所不能者，則商諸農家借地辦理，或指導其工作，倘結果優良，則推廣於鄉間，玆分述如左：

1.關於植產者

本區農人栽培作物，旣以稻麥玉米等爲大宗，吾人卽先就此項着手改進，以便因勢利導，發展順利。

甲、稻麥選種　稻麥以種子繁殖，故須選擇優良種子，以為種用，而後結果佳良，本年於春末夏初之交，本署指導農人，用混合選種法於麥田內選擇佳良之穗，以為下年之種，又用鹽水選擇稻種以為即時播種之用，惟本年旱災過鉅，稻作物無成績可言，而麥種現方開始種植，尚未施行比較。

乙、玉米育種　本地人民，以玉米為米麥之代用品，而常食之，且此物適於瘠薄之土地，故栽培頗廣，用途亦多，惟品質下劣，常食之人，健康狀態，概為不良，但在本署成立之時，玉米業已下種，不能作相異品種之交配，只能待其成長，於開花之前，將各雙數行之雄花全行除去，副後即於此除去雄花之行中選擇自花受粉最良之若干行中，各取出若干穗，予以號碼，於次年另覓佳種，與選擇之種交互栽植，以期育成一代雜種，以供繁殖之用，并指導農人一律倣行。

丙、小麥選種　今秋既得兼善小學農地二十畝，又麥作物為本地主要農產之一，故有改良之必要，但本區地當河流，山谷環抱，常多風害，而小麥在成熟期間，因遇大風吹倒者亦頗多，故對於抵抗強風之品種，尤宜於本區之環境，特於本年夏間，在南京金陵大學購回成熟期早抗風抗病力強之二十六號小麥五升，復在科學院分來美國玉皮麥一升，再購本地小麥良種四種，以與上項麥種舉行高級試驗，後將剩餘之二十六號小麥，分散農家，行區域試驗，現已達幼苗期間，發育很好，結果如何，須俟收穫後乃可報告。

丁、病蟲害防除　本區農人，視作物之病蟲害為天災，防除方法，多不知之，一旦病蟲害發生，作物即有完全損失者，故特於本年春季施行麥黑穗病之剪除，又於秋末下種時，施以炭酸銅拌種法，栽秧時稻田發現鐵甲虫之爾甚多，指導農人，用人工之捕治法殲滅之，其他如稻之白穗，為螟蟲之害，均指導採卵折穗之手術，使一般農人普遍施行。

戊、倣造農具　稻麥玉米收穫時，均須人工脫粒，但費力多而效率少，本區過去在峽防局時間，民國十九年，即在上海購回打谷機二架，脫粒機二架，幇助農人，代為脫粒，撻谷機用來比撻斗快而且不撒谷子在田間，收效頗宏，次年即託民生公司機器廠倣造搭谷機廿餘架，出租鄉間，唯農人狃於舊習，明知有利而樂從甚難，年來乃由該局派兵助撻，使農民熟見熟聞，本年又有農民請示借用者。以後更擬盡量與人民便利，俾收機器脫粒之效。

2.關於畜產者：

甲、改良鷄鴨品種　本區農家無不畜養鷄鴨，平時產卵售賣，以資調劑收入，惟產卵期短，獲利不豐，本署所辦動物園，畜有成鷄之中雄鷄二隻，雌十六隻，意鷄雄五隻，雌十一隻，狼山鷄雄一隻雌二隻，中意雜交鷄雄十一隻，雌二十六隻，純種意小鷄一百零九隻，北平鴨雌雄各四隻，小鴨五十六隻，將小鷄小鴨舉皆推廣於鄉村農家，每養小鷄或小鴨一對者，，將來以卵十六枚作交換，以信用作担保，現已推廣三十六家矣。

乙、推廣安哥拉兎　此兎係土爾基毛用種，因土爾基民族復興之故，故又命名曰復興兎。兎毛纖徼長自三英寸至六英寸，級力亦強，該毛嘗爲珍貴之毛織物原料，故本園特於民國二十一年在天津購回四對，以資繁殖，惟飼養不易，存活困難，現有餘兎四十對，仍推廣各農家飼養，以提倡副業，計推廣有二十一對，共十一家。

丙、預防蠶病　自絲價低落，養蠶者日見稀少，間有一二飼養之家，蠶種既屬惡劣，蠶室亦不清潔，黴菌腐集，爲傳染蠶病之大原因。値此恢復蠶業之際，對於蠶病，若不加意防除，將來諸種遺傳，流毒不知伊於胡底。故特派本署農業技士指導其掃蟻飼養方法，須孵化整齊，就眠一致者，方爲健種，否則即爲劣種，完全棄去，幷攜帶噴霧器福爾馬淋藥液，先施以蠶室蠶具之消毒，以免病菌之傳染，故本年養蠶之家，完全豐收。

四，合作事業

(一)北碚民衆消費合作社

(1)開辦時間——民國十八年。

(2)任務　應峽防局各事業機關職員士兵及民衆需要，採辦油鹽米炭，大批購入，零星分配，購買人分紅。

(3)社員及股本　社員初祇峽局人員，以後漸次加入民衆，每股股金五角，當時社員三百九十人，資本達一千元。

(4)進展狀況　初祇北碚一處，嗣後爲營業便利起見，聯絡重慶合川各設一處，合計資本總額達一萬元。

(5)合併辦理　民國廿年七月，本社感於辦理合作人才之缺乏，同時農村銀行正式成立，係以專門研究合作事業的朋友充當經理，農村銀行，亦係具有合作性質之銀行，乃以本社併入該行辦理，所有社股即撥作股本。

(二)北碚農村銀行

1，經過　發起於民國十七年十月，其時之股東和辦事人皆係峽局職員，其管理權屬於執監委員會，業務偏於貿易方面，放款頗少，改組於民國二十年七月，成立董事會，選聘經理，以服務農村社會，發展農村經濟，提倡農村合作為宗旨。五角可存，五元可放，十元可匯，另設貿易部，經營商業，由銀行投資。但會計獨立，自算損益。

2，資本　本行初集資本一千元，二十一年增至一萬元，尚在繼續添加股款，擬集資至十萬元為止。

3，存款　改組時一千六百元，今已增至二萬餘元。

4，放款　設時僅三千元，今已增至十餘萬元。鄉村小放款在初時五元為一注，農民借用，按月歸還一元，最後一月，加還息金三角，並以借用一注為限。現時改為每注十元，按月還款二元，最後一月加息四角。每一農家可察酌其情況借至十注滿一百元為止。放款戶數，歷年達一千二百六十四戶，放出額約三萬七千九百二十元。

（三）峽區煤業合作社

本區盛產烟煤，每年出產逾百萬元。但以近年銷路疲滯，價格低落，經營煤業之炭廠及桿子，十九虧折。本年七月二十日，奉上峯命令，成立煤業同業公會，同時各會員感覺運銷煤炭非更組織合作社不可。乃更着手調查登記，撰擬章則，業開數度籌備會，決于明年一月宣告成立。

（四）農村合作社

本區鑿塘築堰已定明年元旦日各鎮鄉同時開工進行。人民因受本年旱災影響，出款困難，擬遍組農村合作社，除以信用向農民銀行借款一部以為築塘蓄水灌溉稻田之用外，將來更由本社兼營運銷，供給信用各項業務。又利用荒地造林育苗，亦有數處着手森林合作社之組織，俟期成立。

五，地方苛捐雜稅之廢除

（一）苛捐雜稅之起源

四川自民國五年，各軍自劃防區以後，一切財政稅收，悉決於該區之最高軍事首長，且因爭奪地盤，引起盜匪充斥，四處搔然，嘉陵江三峽區域在民國八九年間，即有股匪縱橫馳騁於境內，搶掠廬舍，劫奪船隻；甚至軍隊過路，亦須預辦交涉，乃能通行，往來行船商賈，則利用溪流關係，由長旗（如大爺之類）或管事（如五爺）坐護船中，遇沿江匪棚阻攔，即為交涉，或送以紙烟，贈以金錢。最為匪人所喜者，乃送以子彈，船貨便可安然通過。一關既過，其餘便可依次放行。是曰「辦軟交涉」。繼後匪人股頭既多，軟交涉失其效用，地方人士組織團隊，一面保障治安，一面護送行船，武力通過，在送船之際，即由船上客人給以伙食費用，或給以相當酬金以爲護運貨物之交換條件，是爲「硬交涉」其時此項行動，在感覺多匪的四川，各處皆然並不以峽區爲限。後來護送工作，軍隊亦樂於担任，乃有正式征收護商費，至於設立護商機關，設卡征稅，成爲一筆鉅大的稅收焉，至護送之事則有實際派兵護送者，亦有不然者。更因商人繳納護商費後而護送之兵仍應由商人再行出資，或迂延時日，於是商人乃有繳納護商費而請不予派兵護送者。據聞有某一護商處於商人繳款驗據上并印明「商人自行請免護送如發生危險不與護處相涉」其情形之可怪如此。是爲苛捐雜稅起原之遠因。

峽區方面，因地綰三峽，連繫渝合，爲交通之要道。徒恃地方民團壯丁，禦匪之力不足。故先有峽防營之設，繼有峽防司令部，後有峽防團務局之正式組織，皆招募團丁，担當直接剿匪，或督率民團剿匪責任。應需經費，初本由地方煤鉄紙業酌收團費，爲數太微不濟於事，後來乃由過道船隻按船之大小，載重之多寡，酌收自四角乃至六角或一元之團費。民國十三年起乃改爲船捐，十六年後乃改爲峽防局團務補助費。有此補助，乃得肅清峽區匪患而峽區亦賴以相安。

與峽防局先後在峽區內設立之收稅機關，尚有數處，其詳可見下文。

(二)各地捐稅種類其收入情形

四年前有人調查由合川到重慶，陸路僅一百八十里，水道二百四十里，當中稅卡有十餘處之多。幾乎經過一場鎮，即有一稅收機關，使商人望而生畏焉。今川政早已統一，一切成爲過去，要悉數數完，亦勢所難能，僅就所訪聞得者記之，作爲歷史觀可也。

1，北洋軍稅卡　民國十一二年時，聞有入駐四川之北洋軍某部，紮江北縣屬之悅來場及土沱鎮設卡收稅，名曰渝北護商費，收稅未久，土沱卡子即移於重慶。聞北軍退走時，即由二十一軍接收。悅來場稅卡，在北軍走後初由陳三師接收，後來到民國十七年，陳師駐合川，即移此卡於合川縣屬之草街子場。

2，劉團長稅卡　設於峽區內合川縣麻柳坪之炭場。民國十四年間成立，劉初在地方上辦團頗有名，嗣辦招安隊伍任團長。駐璧山縣之澄江口，設卡於炭場，收過道稅，以供餉源，每月收入據聞有五六千元。地方及商人不堪其苦，籲請峽防團務局胡局長南先率衆擊走之，破於大水塘，卡子遂撤，團長職亦自動取銷。

3，黔軍稅卡　民國十五年由入川黔軍某部，設於巴縣屬之童家溪收護商稅，大概收入時間不久，收數不詳。

4，陳師統一聯合稅收處　民國九年初爲陳三師設立護商處於合川縣屬之草街子，每月收稅數萬，嗣陳師於民十七年得璧山縣後，將藍文彬師原設在夏溪口稅收機關移併於此，稱爲三師統一聯合稅收處。每月收入約一二十萬元。其收入最大之額，聞鹽巴一儎，曾收洋一千二百元云。此處在民國十九年廿一軍進駐合川後，乃合併於合川縣之統捐局辦理。

5，藍師稅收處　卽設在璧山縣夏溪口之稅卡也。每月收入十餘萬元。民國十七年因璧山由二十一軍讓陳師駐防，此稅亦卽由陳師接收，並於草街子之統一聯合稅收處。遞十九年廿一軍再得璧山，乃將此卡裁撤。

(三)峽防局之船捐補助費

峽防團務局爲江巴璧合四縣特組之局，負有峽區治安全責，其賴以維持常練隊之薪餉及一部份地方事業之經常費，皆恃船捐補助費爲之。在民國十三年時，卽已呈准省團務機關，奉令抽收。最早依船隻等級，裝載每可至幾十萬斤重者爲一等收費一元，次等者六角，再次者四角，攬載船隻免收。繼後乃改爲收貨捐，民國十六年以後名爲過道船捐補助費，稅率上貨照重慶所收之渝北護商費額收十分之三，下貨照合川所收護商費額收十分之四，藥材牛羊山貨十分之五，鹽巴每儎收洋祇二十元，居草街子收稅額六百分之一，絲則粗絲每箱二元，細絲三元，廠絲四元。從二十二年起打八折收，二十三年起免收。每年收入最少之月份二千八百元，最多時，可達萬元，十，冬，臘，三月爲旺月，正，二，三，四爲淡月，餘爲平月，收入各有等差，歷年平均收入每月六七千元之譜。至廿四年三月十三日奉令停止徵收後，峽防局的補助費，致由四川省政府按月撥款五千元以供開支，茲列出自民國十六年至民國廿四年止，歷年收入統計一覽表如后：

前峽防團務局歷年補助費收入統計表

年份	數量
十六年(二月十六日起)	43,563.131
十七年	93,864.923
十八年	89,471.028
十九年	90,331.649
二十年	87,515.864
二十一年	78.682.082
二十二年	73,834.674
二十三年	73,596.347
二十四年(三月十三日止)	11,982.394
合計	642,842.093

(四)各種苛捐雜稅之廢除

上述各種苛雜機關，或旋起旋撤，或業經移併。現時峽區實無一苛捐雜稅機關存在，最近實驗區署，接續前峽防團務局改組後之機構，負治安責任之範圍，仍爲過去四縣所屬大小二十餘個鎭鄉。惟直接指揮經營鄉村建設事業，因目前人力財力關係，祇能以北碚，文星，黃桷樹，二岩，澄江口爲實驗範圍。爲統籌全區教育經費起見，曾爲學產之清理，對于原有每年可收之江北黃桷鎭東陽鎭出口猪捐，約可得三千餘元之教育經費，卽於本年六月奉令裁撤。又於本年十二月通令全區五鎭鄉停收猪市捐。（活豬[illegible]）凡屬苛雜，悉行裁廢，藉示貫澈上峯之政令，解救人民之痛苦。

六，水利建設

（一）寶源運河

該河共長十二里，兩岸農田，計一千畝以上，可利用以供灌溉，又查該河河口提岸處，水位高出嘉陵江二丈以上，可供安設水力電機，燃點電燈供澄江鎭夏溪口兩市場之用，曾由地方人士建議興辦，最近期內，可望實現。

（二）明家溪之固定堰溪

自峽區清平場發源，經土主場流入境內黃桷鎭之東陽鎭上壩而入嘉陵江，水道迂迴平衍，可資兩岸農田灌溉。其灌溉範圍在三千畝以上。

（三）璇風岩之榜山堰

北碚三十三保，有懸岩峭壁曰璇風岩，其後側有一小溪，水流終年不絕，但水流至此，卽落入深溝，人民巳先創爲榜山築堰之法，於石壁鑿槽，引水出岸，乃依地掘溝，分配水利，農田得資灌溉者在六百畝以上

（四）菜子溝之榜山堰

距澄江鎭二十里，地名菜子溝處有自岩洞隘出之泉水一道，經前人就水頭處修築堤堰，並順勢沿山迂迴，作成榜山堰一道，長達六七里，可供灌稻田千石以上，惜年久失修，不復利用，本年乃由區署指導修復，以後卽可灌溉矣。

（五）高坑岩瀑布之測量

高坑岩在北碚龍虎溪之上流，距北碚二十六里。高灘岩距澄江鎭三十五里，二處均爲最高瀑布，終年不絕，兩處前經民生公司派工程師來此測量，均可發三百馬力之電力，設計修建水力電廠，購好地基，測定水量，尚未動工，實驗區署已籌劃該處做爲榜山堰，可灌溉田畝在萬石以上。

（六）溫泉沐池及水力磄麵

溫泉寺自建公園時，卽開鑿三角池及方池沐浴間等儲蓄

水量以供遊人沐浴，溢出之水，復經該地居民開溝集聚於急流處，設置水碾，利用水力冲動碾盤，製造麵粉，再加工製成細麵，每年成品在四萬斤以上，渝合各地爭相購買，稱道不置。

(七)西山坪之水庫

西山坪為本區之一高原，土質粗疏滲透容易，每逢夏秋之交，乾旱易常，料學院之犂場，特於二十四年春相度地勢，修築水庫，或就窪下之地，分段鑿塘，或就兩山谷口築堤成為水庫，並開掘溝渠為納源流，層層設閘，便逐漸灌溉地面，規模宏大，為一方之魁汁，有容量三十立方丈之塘一個，一百立方丈之水庫二個足供灌溉該場之地二百餘畝上下。

(八)三峽布廠之自來水池

三峽布廠設於北碚市之左側，為本區染織業中之最大經濟事業，該廠為謀用水便利計，特於嘉陵江河中安設吸水機，築蓄水池澄清池等，容水量在九〇二噸，除供該廠洗染外，一部份水供給人民飲料，茲更表列各池情形如下。

自來水池表

池別	長	寬	深	立方呎	容水量	
					磅數	噸數
澄清池	八〇尺	一五尺	十一尺	一三，二〇〇立方尺	八四四·八〇〇	三七七
濾水池	二九尺	一九尺	八尺	四，四〇八立方尺	二八二·一一二	一二六
清水池	二八尺	一九尺	十尺	五，三二〇立方尺	三四〇·二八〇	一五二
儲水池	四七尺	二三尺	八尺	八，六四八立方尺	五五三·四七二	二四七
合計				三一，五七六立方尺	二〇二〇·六六四	九〇二

高度：(一)由河邊水面至澄清池高十丈零八尺。
(二)由澄清池到山頂儲蓄池高十三丈四尺。

抽水機：(一)六匹馬達水幫浦一部　每小時抽水二噸。
(二)九匹馬達水幫浦一部　每小時抽水一五噸

二。

兩部値洋一，三八二元五角五仙整。

自民國二十三年五月二十日開工至二十四年一月二十三日完工。

七，林墾事業之建設

(一)西山坪之墾殖事業　民國二十二年前峽防局團務指導員盧爾勤，因公赴禪岩寺發現西山坪遍地森林，被火焚燒，一片焦土，荒廢可惜，乃商之中國西部科學院，租得該地，從事墾殖，一方面由峽局派兵協助工作，現已墾地四百畝，於初墾之年，即大批種植西瓜，所產之瓜品質良好，風味俱佳，銷行渝合兩地，二十三年開始試種，二十四年產量達萬個，售洋五千元，二十五年產量兩萬個，售洋七千餘元，最近該院以此爲生利之大事業，并作各項果園之經營，玆將其已栽三年之果樹名稱數量列左：

名稱	數量	名稱	數量
櫻桃類	一三七	梨類	二〇六
李類	一〇	蘋果類	六九七
柿類	一八一	葡萄類	六八九
海棠類	一三五	桃類	八三二
杏類	八六	雜類	六
甘橘類	一九二	合計	三一六六

以上各果樹，均屬京津滬平各地貴品種，於本年業已開花結果，生長亦屬佳良，將來甚長時期，其獲利當更有可觀矣。

(二)義瑞桐林公司　該公司於民國二十年購買澄江鎮荒山一幅，長十餘里，橫二十里，位於嘉陵江之南岸，原屬璧山縣境，現劃本區直轄，係義瑞桐林公司購此爲植桐林地以爲榨油之原料。該公司用播種造林法，每株距五尺，行間七尺，已育桐樹三十萬株，已達結果初期，每年桐米產量約三百石左右，以現價計算，每石三十元左右，合計共六千元，玆將其桐類品種數量列之於左：

種類	名稱	品質	數量	備攷
三年桐	油桐	結實稀少油量不豐	四〇·〇〇〇株	本地種
	五爪桐	結實年早油質較佳	八〇·五〇〇株	本地種
千年桐	紫桐	結實少油質劣	二〇·〇〇〇株	就本地山原有之樹種者
	米桐	結實多油質豐良	三〇·〇〇〇株	此種購自榮隆二縣而繁殖者
	柿餅桐	結實性與油質稍遜米桐	四〇·〇〇〇株	本地種

惟該公司種桐過密株距行間，而積太小，結果初期林桐即成桐鬱蔽，以致空氣不能流通，日光亦少照射，桐勢發育不良，現經指導改良勸其實行疏拔，以改造其天然環境，或可達圓滿之域。

(三)樂園種植公司　該地面臨嘉陵江，後負縉雲山，馬鞍溪圍繞於側，距北碚半里之譜，交通極稱便利，原爲周姓業地，本有熟土，復因民生公司襄經理鄭璧成以五千元價值購得，更將環溪一帶，荒地闢墾，以植各種佳良果樹，共計面積約在一百畝，現植有果樹種類及數量分列如次：

名稱	數量
桂圓	五〇〇株
美國蘋果	二〇〇〇株
梁山柚子	一二〇〇株
美國葡萄	五〇株
肥城桃	三〇〇〇株

以上各果樹除粱山柚及桂圓外，均達結果初期，經營尚屬得法，將來希望亦多。

(四)本區之造林運動，民國十六年峽防局即就署前廢地命士兵除去瓦礫，闢成熟土，就地採集森林種籽，從事育苗工作，以爲每年造林之準備，茲將歷年造林事項分述於左：

1.民國十八年

本年於本署之前面河岸及後面之馬鞍山，造一保安林，除瑞香筆柏及灌木樹不計外，植杷豆，松柏，搖錢，洋槐，青楊等樹共三千零五株，面積除傾斜度不計外在百畝上下。

2.民國十九年

本年於植樹節前，召集當地紳耆團保，在民衆體育場舉行植樹典禮，選於該場四週，栽植法國梧桐，美國白楊柳等，共五百餘株，以爲舉行儀式之地，復於民衆教育委員會之前面坡地路旁植洋槐行足林共計四百餘株。

3.民國二十一年

體育場之左側山坡，原係東獄廟舊地，因住持之人，廟宇失修，竟成荒廢，峽局以該地地勢高敞，風景絕佳，於此培植森林，不但可以點綴風景，尤可佈置公園，特於是處相度地勢，審查土質，開闢道路，築壇作室，以爲園庭之準備，選造風景林，植有落葉松一千五百株及三角楓一千株，次於沿路及隙地，植法國梧桐，白楊，青楊，洋槐，合歡鉄樹，西湖柳，棕竹，龍爪柳，冬青楊柳，四季柑，桃，李，梅，杏，石榴，桂花，夾竹桃，紫微，紫荊，海棠，玉蘭，木箏，芙蓉等各就所宜，栽植各樹，共計二萬四千株。觀葉觀花觀果，無不曲盡其妙。或紅或紫或綠，舉皆表顯特別風趣，以成爲今日之博物館及平民公園之大觀。

4.民國二十二年

寶源運河，係澄江口之一溪流，因兩岸鑛山頗多，產煤豐富，藍文彬租黃楊溝一帶地方開採煤鑛，爲謀運輸便利起見，用人工築堤成爲運河，長十二里，但河岸泥沙時往下沉，春雨暴發，沖刷過甚，以致河床墊高，間有淤塞之虞。本署特於是年代爲設計運河公園，并派遣士兵於該河兩岸植楊柳竹梧桃李等共四千三百二十株，復於澄江口至夏溪口之沿河道路亦植行道樹如洋槐法國梧桐等二千二百一十株，現今青葱一片，葱蘢可愛。

5.民國二十三年二十四年

溫泉寺植樹，該寺與縉雲同屬古刹，中有溫泉湧出，宋元明清均有達官貴人名士騷客題詠石刻頗多，又見山水之勝，自古著稱，民國二十六年盧作孚氏長峽防局，往遊該地，憱寺廟之頹敗，童山之濯濯，乃毅然募捐培修，以造成遊覽區域，其時規模具備，尚缺地衣蔭被，在此兩年大批造林，以成完璧，茲將其所植樹量列表如左：

類別	樹名	數量
行道樹	法國梧桐	五〇〇〇株
	美國白楊	五〇〇〇株
	洋槐	六〇〇〇株
風景樹	楊柳	一〇〇〇株
	鉄樹	五〇株
	竹類	五〇〇〇株
	松樹	八〇〇〇株
	柏樹	一五〇〇株
	杉樹	一〇〇〇株
	西湖柳	二〇〇株
	龍爪柳	五〇株
花樹	夾竹桃	四〇〇株
	芙蓉	五〇〇株
	紫薇	三〇〇株
	紫荊	二〇〇株
果	四季柑	一五〇〇株

樹	江安李	一五〇〇株
	梁山柚子	一二〇〇株
合計	一八	六五四〇〇

以上各樹均係三年生苗，現已鬱鬱葱葱紅紫相映，而成爲温泉公園之盛景，四時遊客不絕，風景宜人。

6.民國二十五年

是年爲本署成立之期，對造林繁殖事項，尤爲職責所在，更須積極進行，并列爲中心工作之一，除本署造林外，其他學校園保，均一致動員，凡屬河堤，丙岸，荒塚，官山，隙地，斜坡均劃造林區地帶，茲更分述如左：

甲、北碚小學之校園林　該小學原係朝陽小學，本署成立，即劃爲管理，於本年春秋季共植法國梧桐美國白楊洋槐等樹五〇〇株。

乙、馬鞍山補植缺株　馬鞍山造林已於民國十六年施行惟間有枯死及未活者，應行補植，於今冬初，補植洋槐五百一十株。

丙、清河路植樹　清河馬路下，地勢窪下，每於夏季，常被洪水冲洗，故於沿路一帶，植洋槐一千株以資保護。

丁、夏溪口官山植桐　夏溪口附場一帶官山義塚，荒廢可惜，今秋經本署第二公安隊，施以芟除，栽植油桐二千株，現已竣事。

戊、黃桷樹公共植樹　本署所屬黃桷鎮聯保主任王訓能及區立黃桷小學校校長王蔭槐聯合學校學生各保保甲長等於場後官山造公有林一處，計植苦楝一千五百株。

己、送贈西山坪墾場樹苗　該場本設有苗圃，率多播種之苗，委小不堪移植。又因該場農道寬廣，無長大之闊葉苗，特由本署送贈法國梧桐二百株，美國白楊四百株，現已植於該場之農道，以爲將來蔭被之用。

庚、地方醫院植樹　本署地方醫院，購買巴縣縣立女子職業學校校址爲新醫院，四週隙地頗多，爲清潔空氣，培植風景起見，特栽法國梧桐二百株，洋槐一百株，美國白楊二百株。

辛、工廠植樹　兩年前曾協助栽植法國梧桐及洋槐二百餘株，惜苗太幼小發育不盛，本年乃全部掘出，易植以較大之美國白楊五百餘株，工廠週圍及行道樹，均遍植完全矣。

壬、人民自動植樹　北碚富紳受植樹運動之影響，自動向本署購買法國梧桐五十株，美國白楊一百株，植於宅舍前後以配風景。

癸、苗圃建設　本署苗圃共有四處：(一)為本署平民公園，苗圃面積計十畝左右，所育苗木，多觀賞類，每年可育苗木五萬株。(二)溫泉公園苗圃，面積計五畝，所育苗木多屬花木類，每年可得二萬餘株。(三)樂園公司苗圃，面積計二十畝，所育多屬果樹類，每年可得十萬株。(四)西山坪苗圃，率多建築類之針葉樹，面積計五十畝每年育成苗木在百萬以上。

八、漁牧事業之建設

(一)嘉陵江之捕魚船戶　本區以嘉陵江縱貫其間，每年所產鮮魚常在八，〇〇〇斤以上。但此天然產物悉由漁船張網捕獲，亦無畛域之界，營此業者計有漁戶十四五家。

(二)大田坎之草魚　該地富紳唐某鑒於漁業之利較各項農產物為優，曾於十九年在水嵐埡其居宅近處鑿塘養魚頗著成效。去年復有販運沙市草魚苗者來區內銷售，唐紳乃更租大田坎之池塘，縱橫百米，深八尺，於中購放草魚二千五百個，半年以來重達半斤之魚不少。惜此魚須在河灘急流處方能產卵，靜水之中，絕不繁殖子孫，是其特性。

(三)寶源運河之放生魚　寶源運河本供運煤之用，但經年既久，其中所生長之魚頗多。因自來禁人打撈之故，繁殖頗甚，常見有尺許之魚浮游水面。近經寶源公司，及地方人士，義讓由公安隊捕撈出售，免棄利於地，並以所得魚價歸公。

(四)家畜之調查　本區牧畜事業，除西山坪有整個之計劃外，餘多為農家副業成零星狀態。或三五成羣，或混合飼養，無方法之可言，本年藉四川家畜保育所之助，將全區所有牲畜種類數量，加以調查，以作將來改進之張本。依據調查統計數字如次：

牲畜統計

名稱	數量	名稱	數量
牛	五〇〇	雞	二〇，〇〇〇
羊	七〇〇	鴨	六，〇〇〇
豬	一〇，〇〇〇		

(五)西山坪之牧場　西山坪墾場，鑒於牧畜事業之重要，及本區應有從事積極改進之關係，特闢牧場一所，購入本區及異地品種，並聘請專人飼養，所有畜舍悉行改建新式裝置。飼養方面，均依科學方法，茲將各項簡述如左：

1.牧畜場　計地五十畝

2.畜舍　雞舍一，鴨舍一，羊舍十五間，猪舍五間，牛舍二間。

3.畜數　意雞十隻，北平鴨四對，波支猪二隻，盤克縣猪二隻，隆昌猪四隻，北方綿羊雌二隻，雄一隻，渝合各地山羊四十七隻，本地力用牛三隻。

4.成績　意雞繁殖五十七對，北平鴨已達四十隻，雜交猪二十隻，綿羊共七隻，山羊一百五十隻，牛五隻。

5.附記　該場地積廣大，氣候淸涼，大宜於綿羊之飼養。據該場人云：將來綿羊飼養繁殖絕有希望了。

九、鑛業建設

區內鑛業，有煤，鉄，石灰三項，煤爲大宗，石灰次之，鉄又次之，玆分述如下：

(一)煤　在區內之東西兩山南北均產，大小煤窰不下數十餘家，販運煤業之炭坪不下數百處，雇用工人在數萬人以上。直接間接倚煤爲生活者無慮數十萬人，每年出產十萬噸左右，值銀百萬元，下銷重慶，上銷潼川，在十年前區內多匪時，廠多歇業，後來全境治安有了保障，乃分別復業，添鑿之煤炕亦不少，玆擇其中之重要者數處述之：

1，天府煤業公司　民二十二年成立，由江北文星場，劉家壩，天泰，和泰，同興，復和，又新，五家廠併合而成。以舊廠資產估價打成資本，并約民生實業公司及北川鉄路公司投集新資，總計資本二十四萬元，擬用新式機器開採改良煤業，增加銷路。鑛區面積凡十五里，計九層，均烟煤，生成於二叠紀石灰岩中，厚薄不一，總厚六公尺，最厚者達三公尺，爲四川最厚之煤，總儲量一萬萬噸，可採之量約三千萬噸，目前每日平均產量約六百噸。採煤用乾電池燃點電燈代替油燈以防煤氣爆炸。公司有製造電池廠一所，內設九馬力立式鍋爐一座，九馬力引擎一部，六基羅瓦特直流電機一部供蓄電之用。煤價在前三四年較好，每噸值價十餘元，今已跌至七元之位，營業衰敗，頗有虧折。本區已組成煤鑛業同業公會，更擬促成煤業運銷合作社以圖挽救。

2．寶源煤礦公司　民十七年成立，初有炭窰一口，十八年十九年各買一口，以後陸續添鑿四口，各窰名稱爲(一)燧川溝炭窰，(二)羊史溝炭窰，(三)倒插溝炭窰，(四)黃秧溝炭窰，(五)上雙河口炭窰，(六)下雙河口炭窰，(七)范家溝炭窰。總公司設重慶，辦事處設璧山夏溪口，資本二十五萬元，爲運煤出河起見，曾自築運河一道，長凡十二里，堰堤用石三萬七千方丈，用款十四萬元，成功水柱三丈六尺，於中置大木船十六隻，常作運煤之用。除運河外，更築有窄軌輕便鉄路，一端由嘎口接連嘉陵江，長有二百四十丈，一端自炭窰接出運河末端，長六百丈，由人力推煤，一個人力可抵舊日三十人之挑力。設備採煤機一部，馬力九十匹，另置鑽眼機三部，有十匹馬力電氣馬達一部，用以鑽鑿新門洞，洞高一丈一尺，寬九尺，每日可鑽深八尺，後以他事障礙，致用人力開鑿，經一年之久，現已鑿近炭層，開始採炭，每日平均出炭百担，每担四千斤，大部運銷順慶，少量運銷重慶，可作輪煤。

3、燧川煤鑛公司

民十六年成立，十七年鑿新門洞，深六十丈抵煤層，十八年開始採煤，自建廠房在縉雲山西面石堆窩，用工人四百餘名，每日出炭二十餘担，運銷重慶常作輪煤。

4、復興隆炭廠

在温泉峽中，炭廠經營近百年，窰路長達二十餘里，每日出煤五噸，煤質甚好，常供輪煤之用，附近另有一炭廠名同發公，坑道與此幷行，每日產煤量亦同。

(二)鉄　在區內温泉峽觀音峽俱產薄層鉄鑛，有的太薄不能開採，較厚之地距離較遠，有鉄廠二家從事採煉。

1、富華鉄廠　廠離北碚五十里，在歇馬場豹子溝，係銅梁人蕭靖光創辦，資本三萬元，民國二十年成立，築化鉄爐二座，去洋三千元，鉄鑛取自距廠三十里之東山王家灣炭窰，由力夫挑運到廠，和以松木炭入爐冶煉，每斤能化鉄十二兩，每日出鉄三千斤，每斤售洋七仙，廠地附近七里之西山岱水灘亦有鐵鑛可取但每斤祇能化鉄八兩，出品銷本區兩煉鋼廠及合川遂甯各地。

2、盛敬之鉄廠　在江北青平場附近，產鉄質料頗好，可供煉鋼之用。銷場本地及自流井。

(三)石　灰

在區內觀音峽沿江兩岸盛產，有石灰窰數十家，全部工人數百名，係由石工用鋼鑽，在石灰岩上打成炮眼，炸石成塊，然後入爐和炭燒鍛，每一窰爐日出灰數千斤不等，全山窰爐每日出產在一萬噸以上，値銀五萬元。

十、工業建設

(一)製造工業

1、三峽染織工廠

甲、籌備經過　民國十六年前，峽防團務局舉辦兵工織布事業，春季派兵到北碚附近各小布廠見習，復派員到重慶各布廠考察，冬季開始試驗木機，由數架漸次擴充到十數架，由一個中隊漸次擴充到三個中隊，由丟梭辦到扯梭，由本地木機進化到湖北鉄機到天津鉄機，到東洋鉄機。各隊併合於工務股管理，民十九年在滬購買三星棉鉄廠動力機及各項機器，八月運回北碚，同時工程師到廠安置一切。

乙、正式成立　十九年十月正式改組成立三峽染織工廠發動機器，轉紗織布，在四川以動力機織布，此爲創舉，此時資本五萬元；經營所得餘利以之輔助科學事業。

丙、改組讓度　民二十二年五月本廠改組撥歸中國西部科學院直接經營管理，廿三年八月再讓度與民生實業公司。

丁、現有設備：

A、機械

動力部：
- 水管鍋爐—一部　蒸汽水幫浦—二部　六十kvA發電機—一部
- 八十四馬力蒸汽機—一部　發電機電台—全套
- 二十六匹電馬達—一部
- 九匹馬達水幫浦—一部　六匹馬達水幫浦一部
- 十四匹馬力柴油引擎機—一部　五百盞發電機一部

漿漂部：
- 印紗機—一部　濾水機—一部　絲光機—一部
- 碼布機—一部　蒸汽染槽—一對　煮煉釜—二口
- 大小水池—九個　踩石—四套

搖紗部：
- 六十錠導筒機—四部　六十錠導紆機—二部
- 六十錠併紗機—五部　寶塔筒機—一部　手搖車—三十架

織造部：
- 整經機——四部　毛巾布毯織機——六部
- 提花織機——三部　電力織機——三十部
- 鉄輪織機——四十四部　毛巾機——二十部
- 打花機——一部　大幅提花織機——七部
- 木機——八部　電力雙幅毛巾機——二部

B建築：

因新添電力各機到後，舊廠不敷應用，乃另租縱橫一百二十呎之地一幅，建築新式製造廠一座，計七列四十二間，自來水石池四個，能容水九〇二噸．動力房三間　漿漂部房屋十二間，事務部房屋二十間，計用建築費五萬一千餘元。

戊、出品銷路　本廠出品各色三峽呢，羅甫呢，自由呢，中山呢，充毛呢，毛巾布，蜂窩布，三峽布及哈嘰毛巾毯子等，專銷本省重慶，成都，敍府，瀘州、廣安，順慶，合銷川各地，每年約二十萬元額。

2，嘉陵煤球廠

廠地在北川鉄路之起點白廟子，民十九年夏季開始籌備，秋季訂購機械，冬季開始安裝，二十年春季完成，資本三萬元，設備三十五匹馬力蒸汽機一座，製造煤球，全套廠房及辦公房一座，每小時出產煤球二噸，以本地所產黃泥混入煤屑百分之五爲原料，製品銷重慶合川兩埠，燒戶佔銷量十分之六，工廠佔十分之四，近兩年來因煤價衰落營業不振。

3，洪濟造冰廠

廠地在白廟子附近之乾洞子，係用水力造冰。有七十四馬力之立式水鍋輪機一部，造冰機一部。民十七年籌備，十八年建廠，十九年出冰，每日一萬磅，係用電力吸取河水，經過沙濾，然後以之造冰，曾在重慶附近設有大冰窖，能藏冰百萬磅以上，準備全年製造，專供重慶附近地方夏季之用，發起人爲工程師駱敬瞻，資本五萬元。惜因營業不振，轉讓債權人將造冰機折賣，現時僅有廠房，其水力設備部分尙可利用，有人從事另組水力發電廠，在進行中。

4，利華玻璃廠

廠地設峽區之江北縣土沱鎮，民二十年成立，由三十一人集股經營，有資本八千元，設陶甍，爐房，磨貨，調藥，櫃房五部，分頭工作，全廠職工五十餘人，出品有多於重慶鹿蒿玻璃廠之出品，銷嘉陵江上河一帶，每年尙有盈餘。

5，惠利火柴廠

廠地亦設江北縣土沱鎮，民十三年由鎮廿人集資一萬元開辦，最初年有盈餘，近數年來，因受時局影響虧折，現存資本五千元，每日出貨四百包，每包七十二盒，每盒賣洋四角二仙，逐日售出成品百元上下。重慶合川設有營業處，其餘附近各地託人代售，平均每月收支達五千元左右，廠內職工三百人，零工及童工居多數，工作分擺戧，上藥，入烘，裝箱等部，方法頗舊，尙待改良。

(二)化學工業

1，廣益化學工業廠

本年四月開始籌備設立，廠址在北碚對岸之東陽鎮，資本二千元，置有簡單機械，專製硫酸硝酸鹽酸，以備工業之用，俟出品銷路推廣，將更陸續增加資本。

2，白礬廠

本區礬廠，僅只黃桷樹宇藏嘴一家，民十年開創，現爲劉銀州經理，其製礬方法；係用天登保之礬磚一百斤，順慶或保寧之硝鹽二十五斤及雜鹹五斤，將以上成份之原料混合可熬成白礬百斤，該廠每月可熬六千斤，全年出產七萬二千斤，成品每百斤售價六元，上銷遂寧，下銷重慶。

3，煉焦廠

煉焦事業，本區亦祇全盛廠獨家經營，廠址設黃桷樹礦心坡，爲渝商鄧某等所辦，經理人爲甘甫臣，其煉焦原料，係由細炭淘洗煅過而成，每月可煉七千斤，全年八萬四千斤，銷場上爲遂寧，下爲重慶，每年獲利尙豐，本區產煤甚豐，煉焦事業，將來可大規模經營。

(三)電氣工業

1，自然電池廠

民國十八年成立，資本二萬元，廠地初設於黃桷鎮之文華沱，繼移鎮上市街內，製造各種乾電池，供給三峽煤窰及峽區各場之用，重慶設有分廠及售品處，近兩三年來，因峽區利用蓄電瓶以電力充電，本廠營業遂致衰敗，大有不能維持之勢。

2，霍胥洞水電廠

廠地在北川鉄路戴家溝附近，利用水力發電，儲蓄於電池內，供鉄路沿線各煤廠挖煤點燈之用，亦實驗區內新興經濟事業之一。

3。燧川水電廠

廠地在澄江鎮屬之元灘河傍運河岸邊，民二十四年冬季成立，資本六千元，設備有三個基羅瓦特電機一座，及三個馬力之水力機一座，連全部水漕水管及過道安置亦費洋三千元，每日能充電千瓶，每瓶原本藥料費八角至一元五角，充電費一次，每瓶賣洋五仙，電完還瓶再充，專以供燧川本身挖煤點燈之用，亦零售附近各炭廠。

4，富源水電廠

民二十年由民生公司發起，利用巴縣歇馬鄉高坑岩(距北碚二十五里)瀑布，派人測量幷記錄水量，將近兩年，測知該地水流平均有馬力三百匹，上游蓄水量及受雨面積亦經全部測量，雨量則依據科學院農場之記錄，業經購置建設地皮列具全廠計劃預算需款十八萬元，所生電力以之輸送於北碚及北川鐵路應用，因二十二年共匪擾川，工程中止進行，現尙有待於繼續舉辦。

(四)煉鑄工業

區內煉鋼工業，初僅金剛碑附近一家鍊鋼廠，繼因銷路尙旺，澄江鎮之茶子溝近年復添設一家分述於下：

1，茶子溝煉鋼房

甲、地點　澄江鎮第二十保茶子溝

乙、設立人　董秉輝

丙、資本　鋼房約千元，活動資產六千元。

丁、職工　高等技工一人，其餘扯廂煎鐵雜作各項十一人

戊、設備　小爐二座，煉鋼爐二座，化鐵爐一座。

己、煉鋼辦法　先將生鐵錘碎，取重七斤半入小爐用炭火(打鉄炭爲該處附近煤窰所產之炭)煎爲一塊，劃爲連續易斷之三牙，再以此一牙一牙的入大爐鍛燒，大爐燒白炭杠炭，有扯風廂，鼓送空氣入爐，火尾高達丈餘，一面鍛牙鉄，一面另有技工夾生鉄板就爐火上煆成鉄水，滴入牙鉄上，是謂抹鋼。抹鋼之鉄，損失幾及一半，即每百斤鉄，祇能煆五十斤之鋼也。抹鋼手續完成後，箝出大爐，趁紅熱時錘成方一英寸長一英寸之鋼條，冷却後，碎爲三段，其斷口平整緻密者是爲好鋼，參差不齊者爲次等鋼，零亂者爲劣等鋼，價錢各有等差，好鋼以八十斤爲一担，目前市價可賣二十四元之譜。

庚、土鋼與洋鋼　由上法煉成之鋼，是爲土鋼，又名蘇鋼，有橫力，以之打刀，鋒利較洋鋼遠過之，故一般鉄匠樂用土鋼，但因洋鋼價錢每担十六七元，土鋼銷路不免受其打擊。據聞自意阿戰爭起，我國洋鋼進口較少，時價爲之一漲，後來阿國覆亡，洋鋼價又平復，目前中日進行談判，洋鋼頓又漲至二十二元，故土鋼之價乃得稍見良好云。

辛、銷場　多銷行重慶合川，遠及成都平原內十五屬各縣，有脚夫來挑，整挑之價，每斤三角，零售之價，每斤四五角。

壬、生鉄來源　由銅梁陰陽溝，或璧山豹子溝富華鉄廠買生鉄板，或在土沱貨由偏岩場盛敬之鉄廠所出之生鉄板，每百斤六元，由船或起旱運至鋼房。

癸、工作時間　工人工作從每日午後起到雞鳴時止，午前睡眠休息，盛夏時停工。

2，金剛碑王姓煉鋼廠

成立尙早，資本數千元，係王姓獨資經營，民八九年間因峽道爲匪嘯聚，中輟數年，嗣復繼起經營，係用土法煉鋼，即採買生鉄板錘碎入爐，經三次錘錬成爲熟貨，一般人謂之蘇鋼，用以造利刃，較洋鋼爲優，價亦較廉，銷行成都，雲南等地，年僅出貨千餘擔。

(五)其他工業

1，石

石工業爲本區所特有者，如礦石，碑石，硯石，方解石，（普通叫麻石或鹹水石）耐火石等，分產於觀音峽及溫泉峽中，銷行達於省內外，年值六萬元。

2,陶工

甲、磚瓦廠　區內有九家，在北碚者二家，在文星鎮者二家，在黃桷鎮者二家，在澄江鎮者一家，共九家。年出磚約三百餘萬疋，瓦四百餘萬疋，值銀三萬餘元，大部銷重慶，少數銷于本地。

乙、碗廠　區內有碗廠七家，在山上挖取白石碎爲細泥，製成各種大小碗型入爐燒烘兩次卽成，產量總數五萬付，值銀萬元，下銷渝，涪，酆，萬各縣，上銷射洪蓬溪三台各縣。

丙、造紙　區內盛產水竹，年約四十餘萬斤，除用以砌篾編蓆運銷別處外，餘悉以之造紙，加上其他竹類，更可大量運用，因之舊式紙廠，遍地設立，製造火紙，年達萬元之鉅，數年來外紙傾銷，農村沒落，紙業更一蹶不振，多數相繼歇業，每年銷額，不過千元而已。

丁、炸油　全區桐樹甚多，每年產桐實二千石以上，分售本區各場榨房以土法炸取桐油，銷售外地炸油之家，全區共有十二戶，年炸油約廿萬斤，值洋八萬元之譜。

十一，交通建設

（一）電話

四川有鄉村電話，當以本區爲首創。其時在民國十七年秋季，由前峽防局購買機器及桿線材料，從事架設，先於局內安設三十門之交換機，次第安設小學校，圖書館，銀行，醫院，常備隊，三峽廠，消費社，溫泉公園各處談話九月十二日全部通話。當時無工程師，由前局長盧作孚自行設計並指揮士兵担任安桿架線等工作。稍後溫泉公園（距峽局十里）常備二隊，科學院農場，亦皆通話。次年卽着手於江巴璧合四縣各鎮鄉之電話與北碚重慶間，北碚合川間等縣之安設，一月動工，五月全部完成。下年江巴兩縣全境相繼安設鄉村電話，未幾而全四川亦有普遍設置之勢矣。至今區內各鎮鄉外較大之么店子，（如金剛碑白廟子）均安有電話機。凡峽區較著名之經濟事業機關，如工廠，煤球廠，鉄路公司，天府公司，寶源煤廠，俱有電話，藉實驗區署之交換總　可與重慶合川江北各縣談話。

（二）郵政

本區郵政在民國十九年九月以前，祇有北碚商人代辦之郵政信櫃；嗣後峽區事業逐漸發興，而郵局之設立，亦至感需要，由峽防局函商東川管理局，乃於是年成立北碚三等郵局，陸續開辦全區鄉村郵路，區屬其他各鎮及溫泉公園夏溪口白廟子，同時安設村鎮郵櫃。初期營業情況每月可售郵票百餘元，匯兌二三百元，後來逐年增加，月售郵票，今已達二三百元，匯款益多矣。

(三)河道

1,測繪水表

嘉陵江河流，自合川到重慶一段，由本區派員於民國十六年冬季就沿江兩岸各岩壁處測繪水表，使往來船隻，知水之漲落深淺便於航行。自初次測繪之後，以後即按年補畫一次(此工作現由川江航務管理處辦理)。

2,淘鑿險灘

十七年冬季起值嘉陵江水最枯時季就沿江各處之有名險灘，如虬門灘，(曾覆沒平福小汽船)黑羊石，紅沙磧，各處加以濬淘俾汽船木船暢利通行，十八年並將合川下游之鏵樑灘作第三次之開鑿，工作數月乃得畢事，至今年洪水時季上水船隻，可順漕通行，無復有覆舟之禍。

3,取締攬載

境內橫江順江，大小船隻統計有七百餘隻，運客載貨，上溯合川，下達重慶。而順江小船攬載客貨常有逾量者，發生危險，不一而足。本區乃派船員逐船登記，銘印號碼，發給船牌，凡旅客搭船，按峽路(卅里謂之為一峽)給價。初定每客六百文，經年屢經改定已到一千二百文。自有此規定之後，往來船客稱便。

4,維持航運

最初四年河道尚感匪徒搶劫，行駛境內之汽船木船，常於境外出事，從十八年起，乃派兵護送汽船，保護木船，暢行境內，至今數年，尚稱安謐。

5,添置囤船

峽區通行汽船，自民國十四年即有幾家公司，製造小輪，往來專載客人，經過區內各鎮碼頭，客人上下，必以小船接送，船小浪大，每致翻覆，因於民國十七年交涉民生公司，送置北碚躉船。廿年溫泉公園設置溫泉躉船，二十一年添置白廟子與土沱兩地躉船。本年(二十五年)籌備設置夏溪口躉船。便利客人上下。

6,運河成立

民國二十年寶源煤廠在澄江鎮之夏溪口，修成堤堰一道，完成運河十二里，專供運煤之用，其下段六里，並可行駛小木船，運客載貨。

(四)鉄路

北川鉄路 爲北川民業鉄路公司所經營。民國十七年，一月在滬聘請丹麥工程師守兒持氏來川主持工程。守君乃一六旬老人；精神健旺，初來無辦公地點，假儲煤之炭坪子，作爲守君辦公寢息之所。測勘路線凡九閱月竟日跋涉山谷間，毫無飢疲之感。偕與工作之青年，反有不勝任其苦者。測繪完畢，列具預算書，即於是年十月動工，建築水嵐埡至土地埡一段，計十七華里，十八年十月通車，十九年添修由水嵐埡至白廟子一段，計程五里。又接修土地埡到戴家溝一段，計程三里，均於二十年五月通車。二十二年接修由戴家溝至大田坎一段，計程八里，全綫計三十三里，同時於白廟子建築下河絞車第一段，於二十三年四月一日同時完成。第二段絞車二十四年三月完成，主要運輸煤炭，平均每日四百噸，擬募足股本六十萬。鉄路起點在嘉陵江邊，依山嶺斷岩而築，乘船經過，聞汽笛嗚嗚，在江中仰望，火車一列，盤旋天際，如在車中俯瞰，則又下臨無地，使人心惱。車站地名白廟子。初僅有房屋一所，鉄路修成後，新建街房百餘間，儼若一新市場焉。鉄路之設備有車站十一處，一百一十匹馬力車頭一部，七十匹馬力車頭二部，三十五匹馬力車頭二部，五噸重廂包卸煤車六十部，客貨車十餘部 卸煤橋四座，絞車二部，各種修理車床及機械全套。二十匹馬力鍋鑪引擎全部，有事務處及河邊碼頭煤棧等 二十三年營業約十四萬元，盈利甚微。本年因全區煤業公會成立共謀救濟煤產，運輸稍見起色。

(五)公路

由北碚到青木關一段，計普通行程九十里，曾於民國十九年動議修築馬路一條，銜接成渝公路，當時由渝簡馬路局派工程師率測量隊，前來從事測量，計全線長三十公里，以每公里合華里一里七，計之約五十一華里 工程需款二十四萬元。因川戰關係，中止修築。本年春季行營復有徵工建築之議，亦因尚未籌有的款，暫未進行。

怎樣施行小先生制

葛向榮

甲、關於宣傳方面
一、宣傳的對象
二、宣傳的機會
三、宣傳的材料

乙、關於組織方面
一、就學級編製
二、就年齡編製
三、兩軍組織

丙、關於訓練方面
一、精神訓練
二、習慣訓練
三、傳習訓練

丁、關於活動方面
一、檢討失學者
二、組織共學處
三、徵學
四、傳習
五、進行
六、會議

戊、關於輔導方面
一、提供材料
二、監督視導
三、施行比賽
四、嚴格考績
五、明定獎懲

在民族解放鬥爭聲中，不但是拚命殺敵，踴躍輸將，始為當前迫切需要的行動，而努力生產，動員大衆，也是當前不可忽視的工作！尤其是為了長期抗戰，為了保障最後的勝利。

努力普及教育，是將民族解放鬥爭的戰線擴大到全民衆去的基本工作，我們為完成這任務，曾運用了各種各樣的組織，機會，與方法，當中，以即知即傳的小先生制，更感覺得簡便而敏速，雖然他們的力量有限、但小小的山溪，也可成巨大的洪流！

茲將北碚三十三保義務學校，實施所得的一些經驗和問題，報告給正待進行的朋友和指示我們的先生們。

甲、關於宣傳方面

一、宣傳的對象：

1.要培養學生對於國家社會的觀念，和對於勞苦大衆的同情。使他們明瞭在國家危難這樣嚴重和人民痛苦這樣沉深中，我們每個人都應盡一份救亡救苦的責任，即知即傳，普及教育，就是救亡救苦的一種切實的基本工作。使對於小先生制有深切的認識，有熱烈的興趣，都願意當小先生，都樂於當小先生。

2.大的要向其家長說明：當小先生對於學生本身的訓練有很大的幫助。所謂「教學相長」教書比讀書的進步，還來得快，而且更可獲得旁的許多實際的經驗，使容許他的子弟，乃至於鼓勵他的子弟，當小先生。

3.要使保甲長明瞭小先生制對於地方政治推行之幫助，而能以政治力量幫助小先生制之推行。

4.要造起一個識字運動：使社會人士明瞭普及教育的重要，尤其是使一般文盲感覺教育的需要和要求，更說明小先生對於文盲求知的幫助，是如何便利，使能認識小先生之力量，進而接受小先生之教育。

二、宣傳的機會：

第一要抓住已有的集會：如甲長會議，壯丁訓練，等集合的機會，乃至於鄉村裏婚，喪，壽，誕的應酬的機會，都可作一個宣傳的運動、由教師親自出席或訓練學生參加。

第二要造起宣傳的機會：例如以政治的方式，召集保甲會議，或以娛樂的方式，舉行家庭懇親會，利用談話，講演等報告，標語，圖畫等環境的佈置，戲劇，雜技等遊藝的表演，以作宣傳的工具、舉凡一切活動，都要集中在這宣傳的中心意義上。

第三要多作個別的談話：鄉村民衆，多富於情義，集中宣傳固然可以省時省力，但於行動之影響究竟還少，不若個別談話之有效。而且就是集中也非常困難，如果你規定午後一點開會天晚了也還是疏疏落落的沒有幾個人來，因他們沒有開會的習慣知信念，不管你說得怎樣好或者怎樣嚴重，他們對於集會都是非常淡漠而且極其遲延的，所以在鄉村裏面要想舉行一個甚麼大大的集會，常是要失敗的。

三、宣傳的材料：

1，為施行小先生制勸學生家長

諸位父老兄長們：請你們不要躭心你們的子弟當了小先生會躭誤了他的學業；不要躭心你們的子弟幫助了社會就幫助不倒家庭，須知當小先生完全是課外的一種社會活動，而且是從家庭起。這不但能幫助家庭做事，反而更能幫助家庭做更好的事，不但不妨礙學生學業的進展，反而更能幫助學生學業有更快的進展：

(一)促起學生努力求進：我們曉得一個人當學生當到幾十歲，還是一個孩子氣，愛偷懶，愛頑皮，愛隨便，但是也不管任何年輕，一叫他居於領導地位，便會馬上循規蹈矩，愼重起來，同時爲了要教人，更非努力先自已學會不可，因專心一意，原來需要兩點鐘學會的，現在只要一點鐘就可學會了，原來需要一點鐘的，現在只要半點鐘就行了，所以當了小先生之後，不需要先生或家長的時時監督，就會促起自動地用功，努力修養他的學行了。

(二)可獲得實際知能：凡是我們要介紹給民衆知道的事，都是與民衆生活有密切關係的事，或是可以確切推行的法子，這些都要經小先生傳遞，所以小先生就先自學會了。學生有了這些實際知能，將來在社會上生活當然不成問題，等於是爲他遺留了一筆很大的財富，而且這種財富比遺產還可靠得多，靈活得多。

(三)可使學業牢靠踏實：書本上的知識是死的，我們要免强去死記，使兒童感覺非常吃力，即使勉强記得，也不能深久，這一會記得，等一會便會忘掉，這幾天記得，等幾天便會忘掉，所以有許多兒童，願意担煤炭而不願讀書，你叫他上學，他常東躱西藏，就是怕讀死書的關係，如果我們能把書本上的知識，馬上便應用起來，根據學習定律，應用次數愈多，腦筋的印象愈深刻，同時有不合於事實的地方，還可立刻改正，所以得來的知識，比讀死書更牢靠，更踏實。

(四)可以增加辦事經驗：因爲每一樁活動，尤其是社會活動，尤其是在中國現在的社會活動都有困難，都有問題，但是我們决不能就認爲沒有辦法，我們要鼓勵他去解决這些問題，去超越這些困難，使他常與這些問題周旋，常與這些困難奮鬥，可使明瞭辦事的手續和步驟，可使獲得豐富的辦事的方法和經驗。

(五)可以增進活動能力：現在鄉村裏邊，一般學生的通病，都是呆板，遲鈍；都是怯懦，羞澀，見了人開不起一句腔，上了台說不出一句話，所以年齡還是一個小孩，而動作却好像變成一個老孩子了，如果當了小先生，就須常與社會接觸，常與社會各色各樣的人接觸，而且要教他們，要把最前進的文化灌輸給他們，非有優美的社交能力不可，非有敏活的宣傳能力不可，這些能力，都將因實際活動的需要而磨鍊出來。

所舉這五項，不過是當小先生對於學生學業幫助中之犖犖大者而已。他如小先生制本身的團體生活的訓練，嚴格的紀律訓練，尙且不說。

有的家長，還有一種誤解，以爲我的子弟是送去讀書的，不是送去教書的！如果教學生去教書，先生一年拿一百多塊錢幹甚麽呢？有那樣便宜的錢麽？我們要知道教人「教」，比教人「學」更困難；教人能「做」，比教人能「懂」更困難：先生除了在校內教學生的書本，還要在校外教學生的活動：其工作之繁難當不知要增加多少？單是校內一個人每點鐘要教四級，已夠應付了，何况更加上校外的照料與指導，那裏還有餘暇？如果以偷懶曲解先生，不要子弟當小先生，乃至不要子弟讀書，眞是太沒見識，或者是太自私自利了！

在國難這樣嚴重，人民生活這樣痛苦的情形之下，只要這種辦法能有補於大局，雖與我們自已有任何利害衝突，亦應犧牲，何况尙有益無損呢？

2，怎樣勸窮苦的人讀書

一，不要以爲下力的人，不需要讀書：我們做活路，專靠氣力是不行的，像現在這種下力，簡直是苦役，那裏是在做活路？在這個時代，舉凡用人力做的事，都可用機器來代我們做了。而且做得來更快更好，如三峽工廠的織機，民生公司的輪船，北川鉄路的火車，天上的飛機，……都是我們所看見過的，如果我們都能讀書，都懂得科學，都能利用極現代的機器，改進「生產的方法」，那末我們做活路，那裏還會像受罪一樣呢？

而且，如果專靠蠻氣力，笨頭笨腦，甚麽道理都不懂，就要常常受人欺詐，受人剝削，不怕你一天苦到黑，一年苦到頭，一生苦到老當牛當馬，還是穿不暖，吃不飽。自己猶可忍耐，而衰老的父母，不能奉養，幼小的子女，不能撫育，看着一家沒有生活能力的老幼受冷受餓，心裏是多麽難過啊？再若一遇到天災疾病，便只有眼睁睁望着死！但是，看那些科學發達，知識高尙的洋人先生們，穿，是如何華麗？吃，是如何豐美？住，是如何精緻？生活，是如何逸樂？一切的不公平，不合理，只有我們這些窮人愚人才有分！他們完全是很公平的，很合理的？我們要改善「生產的制度」先就要改善我們自己這個「人」！如果我們還不努力讀書，不求覺悟，眞的我們是不想過「人」的生活了，你願意永遠過非人的生活嗎？你忍心你的後代，也像你一樣，永遠過非人的生活嗎？

現在且不說那樣遠，就是在平常，識字的人也要方便得多！認得倒幾個數目，掛得起幾筆賬，開得成條子，單子，寫得來約據，信紮，明白政府的告示，曉得危險的警告，不論走到那裏，也要少上多少當，少吃多少虧，讀了書，那裏會沒有用呢？

二，不要以為窮人讀不起就不讀：我們如果進學校去讀，要買書籍，要買紙筆墨硯，要出燈油，要縫制服，自然我們這些人家，很難讀得起，但是現在有我們這些小先生來幫你解決了，書，可幫你抄，紙筆，可幫你找；白天教，不要燈油；在鄉裏，穿短的自然更方便，不穿也不勉強，甚麼都仍然簡簡便便，很平常一樣，是不花一文錢的。

三，不要以為小先生不能教，就不受他教：小孩子本來是不知道甚麼，不能教；但是一經學會了之後，却是可以「傳」的。小先生學會一個字，便可教你一個字；學會一椿事情，便可教你一椿事情；教師怎樣教小先生，小先生便怎樣教你，你又可再像這樣去教別人，馬上學，便馬上教，這就是所謂「即知即傳」，誰個先學得，誰便可以先教人；任何人都可以學任何人便都可以教，怎麼說大人不能向小孩學呢？

四，不要以為不得閑，讀不成器：我們這些下力找吃的人，固然都很忙。不過每天抽出一兩頓飯久，對於活路是沒有甚麼妨礙的，你一天那裏不吃幾桿煙，不躭擱一些時間呢？讀書總比吃煙有價值些吧？自然，每天即使抽一陣陣時間來讀，也讀不倒好多，讀不倒甚麼明堂，但是，一天就打算讀十個字，一年也就有三千多字了。十個字是費不了多久時間的，只要在這個時間學會，便可在旁的做活路的時間順帶練習熟，是不怎麼躭擱活路的，我們讀書，並不是想讀出一個頂子來，可以坐吃俸祿，也不是想學得一些害人的計巧，再去剝削別人，只要能夠看得懂書報，能夠不受人欺騙不受人剝削，就算讀成器了，這有甚麼辦不到呢？

五，不要以為這是新學，讀來沒有詳：我們讀書，原是為適用，不管他新學，舊學，只要讀起來能夠懂，能夠用，就算是「有詳」了，那深奧莫明的古書，才學的人讀起來懂都難懂，那裏還能用呢？而且新學，舊學，字都是一樣的，不過時代不同吧了。那個時代讀那個時代的書，好像我們在民國時代，那個還去穿滿清時代的衣服呢？所以那種人讀那種書：小孩子讀老少通，成人讀民衆課本，婦女讀婦女課本，區署都是有規定的，決不會叫你們去走冤枉路，拿沒有益的書給你讀。請你不要躭心。

六，人人都是要讀書的，決不能避免：因爲一國的文盲——沒有讀書的人太多，就要阻礙建設的推行，阻礙民族的復興，阻礙國家的強盛，讀書，不但是關係個人的幸福與痛苦，而且是關係整個國家的興衰強弱，所以中央和實驗區署，都規定得有強迫讀書的規矩，任何人是不能避免的，好像壯丁訓練一樣，任何人也不應避免！

同胞們，請你不要懷疑了，不要觀望了，趕快來讀書吧！

3，怎樣勸農村婦女讀書

婦女是民衆中的一半，也是民衆中不曾訓練的生力軍，所以普及婦女教育，還是當前最急切的一種工作，不過鄉間婦女，綑於習慣，大都不明白讀書的重要，這裏有幾點宣傳的資料，是我們的小先生在宣傳時的一種「錦囊妙計」，盼望小先生們能夠善於運用啊。

一、婦女是應該同男子一樣讀書的　一些人都只曉得男子該讀書，婦女不該讀書，這是不對的，殊不知男子是人，婦女也是人，所以男子該讀書，婦女也是該讀書的有人說，男子管外邊的事，婦女專管家屋裏的事，讀起書莫用處，這也不對，要知家屋裏的事，並不好管，依道理說，寫賬，打條子，都該婦女做，男子才好一心一意，去管外邊的事，還有一點要緊的事，教小孩子是婦女的工作，不是男子的工作，讀了書就教得好不讀書就教不好，婦女那裏可以不讀書呢，如果是聰明的女子，多讀一些書，多明些道理，他還是一樣可以管公事，一樣可以當「官」，從前的女子，如像武則天還曾做皇帝，不是讀書，那裏能夠呢？

二、婦女不要以爲不得空，就不讀書　鄉間的人，本來很忙，不過讀書也是不甚麽躭擱時候的，一天只要找得得出一兩噸飯久的時間，就可以讀很多的書了，譬比說一天讀十個字，一個月就可讀三百字，四個月就可讀一千二百字了，十個字要不到一噸飯久，也就讀熟了，假如是懂得到讀書的重要，這一點時間，不管怎樣也是找得出的，並且讀書並不能躭擱活路，在補衣服選種糧，引小孩的時候，都可以讀的。

三，婦女不要以爲不好意思，就不讀書　說起讀書，有些婦女，臉皮薄，不好意思上學堂，有些以爲年齡大了，讀起書難爲情，有些婦女少出門，讀起書有點害羞，這些都是不對的，不知讀書是正大光明的事，是頂有面子的事，怎麼還怕羞呢，你說不便，也有辦法，各個義務學校有小先生，可以到你家裏來教，如果小先生是你的弟弟妹妹，或者是左鄰右舍的熟人，那就更好，頂好是你把胆子放大一點，儘可到民衆學校去讀。

四、不讀書的害處多得很　不讀書就像睜光睛，有眼睛還不是枉然的，不讀書，又像傻子，糊裏糊塗活一背子有甚意思，從前有人說，「養子不教如養猪養女不教如養騾」，你們看可不可憐，讀了書的　可以幫父親哥哥許多忙，可以幫丈夫許多忙，可以幫親戚朋友許多忙，自巳便利別人稱贊，是多麼好，讀了書又可以知道天下國家的大事，可以知道古往今來的道理，像那樣活一世人，也不枉然。讀有讀了書　養猪就明白養猪的許多方法，猪會特別長得大。養雞就曉得養雞的許多方法，雞蛋會特別生得多。不管那件事，都比不讀書的人，要聰明，要便當。

五、不讀書要抽懶捐　實驗區的人，以後除了五十歲以上，不管男女，只要是認得字的，都要讀書，假如不肯，便要定出規矩來，或者罰錢。或者罰作苦工，是一個也不能免的。

六、婦女們趕快讀書　現在各義務小學，都辦起民衆學校了，都教有小先生成立傳習處，到各人家裏來招學生讀書了，鄉村的婦女們，如果還不讀書，不但是錯過了機會，恐怕還要受罰哩。

乙、關於組織方面

一、就學級編制：在區署領發「區屬各校實施小先生教學條例」中規定凡三年級以上的學生均為少年團基本團員；三年級以下，均為兒童團的基本團員，以十五人至二十八為一隊，二隊至四隊為一團，這樣的組織，起碼也得要六七十個人。如果有這樣多學生，則每一隊還可再分三四個小隊，每一小隊再分出政治，經濟，文化，保健四種團員各一人，再將各小隊各種性質之團員，再聯合起來分別組織一政治組，經濟組，文化組，保健組，分頭担任下列之工作：

政治團員：

1. 主領新生活運動，公民訓練，及團員生活訓練。

2、主領法規，公文，史地，或其他社會常識之研究與傳習。

3，指導演說，宣傳之練習，時事新聞之報告。

4,籌辦各種社會活動(如村容整頓,民俗改良,集會指導……等)

5,任本隊交際。

經濟團員

1,主創勞作之實習,算術,珠算,及其他自然常識之研究與傳習。

2,區內農事之改進與推廣,經濟之調查。

3,職業團體之組合,合作運動之提倡與組織。

4,任本隊會計及庶務。

5,其他關於經濟方面之事項。

文化團員

1,主領語文,習字,音樂之研究與傳習。

2,巡迴書担之管理與推行,讀書之指導及報告。

3,娛樂生活如(游藝團體)之組織與指導。

4,幫助民衆代筆。

5,任本隊文書。

保健團員

1,主領衛生,體操之研究與傳習。

2,運動及游戲之主持與指導。

3,担任整潔檢查及公共衛生之維持。

4,普通疾病之簡易治療。

各組組長

1,計劃幷整理本組全體團員之各該門部工作。

2,各該組會之召集,幷充任主席。

3,傳達並解釋各該科目研究綱要。

4,其他不屬於各組組員之事項。

各級團隊長

1,執行團紀維持秩序。

2,命令之傳達及發佈。

3,記錄及報告之核轉。

4,活動之指導與攷核。

5,其他關於本團隊之行政事項。

(參攷民間——如何指導學生活動)

像這種規模的組織,許多義務校,全校也組織不起一團,尤其是三四年級的更少,所以這只能適用於區立小學。

二、就年齡編制:不管學級,也不管在校與否凡六歲至十二歲的都編爲兒童團,十二歲至十八歲的都編爲少年團,把全保都納入一個組織每團在照前例編制,這有三種優點:

1，把全保所有兒童或少年都可納入這種組織裏面，人數增多，力量也就增大了。2，爲一地方性之永久團體，沒有學校之界限也不因學校之停閉而受影響，3，符合兒童團或少年團的名義，因爲在鄉村裏面，有錢的人家，從小就把子弟送進學校，所以才十來歲就讀三四年級了，另外許多沒有錢的子弟，佳往是十四五歲了才進學校，如果照學級編制，小的却編入少年團，大的反編爲兒童團了，很高一個學生站在小孩的隊伍裏，他們自已也非常羞愧；如果就年齡編制，依着高低大小整隊，固然比較有秩序些。不過，也有幾種不便：1，如果有了共學處的組織，再編散到這一團那一隊，不但事實上不能有甚麽進行和效果，反而感覺得重複和雜亂。2，校內兒童團和少年團團員，有當小先生的要到校外去活動，有未當小先生的要在校內活動，團長便不好照料，所以這種編制只能適用於人口比較集中，辦有民衆學校，而不是共學處的保內。

三、兩重組織：現在一切政令的推行，是由區署推動各鎮鄉，鎮鄉推動各保，保推動各甲及各戶。則「保」即爲比較適中的基本單元，所以我們的組織也以保爲標準，這保的兩重組織，就是義務校和共學處。在義務校裏面只分兩隊，一是先鋒隊，担任小先生任務，主持共學處活動，一是後備隊，作旁的地方建設活動，但沒有教共學處學生的任務。此外不再細分了。要作甚麽活動，一齊都總動員作甚麽活動，義務教師指導先鋒隊員推動各共學處，先鋒隊員指導共學處學友推動各家庭。

丙、關於訓練方面

一、精神訓練：這不是要施行小先生制而始須注意的，不過要施行小先生制尤須特別注意。因爲1，這是必須經常繼續進行的，不是今天說得來高興就幹，明天厭煩了就擱下；好玩就幹，一遇着苦頭就擱下，所以還須有堅毅勇邁的精神，2，思想是行動的指針，如果沒有良好的道德觀念，決難有良好的道德行爲，受了教育洗禮的學生深入社會中活動，必須負起領導和推進社會的責任，一舉一動都應作鄉民的楷模，給予一個良好的印象，若偶一行爲失檢，致貽以輕蔑之口實，則一切活動之進行，都將受着相當的影響，所以我們不得不預爲注意。

(1 訓練的標準：

(一)積極方面須養成下列信念

1，我們要鍛鍊身體，2，我們要砥礪學行，3，我們要遵

守紀律。4,我們要團結互助，5,我們要服從公衆6,我們要愛護國家，

(二)消極方面須遵守下列戒條

1,不吸煙，2,不酗酒，3,不賭錢，4,不偷懶，5,不說誑6,不迷信，7,不打駡人，8,不做壞事，9,不買仇貨，10不當守知奴。

(2)訓練的方法：

1,隨時講述關於上列各條之故事，及談話，使其澈底瞭解。

2,介紹閱讀關於上列各條之圖書，並作讀書報告。

3,於集會時間令學生默誦或反省。

4,定時共同檢討各團員之行爲是否遵守或違反，有特殊情節者，提出奬懲。

5,促成學生自治，自己相互議定奬懲辦法，由團長執行。

6,其他個別的或集團的指導和訓練。

二，習慣訓練：兒童一般優良的習慣，均應養成，不過在團體生活中，常常需要的幾個動作，尤須訓練純熟：

1,整隊集合：如立正 稍息，看齊，報數，轉法、步法，及人數的清點報告……等。

2,整潔檢查：如手和臉是否清潔？是否刷牙齒，剪指甲？是否常常洗澡？衣服是否常常換洗？鈕扣是否扣好？鞋帽是否穿戴端正？用具是否安放得整齊？……都應一個一個檢查，以促起注意。

3,禮儀作法：如在學校，家庭，路上……遇着尊長 先生朋友……應該有些甚麼禮節？並實地演習怎樣作法。

4,信號規定：(以哨音爲標準)……一聲長哨，表示肅靜，立正，聽令。

……連續短哨，全體團員集合。

……連續兩短聲，少年團或先鋒隊集合。

……連續兩長聲，兒童團或後備隊集合。

……三短聲一長聲，團隊長集合。

三，傳習訓練：

1,抄寫課本：利用學生習字的時間，紙張，改抄課本，不但是字也練習了，而且是廢物利用，尤其是在寫的時候，一面就教學生注意字劃的筆順，同時於課文內容也預先有一

個深刻的印象，於將來教學上更有很大的幫助！最初寫的時候，只有一兩本範本，而課本的需要量却又很大，决不能一個臨一本範本，或者僅就這一個範本輪流謄。必須有組織的抄寫：我們第一種辦法是限定每個學生同時訂載五個本子，教師在黑板上寫一課，學生就在每本上同樣抄一課，一面在校內謄，一面到校外教，每個學友(小先生的學生)都可同時有書讀了。第二個辦法，如果學生一時買不起幾個本子的紙，或者抄謄不下來，就可由教師抄一本，分散給學生寫蒙格，每個學生只担任同樣的抄兩篇，每天寫五份，十幾個學生湊合起來，便是五本了，其他可由教師斟酌情形，應多自設法。

2,示範教學：在平時教授各種課程的時候，就要明白提示學生注意各種教學法的運用，尤其是出發教人前，先要教他們怎樣去教人？怎樣引起動機？怎樣教授課文？怎樣練習應用？怎樣抓住當前的機會，針對着他的生活，給予所需要的實際知識？學生一面學，一面做，先生應多供給些實例，多作實際的指導。

丁、關於活動方面

我們普及教育的對象，是向三大集團進攻，第一，爲十八歲以上未成年的學齡男女，一律納入共學處組織之下，由小先生担任教育的任務。第二，爲十八歲以上四十五歲以下的成年男子，一律納入壯丁隊組織之下，由義務教師担任教育的任務。第三，爲十八歲以下成年婦女，都納入婦女會之下，由小先生及共學處的學友共同担任教育的任務。所以小先生的活動，除隨時參加各項建設工作之推進外，是以共學處爲中心，現我們就先說這中心活動的過程：

一，檢討失學者：詳細的戶口調查，本區是早已舉行過的，關於人口，教育，職業……甚麼都有確切的調查清晰的統計，不過在那個時候戶口異動登記，還沒有澈底辦理起來，有好多事實，已有變異了，所以必須澈底的再清查一次，這，做起來也很容易，因爲小先生是本地人，相互間甚麽都很熟悉，那一家裏有那幾個人應該讀書，把名字開下來，再於甲長會議時，或直接令甲長，把他這一甲這些該讀書的，舉報出來，以核對有無漏誤，在共學處成立以後，再作詳細的登記。

二，組織共學處：視某一甲或某一個小區域內，有好多該讀書的，應在那些地方設立共學處，應該由那一位或那一組小先生去教，都要分配得很適當，關於小先生的分配問題，也有幾點注意的，第一：是宜集中呢，或是宜分散？如果把隔得不遠的幾個院子的學友，都集中在一個適中的院子，以一小組小先生去担任一處，教起來比較省事些，並容易養成合作的精神，但是人多了，集合便很費時間，小先生愛偷懶的，便容易推諉卸責，甚至於引起糾紛，如果分散開來，一個大院子只要有了三五人，便成立一處，一個小先生担任一處，對於受教的人是比較便利而且責任清楚，勿可推諉，易養成小先生獨立負責的精神，不過許多義務校事實上小先生恐不敷分配，所以能夠集中的，還是稍爲集中比較好些，課程可以合授，由小先生各分任一兩科，不過那幾個學友由那個小先生負責，應該固定，以專責成。第二是宜教本甲呢？或教別甲呢？如果以這甲的小先生，担任這甲共學處，因爲熟悉當地情形，容易推動，小先生也要少跑些路，便於經常永久担任，但是往往因爲人太熟了，却故意玩忽，不服統率，所謂遠香近臭，對於一塊的人總有些瞧不起，小先生不易維持起走，如果互相調動一下，眞像所謂「四川猴子服河南人牽」一樣，相互間彼此要尊重些，要規矩些，這些都可斟酌實際的情形而分配，還有和小先生訂了婚的，有許多固執的家長，是不許他們見面的，這也須予以開導和注意。

三，徵學：共學處和小先生都約略定了之後，最重要而最困難的就是按名找他們讀書了。第一步是找小先生去。那些小朋友一見找他們讀書來了，不是揹起背篼一趟跑往坡上打柴去，便是跑在屋裏砰的一聲緊緊把門關着，這原因一方而他們是怕上了學，就等於穿了牛鼻孔不能自由了；一方面也是因家長不許他們讀，說他們的子弟一天要担幾挑煤炭要織幾丈布，要割幾揹草，服侍幾條牛……一天要找幾升米錢，只要你有飯給他們吃，甚麼都依你！雖然小先生向他們勸告：每天只在吃了午飯，休息的時候讀「一兩噸飯」久不就擱活路的，不花錢，不跑路，不淘神，但他們還是不理。第二步由教師去，勸他們不要因目前一點些小的妨礙，而忍心害子女一輩子！把各種遠近前後的利害，都說得很明白，有的固然來了；有的還是很固執，或者是懷疑觀望，要等別人的子弟盡都送來了，他才送來，第三步就找保甲長去完全強制起來。同時因區署頒發組織各保共學處辦法大綱，有確鑿法令以後，於是他們才信服了。

四，傳習

1，傳習的課程：固定的教材爲識字課本，在未成年的男女，用陶知行先生編的老少通千字課，成年男子及婦女，用本會改編過的民衆課本及婦女課本，此外，每次報告一兩項簡短重要的時事，及日常生活所需要的常識，尤其是當前所要推行的建設和法令，更要使大家普遍澈底瞭解，有時也擺的情形，教一點能啓發民族意識的歌曲，及整隊集合的基本動作。

2.傳習的用具：我們所教的課文，非常簡短有趣，唸一遍便唱得，但是讀幾十遍却認不得。如果要教他們把每一個字的構造弄得清楚，就必須教他們寫，於是寫字的東西，就是最需要的用具了。而且是需要量很大，無力設備得起的，於是窮教育只有想窮辦法，有的用瓦塊在石板上寫，有的用棍棍在地上劃，有的用泥塊在牆壁上寫，也有的做一個沙盤，以指頭代筆，盡都充分利用自然物，反而到處都是紙筆，到處都是粉條和黑板，竟取之不盡用之不竭了。

3，傳習的地點：除了落雨天是在堂屋裏，階簷邊，屋牆角……及其他能夠遮避風雨的地方外，天晴，都喜歡在野外教學，有時，這個壩台上一堆，那個草坪上一團，或一羣集在樹蔭下，投在大自然的懷抱中，讀的讀，唱的唱，非常快樂！學習的效率，倒比校內好的多，誰說求學一定要關倒在監牢似的學校裏呢？

4，傳習的時間：如果小先生與共學處的學友，都是隣舍，教的時間儘可由他們自己相互決定，早晚和飯後都可以，否則學校應特定一個時間，使一齊出發教，免妨礙課程。這個時間，有的定在午後課畢以後，但這時他們正在外面做活路，不能回來，稍等一等，天便黑了，所以最好是在午飯放學回家，十二點至午后二點鐘，他們吃了飯休息的時候，如果缺了席，就要自己約定時間來找小先生補授，

五、進修：文字僅是獲得知識的一種工具，有了這種工具，如不常常應用 不繼續向文化的境域開拓，便會廢棄，依然變成文盲，所以凡是已識得字的民衆 我們就聯絡圖書館設立巡迴書担，經常供給他們以圖書閱讀，讀了以後，要報告給大家聽，一方面是督促他們認眞閱讀，一方面對於求學者也有相當幫助和影響，如果有不瞭解的地方，可以問小先生或義務教師，不過往往一本淺顯的書，連小先生也看不懂，因爲知識較高的，已升到區立校去了，鄉村義務小學，便永遠只有初小程度 對於較高的知識，不但難於傳播，也難於接受，這還待教師們的努力才行

六，會議：小先生在每天教學回來之後，便立刻開一度整理會議，報告工作成績，討論工作問題 商議改進辦法，

並準備次日活動，使他們明瞭每種活動的過程，應該怎樣計劃？怎樣準備？怎樣實施？怎樣整理？以增加辦事之經驗，促起自動努力之興趣，每週集合所有共學處開聯合會一次，這不但是測驗成績的機會，而且更是訓練的中心，舉凡國家大事之進展，地方建設之推行，個人生活行爲之改革，都可在這裏研究，這裏報告，有時，也可夾雜些音樂和遊戲，以增進人羣集會之快樂，同時一切活動均須緊張，竭力避免過久。

戊、關於輔導方面

一，提供材料：即知即傳的這種制度，好像是文化的電線一樣，這電綫通到鄉村去，能不能推動這部鄉村建設的機器，就完全看教師輔導的力量——所供給的電流如何爲斷，自然電線的粗細，能不能通過巨大的電流也有關係，但有一分力量，當必使此分力量發揮到最大限度。所以小先生每樁活動的材料與方法，每次傳習的教材與教法，均應直接的或間接的，明白的或暗示的，給予充分的準備。

二，監督視導：視導的最大作用，第一是使小先生天天去教，學友天天來學。一般人，尤其是小孩子，無論推行甚麽事情，如果你沒有人常常去監督，便會自然而然地停頓，至少也沒有像有人看倒他做那樣起勁，並且在鄉村裏面，人雖窮忙，而空事情却不少，尤其是應酬。幾乎隔幾天便有人接媳婦，嫁女，辦喪，做生……他們都牽牽連連有些瓜葛，不得不去幇忙，應酬，吃一頓油大，如果是一位有名望的紳耆，竟會把學校及共學處都扯過空，縱使隔得很遠，也要跑去。所以教師就應注意，如果有一個小先生缺席，就要找另一個小先生代理；有一個時間缺課，就要在另一個時間抵補、如缺席的太多了，或者停止課程以作改良習俗破除迷信……等運動，亦必須善爲分配，善爲利用。第二是指導小先生解決各種實際的問題和錯誤的指正，例如如何處理臨時發生的糾紛或事件，如何就地取材，使教育適應生活的需要，每天應以一課爲標準，不要貪多……等。

三，施行比賽：每個活動，都提出一個比賽的標準，使大家有所趨赴，不但是在量上比賽誰最多，更要求在質上比賽誰最好，使每個人都在這強烈的要求下而前進，而努力，不過不要對於較優者，處處予以袒護，對於落後者，施以嚴分和難堪，總之：應多給與以積極的指導和鼓勵，使其更奮勉，更努力，更覺悟。以免消極的引起自滿與嫉妒的心理，致相互間感情上發生裂痕，以後甚麽事都不能協力推行。

四，嚴格考績：比賽最易引起虛浮，故要求不可過高，而考績却不可不嚴，使一點也不能馬虎苟且，隨便敷衍了事，所以要比賽的成績正確，必須要一切活動，都有正確的記錄，一切數字，都有正確的統計，例如：那個小先生教有好多學生？教有好多成績好的學生？那個學生的成績好到甚麼程度？考好多字能夠寫好多字？問好多題能夠答好多題………不但根據口頭的報告，更要根據事實的觀察，是否照所講的方法改進農業？改良風俗？改善一切生活行爲？每週乃至於每天，都應該有一個中心的運動，都應該督促這中心運動的實行，或者是這中心運動的一環。

五，明定獎懲：在區署頒佈小先生教學條例中所定標準，是每教一個人學會一册者得一分，如教三個人都學會區署所定千字課四册者便得十二分，每一學期以十分及格，十分以上者，給以藍色獎章，二十分以上者，給以黃色獎章，三十分以上者，給以紅色獎章，再指導學生即知即傳，教一代者，得金星一顆，兩代者兩顆，餘類推。這種榮譽，對於精神上固然有很大的鼓勵，但是沒有實際的權利，他們還是感覺得沒有甚麼用處，於是我們又商得各機關同意，凡是得藍色獎章者隨時可免票在民衆會場看戲，得黃色獎章者，更可免費在地方醫院看病，得紅色獎章者，更可免票在溫泉洗澡，得金星者，則可享受一切對民衆權利之優先權。

在分數的計算上，也有幾點注意：1,有的稍爲讀過點書的，教起來比較容易，如果與資質較遲鈍的人一樣的計算，那盡都會爭教好的了。2,有些共學處隔小先生較遠，跑起來也比較苦，如果與近的一樣計算，遠的將會不願了。3,我們不僅教民衆認字，同時還要他學得生活上旁的許多知識，如果只有教識字才計分，旁的許多活動就會不願認眞幹了。4,要使團長能負起領導進行的責任，要隨時照料和幫助各團員，就不能再去教書了。他的成績又怎樣計算呢？我們想到的有兩種，一是以團員成績的平均數爲標準，一是以團員成績總分數的百分之幾爲標準。

這種獎勵是比較「將來」點的辦法，他們認爲是很難希望，如果可能的話，間或予以小小的物質獎勵，對於他們的精神，更有相當安慰了。

隨便說來話已長了，就此告一結束吧，我們認爲眞的經驗在眞的實踐中，許多問題，許多辦法，都可在做的當中去追尋，都要因人，因地，因時而制宜，用不着再怎樣贅述。

總之，我們對於一個活動，不可預先就感覺得太難，而怕去嘗試；也不可預先感覺得太易，而一味輕率，我們應慎重地將這一股生力軍與時代的動流配合着，加速新的社會制度之蛻化，加速新的集團生活之誕生！

民衆學校的幾個實際問題

劉忠義

引言

我們對於一椿事情，除探求原理原則而外，急切要求的還是辦法，今年四月一日嘉陵江三峽鄉村建設實驗區署成立之後，無論對於治安，經濟，教育等各方面，都有切於實際的辦法。關於學校式的民衆教育，已將民衆學校辦法大綱翻印公佈。區內各級學校．團體，機關，和私人，都能根據着創立民衆學校，其先後成立者，眞如雨後春筍，甚爲發達。尤其是各保義務小學所附設的民校發展最速，計在民衆教育委員會登記的，已不下二十所。其餘正在進行設立的，據調査尙復不少，在這初創的過程中，因爲都具有一番熱忱，不畏艱難，本是一種良好的現象，也就是我們認爲有朝氣的一點。但是還有好些實際問題，必須提供出來以備辦理民衆教育者之參攷。

一、誰是民衆學校的學生

這問題好像提得無甚理由，因爲民衆學校辦法大綱上文明規定十二歲以上五十歲以下的失學男女，都可入民衆學校，他們是民衆學校的當然學生，何須多說呢？但有兩點必須說明：其一就是十二歲以下的兒童，未入義務小學讀書的，據調査所知，都是爲了生活的忙碌，無暇入學讀書，統計全區學齡兒童，總數爲一一，七五九人，在校兒童數爲三，五八八人，未入學的兒童佔總數五分之三強，故爲救濟此項大量失學兒童起見，民衆學校，就應盡量收納他們。其次就是一般已過學齡而未受最低限度基礎教育的青年和成人，仍是民衆學校的學生，所以初識文字的民衆，應使其有基本知識，方可算爲非文盲，以上所述，是關於狹義的民衆學校，若指廣義的說法，民校的對象，是全社會的人民，無論其曾受何等教育，皆可入較高的民校研究，如丹麥的民衆高等學校。美國的民衆學院，蘇聯的勞動大學等。不過以中國的情形來看，那還相差得遠。

二、招生問題

這是辦民衆學校的一個普遍的困難問題，但又非多方設法使民衆到學校來讀書不可。一般多用張貼廣告的辦法，行不通時，再用圖畫誘導或戲劇啓示，更有贈送文具或獎品的。然而仍不能收所希望的學生數目。推其原因有四：一、民衆生計艱難，對於讀書認字不感如何需要；二，認爲教的是洋書，性質與他們不相近，學來沒有用處。三，以爲到學校來讀書是青年人的事情，成人便覺得含羞；並且年紀大了，學已不見學得好，四、對於教師的懷疑，認爲有旁的用意，不化錢可以讀書，讀了書是要捉去當兵的。有了這些困難，我們就應設法打破，不然，卽使免強使他們來到學校，也就遺下留生問題的根苗。因此，凡基於生計艱難不感到需要的民衆，祇有喚起他們的覺悟，使他們知道，生活之不良，其原因就是在沒有知識，而且說明不讀書是何等的痛苦，讀了書認識字，是何等的幸福。用說服的方法，使他們求知慾油然以生後，卽勸其入學校求學，則未有不接受的；基於學來沒有用處的，這就是改訂課程內容，注重民衆生活的技能以及應用方面的教學，使他們明白有關於他們生活方面的改善。基於民衆年長不肯入學的，祇有同他們解釋，年紀大的比年紀輕的學來還要容易，基於民衆疑懷的，就應向他們解釋民校的辦法，書籍文具，是人家捐的，他們可以不出錢，就能讀書，並且教師自身，須有充分的修養，品行學識，都要得他們的信仰，則他們的懷疑，自可消釋了。以上是屬於宣傳方面的，還有招生的具體辦法，應當注意：

（一）聯絡民衆領袖挨戶勸導——招生時必先找到於民衆很信仰的領袖，請他一同去挨戶勸導，因爲民衆對他有信仰之故，他所說的一切，都會相信。這樣就把願意入學的人登記起來，否則要待他們願意以後，再去登記。在鄉間要他們到學校裏來報名，往往是不行的，但是招生廣告又不得不貼，報名處，不能不設，因爲有時受了別人的勸導和聳動，也有自動來報名的，只不可貼了廣告，設了報名處，就一切不管了。

（二）強迫入學——這個辦法當然不如勸導來得好，而且當教師的不可隨便亂施強迫。如遇萬不得已，非施強迫不可時，再用此法。但實行的辦法，施教和強迫機關應該分開，強迫的由公安隊，保長，校董等去辦，倘學校一面教，一面強迫民衆受教，結果就弄得受教的人與施教的人起了對立，就不能收到教育的效果。至於收繳罰金，在施教的人更不可經手，以免發生惡感。

（三）收生勿濫——據原則上說，我們負了普及民衆教育的，凡是失學的男女，都應抱來者收之。可是初創的時候，學校的信仰還未確立，若祇憑了一時衝動，不管份子良莠與否，盡量收納，及到入學之後，不是常常缺課，便是不良行爲以影響其他眞心求學的學生。在鄉間各保義校所附設的民校，尤應注意此點，且須考慮自力之所能及，登記年齡相差不遠的學生，切勿長幼不分，良莠不論，以致發生困難，不易解決。

三、設備問題

民衆學校的設備，在教育經費窘迫情況之下，只有盡量利用。例如校舍一項，本區最好利用的，當然是義務小學校地，區立兩級小學校地，及其他公共場所，只是適中與否，須加考量。關於校具，亦可借用各個小學的，圖書就利用民衆圖書館的巡迴圖書担與巡迴圖書文章，同樂會的用具，可就地通融借用，最好運動學生去借。關於應用的表簿，選擇其必要者設置，如學籍簿，成績考察簿，學生出席簿，畢業同學登記簿等。至於其他表簿，須視範圍如何，亦可酌量情形添置。

四、教本筆墨與燈油問題

民衆學校的教本本署是有規定的，即成人採用民衆課本，婦女採用婦女民衆課本，兒童採用陶知行先生編的老少通，千字課本。民衆課本根據梁著的鄉農的書改編的，這是因爲適應本區的風俗與習慣的緣故。民衆婦女課本根據，江蘇省立教育學院婦女讀本及江西特種教育處研究部婦女課本加以改編。並且這兩種課本，由民衆教育委員會另編講義，刋登於嘉陵江報副刋教育園地欄；以給與各民衆校教師多得些實際教學上的便利，以後若有可能，定出專册，那更方便得多。以上三種課本，不必拿錢購買，因爲除老少通可以購得外，其餘兩種課本，曾經改編是無從購買的，同時各民校所募得捐款，即用作燈油文具等用，己嫌不足，何得有多餘的金錢來買課本。因此，非另想辦法不能打破這兩重困難。幸經本署鄉建同人的鼓吹與努力，將以上三種課本，由民教委員會請託區內各級學校的學生在習字課內抄寫，現在進行得順利。在本月已收到抄就的課本，據民委會公佈，共有二千餘册，此外區內的公務人員也代抄不少。故創立民衆學校的即向民教會接洽，領取此項課本，至於燈油筆墨等項，即由設立民校者就地募集，數目既然不多，捐募自亦容易。

五、上課時間與教師問題

按實驗區內所能辦理民校的地方，都是借用學校校舍或公共地，所以日間有正常的工作，人地沒有空閒，故上課時間，勢非定在晚上不可，每週授課共計十二小時，平均每日二小時，分爲三節，實授課一百零十分鐘。在市鎮上的民教，上課時間的起訖與鄉間的决不能完全一致，按一般的習慣，鄉下人睡得早，故民衆夜校上課的時間應該早些，約在午後五鐘至七鐘爲佳。若在冬季，就是在日間上課亦未始不可，總之，應該適合大多數民校學生生活上的要求爲原則。

民衆學校既多在夜間上課，教師問題，當然以小學教師與民衆教育有相當經驗的公務人員担任爲最妥當。但爲了要訓練一般學生服務精神起見，最好由高材生担任一二種功課的教學，况且本區內已有數所民校由中小學學生教的，成效很好。另一方面，對於熱心社會事業，願意幫助民教的知識份子，亦須切實聯絡，這是從事民校活動者尤應注意的。

六、編級問題

這是辦民校感覺困難的一樁事情。在校舍較廣，教師較多的民校，可以年齡分組，將二十歲以下的青年爲一組，二十歲以上的成人又編成一組，分班教授，若在風氣不開的鄉村，又非男女分班上課不可，不然往往會引起社會的誤會。須經相當時候，已無該項誤會時，方可合班。還有智力高低之不同。有的一教便懂，有的教了數十遍還是不懂，教學上很感困難。所以民衆學校最好一月舉行一次測驗，以定升降，以上是學生多範圍大的辦法。至於學生少範圍小的民校，如義務小學所附設者，就不能辦到。我們採用單級複式教學法，以學生程度爲標準，分爲三組或四組，同組學生坐在一處，由教師一人主持。至於年齡性別等問題，只好另謀補救的辦法。

七、科目與課表編配問題

提到民衆學校的課程，應該選取足以改進民衆生活及鄉村社會之材料爲前提。從這範圍中，爲了便於實施，將牠分爲若干科目，這些科目按民衆學校辦法大綱規定，至少必須有識字，三民主義，常識，算術，歌樂五種，在鄉間還應該添設農業，這裏有五六種科目之多，而民衆學校上課時間，每週不過十二小時，我們將如何編配呢？這裏即應注意我們教學與訓導之目標何在，第一是使不識字的人認得字，以作爲其他各科的工具。第二是要給與民衆一些精神上的訓練和政治上的淺顯知識。第三是使民衆獲得日常生活上應用方面的技能。因在此時間的編配上，應有分量的差別，我們覺得識字必須有較多的機會，學習才有效率，牠的分量，應該特別估得多，假定每週排六小時，其他四五種科目只好各排一小時或二小時。同時識字課包含了習字與綴法，習字每天非練習不可，而且習字與綴法，不可以混合，它都要經過相當時間的練習，在民校以分開來學習較有把握。至於其他科目的分量，茲擬一課表如下以明之：

鄉村民衆學校教學時間表

時間／星期／科目	五·—五·30	五·30—六·10	六·10—七·
一，	習字	讀書	算術
二，	習字	讀書	三民主義
三，	習字	讀書	樂歌
四，	習字	讀書	算術
五，	習字	讀書	常識
六，	綴法	綴法	同樂會

按此種課表的分配是適用於鄉村，故算術科亦可不必教授筆算，教以珠算使合鄉民的需要。至於常識科，可以新生活條例及違警罰法爲教材。總之民衆學校的教學時間既短，教學應力求經濟，使民衆在短期內獲得一些基本的智識。民衆初入學的，不能教以綴法，於是把綴法的時間，教學習字法，中間教民衆默字，到最後一段時間，民衆能做簡單的綴文時。然後再教他們的綴法，教者應該注意學生的程度，好好的利用時間，以獲得良好效果。

八、留生及畢業問題

民衆學校的招生問題，經濟問題，編級問題，已算困難，而留生問題，能使學生讀到畢業，所謂最難，學校招到了學生，但入學後，往往中途退學，學生數目，一天比一天的減少，最後到一個不剩的也有。要解決這個問題。就應首先考察學生退學的原因，這些原因大致是工作忙碌，家庭牽制，課程內容不合，處罰不當，教師不立信仰，與教師缺少好感等。如因工作忙迫，應該考察情形，設法變更教學時間，惟須將就大多數的要求爲準。家庭牽制，應該舉行家庭訪問，勸導家庭裏的人，使其明瞭讀書識字的好處，同時易於了解民衆實際生活狀況，且易於聯絡師生的感情，於是與教師缺少好感的一點，亦因作家庭訪問而解決。如因課程內容不合，卽應改變課程，使合他們的需用，以增進民衆生活的技能，並且注意品德方面的修養，以促其覺悟。處罰不當，當教師的卽應留心自巳的態度和言語，倘學生的功課不好，不可立加責備，因學生年齡既大，受了責備就非常難堪，以致往往私自退學，不肯再來。教師不立信仰，這當教師的尤其應特別注意，須有優良的品行學力，深厚的情感，充分的修養，不爲人所指責，處處能爲民衆解決問題，如此，未有不得民衆的信仰。總之教師能夠多方面的留意，使學生繼續讀書，直到他們畢業，他的責任算是已了。其實還有更大的事情要辦：就是學生一批一批的畢業，教師應主持組織民校同學會。這項工作含有很大的意義，我們要知道地方上的事情，往往不能推動的原因，最主要的就是主觀的力量不能勝過客觀的阻力。倘使他們組織了民校同學會，就是有了一個集團，卽有了力量，也就是社會的組織力量增加。若社會上要辦一件事情，如像我們要推動認字運動，他們都能夠有組織的起來參加，便是主觀活動力的加強。因此，這項工作是很重要，故教師應該做這個組織同學會的主持者，經常的與畢業同學發生關係。

結論

從籌備民衆學校至民校學生畢業，是非常艱巨困難的工作，而況還要主持畢業同學會的組織事項，那更困難的事了，然而當此非常時間，我們負着重大使命的鄉建同仁又非將此項工作當爲主要之一不可。同時上面所舉的幾點實際問題，也許祇見到一些皮毛，未見深入，還希閱者有以補充，臻於更具體化，那是非常盼望的。

北碚博物館一瞥

蕭蘊昆

欲一國科學之發達，民族意識之上進，博物館實爲利器之一，故博物館已成爲近代文化事業上重要之設施，有謂：中國歷史，垂數千年，文獻制作流傳至今，皆爲先民之手澤，博物館卽保存此項文物已足，此實大謬不然，蓋博物館不僅限於保存古物，他如自然科學，國防，交通，文化，產業，及一切建設等，均須兼含幷蓄，從靜態言之，博物館原爲一國文化之量器，亦卽一國民族精神所寄託，先當發揚固有之文化，徐圖促進現代之文化，動態方面，博物館爲表現一國天然物產及科學貢獻，當在利用以爲一國文物資源發揚之準備，而欲達此目的，自非研究不爲功，中國科學落後，智識饑荒，提倡學科，尤爲我國目前之急務，博物館卽應時代之需要而設者也，方今歐美諸先進之國家，每年斤巨資以培植博物館，務使應有盡有，盡美盡善而後已，言其性質，有屬於歷史及科學者，有屬於國防或資源者，而其效用，不僅保存古物，宣揚智識，為其職責，且足為國勢伸張之導力，如英國倫敦之不列巔博物院之垂視我國新疆西藏，日本滿蒙資源館之於我東北數省，俱有其相當之力量，他如德國柏林，民族博物館之於吐魯藩，皆為著例，是故博物館意義之重大，不待贅言矣。

中國博物館事業，尙在萌芽，惟前途正方興未艾，未可限量，最近如中國博物館協會之組織，上海市博物館及中央博物館之籌設，規模宏大，內容充實，誠為吾國學術界放一異彩，本館延生迄今業已六載，雖一切幼穉，然規模粗具，玆為使外界明瞭本館內容起見，特將本館過去及現况作一約略之報告，尙望社會人士多加批評與指導，本館設於北碚市近郊之火焰山頂，右臨嘉陵江四週為平民公園之地址，形勢天然，環境優美，山光水色，交相輝映，館舍原係東嶽廟舊址，民國十九年三月始搗毀偶像加以培修作為峽區博物館由峽防局補助捐款四百元，科學院撥款四百餘元，合計開支八百元外，前後工作六閱月，九月始克完成，上下橫殿均裝置玻窗，壁上粉以石灰，略事佈置，尙屬簡潔藝術，計有辦公室一，食堂一，陳列室六，儲藏室三，客廳一，宿舍十間，廚房一，廁所一，浴室一，館式舍古，富有歷史風味，接近平民公園，又擅園藝之美，一切整理就緒，遂於是年國慶日開館，玆將徵集陳列物品分述於後，(一)風物陳列室—有梁，唐，宋，明，清現各代風物，及南洋康藏涼山各地風物，共八〇五件，(二)衛生陳列室—有生理病理標本模型，共百五十餘件，(三)工業陳列室—有製造電氣應化各種工業標本共計四百餘件(四)峽區物產陳列室—搜羅峽區所有天然及製造各種物產共三六九件(五)美術陳列室—有東北照片十六匣陳列在峽防局，各地風景及事業照片一一三五張，(六)煤鑛陳列室—搜集峽區所有煤鑛交由科學院理化研究所化驗分析後加具圖表說明，計有煤層模型四匣，(七)動物陳列室—有一由國內外交換或寄贈昆虫標本四十餘箱，各種鳥獸剝製標本水族浸製標本計七百餘號，(八)地質陳列室—有各種地質標本五八九件，(九)園藝陳列室—有各種園藝一三七種新式農具六條。(十)貨幣陳列室—有國內外貨幣一五一件。其他另陳列有鹽場及碉堡模型二具。本館並附設動物園，飼有各種珍禽異獸供人鑑賞參觀，旋為擴大範圍充實內容起見，併入中國西部科學院，經費由科學院撥給，每年除建築設備購置等費不計外，其他開支（陳列所動物園）按照預算不過三千餘元，本年四月峽防局改組爲實驗區後，本館仍歸由實驗區署管理。

至於本館各項標本之來源可分爲五方面：（一）爲人生社歷年所搜集。（二）爲少年義勇隊歷年所採集。（三）爲國內外各文化機關所交換或贈與。（四）爲各方人士捐贈。（五）爲本院隨時所購置，年來承此間科學院各部與外面廣通聲氣，徵集研究，雖日有進步，但未盡如人意，過去本館對於徵集方面較爲注意，徵集方法向以自行採集及與外間交換爲主，購置及餽贈次之，民十八，九年峽防局少年義勇隊學生十餘人深入凉山西康各地，採集珍貴標本極夥，歷年科學院同人足跡又遍于全川，并深入西康，雲南，甘肅，青海，諸省，所採得之標本實物，歷年增加頗速，惟以本館力量微弱，所有者究屬寥寥無幾，蓋文物種類浩繁，雖窮搜博訪，欲臻完善甚覺不易，故除本館盡力搜求外，尙賴社會各方人士多加協助。

本館設備，縱屬未臻完善，但歷年採集團所得之標本，足供研究者，尙稱豐富，在本省發現之新種，如嘉陵江之鱸氏鯰，動物園在涪陵購買飼養之豹貓，及最近本峽區購買之變種鹿等，均爲學術上有力之貢獻，出版方面，有博物館紀念專刊，博物館概況，工業陳列品說明書，在編纂中者，尙有歷史文物及農業等陳列品說明書。

博物館負有協助社會教育與學校教育重要之使命，尤其供給社會以研究之環境而設，故本館年來於輔導社會及學校教育方面，多所盡力，不但陳列實物，勸人瀏覽，循循誘導藉以灌輸科學智識，并於春秋二季按期舉行峽區各場循迴展覽，每週星期三六利用民衆會場及茶坊酒市向民衆講演博物知識，補充民衆休閒教育，平時更注意對人口頭之解釋及文字圖表之指導，又學校課程，多偏於理論，本館亦擬添設博物教材陳列室，并出借教材標本，藉使增加學習之效能，本期區署於所屬各鎮鄉普設義務小學，本館即擬於各校加博物實際之教學，但以限於人力財力未能一時實現，深引爲憾。

至歷年參觀人數，計十九年至二十四年間，每月平均自二千餘人至三千餘人，本年每月平均約五千餘人，在每個季節，（如端午，元旦，雙十節等）開放，一日之觀衆曾有逹二萬餘人者。

嘉陵江三峽鄉村建設實驗區的蠶桑調查

金鋙

實驗區所屬五個鎮鄉——北碚，黄桷樹，文星，二岩，澄江口，在過去四川蠶絲業鼎盛時代，栽桑育蠶人家極多，最近六七年間，因絲價慘落，原有桑樹，大多砍去；作爲柴薪者有之，代種果樹者亦有之。前年全國經濟委員會蠶絲業改進會派員來川設立蠶桑指導所，去年四川省政府又特設四川蠶絲業管理局改良人民養蠶栽桑事宜，蠶絲業情形又爲之一變，本年由管理局及指導所散發春秋蠶種，統制購繭繅絲，成績極佳，人民對蠶絲業之興趣爲之一振。實驗區爲統籌境內栽桑育蠶起見，乃從事養蠶人家現有桑樹之普通調查。初先製發桑株調查表發交各鎮鄉保甲挨次調查，嗣又據四川蠶桑改良場第三區蠶桑指導所送來蠶農調查表，函請實驗區署照式印發，協助調查，此項工作，即於十一月底完成。統計結果，全區養蠶人家，現祇一百四十戶，有桑樹五千五百六十株，其中湖桑（官桑油桑包在內）三四九七株，柴桑，(草桑毛桑皮桑拐桑包在內)二〇六三株，每年一季可採桑葉八萬八千一百七十二斤，每季可飼蠶種二百四十八張。

嘉陵江三峽鄉村建設實驗區各鎮鄉蠶桑調查表

場別	事項／保別	蠶農家數	桑株數	桑株種類：湖，官，油	桑株種類：柴，草，拐，毛，皮	桑葉斤數	需種用張蠶數	備註
北	9	2	25	25		520.	3	1，2，3，4，5，6，各保乃街上居民，其餘未依數
	14	20	429	429		2700.	17	字次序漏列各保，調查無養蠶人家故未計入
	15	8	116	116		2300	19	

北碚鄉							黃桷			
20	26	29	30	31	32	小計	10	11	13	14
6	4	7	2	1	1	51	3	1	3	2
227	31	150	24	2	1200	2204	50	300	160	145
227	31			2	1200	2030	50	300	160	145
		150	24			174				
930	212	270	400	40	6000	13,372	2000	1200	3200	3000
3	1	9	1	$\frac{1}{10}$	12	66	5	3	9	8
				作一張計			同前			

樹				鎮	文					星
15	17	20	22	小計	3	5	9	7	8	10
2	2	7	25	45	6	8	9	4	8	3
50	70	172	440	1387	287	165	250	60	350	700
50				705	220	165	220			
	70	172	440	682	67		30	60	350	700
4000	5600	3800	34,760	57,560	1500	1770	5600	1000	4500	1300
5	14	9	80	133	4	3	14	3	16	3
					除1,2,兩保爲街上居民外，餘悉同前					

鎮				合計
14	16	19	小計	260
2	2	3	45	141
41	40	76	1969	5560
41	40	76	762	3497
			1207	2063
200	0380	1010	17,240	88172.
1	2	3	49	248

就本年養蠶農家利益說，每張蠶種飼蠶十五匾至廿匾，應需桑葉三百斤至四百斤，能收蠶繭四十斤至五十斤，每斤繭價，由大華生絲公司收買，給銀三角至三角五仙（蠶繭三角五），實可獲利十二元至十五元之位，詢之實際領養蠶種人家確乎如此。且是項蠶種出蟻整齊廿天至遲卅天可以完全上樹，以短短一月的時間獲利如此之豐，堪稱無上大利，宜乎人民樂於飼養也，依此推斷，明年本區養春蠶一季約可收益三千元如養兩季，則利益可以倍之，於此凋敝之農村，別無他法補救之時，而有此養蠶之幫助，其利益實不可不謂不厚，但就全區戶口一萬二千四百七十七戶平均計之現能有桑養蠶之家，僅佔百分之一而強，且僅有北碚，黃桷樹，文星三鎮鄉有人育蠶，而二岩，澄江口人家則絕無育蠶者，是則有待於區署之積極提倡，而人民樂於領桑栽植，乃於復興峽區整個農村之經濟有所補助也。

嘉陵江三峽鄉村建設實驗區署造林計劃書

劉選青

一、引言

查本區位於叢山之中，鮮有平原，地勢傾斜過甚，雨則沖刷土層，晴久卽有旱災，赤壤重山，耕種艱難，且嘉陵江貫穿其間，每遇山洪暴發，泛濫爲災，物畜淹沒，土地崩解，每年損失，何止鉅萬，欲謀挽救，非全區人士共起造林不爲功。茲將本區所屬五鎮，劃爲五個林區及若干小林區統歸區署建設股管理，每區對于育苗造林保護事項，責成學校團保及公安隊等督促進行，人民方面則組織林業產銷合作社，亦從事造林育苗等運動，卽僧寺禪院亦同齊造林育苗，俾官民通力合作羣赴事功，將來每年輪伐輪植取用不竭，庶幾山無遺林，野無曠土，水旱天災消弭無形，瘠土石田化爲肥沃，社會治安人民經濟兩有裨益矣，謹將進行辦法分述如左：

二、實行造林辦法

（1）調查荒山荒地及現有森林：本區亂山重叠，荒蕪者多，第一步派員作實地調查作將來施行造林之根據，現正製就表式，遣派農業技士，率同助手，往各鎮鄉會同鎮長，將境內所有之荒山荒地森林分別官有公有民有實地調查，將荒蕪原因，及傾斜度之大小，土層深淺等項，一一註明，詳確登記，以便日後按照地積多少，調查情形，分配機關人民，爲造林設施之基礎，茲將各種調查表列左：

嘉陵江三峽鄉村建設實驗區

宜林荒地調查表式

項別		地名
業主姓名		
荒地位置		
面積若干		
荒地種類		
官荒或民荒		
平均雨量		
荒廢原因		
歷年有何項天災		
地況	土質	
	地被物狀況	
	孤立木種類	
	土深若干尺	
	井是否鹹水深若干尺	
	附近水便否	
	附近有何林木	
	交通便否	
	每畝地價	
備攷		

嘉陵江三峽鄉村建設實驗區　宜林荒山調查表式

項別	地名
業主姓名	
荒山位置	
面積若干	
官荒或民荒	
荒廢原因	
平均雨量	
歷年有何天災	
地況　土質	
地況　傾斜度大小	
地況　土深若干尺	
地況　地被物狀況	
地況　孤立木種類	
地況　附近水便否	
地況　附近有何林木	
地況　交通便否	
地況　地價若干	
備攷	

說明

一，宜林荒地，應照下列分類1，荒地2，飛砂地3，草地4，河灘5，鹹地6，堤岸

二，官荒應塡明該管機關

嘉陵江三峽鄉村建設實驗區　森林調查表式

項別	地名
業主姓名	
位置	
面積若干	
林況　土質	
林況　傾斜度	
林況　樹種	
林況　年齡	
參攷事項　保護情形	
參攷事項　採伐情形	
參攷事項　交通便否	
參攷事項　用途及銷路	
價格	

說明

備考	

業主執照

區名		
鎮名		
鄉名		
業主姓名		
荒山或荒地名		
面積若干		
四至		
土質		
是否有糧		
糧在何里何名		
備考		

中華民國　年　月　日

區長（署名）

林字第　號

實驗區存根

區名	鎭名	鄉名	業主姓名	荒地山或荒	面積若干	四至	土質	是否有糧	糧何名在何里	備考

中華民國　年　月　日　　區長（署名）

（說明）凡山野登記時，由本區先行佈告人民，將境內官有公有私有之荒山荒地，均按照表式查塡，其屬官公者，即存區署備案，其屬私有者，給予業主憑證，以便準此爲每年造林之統計。

（2）機關造林　本區署擬就所屬舊有之五鎭區域，分爲五個林區。以北碚爲第一區，黃桷樹爲第二區，文星鎭爲第三區，二岩爲第四區，澄江鎭爲第五區附近區署之山坡隙地，擬于明年完全造林，即作爲模範，上述各區亦須究定地點分期舉辦苗木區署供給施業，技術由建設股負責指導監督，工作人員，即由各鎭聯保團隊學校機關爲之。

（3）人民造林　近年以來財政困難已達極點，本區荒地面積頗廣，若全賴有限之機關，造林恐一時難以擴大，苦勸人民自行栽植，必致毫無成就，且人民貧苦，森林利遲，欲其自動造林，實有難能，爲期造林迅速成功起見，惟有採取合作社辦法，擬于最近期間，在北碚組織林業產銷合作社，各鎭鄉組織分社，所需經營資本，由區署向重慶各家銀行交涉低利借貸，以土地作抵，使人民盡量造林，以取其利，合作社組織，依照法規辦理，茲不贅。

(4)造林設施　造林之法，有就天然存在之森林，依法誘導改良而爲法正林者，有就童山曠野之地而開始新造者，本區森林砍伐過度，或經焚燒，故現有之天然林少而雜亂，欲仿行誘導良法，勢難舉行，自非開始實行新造林不可，但在經營之時，林地無論荒地熟地，均須先行耕鋤掘翻土塊，使之風化，若係荒地更先剷除草木根莖，堆積燒燬，耕翻土塊，闢置林道，並適宜處掘蓄水池，以備灌溉林道，須設一丈至二丈寬之防水線，以防火災，又林場四週或頂端，以及山麓道路進出口等，適當地點，建立堅固標柱，載明造林樹名，及其株數，年月機關，或人民，凡屬損失森林之禁例等，均一律記入。

三、實行保護及奬懲辦法

(1)設置代辦森林警察，察造林保護艱難，乃向來之事實，故歐美林業發達國家，常設森林保護吏，及森林警察，專司其責，我國亦應倣行其法，設置專司，但處此財政支絀之際，經費無出，勢不能不採兼職辦法，以爲保護之資，查本署有公安三隊及各鎮壯丁，即可担此任務，擬以隊長保長兼任各區森林管理，壯丁任森林警察，或由隊長或由保長，每日輪流派丁數人往來林地，担任火災風災害虫等之防禦工作，(其技術由區署林業技士指導)，將來農產獲利酌爲津貼，(辦法另定)按此施行，既可保護森林防止盜賊，又可于無形中養成多數森林智識份子，一舉數便，莫善于此。

(2)奬懲辦法　每年由區署派員視察各地造林成績，優則酌奬現金或給奬狀。劣則加以勸導酌量處罰，至于已成之林不得擅行砍伐，縱到間伐或砍伐期間、亦須呈請區署派員檢驗符合，方准施行，但須速謀更新，以免荒廢，且其他各項均遵照森林辦法執行，不復冗敘。

四、苗圃經營之方式

(1)學校苗圃　自政府規定三月十二日爲植樹節，我國學校機關無不屆期植樹，但多照例敷衍，鮮見成績，故我國提倡造林二十餘年未獲進步，攷其原因，實由未設苗圃，所需栽培之苗非購至遠方，即採諸山野，又須即時栽植人工多忙，天時或差，以致植下之苗，風搖水缺，難于成活，又兼植後管理無人，人畜踐踏，自然毁敗，若自設苗圃，春秋栽植時間充裕，適宜掘苗，氣候不差，缺株補植，均極便利，更將開闢苗圃方法，略述于左：

(a)圃地　學校苗圃之圃地，不拘形式大小，大則五畝，小則一畝，就校中之學園設置之，倘無則就近租賃亦可。

(b)種籽　所需一切種籽，先就本地所有之森林種籽，盡量採集，不足時向外購買。

(c)工作　苗圃中一切工作，當由學生自行担任，（初小學生不在此例）如遇工作過于繁重，可由校役代之。

(d)指導　教職員當盡指導之責，尤於授自然科學應切實講授，所育苗木科名及性質用途等，須詳爲解說，如有技術不了解時，可由區署農業技士予以幫助。

(e)區劃　苗圃之區劃，以地形而異，若在平地則以長方形爲宜，若係傾斜地，則階段形爲宜，今以平常規劃一畝地之苗圃示範如左：

一畝苗圃區劃圖

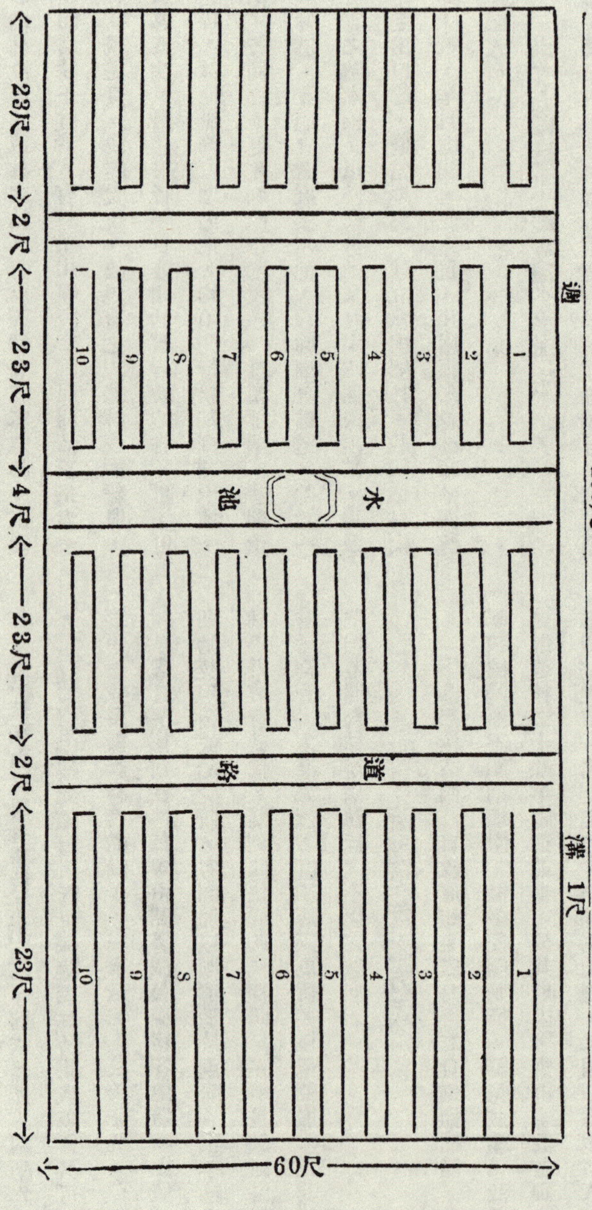

(f)佈置　如上圖所示將全畝分爲四段，設主道一條，闊四尺，支路二條闊二尺以便搬運，每段爲掘長二三尺，寬四尺之畦，畦與畦之間，又有五寸寬之溝，以供挑水而便交通，苗圃周圍，栽女貞鼠李薔薇等以爲垣籬，圃之上下設寬一尺之物水溝於中或於四隅設蓄水池潦可宣洩，旱可灌漑。

(g)種植　苗圃設置既定，應詳細考慮，欲植之樹種，在區屬各地，於春季播種椿榆楓槐油桐合歡等，易於發芽之種子，冬季播種松柏栗吉皂胡挑等種籽。

(h)管理　苗圃種植一切，附近學校學生須隨時觀察，對於整地播種灌漑耕鋤苗木繁殖之方法，栽樹之技能，均負完全責任．並每年初，應種植之樹種，數量，及上年賸餘未出土之樹苗若干，詳細記載，五秋又須辦理將樹苗之數目，年齡，大小，性質及類別等，一一造表以便考查。

(2)鄉區苗圃　區屬各鎮鄉聯保公所，最低限度，須覓地一畝以上，作爲苗圃即以所內工役經營之。

(3)合作社苗圃　凡區屬之林業產消合作社每社至低限度須有十畝地之苗圃其工作則以社員担任，其他一切同前。

(4)寺院苗圃　本區之叢林僧寺，如縉雲寺，禪岩等，凡有產業山林者，皆須設置苗圃五畝至十畝其工作以寺內僧徒担任之，其他辦法同前。

五、進行步驟

(1)調查及登記期　荒地調查限二十五年十月起，至十一月完成，森林調查，限二十五年十二月起，至明年四月完成，山野登記，限明年五月至七月完成。

(2)籌備期　候荒地調查完竣，即爲林業產銷合作社之籌備，同時令飭區屬高級小學及各寺僧備苗圃。

(3)實行期　本年冬季即行覓定苗圃地點，採集或購買苗種，明春即進行育苗工作，同時令飭各鎮聯保主任籌劃造林事項，以作植樹節之準備，樹苗由區署籌備，明年春即組代辦森林警察以資保護。

一月來之工作概況

四川家畜保育所江巴實驗區

一、籌備經過

二十五年十月，家畜保育所應嘉陵江三峽鄉村建設實驗區署之約，設江巴實驗區於北碚，從事改進畜牧事宜，命焦龍華主其事，十月二十一日至重慶，二十二日，晉謁盧廳長，請示一切，二十三四日，偕同本區辦事員郭耀宗及公差等，在渝購置文具，及其他一切用品，二十五日，乘輪隨盧廳長到北碚，當經廳座，多方介紹並同往參觀峽區各事業機關，印象甚佳，二十六日，被邀參加實驗區署之擴大紀念週，出席講述家畜保育事業之重要，及江巴實驗區之工作方針，二十七八日，勘察辦公處地址，承區署方面，早經勘定數處，以待決擇，二十九日，乃決選科學院理化研究所側近之文星灣新橋蔣宅民房四大間，爲本區辦公處，該地四鄉均屬農戶，不惟便於探討畜牧獸醫問題，且可時與農民接近，使農民易增信任，而利牧業，且前有溪流，後倚山麓，旁有竹林菓樹，菜畦平壩，亦足供種畜場之建造，遂于當日由區署建設股主任黃子裳介紹，租定辦公處房屋時，當付押金四元年納租金四十元，五年爲限，期滿續議，即日招工培修改闢辦公室一間，會客室一間，正副主任寢室各一間，樓上辦事員寢室一間，樓下儲藏室一間，工人寢室一間，食堂二間，廚房一間，廁所一間，至十一月十日治克培修完成，本區於十月四日，由區署移入正式辦公，并連日裝配佈置，復接洽該房主之旱地爲種畜場，兩日後，立約租定，計該地面積百五十方丈，押金二十元，年納租金五十六元，十年爲限，期滿續議，五六兩日，接洽木工。製備傢具及床櫈棹椅等，于十一月底始完全交楚，八日擬定告農友書，內中說明成立江巴實驗區之原委，九日擬就標語，共八種，交北碚文化印刷社印刷，各印二千餘份，十三交齊，當日檢同畜牧獸醫淺說十種，寄送江巴兩縣，轉發各區聯保，宣傳本區成立之使命及方針，此間鄉村建設實驗區署所屬之五場，亦由本區將上項淺說及標語告農友書等檢送區署轉發，并請宣傳與協助，又派公差在北碚各機關贈送第一期畜牧獸醫月刊及各種宣傳品，十四日，在北碚街鄉，張貼標語，散發告農友書，以廣宣傳，又擬就種畜場豬舍建築法，計牧場有工人室養兔室貯藏室各一間，豬欄八間，招標承包，以祈早日竣工，而備豢養優良純種家畜，用以推廣，又編印普通之畜牧問題調查表，十五日。本區副主任余聖任到職，當日奉訪各機關首長，請予協助區內工作之進行，十六日，邀宴各機關法團主管人員及士紳等，來本區辦公處參加補行成立典禮，復經概述本區之使命及工作步驟，請予協助一切，自是本區籌備工作遂告一段落，十七日就半月來觀察本區域內之畜牧狀況，乃擬就二十五年度，工作計劃書，呈所核奪，本區內部分畜牧，獸醫，事務，茲將本區組織系統表列後：

四川省家畜保育所
江巴實驗區
正副主任
畜牧　獸醫　事務
研究實驗區　種畜場
表證農家

以後工作之進行，分述於左：

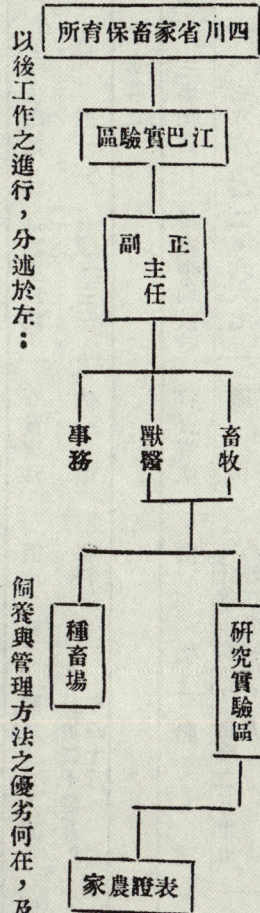

二、開始調查

本年度，本區初期調查，爲求實效起見，乃于工作計劃書中，選定北碚鄉三十三保，爲研究實驗區，着手精密調查，以該保農民之經濟情形，較爲平均，又爲推進義務教育最緊張之區域，十七日即與義務教師葛向榮，張永基，陶洪江三先生，與該保保長周嘉陵君商談，同日勘察該保之地形與四址連日承諸先生竭誠相助，進行頗稱順利，茲將各項調查公作分列于次。

A，研究實驗區之調查(北碚鄉第三十三保)

1,事項　調查之項目有牲畜頭數，來源，價格，飼養與管理情形，配種情形，買賣狀況，家畜疫病等，及畜牧獸醫有關之各項問題，均詳爲詢問攷究。

2,目的　攷牲畜之總數平均數，而求其普遍程度，飼養與管理方法之優劣何在，及獸疫之種類與流行情形，並攷查農民之心理，以便將來謀改革及推進實施之根據。

3,方法　由本區正副主任親往挨戶訪問接談。

4,時間　十一月十九至三十日。

5,地點　北碚鄉第三十三保之六，七，八，九甲。

6,已得結果　上開四甲內共三十八戶，計有大小猪共五十五隻牛一隻羊一隻雞七十二隻鴨八隻鵝一隻兎無。

養母猪者僅一家，有母猪五頭，養肥猪者三家，餘均小架猪及中架猪。

本年區內農民慘遭旱荒，飼料缺乏，且甚昂貴，故飼養牲畜總數，傳聞僅當往年之半數云。

牛疫種類有牛瘟急性臌脹症，清水症等，猪瘟種類有火印，清水症，喉封，格搔症等，均流行於夏秋兩季，無特效防治土法，間亦有春冬發生者，農民咸稱瘟神所致，自認厄運而已，至于各病症狀，病痕亦極少能有詳明告敍者。

B，北碚牲畜市場之調查

1,事項　每場豬隻多少，來源，價格，之調查。

2,目的　為求明瞭何種豬市上為最多？一般農民之喜歡何種猪？何種猪價格較高。

3,方法　親往猪市觀察訪問，與記載。

4,時間　北碚場期為古歷二五八，十一月底以前調查三場，茲將三場調查之結果，列表於後：

A猪

種類	三場總數	每場平均數	買賣辦法	價格	體重	備攷
母猪	一	○，三三	估價	每百斤約八元	八〇斤至100斤	照買賣價格雙方均付佣錢百分之二
小猪	七七	二五，六七	過稱	每斤一角六七	每支重十一二斤每	每支雙方出佣錢一角
小架猪	五七	一九	估價	每斤一角三四	每支二三十斤	照買賣價雙方均付佣錢百分之二
中架猪	四九	一六，三三	同右	每斤一角四五	每支四十餘斤	同右
大架猪	四四	一四，五三	同右	每斤一角五六	每支六七十斤	同右

B羊

種類	三場總數	每場平均數	買賣辦法	價格	體重	備攷
山羊	三一	一〇，三三	估價	每斤一角	每隻二十餘斤至四十斤	不出佣錢，公羊少

C家禽

種類	三場總數	每場平均數	買賣辦法	價格	體重	備攷
鷄	三八六	一二•八六七	過稱	每斤雄一角八雌二角一	每支二斤至五斤	買賣各出佣錢二百

鴨	二〇七	六九	估價	每斤約一角六七	每支二斤至四斤	同右

D

種類	三場總數	每兩平均價斤	每場平均數	買賣辦法	備攷
白豬毛	三〇斤	每兩平均價八角	一〇斤	逢場沿街收買	長毛每兩有一元及一元二者而短毛則五六七八角不等
黑豬毛	二〇斤	每斤平均價四元	六六六	同右	長毛每兩四角│五角，短毛一二角不等，並有乾濕之分以上均乾價
鷄蛋	七六六五	每十個四千二	二五五五	同鷄市一處	內有鴨蛋十分之三

註：以上調查，本屬初期，間或語言之不甚通明，錯誤在所不免，尚望賢達，進而正之，幸甚！

三、聯絡

1,與實驗區署民教委員會合力推行小先生宣傳制，本區即在三十三保之研究實驗區義務小學校爲基本聯絡宣傳之中心點，該校小先生及學生等，均踴躍宣傳，并報告獸疫尤力：是以特備文具，以示獎勵。

2,各中學，小學，女職校，報社，郵局等主管人員，時有過從互談之機會，十一月下旬，應兼中張校長博和先生之邀，赴西山坪農場，參觀一次，該場有羊六七十頭，豬三四十頭，仍感肥料之不足，與獸醫知識之需要，又往北川鉄路公司訪唐瑞五區長，并參觀該公司事業，近况甚好，皆唐氏經營之力，至于農家之聯絡，尤對有知識之壯丁，如保甲長等，則常往探訪接談。

3,參與歡迎來峽參觀之名流聞人，如十九日三區行政專員沈鵬與鄉村教育家湯茂如先生之來此，當時卽將本區工作內容與目標向沈陳述，請予指示與協助，兩先生因時間匆促，未克發表意見。

4,本月份來辦公處參觀者計三十四人，每次均詳爲引導說明，其中機關人員佔十分之八，由此得知農民尚未十分明暸本區所作何事，亟待乎切實宣傳。

四、訓練與宣傳

1,科學院兼善中學校，有學生約三百人，每級每週均授有一小時之畜牧獸醫常識，實驗區之女子職業學校每週亦有一小時之畜牧獸醫訓練，北碚小學六年級學生，每週亦有畜畜牧獸醫常識之訓練。

2，東陽鎮之蠶絲改良場，有指導員三人技士一人，爲要合作互助共同宣傳起見，應先將畜牧獸醫等各項問題，基本知識，交換討論，但以雙方時間不適，往來不便，暫時未克實現，是後尙待商洽。

3，研究實驗區內，每三日有壯丁會合操演之機會，藉此作數十分鐘畜牧獸醫常識之訓練。

五、研究與設計

1，每日晚間，除整理調查表格及日常事務外，抽暇參攷書籍報章及雜誌以作研究並編定各校畜牧獸醫大意教材，及農民週刊上之防疫專號等稿件。

2，設計提倡養猪辦法——貧農猪本貸款條例——尙未發表，暫俟省農村合作委員會來碚成立合作社後；再行商洽實施。

3，設計種畜場猪舍建築法，爲便農民仿造起見，特使簡便經濟而科學化，自經包工者唐洪發，中標承包後，即於十一月廿五日，興工建築，預定明年一月內完工。

六、獸疫防治與推廣

常研究實驗區內挨戶調查訪問時，悉此間農家，大多以畜牧等事業爲其副業，補助正產收入之不足，以維一家數口之生計，但因農民昧於科學常識，不講求畜舍衛生，飼料管理等方法亦多忽視而落伍，是以每年農民生計所寄託之畜牧事業，常遭獸疫流行之摧殘，蔓延死亡，損失頗大，是以每與農友談及家畜病瘟，則惟搖首嘆息而已，是時余等卽告以獸疫流行之原因與其防治方法，首宜注意淸潔，猪欄不該架於糞坑之上，畜舍陽光空氣均須充足，並告以由本區實施預防注射後，可使家畜減少瘟疫之發生，若猪牛等家畜不幸發現瘟症時，卽可告知本區，可隨卽派員前來防治，阻止蔓延，決不收任何費用等，此消息自經傳播後，聞者莫不色喜，數日間來區報告求治者已有數起，計前後診治羅壽山與張淸和家病猪各一隻，按該二猪前來報告時，均已發病多日，精神萎頓，食慾停止，大便乾積，眼積眼屎，耳部及腹部皮下發紅，體溫達攝氏四十一度，異常危殆，當時給以內服藥液，外並注射多量之高度免疫抗猪霍亂血淸，前後均於三五日內卽漸見康復，繼診治科學院動物園安古拉病兔一隻，服藥三日，卽行痊癒，又孫海山家脫肛老母猪一隻，緣脫肛日久，炎腫過重，恐無得癒之望，已告其從早殺之，以免飼料經濟之損失。

七、其他文書事務

本區應用圖表，由辦事員郭耀宗繪製，計研究實驗區詳圖及江巴兩縣之合併圖各一張，另有其他畜牧獸醫圖照及表格多種，均分懸於本處陳列室，并附有簡要說明，以便參觀來賓之參攷。

嘉陵江三峽鄉村建設實驗區署廿五年十一月份工作報告書

甲、內務方面

一，視導各鎮保甲狀況——本區保甲自前經本署派員編組完竣後，尚未實地考查，恐保甲工作之督策，難免不有隔膜之處。乃於本月十至十二三日，派遣各機關職員同赴各場聯合視導一次，每到一處即召集各保甲長小隊附等親切談話，藉以考查其品格能力及工作情形，一方面將各保甲長成績之優劣，詳爲記載，於保甲月會席上公開宣佈，以資獎勵。

二，召開保甲月會——本署爲求全區保甲人員，有集體訓練之機會，及整個保甲有一貫之方策起見，特訂於每月中旬召集全區保長小隊附開保甲月會一次，本月十五日舉行第一次月會，當日計到保長小隊附共一百八十五人，從午前十鐘至午後三鐘，歷時五小時商討保甲整理，及壯丁編練事項，計三十三保。

三，覆查全區保甲——本區初次編查保甲，其辦法與法令稍有出入。特參照剿匪區內編查保甲戶口條例，擬定保甲整理辦法，并斟酌本區需要情形，照法令規定各種調查表式，增加調查項目，印成表冊，召集各聯保主任並助理員，會商復查戶口辦法，本月下旬已派員出發復查中。

四，規定保長交代辦法——區屬各鎮保長率多遇事不負責任以致辦事易滋貽誤，如卸職時不辦交代，到職時不知接交代以及因事暫離，各任自由不知呈報等事，殊於建設事宜之推進妨礙滋大，乃於本月規定保長交代辦法，令飭所屬各鎮保長遵照，以後凡保長卸職就職時，須將任內應辦事項列表交代清楚，呈報備查，至保長因事暫離，於五日以內者，應先將代理人覓定，始能離職，在五日以上離職者，應通知聯保辦公處登記，月終呈報區署備查，否則以擅離職守論。

五，辦理自衛槍炮烙印登記——本月奉　三區專員公署訓令，飭速辦理區屬各保自衛槍炮焙印登記事宜，本署奉令後即參照剿匪區內各縣自衛槍炮登記烙印及給照辦法，印製自衛槍炮登記册，訓令各聯保限日登記完竣後，由本署派員前往各鎮辦理烙印及給照手續，預定十二月十五日以前辦理完竣，刻正趕辦中。

六，規定壯丁使用符號，區屬各保壯丁，前已開始訓練，茲值冬防時期，聯絡符號需要尤切，特規定壯丁隊平時與匪警發生時之號音，警鑼，竹梆等，各種聯絡符號以歸劃一，而收聯絡之效。

七，奉令剿匪佈防——本月先後接奉　三區保安司令部令飭派隊預備，協同駐華令剿華鎣山股匪，本署奉令後，遵將所屬部隊於區屬各鎮緊要隘口，嚴密配備，平時維持各鎮治安，遇有匪警立即出動，并會於江北縣屬之清平鎮大茅坪及合川縣屬之獅灘場白峽口各處調隊進剿股匪二次，所有剿匪及防務配備詳情，均經專案呈報專署。

八，派員遍種牛痘——本年秋季，因人事過忙，不及按時派員種痘，仍於本月二十三日將所屬職員分派七路出發，每路以職員一人率領士兵二名，攜帶痘苗及衛生材料等前往峽區二十餘場，遍種牛痘，統計點種男女共一萬三千九百八十八人。

九，公安各隊之訓練：

Ⅰ屬於公安一中隊者（1）每日晨早訓練士兵跑山爬竿走天橋浪橋各種技術，（2）實習裝退子彈及預備放科目刺槍術等，，（3）派隊附吳能靜軍士蔣德明士兵陳謨清陳培元等，集中區署學習大刀，俾便轉教隊兵，（4）各分隊置巡迴文庫一個，并領識字課本二十個轉發士兵輪流閱讀。（5）每晚士兵讀書時指派能力較強者，作讀書報告。

Ⅱ屬於公安二中隊者　（1）學科：教授士兵音樂讀書習字及千字課本并指導士兵看報、及介紹民族意識時事新聞等。（2）術科：每晨訓練士兵刺槍術射擊術及國技等。（3）幫助黃桷鎮聯保辦公處訓練壯丁并組織街保壯丁，充實民衆武力。（4）派官長一員士兵一名集中區署學習大刀。

Ⅲ屬於公安三中隊者（1）每晨訓練刺槍術爬山國術等科，（2）派官長一員士兵四名，集中區署受大刀訓練。（3）幫助澄江鎮訓練壯丁，并派官長分頭督促。

十、冬防情形——本年旱災奇重，人民之不能維持其生活者，十居七八，深恐迫於飢寒，乘機蠢動，爲害治安。乃於本月一日，召集區屬聯保，開冬防會議，商討整頓保甲，及預防盜匪事宜，一面督令各鎮聯保辦公處加緊壯丁訓練，一面積極配備區屬防務，并規定壯丁隊晚間輪流守護更棚，以防萬一，更於晝間夜晚演習緊急集合，及平時警時使用符號，各種技能期其純熟，各保更從本月一日起每夜派壯丁梭巡守卡，由公安隊派員查視，獎懲勤惰，以防不虞。

十一、調處案件之統計

Ⅰ，屬於區署者（1）強盜十二件。（2）債務三件。（3）婚姻一件。（4）經界二件。（5）租佃二件。（6）竊盜一件。（7）行政三件。（8）教育二件（9）指令執行案一件。

Ⅱ，屬公安一中隊者（1）防害風化四件。（2）竊盜六件。（3）債務二件。（4）婚姻四件。（5）租佃糾紛一件。（6）詐欺一件。（7）買賣糾葛四件。（8）毀損一件。（9）鬥毆二件。（10）雜案二十件。

Ⅲ，屬於公安二中隊者。（1）主佃糾紛三件。（2）債務二件。（3）竊盜三件（4）賭博四件。（5）買賣糾紛三件。（6）鬥毆四件。（7）雜案三件。

Ⅳ，屬於公安三中隊者（1）鬥毆三件。（2）債務二件。（3）經界一件。（4）買賣糾紛二件。（5）口角三件。（6）欺詐二件。（7）雜案四件。以上合計一百二十一件。

乙、建設方面

一、籌備修築塘堰水庫——峽區山多田少一般農人鮮知蓄水之利，故一遇亢旱之年絕少塘堰蓄水以資灌溉，則皆受損失，本署爲預防旱災起見特遵照　四川省政府頒發，四川省各縣塘堰蓄水標準辦法及　第三區專員公署永川縣徵工修築塘堰水庫實施辦法，并參酌本區地方情形劃分全境鎮鄉地面爲十個輔導區，調派辦事員二十人爲輔導員，延請專家指導，先行在署研究半月後，以每二人爲一組，担任監督工程，輔導進行之責，一面印製塘須知及實施辦法，工程隊組織方法，宣傳大綱等發交各鎮鄉場甲長及民衆，遵照施行，籌備就緒後，即定期於二六年一月一日起開工。

二、添裝電話——(1)本月應附近四川蠶桑改良場川東分場之請，代為安杆架綫，裝置電話機一部，月終已告完竣。(2)現值冬防期間，本署為使消息靈通起見，特於區署夏溪口新安五門電話總機一部，并於合川屬之草街子及區署澄江鎮聯保辦公處及馬鞍山碉樓各安設談話機一部。

三、建築交通模型亭——本年夏秋間，募得重慶民生公司捐助之交通模型一具，約值五百元，計有火車一具，輪船一具，飛機一具，通以電力，船車飛機即可各自行動，與實際者無異，原置民衆體育場中，羣衆觀覽極感興趣，惟日晒雨淋，易於損壞，後即移置場角，建亭子一座以覆之，藉資保護，并於風景亦可以資點綴。

四、借貸種粮——本年旱災奇重，本署以荒旱之後，農民多無種可播，特擬定借種辦法，并向此間農村進行借款購種，惟本署辦理借種，尚係初舉，農民頗多懷疑，故前月登記者雖多，實際領種者甚少，計辦理結果，北碚，黄桷兩鎮鄉，借領農家連同前月計，借出葫荳八石九斗零三合，豌豆六斗，麥子八斗三升八合，合洋二百另九元七角二仙。

五、協助收買土地及其他事件——(1)協助東陽鎮四川蠶桑改良場川東分場平價收買土地，并代辦一切手續。(2)協助家畜保育所同赴區屬各鎮鄉宣傳畜牧工作及獸醫之重要，(3)奉川建廳函編纂峽區十年來經濟建設，現已完成農村復興事業之實施，及農產改進林墾事業三章。(4)為地方醫院植洋槐百餘株，并指導北碚小學學生勞作植樹，(5)訓練公安隊士兵在區署附近馬鞍山造林。

六、博物館——本月因新更人員，爰將館務重新整理情形如下：(1)充實農具陳列室內容與照像陳列室合併，(2)重新整理各種文卷，分門編號，安置陳列櫃，(3)重新清理各項未經陳列物品，晒涼楷拭逐一登記，(4)監督木工修理陳列架及照片架，(5)修築各陳列室窗戶及裝安陳列櫃玻璃。

七、動物園——(1)補修第三鷄場，(2)補修兔箱并隨時梳剪安古拉兔毛，(3)用石灰劑常洒安古拉兔飼養室預防病菌，(4)用松節油治好北平鴨肺炎用川楝水治好絨毛鷄白痢病，(5)用鉛係釘猴盧以防遊人投石并亂給食物(6)擬就第一代雜交鴨及純種北平鴨之實驗經過一文。

八、平民公園——修剪園內道路兩傍蘇瑞香，(2)移植農場所栽菊花於園內以防盜採，(3)幫助區署黃桷鎮聯保辦公處栽植花木佈置花垣，(4)翻園內荒土點種本季草本花，(5)補栽道傍芙蓉黃楊蘇瑞香等。

(丙)教育方面

一、籌辦短期小學及民衆學校——區屬人民大半貧苦無力讀書，以致失業者甚多，本署爲普及教育人人均有讀書機會起見，特於義務小學之外，籌設短期小學及民衆學校，計在北碚設立之短期小學一所，(高級一班初級四班)有學生二百七十七名，民衆學校在區屬各鎮鄉成立者有二十二所，共有學生五百五十名，計附設於區立小學者三所，事業機關者二所，義務小學者十七所，短期小學及民衆夜校總共有學生八百二十七名。

二、組設共學處——本署爲補救學校教育之不及，特利用小先生制教學生，在區屬北碚三十一，三十二，三十三，三保內會召集保甲長開會籌設共學處，經挨戶宣傳勸導之結果共設立十三處，全由義務學校教員指導學生爲小先生，按時前往施教，計有小先生十五人學生九十一名，辦理詳情如次：(1)每天擇晴時選授陶知行編老少通一課，用瓦吹爲集合信號：(2)用石板木炭或石灰等代替黑板白墨(3)指導小先生對共學處學生作報告，唱歌，禮節，體育，清潔等訓練(4)每半月開共學處聯合會一次，訓練開會儀式及測驗成績，并派員講演目前推行各項要政，如水利等是，學生成績測驗結果，計有甲等十二名，乙等十九名，丙等二十名，丁等三十六名，小先生及甲等學生，均各獎手巾一張，鉛筆一枝。

三、視導義務學校——區屬各鎮鄉義務小學，例定每月派員聯合視察一次，以資考察學生成績及各教師之勤惰，本月特召開第二次聯合視導會，檢討第一次視導結果，計劃此次視導辦法，當經分配視導人員路線及專門担任視察事項，分頭出發視導，結果十一日完全返署，十二日開整理會議，報告各路視導經過，對於教師勤惰及學校進展情況逐一整理記錄，除分別優劣各予奬懲外，并於教師會議月會席上當衆公佈以資激勵。

四、民衆圖書館——(1)致函航空時代社徵求航空時代月刊

(2)向家畜保育所徵求畜牧獸醫月刊並於挨戶送書之便，代向各家宣傳防疫辦法。(3)爲使閱報人及兒童閱覽便利計，特分闢兒童閱覽室一間，閱報室一間，一切設備均屬原有閱覽室分出一部份充用。(4)巡迴圖書担，本月計在北碚市中送書計九十二次，各閱讀者興趣較前濃厚，常有索閱新書之情形，又巡迴文庫，本月收回整理一次。(5)閱覽人數；計在室內借閱者二百零七人。職員一千五百三十三人，市民二千八百零一人，學生三千一百九十三人，合計七千七百卅四人，兒童閱覽室人數爲二千一百三十四人，館外借還共計一千七百四十四人，巡迴圖書担借還共計二千零五十二人。

五、民衆問事處——(1)代人寫慰問信三封，索債信一封，還債信一封，謀事信二封，購物信二封，合計九封，扎條一件。(2)引導參觀(一)團體：有學校七起，計男性二百廿三人，女性六十三人，合計二百八十六人。(二)旅客：有軍界二起，學界五起，政界三起，商界二起，計十二起，合計男性二十人女性九人共二十九人。

六、編輯事項——編民衆課本講義，婦女民衆課本講義，各四十課，教育週刊十六期，教育園地六期，以及視導辦法屬於教育之報告宣傳等文字十餘種，又編農民週刊五期，計自第五期起至第九期止，中附保甲專號一期，內容分談天，國家大事，三峽事業，建設消息，豆棚瓜架，有話大家說，等六欄，共約一萬八千字，以性質分：屬於生計者約佔十分之四，屬於小先生教學者約佔十分之二，屬於社會改造者約佔十分之三，屬於普通建設者約佔十分之一。

(丁)地方醫院

一、探訪孕婦　本月北碚孕婦，據公安隊調查結果，計有八十五名。乃由本院挨戶復查，舉行登記，發給孕婦保健表，指導產前護理方法，並勸其住院生產，完全免費，各家頗樂接受，

二、施行手術及解剖——(1)截除瘤子三次。(2)接生四次，割割梅毒一次。(3)解剖腸閉鎖男嬰孩一次：因有陳姓住院生產，先天性腸閉鎖男嬰孩一名，得生產人之允許，於死後施行解剖，發現於十二指腸下三吋處之閉鎖上部擴大如球狀，閉鎖下部如珠璉，俾資各護士生實習解剖。

三、文星場成立戒烟醫院——文星場地居兩山之間，附近炭

洞林立，運炭苦力大半吸食鴉片，本署按照預定計劃，在該處設立戒烟醫院一所，於本月一日正式開幕，現有病床卅間，將來擬擴充至百餘間，採取強迫免費施戒方法，責成各炭廠主人分批送院施戒，本月合計前後脫癮者五十名，經費由天府煤礦公司承首勸募，技術方法及工作人員皆由地方醫院義務供給。

四、治療統計　普通內病三百卅八人，外病二千四百六十五人，區署內病廿一人，外病一百四十一人，各分診所統計全月總計治療內外各病一千三百五十六人，總共治療門診病人四千三百卅一人，住院病人計外病十七人，內病廿五人，共計四十二人，以上合計四千三百六十三人。

鄉村教育輔導記出版

本書為徐階平先生在大港鄉村教育實驗區革新鄉村教育輔導制度的一種實錄，在這本書裏，很明顯的指示大家今後從事鄉村教育輔導的途徑；要以參加工作為輔導的唯一方式，要以研究報告為輔導的手段，要以融洽感情為實施輔導的起點，要以指導進修為輔導的經常工作，要以精神鼓勵為輔導的最終目的。其內容不但注意兒童教育的輔導，同時還注意成人教育的輔導；不但注意學校教育的輔導，同時還注意社會教育的導輔，把學校教育與社會教育打成一片，使鄉村學校，真正的社會化，使鄉村教師，真正的深入民間，俾能改造鄉村，建設鄉村，負起教育者救亡圖存的艱鉅的使命。至於全書內容之豐富，材料之切實，讀者讀後自會相信的。全書定價八角，上海四馬路黎明書局印行。（如由原著作人介紹購閱，優待六折。）

昆虫採集製作經驗談（續四）

黃楷

第四章　飼　養

有許多昆虫，僅有幼虫時期容易察見，一經蛹化而變成成虫，便不知其所在矣，即或偶然見到，常因其高飛空中，去來無定，亦無從採得標本，再則採集者每至一地點，往往又不能長期勾留，設所逢適爲幼虫時期，決不能爲此一種昆虫而待其變成成虫，故爲便利旅行計，祇可將此幼虫帶回，使其在人工環境下變成成虫，是則飼養法之重要可知也，茲略舉其方法如下。

第一節　飼養器具

飼養所需之器具很多，依飼養之目的而異其用，此處所述之飼養昆虫，僅限於獲得良好之標本，作爲研究材料，其所需之器具則有飼養室，飼養箱，置蛹箱，孵化爐，及溫度濕度表……等幾種，茲述其大概如次：

一，飼養室：　飼養室之地點，須在空氣流通，光線充足，地形寬敞之雜樹林內，其房屋不宜太高，亦不必太矮，室內須設置寒暑表，最高最低溫度濕度比較表，及配製藥品之粗製小天秤，量盃，漏斗，酒精燈，小鉄鍋，鉄三脚架，顯微鏡，擴大鏡，蓋玻片，載玻片，撥針，鑷子……等儀器與各種記載表册，其氣候須與自然界不相上下，更於其傍設研究室一間，以便利工作，倘能造成一培植植物之玻璃溫室，則更爲合用。

二，飼養箱：　飼養箱有大小數種，以所飼昆虫之多寡

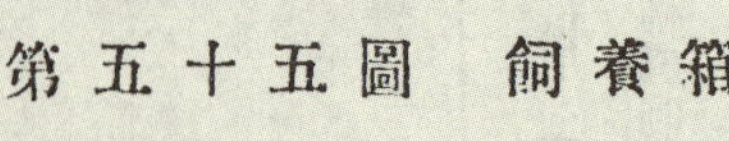
第五十五圖　飼養箱

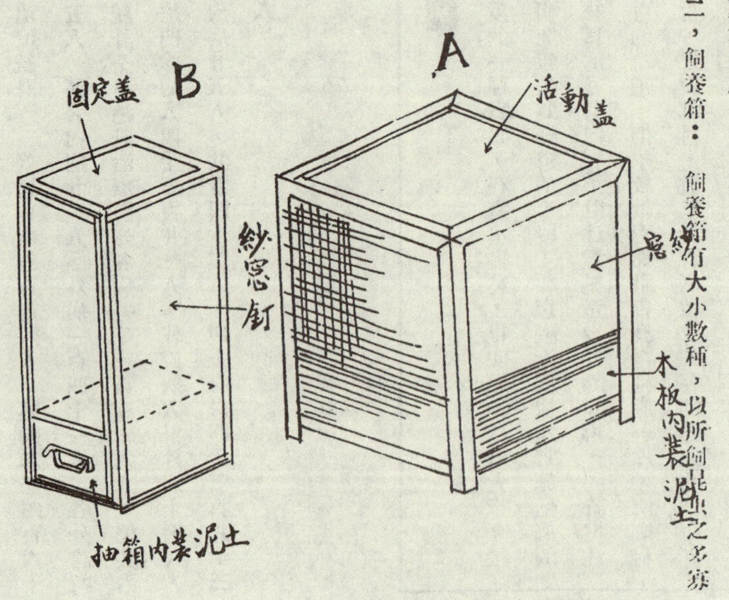

爲定，最普通者，箱高一尺六寸，寬一尺二寸見方，一面置門，下面設置四寸高之抽屜，內裝泥土，以便栽插植物，四周壁上俱釘窗紗，頂上則裝木板，（如第五十五圖A），其比較簡單者，則可照上述大小，做一木箱，在下面離地四寸高處，僅裝木板，即以此木板內盛泥土，而不必用抽屜，周圍仍釘窗紗，或帳紗，頂上置板蓋門，預備可以隨時插入飼虫之植物，或竟栽培此項植物於泥箱中，（如第五十五圖B）

三，輕便飼養器：　此種飼養器專爲飼養少數昆虫，供暫時觀察之用，器之製法在花盆內栽培，或插置飼虫之植物，外面罩一燈罩，或無底玻璃瓶，將飼虫放入罩內植物上以後，用帳紗，或窗紗，封蓋其口，使虫不能逃出，靜置室中而便觀察。（如第五十六圖）

第五十六圖
輕便飼養器

四，水接昆虫飼養器：　此器乃用以觀察水生昆虫之生活，其製法，以四面裝置玻璃之箱，或大形玻璃盃，玻璃缸，或浸製標本之廣口玻璃瓶等，在其上面覆以窗紗，或帳紗，即可應用，內面之佈置則以飼虫之種類爲定，如田中生活者，器中則須置附有水藻之田泥，田水，待水澄清後始可放入所飼之昆虫，亦可於器底填充沙泥，泥內混置小石子，並植水藻及菁苔之類若干，再徐徐注入清水而後放入飼虫，倘所飼爲肉食昆虫，則又必給與其所喜食之物以爲食，溪流中生活之昆虫，則器中須注溪水，放溪生植物，及河沙等，幷宜用循環水管，使水流動不停，在海水生活之昆虫，則當用海水及海產植物，或海產小虫以飼之（如第五十七圖）。

第五十七圖
水凄昆虫飼養器

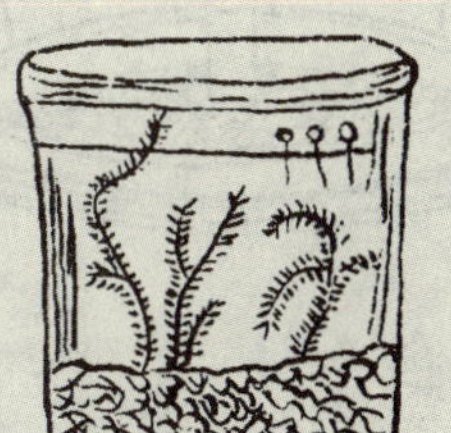

五，孵化爐：　凡採得虫卵，倘不知其幼虫及成虫者，即可置此孵化爐中待其孵化而後飼育之，採得虫蛹不知其成虫狀態者，或某種害虫將出現時須預知其成虫狀態，或蛹子須經孵化成虫後，方能證實其爲何種害虫之蛹，以便從早設法防治者，亦可將蛹置此爐中孵化（因爐中溫度可由人力節制）使其速變成虫，但因此爐中溫度略高，與自然界微有差異，每有因此而發生變態者，是不可不注意之事也，此爐之構造，係先以鉄皮做成圓筒。筒高十五英吋半，中空，直徑

第五十八圖　孵化爐

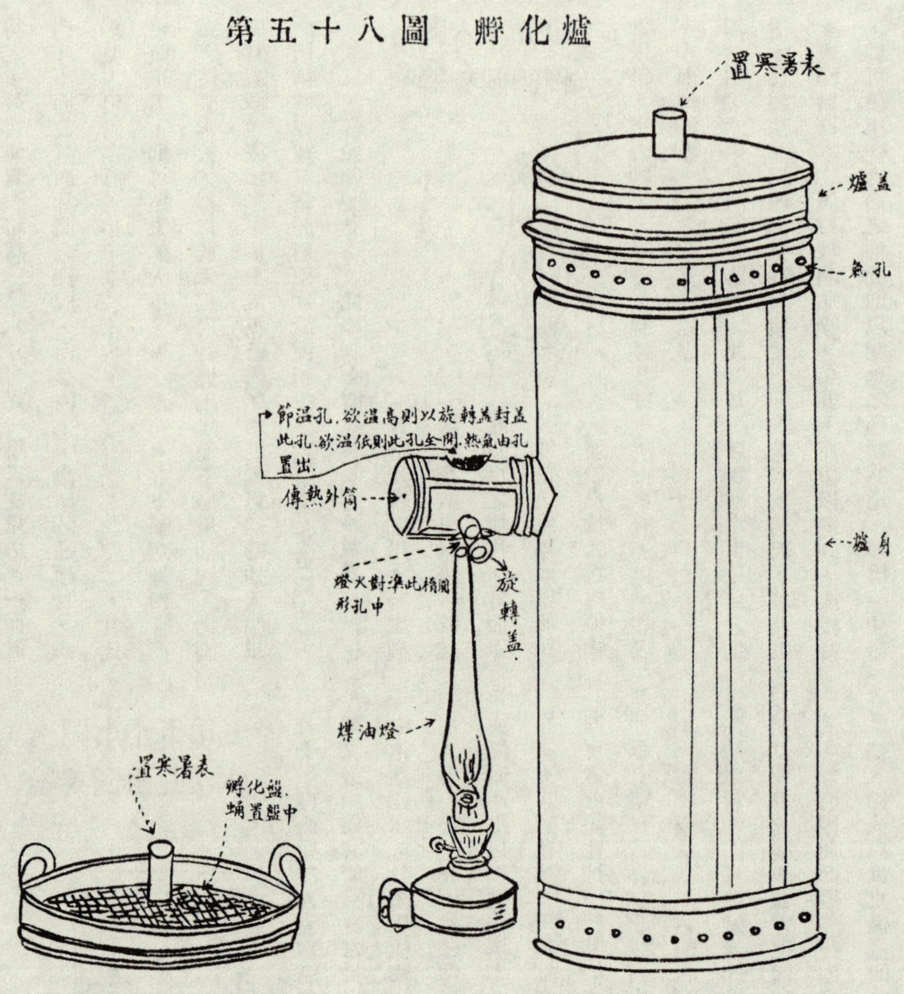

六英吋半，在兩端離邊一英吋高之周圍鑽若干小孔以通空氣，離底七英吋半處做一横煙筒，支出圓筒以外三英吋半長，二英吋直徑之空，頂端密封之，在中間穿一橢圓形大孔，孔下置油燈，温度由孔傳入，孔面置旋轉蓋以節制温度，再在横烟筒上面横隔一層鉄盤，盤高四英吋半，空六英吋半，下面微小，密合於圓筒口邊，而在此盤內再套一鉾板圈，圈高一英吋半，在上下適中處，固定一層細鉄絲編製之窗紗、使成一盤形，在鉄絲盤之中間，做一鉄管，高一英吋半，兩傍置鉄絆，以備鉄紗盤內裝有虫卵或虫蛹孵化時，可以出入自便，頂上置蓋，蓋上仍留氣管，與鐵紗盤中之管相對，即成一爐，然後在

第五十九圖　置蛹箱

A蛹箱　B箱內之提盤
(蛹捲之列置法)

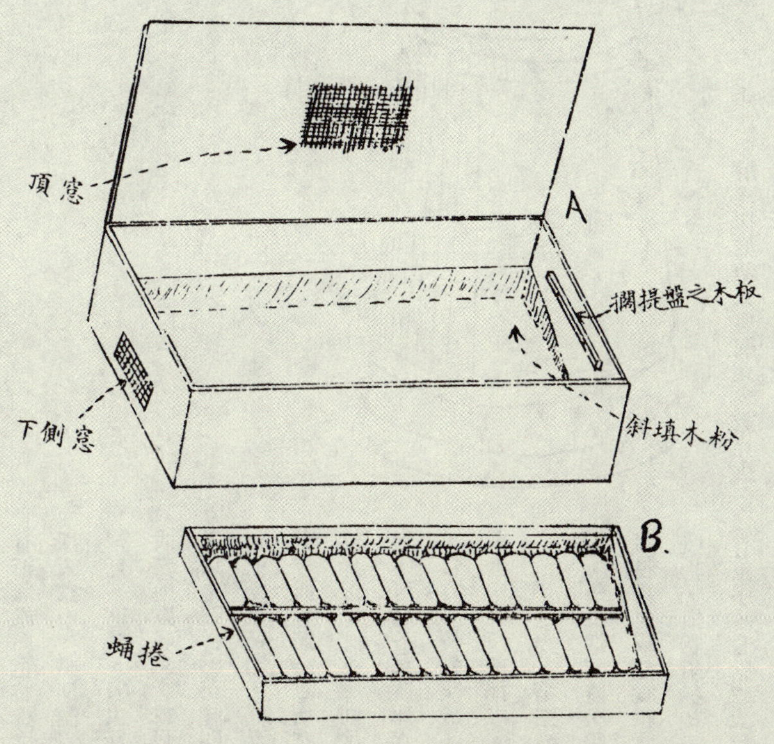

爐外橫煙筒之下面點燃油燈，燈光大小，即爐內溫度之高低（如第五十八圖）

六置蛹箱；置蛹箱係用木板或鐵皮所造成，長十四英吋，高六英吋，寬八英吋，上面置鉸鏈板蓋，蓋面及兩側之下部各做二英吋大之方窗，釘以帳紗或窗紗以流通空氣，箱內填鋸木粉約二英吋厚，以木板壓平成傾斜狀，噴少許水以浸潤木粉，面鋪微濕草紙二層，即可羅置虫蛹，放於暗處，靜待其變化爲成虫，（如第五十九圖）。

七，噴水器：此器即成衣匠所用噴水壺，爲一上小下大之鐵桶，蓋面有一鐵管，管端有小孔，管側面有一圓孔，以灌入清水，口啣鐵管而吹之，即有水霧噴出，（如第六十圖，）專用以供給虫蛹之水份，及噴濕草紙木屑等物。

第六十圖　噴水器

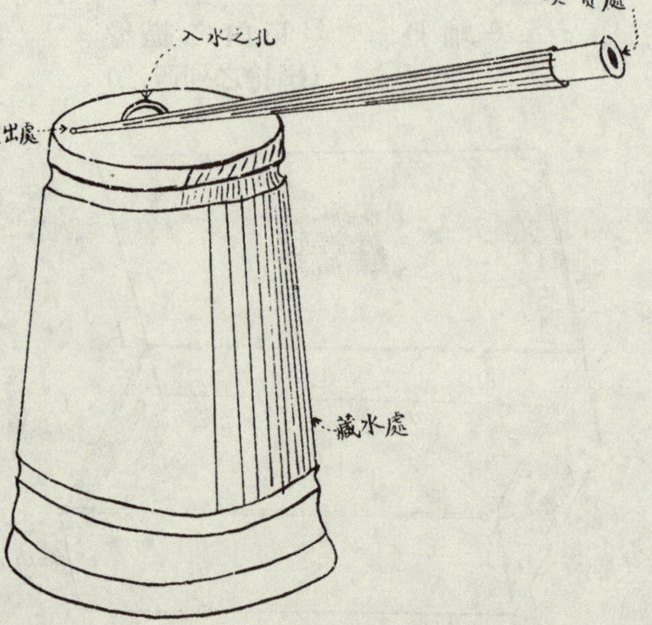

八，飼養紙盒；此盒專用爲採集幼虫與飼養少數昆虫之用，其製造法見第二章

第二節　飼虫之採集

春秋二季，出外採集標本時，隨帶飼養紙盒或紙捲，遇有形狀或顏色特殊之幼虫爲前所未見者，當即連同食物一併採入盒中，帶回飼養，但採集時，須詳記所食植物之名稱，形狀，高矮，及其所在地點，以便飼完後，仍可再來採取，或至他處尋求，或以相似植物代替，有幾種昆虫之幼虫，白天只是遊行，至晚間始就食者，則須晚間採集，以便知其所食植物之種類，倘幼虫爲一特殊種類，恐其逃去，不能再獲者，則可將該虫所在地周圍之植物，悉數帶回，分別試驗，觀其喜食何物，則採何物以飼之，若採得幼虫而不知其食物者，可尋各種脆嫩而無怪味之植物分別採投之，若發現幼虫，當時不便採集或不能採集者，則可牢記其所在地點，待後來再爲設法補採之。

第三節　飼養法

幼虫採回時，須先分別種類，大小，數目，放入適宜之飼養箱，或飼養紙盒之內，箱中預填泥土，給以水份及所食植物，植物須插置或栽種，或僅盛放，當視情形而定，（因有虫子不食枯蔫或倒臥之植物，故宜栽培以符自然），然後方將飼虫放入箱中蓋而飼之，同時在箱蓋上附一記載表，註明採期，產地，號數，所食植物之名稱，若係由卵孵出者，則須先飼於紙盒內，給以切碎嫩葉飼之，虫體漸次長大，食料亦須逐漸加多；并移入較大之箱中飼養，若所栽之植物被食盡或箱中積有虫糞時，則宜另培植物於他箱中，用鑷將幼虫移入新配箱中，而舊箱清潔後復栽植物以備之，幼虫經幾次脫皮，成長，而至蛹化之時，除放在孵化爐中孵化者外，其留箱中者則箱中之溫度濕度須調整，過乾則蛹難孵化，即能變成成虫，其翅常多捲縮，蛹殼每附其體上不能脫離，雖有標本亦無用處，若過於潮濕則蛹在土內每因發生霉菌，或因窒息而死，故最好於化蛹後即將蛹子檢出，用廢棄紙條，在小木棒上做成一紙筒，以線縛其一端，(不宜膠粘)將蛹放入筒中，頭向筒底，(如第六十一圖)然後列入置蛹箱中，每箱可置兩排，頭向下面，若放二層，則宜做一木提盤，仍塡木粉，隔擱於中間，置此蛹箱於暗處，每間一日視察一次，見蛹死於紙筒內者即除去之，并噴給水份，一見成虫出來，略待其肢體强壯，欲作飛行時，即編入毒瓶中，使成一完美標本，若幼虫成熟結繭於飼養箱之壁上時，則只給水份，置箱於暗處以待孵化成虫。

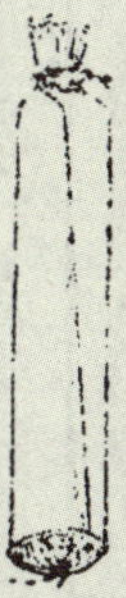

第六十一圖　蛹捲

蛹頭向內

第四節　觀察及記載

飼養昆虫，每日除一定時間給以食物外，并須隨時觀察及記載幼虫之活動情形。其所應注意之事項，可參考下面之昆虫飼養登記表。

第五節　注意事項

飼養昆虫，除上述各種方法之外，還須注意，濕度之調和，食物之清潔新鮮，空氣水分之供給，敵害如寄生蠅，寄生蜂，及老鼠等侵襲之防禦，若喜居於暗處者，尤須避免光線直射，及惡臭，毒物，煙薰之侵害等，總之，凡幼虫所不喜住之環境，皆宜留意除去之。

第六節　昆虫飼養登記表

一，名稱。

二，產地及其週圍環境。

三，採集期。

四，昆虫體形之大小。顏色，體節，附器。

五，食物名稱，部份，食法，食量，食時，及植物被害後之影響。

六，休眠時期，休眠狀態，休眠時對食物之增減，休眠前後對食物之增減。

七，脫皮時期，次數，方法，脫皮前後對食物之增減，及體形之增長率。

八，抗敵法，是抵禦，退避，擬態，假死，或詐敗。

九，蛹期，蛹之狀態，顏色，及化蛹之地點。

十，成虫之名稱，狀態，習性，生活期，雌雄之辨別，交配時期，地點，方法。

十一，產卵期，卵數，卵狀，產卵之地點，對卵之保護方法，及孵化期間。

十二，一年中發生代數，每代需時若干，在何種情況之下繁殖最速。

十三，天然禦敵之種類，及其被殺之程度。

十四，備考，自卵孵出飼養者，其記載當自卵始，有不屬上述事項者，則記於備考欄內。

第七節　飼養日記

一，日期

二，氣候，晴，雨，溫度，濕度

三，食物量

四，生活情形

五，體形增長率

六，變態

害虫

害虫為農家最大的仇敵，世界農業，每年所受昆虫侵害的損失，實不可以數計，單據美國農部發表，每年美國防治害虫經費，等於其每年之海軍費，故各國當局，莫不努力於研究除虫的方法，據美國某化學廠的昆虫專家，桑特士氏George E. Sanders除虫的經驗，則驅除青虫，毛虫，蛾蝶類的幼虫和馬鈴薯蟲一類的害虫最好的方法，係用毒藥使害虫吸食之，中毒而死。

至於吸食植物滋養液的小害虫，則應用能使害虫一觸即斃的化學藥品以驅除之。

大膽生產　小心享用

作孚

中國人有兩種美德，是可以戰勝世界任何民族的；一個是勤，一個是儉，一般勞作的人日出而作，日入而息，常常是整天的工作，常常是十二小時或十四小時的工作。裁縫店子夜半還未停工，豆腐店子夜半便起來磨豆腐。這是勤的證明，許多富有財產的鄉下老，穿的是同窮人一樣，吃的是同窮人一樣，自己不用錢，說是留給子孫，但亦不許子孫用錢，與其說他的財產是由增加收入積聚起來的，不如說他的財產是由節省支出積聚起來的，這是儉的證明，華僑之在歐美和南洋並不需要本國政府的幫助，有他個人的成功，正是因爲他有超過於人的工作，同時又有不須選擇物質條件的生活，這尤其是勤儉兼有的證明。

勤與儉是中國人的兩美德，是兩個有力的拳頭，也許是兩把鋒利的刀，祇是牠能助成個人的成功，不能助成社會的成功，兩把鋒利的刀終究敵不了現代的大炮，現代威力最大的大炮是社會組織，牠可以遠射，復可以深入，牠可以摧毀敵人到無復存在的餘地，如果能夠以勤儉的分子。組織成功一個現代的社會。必定更有攻可守，超越其他國家的戰鬥力，如果既不能造成現代的大炮——現代的社會組織，又丟了兩把刀，四體不勤，享用則極現代的能事，則在四圍敵人大炮圍攻之下，會全軍覆沒，個人亦身首莫保矣，其結果眞令人戰慄。

所以我們創造四句新的口號，是：「大膽生產，小心享用」，大膽生產之謂勤，小心享用之謂儉，我們應大膽運用現代的方法生產，現代有甚麼，我們便要生產甚麼，但須小心用閉關自守從前的方法節省物質上的享用，任何東西我們不能生產便不要享用，反轉來說；能夠生產甚麼，才享用甚麼，將就以前兩把刀，鑄成現代的大炮，不但要求與現代比齊，還要超越了牠，這是中國成功失敗唯一的岔道，請問我們的生活途程究竟指向那一方？成功的一方或失敗的一方？。

『碚』字音義

少琴

峽中有場曰北碚，俗讀碚如「倍」，近日常有以「碚」字音義爲問者，字書缺漏不載，苦無以應。及讀洪良品巴船紀程載陸遊入蜀記有荆門十二碚，皆高崖絕壑；王十朋詩又有荆門岩岫十二碚之句，「碚」一作「背」，有古腦碚，胭脂碚，媳婦碚等名，明月峽又有蝦蟆碚之稱，則地以碚名，不止北碚一處也。「碚」之音，讀如「倍」，古今無異；「碚」之義，巴船紀程則謂巖石隨水曲折曰「碚」，北碚石梁突出江心，水隨石轉，曲折迂迴，正如其形，於此可知得名甚古，音存而義乃亡之矣。錄之以備問者。

▲○▼　▲○▼

嬰孩保健表

年齡	體重	身長	膳食（病者不在此例）主要食物	混合食物	每日次數
一月	八磅半	廿一吋	母乳（每次十五分鐘）		六次 午前二、六、十時 午後二、六、十時
二月	十磅半	廿二•六吋	仝右	加魚肝油十至廿滴 橘汁一茶匙冲以開水	仝右
三至六月	十二磅半至十六磅	廿四吋至廿六吋	仝右	仝右 魚肝油卅至六十滴 橘汁一兩 白菜湯一兩	六次 午前二、六、十時 午後二、六、十時
七至十一月	十七磅至二十磅	廿六吋半至廿八吋半	仝右	仝右 七月加白菜泥 九月加稀飯 十月加雞蛋及烤麵包	仝右
十二月	二十一磅	廿九吋	牛乳（廿四至卅二兩）	仝右 中午可食軟飯、牛肉湯、及肉鬆、豆腐	仝右
十八月	二十四磅半	卅一吋	牛乳及飯	仝右酌量增加	仝右
二歲	二十七磅	卅三吋	仝右	仝右酌量增加	四次 午前八、十二時 午後四、八時

（如以牛乳，牛乳粉代乳，則其量數須先請兒科醫師酌定之。）

呼吸	嬰兒初生下時，應自行啼哭以促呼吸之來。如不能，應速持嬰兒兩足倒提之以手輕拍嬰兒臀部，如仍不能，則須由醫生作人工呼吸。
兩眼	用消毒柔和紗布，自嬰兒雙眼內角向外角將血液或粘液揩拭乾淨。乃翻開結合膜滴入百分之一硝酸銀溶液兩滴，以預防嬰兒膿性眼炎。

初生嬰兒之料理

臍帶　在距臍帶根約一寸處用消毒粗絲線梱緊臍帶，距捆處半寸以消毒剪刀剪斷臍帶，乃用消毒紗布并捲帶妥爲包裹。嬰兒患破傷風（臍風）者，皆因剪臍帶時，用具未消毒所致，八日後用消毒手續取去捲帶并紗布如臍帶尙未脫落完善或未收乾，仍須如法包裹。

口腔　嬰兒初生時口腔或咽喉常有過多粘液阻塞，致礙呼吸。此時可用消毒紗布套於小指上放入口中揩拭之，惟愼勿傷損嬰兒口腔粘膜。

哺乳　嬰兒生下八至十二小時後，應使其吮吸母親乳頭，母親應耐煩使嬰兒學會吸乳動作，蓋初乳營養價値最大，又有滑腸之功，使胎糞早時排盡。每次哺乳後應助嬰兒飲開水少許以洗盡口腔積乳。

胎糞　常爲黑綠色，如哺乳合宜可助胎糞於廿四或卅六小時內排盡。

睡眠　初生嬰兒每日應睡足廿至廿二小時，初生數日，睡時應使嬰兒常向右側而睡，以助心房中隔之卵圓孔早時閉鎖。

體重　初生嬰兒平均體重七磅。營養合宜，每日平均約增體重一𠵍。

身長　初生嬰兒平均身長十九吋（四十八·二六糎）

洗浴　初生嬰兒皮膚，常佈滿胎兒皮脂，可用棉花蘸橄欖油輕輕擦去。（用淸油代替亦可）在臍帶尙未脫完或收乾以前，萬不可放置嬰兒於浴盆內洗澡，只宜逐日以熱水擦洗，洗時室內溫度不可太低，且愼勿當風。

哺乳常識

乳母　哺乳爲人母之天職，萬不可放棄責任。哺乳之母，當重衛生，多休息，少氣惱，多散步，呼吸新鮮空氣。三餐外，可飲牛乳、魚湯、蝦米豆腐湯、牛肉湯、米湯等、多喝水、忌煙酒酸辣之物。

乳頭　每次哺乳前，必須用百分之四的硼酸水，或白開水洗濯乳頭，哺畢後亦然。

時間　哺乳須有定時，不可任意。每四小時一次（見前），切忌每逢啼哭卽行哺乳。夜間至多一次。

雇用奶媽　當先請醫生檢驗身體，以無肺癆、花柳毒、痧眼、及皮膚病者爲合格。亦要曾育過小孩者。

斷奶　一歲後，當斷奶。如遇夏日，則可俟至秋日再斷。斷奶，當逐漸爲之。

魚肝油　多『維他命甲』及『維大命丁』。食之以防眼乾病及佝僂病（輭骨病）之發生。嬰兒頭二年內，不可間斷。

嬰孩保健表

嬰兒其他食品

橘汁	多『維太命丙』。食之以防[illegible]症(壞血病)。蕃茄汁(新鮮或罐頭者皆可)及無油菜蔬湯，可代之。
菠菜	多鐵質。嬰兒七月後，每日常食之。每次一茶匙至三匙。(食法先將菜切成小塊，略加以水，盛以緊封之雙層鍋內，然後煮約卅分鐘，以爛為度，再濾過紗布，去其粗質。)
其他菜蔬	紅蘿蔔、軟豆腐、豌豆尖、及甜鬚菜，亦可食之。
鷄蛋	久煮蛋黃，六月嬰兒即可食之。水燉蛋、一歲嬰兒可食。忌食油煎蛋。
肉類	以鷄、魚、肉鬆為最合宜。嬰兒十月後，可食之。
五穀	米湯，在五個月時可食之。稀飯，七月後可食。一歲後，可食軟飯。小米粥、麥糊等可食，惟需久煮，至少一小時。
餅餌	烤麵包，八九月可食之，以助牙之生長。淡餅乾，亦可食之。忌鷄蛋糕、甜餅乾。
糖菓	最好勿與。二歲內嬰兒，忌在飯前食之。忌多食。

發育

前囟	俗稱腦門囟，在十八個月左右，應該完全縫合。
坐	在六至八個月之間，應能坐。
立	在十一至十四個月之間，應能立。
走	在十四至十八個月之間，應能走。
出牙	乳牙在六至九個月間初生。年有六齒。年半有十二齒。二年有十六齒。兩年半共長二十齒。
講話	十四至十八個月之間，應能語。
空氣	嬰兒宜使多吸新鮮空氣，但不可使近風或使受寒。居室宜寬大，門窗常常開。生後數星期，如不在冬季，若遇天晴，可抱嬰兒出外。

衛生常識

日光　能強筋骨，宜多受之。惟嬰兒之面目，不可朝向太陽光。嬰兒出外，當有蓬遮之。

睡眠　嬰兒在六個月以前，每日須睡十八小時。一歲時，可減至十五小時。睡眠時，當使獨卧牀上，不可懷抱之或推搖之。應獨睡一牀，一則避免傳染，再則可免除夜間多次索乳之弊。

飲水　每日在膳食之間，多飲白開水。夏日及病時，尤須多飲，每日至少三次。

大便　小孩大便，須要從小習慣，使之有序。每晨宜按時抱之，使大便一次。尋常，每日一至四次，色黃質輭。遇大便綠色，次數增加，稀薄或帶粘液時，應即就醫，並須減少食量。

洗澡　日須沐浴一次。浴巾用毛布。浴室宜有七十度至七十五度之溫度。浴水可用一百度（華氏表）。六個月後之小孩，可用九十度之水。浴時，當先以溫冷之水濺潑嬰兒胸前，藉免受涼。

衣服　以舒適為主，不可裹緊，不宜過暖。內外衣，都宜時時換洗（襯衣最好為白色）。

運動　嬰兒之啼哭、脚踢、上肢搖動伸張、漸次學習爬行，皆為天然之趨勢，不可遽加束縛。故不宜着太緊之衣，或裹之過度。醒時可變動其姿勢，以活潑其全身。在沐浴及脫衣就寢前，當讓其玩笑跳躍。

飲食須按上法，有節制，有定時。禁絕閒食或市售糖果。切忌每逢啼哭，即行哺乳。須知啼哭為嬰兒之運動，決不致因此而生病。

每月定期在家或往醫院量體重一次，與上表對照。體重過輕，應即就醫。（無磅秤，可用十六兩秤推算計十二兩為一磅。）嬰兒太胖而體過重，并非健康之兆，亦應即就醫診視。

防免疾病

小兒應獨睡一牀。勿使受涼或過熱。（室內溫度，最好在華氏六十至七十度間。）

勿僱用有花柳、肺癆、沙眼、及皮膚病的奶媽。

勿使與流淚、或淌鼻涕的孩子接近。

勿使與患肺癆、及其他咳嗽者相接近。

勿容許將其手指及其他玩具投入嘴內。

病法

勿攜嬰兒入稠人廣衆之處。勿攜往有病親友之家。

生後一月，即須種痘，勿俟春日。以後每隔一年種一次；惟苟已與生天花者接觸，則無論如何，即當再種。

嬰兒有病，即須與其他兒童隔離，切勿雜居。

遇嬰兒發熱、嘔土，腹瀉、傷風、咳嗽、抽瘋、多哭、皮膚發現紅斑等症，速須就醫，切勿亂投藥石，以危生命。

嘉陵江三峽鄉村建設實驗區立地方醫院印贈

(一)院址　巴縣北碚平民公園側。

(二)門診時間　午前九鐘至午后一鐘(舊醫院內)如逾時間請到新醫院掛號。

(三)出診時間　峽區各處無論遠近，不拘時間。

(四)住院　新闢病室四間，環境優良適於養病。

(五)北碚保嬰會　附設醫院內，每日午后二至四鐘切實指導育兒方法。

浙江省警察雜誌

第三十二期要目

改良我國警察人事管理芻議……黃振

浙江警務最近之動向……犀鋤

對於浙江省各縣委任警官甄用辦法之感想……陳愛奎

義勇警察訓練辦法之我見……方揚

取締遊民問題……沈伯琴

刑事訴訟法問答……農

我的本省各縣理想中警察……韓宗湘

此外尚有小說警政情報及新出警察法令統計等又另有「清代速治叢談」「實驗單指紋法」兩書出版

至前出版之「警察勤務精論」已移轉中華書局印行

杭州蒙古橋警察協會發行

北碚月刊

本刊已呈請內政部及中宣會登記

中華郵政特准掛號認為新聞紙類

第一卷第五期

民國廿六年十二月一日發行

編輯者　嘉陵江三峽鄉村建設實驗區　北碚月刊編輯部

發行者　嘉陵江三峽鄉村建設實驗區署　四川巴縣北碚

印刷者　重慶新民印書館

分售處　各埠大書局

定價

每月一冊　一日出版　全年十二冊

訂購辦法	冊數	價目	郵費 國內及日本	郵費 澳門香港	郵費 國外
零售	一冊	二角	三分	八分	二角
預定全年	十二冊	二元	三角	九角六分	二元四角

郵票代價十足通用

廣告刊例

等第	地位	全面	半面	四分之一
特別	底封面外面	四十元		
優等	前後封面之內面及對面	三十元	十六元	
上等	圖畫前後及正文首篇對面	廿五元	十四元	九元
普通	首篇以外之正文前後對面	二十元	十二元	八元

詳細廣告刊例函索即寄

北碚月刊徵稿條例

一，本刊以記農村實況傳達鄉建實施方法研究農村改良技術等為主旨歡迎投稿其範圍如下：

1，農村社會實況

2，鄉村建設之理論及實施

3，各地鄉村運動之消息及現況

4，鄉村事業之調查及報告

5，時代知識之介紹學術問題之商確

6，寫實的文藝作品國內外旅行實紀等

二，本刊暫分論著調查計劃報告科學教育文藝通訊隨筆等欄

三，來稿須繕寫清楚并加新式標點符號如用洋紙忌寫兩面

四，來稿以每篇自一千字至一萬字長為限過長者不收文體不拘

五，本刊暫不收譯稿

六，來稿如不願增刪修改者須先聲明

七，來稿署名聽作者自便但須將真姓名及通訊處寫明以便通信

八，凡須將原稿退還者須預先付足郵票否則無論登載與否概不退還

九，來稿登載後酌致薄酬如左：

1，每篇廿元左右

2，每千字一元至五元

3，贈本刊若干期或其他名著，刊物等

十，來稿，交四川巴縣北碚三峽鄉村建設實驗區本部

科學院農場之一
本區的優良畜種
狼山雞
意大利雞
她在飼養牠們
瑞士羊
北平鴨

北碚
第一卷
第六期
二十六年
二月號
四川嘉陵江三峽鄉村建設實驗區署發行

本區之水利建設：

文星鎮新堰之水田↓

↑澄江鎮新建之協利堰

↖文星鎮新築之堰溝

↑文星鎮堰溝灌溉之田畝

澄江鎮新闢之榜山堰溝→

●本刊第一卷●

第一期要目

廿五年九月一日出版

第二期要目

二十五年十月一日出版

第三期要目

廿五年年十一月一日出版

第四期要目

廿五年十二月一日出版

第五期要目

二十六年 一月一日出版

北碚月刊歡迎分銷

本刊發行以來，內容方面，力求精進充實，幸蒙各界贊許，銷行日廣，茲爲便利各地閱者計，擬廣設分銷，倘荷賜予提倡，慨允担任寄售，無任歡迎，詳章函索即奉，茲將已設分銷及代訂處列下：

北碚分銷處：嘉陵江日報　北碚溫泉公園

合川分銷處：新新書局

成都分銷處：開明書店

重慶分銷處：北新書局　今日出版社

北碚月刊

民國廿五年創始

第一卷第六期目錄

民國廿六年二月一日出版

本刊發行章程

一、本刊每月出版一次，對於預定各戶儘先發送。

二、書費概須照本刊價目表先惠，否則恕不照寄。

三、訂閱須註明起期，如不註明，或起期已早經售罄卽自最近一期起寄。

四、定單開出，概不退款。

五、預定來款不足時，暫准發書并予通知，俟補足欠款時再發給正式定單，否則以零售論，照來款發書。

六、定閱者須將詳細住址塡明，如改變住址，或査詢未到，請註明定單號數，定戶名稱，在何處定，原住何處諸項，以便査考。

七、到期如欲續定時，請預爲通知。

八、定價以國幣大洋爲準，郵費十足代價，外國貨幣照市價合算，不通用者退還。

九、如有匯款不掛號，遺失等情，本部不負責任。

十、各種刊物，欲與本刊交換者，無任歡迎。

十一、預定手續可向本部或代售處辦理，代售處價目一律與定價表相同不得妄事變更。

十二、代售章程另定之，其願担任代售者請向本部發行處書面與口頭接洽均可。

◉徵求基本訂戶◉

本刊發行伊始爲優待讀者諸君起見特舉行徵求基本訂戶一千戶在此徵求期間凡直接向本部訂閱半年以上者概照九折優待以足額爲限，

四川嘉陵江三峽鄉村建設實驗區北碚月刊編輯部啓

本刊代售章程

一、代售處除承担零售外，並得代辦定閱。

二、代售處代辦定閱，每份照定價扣除百分之二十爲佣金，款到本部後，開給定單，直接寄書，以省手續。

三、代售處每期銷數在五十册以下者給予佣金百分之三十（卽七折）一百册以上者，給予佣金百分之四十（卽六折）在一百册以上者，給予佣金百分之五十（卽五折）。

四、代售每季結賬一次，將本次所銷數目連同扣淨售款一併開單，逕交本刊發行處，遇有不清，除停發書外並以合法手續，追繳欠款。

五、凡代售本刊，每季在十册以上者得自行刻製「工作月刊特約代售」印章及懸牌於門首。

六、繳款須用法幣，郵票代洋以一角以下者爲限，外埠匯款匯水與郵費，概由寄者負担，如有中途遺失情事本部亦不負責任。

七、代售處於代售本刊，應負保管愛護之責。

八、承担代售者，爲謀增加銷路起見，所有自爲之宣傳費用，歸代售者自己負担。

北碚月刊編輯部訂

一年來四川新政之推行

稽祖佑

四川省府，自二十四年改組成立以來，因過去一切，均乏基礎建築，在百廢並舉狀態之下，就人力財力時間可能範圍內，擇其重要者，積極辦理，自二十五年一月迄於今茲，又經整個一年時間，關於民政部份之推行，不無相當進步，而計日責功，仍有效率遲緩之感，此其總因固在時間倉卒經濟力弱，而人事方面問題，亦居最要，即就保甲制度而論，法本極善，而運用未靈，即以人材未能適當，遂乏圓滿之效果，其他政務推進，常有類似形態，故二十五年中，關於人事之調整，各項人材之訓練，實爲推行新政先頭而切要之舉，此外中心工作茲謹略舉保甲禁煙兩項簡述如次：

一，保甲　四川各縣編查保甲，在二十四年內已由省府嚴厲令飭依限編組，惟以開辦之初，急遽從事，編查多失精確，組織亦欠完密，以致保甲功能，不克顯著，即適應當前環境之自衛工作，亦尚未完全做到，二十五年中，作具體之整理，約言之，可分爲三項：

第一爲組織問題：組織之基礎爲編查戶口，登記異動，組織之運用，爲密切聯繫，執行政令，因此證明保甲之實際，不僅應具名稱上之編組，應力求嚴密其組織，以實現其效用，本年內各縣編組，未盡完善者，多已令飭重行編組，計至本年十二月底止，編查已竣，報到省府者共有一百二十八縣，餘因地處邊區，尚待相當時間者，尚有二十一縣，一設治局，至於運用方面，聯保之組織，根據不分割鄉鎮之原則，及保甲經費之不敷，遂有大至七八十保者，亦感運用不易敏活，惟增設聯保，既不符不分割鄉鎮之原則，又須增加相當經費，籌措非易，更動滋難，近召集專員會議，斟酌需要，審度財力，討論結果，認爲過大之聯保，爲求辦事敏活起見，其管轄各保內，距離較遠者，應就附近居民趕集必到之場鎮，設置辦公分處，由各保長輪番當值，辦事既便，經費亦省，庶收聯繫之效，現擬試辦中。

第二爲經費問題：每保月徵保甲捐五元，是爲規定收支數目，二十四年以來，全省均已遵照實行，革除從前浮濫收支之弊，但以各保貧富懸殊，實難劃一，年來綜合各縣情形，多有困難之感，省府始於本年十月擬具改訂保甲經費收支辦法，呈准行營改爲較有伸縮性之規定，每保三元至七元，收支統一於縣，以資平均挹注，試辦以來，較前已感便利。

第三爲人事問題：保甲制度推行，最困難者厥爲人選，爲各地所同情，對政府設施既無相當之瞭解，實難期其逐步推行，克收實效，年來各區亦有鑒及此，曾遵令分頭施行保甲幹部訓練，又以未經整個規劃，參差出入，步調難齊，省府乃擬具全省保甲人員訓練辦法，綜計全省聯保主任共約四千餘人，分四期調集省城訓練，全省保長，共約九萬人，以集中各縣縣府所在地訓練爲原則，各縣甲長，以集中各區區署，就地訓練爲原則。聯保主任訓練，第一期已竣事，保甲長訓練，現正由省府派員前往各縣，分頭進行，訓練內容，在講解簡單保甲法令，充實其應具常識，培養其辦事能力，預計訓練普遍之後，一切政令推進效率，必可增加。

二，禁煙　禁煙部分種運售吸四項，有密切之聯繫，四川在過去隨處產煙，禁種實施較難，但本年內因功令森嚴，省府督飭厲行，亦未稍疏，除指定緩禁區外。確實貫澈命令，禁絕種煙，即邊遠縣份亦同一遵行，禁種之成效，可謂爲歷年所未有，至於總檢舉期間，各縣間或有所發現，報紙上亦曾記載，當時頗引起一般人士之注意，疑命令尙未貫澈或地方官吏奉行不力，其實在事實上，即就檢舉所發現者言，某地發現數苗，或發現之餘苗等，顯然係屬野生，而非農民故意蓄種，或官吏包庇以之圖得收獲或營利作用，其事甚明，再經本年冬季繼續厲禁，關于種植一層必可禁絕，運售兩部，均已遵照規定辦理，最切要而較難者爲禁吸部份，禁煙本身最後問題即在禁吸，吸煙癮民，大多數爲勞苦無力者，按照禁煙計劃，應在五年內分期戒絕，現在力求此項癮民分區施戒辦法，省市皆設戒煙醫院各縣多已成立戒煙所，施戒癮民已不在少數，惟照總額計算，尙應力求施戒院所及戒煙經費之增加，蓋勞苦癮民，絕無由自身出費戒煙之能力，更無力供給本身戒煙期中之生活，故「吃得起，戒不起」，之說，確爲重要問題，此項癮民，既佔全數中之大多數，皆有賴於政府之免費施救，並供給其戒煙期內生活，即非有多數院所，大量經費，實行半强迫之施戒，不克按期戒絕，此項實施，與吸店管理問題，有密切之聯繫，在檢舉吸戶舉行登記以後勞苦及流動之癮民，已得概括數字，此種癮民既不能悉在家中吸煙，即不能不需要煙館之供給，故在勞苦及流動癮民尚未戒絕之前，凡鄉鎮所在地，多有私售之祕密與流動煙館，應需要而產生，實際上禁絕既屬不易，稽查更感困難，且烟館內常爲藏垢納汚之所無待於言，因此乃有吸戶管理所之設，意在實際上眞能禁絕私售烟館，歸納勞苦及流動癮民入所吸食，藉以統計勞苦及流動癮民人數，並驗按期施戒之成效如何，同時施以相當管理，分期勒令入戒烟院所施戒，至各土膏店因附設管理所後，略增其牌照費，亦可略資補助戒煙院所經費之用，惟吸戶管理所設置以來，辦理尚欠完善，現正加以整理，俾達預期之實際效用。

以上所舉，爲保甲禁煙兩項推行之概況，他如義務征工之調整，水旱天災之救濟，公安事業之整飭，新運工作之推行，防止走私，普及合作，皆屬要政之一，按部實施，未嘗懈弛，得相當之進度，同時亦感相當之困難，鑒於既往，策效將來，益知推行新政，必按切實際謀適當有效辦法，乃能計日責功，即以保甲禁煙而論，法令規定，已屬綦嚴，奉行官吏，無不恪遵，在實際上除保甲之編組，禁種之實施，確有顯著事實，可資覆按而外，前此所預期保甲禁烟之成效如何，是否已完全達到收獲效果，尚待參證，更知空談理論，固不足尚，即一般所有羅列數字，塡具表册，作書面之報告，材料尚能充實者，亦未敢即謂之爲實際之表現，並相信其能代表複雜之社會狀況。

法令之規定，常因實施所得之貢獻而益臻縝密，更有區域性時間性之不齊，適於此不適於彼者，行營剿匪地方一切法令之頒行，即係就剿匪區域情形而制定，四川奉行以來，極感收效之宏，至於法令內容詳細規定，此後將更參酌地方實際狀況，益臻切合，而執行法令克收實效者，厥爲人材是賴，今川新川政之推行即將本廿五年中各項人材之訓練以樹其基礎，進而根據年來所獲實際，求切實之成效，故廿五年中心工作，即在訓練各項人材，如縣政人員，財政人員，統計人員，警察人員，乃至保甲各級人員之訓練，均己分別實施，而廿五年度施政綱要亦標舉各級公務人員考績爲先務。

一年來之四川財政

劉航琛

航琛承乏財廳，于玆兩載，愧無建樹，以慰邦人，頃値二十五年已告終了，竊願藉此機會，作一簡括之報告，蓋檢討過去，即所以自勉將來，非徒敷衍文責也，四川自合法省府成立以來，賴中央之德威，劉主席之勵精圖治，各方之熱烈贊助，統一幸告完成，惟財政一端，承極度凋敝之餘，有棼如亂絲之感，以言整理實非易事，故二十四年十個月中，僅於統一收支，確立預算，裁撤苛雜，劃一稅制，收銷地鈔，整理債款諸大端，略有致力，雖執事同人均已殫竭心力，而與理想中之財政，則距離尚遠，歲月不居，忽忽遂又二十五年矣，此一年中，上季承廿四年度之後，下季則為廿五年度之前期，年度不同，收支迥異，欲加敍述，應分兩段：

（一）二十五年上季，（即二十四年度後期）此半年中，仍係財監處執行預算，關於收支方面，財廳責任較輕，乃得以餘力從事於財務行政之改進及執行，與完成二十四年度施政綱要所預定諸事項：爬梳整理，粗底於成，惟事涉繁瑣，殊無一一敍述之必要，第於穩定金融，健全行政組織，剷除秕弊，增加稅入，整理縣地方財政諸工作，皆曾為相當之努力，而財政機構之健全，於此期中，亦較上年為有進步。

（二）二十五年下季，（即二十五年度前期）欲敍述財政情形，請先言本年預算：本年收支預算奉行營核發如下；

收入門

國稅

一、鹽稅一千六百七十萬元。

二、統礦稅六百六十萬元。

三、區稅局三百萬元。

共二千六百七十萬元。

省稅

一、田賦二千六百萬元。

二、契雜五百五十萬元。

三、地方稅五百四十萬元。

四、營業稅三百六十萬元。

五、肉稅二百七十萬元。

六、房捐二十萬元。

七、土地登記三百六十五萬元。（即換契費）

八、禁煙九百萬元。

共五千六百〇五萬元，建債收入三百二十萬元。

總計八千五百五十五萬元。

支出門

軍費四千一百萬元。

政費一千四百萬元。

債務費二千九百六十九萬五千元。

預備費八十五萬五千元。

總計八千五百五十五萬元。

本年年度開始時，預算所列省稅部分，卽奉令完全由財廳執行，並奉令不得短收短支，致滋貽誤，數月以來，深感力不從心，有辜期許，然使一查上列數字，則不難知其執行之必感困難，玆先就收入方面，一加分析，查省稅部分，共預算爲五千六百零五萬元，但就中如田賦一宗，廿四年財監處執行之結果，卽已積欠至一千一百餘萬元之距，加以本年水旱迭乘，災區過廣，若以例諸去歲，其勢必將短絀無疑，且扣還善債百分之五，又早明令施行，短收之數，當更不小，營業稅以設置未齊，至多不過能收二百萬元，肉稅則以因旱禁屠，減免甚巨，禁煙一項，上年僅實收五百餘萬元，合計以上各款，預算短收數字，當在一千萬以上，而返觀支出，軍政債務各費，既不容短欠分厘。而預算以外之支出，則又層出迭見，其中或爲再生產費，或爲必不可緩之需，職責所關，義難坐視，就中數字較大者，如：

一、省庫期票一千零五十萬元。

二、農庫基金一百二十萬元。

三、財監處撥二十四年政費一百四十八萬元。

四、行營令支二十四年軍費一百七十三萬元。

五、農行股本二十五萬元。

六、川大建築補助費二十三萬元。

七、成都城垣培修費二十五萬元。

八、保甲訓練班十二萬元。

其他零星小數，如國選經費等等，尚未詳記，卽此額外支出，已達兩千萬左右，而恃以資抵補者，厥惟財監處移交之欠糧一千一百餘萬元，無論欠糧不易追收，（廿三年前欠糧百餘萬元，已明令豁免）卽使能追收足額，收支亦已懸絕，無如半年以來，無時不在拮据掙扎之中，牽蘿補屋，苦費經營，爲勉圖補苴以維要政，乃有煙土加稅，及辦理土地登記，先行換契之舉，誠以兩者均以列入預算，略事變通，對於民力法令，尙屬兩能兼顧也，將來如推行盡利，則收支差額尙能減少，此則尤有賴於奉行同人，倍加努力者也。

至於金融方面，已向中央請准領鈔一千萬元，將以善建兩債充保證，以資活動，省行資本，增加爲一千萬元，錢莊關係金融活動亦大，現已擬定管理錢莊規則，經省務會議通過施行，對於金融市場，當可更趨安定。

此外如勵行縣地方預算，確立會計制度，訓練財務人員，整頓縣地方舊債，整頓各項稅收，調整人事，及其他省府施政綱要所列諸事項，當於二十五年度內，分別完成之，篇幅有限，愧未能詳，略述概要，共幸希察。

一年來之四川教育

蔣志澄

川省政治，自去年省府在渝成立，始就統一，過去各軍防區，各自爲政，教育情況，極爲紛歧，內容復多苟簡。本廳有鑒於此，一年以來，力求整理，以固基礎，并圖改進，用期發展，茲分述其經過如左：

壹、教育行政

（一）嚴格選用教育行政人員并厲行考績

教育行政人員，爲推進教育之動力，其健全與否，關係教育之良窳者至鉅。過去川政未趨統一，人才之登庸，缺少標準，教育行政人員資歷，亦多未符，教育落後，此爲主要原因。爬梳整理，刻不容緩，其步驟有四：

1資格之確定及審查，教育行政人員非具相當學識，並饒有經驗，不克勝任。本廳對於各項教育行政人員之資格，除中央已有規定者外，皆分別加以釐訂：（1）修正各縣市督學規程，（2）訂定各縣市教育委員規程，（3）訂定小學教師任用及待遇暫行規程，（4）最近并草擬民衆教育館館長任免規程，俟呈准主席後即可公佈施行。一年以來，委任及審查各級教育行政人員，皆恪遵　中央及上列各項法規規定之資格，以杜倖進。對於前經委定之現任教育行政人員，亦將其資歷送請四川省公務員資格審查委員會詳加審查，由省府分別去留，不稍寬假。此外社會人士，有學力而願意服務各教育界者，得向省府公務員資格審查委員會請求登記，經公審會審查合格後，本廳卽分別傳見，觀察其能力，考核其經歷，酌最予以任用。

2考試　選拔眞才之法，以考試較爲可用。本年十月舉行普通考試，參加教育行政人員考試及格者十三人，其第一名已委爲本廳科員，第二名委爲代理營山縣立初級中學校長，其餘則已令其來廳學習，學習三月後，考其成績之高下，分別予以任用，或延長其實習期間，以後并擬每年舉行。又縣長綜理全縣行政，得人與否，影響縣教育之改進甚大，省府現正籌備縣長攷試，訂期於廿六年二月舉行，以資深求。

3考績　本廳用人，事先須詳細調查資歷，請委之後，復切實攷核成績，黜陟幽明，使不肖者無由濫竽，賢者益加奮勉。除於各縣市督學規程，各縣市教育委員規程，各縣市小學教員任用及待遇暫行規程，民衆教育館長任免規程列有考績條文外，并製定四川省政府教育廳職員考成規程，四川省政府教育廳督學攷成規程，及四川省中等學校校長任免及考績規則，切實施行，一年以來，所有各項教育行政人員之進退，均經依據規定，詳加考核，纖毫不敢徇濫。

(二)健全行政組織

本省各縣，幅員遼闊，縣政府主管教育行政人員，照顧頗難周徧，非縮小區域，增設人員，分負行政之責，不足以資推進。(1)去歲省府改組；各縣亦遵照　行營頒佈勦匪省份各縣分區設署辦法大綱之規定劃分縣屬為若干區，設置區署，委任區長，負各該區內行政之責。除區長有監督指導區內小學及民衆教育事業并力謀小學校長及民衆學校普遍設立之權職外，並於區署設置主管教育之區員，協助區長，辦理教育行政事宜。(2)制定各縣市教育委員規程，令飭各縣依行政區劃分小學區，如行政區過大，每區再劃分為二區或三區，每小學區設置教育委員一人，秉承縣市政府及主管科科長并直接受該管區長之監督指揮，辦理該學區內義務及社會教育事宜。

貳、初等教育

四川人口，約五千萬，學齡兒童，常在五百萬以上。過去無統一之政府，入學及失學兒童，亦無詳確之調查及統計。茲根據廿四年度統計全川小學學生數一〇八六七九六及短期小學生數一二五五九二人，推測失學兒童約占全體學齡兒童百分之七四。此數目龐大之失學兒童教育如何普及，實為目前最嚴重之問題，故本廳對於初等教育之實施，除注重質的改進外，并力求量的擴充，一年以來此兩方面均有進展。

(一)小學教育之整理

據廿四年度調查全川小學約一六九三六所，數既不多，而內容復相差過甚，以教師資格言，有大學畢業，有以未受學校教育及小學畢業者：以待遇言有數元數十元乃至百元以上者，以全校經費言，有數百元數萬元者：本廳特以下列各法整理之：

1，調整小學教師待遇　本廳為調整小學教師待遇，使相差不致懸殊，特訂定四川省小學經費支付標準，呈由省府令飭各縣市遵照，本年度審核各縣市小學經費預算及准駁各縣市小學呈請立案即以此項標準為根據。

2,舉行小學教師檢定　檢定分無試驗及試驗兩種，無試驗檢定擬每年舉行一次，第一次檢定結果，現已分別公佈，及格者全川共四三三三人。試驗檢定亦已定期於廿六年二月舉行，現經審查准許試驗檢定者五八〇〇人。所有小學聘任教師，除資格合於修正小學規程第六十二條之規定者外，檢定及格人員有儘先受聘之權利，業經令飭各縣市府遵行。

3,提高小學教師程度　提高程度之法有二：(1)利用寒暑假期予以訓練，本廳業經訂定之四川省小學教師暑期講習會辦法大綱，令飭各縣市一律舉辦或由各區專署集中辦理，先後共有四八四二教員入會講習。(2)各教師平時自動研究，本省小學教師平時自動研究，除國立四川大學業經設立小學教育通訊研究處，函請省府通令全川小學教師參加，并開放教育系實際學程，函請省府申送志願前往聽講之省會小學教師外，并經省府令飭省立實驗小學設立小學教育通訊研究處，并分令各小學教師參加。

4,厲行輔導研究制度　(1)組織初等教育研究會，初等教育研究會之組織，中央早有規定，本省業經遵照中央規定訂定四川省各縣市初等教育研究會組織規程及四川省縣市各學區初等教育研究會組織規程，令飭各縣市政府遵照組織初等教育研究會，一俟各縣市初等教育研究會組織完竣，即行組織四川省各學區初等教育研究會及四川初等教育研究會，以期集思廣益共策改進。(2)實驗小學及中心小學之設置，(一)實驗小學之創立，關於小學教育尚待解決之問題至為繁夥，特創立成都實驗小學，以科學方法，從事研究，並以其研究結果，供本省各小學之參考。(二)中心小學之設置，省府已就十八行政督察區劃分為十八學區，并擬指定一省立小學為各該學區中心小學，負輔導各該學區小學之責。各縣市小學區，亦應由縣政府指定一優良小學為各該小學區中心小學，現正草擬四川省中心小學試行辦法大綱，俟呈准省府後，即行公佈施行。

(二)義務教育之推行

全川小學，據廿四年度統計，約一六九三六所，學生百餘萬，欲求義務教育之普及，非另闢蹊徑不為功。故自廿四年度起，除改進已有小學之內容，充實其學額外，並切實遵照部頒第一期義務教育辦法大綱推行一年制短期義務教育。

1,設置短期小學及普通小學　省府廿四年公佈一年制短期義務教育實施綱要，規定繁縣及成渝兩市設短期小學廿所，中縣設十八所，簡縣設十五所，令飭各縣市遵照辦理。據廿四年度統計，除十七十八兩行政督察區曾呈請行營准予緩辦外，其餘各縣市共特設短期小學一一七七所，附設七九七班，招收學生一二五五九二人．本年度復制定四川省廿五年度義務教育實施計劃及各項辦法，令飭各縣市政府及設治局署遵辦。依照該項計劃　廿五年度各縣市共可設立短期小學四一六三所，各師範學校共可附設短期小學三八班，各縣行政分區每區增設普通小學一所，全川共可增設五一五所，各縣市改良私塾十所為代用小學，全川可有代用小學一五〇〇〇所。此外並設置小學巡迴教員一名輪赴各該縣邊僻鄉區及交通不便利處教授失學兒童，全川共可設一五〇名，以上各項綜計所收容失學兒童五二九七〇〇名，以後擬將上列學校所數按年擴充二分之一，至民國廿九年，即可完成中央規定第一期義務教育。

2,儲備師資　四川師資缺乏，據此次試驗檢定結果，已報之九二縣二市僅四三三三人及格，儲備師資實推行義務教育進程中一大問題，依據廿五年度義務教育實施計劃，有下列五種解決方法(1,)廿五年度於第十四區設省立劍閣師範，第十六區設立茂縣簡易師範，第二區設立聯立簡易師範，新都永川等縣設簡易師範各一所：現時第二區聯立簡易師範及永川新都等縣簡易師範已成立，省立劍閣師範亦已撥款一萬五千元令飭該署專署籌備開辦。(2,)開辦義務教育幹部人員訓練班，調訓各縣，負義務教育責任，曾在高中以上學校畢業人員，繁縣及成渝兩市各調四名，中縣各調三名，簡縣各調二名，共四七五名，入班訓練，畢業後，派回各縣市主辦義務教師資訓練班，及塾師訓練班(3,)各縣市舉辦義務教師資訓練班，招收下列各種人員：(一)未經檢定及格各種之師範學校畢業生(二)未准立案之私立高中以上學校畢業生，(三)高中修業生，(四)初中畢業生(五)曾任小學教員三年以上之教員予以訓練，(4,)各縣市舉辦塾師訓練班抽調私塾教師授以短小教材短小教學法及公民訓練等學科，現正草擬各縣市塾師訓練辦法大綱，一俟呈准後即可公佈施行。(5,)各師範學校定著假內開辦短期小學教師訓練班，由各該校校長各職員及各科專任教員負教授之責。

3,籌集經費　本省過去連年戰爭，捐稅繁多，重以赤匪竄擾，地方經濟異常困窘，義教經費之籌集頗非易易，特一而令各縣寬籌，一面複撥款補助(一)寬籌，廿年曾轉發各縣市籌集義務教育經費暫行辦法大綱，令飭各縣市遵照籌集義教經費，并鑒於過去各縣市教育經費分配之不適當，特制定四川省各縣市教育經費分配標準，以提高初等教育經費所佔之比例，二十四年度提高爲百分之四○，廿五年度復增加爲百分之五○(二)補助，二十四年度中央撥助本省義教經費十四萬，本省自籌補助費十五萬，自二十五年一月至六月實撥七萬五千，已發給各縣市承領備用；二十五年中央補助十九萬五千，本省自籌二十萬，擬分四期撥發，俟各縣市呈報本年度短少所數後，即撥發第一度。

4，改良私塾　本省各縣市私塾，據二十四年度統計，共有一三九二四所，塾生二四六八七四名；以所數論，幾與普通小學相埒，苟能積極改進，實足爲普及義務教育之助，用特頒佈四川省各縣市管理私塾規程，四川省各縣市暑期塾師訓練班辦法大綱，四川省私塾生畢業會考暫行辦法，令飭各縣市政府遵照，現正改訂暑期塾師訓練辦法大綱，并草擬塾師檢定規程，一俟呈准即行，令飭各縣市遵行、據廿四年度統計，各縣市遵照前列各項法規改良私塾，已有五一四二所，約佔私塾全數百分之三六。九三，以後仍須根據前列各種法規，嚴厲施行，務使全數改良。

5，組織義務教育委員會　四川省義務教育委員會組織規程業經遵照中央規定制定，并根據是項規程組織四川省義務教育委員會，輔助本省義務教育之推行，并訂定各縣市義務教育委員會組織規程，令飭各縣市遵照組織，各縣市義務教育委員會，輔助各該縣市義務教育之推行，現據統計，各縣市多已遵令成立，其未成立者，亦經令飭尅速成立。

叁、中等教育

(一)中學教育之整理

本省對於中學以限制增設，就已有者改善其內容，並視地方需要改辦職業或鄉村師範學校爲原則：一年以來，一切設施均恪依此項原則進行：

限制設立各縣市增設中學呈請立案者，均經恪遵各縣市設立中等學校程序，及修正中學規程嚴加考核，其辦理與功令不合，或無設立之必要者概未允准。

1裁併已設立之中學　已設立之公私立中學，有因經費支絀，不能推進，或酌量情形無設立之必要者，均經分別令飭改辦爲職業學校併入他校辦理，或勒令停辦。一年以來，省立中學停辦者一所；聯立中學停辦者二所；縣立中學停辦者九所；併入他校辦理者十五所；改辦職業學校者二所；區立及私立中學停辦者九所；全川共停辦中學二十一所；合併十五所；改辦職業學校二所。

2改善各中學之內容　本省各中學內容未善者尚多，或組織不符規定，或課程不依標準，或任人不問資歷，或用書不經審定，或教導方法不盡合理，均分別督飭改善。

(二)師範教育之整理

本省土地廣博，失學兒童衆多，欲普及義務教育必需大量之師資，現有師範學校卅三所，每歲畢業學生，本不敷分配，然以經費支絀，類皆因陋就簡，敷衍從事，甚有違背法令附設中學班者，殊失專業訓練之旨，其何以負推進國民基礎教育之責，一年以來，一面增設師範學校，以宏造就，並就已有師範學校，嚴加整頓，充實內容，以重師資之培育。

1,裁併辦理不合之師範學校　本省師範學校原有省立七所，聯立三所，縣立廿九所，私立一所，其他各校附設不合規定之師範班次者卅二所。縣立師範中沿用從前年期師範辦法辦理者尚多，一年以來業將辦理不合之各縣立師範，分別改為簡易師範學校或簡易鄉村師範學校，其他各校附設師範班次，亦經查酌各該校情形，分別令其停辦或限期結束並嚴格限制以後非遵照規定呈准，不得擅行開班，又各校前此附設之初中班次及私立師範學校之未經呈准教部辦理者，亦一律限期結束，綜計全川共停辦聯立師範一所，縣立師範六所，附設師範班一三所，縣立師範之併入其他師範學校者二所

2,注重師範生之實習　實習為訓練師範生重要科目，各師範學校每視為不甚重要徒事應付，本府為增進師範生之教學技能起見，除督促各師範學校恪遵師範學校課程標準、認真實習外，並通令各師範學校改附屬小學主任為校長，並令聘任附小校長，以曾研究教育具有指導師範生教育實習與實驗能力之人員為限，以便指導師範生之實習。

3,師範學校之增設　本廳對於師範學校，一面嚴加整理，并查酌各地方需要，分別增設，一年以來計增設第二區聯立簡易師範一所，墊江，永川，新都，蒼溪，廣元，宣漢，平武，等縣縣立簡易師範學校各一所，並於第十四區設省立劍閣師範，第十六區設省立茂縣師範　省立劍閣師範並已撥發開辦費令飭該區專員公署籌備定於本年上期正式成立。

(三)職業教育之整理

生產建設，為當今急要之圖，本省資源富饒，土產亦夥，省府建設廳現正查酌需要積極開發，並就已有土產加以改

良，本廳對於職業教育，力求與建廳整個生產建設計劃相適應，擬與建設廳共同組織職業教育委員會，分爲工業，農業，商業，家事四組，從事職業教育之設計，以期有裨於國計民生，玆將職業教育之整理，略陳如左：

(1)增設職業學校　一年來全川共增設縣立初級普通農作科職業學校一所，初中校一所，私立高級商業職業學校一所，初中校一所，及附中初級職業班改辦職業學校三所，區立農林實驗學校十六所。

(2)考核職業學校辦理成績　本廳對於職業學校辦理成績之考核，極爲注意，本年奉到教育部頒發攷查職業學校辦理成績應注意要項四條，即行轉令各專員公署及各縣政府切實遵行，并指派本廳督學一人，專負視察職業教育之責，以便詳加督導。

(四)中等教育之一般改進

1，釐訂職教員之設置并提高其待遇　本省中等學校職教員之設置，向極參差，經費較裕各校，恆超越規定數額，經費短絀者多不遵規定任意設置，薪資多寡亦無一定標準，有月薪逾三百元以上，亦有不足供饘粥之資者，且多按教學時間計算薪資，以低微報酬聘用多數兼任教員，徒事應付講堂鐘點，職是之故，特制定四川省中等學校經費支付標準，規定省立中等學校職教員應設數額及薪資，縣市公私立中學，亦令飭遵照本標準辦理，如有特殊情形，得按本標準酌減爲百分之八〇至百分之六〇，并嚴令實行教員專任制，俾分負整個教育責任，以健全組織而增高效率。

2，提高教師程度　(1)甄別教職員之資格，本省各中等學校，教職員之待遇不一，其程度亦因以高下懸殊，一年來，一面令飭各中等學校遵照通案規定資歷，延聘職教員，并於各校呈報教職員表時，嚴加審核，一面舉行中學及師範學校教員檢定，現將無試驗檢定已審核完竣二千餘名，結束後即可進行有試驗檢定(2)舉辦暑假講習班，本年奉　教育部令發指定大學舉辦講習科目一覽表，飭轄所屬各中等學校遵照指定教員參加講習，當經與國立四川大學商定，本期開辦教學物理，化學，生物，歷史，地理，及英國語文五組，講習五週，計派員參加講習之學校有七八所，參加講習之教員：教學物理組二九名，物理化學組一七名，化學生物組一九名，歷史地理組三五名，英國語文組二四名，成績及格者數學物理組五員，物理化學組二員，化學生物組六員，英國語文組七員，歷史地理組一二員。

3,充實設備　本省中學經費　多不充足，各校經常費用，除職教員薪資及辦公費外，分配於設備者寥寥無幾，故各校設備多未達到部頒中學設備標準，影響教學效率，實非淺鮮，特以下列各種方法充實之：(1)制定中等學校經費支付標準，使各校分配經費有所依據，不致畸輕畸重，依照是項標準，設備費應佔百分之二五(2)扣存省聯立中等學校應領購置費百分之八〇，並設置購置委員會統購省聯立中等學校之設備(3)補助私立中等學校設備費，訂定四川省政府補助私立學校及文化團體審查委員會組織規則，并根據前項組織規則審查委員會審查請求補助之學校，廿四年度受補助之私立中等學校共一八所，共補助五二，六〇〇元，(4)此外對於校舍亦積極改修，并由教廳統籌辦理，廿五年度全川共列有校舍修建費十萬餘元，此次重慶方面之省立中等學校如省立工職陶瓷女師等請求撥款修建校舍，經本廳派文祕書并委託市府李科長前往查勘，現決定儘先修建工職校舍，并已與蜀華公司訂立合同。

4,提高學生程度　除甄別教員，充實設備可以增進學生成績外，并用下列各種方法，提高學生程度：(1)舉行畢業會考，川政統一以來，全川中等以上學校畢業會攷已舉行五次，參加學生共二一。五六三名，及格學生。八五二二名，(2)規定暑假學生作業事項，令各中等學校轉飭各該校學生遵照作業，作業成績作平時成績之一，(3)設置獎學金額，修正中學校師範學校規程，曾經明白規定，本省各中等學校以經費拮据，多未遵辦，本府特依照修正中學規程第九二條之規定，訂定四川省政府設置省立中學學生獎學金額辦法，咨准教育部備案，嗣復准各聯立中學及省立聯立各師範學校一體援用，先後通飭各省立聯立中學師範學校遵行，以資倡率。各縣市公私立中學設置獎學金額，則飭由各縣市教育行政機關妥擬辦法，呈報辦理。

5厲行軍訓及童訓，本省高中學校之軍事訓練，高小及初級中學之童軍訓練，皆未切實辦理，非積極督促不足以為禦侮之準備：(1)高中以上學校實施軍事訓練管理，省立成都中學等三十餘校已遵照辦理(2)集中軍事訓練，集中軍訓定期三月，本省已辦兩次，第一次在去年六月，參加學校三六學生一二二五名，第二次在本年六月，參加學校三九，學生三〇〇二名(3)指派軍訓教官，各校軍訓每無適當之師資，故自廿四年度起所有軍事教練員均由四川省國民軍事訓練委員會直接指派(4)訓練童軍教練員，川省以實施童軍訓練歷史甚暫，教練人才頗形缺乏，各學校現任童軍教練，多不合格，本年度特開辦童軍幹部人員訓練班，調集各學校現任童軍教練八〇名并招考五〇名，施三以月訓練，現已滿期，共畢業男生九九名，女生二九名。

肆、高等教育

(一)調整各大學之科系并合併工農兩學院

本省大學，計有國立四川大學省立重慶大學私立華西協合大學三所，學院有省立工學院省立農學院二所，三大學均有中國文學系外國文學系數學系物理系化學系，省立農學院之外，重慶大學復有農學院，院系重複，殊非所宜．而省立工學院設在成都，環境所限，難期進步，通盤籌劃，實爲必要之圖；適教育部派員來川視察，對各大學應設科系及裁併工農兩學院辦法，均經精密規劃，嗣呈奉　教部決定，將重慶大學定爲省立，先設理工兩院，化學系仍舊，數學物理兩系併爲數理系；工學院設土木採冶電機三系，原有文農兩院學生，及省立農學院學生校址一律由教育廳接收，移交四川大學、省立工學院學生則併入重大私立華西大學，并奉　部令將歷史社會兩系併爲歷史社會學系。

(二)整理私立專科學校

本省私立專科學校共有九所，類皆經費缺乏，因陋就簡，未遵法令完具立案手續。且所辦多爲法政藝術等科，不合目前需要，業經　教育部於去年派員視察，嗣奉明令，飭將各該校分別改辦或停辦，當將私立志城法學院改辦爲私立志城高級商業職業學校，私立西南美術專科學校改爲私立西南實用藝術職業學校，私立四川藝術專科學校改爲私立藝術講習所，招收學員自由研究，其餘若私立四川醫學專門學校私立東方美術專科學校，私立民本體育專科學校，私立興華體育專科學校，私立重慶藝術專科學校，皆一律勒令停辦。

(三)整理留學教育

本省前以政治不統一關係。已十餘年未派遣公費留學生。本擬於二十四年度切實整理省教育經費，劃定留學經費派遣公費留學生，而經費拮据，未能列入預算，乃一面調查國外留學生狀況，以爲將來整頓之參攷，一面審查需要時，就原有各縣市之自費留學貸費規程予以修正，規定請貸學生，以在國內外大學或獨立學院學習農工醫及教育暨畢業後在經指定之國外場所研究或實習者爲限，并將貸額提高，留學歐美各國者年貸六百元，日本者三百元，省外者一百五十元，省內者八十元、以期造就各項實科人才，爲生產建設之用，此項修正規程，業經咨請　教育部備案公佈施行。

伍、社會教育與邊民教育

(一)失學民衆補習教育之推行

本省人口約五千萬，十六歲至五十歲失學民衆當在二千萬以上，過去政治未就軌道，各縣市民衆教育甚少實際工作，不特無統一目標，亦且無通盤籌劃，最近中央規定自二十年度起儘六年內普及失學民衆，補習教育，本年爲開始年度，本應擬具六年實施計劃，分年完成，惟本省庶政，初就統一，各縣教育設施情形，猶未臻於明瞭，故本年度除由各縣市籌集經費設置民衆學校外，特以奠定基礎爲工作中心，本廳業經根據此項意見，擬具計劃，呈由省府咨准教育部備案，並經教育部免費發給民衆學校課本一百萬部，現在運渝者，已五十萬，玆舉該項計劃要點如左：

1，健全各級民衆教育委員會組織　爲促進失學民衆補習教育之實施起見，特遵部頒省縣市民衆教育委員會組織要點健全各級民衆教育委員會之組織，(一)改組四川省民衆教育委員會，改組後第二屆委員均已就職並經召集第一次會議；(二)各縣市已成立縣市民衆教育委員會者，應飭參照廿五年計劃，擬具廿五年度教育行政實施失學民衆補習教育詳細計劃呈核，其未成立各縣市，統限於十二月以前組織成立，協助各該縣市民衆教育之實施及規劃。

2，擴充民衆學校　各縣市民衆學校過去頗少設立，本年度特規定一等縣每縣籌設民衆學校四十所，二等縣每縣籌設三十所，三等縣每縣籌設二十所，成都重慶兩市各籌設四十所，靖化設治公署湯僉設治局各籌設十所，全川共特設四七五零所，又省立聯立縣立及私立男女中學各附設一所，各縣行政分區公署各附設一所各縣市民衆教育館各附設一所，全川共可附設民衆學校七七四所，民衆學校每年辦兩期，每期開辦兩班，全川五五二四所一年應辦二二〇九六班，每班招足學生五十名，本年度共可招收學生一一〇四八〇〇名。

3，訓練民教師資　(一)保送民教工作人員入教育部民衆教育師資幹部講習班受訓(二)舉辦民衆教育幹部人員訓練班各縣市保送合於下列資格人員四六七名入班受訓：(甲)年齡在廿歲以上四十歲以下身體健全無不良嗜好者，(乙)高級中學或相當於高中以上學校畢業曾在社教機關服務一年以上者，(丙)民衆教育幹部人員訓練班學生卒業後由本廳指定適宜縣市或專署若干處，開辦民衆教育師資訓練班，調訓及招收學員，一等縣六十名，二等縣五十名，三等縣四十名，成渝兩市各六十名，設治署局各三十名，全川共計七八一〇名，施以相當訓練。

4，設置普及教育厲行區　本省民教，尙無基礎，推行不免困難，各縣市政人員辦理民衆教育者，往往畏難中止，或徒事敷衍，現經四川省民衆教育委員會第二屆第一次大會議決，劃省會爲普及教育厲行區，擬於兩年內普及失學兒童及失學民衆教育以爲各縣市推行普及教育之倡導，幷擬以民衆教育幹部人員訓練班及義務教育幹部人員訓練班師生負該區內普及教育推行責任。

5，籌集民教經費，依照失學民衆補習教育實施計劃籌集民衆教育經費方法有下列四種：(一)各縣市自籌，各縣市政府於統籌縣市教育經費內，應就額設民衆學校及保送民教幹部人員訓練班，受訓人員所需經費列入廿五年度各該縣市教育經費預算內呈核(二)附設機關支撥附設民校補助經費三八七零零元，由附設之中學民教館及區署於原有經費項下撙節開支；(三)省款籌撥，普及教育厲行區經費一二零零零元，省民衆教育幹部人員訓練班行政薪工等費二千元及省民衆教育委員會經費，統由省教育經費項下支撥；(四)中央補助統一以還，民力未復，邊區各縣復遭匪患，財力尤爲艱窘，本年度所需民衆教育經費共五九九六五零元，除由省縣及各附設民教機關籌集外，所需民校學生課本，中央已免費發給。

(二)民衆教育事業之推進

本省民衆教育，除失學民衆補習教育，二十五年度有整個計劃已另條敍述外，其他民衆教育事業之推進，尙有下列數端：

1，推行電化教育，(1)播音教育，督促各中等學校及民衆教育館購置收音機，設置收音指導員指導收音，幷利用交通廣播電台作教育之特殊播音，全省共有三五所中學二七所民衆教育館已裝設收音機；(2)電影教育，中央以半價補助電影放映機及發電機五部，本廳擬購買三部，留廳備用一部，撥歸本廳組織之兩組邊民巡迴教育團二部，其餘二部半價補助，電影機已令飭申送電影教育人員之專署備價購置，現擬劃十八行政區爲十八電化教育區，幷擬令各區組織巡迴電化教育團，輪赴各區施行電化教育；(3)訓練電化教育人員，中央舉辦之播音教育人員訓練班及電影教育人員訓練班，均經省府考送二名，入班受訓，幷令專署各保送一名共十名，現已畢業回川，本廳考送之播音教育人員，並已令派爲本廳播音教育指導員。

2,施行特種教育，本省前經赤匪竄擾，匪區民衆，不免爲所麻醉，亟應實施感化教育，以資糾正，業經擬具四川省實施特種教育計劃，呈請中央查核，并令飭赤匪盤據久之通江南江巴中三縣先行施行，俟奉指令後，再推及其他匪區各縣。

3,施行勞工教育，川省過去，對於勞工教育，素未重視，本廳特資照部頒勞工教育實施辦法大綱，製定四川省勞工教育實施辦法大綱施行細則，通飭遵照，並指令成都重慶富順宜賓樂山南充萬縣瀘縣等八縣市先行舉辦，以資提倡。

(三)社會教育機關及補習學校之整頓

1,社會教育機關之整頓(1)民衆教育館之整頓，本年度核定各縣市經費預算已有九五縣一市有民衆教育館經費，而各該縣市民衆教育館曾經本府核准有案者，僅五二縣一市，其餘未經本府立准有案各縣市，均經通令一律遵照修正民衆教育館暫行規程之規定完具立案手續，現正草擬民衆教育館館長任免規程並規定民衆教育館館長資歷以資整頓。(2)圖書館之整頓，各縣市圖書館採購圖書，多憑主管人員之好尙，不切需要，業經定訂各縣市圖書館採購圖書標準，令發各行政督察區專員公署及各縣市政府遵照。(3)社會教育機關作息時間之規定，訂定社會教育機關工作人員作息時間標準，使工作人員作息時間，不與民衆享受社會教育之時間相衝突。

2,補習學校之整頓

各縣市補習學校至爲繁夥，大抵有名無實，特制定四川省各縣市私立補習學校管理規程，飭由各縣市政府遵照督察，嚴爲考核，以免貽誤青年。

(四)邊民教育之推行

本省松理茂懋雷馬屏峨及舊甯屬各縣土著民衆習巽，智識譾陋，府核准其生活去原始時代未遠，殊足爲開發邊區之障礙，亟應推行邊民教育，加以牖啓，使蚩蚩者氓，逐漸同化，以爲中央懷柔邊民之助。

1,組織邊民教育委員會，擬於本年度內，遵照行營指示推進邊民教育辦法，由本廳延聘熟悉邊情熱心邊民教育人士，組織四川省邊民教育委員會，一面令飭邊區各縣，會同當地著有聲望人士及士民領袖，組設邊民教育委員會，以爲實施邊民教育中心組織，現已擬具四川省邊民教育委員會組織規程，并開具委員名單，呈經主席核准，短期內省邊民教育委員會即可成立，成立後即行組織邊縣民衆教育委員會。

2，訓練邊民教育師資

推行邊民教育，首須訓練師資，現擬於茂縣設立省立茂縣簡易師範學校，并補助屏山縣立簡易師範學校以為訓練邊民教育師資之場所，所有辦法斟酌地方實際情形制定，不完全受法令之拘束。

3，籌設邊民巡迴教育團，邊地土著民衆，語言不通，文字隔閡，施教極感困難，在學校教育未能深入之先，擬組織邊民巡迴教育團兩組，攜帶電影機留聲機收音機及各種教育圖表，施以識字公民衛生及生計等教育，注重宣傳，以改變其對教育之觀念，俾利邊民教育之推行，現已訂購電影放映機，期於短期內成立。

4，設置邊民小學，本區邊區，僅寧屬有化夷學校一所，且係試辦性質，時廢時興，成績殊鮮。擬於本年度內遵照中央頒發推行蒙回苗教育計劃，及行營頒發邊民教育計劃大綱，於松潘理番茂縣懋功雷波馬邊屏山峨邊鹽源鹽邊昭覺冕寧甯南靖化設自治公署及金湯設治局等十五縣署局各設邊民小學一所，招收夷民子弟，施以小學教育。

以上三項，均經列入二十五年度邊民教育辦法。此項辦法，業經呈由省府轉咨教育部查核；教育部並准補助無線電收音機二部。

陸、體育

（一）體育人材之培植與各校體育教育之推進

無健全之身體，則一切學問事業如建築高樓大廈於沙之上，斷言實已透澈說明健康之意義和價值，碩健康之獲得，必須講求體育，過去川省各級學校，不甚重視體育、一般青年，對於體育之意義，運動之興趣，自不易明瞭增進，體力方面，頗成問題，本廳為積極發展國民體育，增進學生健康計，對於體育提倡甚力，其進程首謀體育人材之培植，廿五年暑假，本廳簽請省府於重大開辦體育班，參專修科，附設體育師資訓練班，復於大學生集訓時、調全川小學教師四百，中學體育教師一百，成立教育大隊，除施以軍事政治訓練外，對體育亦特別重視，期樹立四川體育良好之基礎。至對於各級學校學生生活之管理，體育之指導，均仿採用嚴格之規律，大學高中則用軍事訓練，初中高小則用童子軍訓練。各校軍事教官及童子軍教練員之聘用，本廳尤特加注意考查，近又組織中小學體育研究會，俾中小學體育教師，得有研究進修機會，共同發展體育學術，此外又與童子軍理事會籌備處合辦童軍幹部訓練班，共畢業男女學員一百二十九人，本班教育宗旨，軍訓，童訓，體育叁者并重，使受訓各員對三種教育之內容，得深刻之連繫貫通，服務時能適合於時代環境之需要。爲中國新體育趨勢之實驗。

（二）運動風氣習慣之養成

省府以一般國民，對體育認識尚淺，於是發起第一屆省會籃球比賽會，分公開，高中，初中，女子四組，承主席捐贈大銀杯四隻，用資鼓勵，參加比賽者，共陸拾肆隊，係採取淘汰制，共比賽一百餘次，自十二月七日開始，廿七日完結，計廿一日，每場觀衆極多。足增各男女學生及一般民衆對體育情緒之激增。一面并計劃籌建省立體育場一所，并籌開第二屆全省運動大會，藉以策勵體育之發展。

（三）提倡公餘體育

本廳在最近半年中，積極提倡公餘運動，如籃球，排球，乒乓及國術外，每日并實施「工間操」二十分鐘。以調節各職員伏案用腦之生活，恢復其精神之疲勞，實施以來，頗收成效。似可供各機關團體之參攷。

柒、教育經費

（一）整頓各縣教育經費

1，教育經費統籌統支，各縣教育經費，應由財務委員會統籌統支，以便整理，業經令飭遵行。

2，厲行審核預計決算，各縣市教育之預計決算等，均經令飭各該縣市主管機關，按期詳細造報，并經嚴爲審核，務使涓滴無濫，收支適合。

3，保障教育經費，爲謀各縣教育經費獨立，并防止流用，特遵中央法令，重訂四川省各縣教育經費保障辦法四項，通令各區專署各縣政府及省聯立學校遵照，並擬令飭各縣裁減原有教育捐稅應先籌抵補。

（二）整理各級學校經費

1，改善會計，本省各級學校以往對於會計報施皆參差不齊，式樣各異，特制定四川省各級學校暫行會計規程，內容分預算收支決算審計簿記科目等項，並附收支預計決算書表式樣及帳式塡記各種方法通飭各省立學校遵照辦理以歸劃一

2，實行會計獨立，本省各級學校會計人員，向由各校校長自由選用，管理不便，流弊叢生，業經遵照　行營指示改進各點，制定改進四川省立各級學校會計制度暫行辦法公佈施行，二十五年度，各省立學校會計，均由本廳就財政人員訓練所會計班畢業人員中選出合格人員會同財政廳簽請　主席核委，不隨校長進退，以後並擬將此種制度推行于縣立各

級學校。

3，改善聯立學校經費收支，各聯立學校經費，向以各縣徵解中資捐及糧稅肉稅附加為專款，收入大抵支絀，各縣又往往違背法令，自由挪用，故辦理棘肘，難期改進，特擬定聯立學校徵解撥發手續三項，自二十五年度起，各校攤解聯校經費，統由各縣徵收局徵收報解財廳，至聯立學校應領經費，由教育廳核發，以免各縣截扣挪用。

一年來本廳對於教育之整理及改進，俱如上述，今後之推進，尙有待於我教育界同人之努力及熱心教育人士之贊助和指導。

一年來之四川建設行政

何迺仁

四川省政府在二十四年度，即二十四年度上半期之末，以很短時間之籌備，急切創立了左列幾個生產事業機關：

一、稻麥試驗場

二、棉作試驗場

三、蠶桑改良場

四、家畜保育所

五、甘蔗試驗場

之數機關者，省於籌備時間內，即已開始工作：如稻之第一期品種比較試驗：購入脫字及孝感棉種二百一十担，購入改良蠶種發給川東北兩區蠶農，購入省外國外優良豬種，運入爪哇甘蔗種等，皆在機關成立之前，又同時提挈新舊絲商，組成了一個：

四川生絲貿易公司

又於二十四年度終，因全國稻麥改進所所長趙連芳先生來川考察稻麥之鼓勵，并得該所技術及經費之最大協助，擴充稻麥試驗場，改組為：

四川稻麥改進所

由全國稻麥改進所，四川大學，省政府三方面合作組織之，約於同時間，又會同實業部倡議，由川，鄂，湘，贛，浙五省及實業部共同創立了一個：植物油料廠

以桐油之生產，調製，貿易等之統營，為第一期之主要業務，至於已經確立了生產方式之組織，已經着手調查準備

，而尚未實現，但卽將實現者爲：

機器製糖廠

又與鐵道部及省外金融資本之合作，組織了川黔鐵路公司，以建築：成渝鐵路爲第一路線。茲二十五年終矣，試將二十四年度下半期及二十五年度上半期，就以上所舉之事項從其各方面之成績與表現，而一檢討其意義。

四川省政府二十五年度施政綱要，已經公布，其中於建設行政之與舉事項，說明頗詳，本文範圍，不涉及之，本文之使命，乃專在檢討其已經表現者而揭櫫意義。

第一，四川幾種重要產業之現況：

一、四川糧食　生產之總價格，據最低估價，亦年值四萬萬元，而糧食之產量，則僅在相當豐收之狀况下，足敷全省之消費，稍遇荒歉，卽須恃省外接濟，一面在荒歉損失上價格數字的表現：歉收一成，則損失四千萬元：而本省歷年荒歉，二十五年報災縣份在八十以上，其數字之大，豈僅爲經濟上之可驚的損失。亦政治上之最重的難題也。

二、四川棉花　只年產四五十萬担，進口棉紗及疋頭，年值三千萬乃至五千萬元，卽此一端，已相當于全省之入超總價額，乃至超過之。

三、蠶絲與桐油　早爲四川之重要出口物產，乃五年來日趨衰落，不及五年前出口額十分之一，在輸出貿易上損失收入年約二千萬元：雖此幷未足使入超數字特別增大，但乃爲輸入貨額價額之相對的減退所致，正反映着全省消費之衰落，生產之衰竭，將度入不能生產不得消費之絕境耳。

四、四川農家家畜，雖居副產地位，但一方爲農作之主要動力，一方猪毛牛羊皮，亦爲全省第三位出口物產，年值約一千餘萬元，分佈最普遍之牛與猪隻，就八個縣之抽樣調查結果，粗率估計之，全省當有牛約一百廿萬頭，猪約八百萬隻，以牛一頭值四十元，猪一隻值十五元計之，其總價格約爲一萬六千餘萬元，而牛與猪之病疫死亡率，乃爲百分之廿至三十，則財富之損失，逐年在三千萬元以上。

第二、各事業機關已表現之成績，及其推進之方式。

一、稻麥改進所　在糧食生產方面，一成收獲之豐歉，表現着四千萬元之收益與損失，稻麥改進所之使命卽在保護幷增加此收益數字與減少此損失數字，故除稻麥外，卽玉蜀黍，甘藷，馬鈴薯亦爲研究試驗推廣之必要工作，因此三種作物，亦爲省內一部份之主要糧食，其工作方針從「檢定品種」與「純系育種」兩方面分頭幷進，前者包括選種推廣，爲期效之速，後者企圖根本改良品種以事推廣，爲期效之宏，以品種言，本省原有品種，至爲複雜，一穗之積，有少至一百粒多至二百餘粒者，若能利用檢定品種及選種之較簡易行方面之法，使盡以優良之稻種先事推廣，已不難達到增收十分之一收成之期望，二十五年春季，該所前身之試驗場曾作水稻品種比較及各項試驗，於成都外東四川大學農學院附近佔地約五十畝，秋收時曾作全省各縣之水稻單穗徵集，秋收後曾作麥之品種比較及各項試驗，據水稻方面之結果，已知用好的品種以代替劣的品種之絕可增加產量，當無疑問，惟較好種籽之數量，須何時始能供給全省需要之一問題，尙須努力耳，同時亦知生產在量的方面之未盡其效，非僅爲品種問題，其與土壤肥料及灌溉等亦至有關係。土壤之改良與培壅，皆需資本，灌溉之得宜，又賴水利，故正面的求之於生產技術之方法，而側面的尤賴於農村金融組織與水利設施之協助，故稻麥改進所與四川農村合作委員會，合作金庫，農業倉庫，及水利局等機關，已取密切之聯絡，使各方協同推進，一貫的解決糧食之生產，儲蓄，運銷各級問題，亦即更完備的有助於產量增加問題之解決也。

稻麥改進所復將於二十六年春季，卽種稻期前，完成合川，瀘縣，綿陽，及川東，川南，川北三個試驗分場之組織，同時在三區更完成合作指導，初級或中級農倉之組織；幷測重其水利設施指導。暫以此三區爲推廣中心點，各個發射其效果於各個中心之周圍，由近及遠，推及全部。每有優良品種之推廣，農家不僅得到種籽，更得利用新的金融組織，以作合理的施肥，工具改良及灌溉設施之需要，更得利用新的農業倉庫之儲押業務，使農村之金融組織，更增其活動作用的。

二、棉作試驗場　該場於籌備期間卽購入美國種脫子棉棉種二百担，本國種孝感棉十担，設場自育及特約農家推廣於遂寧射洪三台三縣，其結果無論脫子棉或孝感棉，均較本省土種及退化之小洋花有或多或少之量的增加，尤以每畝脫子棉種之收穫量，計皮花四十至四十五，較每畝土種之產量增收約十斤以上，中央棉區改進所副所長馮澤芳先生秋間來川攷察棉產，曾發表對本省棉產改進之意見，四川之適宜於棉的推廣，在天候土壤技術各方面，似已無甚問題，惟農產之耕地，將有若干地畝，以爲棉作之使用，而不致影響糧食之生產，則甚可注意耳，本省原來產棉地區，有簡陽仁壽與遂寧射洪一帶，前者可納之於沱江流域，皆採土種，爲純粹之中棉區，後者可納之于涪江流域，自清末周孝懷氏輸入美棉即今俗稱小洋花甚普遍，可稱爲美棉區域，此兩地之棉田，似均已達耕地分配之飽和度，則擴增棉田産區，果爲今日甚費考慮之問題也，棉作試驗場除以第一期試驗及推廣工作，困棉種輸達種地之時，已後于土棉之播種，且美棉本較中棉生長時間爲長，尙須作美棉種早播早熟之繼續試驗外，並於秋間試驗早熟之冬季作物使提早春收，以與提早種棉之季節相適應，更從事涪江沱江流域耕地之經濟調查，以爲擴充棉田之參攷，至于推廣于農民則與稻麥改進所之程序同。

三、蠶桑改良場　生絲貿易公司，蠶絲業管理局。

蠶絲業管理局成立時間與生絲公司約同，以其職務在調整蠶絲自蠶桑以至輸出之各級關係，多偏重行政管理方面，故未與各生產技術機關并列於前文，茲爲說明蠶桑改良場之成就，遂必連同生絲公司與該局敍述之。

蠶桑改良場於二十五年春季，曾發放改良蠶種五萬三千張，於川北之西，南，鹽，三縣，川東之江，巴，璧，三縣，其結果所産之絲量增加，使每担絲繭繅折，爲一千零七十五斤繭，而土繭則需一千六百斤繭，蠶之死亡率，由從前百分之二三十，減至百分之十以下，繅折之減低，使絲商之成本減少，蠶死亡率之減低，使農民之收益增加，尤可稱者，爲秋蠶試育之成功，曾發放蠶種八千張於川東南北三區，其成績皆不讓於春蠶，更以死亡率常在百分之六十左右之嘉定，秋蠶在指導下飼育，其死亡率亦僅百分之十左右。

生絲公司與管理局於繅絲及運銷方面之改進，使每担絲之繅製費，從過去二百五十元，一百八十元減至一百二十元，改良場，絲公司，管理局，在更密切地聯絡進展之下，使川絲每担成本，迅速降至五百元以下，今已有相當之把握，而同時農民更有較優于前之收益，管理局之使命，正在使蠶絲事業農工商三方面，得相當的發展，各階段爲相助的而非壟斷與把持的也。

至於推進方式，除蠶桑在農村方面，亦與稻麥改進所之推廣程序相同外，在工商方面，更由省政府加撥五十萬建設公債之股份於生絲公司，使增爲一百萬元之股本以增厚其經營之能力。

四、家畜保育所　已成立成華，榮隆，犍樂，江巴等四個實驗區，於疫病方面，重在防制，夏秋間犍爲牛炭疽之試驗防治，已有相當之效用，收畜方面。選種育種推廣之工作，頗需時日，茲選種工作尚在進行中，一時尚不能加以何種批評。

五、甘蔗試驗場 春季因建源公司贈送本省爪哇移植蔗種四種，急遽租地試植，爲時已較晚於本省種蔗時間；而爪哇種之生成期則甚長，故本屆試驗，未有滿意之結果。但就生成狀態言，則確較土蔗良好。除糖分之分析正在進行尚未得比較之報告外，廿六年更擬作早播種早熟種之試驗。

六、植物油料廠 因爲聯合五省共同組織之，故其間需時甚多，現在渝萬兩地之分廠，正設備中，故尚未有事實以資檢討。

至於交通方面，除成渝鐵路之興築也只爲工程進行問題，其餘組織問題皆已解決外，公路之成就，亦有相當成績，卽川陝路之完成與通車，及川湘川鄂兩路之大體完成是也。惟二十五年度施政綱要載在上半期之預定計劃，因本省水旱災特重之故，已須移諸下半期實施，則本年度公路計劃，恐只能完成二分之一而已。

綜上觀之，可以看出今天建設行政之趨勢；

一、二十五年建設行政之事業，偏重在農業方面，因爲原有的大產業都屬農業。

二、農業方面之事業，偏重在數量最大，價格最大，關係最大之幾種物產。

三、生產方式之組織，重在調整農工商各階段利益之相對的發展，此可於生絲貿易公司之組織章程第三十條之規定見之：

紅利以下列百分率分配：

(一)特別公積 百分之十五

(二)股東紅利 百分之三十

(三)農民分配 百分之廿五

(四)職工酬勞 百分之三十

但股東所得之利息，以該年度重慶市場長期放款最高利率爲限度。……其超過額作爲本公司擴充蠶桑改良之資金。

四、認定生產事業與生產技術最有關係，改進一種產業，必先有此種產業之生產技術的組織。

此外對於工商業礦產等，則多致力於基本工作資源，如生產運銷等之調查，有此等材料之後，始能有所參考，有所設計，其事項均載於施政綱要中，關於建設方面，建設廳已有單行小册子之刊印，可供留心本省經濟建設現況者之一部份參考也。(完)

民衆圖書館如何吸引讀者

彭湘

目次：

一，前言

現代圖書館之設立，不外兩重意義：

一是蒐存時代的文獻並發揚之；

一是將所蒐藏之圖書，用科學的管理方法，提供於大衆之前，使大衆得以最經濟的時間與精神，自由去獲取，去滿足各人的求知慾，藉以增進生活的技能，充實人生的意義。

現代的民衆圖書館，應該是居於民衆大學的地位，負起領導民衆，教育民衆的責任，把「智識寶庫」打開，促起大衆都踴躍地來吸取精神的食糧——智識。

凡現代的國民，都必需要有充分的智識，謀生的技能，清晰的頭腦，堅強的意志，勤奮的精神，極積的人格，才能在這新陳代謝，生存競爭飛跑的時代下生活；不然便要被淘汰，爲時代的落伍者，須知吾人生存的條件，首要的就是知識上進，因爲智識很能夠左右人的意志精神人格的，故無論什麼人，什麼年代，什麼時候都需要求知，「求知」，雖從觀察上，談話上，工作上，讀書上，都可以達到，但「讀書」却佔了更重要的位置。

求知是人生的要求，讀書是求知的重要工具，可是人們的求學時期——學校教育——竟那麼樣的短促，益以社會之進化時新而日異，則讀書絕不可與生活相離，更不可限於學生時代，因為求學與工作之於人生，幾乎居於同等重要之地位。

話雖如此，但社會上的人，對讀書普通即可分：感着急切需要的，和未感着需要的兩等，這兩等不同的人，都是現代圖書館工作的對象。

圖書館既然要針着兩等不同的大衆工作，那便要盡量的想方法，使蒐藏的圖書活躍流通，完成使命，然而不管是在館內，和在館外所行使的方法，或者是外借，巡迴文庫，書車，圖書担……等，却都有一共通之點，就是：必需要宣傳。必需要想法吸引讀者，組織讀者，更必需指導讀者閱讀，輔助進修，做到圖書館的積極意義上去！

吸引讀者，指導閱覽，是圖書館的兩個重要工作，要完成，確實也很不容易，不是有許多圖書館，正苦悶着嗎？有的館開着，沒有讀者來光顧；有的來而不再；有的人館盲然不知所措，此皆由於圖書館不知如何幫助讀者；……這些，我們便需設法去解決，所以願在這裏提出來，同大家商討商討。

二，閱覽推動的基礎

圖書館要吸引讀者，團結讀者，指導閱覽，輔助進修，都必需先求圖書館本身內部的組織，和設備的健全，佈置的美善，人員精神的煥發，假使忽略了這點，即使用着誇大的宣傳，使得一部份民衆到來，但所遭到的結果，是弄到圖書館本身的信用破產，這是多麼失敗的一回事啊！

在內部方面，我們認為有下列三點應該注意：

一，圖書之蒐求：必須要豐富適用，必須注意購書的標準，必須顧到閱者的需要及分配；雜誌是新智識的寶庫；書報最能啓人美感，；日報乃每日出版的日用百科全書；均應注意蒐陳，并須迅速的購置陳列，摘要介紹。

二，館員：圖書館的能否盡其能事，須視管理者之是否盡其職責。館員除精圖書館學之外，還要富有各科常識，方能應用自如，工作則貴負責勤謹，至儀容，態度，言論，行動，亦應力求規矩，對於閱者，尤要親切有理，萬不可責難閱者。

三，除圖書與館員外，著者認為圖書館還有五化之必要：

1,民衆化：我們的圖書館，不只是供少數文質彬彬的君子欣賞的，而是要把館門大開着，歡迎：無論貧富的男女老幼，各種職業不同學業程度不同的大衆。

2,生活化：大衆在日常生活中遇着不少不能解決的問題，所以圖書館的一切設施，便應切合於大衆的生活，引起他們的興趣到館獲取需要的解決方法。

3,娛樂化：求知可以得到高尚的娛樂，娛樂，在人類精神生活中是不能缺少的部門，所以圖書館也應成爲高尚的娛樂場所之一，並收「寓教於娛」的效果。

4,家庭化：大多數的人，都認家庭是最舒適的環境；我們的圖書館便應利用此種心裏，如代閱者備辦餐宿處所等，我國的浙江省立圖書館，並美諸國的公共圖書館都早已如此辦理，以求閱者之便利，使閱者享受着如同回到自巳的小家庭一樣的自由，便利，舒適和快樂。

5,學校化：常所謂圖書館是：「民衆大學」，「終身學校」，所以圖書館的設備便是學校的設備，各種學科的輔導責任，便由館員負起，同情地，親切地，幫助讀者，使讀者進到圖書館，幌如在學校讀書一樣的便利和有系統，而且還能得到更有效的收獲。

內部的注意既如上述，再要特別提出的是閱覽室的設備與佈置，閱覽室一般都分爲成人的，兒童的或雜誌室，閱報室，閱書室，參攷室等，因各種性質的不同，設施當然也有變異。關於設備本屬圖書館行政，許多專書都早已論及，只是合於適用美觀的條件；在這圖書館經費都感困乏的時候，再要求的是經濟化，其他如藥水的設施，温度的調劑，洗手具，面鏡，雨具和衣服的放置處等小節却常被人忽略，十分至於佈置太差，亦易減色；且設備欠缺，還要在佈置上去彌補，故器物桌椅之安置。圖表格言之張貼，花卉盆缽之點綴等，均應注意。其條件不外是要美觀，整潔，便宜，舒適，此於吸引讀者亦不無關係。

三、如何吸引讀者

要如何才能使大衆到圖書館來？是任何圖書館都急切地感着應努力解決的問題。沒有讀者的，要求有讀者；有了讀者的，要求更大量的讀者。尤其是許多初設立的圖書館，鄉村圖書館，文化程度低落地域的圖書館，更急切的需要。他們苦悶無讀者，苦悶無方法，同時，就是流通圖書館　通信借書，巡迴車，圖書担，……等館外流通的工作，亦同樣的需要解決，如何去吸引讀者？我們要解決這問題，便須做宣傳吸引的工作，使大衆認識圖書館，激發起求知慾，造起求知的需要，提起讀書的興趣，引起好奇心，利誘其嘗試。以下便是提出的方法：

1，展覽會：實物展覽最能引起大衆的好奇心，激發人的興趣。據教育心理學：「人生智識百分之八十從直觀視覺得來，」圖書館能因季節，會集，抓着機會，適當地舉辦各種展覽會，既可吸引大衆，利用宣傳，輔進閱覽；亦能收提倡學術發揚文化之效。惟舉辦時事先要廣為宣傳，使大衆週知；內容必求充實適用，擇定中心，書籍，表圖，器物依序類列，務以藝術美化啓人深趣，動人標語，并插以圖畫及解說親切細緻，如圖書展覽，文獻展覽，版本展覽，圖片展覽，衛生展覽，農業展覽，新生活運動展覽等等，不勝枚舉，貴在各館之善自舉辦相機制宜。民國廿四年，中國西部科學院圖書館曾在北碚端午節民衆教育大活動的當中，蒐集了農工商各業人需讀的書，就館內一小屋分類陳列，不論是：養雞的，種稻的，虫害的，水利的，製肥皂的，釀酒的，……或銷貨術，廣告學……等等的書都有，都很科學很細緻的陳列着；在每小類的地方，都標出類名來，并用不同色體的紙，寫着些成俗的，農工商人都看得懂的，切合實際并動人的指引語。在開放時，觀者擠擠，肩摩踵接，出人意外的盛況，兩三個館員，誠懇地用着極通俗的話解說着，並介紹圖書館的借書辦法等，即不識字的農工們，也為之一動；稍識字的人，都手翻眼看，如良友相逢的親熱。不是嗎？——花匠們在抄畫那書中的花圃圖案；農人在翻看虫害的書，談論着，比較着，自己的除虫法，水菓商在看水菓貯藏法；掌櫃在看銷貨術……；更有立刻要求借書的，自上午八鐘開放起，直到下午六鐘止參觀者都一樣的踴躍着。

2，游藝宣傳：外國電影事業發達，可以放映警惕好學，讀書識字運動，圖書館實況等種種影片，我國還不能如此，即使說租映，既少有那種影片且在大多數的圖書館亦不易辦到。可是這種宣傳最能收吸引讀者的效果，在娛樂場合中，能使大衆在不知不覺中便認識了圖書館，知道讀書的意義與價值，而動讀書之念，而到圖書館，所以圖書館必須舉辦：如在游藝會場中，張掛着學者的像，格言，或在台上作報告講演，映放幻燈等均可。戲劇中有不少含勸人讀書意義的，亦可表演。圖書館季刊八卷二期上載有呂紹虞所譯圖書館的四個鑰匙一劇，卽係灌輸圖書館智識，使大衆認識字典，百科全書，目錄，十進分類法與書籍排列法的，同時，在集體遊戲時，辦有灌輸圖書館智識的機會，如辦雜誌招待會：由每人代表一種雜誌，許多人便代表許多種雜誌，以作客人，每人胸前都掛着一種雜誌，依序並連鎖性的排列着；另由一人作主人，遊戲時，先由客人(指雜誌名)通過姓名，然後開始談話，主人便針對着一種雜誌發問，客人卽作系統的解釋，說明：自巳(指雜誌)的性質，來意，與內容。如此，許多人都藉遊戲的方式，在快樂中明瞭了各種不同雜誌的一切。此種方法，在學校圖書館與兒童圖書館，尤宜採行，公共圖書館員亦可作介紹性的編演。至若農村裏的公共圖書館，也可舉辦燈謎會，明月會等，藉以集合羣衆，收宣傳吸引之效。還有遇着甚麼季節時，如元旦國慶紀念等，不是常要掛燈結彩嗎？便可在燈彩上面，寫些勸學語；民間常有的「走馬燈」許多人都佇足觀望，便可在燈上題些勵學語，均可提醒民衆引起讀書之念，此亦遊戲性的宣傳辦法也。

3，紀念會：圖書館要供大衆利用，必需要把自己的面目臟腑，工作成績！明白的顯露給大衆知道，所以圖書館週年紀念會是活動的最好機會用游藝吸引大衆，用圖表報告，藉展覽宣傳，去抓住大衆，此乃增加讀者的必要活動，其他如國慶紀念日，名人百年紀念會等，亦要好好利用以廣宣傳。

4，講演會：舉辦普通與專門的講演會，也可吸引一部份讀者，同時，可派人到各種集會上作「圖書館教育」，「圖書館與大衆」等內容的演說，或報告圖書館最近的新圖書，新事業，及一切進展的情況，有時更可請名人用無線電廣播。

5，參觀：這裏不單是指來賓自動請求的參觀，而是要由圖書館組織大衆去參觀。自動請求參觀的既屬少數，且多係外地來的，僅暫時的居留，尙無法利用圖書館，至多只收得一部極細微的幫助宣傳效果。而組織大衆，或個別的引導本地民衆，作有組織的具體的參觀，系統的介紹，都可使民衆澈底的了解圖書館，而急起利用。對於本地各學校的學生，各社會職業團體的人員，更應充分的採行此點。

6，街頭宣傳：這在初設立的圖書館或鄉村圖書館是最需要了，如作愛國運動宣傳一般，站在街頭，口講指書，以作圖書館的宣傳，此於下層大衆，頗能收效。同時，並散發或張貼動人的標語傳單與勸學文，借書規則及概況等。民國卄一年的舊歷端節，峽區圖書館在遊人萃集的地方，曾貼了幾張插圖的宣傳廣告；又印了八種語句，簡潔的勸人讀書，及宣傳圖書館的標語傳單，在鼓鑼喧天，萬頭鑽動的河干，飄動着細小玲瓏的紅綠紙箋，上面淡描圖案，藝術美觀。鄉農童婦，萃相爭取，僅如此，却也增加了不少的新讀者。

7，報端宣傳：圖書館能常把閱覽統計，館內消息，新年書報及新設施等，在當地報紙上登載，或刊勵人讀書的漫畫等。也是引人來館讀書之一法。

8，抓住離校學生，「不會讀書的到學校，會讀書的到圖書館」。此話便充分的說明了學校與圖書館的密切關係，再透澈些說：學校裏的學生，是在做準備到圖書館去的基本工夫。所以學校當局與圖書館都有共同發成學生讀書習慣的責任，使他們知道學無止境，和圖書與人生的密切關係，以發成爲圖書館的永久讀者。在許多正規的學校，補習的學校，民衆的夜校半日校中，每年都有不少的學生，或畢業，或退學，離開學校到社會上去；有的是因爲經濟的關係，有的是厭其學校中刻版的生活，或厭離不合自己興趣的學科，或不滿於學校的教科設備。圖書館便應分析清楚每個學生的情勢，分別設法引導到圖書館來，以補救他們的缺憾，繼續他們的求知，此項工作，最能完成圖書館大部份的使命，在我國圖書館界更應急切實施，因爲一考僅在中小學便半途輟學離校的數目，是如何的大啊！且近年民教呼聲甚高，造成能識千百字的民衆學校學生，也不在少數，但他們一經畢業因無力升學，又少應用，以致費數月光陰而相識的千百字，便日退一字，月退百字，不一二年便完全退化，則識字與不識字等，以此，都必需想方法使他們繼續求知，使他們成爲圖書館的朋友，可是進行起來，並不是單方面的問題，必需由學校的校長先生，學校圖書館的管理員，公共圖書館，三部共同聯絡負責。且在實施上，更必需要在學生未離校以前，先下一番具體運動的工夫，方能收到圓滿的效果，不然學生一旦離校四散，雖有再好的辦法，也不能救濟全體離校學生了，本來在這學校教育相當進步的時代，學生對人生觀正確的認識，求學問的門徑，與乎讀書的方法，書報的利用。讀書與興趣習慣的養成，將來離開學校到社會上去自學方法的運用與能力，都是學校校長先生，和學校圖書館員，應負的責任，不過公共圖書館也應常去聯絡，藉以惕醒他們的注意，不致疏懈忽略，可是在學生離校時，圖書館便需立刻下工夫，抓住他們——離校學生，負起主要的責任，這種工作，在美國圖書館界曾施行過幾種方法，頗值做行，玆介紹如下：

A，青年部：美國兒童圖書館，頗爲發達，讀者也甚多，並有館員時時加以指導，加以聯絡；對於適用的圖書，也加意選擇。但是兒童長大，轉入成人圖書館的時候，人數往往大爲減少，原因是環境迥然不同，館員也少指導，以致羞怯不前，而與圖書館日漸疏淡。美國圖書館界有鑒於此，便在兒童與成人之間，另設立青年部，聘請專員，担任指導，以免兒童讀書有中斷之虞，而資補救。有許多小圖書館，不能設立青年專部，但也在圖書館的一隅，選些青年適用的書，公開閱覽。這完全是爲學校兒童圖書館與公共圖書館施行的聯系法。

B，個人接洽：對於在學青年，應用種種方法，以求聯絡，並引起他們對於圖書館之注意，及繼續求學之必要。當學生將近畢業的時候，圖書館就用通信方法，或卽發通告，鼓勵他們畢業以後，仍從事於有計劃的閱讀，以求長進。也有派員分赴各校，延見各生，或公開演講，以資聯絡。此外還有各種方法，與青年團體，如學生會服務班等等，互相合作；從中引起他們讀書研究的興趣。

C，中學圖書館；最有效的方法，是聯絡學生與圖書館的關係，就在初中及普通中學，或繼續學校的時候。在這種學校圖書館內，往往有精選的圖書，專任的圖書館員，指導學生的閱讀，以鼓勵他們的興趣。有許多圖書館，更特設鑑賞欄，置備精美有趣的圖書，以供學生隨意瀏覽，而養成其愛好文學的心理，培植高尙優美的態度。課程的編配，有專供課外瀏覽的時間，也是同一用意，在中學求學的學生，他們沒有成年人那種倔強而不容易學導的態度，所以圖書館很有接近的機會。各地方公共圖書館，也用巡迴文庫，學級文庫，圖書寄存所，種種辦法，使在學學生，知道公共圖書館的藏書內容，增進他們與圖書館的關係，可以自幼至長，不致半途而廢。

D，與師長的接洽：公共圖書館內，設立教員專部，或教員閱覽室等等，可以增加圖書館與教育界的聯絡。教員們與公共圖書館的關係，愈是密切，則圖書館與學生之接洽，更爲容易。因爲教員就是一個最得力的媒介，這種試驗，在師範學校已著有成效了。

E，圖書館離校學生部：Indianapolis 公共圖書館設立一個離校學生部，專爲已經離校而欲求上進的青年服務，他們備有本地方各種教育機關和聯合會的詳表，主要工商業的索引，各中小學校半途失學青年的名單，通信錄，和本地各種青年團體的名單，以便介紹同志入會；各種補助教育機關的地址，如推廣班，函授學校等等，以便利失學青年，暗示其係為大衆服務，以吸引失學青年。該館在十八個月中，曾派人到各工商業機關團體接洽，或講演，及在報紙上作文字宣傳，結果還頗能引起大衆的注意。更編製詳盡的青年應讀書目，其各科讀書綱要，並附以解題導言，並聯合社會各界領袖，組織指導委員會，以便隨時指導青年，引導至求學自進之路，然最重要的，都必須親切的有個人接洽，與聯絡師生間的關係，方能見效。

F，消遣閱讀委員會：Losangel 公共圖書館聯絡各界領袖，合組一個委員會。目的在提倡青年閱讀，以為有益的消遣。委員會有本地公共圖書館，公立學校，男女童子軍團，男女青年會，家長教師聯合會，婦女協會等之代表，共同組織。該委員會分為三大部份：即執行委員會，以總理會務，訂定計劃，指導進行事宜；及男子閱讀分委員會，女子閱讀分委員會，以舉辦閱覽競賽會，讀書運動週，報紙宣傳，良書展覽及家庭與野外生活閱覽等事。

g，童子軍：欲引導青年讀書，最好是從青年領袖入手。在 Brooklyn 公共圖書館，就利用此點，與市內童子軍教練聯絡合作。凡是市內的童子軍，如有該團教練的保證，即可以向圖書館領取借書證。因此各團的青年，就可以從此與圖書館發生關係。知道利用圖書館，以增進智識。這種方法，比較單獨與各青年接洽，尤為經濟，尤為見效，且此法亦易引用到其他團體上去，我國許多中小學校還沒有學校圖書館的設備，或太簡陋，當地公共圖書館便應採行此法，凡學生經學校校長保證。便可領證借書。

H，與教育機關聯絡：Cleveland 公共圖書館，與該市教育局，訂有聯絡合作辦法，凡是各學校有中途綴學或畢業的學生，隨時由局通知，以便接洽，學生在離校之前，必先至學校圖書館，清理以前借書手續，在清理的時候，圖書館就有機會考查他們是否領取其他圖書館的借書證，若是還沒有領的，就由學校圖書館給他一封介紹信，使他們回家之後，在附近的圖書館，可以借書閱讀。同時由校通知該圖書館，某某學生已發介紹書，請特為注意。學生離校已領有工作准許書的，也由教育局，隨時通知該圖書館，轉知各分館，將此項名單，與借書證對核，如有輟學作工，而沒有領借書證的，即由圖書館隨時通知學生到館，以便指導他們借書方法。及引起他們的借書興趣。

9、利用集團的：個別的、普遍的方法，自然必需舉行，以吸引讀者，但社會上有不少的固有集團天然的與圖書館集合了許多對象——大衆，圖書盍能坐失機會呢？如工廠、機關法團、職業社團 同鄉會等、都應設法去聯絡，與他們通聲氣 斟酌團體的需要，探求個別的興趣、引誘他們到館；又如各級學校雖然有些也有學校圖書館的設立，但仍有不足教師的參攷研究資料，學生的課外讀物的，而且還有些學校設置得太簡陋，或者簡直沒有。所以公共圖書館也應負有輔助的責任，應該吸引他們，協助為他們設施。尤其是寒暑假的時候，大家都無功課，學校圖書館大半也收藏起來了，公共圖書館更應抓住此種機會，盡本身應負的職責，滿足他們無書閱讀的遺憾。再如軍營團隊等，亦是必須利用的集團。

10，聯絡舊讀者：與讀者間作個別談話，或作普遍的個別拜訪，均能得到新的讀者。給舊讀者公開信，請其代為宣傳，介紹他的朋友，加入為圖書館的讀者羣 頗能收效。

11、閱覽須知：印發閱覽須知(或名入館指南)正如給大衆指路碑一樣。凡圖書館的使命，館務事宜，閱覽規則，時間，借書手續，及目錄使用法等，均應印入。其文字務求切要簡潔，印刷宜求美觀，封面更當講究；再附印圖書館地圖。民衆手此一册，既悉館情，按圖索驥，更能起而利用。

12、出版刊物：圖書館出定期刊物，介紹館的消息、新書內容、新雜誌要目、或圖書學館、名人書牘傳記格言等，也是吸引讀者的好方法。小型的書訊，可分普通的與專門的兩種、是大小圖書館都能辦的。

13、圖畫室：圖書館能長期設立一間圖畫室，按時期的更換內容，注意佈置，亦關係吸引讀者很大。一般人雖然不願讀書，或識字不多的人，受着圖書館的宣傳，而動到圖書館去看看圖畫之念，幾次之後，再加誘導工作，使觀者進而試用書籍，豈不是很美滿的一椿事嗎？且他們在看圖畫時，己算是圖書館收到一部份的效果了。

14、館門佈置：民衆受到宣傳，光臨到館門口來，已算收到了些微的效果。進一步便要在他們的眼前添上好的印象，吸引進門。還有一些過路的人，開遊的人，也是館門上工作的對象。可以懸掛幾塊廣告牌，介紹新書、新雜誌新畫報的名稱、要目、內容，和館消息的公佈，購書預告，時事介紹等，在文字上都必需正確扼要。動人的應時宣傳語，綴以圖畫，整齊美觀的排列，且常時更換，也能動人讀書的念頭。畫報最富引誘力，如中報畫刊，武漢日報畫刊或其他畫片等，最好能張貼在館門處(或張貼在茶酒館)，使大衆因看畫刊而進入閱覽室去。若能定期出一種壁報張貼更佳。同時亦可間雜以標語名言或學術智識；惟均要注意更換，免讀者生煩厭。

15、智識競賣：我們走到拍賣行，或路過衣服街時，便可聽着經紀人都力竭聲嘶的呼唱着；一樣東西一件衣物的名稱，好處、價值、是如何的努力啊！他們無非是要籍此吸住羣衆，競賣貨物。圖書館推銷智識又何不採行如此好的辦法呢？民國十四年成都通俗圖書館初創時，簡直是「門可落雀」，讀者寥寥，館長穆耀樞先生，便採行了此種辦法。他站在館門口，許多不同的人過路，都被他那不同的招呼，談話，介紹，和顏親熱的面孔吸住了；不久的時期，收效了，通俗圖書館的閱覽室擁擠了。這在初設立的圖書館，是必需採行的。此種辦法，著者無以名之，姑曰「智識競賣」。

其他如延長開館時間，在各處安設指路牌，或作文化消息的廣播，及書店減價書目的張貼公佈等，都可能增加一部份讀者的。

綜上所述，不外是藉實物、文字，口頭、去宣傳吸引，可是在進程中都必須：注重聯絡，組織，抓住機會，留意季節時宜，利用集會集團，及羣衆心理，至於多在圖書管理上做工夫，研究圖書陳列之方法，及聯絡各方造起社會上讀書的空氣，與在閱覽指導及其他活動上所獲得的效果，都是吸引讀者，團結讀者的最好方法。

（待續）

教育與兒童

申開圍

一，兒童爲什麼應受教育

1，自己的需要

2，家庭的促成

3，社會國家的影響

二，我們應怎樣教育兒童

1，實行「兒童本位」教育

2，推廣「鄉村建設」教育

3，適應「復興民族」教育

一，兒童爲什麼應受教育？

許多人都知道兒童應受教育．但是兒童究竟爲什麼應受教育呢？，這個問題，我們要能具體囘答，是比較要有科學的分析，才能完善的。我國科學進展頗遲，一般做父兄的，除了少數是受過普通教育之外，他們向來業農做工，或經商……，那裏能夠有向科學叩門的機會？所以爲父母的，對於自己的兒童，（說狹義一點）在受學校教育的過程中，往往不能促成兒童向前，或不願負匡正的責任，或擇之不得當地對付兒童，這樣，兒童就很難得着正確的幫助。原來就是父母對於兒童爲什麼應受教育的認識還很漠然的緣故。

兒童究竟爲什麼應受教育呢？概括的說起來，可分自己的需要，環境的促成，與社會國家的關係三方面，茲分述如次：

1，**自己的需要**：兒童爲什麼應受教育的第一個原因，是爲了自己的需要，（一）是自己年齡上的需要，兒童的年齡，大抵在十四歲以下，這段時間，他的體力與腦力，都未發達，對於外界一切事物的認識，沒有相當的了解，尤其是年齡愈幼的兒童，對於日常普通的生活接觸了，都還不明白是什麼一回事，所以常常愛問「這是什麼」「那是什麼」的話，這是兒童年齡上需要教育的證明。（二）是自己生活上的需要，兒童的飢飽寒暖，與及其他活動，自己都不能合宜地要求和支配。兒童比較成人，所以容易患病，這種患病的原因，在兒童自己，原是不知道，而在成人方面，却未嘗不明白，故兒童的生活，只有仰望於成人的保護和養育，方能生存，這是兒童自己生活上需要教育的證明。（三）是自己精神上的需要，兒童缺乏理智而富於情感，是一般心理學家所公認的，每見兒童他要什麼，硬要弄到手才止，不然，他是十分不快的。有些父兄，因不理會兒童這種心理，對於兒童有非理或迫切的要求時，覺得異常討厭，因而加以責罵，使兒童感受到極大的恐駭和不安，以致兒童失去天真，而竟板滯下來，這在兒童可說是最大的損失。我們須知兒童的某種非理的或迫切的要求，使父母沒法供應，誠然不對，但是兒童的理智根本很淺，那是絕不能顧到這些的，因此，我們應當諒解他，或者應當預爲設法引他合於事實的要求，才是正當的對付。即不能預爲設法，待問題發生了，也應該從容應變，何必去呵斥或恫嚇他呢？這是兒童自己精神上需要教育的證明。

2，**家庭的促成**：兒童爲什麼應受教育的第二個原因，是爲了家庭的促成。（一）是家庭父母的促成，俗諺有云：「養兒防老」，可見人們是爲了要防老才養兒的，由這點看來，兒童對父母，乃至家中的任何人所負的責任都是很大的。然而兒童自己知不知道他的責任呢？當然不知，既是如此，爲父母的，便要担負訓練他「要知道」的這個責任，這是兒童家庭父母促成應受教育的證明。(二)是家庭生活的促成，兒童在家，衣食住行四大需要，都輪不到兒童來担負，所以兒童每日原沒有什麽工作。——除貧苦的兒童外———那樣長的時間，糊裏糊塗的過着，不但覺得可惜，或更感覺得危險，且家中的人既不能時時去照料他，就難免不發生意外事變，故政府才設立學校，使兒童大得莫測的變故，得到安置的地方，這是兒童家庭生活促成應受教育的證明。(三)是家庭職業的促成，兒童家中當各有恆業，然在兒童將來，應有一種什麽恆業呢？繼續家中已有的業務嗎？另習一種職業呢？這在爲父母的，一定要爲他打算，一經決定了，在兒童時代，便要做些準備的工夫，這是兒童家庭職業促成應受教育的證明。

3,**社會國家的影響**：　兒童爲什麽應受教育的第三個原因，是爲了社會國家的影響，兒童是社會的一份子，與社會不能離開的，社會形成如何的狀態，兒童便也會形成如何的傾向，要望社會好，先就要每個兒童都優良，要望兒童好，必須整個社會都進步，兒童優良與否，是教育的問題；社會的進步與否，是政治，經濟，交通，治安……的問題，兩者比較，教育問題的範圍，較之社會問題的範圍，要小得多，故訓練兒童，比改造社會要容易得多，尤其是訓練兒童，作改造社會的前鋒，更有效得多，而且未來社會國家的主人，就是當前的兒童，故兒童便是未來社會國家的支配者，如果現在已訓練成功了優良的兒童，將來去支配社會國家，社會國家自然容易進步了，由此，訓練兒童，不但比改造社會國家容易，和收效偉大，並且培植了將來社會國家優良的主持者，還算是來得最切實了，這便是社會國家影響兒童應受教育的第一點證明。人類生存在世界上，必須有互助的精神，分工合作，保存社會國家共同的生活，與共通的存訓，兒童是共同生活的基礎，教育是傳導共通存訓的媒介，這種基礎似的兒童而接受存訓傳導的教育，就是社會國家幸福的泉源，這便是社會國家影響兒童應受教育的第二點證明，一國家的強盛，不單靠軍備的充實，而在乎教育之普及與發達，因爲軍備的使用，全在乎人，人能使用軍備而有效，在認識，英勇，和技術，而認識，英勇，和技術，便在教育，有了完美的教育，再施以適當的軍事訓練，方能使用軍備而有效，試以一個未受教育的人，握着堅利的武器，能夠克敵制勝嗎？我們試看，昔日希臘的斯巴達全國皆兵，人人都受軍事訓練，但是人民沒有教育現在早己不能存在了，威爾曼說：「普魯士被法打敗之後，爲什麼去改良他們的教育呢？法被德國打敗之後，爲什麼去改良他們的教育制度呢？」因爲國際的競爭，不在軍備，而在國民的精神，德國教育家斐書德(Fichte)在德國被法國打敗之後，就著書來提倡教育，勸人民就學，後來到底打勝法國，而後來法國知道教育是救國的大方針，須強迫人民受教育，然後才可以達到強國的目的，故也用這個辦法，近來世界列强，如俄，德，美法等，沒有一個不注重教育，及強迫兒童入學的。故中國想要存在，想要強盛起來，除了訓練海陸空軍，及購製一切軍備外，根本上還是重在教育，發展國民的身心，陶鑄民族的精神，充實民力以鞏固國家的元氣，兒童是次代國民，這便是兒童應受教育的第三點證明。

二、我們應怎樣教育兒童？

兒童應受教育的原因，既己明白，現在我們要討論到，我們應怎樣教育兒童了。

怎樣教育兒童這問題，如求解決，我們應先找出學理和法令的根據，而定答案，方爲可靠，不然，把教育兒童這工作，隨便推動起來，不但無把握，無範圍，無組織，和無計劃，甚至最後一點目標，也會弄得似是而非的，所以，學理和法令，是有引來作爲根據的必要。

1.學理的根據：以下是引幾個教育家的意見：

盧梭 Roussan)說：「人生之初，其性本善」，所以爲惡，在由人爲，故教育一方面應循着兒童自然的發達，順應教導，他方面宜防止外界惡的影響，不宜侵害兒童的本性。

裴斯太洛齊(Pestalossi)說：「人有天賦諸能力，教育是在調合諸能力，使之發展而成爲獨立有爲之人，欲開發兒童諸能力，宜先研究兒童身心發展的狀態，以免斲傷兒童，又因兒童的能力，由練習而使其發達，故宜使兒童爲自爲的活動」。

福祿貝爾(Frosbel)說：「人由神而出，故其性本善，性既善，則教育須以遵循自然爲主，養護兒童，使其自由發達，以自識本性，服從本性，而在一切生活活動上，皆得發現其本性，如有爲惡影響所習染時，則不可不用干涉的方法去矯正，要之，應從自然以施兒童的教育。所以教育必自兒童初生時爲始。凡初生時，所受的感化，必影響其後來整個發達，兒童心意與身體合一而不離，故宜使兩者同時并進)。

杜威(Dewey)說：（人自初生以至老而死亡，都在教育歷程中，故教育卽生活，生活卽教育，兒童自有兒童的生活，未可强以成人的生活强加代替的，因爲教育是生長的歷程，經驗是改進的歷程，故教育者，應順兒童「自己生長所需」，「經驗改造」所需，供給環境，在兒童因自發的活動，而應付環境，加以教育者之指導，使個人與社會之間，開一道相通的溝道，自然地相應流通，俾互生影響，而不衝突扞格，以完成現代的生活」。

2，法令的根據：國民政府頒定的小學課程標準如下：

國民政府小學課程準標：小學應根據三民主義遵照中華民國教育宗旨及實施方針，發展兒童身心，培養國民道德基礎，及生活必需的基本智識和技能，以養成知禮知義愛國愛羣的國民」，分折起來，對於兒童有如左之注意事項：

(一)培養兒童健康的體格，(二)陶冶兒童良好的品性，(三)發展兒童審美的興趣，(四)增進兒童生活的知能，(五)訓練兒童勞働的習慣，(六)啓發兒童科學的思想，(七)培養兒童互相團結的精神，(八)養成兒童愛國愛羣的觀念，這便是我國教育兒童的課程標準。

我們看了以上四個教育家的意見，和我國國民政府公佈的小學課程實施標準，對於「怎樣教育兒童」這個問題，我們可以確定出下面的三個答案：

第一：是要實行「兒童本位」的教育，這種教育，是打倒過去主觀化成人化的教育，注意於如何適應兒童身心發展狀態？如何使兒童個性的傾向，能夠自由發展？如何根據兒童一切自發的活動，去養成他生活能自立的能力？如何適應兒童生活的需要，毋使其性情流于不良的偏激，就是我們最需要的。

第二，是要推廣「鄉村建設」的教育，這種教育是實現鄉土化生產化的教育，注意於如何供給兒童適當的社會環境，以防止外界不良的影響、免去對於兒童本性的任何侵害？如何利用兒童自己本能上的一切要求，啓發他建設的智識，增加他創造的經驗？如何利用兒童生活中的一切問題，使其明瞭自己與社會和自然的關係？如何增進兒童的生活能力？如何利用兒童與社會由溝通而加以人爲的力，以促成改造惡劣的社會。

第三：是要適應「復興民族」的教育，這種教育是促進民族化軍事化的教育，注重於如何利用兒童遊戲和愛好自然的本能，引起他對於自然的改造，人爲不平等的剷鋤的興趣？如何利用兒童進取的精神增加國防生產建設的能力，如何利用兒童的好羣心，在共生活活動上，養成互助，合作與服從紀律的習慣？如何利用各種足以表示愛國愛羣的機會，養成兒童的博愛心，與同情心？如何得隨時隨地指示兒童與社會國家的關係，使其逐漸明瞭自己對於社會國家的責任？如何用具體的事實來暗示兒童國家民族道德的所在？

以上三個答案，雖然有三方面的劃分，但是，三者是極端融合，有深切的連索性，并不是各別的，獨立的，例如實行「兒童本位」的教育，不推廣「鄉村建設」的教育，兒童目前的生活，必受社會的阻礙，和壞的習染的影響，而變成不健全的生活，不適用「復興民族」的教育，兒童最近將來的生活，也必遭異族的壓迫，而不能自覺和自拔自救，推廣「鄉村建設」的教育　不實行「兒童本位」的教育，兒童根本沒有這項「深謀遠慮」的認識，必覺得枯燥無味，徒在形式上敷衍，不能傾心挺腹的幹到底，不適應「復興民族」的教育，兒童的想像，和目標，沒有正當的趨向，易失內心的燃燒，而終歸於湮沒，適應「復興民族」的教育，而不實行「兒童本位」的教育，兒童祗能為情感所支配，活躍一時不能認為有意義而興奮地持之長久，不推廣「鄉村建設」的教育，兒童無形中必以為徒唱高調，沒有實際的工作，不能使兒童永遠的相信，因此，對於怎樣教育兒童這個問題的三個答案，并不是獨立的，各別的，除了在實施的時候，有部份是運用的關係略有差別外，其實是一個答案，所以三者是并重的。

在實施的時候，有那一部份因運用的關係而略有差別呢？教育的實施，不能沒有目的，有了目的，也不能沒有材料，便會達到目的，有了材料，又不能沒有支配材料的方法，由此：我們就知道「目的」「材料」和「方法」是實施教育的三大要素，不能缺一成立的，比方：人們要寫信，必定要有一個為什麼寫信的原因，這個原因就是寫信的目的。又必定要有一個用什麼來寫上去的理想，這個理想就是材料，又必定有一個怎麼寫下去？怎麼修正？……這些工作，這就是方法，這三項是可以少一項的嗎？同樣，實施教育，也是要俱備這三項而不能少一項的，否則，即不能成立，是無非議的，既此，實施教育的目的該怎樣呢？施教的材料是什麼呢？施教的方法是如何呢？這三個問題：我們把他解答起來，覺得施教的目的，如要合乎將來的生存，應以適應「復興民族」為主。施教的材料，要合乎環境的要求，應以推廣「鄉村教育」為主，施教的方法，要合乎兒童的身心，應以實行「兒童本位」為主，這是在教育實施的時候，不得不這樣分一下的，然而三項必畢竟是運用上的關係，其實應該是三者綜合的。

小學教育的對象是兒童，故無論實施何種教育，都不能不了解兒童，然後才能因勢利導，所謂了解兒童，是施教者要知道兒童的生理和心理的狀態，現在分別說明：

(1)兒童的生理

(一)兒童的腦：腦是一人知覺和運動的主宰者，要使兒童的知覺和運動能正確地發展，自然在充分地善用兒童的腦了，兒童的腦，普通要到十四歲後，才能漸漸地發達，小學兒童——除一部份就學遲的兒童外——多是在十二歲以下，他們的腦實是沒有發達的，兒童之所以缺乏理智而富於感情，正就是這個原故，要知，人們的智力，完全是腦的作用，智力的高低，是在用腦次數的多寡，產生於腦紋的繁簡，而兒童的腦因爲用的次數少，腦紋誠然是很簡單的，假使要叫他過份運用腦力，教育不但要失却效果，腦子也必定得受傷，貽害無窮，故應當設法避去用腦過久的工作，增加有意義的筋肉的活動，調劑腦的疲勞。

(二)兒童的肺：肺是呼吸器中主要的器官，影響血液的循環及排泄的作用很大，血液與排泄對於人身新陳代謝又極重要，故肺的健康問題，是人生全部的問題，兒童的肺量，因爲年齡的關係，是比成人的要小得多，肺量小，呼吸的力量就弱，呼吸的力量既弱，往往易將含有毒質的氣體，滯留肺孔深處，以致久而傷及肺葉，還有女孩比男孩的肺量，據檢驗所知，總是要小些，這大概是因爲女孩不好運動的原故，因此，我們教育兒童必要注意兒童的肺，尤其是女孩的肺，要多方設法使他們運動，或行深呼吸，對於有害兒童肺部的，不但應盡力避免，而且要早爲預防，千萬不可忽略的。

(三)兒童的腸胃：腸胃是消化器的主要器官，腸胃一但有恙，就能夠阻滯全體的發育，腸胃如果健康，消化的力量增多，攝取營養自然也隨之而增加，身體所受的補益，也就不少了，兒童的腸，直而平滑，胃的蠕動，比成人慢些，所以在消化食物的力量上，還不及成人，我們教育兒童，應注意他的日常的飲食，加以指導，務使食物富於養分，而又容易消化的。

(四)兒童的牙齒：牙齒是咀嚼食物的利器，我們吃的食物在口腔內時，如細密的咀嚼，到了胃裏，消化便快，否則，消化就慢了，故牙齒是人生一種重要的器官，兒童的牙齒不及成人堅固，又因兒童平時愛吃糖果，留在口裏的餘糖，與唾腺起了酸化作用，所以常常會發生齲齒，既成齲齒，就會逐漸失效了，兒童將來的享受，也就受到妨礙了，這是最値得注意的，再據歐美學者的統計，兒童患牙病的有百分之六十到百分之九十六人，特別是年齡愈小的兒童，牙齒愈容易患病，所以凡是愈小的幼兒更時感覺痛苦，精神上受到很大的損失，一方面牙齒患處，往往藏有牙膿，平時隨着食物引進了腹中，血液和內臟都要中毒的，我們教育兒童應當要注意到兒童牙齒的健康。

(五)兒童的血液：血液中含有赤白兩種血輪，白血輪的功用，能殺滅外界侵人的病菌，赤血輪的功用，能輸入外界養氣於體內，還於生命的條件上，有很大的關係，兒童的血液據生理學家的調查，成人血液中的赤血輪，在一方寸內，估有四百五十萬個的數量，而兒童的血液中的赤血輪，所有的數量就沒有這樣多了，這對輸入外界的養氣於體內的作用不及成人，至於兒童血液中的白血輪，雖然比成人特別多，但他殺菌的能力實則遠不及成人來得大，因此兒童便容易得傳染病，我們教育兒童，應當以十分留意預防着傳染病的侵襲。

(六)兒童的淋巴液：淋巴液的功用，能幫助食物的消化和抵抗外來的毒素，兒童血液中的赤白血輪，既然不及成人那樣的有作用，而此項淋巴液就應使他全身流通，不致偏滯，但要使淋巴週身流通，必要有相當的運動，兒童的運動，應不可過分和劇烈，然而我國富家兒童，多居安閒不動，貧苦兒童，又是整日超勞，兩者均不適於兒童身體的發育，我們教育兒童應担負他們運動的完全責任。

(七)兒童的心臟和血管：兒童的心臟和血管，據生理學家的調查，由兒童到成人的大動脈的大小，祗能發達三倍，而心臟的大小要發達十二倍，可見兒童時期的心臟很小，血管很大了，因爲心臟小，而血管大，在血液運輸上，壓力就不適當，他的心臟必要跳得快，才能把血液運輸全身，故兒童心臟的跳動，較成人快得多，兒童心臟既然跳得快，我們就不要再使他有加上速度的可能，因爲快上加快，心臟就要受損，我們教育兒童切不可忽略這點。

(八)兒童的骨格和筋肉：兒童的骨格，頭骨特大，軀幹長而四肢短，兒童的肌肉，重量，多水質，各部發達的速率不一，——如腿臂，與背上各部發達比別部特別快些……而細微筋肉，又要比其他筋肉特別慢些。

以上是兒童生理的狀態，如果我們不能明瞭這些生理的狀態，去教育兒童，很容易把不適宜教育兒童的工作，教兒童去做，這不但在教育上，不能得到相當的效果，而且還傷害了兒童生理上的發育，兒童身體的健康，在施教的進行中，是有極大的關係，千萬不可忽視。

(2)兒童的心理

(一)兒童好奇的心理：兒童好奇的心理，是由於他對一切事物，認識的經驗沒有，和知識缺乏的原故，見了不懂，內心就有一種「想得到滿足」的要求，凡成人習見慣聞的，在兒童看來，都覺得很新奇，因為「想得到滿足」他們就要向人問：「這是什麼？」或「為什麼會這樣呢？」這類求知的口吻是隨處都可以聽到的，這就是所謂好奇的兒童心理的好奇心發動了，假使有人要阻止，或責難他問話，他便馬上就不高興起來，精神上，無異是給他加上一個鎖鏈，感到極度的不舒服，我們依據這點，就應該造起有意義的新奇的環境，使他有發問的機會，盡量供給他發問的樂趣，暗暗地指示他，特別又注意切實和有條理地教導他，這是很有效力的教育，切不可因了兒童的問話為自己不高興，或者怕麻煩，就置之不理，甚至去責罵他，要知道這樣的對待兒童，會要使兒童一事都不能自動起來，下次縱有非問不可的地方，他也不敢或不愛來問了，那時，自會覺得兒童是「教無可教」呢，其實：過不在兒童，却在自己的不善利用兒童的好奇心哪。

(二)兒童好動的心理：兒童好動的心理，是很顯然的，這是他一種本能上的要求，我們看兒童初生的時候，無論在什麼地方，除完全是在睡眠外，身體和四肢，總是不停的翻轉和攪動，手足不是抓這樣，便是弄那樣，抱在人的懷裏，他的手不是去抓抱的人的頭髮，便是要抓抱的人的鼻子，不是扯耳朵，便是扯扭扣，年齡稍長，就想學走路，萬一走跌了，祇要再扶起來後，或沿牆壁或靠凳子，他也是要繼續走的，及至再大一點，三五成羣，或在屋內扮演成人的活動，或在郊外做起各種遊戲，表演打仗呀………總之，兒童的天性，是好動的，年齡愈大，動的範圍和內容也愈大，而其意義，又逐漸由簡單而複雜，同時：也非常認真，這種好動的天性，萬不可以禁止他，我們為了防他活動的有危險，應先有相當的設備，為了怕他動得無意義，祇好從中去幫助他，為了想他動的肯努力，和謹慎，該多有適當的獎勵，我們祇能盡量地，利用兒童的動性，改進兒童的生活，增加兒童生活的興趣，指導和參加兒童的活動。

(三)兒童好勝的心理：兒童好勝的心理，開始很早，可在各項獎譽，和失意的事情中，看得出來，例如，上面說的小孩子學走路，你眼看着他一笑，或者說聲「很會走」的話，他便要更加起勁的走起來，態度很好，脚步也更加快了，又如他穿上一件新衣，你說「你的衣服眞好，穿起多麼漂亮喲，」他聽了往往笑不合口，又如別人得了先生的誇獎，他心中會馬上感到不快，或如你看見兒童做事，你說他「做得眞好，人家不會及你的」，他也就立刻更努力起來，像這種種情形，都是兒童好勝的心理的表現，我們教育兒童，應該明白這種心理，獎勵應多於責罰，充分地利用他的好勝心，暗示他的長處或短處，使他自己改進，或幫助他改進，壞的做好，由好做到更好，由一人做到若干人……造成這種風氣，學校就可說是個樂園了。

(四)兒童好羣的心理·兒童好羣的心理，發生於兒童活動的材料上，大概兒童的智識很低，一個人不易找出活動的材料，有了多數兒童，聚集在一處，大家貢獻意見，自然就容易找出材料來，而且有了材料，立刻就可以實行，所以兒童不能獨處，必要往兒童多的地方玩去，找尋同伴，同玩起來，有時玩得簡直不想回家，這就是好羣心理的象徵，這種心理，可以說有相當的强烈，如果不了解兒童這種强烈的心理，有時故意要强迫兒童離開一羣兒童的活動，那麽，那被强迫而離開的兒童，就會大哭起來，或者，至少也要悶在葫蘆裏，這對於兒童的精神，受害很大，切不可嘗試的，兒童的年歲漸長，自巳能活動的智識漸多，需要多數兒童合作的也更迫切，我們教育兒童，决不可違反他這種心理，應多多的造成兒童的各種合作，與互助的活動　設法利用起來，使他能愛人羣，愛國家，富於同情的種種美德，以爲將來參加社會生活的基礎。

(五)兒童好模仿的心理，兒童好模仿的心理從初生到一二歲時就有了這種心理的特徵，譬如：母親口中哼出聲音，他也要哼出類似母親的聲音：母親一哭，他也一哭，母親一搖頭，他也一搖頭，母親握拳做出什麽姿勢，他也要握拳做出什麽姿勢，到五六歲的時候，他不僅能模仿成人簡單的動作，和聲音笑貌形態，就是成人所做某項特殊的複雜的行爲，他也能模仿的，譬如，社會上行結婚禮，兒童也會扮着新郎新娘做出行結婚禮的模樣，又如兒童看見人家騎馬，自巳沒有馬騎，拿根小竹棍，也要做騎馬的演習，再到十一二歲時，兒童看了戲子扮演武松是那樣的身手，自己在不知不覺中，一旦想起武松了，不覺手足會動起來，也要演那種英武的氣概，兒童見了別人祇要被他認爲有趣的，他是毫不遲疑地，就要去做，總之：兒童模仿的心理，是隨時隨地都可以看得到的，這種心理，是學習的根源，是人類智慧傳播的樞紐，是兒童一身幸福的基礎，我們是不應制止他的，我們教育兒童，除了為兒童設法不使受壞的模仿外，首先注意自己的修養，和環境的設備，多多引起兒童模仿的興趣，促成他盡量去模仿，養成他堅忍不屈的習慣。

（五）兒童好佔有的心理：兒童好佔有的心理，發生得很早，而且也最強烈，人類原是自私的動物，對於某事物的佔有慾，可說任何人都是有的，尤其是兒童，不知有什麼人為的禮制和道德，凡事一本天眞，不顧人情，只要是他本能上需要的或者是心目中愛好的，他就不顧一切，一定要得着，或不願分給別人，譬如，他有好玩的玩具，你說叫他拿給你，他是決不承認的，他見着別人有糕餅食，自己便要向父兄要，若是你不給他，決不是可以平常地過去的，——除非是他不十分想佔有的，——非到要着不止，又如，假使你到兒童的家中，去拿他一件什麼東西，他必定要走到你面前來說：（這東西是我們的）又如有幾個兒童，互爭食物，或其他，大家必聚精會神非常認眞地爭取，失敗的兒童必要大哭大鬧，得勝的兒童心中却很樂意，凡這種種的情形都是兒童好佔有的心理，我們教育兒童，有時也覺得兒童的佔有慾、實在討厭，不過是他的年齡使然，我們要諒解他，萬萬不可給他迎頭一擊，最好是：能事先預防兒童各種的爭執，或者是造起兒童的正當爭取，不然：既未事先設計，事後也就祗有從容應付，臨機敏捷，毋使兒童表現出他過分的佔有，誘導兒童使不為自己而佔有，應當為利人的佔有，在利人的興趣上盡量去佔有。

以上兒童一般的心理，如果我們不理會這些心理，無論怎樣用教育去貫輸兒童都是很不容易收到教育上的效果的。

怎樣做小學教員

姜孔章

小學教育為國民教育之基礎，是任人皆知的，小學教育之優劣，不但直接影響教育事業本身，且對於國家之存亡，民族之興廢，均有莫大關係，亞里士多德曾說：「立法者必先注意幼年教育，忽略教育，就有害於國家，」由此已可見小學教育的重要了，小學教員為實際担任小學教育者，小學教員之優劣，當然關係小學教育甚大，所以「怎樣做小學教員？」這實在是值得研究的一個問題，個人從事小學教育，雖已八載，但因資質魯鈍，荏苒時日，毫無心得可言，茲不過就管見所及，隨便談談罷了。

「怎樣做小學教員？」，這個問題，可分下列幾方面來討論：

一、教員本身方面

一，要有健全的人格：　教育為神聖的事業，教員為國民之師表，凡教員的一言一行，都足影響社會國民，故為小學教員者，必要具有健全的人格，方不至為害社會，貽誤學子，如煙酒賭博等及其他一切消極的嗜好和行為，都應該完全戒除，就以處事的原則而論，譬如接到某校的聘約，無論願就與否？都必須在短時期內，向主聘人表明態度，若既就聘之後，其他雖有較好的位置亦須割愛，切不可貪圖權利，廢棄前約，致失信用，聘約既定之後，就應切實遵守，即有不滿之處，也必待聘約終了，方能離職，約期未滿之時，若未得主聘人同意，不可隨意離去職守。

二、要有服務的精神　小學教育是最麻煩的事，而其待遇又甚菲薄，尤其是在現刻教育經費普遍支絀的時候，有時就是連少許的薪水，也不能按期領到，所以有些教員，因此灰心，以致改業，即不改業者對於教學也「馬虎」從事，不肯努力，這實在是因為沒有服務精神的原故，所以凡為小學教員者，必須要具下列幾種精神：

1、要有堅決的信仰，以教育為終身事業，　普通都說：「一個人作事，為的是解決生活問題」，這話自然不錯，不過我以為從事教育，主要的意義，還是在為社會服務，所謂：「為教育而教育」，至於一己的生活那都是第二個問題了、所以我們要有堅決的信仰、以教育為終身事業，始終如一，切不可因待遇菲薄而變更初志，或畏難而另行改業、實在說，我想只要我們能夠努力拚命的幹，工作成績、也就是我們最具體的報酬了。

2、要能忍苦耐勞　涉身教育本來是件苦事，但我們要能忍苦耐勞，要從勞苦中去求得快樂，從勞苦中得來的快樂、才是人生真正的快樂、譬如農人，當其掘土播種的時候，「冒風雨，受寒暑、」沒有得到一點休息、何嘗不苦呢，但到了收獲的時候、就得到快樂了，我們從事教育也是如此，只要我們能努力的教出幾個好國民，就算盡了我們的天職，也就如農人得到了收獲一樣，自然就會感到快樂了。

3、要能忠於職務　怎樣忠於職務呢！換句話說，就是應盡的職務，無論如何要負責去幹，不可借詞推卸，敷衍塞責，因爲凡是作事，都要認眞澈底做去，才能成功，否則，必遭失敗，從事教育若不負責，那嗎！教育會失其效能的、所以，爲小學教員者，非忠於職務不可。

4、要能虛心接受合理的批評　俗語說：「一人知識有限，天下義理無窮」這話確是不錯，所以做小學教員者，對於善意的批評，應該誠懇接受，同時應該想法改進，不可驕傲自滿。

5、要能發現問題和解決問題　一個不留心事物的人，是不能發現什麽問題的、要是我們能遇事留心、遇事研究，那隨處都可發生問題，旣能發現問題、就要能想法解決問題、這樣辦事才有進步，對於社會才有益處。

三、要有豐富的學識　小學教員旣爲人師，當然要有豐富的學識，方足以資表率，玆將小學教員應具的學識略述於下：

1、普通常識　兒童有好問的本能，無論發現何種事物，都愛發問，爲教師者，正應利用兒童此項本能，與之明瞭解釋，但這對於本身常識是有關的，若常識不足，對於兒童所發見的問題就不能予以相當答覆、再者，一般國民都認定教師是萬能的，凡是有疑難的事情都要請教師替他解決，爲教員者若常識不充分，不能替人解釋疑難，就要失掉民衆的信仰、所謂「一事無知，儒者之恥」凡爲小學教員者，普通常識非具備充分不可。

2、專門智識　就是對於自巳所担任的課程，要有深刻的研究，要有相當的了解，這樣在教學上才不致感覺困難，才能使學生得到益處，若自己都是、「一知半解」「盲人瞎馬」似的去教育學生，不但誤己而且誤人，這是萬不可以的，所以爲教員者，務必要有專門的智識，這樣方不至自欺欺人、爲害學子。

3、對教育本身的智識　教員爲担任教育的人，所以對於教育的歷史新潮，制度，以及教育的原理原則，都應相當的了解，並且教育的對象是兒童，所以對於兒童的心理，兒童的個性都應該十分明白、這就非研究兒童學不可，凡此種種，都是爲小學教員者所必具備的學識。

四、要有健康的身體　精神爲事業之母，要有精神才能創造事業，若身體不健康，精神衰弱，萎靡不振，怎能創造事業呢，據美人推孟的研究；「教員的壽命，要比從事其他職業的人爲短」，由此可見教育事業，是最消磨人生壽命的，所以爲小學教員者，不但爲作事的效率起見，應該要有健康的身體，卽爲延長本身壽命計，也應該要身體健康才好，怎樣才能使身體健康呢？就是飲食起居服裝等，都要合乎衛生的原則，並且，每天還須要有適宜的運動，這當然是大家都知道的，不過認爲太普遍沒有注意她能了，常見有些專門研究生理衛生的學者，然而，自已身體還是很弱，這大概就是知而不行的原故能！所以不管怎樣一件事都貴乎要能實行，不然，還是無益的啊！

二、對於教學方面

普通所謂「教學」，卽是「教書」，就是把書中的字和意義，教學生認得懂得，也就算盡了教學的能事，其實果能如此，學生也還可得到相當益處，無如一般教師（自然其中也有好的）上課時只是照例的教學生讀兩遍，自已講一遍，就算了事，至於學生對於所講的究竟能否懂得？却不十分注意，試驗起來，成績不好，則謂學生太不用心，先生有何辦法呢？自然求學要貴乎自己能夠用心，學業才有長進，不過我以爲教師方面也要負相當的責任，譬如吃飲食，小孩子若嘗到了某種東西好吃，那嗎，不待人家強迫他自也很喜歡去吃的，讀書何嘗不是一樣呢？若能領略到了書中的趣味，那嗎，不須教師強迫，他自已也會去用心的啊！學生之不用心，完全是因爲沒有感到書中興趣的原故，學生不能感到興趣，就是教師教學方法不良，所以爲教師者，必須要有教學方法，否則學問縱好，也是不能使學生得到益處的，玆將教學方法略述於後：

1，上課以前要有充分準備　常見許多自命爲老教書匠的人，以爲經驗多，智識廣，毫不預備，打了鈴子，只把教本拿到講堂去就是，然而有時遇到書中有不十分瞭解的地方或有認不清楚的字，才臨時藉故下教室來查字典，找參考，査不着就憑自已想像亂說，這樣的教學，學生能得到多少益處？所以我以爲在上課以前，首先要將課文充分準備，稍有疑懷的地方，都須詳細參考，務求澈底明白，然後到課堂去教學生，方不至盲人騎瞎馬的亂幹！

2,要能設計　不但對於課文的內容，應該澈底明白，並且對於這一課的教法也要先行設計，怎樣才能夠引起兒童的動機？怎樣才能夠提高兒童的興趣？那些是敎學後應該實踐的事項，都要先行擬定、編成教案，這些本來教學法上都有，用不着自己去麻煩，不過我以為能夠自己去幹最好，因為各地有各地的風俗不同，並且學校的範圍，設備，及兒童的習慣，也各有差異，教學法書在實際上應用起來，也有不合用的地方，所以我以為最好自己先擬教案，再以教學法書為參考，既合實用，且對於教師本身長進一定也不少。

3,聲音要宏大態度要活潑　上課時聲音要宏大，才能引起兒童注意，坐後面的才聽得見，態度要活潑不可呆板，才提得起兒童的興趣，並且要時時觀察兒童聽講的態度，若發現兒童精神疲倦了，就要隨機應變，想法興奮兒童的精神，總之方式要隨時變換，不可呆板，若聲音又小，語調又呆板，那是只有催學生入睡的，怎能引起他的興味呢？

三、對於訓導方面

從前以為教師的職務，就是教學生讀書寫字，此外就沒有甚麼責任了，學生做錯了事　只要能夠加以重重的處罰，或打手心，或打屁股，就是嚴格優良老師了，其實這是不對的，因為教育不但是給兒童以知識技能，並且對於兒童的品性道德，都應加以訓練和指導，所以為教員者，除了教學以外，還須負訓導的責任，那嗎，對於學生應該怎樣訓導呢？

第一要與學生打成一片　兒童的個性各自不同，訓導的方法因也隨之而異，欲訓導兒童，必須要知兒童的個性，欲知兒童個性，就要與兒童常常接近，打成一片，見到兒童有不良的舉動，才好加以糾正和指導，這樣的效果，非常之大，私塾老師，整天板着一副面孔，做起神聖不可侵犯的樣子，不但不能同學生作課外的各種活動，就是話也不輕易同學生談，學生畏之如虎，不敢接近，當着老師面前規規矩矩，背了就什麼事情都幹，當老師的不但不易知道兒童錯處，無從糾正，並且兒童從小就養成一種虛偽的習慣，這實在是有害兒童的，所以我以為教師應與學生打成一片。

第二要能以身作則　兒童的摹仿性非常之強，教師的一言一行，他都喜歡摹仿，所以教師的行動，只要都很善良，學生自然也會跟着學好的，尤其是教師要學生遵守的事項，首先要教師能夠遵守，譬如叫學生不賭博，自己首先就要不打牌，叫學生不遲到早退，自己就要按時上課，按時下課，若叫學生不吸煙，自己又去把高塔牌放在嘴上，叫學生要按時到校升旗，自己又隨意的不去參加，這樣怎能使學生發生信仰呢？怎能把學生訓導好呢？所以訓導學生處處要能以身作則，言出必行，用人格來感化，才有效果。

第三要與學生家屬往還　訓導兒童不但要明白兒童的個性，並且要明白兒童家庭的環境，因爲兒童品行的好壞，與家庭環境也是極有關係的，所以教師應與學生家屬常相往來，一方面把兒童在校的情形告訴他的家長知道，他方面也可考查兒童在家裏的情形，藉此就可知道學校的訓導方法，對於某個兒童是否適合，若不適合，就好設法改正。

四、對於社會方面

小學教員不但在學校負教育兒童的責任，並且在社會上還負有領導民衆的責任，因爲小學教員與民衆最接近，且最得民衆的信仰，所以小學教員應加入民衆中間去作下列幾項工作：

第一喚起民衆　我國現在處於國難時期，在稍有知識的人，固然知道，但鄉間大多數的民衆，整天都在田間工作，又未看報，所以對於國家的事情，完全不曉得，小學教員就應該在星期得空的時間，去向他們宣傳，使他們也知道目前國家的情形，及人民與國家的關係。

第二組織民衆訓練民衆　人民既知道了國家的情況，但若沒有組織，一盤散沙，不能團結，還是不能發生力量，所以還須加以組織，有了組織，若不加以訓練，還是烏合之衆，所以必須施以訓練。

第三幫助民衆　鄉間民衆，因爲沒有讀好多書的原故，所以關於文字方面的有很多事情都不能作，如代人寫信，寫字約，解釋疑難等，都是小學教員應該幫助他們的事項。

嘉陵江實驗區鑿塘築堰實施經過

黃子裳

去年天乾，本區對於救荒防旱，做了種種工作。其中最重要的一件，乃是鑿塘築堰，灌溉農田。自始至今，歷時兩月半。已經完工之塘堰水庫，共有八十七處，其餘未完工作或正在繼續進行。或留在下年再辦，此次新修或補築之塘堰，已可灌溉田穀五千零五十六石。據全區田谷面子約二萬石（常年可收八腥，去年僅收三腥）幾及全部四分之一（見另表報告）玆將工作經過情形，概約的分述如下：

附表（一）

嘉陵江實驗區五鎮塘堰水量灌溉田穀統計表

鎮別	新塘	舊塘	新堰	舊堰	水庫	工作日數	蓄水量（立方尺）	可灌田穀（以石計）
北碚	5	18	2	3		四，九四八	六六〇，三一六	一，七〇六
黃桷	3	12			1	二，四八七	四九，二〇八	一，二一三
文星	2	6	3			六〇五	一九九，〇五二	六三六
澄江	2	7	1	16		一，九〇七	一六一，一〇九	二，二〇一
二岩	1	5				一，〇一六	一三〇，四八〇	二〇〇
合計	13	48	6	19	1	一，三四六	一，一六一，六六三	五，〇五六
備註	表中新舊堰之蓄水量，未經計入。但可灌田畝係依塘堰合計可能灌溉之數							

一、調查

實驗區向來即感水利之重要，去年區署成立未久，當時對於全區舊有塘堰即已製成塘堰調查表，分發各鎮鄉轉發各保詳細調查並派員復查。計塘堰總數為一百三十九，容水量有八八一，九六〇立方尺，按每畝出谷一石五斗，容水量二寸計需一，二〇〇立方尺。僅灌谷田七百三十餘石，而涸濫無水之塘，實居半數以上，一遇旱災發生，無惑乎束手無策也。

附表（二）

嘉陵江三峽鄉村建設實驗區塘堰統計表

鎮別	塘堰總數	容水量（立方尺）	建築材料 石坎	灰坎	泥坎	現有水者	現無水者	有溢漏者	無溢漏者	備考
北碚鎮	一三	七〇七〇四	六	六	一一	三	二〇	一八	五	
黃桷鎮	二七	二一四五一〇	一二		一五	一九	八	一五	一二	
文星鎮	二五	二七八三二一	四	七	一四	三	二二	八	一七	
澄江鎮	三二	三一八四二五	二二	五	五	六	二六	一〇	二二	
二岩鎮	三二	三二六六八八	二〇		一二	三二			三二	
總計	一三九	一一〇八六四八	六四	一八	五七	六三	七六	五一	八八	

二、組織

實驗區署為策動塘堰工作起見，特成立全區水利委員會，區長及各股主任為當然委員，幷聘請區內專門工程人才及有技能經驗者為名譽委員，指導及工事上一切進行，並分任訓練之責。另由區署抽調各部青年職員廿人，組織一全區水利輔導研究會。集中區署，接受專門訓練後，再派赴各鎮鄉担任監督輔導鑿塘築堰工作。

三、訓練

訓練期間定為十日，從去年十二月六日開始，十五日為止。地點在區署會議廳。所習料目為鑿塘築堰須知（區署印有專册）內面包括本區鑿塘築堰計劃書，本區義務征工修築塘堰水庫實施工程辦法，工程隊組織法，宣傳大綱等。加習簡易測繪學，水利獎懲法，餘時幷研讀水利書籍，互為報告。並作事務討論，與工人生活管理之研究。擬訂有管工須知（附）以資應用。在此期間內有唐區長瑞五沈隊長在銓（建廳鑛區測繪隊）對測繪術水利工程之專門講演，及實際測繪之指導。區署則以建設股農業技士劉選青主持其事。

（附）實驗區修築塘堰管工須知

一、管工須如管小學生循循善誘事事預防

一、要求須以其成績為準

一、工作時須盡力工作隨時隨地力求其工作與行動生活之便利

一、須不斷設計鼓舞工作之興趣，務使人人踴躍參加，作息時間，力求規則一律。

一、分工有細微之必要者應力求其細微。

一、輕重工作，須斟酌輪流交換。

一、每日早午晚至少應審檢工程之實況各壹次，并應有所講評或賞罰。

一、凡工作人員或工具，及方法等有問題時，無論解決與否，皆須有必要之登記，以備編製報告書。

一、工作效率特好之人務多方予以獎勵以資倡導，隨時應注意運用個別的或團體的相互競賽方法。

一、管工應運用社會運動辦法。

一、應關切工友的生活問題，尤其是應該幫助其興利除弊。

一、同事工友中較有活動能力之人，應特別有所識別。

一、編製工友須如編製部隊班有班長組有組長。

一、毋忘此次工作是為民衆謀福利故對同事工友切戒惡劣行動。

四、分配

甲、人員

十二月十六日輔導員出發了，五個鎮鄉應修塘堰者共六十八保，依據實際情形，分為十路，其各路人員之編配如下表：

路別	人名	鎮鄉	保別	共計
第一路	陶洪江　萬啓彥	北碚	十至十八	九
第二路	李乾俊　趙德元	北碚	七至九，十九至二十三	八
第三路	彭彰禮　黄重光	北碚	二十四至三十一	八
第四路	符合　陳斌	澄江口	五，九，十，十四	四
第五路	胡見文　孫開清	澄江口	六，八，十一，十三，十五，十七	六

第六路	羅杜 凌原遠	黃葛樹	七至十四	八
第七路	鄧伯初 王 恕	黃葛樹	十五至二十二	八
第八路	傅新波 曹植春	文星	七至十三	七
第九路	蕭蘊昆 黃 源	文星	十四至十九	六
第十路	甯國均 余文運	二岩	三至六	四
總計 一〇路	二〇名	五鄉鎮	六八	六八

乙、時間

各路工作期間，統定為兩個半月，第一步接洽當地人員，調查應補應修塘堰確定地點，第二步召集當地保甲人員開會商定工作辦法，第三步召集受益業主確定開工時間。第四步對工程方面。隨時指導監督進行。

五、征工

區內各保修築塘堰曾以命令公佈各聯保依照永川縣義務征工修築塘堰水庫實施辦法，係業食(主)佃工，凡征工一名日給伙食費一角五仙，工由壯丁担任，費由受益業主供給，在本區施行以來，依據此種辦法者約佔全數三分之一，餘則或由業主自行出資僱工，或請人包挑，或由自挑，或由佃客承挑，至於其義務征工時間規定五日，事實上也有因特種情形而予以改變為三日者。亦有壯丁被征滿五日而自動繼續工作者，總總情況，不一而足，悉由輔導員斟酌當地實際情形定之。

六、借款

水利輔導員下鄉召集人民開會宣傳塘堰的重要意義之後，人民每多樂從，並且願意趕工修了起來，認明這是自身的利益，但除了極少數，較有財力者外，大部表示非常艱難。經不起輔導員的再三催促。往往也有免強動工的，後來各路輔導員齊將此種情形報告回來。區署乃向農村銀行暫借五百元，作為墊款轉借動工修築塘堰之農人。每家暫以借用卅元為限。計先後借出款額一百五十元列表如後：

附表(三)

實驗區鑿塘築堰放款統計表

鎮別	保別	借款人	數量	期限	借款時間
北碚	一一	張烈光	三〇、〇〇	五月	一月一四日
北碚	一一	張佐卿	三〇、〇〇	五月	一月一七日
黃葛樹	一四	王登云	一五、〇〇	五月	一月廿八日
黃葛樹	一三	王聚之	三〇、〇〇	五月	一月八日
黃葛樹	一四	陳萬益	一五、〇〇	五月	一月廿二日
黃葛樹	一五	汪翁氏	二〇、〇〇	五月	二月二日
黃葛樹	一五	廖受之	一〇、〇〇	五月	二月二日
合計 二鄉鎮	五保	七戶	一五〇、〇〇		

七、整理

實驗區把修鑿塘堰列為最切要工作之一，因此事前調查，事後整理均十分注重。在各路輔導員出發工作之後，每週星期四仍回區署開整理會議一次。共同提出問題，檢討辦法。後來改在星期日（區署是照常工作，休息時間在星期一開紀念週之午後半日）晚上開會。紀念週上各路聯合推人出席報告一週間的工作。如果一個塘或堰動工了是有報告的。完工了也是有報告的。最後工作完成並有一幅總報告書。茲分別揭載本文之後，以見各路工作之實際情形，並為將來本區繼續修築塘堰之參效。

附表(四)

實驗區各鎮鄉修築塘堰水庫統計一覽表

鎮別	保別	塘堰	新築或舊補	受益人	所在地名	開工時間	完工時間	工日數	蓄水量(立方尺)	可灌田谷石	備攷
北碚鄉	7	塘	舊	彭盤清	水楠埡	一月廿一日	一月三十日	一六〇	六六、〇〇〇	八〇	
	7	塘	舊	熊明市	工廠反背	十二月廿五日	一月五日	三三〇	四〇、〇〇〇	四〇	
	8	塘	新	馮方谷	嵐埡	一月十七日	二月十五日	三九〇	二五、〇〇〇	三〇	
	11	塘	新	張烈光	漕房口	一月十五日	一月十九日	三〇	一、〇四〇	一〇	
	14	塘	新	謝全盛	漕上	一月六日	一月十五日	八五	九、〇〇〇	一五	
	14	塘	舊	張三台	漕上	一月十九日	一月廿一日	三〇	一九、二〇〇	三五	
	16	塘	舊	張四維	龍腹山	一月二日	二月五日	二五〇	二三、二二〇	一〇〇	
	16	塘	舊	曾聯臣	龍腹山	一月十七日	一月廿七日	一八五	二三、五一〇	一五	
	16	塘	舊	左繁泉	龍腹山	一月八日	二月四日	二五〇	一五、〇二〇	七五	
	17	塘	舊	劉海權	野猪灣	一月六日	一月二十七	二五〇	二、九〇六	八〇	
	17	塘	舊	徐月輝	野猪灣	一月一日	一月十八尺	三〇〇	四七、六五〇	三〇	
	18	塘	舊	馮壽軒	龍崗	一月二十日	二月二十五	五〇〇	四五、〇〇〇	八〇	
	18	塘	舊	萬玉林	龍崗	一月二十二	二月五日	六〇	六、九〇二	二五	

18	塘	舊	楊于輝	龍崗	一月六日	二月六日	一〇〇	二六、三二〇	一〇〇	
19	堰	舊	左正心	紙廠灣	一月十二	一月二十日	四〇	二五〇市尺	六〇	係堰溝長二五〇市尺
19	堰	舊	左正心	獅子岩	一月二十七	一月三十日	八〇	二六〇市尺	六〇	係堰溝長二六〇市尺
21	塘	舊	熊止于	班子溝	十二月廿六日	十二月廿九日	二九〇	二七、〇〇〇	二〇	
22	塘	新	袁秉云	雙柏樹	一月八日	二月十九日	三五〇	四七、六〇〇	六〇	
22	塘	舊	牟有餘	雨台山	十三月廿九日	一月十八	九〇	一八、〇〇〇	四五	
23	堰	新	嚴安全 鄧春台	熊家堰	十二月廿六日	一月十九	二四〇		一五〇	係欄河堰
23	堰	新	辛述全 劉奉之	石碾盤	十二月廿七日	一月十九	一六〇		一六〇	同右
23	堰	舊	劉奉之	河心橋	一月十九	一月十九	一五		五〇	同右
29	塘	舊	楊巨川	雷打石	一月五日	一月二十三	二一〇	五三、〇〇〇	一二〇	
29	塘	舊	劉伯恩	堰塘坎	一月十二	一月廿六日	一四〇	三八、〇八〇	五四	
29	塘	舊	周云發	新房子	一月五日	一月二十四	一二〇	四二、〇〇〇	五六	
30	塘	舊	區署學田	小屋基	一月二十九	二月三日	八六	一八、三六八	七〇	
33	塘	舊	馮玉全	金銀崗	一月十五	一月十九	八〇	一四、〇〇〇	三六	
33	塘	舊	蔣順清	水井灣	一月九日	一月廿七日	一二七	四三・三五〇	五〇	

黃桷樹									
4	塘	舊	壬仲先	窩非灣	十二月二十七	一月十五日	一八〇	一一〇、〇〇〇	二五
8	塘	舊	江仁廉	帥家灣	十二月二十八	一月五日	六〇	九六、〇〇〇	一〇
8	塘	舊	張桂林	帥家灣	十二月二十八	一月十六	二〇	六、〇〇〇	一〇
8	塘	舊	李朝剛	漩家灣	十二月二十八	一月二十五	二六〇	一三、八〇〇	四〇
8	塘	舊	張興全	帥家灣	十二月二十七	二月六日	一三〇	一九、一六〇	一〇
8	塘	新	江益清	漩家灣	十二月二十七	一月十五	五〇	八,〇〇〇	一〇
8	水庫	新	李瑞臣	烏龜凼	十二月二十七	一月一日	六八	一一、二〇〇	二〇
13	塘	舊	吳長發	四輪碑	二月六日	二月二十六	一〇〇	三〇、〇〇〇	三〇
13	塘	舊	王聚之	灣柏樹	一月七日	二月六日	四九八	五〇、四〇〇	四〇
14	塘	舊	陳萬益 焦玉順	石柱坟	一月二十六	一月二十九	一二六	一五、一二〇	二〇
14	塘	舊	熊子謙	蓮灣	一月七日	一月十六	一九一	五二、八〇〇	五〇
15	塘	舊	周輔成	天堂	二月十二	二月二十三	一二〇	一二、〇〇〇	六
16	塘	舊	廖中洪	崗上	十二月三十一	一月九日	五〇	五四、〇〇〇	一二
16	塘	新	劉雨堂	項家林	十二月二十九		四二〇	四八、〇〇〇	一二
16	塘	新	官云堂	西邊溝	二月十七	二月二十八	一八二	五〇、〇〇〇	一二

	17	塘	舊	邵林全	將軍岩	十二月二十三	十二月二十八	三二	一二、〇〇〇	六	
文星鎮	7	堰	新	胡炳臣等九人	龍洞灣	一月二十	二月二日	二二〇		三〇〇	堰水流量，每秒二三五立方寸，如天雨時，量更多，保榜山堰、
	9	塘	舊	鄧福安等	天台灣	一月八日	二月三日	二六	四六、六五六	六〇	
	10	塘	舊	劉靖光		一月十四	二月九日	二六	二五、四一六	三〇	
	10	塘	舊	祝奎一	小屋基	一月二十七	二月十三	六〇	七六、七〇〇	三〇	
	13	塘	舊	余增祥		一月十四	二月十四	三一	二三、二五〇	三三	
	13	塘	舊	唐海成	塘灣	一月十七	二月十二	五	九〇〇	一〇	
	13	塘	新	劉海成	塘灣	二月一日	二月十日	五〇	四、五〇〇	二〇	
	13	塘	新	劉安林	大井灣	二月十二	二月二十	八〇	一三、五三〇	三三	
	13	塘	舊	張利合	小灣	一月十三	二月十日	四〇	八、一〇〇	三〇	
	14	堰	新	鄭春和	雙酢房	一月三日	一月七日	二〇	八〇市尺	三〇	係榜山堰，長八〇市尺
	15	堰	新	翁介如	水井坪	一月五日	一月九日	四七	三、〇〇市尺	六〇	係榜山堰每秒流量二七七立方寸
澄江口	5	塘	舊	王炳安	涼風埡	十二月二十三	一月二十四	一一〇	五、四〇〇	四，	
	6	堰	舊	義瑞公司	馬家沱	二月三日	二月六日	一六	一五六月市尺	一二	係榜山堰
	7	塘	舊	王明宣	青崗堡	一月十二	二月五日	八〇	二八、九八〇	四〇	

7	堰	舊	王家云等四人	楓香堡	一月十五日	一月廿四日	八	三二〇市尺	二四	係堰溝
7	堰	舊	僧隆樹	紹隆寺	一月廿八日	一月卅一日	三六	一一六四市尺	一〇〇	係榜山堰
7	堰	舊	温泉公園	松林堡	一月十二日	一月廿四日	二三	一八四〇市尺	一〇八	係榜山堰
7	塘	舊	周德昌	蔡家坪	一月十三日	二月二十日	一六〇	三三、二〇〇	一二〇	
7	塘	舊	王海林等四人	楓香堡	一月十七日	一月廿五日	三一	一一、四二四	二四	
7	塘	舊	王明宣	大屋基	一月十四	二月七日	六六	三五、二八〇	六〇	
8	塘	舊	趙維成等四人	堰塘坎	一月一日	一月十五	三一	三一、五〇〇	二〇	
8	堰	舊	劉沛然等三人	觀音廟	一月二日	二月十五	四六	一三二〇市尺	一二〇	係榜山堰
8	堰	舊	劉海賓等四人	大堰溝	一月二十五	二月三日	四〇	一九二五市尺	一二五	同右
8	堰	舊	王德益等七人	斷碑石	二月三日	二月十九	四六	一五二三市尺	四一	同右
9	堰	舊	王光武	小朝陽洞	一月十七	二月十六	一四〇		二四〇	欄河堰
10	塘	舊	黎浣	木爾山	二月十三	二月二十二	五三	三、〇〇〇	二〇	
11	塘	新	洪秩全	大田坎	一月三十	二月二十	九〇	九、九二五	二〇	
11	堰	舊	劉以輝等九人	樓房	一月二日	一月二十二	八八	二七七八市尺	一二一	係榜山堰
11	堰	舊	闕自強等十人	乾河溝	一月十日	二月二十二	四四	一二二〇市尺	一五三	同右

11	堰	舊	代時文等六人	鋼房嘴	一月四日	一月八日	三八	一七二五市尺	一二〇	同右
16	堰	舊	錢金平	烈神堂	二月十五	二月二十	六	一五三市尺	一五	係堰溝
17	堰	舊	王炳南	院子坡	二月十五	二月二十一	一六	一六〇〇市尺	二三	係榜山堰
17	堰	舊	王淮或	竹林壩	二月十五	二月十九	一〇	五〇〇市尺	四〇	係堰溝
17	堰	舊	王夕風	竹林壩	二月十六	二月二十一	一〇	三〇〇市尺	一五	係榜山堰
19	塘	舊	王吉成等十一人	老蚌溝	一月四日	二月一日	二七九		二四〇	榜山堰有堤坎
19	堰	新	董炳輝	大石壩	十二月十六	十二月二十七	九〇	二、四〇〇	二〇	
20	堰	舊	董炳輝	棠子溝	一月十二	二月五日	四四〇		三四〇	榜山堰有堤坎
3	塘	新	周肇益	磨心坡	一月十三	二月二十	一〇五	四二、三五〇	五〇	
4	塘	舊	周文愠	敖家灣	一月十四	二月十六	四〇〇	三〇、四〇〇	六〇	
4	塘	舊	李希之	土橋壩	一月廿七日	二月二日	五〇	三〇、三〇〇	二〇	
5	塘	舊	劉介安	水井灣	十二月二十九	一月十日	二四五	一五、三〇〇	四〇	
5	塘	舊	周宏甫	乾溝	十二月二日	一月二十五	二一〇	七、〇〇〇	一〇	
6	塘	舊	劉長憐	唐家灣	一月二十八	一月二十九	六	五、四〇〇	三〇	
合計							二三四六	一一六一六六三	五〇五六	

說明

本表堰塘多屬私人、灌溉面積亦以私人所有田畝爲限。所以有容水量多而灌溉田畝反少、如北碚張四維之塘、容水量二三、二二〇立方尺、可灌田一〇〇石、徐月輝之塘、容水量在四七、六五〇立方尺、反灌田僅三〇石是也。

半年來的北碚小學

北碚小學

一、前言

本校前身是巴縣縣立北碚小學和北碚私立兼善小學合併而成，自去年九月一日始劃歸實驗區署接收辦理，是月三日便正式開學，五日即行上課，校長由區署教育股主任兼任，教師全係區署署期創辦之小學教育研究會及義務教師研究班之學會員，開學迄今，惟時不到五月，方忙於內部之耙梳整理，及各種秩序之建立，故於校舍之修整，教具之設置，教學之程序，學生之訓導及保育等，未遑有整個之計劃，尤在此過渡時期中，應興應改之事件，千端百緒，均尚有待於今後之努力矣，玆謹將本校概況及半年來工作情形分別略述如次：

二、本校概況

(1)名稱：嘉陵江三峽鄉村建設實驗區立北碚小學校。

(2)校址：嘉陵江三峽鄉村建設實驗北碚鄉。

(3)沿革：本校係由巴縣北碚小學合併私立兼善小學於二十五年四月二十八日實驗區署接收後成立之。

(4)經費：(A)來源：由區署月支二百六十壹元，全年二千七百五十四元五角五。

(B)每月支出：(甲)薪資二百三十九元。(乙)工資壹拾四元。(丙)辦公費八元。

(5)組織：(A)行政組織：

(甲)校長：由實驗區教育股主任兼。

(乙)總務系，設總務主任一人，分左列各部

(一)行政部：設部長一人，總務主任兼，下分左列各股。

(1)推廣股——(甲)學生家庭的聯絡(乙)民衆教育的活動，(丙)鄉村建設的宣傳，(丁)民衆救災的活動，(戊)新生活勞働服務等均屬之。

(2)農事股——指導兒童自然科學農事之實習，農場之管理，農業之改良，農具之使用，農產之製作……等均屬之。

(3)事務股——校內經常開支，書籍，課本，膳食，製服，及修築校舍，管理雜務，訓練校役，監督廚房均屬之。

(4)學籍測驗股——學生轉入或轉出及各級學生之升降，各科各項攷試之舉行及規定，評閱試卷等均屬之。

(5)各科教具股——校具及課業用品。參考書籍，標本，模型，圖表，儀器，文具等之保管製作或購備等均屬之。

(6)文書統計股——學生或社會有關教育之調查統計，與呈報呈覆呈請公文之擬稿，及其他公文，書寫，油印，校刊等，各項均屬之。

(二)研究部：設部長一人，下分左列各股：

(1)校政股——經費之籌集與分配，教職員時間工作之分配，各級級會與兒童治事機關之設施，等項研究均屬之。

(2)教育股——教師之休閑，教材之取舍，教法之改進，教學環境之佈置，與教學成績之攷核，教學表冊之編製，教學計劃擬定均屬之。

(丙)生活指導系，設生活指導主任一人，分左列各部。

(一)訓導部：設部長一人由生活指導主兼任下分左列各部分：

(1)級務處理

指導級會
- (1)高級部：包括一二年級，係一二三四冊四班實驗自發活動式屬之。
- (2)中級部：包括三四年級，五六七八四冊四班實驗設計教學法屬之。
- (3)低級部：包括五六年級，係為一二三四四冊四班實驗自學輔導式屬之。

(2)治事機關

1兒童護導團

2兒童圖書館

3班長練習班

(二)保育部：設部長一人，下分左列各股：

(1)舍務股——學生宿舍之安置及管理，學生請假事宜屬之。

(2)醫務股——指導兒童普通藥物之使用與疾病救護之方法，以兒童醫院為中心工作。

(3)休閒股——利用課餘時間，指導兒童正當娛樂，指導兒童團體生活，培養兒童高尚情操，與增進兒童健全的體魄，以兒童俱樂部為中心工作。

關於小學教育的行政組織，今天以前的訓教分掌，與今天以後的訓教合一，這兩種辦法，雖然在各教育行政家的意見仍不免有所出入，但就一般的情勢與實際的需要而論，似乎後者的主張很有採行的可能性，所以北碚小學的行政，便是這樣的，——採行級任制了。

在總務係方面，除推廣與農事兩股一部分工作外，其餘皆偏於理論的研究，對於受教者，是間接的，生活指導係方面，各股部皆偏於實際的領導，對於受教者是直接的，關於級務處理，有各級級會的組織，課外活動，有兒童治事機關的產生，其任務在實行補充教訓合一的級任制。

推動工作，用級任制，本校共十二學級，各學級設級任，秉承校務會議，總務會議，生活指導會議。各項決議案行使職務，得受各股監督，進行一切。

(B)學級編制：

高級：二年級—兩班，學生五十人

一年級—兩班，學生五十一人

中級：四年級—兩班，學生五十二人

三年級—兩班，學生六十人

低級：二年級—兩班，學生六十二人

一年級—兩班，學生六十六人

(6)設備：(A)校舍

(一)教學室 十二間　(七)圖書室 一間

(二)寢室 一間　(八)廚房 一間

(三)辦公室 一間　(九)音樂室 一間

(四)會客室 一間　(十)儲藏室 一間

(五)食堂 一間　(十一)遊藝室 一間

(六)浴室 一間　(十二)校役室 二間

(B)校具

(一)校學上用——三百零八件

(二)研究上用——四十七件

(三)炊爨上用——一百二十五件

(四)辦公上用——七十五件

(C)運動場：

(一)高中級部有籃球場排球場遊戲各一場：

(二)低級部有遊戲場，

(D)儀器：僅僅有地球儀，及一部分應用小文具。

(E)圖書：辭典，小學生文庫，幼童文庫，史地，文藝，教科，雜誌，報章共一千七百五十冊。

(7)教本及課程分配

(一)採教育部審定合格之新課程教本

(二)課程分配如下表：

各級各科每週教學時間總表

分科目 / 年級
公民訓練
衛生
體育
國語
社會
自然
算術
勞作
美術
音樂
總計
鐘點計
附註

低級部		中級部		高級部
一年級	二年級	三年級	四年級	
90		90		90
90		90		90
150		150		180
390		390		390
180		240		240
90		120		150
120	160	180	240	240
90		120		150
90		90		90
90		90		90
1380	1420	1440	1500	1830
23	24	20.7	25	30.5

上列分數都可以三除盡便於以三十分或四十五分或六十分爲一節

(8)人數：(A)教職員：(甲)校長一人，(乙)主任二人，級任一〇人，科任二人。

(B)學　生：(甲)男生二五六人。(乙)女生八四人。

(C)校　工：(甲)男工二人，(乙)女工一人。

(9)教學狀況：六學年上下十二級，均單式編制。低中級採普及教學法（試驗自發活動式與設計教學法）：高級取輔導制，養成自學的精神，教材注重民族化，鄉土化，生活化，期學校與社會打成一片。

(10)訓導實施：鼓勵學生自治，參加社會活動，「家」「學」切取聯絡，佈置教學環境，重獎各種比賽。

(11)事務管理：在分工合作的原則之下，由全校師生，共同負責進行，經濟絕對公開，用費力求節省，一致盡守職責。

(12)會議：校務會，每日一次，總務與生活指導會議，每週一次，行政研究教導，保育四部每週輪流開會一次，如遇校務會議與總務或生活指導會議開會時間相同時，總務或生活指導會議，可併入校務會議討論，如遇總務或生活指導會議與部務會議時間相同時，部務會議亦可併入總務或生活指導會議討論中，如總務或生活指導或各項部務會議時間皆與校務會議相同時，可全部併入校務會議中討論。

二、各部工作

甲、總務系：本系的工作包括行政，和研究兩部，茲分述如次：

（一）行政部

（1）推廣股：是專爲本校實施推廣教育而設，我們爲什麼要施行推廣教育呢，略引幾點理由來說明：

一、增加學生課外活動，學生的課外活動，不僅限於學校以內，因爲學校的經費有時會感到大大的成問題，關於學生課外活動的設備，祇好因陋就簡，不謀改進和充實，因此兒童在受課之餘，想得有趣的活動來慰藉自己的疲勞的機會也難得了，以致兒童的情趣，便不能得到正當的發抒，可是我們既要珍重兒童的情趣，又要顧到學校的困難，於是就利用兒童來實施推廣教育，如試行小先生教學，民衆校的辦理，勞働服務的活動，民衆會場的表演……這樣不但可以使兒童得正當的發抒情趣，而且還能發展兒童的智慧，促進兒童的思考，養成兒童的創造力，增加兒童的生活技術，和提高社會服務的精神，并能體會到處事接物的許多實際的經驗，所以要辦推廣教育了。

二、改善學校教育環境：學生每日除了在校受課時間以外，就是在社會的環境中，尤其是家庭，沒有好的社會和家庭，學校教育總是難收功效的，郝德氏說：「一小時的學校教育終沒有人敢說能抵過五分鐘的社會影響吧」由此可知社會環境影響學生關係之大了，社會環境既然有這樣的重要，我們教育兒童，就不能專施學校教育，應當要十分的重視社會的環境設法把它改善，而改善的方法在學校本身能盡責任的惟有利用學生實施推廣教育，便可以使社會—尤其是學生的家庭可望逐漸改善了。

三、促起社會協助學校：學校是社會設施之一，欲使學校發展，應該謀取社會的了解和溝通，以獲得社會物質的或精神的援助，才能遂行其教育的任務，達到理想的目標，然而從前辦學的人不明瞭這個理由，在校門前可以看見「學校重地」「閒人免進」的掛牌，一般人對於它便不知道內容，學校玩些什麼把戲，當然談不到社會了解和溝通了，我們因要獲得社會的同情，應當利用學生施行推廣教育，以促起社會的協助。

四、改進民衆鞏固國基：中山先生嘗說：「以無智之民建國，猶築塔於沙礫之上其基不固」，按我國文盲占百分之九十以上，他們對于日常生活的常識非常缺乏，對于公民必備的常識非但沒有，而且不知，處此社會經濟極度衰頹的時候，大多數民衆的生計，已感覺不易維持，至於衞生的講究，惡劣嗜好的戒除，今若不設法提高他們文化的水準，試問將來，何以能立國於久遠？但提高民智，方法雖多，而利用兒童實施推廣教育，其功效速而切實，可說是最好的方法之一。

我們既有上述施行推廣教育的幾個理由，本校推廣股就有下面幾個使命：

第一確定推廣程序：施行推廣教育，受教者是成人，教材是成人的實生活，範圍是一個農村社會，從各方面理想起來，這件事情，就很不簡單，在縱的方面，應該要定出若干步驟，在橫的方面，應劃出實施範圍——工作的分配，教材的選擇，施行的區域……的確定，這是第一個使命。

第二指導學生進行：試用教學做合一的辦法，施行小先生制，施行推廣教育的責任，全在每個學生都要負担，才能臻效，但學生之能否盡力，這要在不斷的訓練和指導乃有把握，負這項小先生訓練和指導責任的，就是推廣股第二個使命。

第三引起社會同情：施行推廣教育，首先要取得學生家屬的同意，然後才能取得整個社會的同情，假使學生家屬不同意，社會自然也是難得同情了，推廣教育，如給小先生一種良好教導，就可蒸蒸日上，但究竟怎樣才能使學生乃至社會都同情？這便是推廣股第三個使命。

第四聯絡社會事業協助任何事業的繁榮，都必基於民衆內心的是否需要，要造起民衆內心的需要，只將實施推廣教育，以提高民衆的智識，民衆有了相當的智識，自然就會感覺到事業的需要了。其繁榮，當不成問題，但在鄉村中，很少有推廣教育的活動，所以有的事業未必能澈底的明瞭而認爲是他們大有關係的工作。肯加以全力的協助？故不得不要去聯絡他們，這是第四個使命。

有了這四個使命的推廣股。無論怎樣也要定出實幹的辦法來。我們的辦法，是在各級級會裏添設推廣部，全級兒童，皆爲推廣員，本校十二級，共有三百四十個推廣員，定出等級，分別給獎，利用兒童餘時，或假期，負責推動，本期經常的，以掃除文盲，傳播新智識，臨時的以勞動服務，家庭聯絡，幫助民衆機關的各項工作，我們分別說說：

(A)掃除文育：我們辦理這項工作，是以兒童家屬爲掃除的對象，訓練兒童爲掃除的幹員，至於社會的若干文盲，我們暫時不過問，以下便是我們進行的步驟……

第一是調查文盲：

學生家屬文盲調查表　民國　年　月　日　學生　塡報

文盲生活 / 文盲關係	年齡	能否粗識文字	平時要動紙筆的事是什麼事	早上愛做什麼	晚上愛做什麼	平時那些時候有空	每天做什麼事	他嗜好什麼	平時愛到那些地方去玩
附記	1，此表係學生塡報自已的家屬用 2，凡低中級學生不能塡者由學校派高級學生幫助								

這一張表，用油印印好後，把各級推廣部的幹事召集了來，告訴他們這張學生家庭文盲調查表的作用，和塡法，——除了告訴他們內容的塡寫外，再告訴他們要用如何的解說，如何的態度，如何的語氣，去向家屬徵求，——他們大家領會了，再叫各幹事，表演調查時各種情節的運用，待到各級幹事，都明白而且能夠實行了。才照各級推廣員人數的多寡，淸檢調查表的份數，交幹事轉發，幷宣佈全校，在一週以內，一律了解調查的意義，和方法，由幹事負責在各級去推動，教推廣員，回家去。自行或隱——或顯的調查。至於低級年齡太小不能担任的，便由高級去幫助。同時，這種情形。各級級任與常務幹事，又從中設法指導。和監督。

一週以後，大家都已知道了，便各自在家，着手調查，計調查情形統計如下：

學生家屬粗識文字百分比

百分比　50　45　40　35　30　25　20　15　10　5

（以粗識文字計）

其他（如傭工，姪輩）　姑姊　父母　伯叔父母　祖父母　曾祖父母　高祖父母

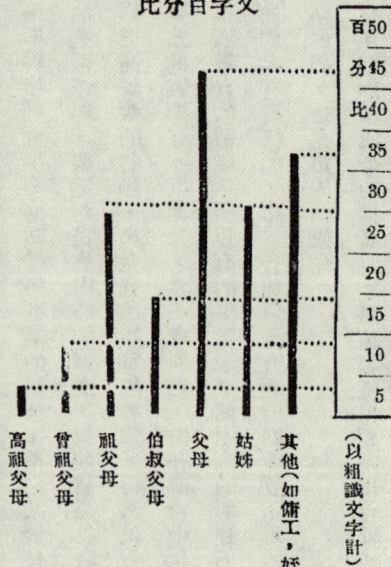

看了這個統計，我們知道在文肓之中，還有粗識文字的半文盲的同胞，他們既有這點根底，我們如再去教他一下，那就會更好了。不過：那些文字是他們已經認識的，我們又必須要把他攷驗出來。在教他時，一則不會使他覺得重複無味，一則可以將讀過的字，用來作比較，使對于已識的字，能更加特別的明瞭，促成他們能夠運用。因此，大家又從調查粗識文字的家屬上考驗入手。由各推廣員自行備册登記，

交推廣部存查，現在將不識文字的統計如下：

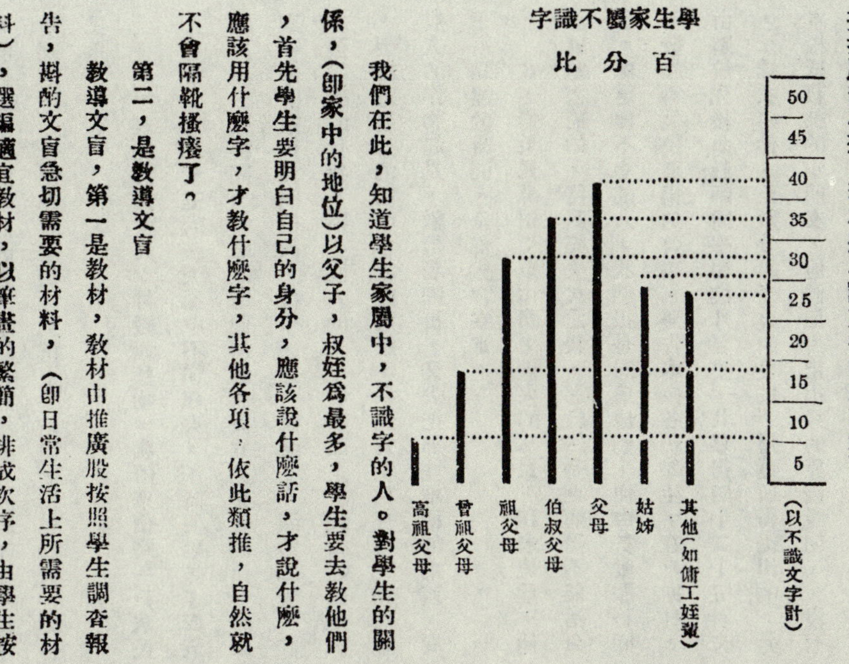

我們在此，知道學生家屬中，不識字的人。對學生的關係，(卽家中的地位)以父子，叔姪爲最多，學生要去教他們，首先學生要明白自己的身分，應該說什麽話，才說什麽，應該用什麽字，才教什麽字，其他各項，依此類推，自然就不會隔靴搔癢了。

第二，是教導文盲

教導文盲，第一是教材，教材由推廣股按照學生調查報告，斟酌文盲急切需要的材料，(卽日常生活上所需要的材料)，選編適宜教材，以筆畫的繁簡，排成次序，由學生按日工作，每日以二字到五字爲限，第二是教法，教法，是將認得的某字，便貼在某物上，使他認識能格外深刻。而且，便於記憶。第三考驗文盲。考驗文盲，每週至少一次，考查的人，除學生互相交替考驗外。幷於星期日，另派專人，到學生家中去(或旁的地方亦可)會談一回，成績好的，學校發給重獎，這半年來，成績不好的雖多。但是我們第一是開始創辦，第二是時間短促，第三是教材和教法與經費都缺乏，因此：我們是不以成績好懷爲轉移的，我們要繼續努力。在這裏我們第一希望明年北碚鄉內每家至少應有一個小孩子到學校來讀書，我們把他教會了，每家不是可以添一個家庭教師嗎？第二，希望熱心於掃除文盲的同志，無論個人團體或機關，都予以大的幫助和贊許。

(B)勞働服務：我們實行勞動服務的辦法，是由各級級會推定最爲熱心公益的推廣員三人至五人，來組織勞動服務團，利用假期，或暇餘，來進行職務。半年來，由勞働服務團做過的工作。計有下列九項：

1、維持北碚市街清潔，秩序：北碚市街，在集期的一天，鄉下男女來的很多，這些鄉民，他們原不講究什麽清潔，和秩序的，如隨地吐痰，抛擲果屑，……等是到處都有的，我們爲要促起他們改變，所以每逢場期——在不妨害校中功課之下——便率領團員，到街上去站崗，指導行人，勸告民衆，……

2、幫助市民救火：幷搬運什物，北碚東山路一戶居民，在十二月二十五的一天家中不愼起火，不時便延燒了四五間房屋，服務團，知道了這個消息，便立刻集了團員，跑去與一部份市民共同搶救，後來，把火撲滅了。到第二天，許多被撤毁的什物，橫七直八的，堆在要路上，使得過路的人，要繞道農人的田中，才能通過，我們爲便利交通，和保護農人的作物起見，數拾名團員，又去把那些堆積的東西，費了兩點鐘的時間、全部搬在空地。

3、爲災民募捐：東山路，被火的居民，在未燒前，他們就是很窮的，待到經失火之後，那自然是更窮得不能活命了。像這樣不幸的人，我們很是同情他們，便由勞動服務團，發起爲災民募捐的啓事，通告本校各級學生，在星期日，由團員先後向教師同學和校外募集，共募得四十二千五百文，又棉衣一件，全數分給受火的災民，這裏値得提出的，是本校低級部的小朋友，他們回去把捐錢的原因說明了，沒有錢捐的人，竟至將値一百文的銅元，也拿來捐了，非常眞誠，可愛得很。

4、爲綏戰募捐：綏遠戰事發生過後，在報上看見前方告捷的消息，校中的學生愛國的那種熱忱，確很高漲，勞働服務團趁此便組織綏戰後援募捐團，從事募捐的學生，極爲踴躍，後又在校外各事業機關勸募，在一週內，募集四百六十四千八百文，合洋十九元四角，隨卽寄往前方。

5、搬運磚頭，建築劇台：本校，缺了一個新劇台，每週週會，或平時要想表演，很不方便，因此，不得不建築一個劇台，經校長同意 把磚頭買好後，便由勞動服務團員到磚瓦廠搬運回校，磚頭運齊了，又由勞作教師利用勞作時間，指導團員，從事建築，於是便佈置成功了一個新式劇台。

6、開闢排球場：我們校內，籃球場側，左角有一幅荒地，叢生着許多竹子，和一堆堆的垃圾，瓦礫，這不但不壯觀瞻，而且，不合衞生。勞働服務團的團員。便決議於每日暇時。去把牠鋤平。築成排球場。費有兩月的工夫，排球場終被他們開闢成功了。

7、整理貯藏室：本校的寄宿生，有五十多個，分住三間寢室，房間幷不大，除了鋪床的地方，就沒有適當的空地，給學生放行李了，雜七雜八的東西，每多勉强放下，可是，那間寢室，在形式上看來，就很不整齊，而且，做清潔的時候，也不便利，所以：勞動服務團的團員，便決定在校中尋間乾燥而且堅固的屋子，收拾潔淨，來做學生的貯藏室，各學生的東西，都一齊搬進去貯藏，寢室也因此就寬大舒適得多了。

8、公共地區的清潔：學校的整潔，教室內，是有值日負責，治事機關的地址，也有治事人員照料，各間寢室，自然也有輪值担負，可是，非教室或寢室……如走廊，過道，天井，廁所這些地方的整潔。何人來負責任呢（過去的學校，這項工作，大概是由校役負担）本校勞動服務團的團員就担負了這公共地區的掃除。每日在上第一節課前掃除一次。

9、檢查學生的家庭：本校有三百多個學生，人人對於家庭，都負有相當的責任，但，學生是否盡責，我們必須要到他家中去考查，然後才明白。勞動服務團的團員，每週定星期日，要分區輪流　到各生家中去把牠略爲記載，遇有廚房，天井，陽溝，不清潔的團員還要爲他們打掃乾淨。

（C）時事宣傳：我們對於時事宣傳——尤其是關於實驗區署建設事宜的宣傳——認爲是非常的需要，因爲，一方而促進兒童對於時事的了解，一方面，喚醒民衆，對於時代的覺悟，同時，更可以訓練兒童說話的技術，發展兒童好學的心理。并啓發兒童的思考。……這不僅是爲了要辦理推廣教育而需要的工作，也是兒童求得實際學問的一種方法，所以是非常需要的。

我們宣傳的目標，以激發民衆自覺。自信自衛與自救爲主。材料：（一）取自於課本的，凡在學校聽教師講過一課什麼。回家去便要宣傳什麼？（二）取自於報章的，凡見報上刊登的什麼。聽先生講了，或者是自己見過，也要講給家中的人聽，（三）取自於實驗區署的建設工作，知道了一件什麼工作，——注重在知道工作的意義和方法，——就要講述一件什麼工作，使家中的人也都知道，（四）取自於各種掛圖照片，和戲劇，風俗的，……知道一點，便告訴一點，至於宣傳的地方，自然是以學生的家庭爲中心，但是：有許多地方，正也是個機會，應該利用起來，不可錯過的，例如：

（甲）民衆會場活動時間，北碚民衆會場每週要公開表演一次，每次的觀衆至少也有五六百個。這些羣衆對於實驗區事業的進展很有關係，我們便利用這種會集，作懇切的時事報告、尤其是以小朋友作時事報告，使人更可以觸目驚心。

（乙）各項例假，或紀念日。一年之中。例假或紀念日很多。在假期中，兒童如沒有正當活動，往往流於粗俗，而且紀念日的放假，意義很大，應當担負宣傳的工作。所以例假或紀念日，是應該利用起來。

(丙)各項宴會時間，學生要赴宴會，是不能沒有的事，既赴宴會，在那場合中，來的許多人，往往沒有什麽正當娛樂，眞是無趣，這時，學生既也在座，當然就可藉這機會，講些時事，聽衆也不寂寞了，而且，就此更能夠促起在座的人對那個學生景服。

我們關於時事宣傳的地點和時間，大概是這樣，不過對於成績的考核，似乎無從着手，因此，我們一方面是繼續努力。一方面還要盼望社會供給我們各種方法，和材料。

(D)家庭聯絡：學校與家庭應當聯絡的意義，第一可使雙方認識明白，第二可使雙方意見融和，第三可使雙方促進學生，第四可使雙方彼此改善，聯絡的方法、由各級級任先生負責進行。

一、家庭訪問、級任先生，除隨時個別請學生家屬來校參觀外，更就假期，或特別關係，實行家庭訪問。由級任先生親到學生家中去。面會學生的家屬。一一接談。交換意見，另有家庭訪問表。訪問後、填入存査，家庭訪問表如下。

北碚小學家庭訪問表 第　號　年　月　日

學生姓名		住址		
家長		本人在村中地址		
學齡兒童		全家人口		
經濟狀況				
該生在未入學前狀況				

在家狀況	自修	遊戲	起居	飲食	禮貌	工作	好尚

家長對於該生的希望，

家長對於學校的意見，

訪問後意見

備註

二、學生家庭過遠，不能訪問時，就是家庭通訊了：格式如下：

嘉江三峽鄉村建設實驗區立北碚小學家庭通訊

學生	部	年級	學期	備註
通知事項				
問詢事項				
請求事項				
家長意見				
通訊處		職務		

中華民國　年　月　日

三、工作報告：工作報告，是指學生在家做的工作。到校來報告級任先生，學生在校做的工作，又須報告給家長。實行這個辦法，重在先訓練學生，「誠實」，和「堅持」，然後，再才貫輸爲什麼要報告的「意義」，「要點」，和「方法」，使他一一知道，每日定午前午後第一節前報告教師家庭的工作，末一節後回家，報告學校的工作，進行起來，興致很好。舉兩個例：

(甲)學生來校家庭工作報告詞如下：

『高一班學生王開喜家庭工作報告』：昨日放晚學回家，幫助家中挑過兩次水，晚餐後休息片刻，便拿出書來溫習，適父親在我坐旁，我順便將鴉片戰爭一課講給他聽。他聽了，問我學校有那些同學「得行」我隨便介紹了幾個，後來：他又鼓勵我許多話，叫我努力讀書，仔細寫字，夜深了，大家便去睡了，今天早上，我在家中打掃地板，又讀地理，我在吃飯的時候，順便又把我國東三省內的出產，氣候，人口：：大概說了一回，他們似乎不甚了解，吃了早飯便到學校來，畢了，請先生批評：』

(乙)學生回家學校工作報告：

『高一班學生王開喜學校工作報告：今天在校受過四點鐘文字科學，三點鐘勞動科學，興趣很好，每次答題，都未答錯，先生很誇獎我，叫我繼續努力，我聽了也非常的高興，畢了』。

(2)農事股：本股是專爲本校實施農事教育而設。我們爲什麼要施行農事教育呢？有以下三個原因：

一、促成兒童學以致用　鄉村小學的兒童多半是出自農家的，卽不然也很容易接近農田，不用說都會知道一些農事工作的，出自農家的兒童，他們多半不能升入較高的學校，因此農人的子女只能教些合於實用的書，而且還要多習勞動

現在學校授以自然一科，對於農業或工業都很重要：可是，學生只聽先生的講述，這還是抽象的知識，故必要有實習的機會，使將來不能讀書，也會種田，至於接近農田的兒童，凡經書上講過，手又來做過，知識必更加正確，也可担任農業的工作，這是促成兒童學以致用的一點。

二、提倡生產，改良農業　農人對於農產多數不知改良，祇能默守成法，一遇災害，自然無法彌補，一面是農人知識缺乏，一面又是農人沒有合作精神，現在農村經濟頻於破產。未嘗沒有這個因素，所以：要復興農村，必須提倡生產，——生產教育，——提倡生產，積極是在改良農產。消極

是在訓練農民，無論是改良，或訓練的工作，都必須從事實着手，作一種農業的實驗，本校設立農事股，雖是一種小規模的農業實驗，然為引起兒童將來從事農業實驗的初步，也有很大的意義。

三、訓練兒童勞動身體　農事工作，是需要勞動身手的，學生讀書，往往習於文弱，兒童的可塑性很強，多以環境的影彩為轉移，學校內，加以農事訓練，兒童不但不文弱，且藉此也就逐漸習得勞動的身手，樂於勞動的事務。

農事股所負的使命第一是：指導兒童農場的管理，第二是：指導兒童農事的工作，第三是：指導兒童農業的經營，第四是：指導兒童農產的製造，我們負了這樣的使命，深恐難以實現，故歡迎四川家畜保育所江巴實驗區的焦余兩主任及實驗區署建設股的劉技士，來幫助指導我們，每日利用勞作時間，各班分頭進行，我們已做的工作，計分三點：

(A)佈置校園：我們學校，有空地數幅，過去曾種過花草，或農作物一類的植物，不過，因暑假中乏人照料。所以荒蕪了，大家為了要試種幾種農作物，便把牠懇拓起來，一共闢了五處，分別種植法國梧桐和許多農作物。

(B)家畜保育：家畜是農人的副產物，也是農村經濟的主要因素，今天大家要說復興農村，自然不外先要恢復農村的經濟，對於農人的副業！！家畜應如何發展的問題　是一個很重要的問題了，發展家畜的條件自然很多，然其最根本的條件，是在保護和養育，所以：家畜保育的問題，是我們急切要研究的問題。

民國廿五年十一月，省立家畜保育所，到北碚來成立一個江巴實驗區，從事於家畜保育的實驗，我們覺得家畜保育問題，既有研究的必要，為使北碚這個地方一般稍有知識的小朋友，要明瞭保育的普通常識起見，就決定歡迎實驗區的焦龍華和余聖任兩位先生來講授，家畜保育的學理和方法。

家畜保育的性質，分「獸醫」，「畜牧」兩部，「畜牧」由焦講授，「獸醫」由余講授，二人每週輪流來校上課一次，已經授過的教材，是體量到小學程度能了解的東西，提出幾個淺顯而具體的問題來，細細的講給他們聽，如像「家畜和我們的關係」，「為什麼要保育家畜」，「怎樣選擇種用猪」，「養猪淺說」，「畜舍衛生」，和「怎樣防疫」等。

我們教授這門功課的目標，在消極方面，是使一般的小學生們，都能明白家畜保育的常識，自然也就增加了整個家畜保育事業的力量，積極方面　是使學生對於家畜，發生很好的觀念，能在保護豢養，和管理上，都發生興趣，待家畜如伴侶，更可以從中鼓勵他們自己去飼養小動物，如雞，鴨，兎……每人至少應有一種的飼養，必要時，可撥在一塊來展覽，比賽成績，講述飼養經過，藉此，更可以組織他們，成爲有系統的團體，用集體的力量，來經營較大的事業，如「兒童養兎合作社」，「兒童養鷄合作社」等。

教授這門功課的方法，不僅是在口頭講，手上表演，就算完事，因爲這對於小學生的影響，實在不大，所以講到各家畜，就拿出各種畜類的照片，給他們傳觀，例如：外國猪與中國猪，有何特點，有何優劣，在照片上，就可一一指出，這樣一來，小學生聽講的印象，自然比較更深刻了。此外：還有一個理想，第一，是想領導小學生到家畜保育所去參觀猪的宿舍，沐池，和飼料，第二，是想率領小學生到農家去研究兩三處養猪的土法，批評土法的優劣，第三是想由學校造成新式養猪場，由小學生自行設計，自行工作，自行管理，這種實地教學的方法，都因爲保育所與學校兩方沒有進行的機會！大家都因本年初才成立，事務很多，以致忙不過來，現在祇有期待於明年了。

(2)試種小麥：小麥是糧食中主要的植物，實驗區署特在南京搜得些小麥種子，據說，這麥子的收成，比本地要好得多，我們深引爲有試種的價值，待試驗成功後，明年可送給農家學生做種子，也去試驗，如成功，也許就可以改良本地麥種，而裕農人的收入了。

試種工作，我們深深感覺學理和經驗都缺乏。所以，歡迎區署建設股的技士，劉選青先生，爲我們籌劃一切，我們先把播種的土壤，去考量了一翻，地點在河岸邊，是將兼善小學移交的農場，擇了兩幅土。比較適宜，然後由小學生鋤草，整地，做成一條條的畦，準備條播麥種。

種麥的地點，預備好了。就設法選種，選種的方法，我們是用鹽水選種，因爲鹽增加了水的密度，結實的種子，就會沉沒，不結實的種子，必定浮起，我們把浮起的種子汰去。自然全是結實可供種用的種子了。

播種的數量，是有一定的，如種子播得不適於幼芽的生長了，是不對的。因此：我們選種後，便用紙做成袋，由劉技士，支配小學生分別裝定，計有壹百捌拾餘袋，攜到農場去條播，施下灰肥，生到尺餘了，又去拔草，到了明年，再看有怎樣的收穫。

(3)事務股：關於經費的收支，在本校概況篇內，已經報告了，這裏所要敍述的，是關於伙食的處置，雜務的管理，和夫役的訓練：

(A)伙食的處置：我們全校寄餐師生共有陸拾四人，早先的計劃，是想把廚房來化作理化實驗室。由教師一人負責，指導學生輪流練習烹飪的技能，學生對於食物力求清潔，衞生，經濟……等，這樣一來。學生從實際經驗中，獲得切身需要的知識。是很有意義的。殊知後因人力和時間的關係，只得將伙食包了出去。於是，我們的計劃，未能實現。

伙食包出後，起初我們只輪派學生一人逐日爲監廚，每人每月食費四元，辦理有不到三月，米價高漲起來，四元實在不能繼續了，大家才加上五角，可是：仍不敷用，以致包廚的人，長用去學校數拾元，每日的食物也很馬虎，大家便主張另設辦法，把他結束，再等承包的人。那知：上門無人，於是，才決定由全體師生負責自辦。召集了全體寄食學生。開會一次，議决每日派學生二人作內外審，每三日輪流一次，教師一人負責理賬，事務股負責支付，我們既然自辦伙食，對於化廚房爲理化室的主張。可以逐漸實現了。由負責理賬的敎師。便負了兼授烹調知識的責任。試驗起來，時間僅有月餘，大家都得了不少的經驗，這裏我們只能從略了。

(B)雜務的管理，本期雜務開學後，雇工包築了校後坦牆一排，設備桌凳若干……最後又計劃補修校舍，這是比較特別的，雖然其他也有不少的事務，但都很瑣屑，沒有什麼可値一談。

(C)校役的訓練：訓練校役，首先要教他認識一日課程時間。使他按時搖上下課鈴。其次如訓練他稽查室如何盡職，訓練他如何如何幫助廚房，如何傳遞信件，如何招待來賓，又如何協助學生打掃公共區域，和如何印油印等，自從區署開辦了工人夜課學校後，雜役和廚工，每晚都要去受課，這於他們智能幫助更大了。

(4)學籍測驗股：

(A)學籍方面，學校三百餘名學生，一部份是原有北碚小學舊生，大部份是過去兼善小學轉入，至於別校來這裏插班的，算是很少，學籍方面的工作，第一就是全體學生一律註册。註册簿式樣如下：

年級	號數	姓名	性別	年齡	籍貫	家長 名號	家長 關係	家長 職業	以前學歷	入學年月	家庭住址	通訊地點	報到日期

第二：辦理學生轉學事宜。

第三：辦理學生升降事宜。

第四：塡製學籍表，這是區署頒發的，內容很詳細，包括小學六個學年用的，玆從略。

第五：塡發學生家庭通知書，內分：(一)學業成績(二)操行狀況(三)體格檢查(四)缺席狀况(五)假期作業(六)注意事項。

測驗方面：本期學生測驗，以材料分，除了舉行文字測驗(即教育測驗)外，其他非文字的測驗如「智力」「品格」「職業」「體育」都未舉行。關於文字測驗，任時間上，有「平時」，「月試」，「期考」三種，在方法上，有「補充」，「選擇」，「改錯」，「問答」五種。

(5)各科教具股：本校成立伊始，經費又極困乏，故教具設備很少，明年的計劃，我們可在這裏附帶說說：

第一是準備借用，本校因爲是處實驗區建設中心的地方，附近事業機關很多，各機關內，可供教學的器械，祇要能負保存幷歸還的完全責任，這還可向各方面借用，如自然科教學實驗，可向中國西部科學院的博物館，測候所，理化研究所，生物研究所……及省立家畜保育所，蠶桑改良場，三峽工廠，農場，民衆體育場，地方醫院……等處暫借標本，模型，儀器，圖表等備用。

第二是製造，教便物中有借不出者，便由自己製造，如中地各省區域，外地各國領土，可製成黑漆木板，形式與地圖同，以便學生繪畫，塗改，又如衛生內的各種照片，把牠用黏土製成模型，教時學生得的印象一定很深。

第三是購備，我們的教便物應視需要和消費的情形，酌量購備，如各科必需之掛圖……等。

(6)文書統計股

一、文書方面

(A)公文：

(一)上行：(1)呈覆區署校產校具調查表，學生教職員調查表，(2)呈報學校概況，學生一號表二號表，住校日期表，教科課程表，(3)呈請轉詳迅發畢業憑照。

(二)平行：(1)緘巴蜀小學請寄兒童消費合作社組織辦法，(2)緘知區立各完全小學，星期日籃球友誼比賽，(3)辦轉學證書。

(三)下行：牌告各次放假日期及學生應行注意事項，及發畢業臨時證書。

（B）雜務：

1、書錄各項應用表册，油印物，（如檢查表測驗題等）

2、統計方面：調製各項統計表，一部分前已載明，其餘各表，附於文後，茲從略。

乙、生活指導系：本系的工作，包括訓導保育兩部，訓導分級務處理與治事機關，保育分舍務，醫務，休閒三股，茲分述如下：

（一）訓導部

（1）級務處理：關於級務的處理，因爲它是全校行政的基點。故極重要，又因它是全班工作的中心，所以又很複雜，現在分處理的原則，處理的範圍，和處理的組織三項來說明它：

一、級務處理的原則，計分三點：

（A）學校不離社會　社會是人羣一個較大的場合，學校是抽社會各種方式的一部加以教育的機能而有組織，社會是包圍着學校的，牠能影響學校的地方，多得不知幾許，辦學的人，爲要明白牠對學校影響的好或壞，好的，應如何地承受，壞的，應如何地避免，這兩個問題，在研究的精神上，學校是決不可以離開社會的，才能實是求學，中華以「文盲國家」著名於世，國民知識程度，淪沒在世界文化水準之下，晚近以「鄉村小學，作改良鄉村生活的中心」的聲浪，隨着帶來鄒平，定縣……事實上的證明，尤以最値惹人嘗試的是訓練學生而掃除文盲一點，於國於民，補助實多，爲要實行如何去訓練學生這個問題，在教材的資源上，學校又是決不可以離開社會的，才能對症下藥，學校雖僅是社會的一角，此不過就現階段而言，然！倘能以全力把握着整個社會的學童，授以適合時代的知能，在最近的將來，他們即成爲社會的中堅份子，作社會整體的核心，而爲未來理想社會的創造者這確可以推論，爲要如何始能吸引整個社會的學童，和必然能使他們能着手創造理想的社會這兩個問題，在實施的目標上，這又是學校決不能離開社會的，才能合乎時代的趨向

（B）學科不離實驗，文明的進步，全在練習，冒險，試驗，探索四者的成就，四者的成就愈大，即當時的文明愈發達，而實驗一項，即有綜合以上四者的可能，欲求進步。實驗是必要的，且小學學科，不下十餘種，各科不同的性質，不經學生的實驗是難得可靠的辯識的，即某一學科，有類似的地方，如不經學生的實驗，更是難以瞭解和記憶，再因社會文化逐漸進步，人類生活形成複雜的狀態，學校所學，即

應爲學生適應目前生活或準備他日生活的各項需要，無疑地更有待於各科實驗的助力，而獲得實際生活經驗，小學部須課程，不一定都能實驗的，應補充以鄉土化生計化的教材，爲要如何始能達到補充目的這個問題，在進取的觀點上，學科是決不可離開實驗的，才能學以致用。

(C)學生不離先生　這是促成先生不離學生的一個辦法，前者有無申述的必要，姑置不論，後者雖基於前者而發生，事實上，爲了要增加學生求學的便利起見，先生是應該與學生多接觸的，且師生間，應有充分和諧的空氣，打成一片，先生才有左右一羣學生的好惡，是非……各種心理上的認識的力量，先生才有進退一羣學生的生活，個性……各項行爲上的習慣手段，況學生除受課外，加上各種事務管理的責任，工作上必覺得麻煩，麻煩之餘，惟有得先生的幫助，鼓勵或慰藉是很可貴了，爲要解決如何始能裕如地鼓舞學生的工作，在領導的方法上，先生是不可以離開學生的，才能上下一德。

總之，學級是學校的基點，工作的中心，上述三項原則，包含的許多問題，就要從這基點上中心上設法解決而推動起來，無論在研究的精神上，務要實事求是，在教材的資源上，務要對症下藥，在實施的效果上，務要合乎時代，在述取的觀點上，務要學以致用，在領導的方法上，務要上下一德，就是級務處理原則的內容。

二、級務處理的範圍

級務處理的範圍。在北碚校內，是大到與學校一樣的，學校對學生，對社會，尤其是對將來的一切負了什麼樣的責任，級務的處理便也負了什麼樣的責任。雖有學校行政組織。不過是用來策進級務處理的，雖有兒童治事機關。也不過是附來協助級務處理吧了，實則，級務處理的範圍，並不減低於北碚小學任何力量的範圍，甚或過之，茲分別說明如下：級務的處理，一方面要推動教學，一方面還要設法訓導，一方面要執行校中會議決議的事務，一方面還要領導本級同學自己的工作，一方面要注意本級同學的勤惰和整潔的記載，一方面還要留心本級同學的姿態和秩序的考查，一方面要參加全校各項的集中比賽，一方面還要出席全校的檢查，一方面要處理同學的課業，一方面還要解決同學的糾紛，一方面要監護同學的行動，一方面還要指導同學活動方法，一方面要聯絡同學家庭，一方面還要使同學推廣到社會，所以，級務處理的，是大到和學校一樣，不過，各級因人數的多寡，能力的高低，進行時，在質的方面略有不同吧了。

三、級務處理的組織

級務處理，僅有級任教師一人，如不設法有相當的組織，是很難推行的，級務處理重要的組織，是設立級會。

1、級會組織大綱：（錄北碚小學六年級下期級會組織大綱）。

第一條　本級同學因爲養成團體生活中的各種技能和習慣，及推動校內外各種學術工作，及解決團體中發生問題，所以，便組織級會。

第二條　本級級任先生，聘爲本會顧問。

第三條　本級同學，都得依入會手續，都可入會。

第四條　同學入會，應有會員一人之介紹，塡入會志願書，領書會員得爲正式會員。

第五條　本會會員得依特殊勳勞進級或給獎，所謂特殊勳勞如下：

（一）推動家庭教育卓有成績者，（二）担任社會工作卓有成績者，（三）處理級務事宜卓有成績者，（四）承辦自治事宜卓有成績者，（五）研究學問出席集會中比賽得第一者，（六）改正行爲各項檢查皆得第一在一週以上者。

以上六點，每週由級會考查一次，星期六，週會席上公佈。

第六條　本會每週星期一午前八至九鐘舉行總理紀念週後，即開級會，各部職員，必要時得開聯席會議、均由常務部召集。

第七條　本會職員，由會員公舉，任期爲六週，期滿得另選，職員得連任。

第八條　本會組織，設常務，推廣，衞生，風紀，學藝五部，各部辦事細則及工作標準另訂之，學藝部得設讀書，辯論……等會。

第九條　本會常務部得兼理各部事務，各部均在常務部指揮監督之下。

第十條　本會會員違反公約，得依輕重議處，受罰在三次以上者，職員撤職，會員開除會籍，級會公約另訂之。

第十一條　本會會員每週繳納會費二百，作本會辦公費。

第十二條　本大綱有未盡善之處，於全體會員大會時，提出修改。

第十三條　本大綱自公佈日施行。

2、級會行政系統，級會以級務會議爲立法機關以常務部爲執行機關，以推廣部爲擴大機關，常務部下分學藝，風紀，衞生，休閑四部，各部有顧問，學藝部下復有辯論會讀書會採集隊三組，各部有顧問，級務會有主席，（註：主席一人，顧問一人，常務三人至五人，推廣一人至三人，學藝二人至五人，風紀一人至三人，衞生一人至三人，休閑一人至三人。）

3、級會各部辦事細則，（錄六年級下期級會辦事細則。）

（A）主席：一主持級會，二對外交涉，三攷查級會的成績。

（B）顧問：一，計劃全部的事務，二，指導各部的工作，三，以學藝部爲活動中心。

（C）常務部：一督促各部逐日辦理決議事務，二辦理文書統計，三代表本級出席工作報告，出席生活指導會議，四逐日填寫學級日誌，五逐日填寫勤惰檢查表，六按週收集會費，七採買報銷，八以推廣部特別注重。

（D）推廣部，一，担任會員家庭的訪問，二，担任民衆會場選派會員參加活動及演講，三，指導會員回家工作報告，四，指導同學回家教家中人識字，五，指導會員担任新生活勞動服務，六，指導會員利用鄉間普通集合機會宣傳時勢、消息，七，每週定期幫助農人寫信，八，每週按期歡迎會員家屬來校參觀，九，促成同學每週寫信一封給遠族親，報告國情。

（E）學藝部：一，主持讀書會，辯論會，採集隊進行事務（辦法另訂）二，領導會員參加集中比賽，填比賽紀錄，三，搜集本會優等成績，每週開會展覽，四，支配學藝團體開會日期並任主席，五，收發會員作業用品，六，任級會記錄，七，逐日填姿態檢查表，八，農場實習方法指導，九，派人出席全校姿態檢查，幷圖書館服務，十，主持其他學藝活動。

（F）風紀部：一，維持本級秩序，二、密查會員的行爲，三，處理本級會員發生的糾紛，四，填秩序檢查表，五，填會員操行成績表，六，派人出席全校秩序檢查，七，派員出席護導團服務，八，解決會員糾紛，九，主持其他自治活動。

（G）衞生部：一，支配幷指導本級會員做輪值的工作，二，填整潔檢查表，三，派人出席全校整潔檢查，四，派人出席小醫院服務，五，指導會員整潔。

(H)休閒部：一，組織會員課外活動，二，領導會員球類比賽，三，講演比賽，四，唱歌比賽，五，野外寫生，六，歌舞比賽，七，其他休閒活動。

4、級會各部對會員訓練的標準，（錄六年級下期級會各部對會員訓練的標準）：

(A)主席對級會全體(一)親切同學——不僅是本級內部的親切，尤其注意校內各級的親切，(二)深入社會——不僅是家庭內部的深入、尤其注意整個社會內部各項直接關係的深入。

(B)顧問對級會各部(一)做別人的事，教正自己的短，(二)做自己的事，學得別人的長，對級會會員(一)努力把壞的改得快，(二)努力把好的學得深。

(C)常務部對全體會員：

一、我在危險的時候，要力持鎮靜。

二、我做事，要迅速而有效力。

三、我對於人家正當的指導或責備要樂於接受。

四、別人有困難的地方，我要設法補濟。

五、我不私自開看人家的信扎，包裹，或抽屜。

六、我尊重多數人的意見。

七、我要做的事，應盡力去做，遇到艱窘，不能推諉，不能敷衍，有毅力，要堅持到底，不到成功，決不丟開。

八、我遇到急難，要挺身而出，不規避，不苟免。

九、我熱心參加社會的合作運動。

十、我願意犧牲自己，愛護國家。

十一、我天天看報，留心公衆的事情。

十二、我對於損壞的東西！常常自己設法修理。

十三、我做事前，要預先想好做的方法，做了後，又要找出對或不對的條件，以備下次繼續或更正。

十四、我天天寫日記，檢討我自己的長處與短處。

十五、我隨時隨地留意我的生活，是不是有條理。

十六、我深信受人教，和教別人有很大的利益。

十七、我每天至少要和社會一人接談一回，聽他講他的生活，我也好講時勢給他聽。

十八、我每天至少到農場去做一回農事工作，做到流汗爲止。

十九、我在書上學的，一定要請先生教我做的方法。立刻便試驗。

二十、我生平決不說「無辦法」和「隨便好」兩句話。

以上二十條，每週一條，由本部幹事指導會員實習，并攷査是否做到。

(D)推廣部對全體會員：

(一)我願意參加民衆的工作。

(二)我願意宣傳鄉村建設的意義和方法。

(三)我願意担任合作事業的事務。

(四)我願意幫助辦理鄉村建設的人。

(五)我每日要講時勢消息給家中的人聽。

(六)我每日學過的知識，一定要介紹家中的人知道。

(七)我每日至少要教家中不識字的人在二個字以上。

(八)我在宴會場中，要從容不迫地講時勢消息給大家聽

(九)我深信凡事與人合作，都能收很大的效果，我要提倡合作事業。

(十)我要使家中的人不迷信鬼神。

(十一)我要使家中的人一切用具，衣物，都清潔，整齊

(十二)我要使家中的人凡是消耗的開支，都力求簡單，樸素。

(十三)我要使家中的人有正當的娛樂，快快樂樂的做事

(十四)我要使家中的人能分工合作。

(十五)我要使家中的人隨時得和學生的先生會面，接受先生的勸告。

(十六)我要使家中的人極力幫助族親解决困難的問題。

(十七)我要使族親的子女都入學讀書。

(十八)我要促成族親的子女能有相當的工作。

(十九)我要幫助不能寫信的人寫信。

(二十)我要參加勞動服務。

以上二十條，每週一條，由本部幹事指導會員實習，考査是否做到。

(E)學藝部對全體會員：

一，我在書上學的，一定要把它用在事上。

二，我日常生活，或多或少總要它合於科學。

三，我尊重有學問的人。

四，我求學很專心，很快樂，很有方法。

五，我對不了然的功課，一定要問得了然。

六，我願意與同學共同研究學科，研究行爲。使行爲和學科一致。

七，我多多搜集事實，標本，圖表，模型，儀器，照片和書

物做求學的參攷。

八，我求學時；要力求確實，週到，而且要加以製作或實驗

九，我每天決不說無關工作的話：和有礙工作的話。

十，我每天學得的，要整理一次，講給同學聽，並請同學補充。

十一，我每次說話，態度都很和善，意義都很正大，整理都很清楚。

十二，我寫字，寫得很正確。

十三，我的工作，時時存心與人比賽，處處存心與上次比較

十四，我每天至少要識兩個以上的難字，要懂得兩個以上的生詞。

十五，我被人測驗成績，决不舞弊，使對方能澈底的明白我

十六，我深信測驗成績，是檢討自己的缺陷，能找出缺陷補益很大。

十七，我願意多捐財物，作同學學業勵進的獎品。

十八，我非常願意參加本校集中比賽。

十九，我應不斷的造成績，决定要在先生或同學面前爭成績

二十，我要充分的用腦去想，想到了又立刻用手去做。

以上二十條，每週一條，由本部幹事指導會員實習，並負責考查是否做到。

(F)風紀部對全體會員：

一，我在公衆的場合中，一定要守着靜肅，依着秩序舉動。

二，我在操場上，集合迅快，散開也迅快，决對一聲不響，聽從隊長的指揮。

三，我每天都提早到校，到校後，一定要先向級任先生行禮，說聲「好」。

四，我上課不遲到，不早退。

五，我進出教室或校門要挨次徐行，决不爭先，不釀成擁塞

六，我向先生問話，一定要依着當時的次序，先立起身來。

七，我不打斷別人的說話和工作。

八，我在學校內，尤其是在課堂上，絕對服從先生對我的一切制裁。

九，我不輕易向同學借東西。

十，我不因同學不守秩序，我也不守秩序。

十一，我依次序上黑板去做練習。

十二，我服從級會各部幹事的指導和檢查。

十三，我收交課業用品，决依先後。

十四，我在下課後不喧鬧，不奔跑。

十五，我在上課時，必要離位，須先得先生的許可。

十六，我决不欺侮小同學或長同學。

十七，我回答先生或家長問話，要温和而敏捷。

十八，我遲到了，應向先生說明原因，站在坐前聽先生說話，他許我坐下，我才坐下。

十九，不輕易發怒，更不輕易啼哭。

二十，我不嘲笑同學，不厭惡同學。

以上二十條，每週一條，由本部幹事指導會員實習，負責考查是否做到。

(G)衛生部對全體會員的：

一，我每天睡得早，起身也早，用冷水洗面。

二，我每天對時大便一次。

三，我吃飯前要洗手，吃了飯後要漱口刷牙。

四，我不借別人要用的東西。

五，我吃東西寧可少，不可過多。

六，我坐立走。身體的姿勢都要正當。

七，我走路下脚很輕，起脚很快。

八、我在暇時，不能運動，便料理家事。

九，我看書寫字。要取左後方射來的光線。

十，我愛吃蔬菜。

十一，我愛穿容易洗滌的布衣。

十二，我勞了心後，是要設法勞力。

十三，我要指導無清潔習慣的同學使他要養成愛清潔的習慣

十四，我每天要幫助家庭掃除清潔。

十五，我盡力做輪值的事。

十六，我的筆硯，書籍，課本及參考材料，要保持清潔。

十七，我要把學校打掃得非常清潔。

十八，我幫助同學做整潔。

十九，我早晚必行深呼吸一次。

二十，我要實踐衛生書上的衛生方法。

以上二十條，每週一條，由本校幹事指導實習，並考查是否做到。

(H)休閑部對全體職員

一，我在暇時。愛和同學講笑話。

二，我每天至少要大笑三次。

三，我愛與同學在一起尋樂。

四，別人在快樂的時候，我也要快樂。

五，我約同學常到野外去寫生。

六，我常習游泳。
七，我常去學習駕船的方法。
八，我要加入學校組織的音樂隊，或遠足隊。
九，我常騎馬或乘自行車。
十，我反對不正當的娛樂。
十一，我常到溪邊去釣魚，或到山上去打鳥。
十二，我想法自製樂器，或修理樂器。
十三，我要加入學校組織的球隊。
十四，我要加入學校的表演。
十五，我要習得一種特殊的娛樂方法。
十六，我暇時收集標本，圖書……
十七，我要備樂器給家中的人消遣，教家中的人弄樂器。
十八，我不過孤獨的生活。
十九，我設法改正家中的人不正當的娛樂。
二十，我極力避免憂愁。

以上二十條。每週一條，由本部幹事指導實習，並考查是否做到。

5、級會各部表册：

一，學級日誌，二，級會紀錄表，三，集中比賽紀錄表 四，學生操行成績考查表，五，整潔檢查表，六，勤惰檢查表 七，姿態檢查表，八，各級整潔檢查比較表，九，各級勤惰姿態秩序檢查比較表。

6、級會公約。（錄六年級下期級會公約）犧牲自己服務羣衆

（一）屬於級會職員的：
一，級會職員，不得隨時缺席。
二，級會職員，不得發生糾紛。
三，級會職員，不得違背議决案，及有不良嗜好。
四，級會職員，不得敷衍工作。
五，級會職員，不得推諉責任。

（二）屬於級會會員：
一，級會會員，不得紊亂級務。
二，級會會員，不得相互妨礙。
三，級會會員，不得習染不良嗜好。
四，級會會員，不得損壞公物。
五，級會會員，不得讓成爭奪。

（三）屬於全體的：
一，本級每週與全校各項行爲檢查，成績如列最末者，則全體於低班次勞動服務一次。

二，本級每週與全校各項學術比賽，成績如列最末者。罰全體作文一篇，敍述失敗的原因，及其補救方法。

三，職員如違犯以上公約，得依會員處罰加一倍至三倍，會員如違犯以上公約，得依情形輕重，臨時由職員共同議處，如職員會員不服制裁，得移送護導團部解決。

註明：倘有各種表式，因排印不便，從略。

附級會應用表册

1，學級日誌
2，級會紀錄表
3，集中比賽紀錄表
4，學生操行成績攷查表
5，整潔檢查表
6，勤惰檢查表
7，姿態檢查表
8，各級整潔檢查比較表
9，各級勤惰姿態秩序檢查比較表

學級日誌

年級　　期

第　　週星期，　　民國　　年　　月　　日誌

天氣		溫度	
出席人數		缺席人數	

項目	節次	研究事項
常務方面	級務推進	
	各級聯絡	
	新知傳播	
	家庭聯絡	
風紀方面	秩序	
	犯規	
	獎罰	
	其他	
衛生方面	整潔	
	運動	
	休閒	
	其他	
學藝方面	課程	
	作業	
	應用	
	測驗	
成績比賽		

今天已做的事	
明天要做的事	
輪職會員	
記載	簽字

級會紀錄表

年級　　期

日期		出席人數		主席	
地點		缺席人數		記錄	

類別　項目	常務方面	風紀方面	衛生方面	學藝方面
報告事項				
討論事項				
決議事項				
備註				主席簽字

說明

1、本表報告欄係報告上週工作，討論欄係討論本週工作的目標，步驟，困難。

2、本表項目內各部工作，可將每日研究要點，提出表決。

3、缺席人數欄內，如職員無故缺席，得斟酌議罰。

集中比賽紀錄表

嘉陵江三峽鄉村建設實驗區立北碚小學集中比賽紀錄表　民國　年　月　日生活指導系訓導部

項目／內容或等第／姓名		
時間		
年級		
訓練要旨	目標	
	口號	
材料	綱要	
	互問	
	挑講	
姿態	工作	
	表情	
口齒	語氣	
	條理	
	因果	
成績	優	
	劣	
學科		
默寫		
評判員評語：		
評判員簽名		

學生操行成績攷查表

嘉陵江三峽鄉村建設實驗區立北碚小學　部　年級　期學生操行成績考查表　一九三六、二五、訓導部

事實 / 善行或惡行 / 姓名	時間	地點	如何發覺	經過要點	如何處理	加勉或改正的方法	考查者評語	簽字

整潔檢查表

年級　期　年　月　日　衛生幹事　填寫

曜日	月			火			水			木			金			土			總計		
符號 / 項目 / 姓名	身體	服裝	用品	身體	服裝	用品	身體	服裝	用品	身體	服裝	用品	身體	服裝	用品	身體	服裝	用品	○	?	×

說明

1、本表用符號記載，○最整潔，?整潔，×不整潔。

2、由兩級衛生幹事交互檢查輪値員協助。

3、本表每週結算公佈一次，每月統計一次。

4、本表共計總計相交方格內爲本校整潔比賽本級得某符號的總數。

勤惰檢查表

年級　期　年　月　日　常務幹事　塡寫

項目		每次記分數	姓名
作業	日記	5	
	作文	5	
	寫字	3	
	讀書筆記	5	
	算術演草	5	
課業用品	筆記本	3	
	文具	3	
	書籍	2	
	參攷物	4	
上課	精神萎靡	4	
	遲到	2	
	早退	2	
	工作敷衍	4	
服務	輪値	4	
	指定	4	
	自動	5	
共	計	60	

（表頭：項目／每次記分數／每次扣分數之積和／姓名）

說明

1、上課欄內係負分，餘均增分，但反是亦得準此列爲負分。
2、每次應減分數或增分數係按照性質而定。
3、負分，可依實際情形增減。
4、八十分以上爲優，七十分以上爲良，六十分以上爲中，五十分以上爲可，五十分以下爲劣！
5、本表每日記載一次，由常務幹事塡寫，各部幹事協助，逐日報告材料。

姿態檢查表

年級　期　年　月　日　學藝幹事　塡寫

曜日	項目	姓名
月	立	
	坐	
	走	
	說	
	寫	
水	立	
	坐	
	走	
	說	
	寫	
火	立	
	坐	
	走	
	說	
	寫	
木	立	
	坐	
	走	
	說	
	寫	
金	立	
	坐	
	走	
	說	
	寫	
土	立	
	坐	
	走	
	說	
	寫	
共計	○?×	
總計	○?×	

（表頭：曜日／項目／符號／姓名）

說明

1、本表記載符號。答案正確？姿態正確，×姿態不正確。
2、本表由兩級級會學藝幹事交互檢查。
3、本表每週結算公佈一次。
4、本表共計總計兩欄相交方格內，塡每週全校比賽共得某符號總數。

各級整潔檢查比較表

時間 / 週 / 項目		服務區域	治事機關	宿舍
第　週	1			
	2			
	3			
	4			
	5			
	6			
第　週				
第　週				
第　週				
第　週				
第　週				
第　週				

各級勤惰，姿態，秩序檢查比較表

項目 / 週 / 時間		第　週	第　週	備註
關於勤惰	高級			
	中級			
	低級			
關於姿態	高級			
	中級			
	低級			
關於秩序	高級			
	中級			
	低級			
合計	勤惰	○×		
	姿態	○×		
	秩序	○×		

（2）治事機關：組織兒童治事機關的意義，有兩點：（一），兒童得自己管理自己的事務、養成自治與服務的能力、和習慣，（二），兒童得彼此可以促進感情，養成「愛羣」「合作」的志趣，與促進急公好義的行爲，小學兒童，設有什麽惡的習染，好像是張潔白的紙，用紙的人，要把牠作書寫的材料，牠便是一張字，要把牠作繪畫的材料

，牠便是一幅圖，牠本身原不想到自己要做什麼，他只是供人利用而已，用得當與不當，這全是用紙人的責任，所以用紙的人，必須慎重考慮，也必須循循善誘，不能賭辱了一個可愛的兒童。過去的小學，對於兒童的教育，類多按本宣科、祇圖多識之吾，不顧兒童心靈上的感染，年齡漸長惡習愈深，故多令人鄙視，此皆不重兒童生活的訓練，等於不知利用潔白的紙一樣，以此不但於兒童無補。且貽誤兒童一身無窮。故兒童生活的訓練。是小學兒童的根本要圖。

本校兒童治事機關，因為負有各級級會聯絡的責任，而且：人力和財力都有限制，故成立僅有下面數種：A，屬本部直轄的，(一)兒童護導團，(二)兒童圖書館，(三)班長訓練班。B，屬本部協助的，有保育部直轄的，(一)兒童俱樂部，(二)兒童醫院，推廣股直轄的，勞働服務團　茲分別說明如下：

A、屬於本部直轄的：

1、兒童護導團

一、本團的使命：第一，是維持全校同學下課後，或自治活動時，或舉行集會，及參加社會活動的安甯和秩序。第二，幫助同學解決糾紛，幷處理同學告發事務。第三，指揮各級風紀部一切進行。

二、本團的組織規程：

(一)護導團，為全校最高執法機關，得受理同學告發事件，每週星期五，午後四至五鐘，開團務會一次，週會出席工作報告。

(二)護導團設正副團長各一人，一為團務會議推定為正團長，一為訓導部指派為副團長，總攬一切事務，負責推動及改進。

(三)聯請輪值教師，為本團執法顧問。

(四)團長以下，設下列各職，襄助辦理。

(一)祕書一人，(二)裁判員三人(三)書記二人，(四)法警卅六人。

(五)職員任用辦法

(一)祕書由團長請託，(二)裁判員由團長指定，(三)書記由團長委用，(四)法警！！每級中送風紀員三人。

(六)職員担任職務

(一)裁判員：審訊案件，依法判决，送團長核辦。

(二)書記：謄寫文件，記錄口供。

(三)法警：傳達命令，維持風紀，分站崗位。

(七)護導團對於各級級會平行，處理公務，用公緘往還。對於各級級會風紀部是直屬，處理公務，用命令與呈文往還。

(八)本校同學，無論在校或在家，如有違反級會公約者，經法警發覺，或被人告發，均受同等處罰，在家比在校尤重。

(九)本團職權範圍：

A，調查同學行為　D，傳詢犯規當事人，及證人

B，處理同學糾紛　E，判決後，送達被告

C，搜集犯事證據　F，執行判決

(十)正團長缺席，由副團長或秘書代理。

(十一)每日午後三點四十五分至五點四十五分，開審案件。

(十二)護導團職員，不得兼任其牠治事機關或級會職務。

(十三)判決案件適用懲罰時，須依據本校懲罰法及級會公約為其準則，有為懲罰法及級會公約不載而情形重大者，亦得商承顧問，核酌辦理。

(十四)判決執行終了案件，應由書記錄入判決書，當場宣讀，隨交原被兩告，簽名，再由團長簽名，在一日內，無理由申訴，即生效力。

(十五)護導團，開庭時，可許旁聽，但有應守秘密之處，得卸決旁聽，至於有妨礙法庭秩序者，亦得令其退出，或受相當處分。

(十六)本規程，經本校幹事聯席會通過。呈請訓導部呈請生活指導系核准後，自公佈日起，即生效力。

(十七)本規程，有未盡善之處，得開幹事聯席會，提出修改

三、本團的應用表格：

(一)判決案件登記冊

姓名	性別	年級	年齡	事由	對方	地點	時間	證人物	解決

(二)呈文格式

為　（主語）　事、竊民——敘事由——依照
鈞團規程提起控告所有　緣由理合具文
呈請
鈞團派員調查傳集被告　及證人　依法

審理以儆效尤而維秩序謹呈
護導團團長

計附證件　紙

原告人
被告人
證人

中華民國二十年　月　日

(三)傳單

為傳集事案據　年級學生　以
等詞具報　年級學生　一案、當經詳查，認
為有審訊必要合亟票傳原被兩造，到庭質訊，須至傳
單者。

計開

原告
被告
證人

任給法警　准此

中華民國廿　年　月　日限　日繳銷

(四)判決書式

護導團判決書

原告
被告　住　年級

事由：
判決主文：
事實：
理由：

護導團團長
秘書
書記

中華民國二十　年　月　日

四、本團半年來處理案件統計：

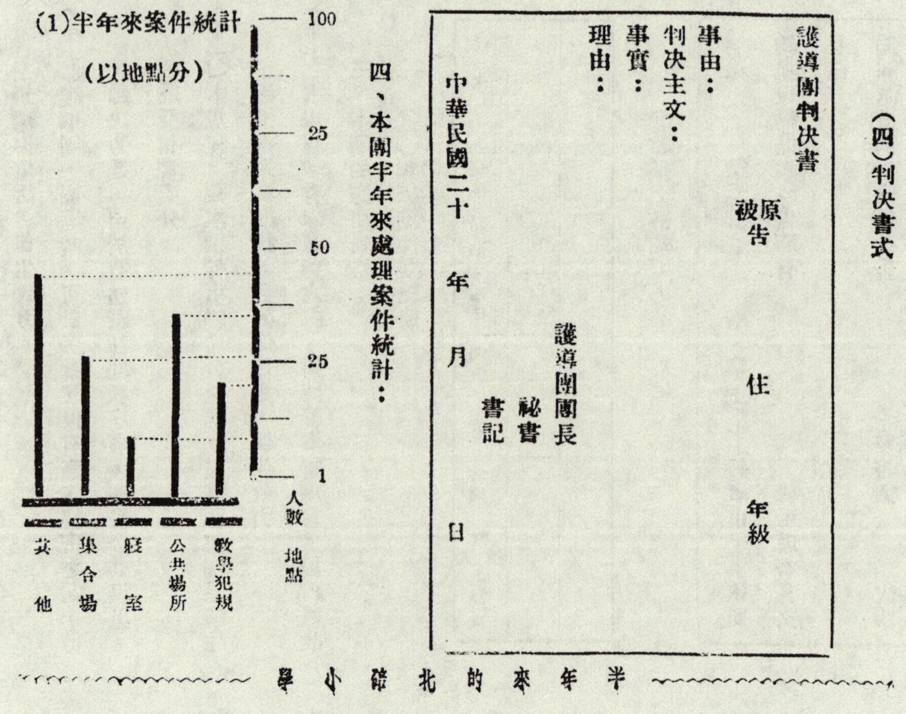

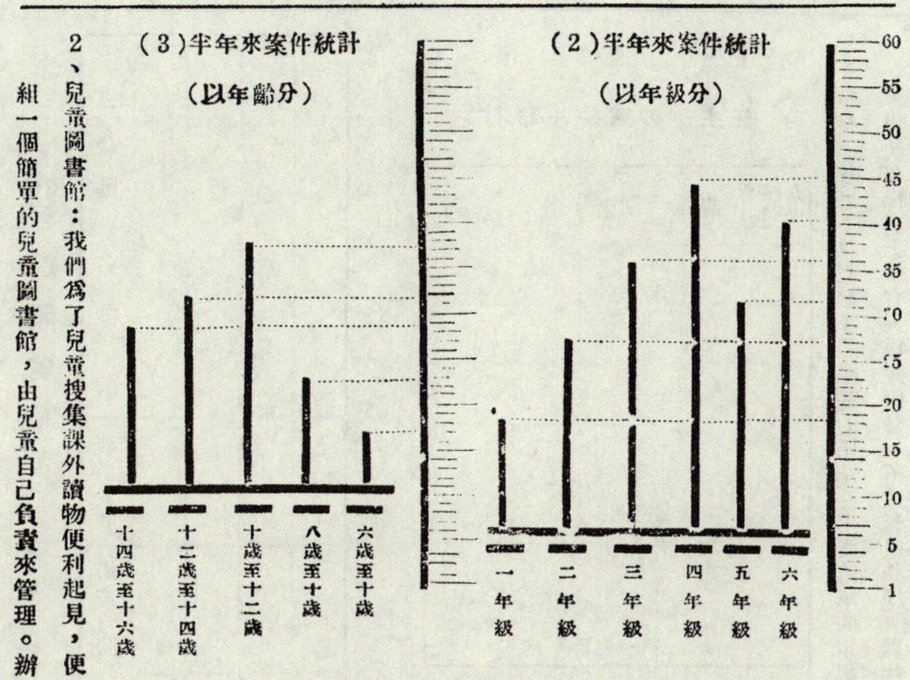

2、兒童圖書館：我們為了兒童搜集課外讀物便利起見，便組一個簡單的兒童圖書館，由兒童自己負責來管理。辦法是各級的學藝部中，各推二人。代表出席參加圖書工作。全校共十二級。除低級部一二三各學級因為年齡幼稚外，其餘各班共派十八人。由這十八人組織圖書監理會。推出會長一人，統籌全館，會員完全受會長指揮，經理館中事務，有出納員登記員担任借出圖書與保管責任。出納員任收入和借出的責任，每三日輪值一次。由會員充當。到移交時。務將三日內借出之書，一律收齊，移交清楚，下屆方能接收。借書規定時間定每日午後四至五鐘。長借不能超過三日。過一日。罰金二百文。

本館圖書：以小學生文庫與幼童文庫二部為主。其餘為數不多。共有一千七百一十二冊。分成十三類。每類各用顏色紙張貼書背上，以便區別。

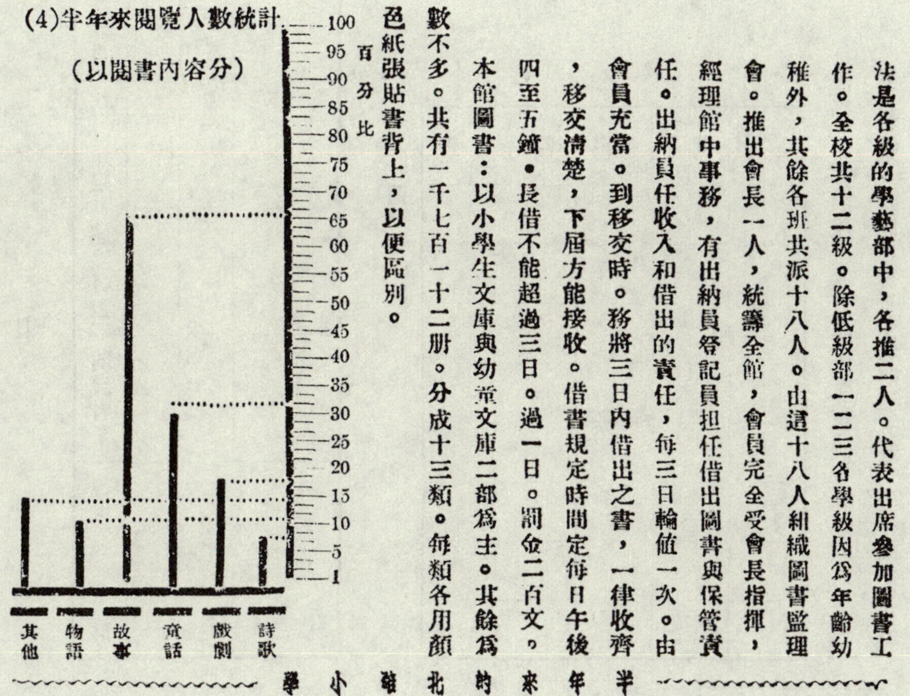

借書還書對照登記表

中華民國　年　月　日

借書人	書名	書價	著者	借書時間	還書時間	是否逾限	逾限日數	罰錢若干	備註

借書證（正面）

借書證

北碚小學圖書館主任

書名	借期	還期	考核人簽字

（背面）

書名	借期	還期	考核人簽字

3、班長訓練班：我們選了超學齡的兒童。來受簡單的軍訓。以便在操場上多有人負責照料。不致紊亂秩序，因此便成立班長訓練班，有二十五人受訓，施教的人，特請區署派定，時間在每日午後四至五鐘，受一鐘的軍事訓

練。大約有一月的時候。各項簡單術科大家都學得了。於是，便停止班訓，然後把全校分成三中隊，每中隊有三分隊的（也有四分隊的），中隊長由校師充任，分隊長由受訓班長充任，班長由隊長指定，這一來，早晚行升降旗禮，或……大家集合起來，各照各的隊員，非常迅速，同時秩序也好。

（二）保育部：

1、舍務股：本期有五十多個住宿學生，宿社因房間不大，住人太多，而且缺乏光線不合衛生，並且宿社又分佈得很散，所以每間學生寢室，便留住一位教師，一則能增加生活上的指導，一則便於管理，教師一經分住後，便領導學生自己組織。

第一、是確定每週星期六自習後，以五分鐘開室會一次，討論室內應興應革事務，及週會出席報告。

第二、是推舉室長一人，以便任室務會議主席，及負全室一切責任，分配輪值工作，每日以二人担任：（一）整理床舖，用品。（二）打掃地板，門窗，牆壁，時間規定在每日午後，四至五鐘。

第三、編制舖位：先由教師稍加分配，以感情相投，彼此相助為標準，然後由室長斟酌實際情形，把舖位編成號數，貼上名字，在底冊上註明。

第四、調查品行不良學生：因一間寢室中，難免沒有不良學生，一旦有不測，將何以辦，因此由學校宣佈學生在一週內，應互相把自己一室的同學，細細調查清楚，報告室長，登記姓名，和從前犯過事由，經大家調查好了，各室才分別開會，討論那不良學生的處置辦法，商定了，報告保育部長，核準施行，同時保育部長幷將調查所得和處置的情形，在週會席上，隨時提出報告，以便大家注意，他自己也好改正，幷將名單和處辦方法，各抄一份，分別貼在寢室內，以示不忘。

第五、調查室內好人，照以上的過程辦法，使大家都摸仿他

第六、是大家預定幾人探查學生偷竊的行為。

第七、是決定各室每週開放一次，每次一鐘，同學自由參觀，評定成績，開放的時間，和開放的寢室，由部長隨時決定，下條公佈，成績優者，除當衆宣佈嘉獎外，幷發給掃帚，桌布，各一件，又各記整潔操行分，劣者適得其反。

第八、確定成績取舍標準：（一）舖位安置整齊，形式美觀，

而又便於出入。(二)被褥清潔，摺叠和安放都取一律。(三)衣帽要掛得適當，毋使混淆和散亂。(四)鞋子要掛在一排，不能放在床下。(五)地下要不潮溼，舖床草要剪齊。(六)放燈的地點，祇能放燈，不能自由移動(七)壁上用灰漿刷白，使光線充足，空氣流通，必須張貼私人美麗的圖畫照片，貼的形式也要藝術。(八)沒有人在寢室吃零食。(九)沒有人遲睡遲起，每次做到六分共六十分，做好的或最好。逐漸增加可以到一百分，能得百分者，必摘模範，學校有重奬。

2、醫務股：本股中心工作，是兒童醫院，關於兒童醫院的使命和規程，摘要如下：

A、兒童醫院的使命：(一)幫助同學救治臨時發生的病患，(二)保障兒童學校的衛生，(三)指導同學普通藥物的性質，和用法，(四)預防同學傳染病。

B、兒童醫院組織規程：(一)本院爲維持并增進本校全體同學身體的健康而設，(二)本院由各級級會中送衛生員一人或二人，共同組織。(三)本院設院長一人、護士三人，管藥二人，雜務若干人。(四)本院院長由醫務會議選舉。報告部長，核准後供職。其餘職員，雜務，由院長擬定。商承部長任用，(五)本院應辦事務如下：(1)普通內外症，(2)急救，(3)預防傳染病，(4)指導各級衛生幹事一切事宜。(5)檢查全校清潔衛生，(6)檢查同學體格，(7)點種牛痘，(8)協助勞働服務團(9)其他：(六)本院遇有重症，當卽轉送醫院，或學生家庭怨不診治，(七)本院請地方醫院及本校校醫爲指導員，(八)本院診斷時間，平時訂每日午後，四鐘至五鐘，急時不拘，(九)本院於時疫流行時，可添防疫所，(十)本院每週開會一次，時間在星期五午後四至五鐘，商討結果，出席週會報告。

C、兒童醫院應用的表格：

(1)診病登記簿

姓名	性別	年齡	年級	時間	自述病狀	備考

(2)診病單

姓名	性別	年齡	年級	第　號
第次	病狀		療法	
第　次診病				

D、兒童醫院半年來的治愈疾病統計：

失音4　感冒18　咳嗽7　腹痛7　喉痛7　嘔吐1

疔毒1　凍瘡10　眼痛3　牙痛5　頭痛4　腹痛7

醫務股：除了兒童醫院工作以外，再製蠅拍分發學生組織滅蠅隊，參加雙十節國慶與禮組織救護隊。

3、休閒股：以兒童俱樂部為中心工作

A、俱樂部的使命，(一)盡量利用同學的課餘時間。充實課外生活。(二)提倡正當娛樂。謀與書中知識溝通，(三)主持同學一切娛樂活動。(四)指導各級休閒股。

B、俱樂部組織規程

1、本部為全校同學充實課餘生活而設。

2、本部由各級休閒股，派出代表一人，組織而成。

3、本部每週星期五，午後四至五鐘，開會一次，檢討一週內的工作。出席週會報告。

4、本部經費，由學校供給，學校一切課外活動用品，歸本部保管。

5、本部設部長二人，由部務會議選出，報告保育部長核定。

6、股長以下有遊藝，體育，講演三組，各設組長一人。組員若干人，分掌組務：

一、遊藝組：設以下各股：

(一)話劇股——表演關於愛國，滑稽的故事。

(二)歌劇股——表演團體舞。

(三)雜技股——表演武術，魔術。

(四)雅樂股——演奏管樂，璜樂，弦樂等類。

二、體育組：設以下各股：

(一)足球，(二)排球，(三)藍球，(四)台球，(五)跳繩，(六)踢毽。

三、講演組：

(一)時勢講演股——講演國家現勢，民族興亡，鄉村建設，等等。

(二)故事講演股——愛國故事，名人故事，科學故事，原始人與現在農村的生活故事。

(三)學科講演股——將平時聽講的心得，作具體的，有系統的講演。

(四)自治活動講演——關於社會的建設工作，家庭的改進事項，學校的課外生活。

C、本部應用表册：

(一)社會活動記錄簿

7、各股活動時間，經常的，利用課餘時間，學習，參考，或訓練。特殊的，每日午後四至五鐘，各股依以下規定分頭進行，星期一，四，爲體育股活動時間，星期二，五，爲講演股活動時間，星期三，六，爲遊藝組活動時間，各組內部依班次預列次序，每次三班，兩週可以全校輪完，每班係間週一次，每次將全班預爲分配，妥善準備，按時出席，預於開學後一週內規劃清楚。

8、本部應辦事宜，本部全體負責，凡由各級應辦事宜，本部不能担負，祇能從旁促催，萬一有誤，報告校務會議議處。

9、本規程自公佈日施行，有未盡善之處，可提出部務會議修改。

時間	地點	人物	節目	旨趣	活動情形	優異之點	備註

(二)本校週會活動記錄表

週數	年級	導演者	節目	旨趣	活動情形	優異之點	備註

(三)球類比賽記分册(略)

四、大事記(略)

五、結語

本文級務處理和兒童治事機關等，所有各項工作，應有精確之報告，惟因人力和時間的關係這裏只能從略了！

至本校開學以來，全在動盪中渡過，例如開學後五週教師始先後到齊，教材尚未全部運到時，也曾荒費許多精力與時間自編教材，及到十一二週，先有兼校長辭職，繼有級任調換和總務請長假，這樣到了十五週甫平靜下來，十六週至十八週又忙於畢業學生課程的結束和期終的考試等，尤其人事上的變遷，於本校進展程序上，都有極大的影響。

過去的，我們不必再去追憶了，將來我們有幾點是應該努力的：

第一：本校既加上鄉村建設的頭銜，無論在訓導和保育各方面的理論與實施上，都應充滿着很濃厚的鄉村建設實驗的氣氛，因為小學教育本是鄉村建設事業之一，同時又是推行鄉村建設工作的一種方法，所以我們一面是應承受鄉村建設的歸劃來確定學校，一面却是利用學校來推行鄉村建設。

第二：本校明年在行政上，教學上，研究上，活動上……各項應用的表册，辦法，計劃均先期備好，以免草率。

第三：本校明年盡量設法與學生家屬，峽區各事業及江，巴，璧，合，四縣所有各小學切取聯絡。

本文原附表格甚多，茲因篇幅與印刷關係，只好省略。

半年來的黃葛小學

黃葛小學

引言

本校開辦於民國十六年上期，係場人吳從周先生所創始，當時名爲黃葛場區立樹人小學，校址原在東陽鎮，民國二十二年下期，因該地招生困難，曾一度停辦，至二十四年下期，王蔭槐任教育委員時，感覺初級畢業生出外升學不易，又呈請恢復，重招高級班，並以場上背街水泥廠爲校址，二十五年上期，由江北縣政府接辦，改名爲縣立黃葛小學，旋因經費支絀，教師只有四席，學生不過百零幾人，本期劃歸實驗區署管轄，始更爲今名，竊區署接辦之後，即擴充高初一年級各一班，增加教師二席，學生增至一百八十人，且關於校務行政改進事項，指示頗多，茲將半年來之本校實況，略述於後，用備檢討，而期糾正。

一、學級編制

甲、編制　本校學級係採用多級單式編制，每一學級內僅有一個年級。

乙、年級　本校現有一、二、三、四、五、五個年級，以一二年級爲低年級，三四年級爲中年級，五年級爲高年級。

丙、人數　本校各年級人數如下。

一年級	四十二人
二年級	四十二人
三年級	三十六人
四年級	二十八人
五年級	三十二人

以上各年級總計共一百八十人

二、教職員

甲、人數　1,職員：校長一人，教導主任一人。

2,教員：級任教員五人，科任教員一人。

乙、薪資　校長　月薪二十元，（兼任課程半席）

教導主任　月津貼二元（由校長私人津貼）

高年級教員　月薪十八元。

中低年級教員　月薪十二元（中有二員事務較多

由校長每月各津貼洋四元）

丙、任課時間　全席課程教員每週擔任課程時間約一千一百二十分鐘。

三、行政組織

本校行政組織校長以下分左列各部：

甲、總務部　辦理關於學校一切不屬其他各部之事宜本部分左列各股其職務如下：

1，文書股　A整理收發并保管本校各項文件。B、撰擬并抄繕本校各項文件。C、担任教職員會議記錄，D、辦理本校各種通告。E、編製本校各項報告。

2，校具股　A、保管校具。B、設置及支配校具。

3，圖書股　A、辦理關於學校圖書購置保管整理編目借閱等。B、指導學生組織圖書館。

乙，教務部　辦理全校教務事宜，本部分左列各股其職務如下：

1，學籍股　A、辦理關於兒童入學退學轉學升學及歷年成績狀況。B、攷查兒童狀況。

2，成績股　A、規定學生成績攷查方法。B、編造各種測驗。C、辦理關於學生學業成績收集整理陳列及保管等事項。

丙、訓導部　辦理關於全校一切訓育事宜，本部分左列各股其職務如下：

1，級務股　甲、計劃級務改進方法　乙、指導學生級會活動。

2，健康股　甲、管理全校淸潔及預防疾病　乙、檢查兒童體格　丙、指導兒童各種衛生團體活動（如衛生隊等）。丁、辦理臨時救護及衛生運動會。

3，指導股　甲、兒童課外作業的設計指導及攷查等。

4，懲奬股　甲、規定懲奬標準　乙、指導兒童組織巡查團　丙、辦理學生懲奬事項。

四、經費

甲、來源　本校經費來源係靠左列各項捐款由區署統收統支

1，炭捐　每年收入約七百餘元

2，米捐　每年收入約一千餘元

3,官秤　每年收入約六十餘元

4,豌捐　每年收入約二百餘元

乙、支出　教職員薪資　每年一千一百七十八元

1,校役工資　每年八十四元

2,辦公費　每年七十二元

3,特別費　每年十六元

五、教務

甲、科目及每週教學時間

1,高年級　公民訓練六〇分　衛生六〇分　體育一八〇分
國語三九〇分　史地一八〇分　自然一五〇分
算術二一〇分　勞作一五〇分　美術九〇分
音樂九〇分

2,中年級　國語三九〇分　公民訓練六〇分　體育一五〇分
常識三〇〇分　算術二四〇分　三年級只有一八〇分　勞作一二〇分　美術九〇分　音樂九〇分

3,低年級　國語三九〇分　公民訓練六〇分　體育一五〇分
常識二四〇分　算術一五〇分（但一年級只有六〇分）勞作九〇分　美術九〇分　音樂九〇分

乙、教本　本校各科均採用中華書局新課程標準教本

丙、教學方式　本校教學方式純係採用啓發式

丁、教學時間制　本校教學時間。係採用新法分數制，因科目的性質有難易，一日之精神有盛衰，舊法鐘點制，每鐘上課四十五分，休息十五分，每鐘都是如此，不能稍有伸縮，致難的課程，有時感覺時間不夠，易的課程，感覺時間有餘，分數制支配課程時間的多少完全以課程性質之難易爲標準，且可免除上項弊病，故本校全採用分數制。

戊、成績之攷查　本校考查學生成績係用左列各種方法，茲分述於後：

1.平時考查　教師於平時上課或自習時間，考查學生對於所學各科是否完全瞭解，將查結果，即將分數記入平時記分册內。作爲全期總成績三分之一。

2,臨時試驗　每月舉行一次，但僅考試文字科目，此項成績，佔全期總成績三分之一。

3,期終考試完畢　於每期期終結束時，舉行之所教各科，均須一律考試，此項成績，亦爲全期總成績三分之一，期終考試完畢，由教導處將全

期總成績結算後，除分別優劣列榜週知外，並將各生成績分數，列成表式通知家長，俾家長也知兒童在校之學業狀況。

己、留級　全期總成績在六十分以下者，次期仍留原級，不得升級。

六、訓導

甲、目標　發揚中國民族固有道德，以忠孝仁愛信義和平爲中心，並採取其他各民族的美德，製定一列目標，訓練兒童，以養成健全公民。

1，關於公民體格的訓練　養成整潔衞生的習慣，快樂活潑的精神。

2，關於公民的德性訓練　養成禮義廉恥的觀念，親愛精誠的德性。

3，關於公民的經濟訓練　養成節儉勞動的習慣，生產合作的知能。

4，關於公民的政治訓練　養成奉公守法的觀念，愛國愛羣的思想。

乙、綱要　根據上列目標規定綱要列表如下：

公民訓練要目
- 關於體格的——强健·清潔·快樂·活潑·
- 關於德性的
  - 自制·勤勉·敏捷·精細·誠實·
  - 公正·謙和·親愛·仁慈·互助·
  - 禮貌·服從·負責·堅忍·知恥·
  - 勇敢·義俠·進取·守規律·重公益·
- 關於經濟的——節儉·勞動·生產·合作·
- 關於政治的——奉公·守法·愛國·愛羣·擁護公理·

丙、組織　本校訓練組織，以全校教師，訓練全校兒童，自己管理自己爲原則，所以訓練組織，可分教師和兒童兩方面：

1，教師方面的組織：

A、級任制　以一個學級爲訓練的單位，級任教員擔任本級主要科目，負本級訓練之全責。

B、輪流監護　由全校教職員輪流擔任監護值日，負是日訓導之責，其服務時間，自上午六時起下午八時止，除上課巡視外，常在辦公室任務終了時，將本日處理事項，詳細填入訓導日誌，後依序移交其任務如下：

A、巡視晨間自習。B、維持團體集合時之秩序。C、監護課外遊戲。D、處理偶發事項。E、處理遺失物件

◦F、巡查全校各處清潔。

2,兒童方面的組織：

A、級自治會其組織規程如下：

第一條　本會由一級全體同學組織而成。

第二條　本會以維持本級清潔秩序及糾正個人不良行動爲宗旨。

第三條　本會分左列各部：

一、級務部　負處理學級日常事務之責。

二、風紀部　負維持團體秩序糾正個人行動之責。

三、體育部　負運動衛生身體檢查之責。

四、總務部　負辦理文書交際及其他不屬以上各部之事務。

以上每部設主任一人，幹事若干人，均由本級同學中推舉之。

第四條　本會設主席一人由各部主任互推。

第五條　本會設指導員一人，由級任教員擔任。

第六條　本會每週開常會一次。

第七條　本會議決事項，有須得學校當局同意者得由主席報告校長或教導主任核准後方能實行。

第八條　本會開會時，同學者因事缺席，須先向主席請假，不得無故不到。

第九條　本會議決事項，各同學須切實遵守。

B　全校學生自治會，其組織規程如下：

第一條　本會由各級自治會聯合組織而成。

第二條　本會設立左列各團體：

一、巡查團　由各級級會，自治會，風紀部全體職員組織之，下分若干隊，每隊設隊長一人，均由團員中選舉，負維持全校風紀之責。

二、衛生隊　由各級級自治會衛生幹事組織之，下分若干支隊，全隊設總隊長一人，各隊各設支隊長一人，辦理全校衛生事宜。

三、體育會　由各級級自治會體育幹事組織之，設主任幹事一人，負促進全校學生體育之責。

丁、方法：

1,團體的　關於團體的訓練有下列幾種集會：

A、舉行紀念週　每週星期一舉行一次，紀念總理偉大的革命精神，並培養兒童愛護黨國的志願，除政治報告及講演總理遺教外，並講公民中心訓練，其秩序如下：(a)全體肅立，(b)唱黨歌，(c)向黨國旗及總理遺像行最敬禮，(d)主席恭讀總理遺囑全體循聲朗讀，(e)靜默三分鐘，(f)宣讀願詞，(g)主席報告，(h)講演員講演，(i)禮成。

B、週　會　每週星期六下午舉行一次，除報告本週工作及教職員講演外，並表演各種遊藝。

C、級　會　每週舉行一次，由各級級自治會主席召集，凡本週內所發生之事件，都可提出由學生自己處理。

2、個別的　人性之不同，正如其面然，訓練應根兒童個性，所以個別訓練可分下列各點：

A、詳細攷查　要施行個別訓練，首先要明瞭兒童個性各兒童的能力體力。家庭狀況，社會環境，都與訓練有關，所以要有系統的詳細的攷查。

B、個別談話　根據攷查結果，舉行個別談話，矯正其缺點，鼓勵其特長。

C、提醒反省　個別談話，是由教員指示錯誤，兒童是否承認，不得而知，所以要更進一步，提醒兒童自己反省，如兒童喜買零東西吃，便提醒他這件事做了對先生對同學對自己有甚麼影響既知道不好，為什麼要這樣！

七、會議

甲、校務會議，其組織規程如下：

第一條　本會議由校長及全體教職員組織而成。

第二條　凡學校一切校務事宜，均由本會討論解決。

第三條　本會規定每月開常會一次，但有特別事件發生時，得由校長或教導主任召集臨時會議。

第四條　本會開會時，以校長為主席，校長缺席，由教導主任代之。

第五條　凡本會議決事項，全體教職員均須遵守實行。

第六條　本會議決事項，若因特別情形不能施行時，須另行召集會議商討變通辦法。

第七條　本會開會時，教職員若因事缺席，須先向校長請假，不得無故不到。

第八條　教職員雖因事缺席，但對於本會所議決之事項，亦須遵守實行，不得藉詞否認。

第九條　本會議決事項，有須得主管機關同意者，得由校長具文呈請核准後方能施行。

乙，五分鐘會議其組織如下：

第一條　本會係遵照實驗區立各小學教職員第一次月會議決案，由校長及全體教職員組織而成。

第二條　本會於每日午後課外時間開會一次。

第三條　本會開會時間，以五分鐘爲準，但有特別事件時，得酌量延長。

第四條　本會係解決每日所發生之臨時事件，及次日應進行舉辦之事務。

第五條　本會議決事項，各教職員須遵守實行。

第六條　本會開會時，以每天監護值日教員爲主席。

八、課外活動

本校本期除上課以外之活動，有左列各種：

甲，關於社會的方面：

1,創辦民衆學校　本校因鑒於本鎮貧民居多，有的因了生活關係，白天要在外面工作，沒有時間讀書，有的因了年齡過大，沒有相當學校可進，以致都失了求學的機會，但沒有讀過書，不能寫信，不能算賬，不能認字這種痛苦他們是感受到的，不過沒有辦法罷了，本校爲解除他們這種痛苦起見，所以聯絡公安隊及聯保辦公處創辦民衆學校一所，無論男女老幼，都可入學，不但不要學費，就是書籍，筆，墨，紙張亦由學校供給，計入校學生有六十八人，女有廿四人、至於經費來源，則係前檢閱壯丁演劇時向各紳商募化而來，共計洋卅餘元，除購煤汽燈一盞，其餘之數，卽作購筆墨紙張及每晚燈油之用，除本校教師及公安隊辦公處職員擔任教授外，並於本校高年級學生中挑選品學成績優良者，四人擔任助教。

2,代民衆校謄寫課本　民衆學因募的捐款有限，沒有多的錢買書，故所用民衆課本，完全係由本校高中年級學生所謄寫，紙張亦由謄寫學生自捐，共計九十餘本。

3,代民衆校謄寫歌單　民衆校學生大多不能寫字，故所教歌曲歌單，純係由本校高年級學生代爲謄寫。

4,捐款援綏　本校各同學因鑒於此次綏邊戰事，於民族國家存亡均有莫大之關係，故自動願將糖果費節省湊集起來援助綏邊將士，共計湊足錢百餘串，已交新蜀報兌往前方，藉表慰勞前線將士之微意。

5、宣傳修築塘堰之利益　本區山多田少，缺水灌溉，衆以夏秋冬三季常患旱災，農民受害不淺，區署爲預防未然起見，故在各處修築塘堰，惟鄉民大多智識幼稚，不明其中用意，區署爲使一般農民人人明瞭築堰利益，故印就宣傳大綱，分發各校轉向民衆宣傳，本校接到此項大綱後，散發各生，并組織講演隊到各處宣傳。

乙、關於校內方面：

1、搬運泥土填平地基　本校本期新建校舍，所有地基，所需泥土，完全是本校教師及同學於每日課外時搬運填平者。

2、遷移校舍搬運校具　本校新修校舍，大體完成後，即於十一月一日遷入，所有一切大小校具，全係教師和同學自動搬運，並未雇用力夫。

3、搬運石頭砌夾石牆　本校廚房與教室兩邊相接之牆，亦係教師與學生於每日課外時間，在二三里外搬運碎石所砌成。

4教授國術　本校因鑒於國術可以自衛強身，故除規定體育科目而外，特加國術一科，於每晨升旗後教授一時，係由公安隊王德福中士擔任義務指導，本期已教完拳術二套。

5、建設籃球場　本校校舍雖以大體完成，但因經費關係，無錢租佃球場，只得將原有空地一幅，除去雜草，用土填平，將前在麻柳林之籃板搬移設立，此項工作，全是由教師及學生於課外時間工作，並未雇人幫忙。

6、自製帚帕　本校洗樓板之帚帕，全係學生捐布自製。

九、各種公約

甲．教室公約：

1、上課不遲到早退，
2、應用書籍筆墨課本於上課前先行帶入，
3、不帶非課業用具入教室，
4、上課時不閒話嘻笑，
5、教師缺課仍在教室自修，
6、上課時不私閱他種書籍，
7、坐的姿勢要端正嚴肅，
8、回答教師問話要起立，
9、不塗污書桌和牆壁，
10、桌上的器物要安置端正，
11、上課時不打瞌睡，
12、應抄寫附錄時不任意不抄，

13、上課時不做其他工作，
14、自己應做的功課，不叫旁人做，
15、紙屑投入字簍，
16、口痰要吐入痰盒，
17、在教室不吃雜食，

乙、請假公約：

1、沒有最緊要的事不請假，
2、沒有准假不缺席，
3、請假要由家長通知學校說明事由，
4、假期滿了，就要到校，不得逾限，
5、請假逾限，未能續假，卽以不假缺席論，
6、請假要自己或家屬來請，不得請旁人代假，

丙、遊藝室公約：

1、不是遊藝時，不得入遊藝室，
2、遊藝要依照規定次序，不得爭先恐後，
3、在遊藝室不大聲叫鬧，
4、遊藝器具用了要還原處，
5、損壞遊藝器具，照價賠償，
6、要愛惜遊藝器具，

丁、生活公約：

1、起坐都有正確的姿勢，
2、聽到鈴號的聲音，要立刻遵行，
3、要愛惜課業用品，
4、自己不明白的功課，要問別人，
5、約會或集會的時候，要準時到會，
6、拈拾地上的碎紙，
7、無課時不託故出外，
8、盡力做值星應做的事，
9、今天的事必須今天做完，
10、天天看報，天天做日記，
11、不和同學鬧皮氣，
12、規定時間，使作業和運動的分量合度，
13、有空閒的時候，叫導弟弟妹妹的功課，
14、不看不正當的書，
15、對於不妨正課的愛國運動要盡力去做，
16、替團體出力不専爲自己，
17、看見新事物，要留心考查，
18、對教師行禮要恭敬，

19、愛護小同學，

20、走路不慌張，

21、不隨地吐痰，

22、注意公共衞生，

十、本校校舍建築之經過報告

甲、建築之起因 本鎮原有之區立樹人小學一所，早年設於鎮屬之東陽鎮，因其地勢偏僻，招生常感困難，乃於二十三年移設鎮上，彼時王蔭槐君正以教委兼校長，深感無固定之校舍爲慮，每思建築，但以經費毫無着落，爰多方經營，幸發覺加重大押，顆粒無收之學田廿石（已取押金七百二十元）呈准變賣，除押外，得純價洋三百元，復查東陽鎮原校舍之廢棄部分，腐壞不堪，繼請變賣得洋一百六十元，同時又發現無主神會房一向，提售得價八十元，共計湊洋五百四十元，及至二十五年春，各項變賣手續方告完竣，殊江北縣府正實行教經統籌，對於此款既令提繳歸公，復令移墳墊款，先後幾經呈復，力爭此款備有專門用途，決難移作他項開支爲辭，此議始罷，乃一面急擬計劃培建麻柳嘴之舊校舍，藉免政府矚目也。

乙、籌備之經過 上述建費，雖經年餘籌措，終以爲數過少，實無另建校舍之可能性，擬欲因陋就簡，從事培修，將行興工，本鎮正改隸實驗區署管轄，未幾，唐區長瑞五，與主任定域及常駐公安二中隊黎中隊長繼光得悉此耗，僉謂教育事業，爲社會大計，校舍務求完備堅實，與其補葺腐校，不如另建新舍爲宜，於是改絃更張，再四籌計，先後決議之事項如下：

1、租定本鎮田壩子大碉樓爲校址，每年租金洋一十六元，

2、會同區署內教兩股，繪具圖說，標招包修。

3、關於拆廢大碉樓工作與夫搬運材料，由公安二中隊士兵幫助（但不久因匪風四熾，士兵應調防守，於是幫工始疏。）

4、修建雖屬包工，但須逐日記工，由公安二中隊負責購買材料，須經學校主體人核查點收後給價，藉資覈實，萬一經發不敷時用便查攷。

丙、校舍之形勢及分配 根據區署每一鎮設一區立完全小學，用備各義務校初級學生升學所在之旨，其校舍圖樣及分配更不得不事前籌計周詳，以應將來需要。

1、形式 校舍純爲西式建築，圖成長方，直度中尺八丈三尺，橫度三丈二尺，高度三丈四尺，一樓一底，中介六

尺巷道，以資連絡貫通。

2、容量　教室八間，大者面積可容六十餘人，小者可容學生三十餘人，

3、遊藝室一　4、交通室一（即傳達室）

5、禮堂一　6、會客室一

7、辦公室一　8、教員寢室二

9、學生大寢室一　10、閱覽室一

11、男女廁所各一　12、盥洗室一

13、廚室一

丁、經費之來源及缺額　是項建築經費，除固有五百四十元外，又提來猪捐洋四百五十三元七角及售破舊囤船得價二十元，合計共洋一千〇一十三元七角，總計全部建費應需洋一千八百八十餘元，至十二月底止，全部工作已告完成，實支洋一千五百四十餘元，除收募捐款一百餘元外，尚拉各教師八，九，十，十一，各月薪金洋二百四十元，拉移區署書費學費各洋八十餘元，總計全部建費欠洋七百餘元。

四川省家畜保育所江巴實驗區本年度工作程序 廿六年一月至六月底

（一）調查：

A、研究區——北碚鄉三十三保種用猪頭數及配種情形調查，自十二月二十五日，發出調查表至二十六年二月十五日止。

B、表證區——原定北碚鄉第三十三保爲研究實驗區，今易名爲表證區，按表證區本定廿五年年底完成調查，今爲便利比較研究起見，擴大表證區爲三保，故除第三十三保外，復加北碚鄉第七第八兩保，此二保之調查，自一月十七日起，二月底可結束，完成報告。

C、其他調查——臨時問題，隨時加以調查，或有繼續性者，不能預約期間。例如牲畜市場調查，土有良種及其他特殊之畜牧獸醫問題之調查等等是。

（二）宣傳：

I、口頭宣傳

A、表證區挨戶宣傳，說明家畜保育所工作之意義，時間與調查同。

B、民衆集合之機會，(1)壯丁會操，壯丁檢閱，保甲長及小隊附會議，無時間限制，有機會即宣傳，造成濃厚之畜種改良獸疫防治之空氣。(2)北碚例有之假節，如新年，夏節等，宣傳簡單問題，如畜舍衞生，家畜防疫，及簡而易行之隔離消毒法。(3)民衆會場——派定畜產改進會會員，(稍有知識之農民或畜主)代爲宣傳——時間每週星期一四兩日開放，全係繼續性。

C、特殊機會——不能預定時間，自一月至六月，有繼續性(1)實驗區署各事業機關之聯合紀念週時間，每週作擴大宣傳，造成提倡之空氣。(2)峽區全體壯丁檢閱(舊歷正月半)作播音宣傳。(3)利用區署無線電廣播電台，播送全區民衆，以畜牧獸醫有關之問題，普及一般之畜牧獸醫常識—預定每月至少有三次。(4)義務教師訓練班正式添設課程，灌輸畜牧獸醫常識，用廣宣傳，時間自一月廿五日起，至二月十日止，義務教師每月常會，則另加講演。(5)各種臨時之盛大集會，(例如歡迎會，紀念會，以及畜產改進會等集會)時間臨時酌定。

D、平時機會(1)來辦公處參觀者據一月之廿日內統計，已達七十八之多，平均每日有三五人，是以日常之宣傳機會亦頗多，且往後或更多。(2)民間喜慶之機會以及凡與人接觸之時機，均須繼續宣傳，藉以普及畜牧獸醫常識。(3)表證區中各保之義務小學向各小先生作粗淺之談話，目的在使小朋友熟悉，然後可向其各家庭推動，此項工作，擬自各小學開學時(三月十日左右)起，第三十三保業已全部達相當認識，故在例外，至三月底止。

II、文字宣傳

A、印發告農友書，此項傳單，業已於廿五年十一月印就二千份，目下尚有千餘，擬在廿六年一月至六月底，各民衆集合之機會，擇其稍具知識者，發送完畢。

B、淺說——本區翻印養猪淺說一種計五百本，由所寄來畜牧獸醫淺說共十種，每種計百餘本，所中又寄到參觀要覽一種五十本，除發給各義務教師及小先生外，復作來區參觀者臨時供給之宣傳品。

C、標語——去年十一月印就標語八種計二千四百張，現存近二千張，本年擬於畜產改進會成立後，交由宣傳組代爲各場各保張貼一千份。

D、二月廿五爲夏歷正月十五，亦有壯丁檢閱，又爲峽區畜產改進會成立紀念日，本區擬印家畜保育三千份，內容粗淺，係談防疫及配種等問題，散發各壯丁農友，便于粘貼。

E、圖照及標本——本區業已收製圖照表格數十種，懸掛辦公處壁間，現正從事各項牲畜病理標本及圖照之收製，藉供來區參觀者之觀摩，并擬于羣衆集合之機會時陳列，更擬于每月借民衆會場幻燈放射或表演一次，復設計木製豬籠二個，以便內裝優良種豬，當場陳列，以供衆覽。——時間爲二月二十五日及夏節。

F、其他文字品宣傳之場合——嘉陵江日報新聞揭載，或副刊披露，各項零星消息。農民週刊及北碚一月至六月各刊至少登載六篇，內容均係與本區有關之事項。

(三)訓練：

A、學校方面——(1)兼善初中計有學生三班，各班每週均有一小時之畜牧獸醫常識之訓練，俾能自動宣傳，自一月至六月底，並不間斷，平時有特約數人來處作技術上之實習，(2)北碚小學高級部，每週有家畜保育一課，自三月起卽訓練該小朋友等組織兒童家畜保育團，復興兔之推廣，卽藉此項團體，促進養畜興趣，教以飼養與管理力法，於六月底，蓋有相當之成就。

B、民衆方面——(1)訓練農婦，北碚第三十三保各戶之農婦，業已授防疫常識完畢，而今添定第七第八兩保亦自二月下旬起，逐甲訓練其防疫方法，定三月下旬完畢。(2)夜課學校學生，及表證區中之義務學校學生，訓練其下列各項問題(一)如何選擇種豬，(二)如何餵豬，(三)畜舍衛生。(3)本區工人，除日常應知之條件外，充分加以技術上之訓練，臨時問題發生，隨時加以解釋並於每晚有三十分鐘之技術上之原理講述，又於每晨導以早操鍛鍊各人體格。(4)臨時有願來區自費見習者，均表歡迎。(5)保甲長及青年有知農民，訓練其有疾病報告之習慣，而任獸疫報告員之義務，此項工作之時間，約自二月下旬起，繼續親赴各保甲講述之，或於保甲會議時宣告之，至五月底止。

(四)組織：

A、由本區發起組織峽區畜產改進會，定於二月二十五日成立，協助本區工作之推動。

B、組織合作育種社，約于六月內可開始施行。

C、組織兒童家畜保育團，約於三月底可開始施行。

(五)獸疫防治：

A、門診——凡有患病禽畜，擕來辦公處時，隨時加以治療，此項工作，並不限定時間，隨到隨診，以便畜主，兩月來農民擕病畜登門求治者已有八起。

B、出診——爲增加宣傳訓練的機會起見，凡區址周圍十里以內，得悉有獸疫發現時，或農民報告有病畜及請求預防注射，均依報告之先後隨即順序前往防治，其有獸疫流行，或同時有猪牛十隻以上，前來報請防治者，當即前往，不受時間里程之限制，兩月來計已共出診三十六次。

C、獸疫防治之設施——選定實驗區內北碚鄉第七保第八保第二十三保等三保爲獸疫防治表證區，其中一保施行普遍預防注射，暫定應行注射者爲猪肺疫，猪霍亂，猪丹毒三種。一保則盡量提倡指導畜舍衛生運動，並督察實施及其他如消毒隔離等防疫方法之措施，惟不行預防注射。一保則不預防注射，亦不督察實施防疫辦法，聽其自然，以資對照，俾比較其效果。

D、預防注射之程序——在表證區中的一保，並施行普遍預防注射之程序如下：

（一）四月施行猪肺疫普遍預防注射。

（二）五月施行猪霍亂普遍預防注射。

（三）六月施行猪丹毒普遍預防注射。

（四）隨時輪流檢驗已行預防注射後牲畜之反應。

附註：表證區與非表證區同時有畜主報請防治時，則表證區畜主有優先之權。

（六）改進與實施：

A、一月十五日，本區種畜場建築全部竣工。

B、二月初旬，接收實驗區署交來長毛兔，美國兔　及本地兔共數十頭，囑代設法飼養管理並推廣。

C、一月十四日，接收區署交來盤克縣猪牝猪一頭，審能乳用牝羊二頭，請爲保管與飼養。

D、二月初旬赴區內種猪產地歇馬場，採購優良白色種猪十餘頭，運回本區後再行精密考核，以資選擇而備種用。

E、畜舍清潔檢查，每週一次，自三月起至六月底止。成績優良者，即作表證農家。

F、在夏節前後，研究區內舉行賽猪比賽會一次——比賽規則及獎勵辦法另訂之。

（七）合作與推廣：

A、實業部農本局將於二月來北碚設辦事處，本區將與其商計，關於牲畜問題之種種合作辦法，其問題之內容，包括以下各項同：

(1)合作育種社

(2)豬本貸款法

(3)家畜保險法

B、關於推廣事宜，可分下列三端述之：

(1)由區署交來之長毛兔，可以向兒童家畜保育團推廣，預定六月底止，推廣長毛兔十頭，本地兔與改良兔十頭。

(2)本地經選擇後之優良種畜，二月購進，至今年六月底，尚未達繁殖年齡，故無以推廣。

(3)本區由所分配到區者，僅約克縣白公豬一頭，計一月下旬可到，二月初即可與當地母豬交配，直至六月底止，按預算可配當地母豬六十至七十頭，二月初配者六月間剛可產生第一代雜交豬，至六月底尚未斷乳出賣，各項效果與成績，尚未能統計歸結。

嘉陵江三峽鄉村建設實驗區署廿五年十二月份工作報告書

甲、內務方面：

一、槍彈統計——自上月槍炮登記辦理完竣後，關於烙印給照各項手續，常在繼續進行中，爰依照呈報定限於本月上旬派員分赴各鎮，趕辦完結，統計如下：

區屬五鎮槍彈統計表

鎮別	槍 公有 手槍	槍 公有 步槍	槍 私有 手槍	槍 私有 步槍	子彈 公有 手彈	子彈 公有 步彈	子彈 私有 手彈	子彈 私有 步彈	備攷
北碚	無	115	1	308	無	380	30	2607	子彈以發計
黃桷	無	26	7	226	無	40	310	3356	
文星	無	44	3	144	無	273	93	677	
二岩	6	37	無	95	無	無	無	1942	
澄江	5	59	1	267	20	396	30	3234	
合計	11	281	12	1040	20	1089	463	11816	

總計			
公私有	手槍	二十三枝	內有廠造廿一枝其餘皆土造
	步槍	一千三百二十一枝	內有廠造一〇四枝其餘皆土造
公私有	手槍彈	四百八十三發	
	步槍彈	一萬二千九百〇五發	

二、檢閱壯丁——區屬五鎮壯丁，自上月開始訓練以來，業己月餘，誠恐各場因循敷衍，乃於本月調集分期來碚檢閱，以資考核，而便整頓，機閱結果各予獎評，倘有相當成績，茲將各鎮檢閱日期，及實到人數，分列如左：

鎮名	檢閱日期	實到壯丁人數	備攷
澄江鎮	六日	七三四	
二岩鎮	八日	二三七	
北碚鎮	八日	九七二	
文星鎮	十二日	五二八	
黃桷鎮	十三日	五八八	
合計		三〇五九	除壯丁外五鎮實到隊長小隊附共一百九十二人

三、維持治安情形——(1)合川白峽口接近華鎣山，為江合兩縣交界之地，年來匪徒潛滋，時出江合地方行劫，且該處與本區相關有如唇齒，非派隊駐防，不足以維持治安，乃於本月邀江北合川兩縣縣長開聯防會議，決議設聯防辦事處於白峽口，江北合川各調民丁隊一中隊本區一分隊駐防要地，並曾委合川民丁隊總隊附趙璧光，為辦事處主任，曾經會銜呈報專署在案，(2)派遣壯丁隊於各鎮重要地方，搭設更棚，輪番守夜，(3)不分晝夜，由署派員督飭壯丁隊演習緊急集合，俾免發生匪警時，倉皇失措。

四、復查戶口——區屬各鎮戶口，自二十五年夏間調查編組後，感覺尚不十分精確，因於本月上旬復派員分四路十組出發作細密之調查，計每路二人，限兩月完成，在全體未出發之先，預擇山邊一保，河邊一保，試作調查以期盡量發現問題，作為研究資料，研究結果，將應調查事項，分門別內，印製成表，加以說明，俾便調查人員一致照辦，免有紛歧，所有調查數字，俟下月調查完成，再為統計報告。

五、核定各鎮經常預算——區屬各鎮聯保辦公處，每月經常費用，從二十六年一月份起，從新規定，計核定北碚為月支九十九元，澄江為六十元，黃桷為六十六元，文星為五十七元，二岩為三十三元，所有收支帳目，須每十日送署審核一次，以昭覈實。

六、訓練事項：

I、各機關伕役訓練——本署及所屬各機關勤務傳達伕役等，每於夜間休閒，鮮有工作，乃就北碚天上宮內，開辦夜課學校一所，專教勤務伕役，指派職員担任管理及教員職務，教授識字常識等科，每晚兩小時，計編甲乙兩組，視其程度，分到受課，共有兵伕五十三人。

II、屬於公安一中隊者——(1)本月內担任北碚及金剛碑公安勤務并時常出差剿匪，留隊士兵又有經常勤務，以致訓練甚少，只每晨作爬竿跑山等運動，晚間則令讀書，及閱報等事，(2)本隊上月派署學習拳術大刀之隊附吳能靜，軍士蔣明德等，現均學成回隊，開始教授士兵。

III、屬於公安二中隊者——(1)本月因出差剿匪時間甚多，學科方面，僅教授士兵千字課，常識及習字等。(2)術科方面，教授大刀及拳術等。

IV、屬於公安三中隊者——(1)本月大半時間，均出差剿匪，訓練機會甚少，學科則在晚間教以讀書閱報及音樂等，術科則為晨間教授大刀拳術等。

七、案件統計：

I、屬於區署者——(1,)軍法案十五件。(2,)竊盜八件。(3,)教育案四件。(4,)債務八件。(5,)租佃九件。(6,)鑛務案三件。(7,)雜案十二件。

II、屬於公安一中隊者—(1,)債務五件，(2,)婚姻四件。(3,)鬥毆四件。(4,)竊盜五件。(5,賭博三件。(6,)租佃一件。(7,)誘姦一件。(8,)雜案四件。

III、屬於公安二中隊者—(1,)經界二件。(2,)鬥毆四件。(3,)賭博三件。(4,)竊盜五件。(5,)債務五件。(6,)婚姻四件。(7,)租佃二件。(8,)毀損三件。(9,)雜案十六件。

IV、屬於公安三中隊者—(1,)拐逃三件。(2,)債務五件。(3,)會務四件。(4,)租佃三件。(5,)賭博二件。

八、公安任務：

I、屬於公安一中隊者——(1)配備北碚市區六保壯丁，晚上防守事宜，并分全市為六個防守區。(2)每晚巡查各哨棚壯丁勤惰兩次，免有疏失，(3)本市戶籍管理，改用卡片，現已將各路卡片登記完竣，(4)幫助整頓北碚保甲戶口，對於市面清潔，除每日督飭巡邏及清道夫認眞整理外，並責成各舖戶負責隨時掃除。(5)西安事變後，錢商乘機造謠，故抑法幣價格，紊亂市面金融，派兵嚴密取締。

Ⅱ、關於公安二中隊者——(1)各派出所督促市民舉行清潔大檢查四次。(2)取締白廟子河邊私廁所，另覓適中地點，建築公共廁所兩處，以重衛生。

Ⅲ、關於公安三中隊者——(1)澄夏兩市街面，因年久失修，十九壞濫，每遇天雨，泥濘不堪，特商洽各街舖戶一律補修一次，業於本月將全市一律用石板安補完好。(2)澄江鎮舊有廁所，雖經一再整理，仍覺難期清潔，不合衛生，本月特商同地方醫院將舊有廁所完全取銷，擇定適中地點另建一、二、三，四，號公共廁所四個，議定二、三兩號，由地主自行建築，一，四兩號，由本隊新門硐派出所士兵，就自身生產，每月燒石灰所得利益建築，已於本月下旬開立，預定下月半間完成。(3)澄江鎮屬倒插溝之寶源炭廠與背連彎之燧川炭廠，因爭奪窯路，發生糾紛，雙方互放毒彈，燻傷工人，得報即派兵制止，事態未致擴大。(4)本月因陝變發生，澄鎮奸商，乘機操縱金融，故造謠言，勒抑法幣價值，市面頓行恐慌，當即指派官長率同士兵四名，在市面予以解說，禁止歧視，並懸牌規定法幣價值，一面派便衣兵密查歧視法幣奸商，風潮頓平。(5)澄夏兩鎮門牌，自前月將戶口調查完竣後，即督工趕製，編塡號碼，本月已將全市懸釘完結。

乙、建設方面：

一、計劃修築塘堰水庫——本區塘堰水庫之修築，上月已開始籌備，本月將全區五鎮鄉劃爲十個輔導區、每區調派職員二人、爲輔導員，監督修造，在未動工以前，聘請水利專家，先爲講授修築辦法，研習半月，始行出發，一面由農業技士率領各輔導員，前往區屬有水源之地，如高坑岩高灘岩旋風岩老鷹岩磨心坡等地，實習測量，一面趕製鑿塘工具六種，準備明年元旦開工，但提前在本月底開工者，已有四起。

二、編輯工作——(1)編輯峽區十年來之經濟建設，一文，交工作月刊登載，其內容分：(一)農村復興事業之實施；(二)農村改進；(三)合作事業，(四)地方苛捐雜稅之廢除；(五)金融整理；(六)水利；(七)林懇事業；(八)

漁牧；（九）工業；（十）交通等，（2）擬訂農村運銷兼營信用合作社章程，並作改組農村銀行之運動，（3）擬編造林計劃書與塘堰計劃，呈報三區專員公署核示。

三、地方經營：

I、屬於公安一中隊者——（1）金剛碑分所，栽植梅桂各五十餘株，佈置營外風景。（2）栽桐子秧四百五十株於荒坎上。（3）修理北碚西山路梯坎及和睦路街道破濫石板。（4）利用人犯補修環場馬路缺口及學園路一帶陰陽溝。（5）填平河邊街道及菜市。

II、屬於公安二中隊者——（1）北碚下碼頭，為渡黃桷樹往來必經之路，惟堆積鵝卵石過多，凸凹不平，來往過河行人，極感不便，特派兵除去沿路石子，長約百餘丈，以利行人。（2）文星鎮之圖書館，前已改為戒煙醫院，讀書閱報，均成問題，該隊乃發起募捐，另建圖書館一所。（3）修築瓦店子分所，由碉樓至鄉村路一段大路約長里餘。

III、屬於公安三中隊者——（1）打撈夏溪口運河之魚，該漁船與地主分去一半外，計得魚二百九十餘斤，售洋六十餘元，全部撥作地方公益事業之用。（2）本月與區立澄江小學校，互換住地，但因該校年久未修，多已傾圮，應事補修，方可住居，除竹木材料及泥木工匠外，其餘一切工作，統由隊中士兵担任。完全補修一次。（3）在澄鎮聯合辦公室後面派兵闢出荒土一幅，佈設花園。

四、陳列室——（1）添掛各陳列室照片及補寫標簽。（2）整理陳列物品，及清點公物一次。（3）整理儲藏室，內有陳列品及廢物，預備各陳列室，隨時互換。

五、動物園——（1）整理畜舍，如雞舍，吐綬雞，雁鵝鳳鴨等棲宿之所，一律用篾席釘蓋，既以禦寒風，又可以防止野物侵害。（2）修理兔箱，集中各種兔子於一處，以便生火加溫。（3）遷移兔園雜交雞於動物園第四雞場飼養，（4）患猪瘟病之複興兔，送請家畜保育所，江巴實驗區，研究治療。（5）逐日檢查動物生活情況，製訂生長重量表，隨時稱量登記。

六、平民公園——（1）移植大禮堂外白楊於動物園四週，點綴風景。（2）贈送璧山縣政府第三科白楊，洋槐，法國梧桐，各十株，夾竹桃紫荊花各二株。（3）移植白楊於區署附近，計定植者七百四十株，在河畔假植者八百六十株，又贈三峽工廠洋槐八十株，並代為栽植。（4）

合栽洋虫菊於一處，以便管理。

丙、教育方面：

一、教師月會——（1）本月六日，召集各區立小學校教職員月會，商討教育之實施及行政組織各問題，借以決定下期教育方針，並檢閱各校之各種表簿，考攷其成績，指正其錯誤。（2）二十日召集開義務教師月會，檢討各校過去成績，計劃將來辦法，并將各校成績在會議席上當衆宣佈，使優者益自努力，劣者知所改進，在未討論問題以前，并報告時事，及由地方醫院講授普通疾病治療法，四川家畜保育所，江巴實驗區講授牲畜衛生等，因各教師，散居各保，幫助宣傳，易於深入也。（3）檢視區屬各校概况表，以所發現之問題，作月會研討資料。（4）擬編北碚勞動服務團，社會常識講義，派員講授。（5）統計全區學生人數計，計區立小學四所，有學生七百三十五人，義務校六十六所（另有四所尚未報來）有學生二千二百廿三人，統計有男女學生二千九百五十八人

二、小先生教學：

1、北碚三十三保共學處，自前月經民衆教育委員會之努力組織，已設立者共有十五處，小先生教學，頗感興趣，茲將本月訓練及整理工作情報，分述如左；

（一）訓練——（1）訓練小先生教學組設之團長，每日出席視導各共學處活動。（2）向小先生作精神講話八次。（3）視導小先生教學十一次。（4）攷驗小先生誦讀老少通第一册全本。（5）由學生自相議定，履行及違犯公約之懲奬辦法，施行自治。（6）學習各種應用文式，以備幫助民衆代筆。

（二）活動——（1）幫助四川家畜保育所江巴實驗區召集北碚三十三保各甲婦女舉行防疫宣傳共七次計列席婦女一〇六八人。（2）作水利及蠶桑宣傳一次。

（三）集會——（1）召各共學處開聯合週會三次。（2）繼續前次整隊集合及開會儀式之訓練。（3）訓練會場應遵守之規則，靜肅秩序。（4）唱黨歌及歡迎歌。（5）對學生講述政局與羣衆生活之關係。並家畜防疫之要點。

（四）攷績——（1）第一次攷認家畜保育所及家畜名稱等字，成績最優者五名，各奬課本一本，次優者十二名，各奬橘柑一枚，（2）第二次攷寫常識兩種數目字。

（五）整理——（1）製北碚三十三保共學處學生統表計，表式如下：

共學處設立地點 ╲ 人數 ╲ 項別	完全不識字者	稍曾讀過書者	合計
劉家灣	6	4	10
劉家院	5	1	6
水井灣	4	0	4
蔣家院	6	0	6
傅家院	5	0	5
齊家溝	6	1	7
官山坡	3	2	5
郭家沱	2	0	2
馬家灣	4	2	6
金銀崗	4	0	4
土地崗	8	1	9
大田坎	6	3	9
張家沱	6	4	10
杜家街	3	0	3
張墳壋	3	0	3
總計	71	18	89

(2)視導北碚，八，九，十七，三十一．三十三各保，黃桷鎮，七，十，十九各保，及區立小學附辦民衆學校，及小先生教學情形。(3)蒐集川劇及新作曲本，備作研究改良之用，已選得者有梁山冉開先於民國十八年出版之梁樵曲本二册，計劇十九種，三十六齣，有安岳李慣餘於民國廿二年出版之警鐘第一集，計劇十四種，五十九齣。

(六)自北碚三十三保提倡小先生教學以後，影響各場紛紛仿行，月來日有增加，茲將區屬各鎮小先生人數統計如下：

(1)北碚　男四十五人，女十一人，共五十六人。(三十三保不在數內)

(2)黃桷　男八人。

(3)澄江　男十三人，女四人，共十七人。

(4)二岩　男二十四人，女十一人，共計三十五人。

三、民衆學校——本區民衆學校，因限於地勢，多附設各義務校內，其他區立小學，公安隊，聯保辦公處．附設者間亦有之．茲就本月底各義務校附設之民衆學校，統計如下：

Ⅰ、北碚鎮　共四所計學生男六十五人，女六十人。

Ⅱ、黃桷鎮　共四所計學生男七十四人，女四十人。

Ⅲ、澄江鎮　共六所計學生男一百廿人，女十四人。

Ⅳ、文星鎮　共一所計學生男十一人，女十二人。

四、補習教育——短期小學

Ⅰ、課程——共授五〇四小時，初四年級每日授課六小時，其餘各級每日三小時。

II、訓導——每週定訓導標準一種，本月四週，共分爲守秩序，愛整潔，有禮貌，守時刻四種，作爲中心訓練。

III、攷試——本月舉行週考一次。

五、民衆圖書館——(一)本月於舊設蒐求，編目，典藏，期刊，外借，出納，閱覽，參攷，修裝，庶務，文書各組之外，爲求閱覽人便利起見特添設流通組一組，其工作分配如下：(1)巡迴文庫，定一月更換一次，按時配備書籍專人送達各閱覽處所，現有文庫五十餘號。(2)巡迴圖書担，配備各種書籍按戶勸閱，依書籍篇頁之多少間日或三四日掉換一次，計本月在北碚市面登記者，共有三十六人，送書九十七次，後到三十三保杜家街齊家溝一帶，登記十七人，業與共學處各小先生取得聯絡，以期推廣，鄉間農民，養成讀書風氣。(二)閱覽統計：本月開館三十一日，室內借閱計有一百六十九人，又閱覽報章雜誌等計市民三千四百五十五人，學生四千三百五十二人，職員一千六百八十一人，共計九千六百五十七人。兒童閱覽爲一千七百二十一人，館外借閱爲一千八百一十八次，巡迴圖書担借還共兩千另四册。

六、民衆問事處：

I、代筆——(一)代書信函，計慰問五件，通知十件，索債一件，借貸二件，請託信一件，購物信三件，兌款三件，共計二十五件，以寫字人職業分，計農人十人，工人五人，商人一人，軍人三人，無業一人。(二)代書雜件十八件，計婚姻證書四件，保狀三件，支條九件，佃約一件，借約一件。

立、引導——(一)團體：學校一起係重慶大學全校學生，計男生三二五人，女生四一人共三七六人，內分五組，以兩天時間輪流到北碚北川鉄路，温泉公園，運河公園，縉雲寺等處參觀。(二)旅客：遊客七起，計男賓十二人，女賓五人，學界一起，商界二起，軍界一起，政界三起，以四川省銀行經濟調查員，蘇明昭君參觀最詳，并徵集峽區各種刊物，以作參考。

丁、衛生方面：

峽區地方醫院，工作情形，分列如次：

一、復查孕婦——本月繼續調查上月孕婦工作，前後共三次，由護士長陳文淑率領女護士生，前往北碚各路逐戶拜訪，並印製孕婦保健表，三千張，發交各孕婦，每人一張，指示在孕婦期中保護方法。

二、戒煙工作——區屬文星鎮戒煙醫院，自成立後，入院戒煙者日益加多，本月加做木床六十間以備應用，統計入院脫癮者一百另五名，該戒煙醫院除由地方醫院常川派員住院施戒外；幷派陳護士長隨時前往指導護士工作。

三、公共衞生之實施——(一)為預防眼病之傳染及治療起見，本月就義務教師月會席上由左院長立梁向義務教師講授眼科常識半小時，並配製第一號眼藥七十五份，發交義務校備用。(二)左院長立梁率領學生兩次赴北碚小學考查學生，血色蛋白質，受驗學生計有二百四十五名。(三)左院長立樑率同護士生譚海秋，前往澄江鎮代公安三中隊設計改建該鎮公共廁所，除口頭說明建築方法外，並製就建築圖說一份，送交公安三中隊，按照建築。

四、施行手術：——(一)本月份剜割大手術兩次。(二)作截洋瘤子手術兩次。(三)接生難產五次。(四)作接骨手術四次。

五、治療統計——(一)普通內病一百五十八名。外病六百三十五人。(二)區署所屬各機關內病一百三十九名，外病一千另七十三名，各分診所合計治療一千四百五十六人，總計全月門診治療三千四百六十名。(三)全月住院病人三十九名，外病二十一名，內病十八名。

歡迎訂閱　歡迎介紹

本刊已呈請內政部及中宣會登記

北碚月刊

中華郵政特准掛號認爲新聞紙類

第一卷第六期

民國二十六年二月一日發行

定價

每月一冊　一日出版　全年十二冊

訂購辦法	冊數	價目	郵費 國內及日本	澳門香港	國外
零售	一冊	二角	三分	八分	二角
預定全年	十二冊	二元	三角	九角六分	二元四角

郵票代價十足通用

編輯者　嘉陵江三峽鄉村建設實驗區　北碚月刊編輯部

發行者　嘉陵江三峽鄉村建設實驗區署　四川巴縣北碚

印刷者　重慶新民印書館

分售處　各埠大書局

廣告刊例

等第	地位	全面	半面	四分之一
特別	底封面外面	四十元		
優等	前後封面之內面及對面	三十元	十六元	
上等	圖畫前後及正文首篇對面	廿五元	十四元	九元
普通	首篇以外之正文前後對面	二十元	十二元	八元

詳細廣告刊例函索即寄

北碚月刊徵稿條例

一，本刊以記述農村實況傳達鄉建實施方法研究農村改良技術等爲主旨歡迎投稿其範圍如下：

1，農村社會實況

2，鄉村建設之理論及實施

3，各地鄉村運動之消息及現況

4，鄉村事業之調查及報告

5，時代知識之介紹學術問題之商榷

6，寫實的文藝作品國內外旅行實紀等

二，本刊略分論著調查計劃報告科學教育文藝通訊隨筆等欄

三，來稿須繕寫清楚并加新式標點符號如用洋紙只寫一面

四，來稿以每篇自一千字至一萬字長爲限過長者不收文體不拘

五，本刊暫不收譯稿

六，來稿如不願增刪修改者須先聲明

七，來稿署名聽作者自便但須將眞姓名及通訊處寫明以便通信

八，凡須將原稿退還者須預先付足郵票否則無論登載與否概不退還

九，來稿經登載後酌致薄酬如左：

1，每篇廿元左右

2，每千字一元至五元

3，贈本刊若干期或其他名著，刊物等

十，來稿交四川巴縣北碚三峽鄉村建設實驗區本部

招登廣告　敬請批評

我們底教育

↑北碚小學全景

←北碚小學分校校景

↑北碚小學兒童圖書館

→勤耕苦讀

↓區署黃桷鎮新校舍

該校建築時凡挑土，運碾，砌石灰、闢運動場等工作，全爲學校師生及公安二中隊士兵共同担任之

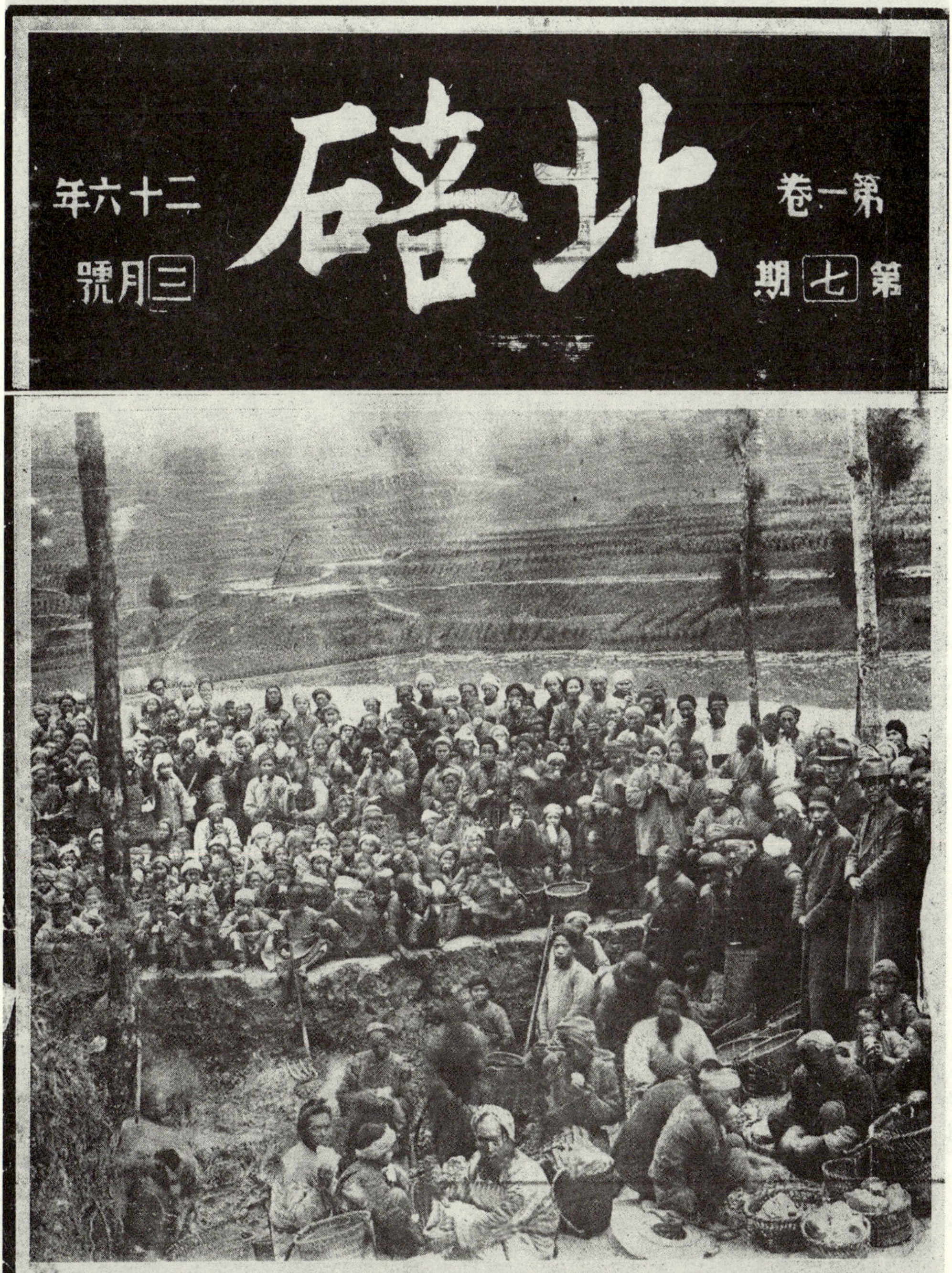

四川嘉陵江三峽鄉村建設實驗區署發行

北碚救災

年關領賑

點名發票

芭蕉可充飢

誰說白泥不可食

樹皮亦可食

他們的黃金時代—飢餓。

領得賑米度殘年

坐以待賑

望哺者何其凄切！

發放賑米

◉本刊第一卷◉

第一期要目
廿五年九月一日出版

第二期要目
二十五年十月一日出版

第三期要目
廿五年十一月一日出版

第四期要目
廿五年十二月一日出版

第五期要目
二十六年一月一日出版

第六期要目
二十六年二月一日出版

北碚月刊歡迎分銷

本刊發行以來，內容方面，力求精進充實，幸蒙各界贊許，銷行日廣，茲為便利各地閱者計，擬廣設分銷，倘荷賜予提倡，概允担任寄售，無任歡迎，詳章函索即奉，茲將川內已設分銷及代訂處列下：

北碚分銷處：嘉陵江日報社
北碚溫泉公園

合川分銷處：新新書局

成都分銷處：開明書店

重慶分銷處：北新書局
中國圖書雜誌公司
今日出版社

民國廿五年創始

北碚月刊

第一卷第七期目錄
民國二十六年三月一日出版

防旱與救荒

編　者

去年吾川大旱，形成空前荒災，據省賑會調查：被災區域，達一百零二縣，（佔全川三分之二以上）：計面積為三千六百六十四萬三千七百七十九公里，災民約三千餘萬，（佔全川人口二分之一）主要農作物之損失，如稻，麥，高粱，玉蜀黍，豆類等，估計共約一，〇八六，〇〇〇　〇〇〇元，其損失之重大，至足驚人！

以此廣闊之災區，深巨之損失，嚴重之災情，其結果會給社會以什麼影響？無疑的，高利貸榨取的更趨殘酷，農村經濟的破產，大衆無產化的尖銳，更形以最後造成急性的飢餓與死亡，農民離村與騷動現象的不斷發生………現在吾川已經步入了這最後的嚴重階段，四千餘萬農民漸已由飢餓線而墮入死亡線了！

本年入春以來，災象益趨嚴重，各縣農民，已呈極度不安之態。有的只好逼得去串演逃荒，吃大戶，拔草根，剝樹皮，挖白泥………等一類人生最悽慘的悲劇，還樣，他們長久在生活飢荒的追逐中，除了流離，自盡，餓斃外，比較勇敢的，被迫得萬無可忍時，也就只好挺而走險，將生命與法律道德宣戰了！所以近來川中各地，土匪蠢起，殺人越貨及城鄉搶劫之案，幾乎無日無之，目前險象，更為普遍，地方前途，危機四伏，未來險患，且正滋生着，此點尤為整個四川前途之一大暗礁！

茲吾人為應付此荒災嚴重之局勢；則在如何翦除飢困，安靖地方，防患未然，而使民不重困，農不重傷，實為善後之要件，比日以來，常睹報載，乞救者塞市，望哺者甚殷，地方政府，社會人士，雖有不少救濟之方，但多偏於一隅，不甚普遍，甚或徒託空言，無裨實際，其得惠施者，何及萬一？查此次災區廣大，災民衆多，政府人力、財力有限，欲求早蘇民困，則非藉羣策羣力不為功，若政府能籌撥巨款，人民能廣事募集，上下一致，盡其全力，不僅以慈善之惠施，更本政治意義，予以救濟，換言之：即不限於義賑，而重在救災，不僅救已成之災，更注重防未來之災。

本刊爰本「人有飢者，猶已飢之」之微旨，願與社會人士共同努力促進大規模的防旱救荒運動，故特搜選關於防旱救荒論文若干篇，無論其為提出治標之意見，或治本之辦法，均甚簡明，具體，實際，可供政府之採擇，可資吾人之研討，用特介紹於後，并此向各作者深致謝意！

如何救四川之饑饉？

李儀祉

四川號稱天府之國，而人民之窮困顛連乃有非外人之所意想而知者，蓋數十年來在軍閥淫威之下，鴉片毒霧之中，一般小民之生活，已非人所能堪，加以三載以來，屢次歉收，二十五年秋收尤薄，小民本已枵腹，復何能度如此奇荒，故一入夔門，即見災民到處乞食，鳩形鵠面，聞各縣災民以樹皮及觀音粉供吞食者，普遍皆是，而萬縣公園內，本有芭蕉甚夥，亦罹饑民之災，幾於絕株，窮民之窟，其所食與豕食無異，據建設廳長盧作孚君函述，受災之區凡一百零五縣，佔全川三分之二而有餘，如此奇災，胡可漠視。

竊以四川此次之災與陝西十七，十八，十九三年之災相類，其致災之原因亦復相同蓋乾旱乃其近因，而其遠因則由於軍閥之苛政，土劣之剝削，鴉片之害稼民力之衰弱，故欲救此災，賑濟不過其標也，根本救濟則在何以消除此大因，民生得以穩定，不至以偶而天時之變，遂陷於不可救拔之苦，中央及地方當局，其注意之。

一，宜痛切剷除鴉片之毒，禁絕毒品本爲國民政府極要之政策，乃行之於邊省便有許多瞻顧，曰緩禁，曰分期，曰分域，皆不澈底，不乾淨，不以民生爲重而猶有私利之見存於其間者也，夫人民之所缺乏者，所恃以養者五穀也，所不需而受其害最深者毒卉也，今使良田遍植毒卉，五穀之產不足，民焉得不饑，政府爲民而設，有害於民者去之當惟之不力，今日以待來年，是何異於攘鷄者之所爲，且其所以主張緩禁者，不過以軍人餉糈之無出，以中國之大，軍糈必使出於毒民之所攫獲，民苦而

天旱時糧食生產救濟辦法

愫　述

去夏川東北受旱。秋冬以來，全川告旱，冬季作物，又鮮希望，倘萬一長此缺雨，今春不能播植，則民食問題之嚴重，將更不堪設想，除目前謀調整糧食價格及運銷外，應再進而謀生產方面預備萬一之計，免致臨渴掘井，張皇無策，玆擬具天旱時糧食救濟辦法如后：

（一）勤耕作以使雨水悉入土壤

川省平常年之雨量，本極充足，其在季節上之分佈，以夏爲最多，乃自去歲半年餘以來，天久乏雨，吾人固切盼在今年，仍復正常之狀態，倘萬一春雨稍遲，或夏雨未足，則須當首知如何充分利用少量之雨水，以謀作物之生產，按天降之雨如毫末遺失而能被作物充分利用，則年有十英寸之雨，即足供多數作物之豐產，查雨水失遺原由其重要者有三：即「流走」「蒸發」「滲透」是也，防制之道。爲使雨水悉入土壤之中而鮮受遺失。疏鬆或砂質之土壤，接收雨水甚易，但亦易由「滲透而遺失，緊固或粘質之土壤接收雨水甚難，且易由「流走」或「蒸發」而致失遺。故對砂質之土壤應多施有機物之肥料，對

軍亦焉得整，況一考其實際，則又豈眞如是耶，毒卉一日不絕，民一日不飽，余敢斷言之也。

二，宜令各銀行貸款農村，四川農村經濟可云破產矣，高利貸款利率至少在五分以上，小民幸而田中少有收穫，未及登場即已完全爲人所捲而去，迨官府催徵，不得已而再舉債，故挖肉補瘡，年年如是，宜令各銀行以利民爲心，貸款民間以輕其負累。

三，各大工程宜速舉辦，四川苦於交通不便，今歲江水奇枯，商民尤感不便，即以平糶而論，去歲湘鄂豐稔，米價極廉，而湘鄂之米無輪轉運，以木船上輸，宜渝之間輒需時兩月，如何能救急需，故此後四川交通之不能專恃水道而鐵道必須速建，川湘，成渝，寶成三路，宜即行動工，使小民得有工作生活有藉，而鐵道成後，交通便利，即遇兇年，移民移粟，亦易爲力，不至坐而待斃矣。

其次則以水利工程，四川之地僅成都平原十餘縣，資都江堰之水以灌溉，數千年不替，其餘各地則爲山坡，僅恃山谷築塘蓄水以利農田，雖向來俱有成規，而經十餘年之騷亂，復經共匪之蹂躪，堰圯，塘廢，渠堙，田荒，想必不少，是宜由政府領導，規復前功，而由銀行貸款以利興作，至於水利工程之大焉者需款甚多，非民力之所能爲，則必須由政府爲之倡辦，然須熟加考究，詳愼設計，再事興工，非可冒然輕舉，其事非工賑所可及，當另論之。

以上略舉大端，望政府之採施，至於目前救急，自不能不望於賑施，然須施之有方，使饑民受其實惠，十餘年來本省以掌軍致富者不少，應解囊鴻施以爲慈善者倡，政府尤不能以其邊徼之區而忽視之也。

粘質土壤，應使其爲破碎之表面，至川省稻田帶粘質，者頗多，目前其乾涸已久者，不能耕犂應於初期春雨之後，及時犂翻以便其易於接受雨水，又田埂於雨後，必立加修築，以免水分之滲透。

（二）採用水稻直播法

吾國農家稻之種植，皆用移栽法，即先備秧田，次浸植撒種，一月之後移栽於本田，目下川省稻田，冬季多未能蓄水，萬一春雨缺乏過甚，以致不能施行移栽，或秧田亦已不能預備，則將引起稻田荒廢之虞，應斟酌情形，採用水雨直播法，所謂水稻直播，即與小麥播種相似，先將田耕犂，注意其土壤如含粘質多者（務於其所含水分適中時，始行耕犂）耙平後，用後備法播種，開行深約二市寸每一市尺長，播種子一公分，行距一尺二寸至一尺半（市尺），蓋稻在生長初期不須田中淹水，祇要有相當水分即能發芽生長，如過此初期，能獲充足之雨水，其產量與田中淹水而行移栽法所得者無異，如過此初期雨水即稍缺乏，則又能較移栽者耐旱，蓋稻在初期如田中之水分不過多，其根部發育較速而深而吸收土壤下層之水分故也。

（三）採用旱秧田法

川省農民播植水稻，大都用水秧田法，用旱秧田者亦間有之。按乾秧田之秧苗

如何救濟荒災？

奚燕堯

吾川夙稱天府，物產豐富，無如民元以還，防區制興，糧稅繁苛，民不堪命，農村己達破產，加以近年赤匪竄擾，破壞地方，肆行殺戮，廬舍多成坵墟，元氣斲喪，正痛百年難復，民生塗炭，何堪天災爲虐。

昨歲自夏而秋，自秋而冬，乾旱三季，百年罕見，遭旱區域，幾徧全川，農產作物，收穫極微，食粮缺乏，草泥爲餐，老弱轉死溝壑，少壯流離四方，是以雖非災區，倍多災民，飢餓所迫。動輒估借粮食，刈割青苗，急不暇擇，甚或挺而走險，打家刼舍，官府窮於應付，軍團苦於防範，入春以來，日趨嚴重，雖有賑務機關，慈善團體，力圖救濟，但以災區過寬，災情浩大，杯水車薪，於事無補，際此國難方殷，陝變未己，若不亟謀有效之救濟，誠恐奸人利用飢民，重演黃巾赤眉之禍。

處此非常時期，竊以爲必須軍政當軸，領導全川各界總動員從事救荒，以充分之人力財力，負有艱鉅之使命，庶可活災區之民衆，弭地方之亂源。

深信當道緒公，對此救荒要政，必有具體之計劃，不容草莽小民之當議，惟是目覩受災同胞，慘狀堪憐，地方前途，危機四伏，不忍漠視，儘就管見所及，擬具救荒辦法，作芻堯之供獻，備當道之採擇，所擬辦法，列舉於後：擬具省府之救荒辦法，

甲，調節民食，報載省府己向蕪湖購米四十萬石運川，將以存儲於成渝萬三地，辦理平糶，具見省府關懷民食之至意，惟所購米之數量，尙屬不多，存儲之地域，亦不普遍，擬請省府再籌撥糶米四十萬石之欵，將先後運川之米分配荒災各縣售銷，即以售得之欵陸續向省外購運，以平米價，而安人心，**乙，設立救荒貸款所**，農

較水秧田育成者爲耐旱，如春雨過少，而又水源枯窘之地方，不能用水秧田者可採用旱秧田法，其法爲先整地，使土細碎，分成數畦，中間一溝，選種浸種，均與用水秧田法同，但不同催芽，於播種前須細加水，使土潤濕，然後下種，上蓋溼草木灰一層，用扒扒緊，如天氣温潤，可以加水，任其發芽，若天氣乾燥，略加水俟秧長二寸以上則亦可不必時時灌水，雖田面龜裂，稻葉轉黃，亦無大害，移植後仍易恢復也，但粘重土不易拔秧，則不適用，至水秧移植時，可以剪葉寸許，以減少蒸發，亦經濟用水之法也。

（四）其他耐旱食用作物之栽培

水稻種植，用移栽法，需水甚多，固勿論矣，即用直播法亦需相當鉅量之雨水，始獲有利之生產，萬一雨水過缺，或其降落過遲，即直播法，亦不能施行，則當另種植其他耐旱之食用作物，查此項作物，如粟（黃粟）高粱玉蜀黍，馬鈴薯等其所需水分，遠遜於水稻，而其播種期，亦可較遲無礙，粟，高粱及玉蜀黍，爲缺雨之華北最主要之食用作物，在川省各地亦皆有之，至馬鈴薯，爲歐美之主要食品，傳入中國，雖爲時未久，然在川西一帶，栽培者亦多，其產量及營養價值均佳。以

村遭荒，生活無着，目前多賤售牲畜農具，勉維日食，對於將來農事影響甚大，若施以急賑，而不爲將來之計，誠恐栽插之時，無力耕種，以致田園荒蕪，重演成嚴重現象，故必須舉辦救荒貸款，俾農村得作栽插之準備，擬請省府設法籌措巨款，以資舉辦，**丙，緩期徵糧款**，二十五年遭受旱災各縣，有已免糧一季者，有未免糧者，但各縣積欠二十四年之糧款，均屬不少，於此荒災嚴重之際，若仍催科不已，恐無補於糧稅，徒增人民苦惱，擬請省府於荒災各縣，暫時緩徵，但須分別糧額大小規定緩徵期間，**丁，調查存儲糧食**，各市縣政府轄境，所存穀糧，應令存儲之家每月具報一次，并加切實調查，俾知糧食之概況，需要之數額，使運輸之適合，期民食之解決，並可於存穀之家，按月酌派賑捐，以資救濟災民，而免囤積居奇者之肆意操縱，但派捐辦法，則應詳密規定，以絕弊端，總以不擾民爲要，擬具官民協力救荒辦法：**甲，組織四川各界籌賑分會**，此次荒旱災區過寬，災情奇重，若單由賑務會辦理賑災事宜。力實不逮，必須全川總動員從事賑濟，得充分之人力財力，方能普及全川，使災民得受賑濟之實惠，擬請由省政府綏靖署賑務會，及軍政長官名流紳耆聯合慈善團體各界人士組織之總會設於省賑務會設分辦事處於重慶市，全川各縣均須設立分會，受災各縣并於各聯保設分辦事處，其組織章程省由政府與綏靖署酌定之，**乙，籌賑之方，一，捐資助賑**，屬於軍政界者，由省政府與綏靖署勸募，應先由軍政界概捐巨資以作倡導，屬於紳商學界者由籌賑會挨戶勸募，如有富於資財拒絕捐資，或所捐甚微者，無論屬何等人士，應由政府強制出捐，二，**捐薪助賑**，由省府與綏靖署規定實施，三，**節食助賑**，紳商學界之僅能自謀生存，努力援助他人者，亦當對饑荒同胞，大發惻隱之心，節省日食，以救同胞，此種助賑辦法，由省

上數作物之種子，應早爲預備，以資臨時之需要，所應注意者，此數作物之栽培，以土壤之帶粘質較少者爲宜。

（五）短期作物之栽培

如至六月，雨水仍嫌未足，即如上述之耐旱糧食作物，亦未能栽培時，則當種植短期作物，如蕎麥綠豆，葉豆，赤豆等，其生長期甚短，且對氣候上之適應性亦甚寬，在江蘇河北等省，常以此類作物，種植於夏旱之後，藉資救濟。

（六）振興灌溉

按本省己知雨量材料，在稻區內有八八〇一一四〇〇公厘平均約一〇〇〇公厘，在稻作時間內者約占百分之五十八計，即稻作時間天然降爲六〇〇公厘餘，故若能充分蓄水，而加以最經濟之使用，則相差無幾，（因廣東之早造八十日需水約七〇〇公厘，江蘇爲九〇〇公厘，在川省蒸發只及江蘇三分之一之情形下除去有效雨量，其餘相差甚少，（因可以斷言，按水稻需水最切要之時期，爲其孕穗至出穗前之二週餘內，故除提倡塘堰之修築外，應再指示農民保存塘堰之水，非必要時不可任意放水。惟在栽秧四十天後，直到出穗時間如缺乏水，即不斷灌溉，則水分可作最有效之利用矣。

府規定之，四，游藝助賑，由省府令飭各戲園影院娛樂場，均須捐每日所得助賑，幷令各學校舉辦游藝募捐，五，此外則請中央撥發賑款，分配災荒各縣，或由各縣清理存餘之款，及核撥救濟倉之賑，丙，救荒之方，一，以工代賑，荒災各縣，應即利用農民勞力作生產之建設，俾農民生活有資，地方亦受其益，二，修鑿塘堰，吾川水利不易普及，惟有鑿塘防旱省府曾通令各縣舉辦，此亦以工代賑之一法，但須由各縣斟酌地方情形，詳密規劃，以利實施，而免糾紛，三，散放急賑，災民中之老弱殘廢，不能作工謀食者，須施急賑以救其生命，四，辦理平糶，災重各縣，米價騰漲，須辦平糶，以維民食，而安人心，五，鼓勵貸款，由各縣縣府，須發佈告，勸導地方紳士，籌集款貲，以低息貸與農民，規定還期，如到期不還，官府從速追究，丁，事後獎勵，救荒爲目前要政，必須官民合力，始能普及全川得收實效，特別出力與慨捐巨款，及據貲辦理農村貸款，均當分別鼓勵，加以表揚。

開鑿塘堰與目前救濟荒災

（吳耀春）

近日吾川省政府鑒於各屬山田旱地頻年被災，實由於水利之不修，二十四年統計全省新鑿塘堰僅一千八百餘口，不過足供灌溉二十一萬三千餘畝。按諸事實確有亟須推廣之必要，爰通令各縣厲行普遍開鑿塘堰，規定限期及考核辦法，自二十六年二月起至四月底止爲一律完成時期，並隨時經各層級之抽查，嚴行獎懲，此誠增加生產之百年大計，防禦乾旱之不二法門，造福於民生者良非淺尠矣，顧吾川在二十五年內，自夏徂冬，雨澤稀少，秋收既苦歉薄，而次年之小春農作物下種後，亦已缺乏水量，妨礙滋長，收穫甚少希望，以致邇來穀價高漲百物奇昂，殘冬未盡，竟成米珠薪桂之

大旱年中的糧食生產救濟辦法

藍正平

春分節已經快到了，請問田裏點水沒有，如何泡種撒穀呢？眞是值得我們日夜焦思的，但是我們仍然像從前靠天吃飯坐以待斃嗎？不，決不能夠，天是不可靠了，若是一時還不下雨，那麼我們豈能夠聽便那些有用的田土荒廢嗎，大家不吃糧食嗎，在這種嚴重的緊急關頭當中，本場恰巧在合川籌備成立，決不能眼見大家束手無策坐待天雨，且把個人所見到的別地方曾經實行過的和自己經驗所得的介紹出來，獻給全體的農友們，快快照此做去，尤盼各界人士廣爲宣傳解說，多多翻印贈送，做些救人救己救國家的工作，庶乎難關可度，民食有望。

第一項；現雖無水將來可以如期插秧的辦法：

（一）勤耕作，在沙性的田土裏，可以多加些有機肥料，如像牲畜，廐肥，枯葉，藁稈等類，使田土能保水分，不致漏去，在帶粘性的地裏，應當在春雨來後，立刻多耕幾遍，緊築田埂，免雨水漏走。

（二）公共水秧田法：在沒有水做秧田的地方，很可以聯合親友鄰里，借附近有水的田來做公共秧田，但是不要到過遠

現象，現在各縣農民，已漸呈不安狀態，預料「春荒」殊難避免，吾人應付此災荒嚴重局勢，一方面固當努力於開鑿塘堰，爲將來永久治本之計，一方面尤應利用此大規模勞動服役時期，兼作目前急切治標之圖，作者愚見，竊以爲應鮮明揭槳「整理水利兼救春荒」爲刻下建設工作之惟一目標　即就施行開鑿塘堰之際，寓「以工代賑」之作用於其中，如此並顧兼籌，綢繆未雨，庶冀度過當前難關，除達康莊坦蕩之大道，惟欲達到此目的，務宜將辦理工程方法與救濟災荒宗旨，取得密切之聯繫，然後可收相並爲用之實效，同時完成兩重之使命，因此對於開鑿塘堰之實施工作，必須注意下列三要點：

一，應厲行「業食佃工」及「業食民工」之原則，即開鑿塘堰之時，由業主供給火食，由佃農或壯丁負担工役，通力合作，切實互助，其辦法計分兩種：一，塘堰工程範圍狹小，爲佃農獨力所能完成者，即由佃農工作担任工役，業主供給火食，是謂「業食佃工」，二，塘堰工程範圍廣大，需工較鉅，即由地方組織之工程處，用征工方法。集合壯丁，編爲工程隊，共同担任工役。仍歸業主負供給火食之責，是謂「業食民工」。

二，應運用保甲組織監督進行實行有條件之義務征工制，以聯保爲一單位每聯保設一工程處，組織工程隊，由聯保主任担任隊長，負總管全部工程一切責任，其下每一保編一分隊，每一甲編一組，由保長担任分隊長，甲長担任組長，分隊長負管理各組工作進行之責任，組長負監工之責任，工程隊每組人數自十八至二十人，征集該管區域內壯丁編入之，用分班輪流方法，規定其先後担任工作之順序，以均勞逸而免推諉，此種征工方式，含有強迫性，凡屬合格壯丁，皆有應征服役之義

的地方去做，同時也不可過多，因爲運搬太不方便，並且在做秧田以後，借田的人要斟酌補償出租人的損失，（因爲做秧田要耗肥力的）

（三）水稻旱秧田法：做旱秧田的時候，要注意田地是什麼土性，最好選擇帶沙性的田，把牠細碎耙平準備下種，假如沒有沙田，在帶粘性的田裏，也可以多費點人工，把牠碎細多和些沙或者草灰，以便將來容易拔秧，再用平的東西把她打平，所用的穀種切忌久泡，換句話說，不要像從前水秧田的泡法，稍爲泡一下就可以下種，因爲泡久了芽已發出，如果下種後，土性稍乾，反轉把穀種的水澤吸走了，這樣一來穀就難於生長，當下種前，要先把土澆溼，然後撒下去等牠發芽，撒下後用溼草灰或細沙和草灰蓋在秧上，以不見穀子爲度，如天氣乾燥，可以常常加點水，等到秧長至二寸以上，就不必常時澆水了。

說明；（I）在很粘的田裏，如果做旱秧田務必多和些沙和草灰，要是不然，以後不好扯秧。

（2）有些人做旱秧的時候。在田的四周用棚把牠圍住，上面再遮東西，夜晚把他取開，這種方法，秧子固然長得好，但是我們要曉得，天旱這樣久，如果短期

務，但因前項所列，係採取『業食佃工』及『業食民工』原則。尙享有相當之權利，與純粹「力役之征」不同，故謂之有條件之義務征工制。

三，應由縣政府規劃全縣工程範圍普遍施工，在未實施工程以前，應由縣政府遴派技術人員，會同各區署，督飭各聯保保甲，實地查勘各鄉村應修應築塘堰需要數目，核定其面積深度，應用土方人工材料數目，開工完工起訖日期，並須將征收火食費，（如工程處必要公雜費材料費均應計及，）佔用公私有土地補償，工程處組織各辦法，一一詳細設計，擬定具體方案，通令全縣遵照一律實行，普遍動員，務期一勞永逸，仍由縣府及區署隨時負責指導監督，工竣之後，核實驗收。

依上述要點，施行第一項，是業主現在出一次之金錢，將來享永久之利益，佃農暨地方壯丁供獻若干時之勞力，可得若干時之糧食補助取有餘之家補不足之戶，目的爲修治水利，功效實等於『工賑』，則目前『春荒』藉此可冀減輕，其利一也。施行第二項，係發揮保甲之效能，利用層級之嚴密組織，統制勞動服役—義務征工，適用軍事部勤，嚴申紀律，必能加緊工作效率，待遇公平，地方秩序。有條不紊，同時服役之佃農民工。雖出勞力，猶得一飽，亦必踴躍從公，不至發生怨懟。惹起糾紛，其利二也，施行第三項，舉凡一切實施手續，統由政府縝密計劃，指導監督。謀定而後動，則全縣步驟一致，工作不許偏廢，是整個地方可均沾利益，即全縣之佃農壯丁，皆可得到「工賑」之實惠，其利三也，綜此三端，由是可知開鑿塘堰，不僅關係於水利之根本政策，爲增進生產之問題，實亦補救當前災荒時期之緊要方略，爲安定社會維持農村之問題。吾人自應恪遵省令，努力奉行，不容再有審愼遲迴之餘地，事實固彰彰明甚矣。

內不下雨，這秧子很快就長大了，又如何能栽插呢，同時天氣如果一天比一天熱，環境一天比一天壞，這種秧子反不如自然生長的好，請大家注意。

（3）有人用栽青菜或種蘿蔔的乾田，到春分時把他砍了，只把皮面上的青草刮盡，把土面上用掠蓋打緊，打來分成三四尺寬的小廂然後照上法下種，（切忌地土挖鬆，因爲挖鬆撒秧必枯黃氣死）

（4）以後下了大雨立馬將缺口扎好，便成水秧田了，不過才撒了穀子如果下大雨就可以不扎口，等秧子長起來後，才放水去淹牠。

（四）旱田直播法，這個法子，就和點種麥子一樣，在無水做秧田和過枯不能做旱秧田的地方就可以採用此法，做的時候，把田土碎細耙平。開成一條一條深二寸的溝，或者挖成一個一個的窩窩要深且大，把種子播下後，蓋一點灰，并且用腳輕輕踏一下這是因爲粘土以後把水蓄起來，坭就很稀，穀子很容易倒，所以溝和窩要深，并且稍稍要蓋牠下面他定根較深。

說明一：因爲天旱過久，田地裂縫很寬很深，將來有水的時候最容易漏，就是田埂築得再緊也要漏底的，但是田中間又種有穀子，沒法把他耕犂幾回，所以我們做旱田直播的時候，要在上下兩方各選一惟聞各縣中尚有頭腦冬烘之人士，昧於現時代之嚴重性，仍斤斤以「休養生息」為言，意謂茲舉不免「勞民傷財」，實屬謬誤，殊不知利用農隙勞力整理水利，乃國民經濟建設運動之要素，今之徵工開鑿塘堰又係應用「業食佃工」或「業食民工」原則，以勞力換得食糧之補助，與示利而救災荒，實「以勞教民富」，正與「使民以時」之意相符合，非以勞害民也，且負出火食之義務者，為擁有財產之紳糧，稍斥積蓄，仍用諸增加自身生產之塘堰，所費者狹而所得者奢，揆之權義平均之旨，寧得謂傷，況吾川省二十五年內，各縣中除眞正受災顆粒無收外，倘有幾成收穫之業主，其農產物之價值，無不較往年超過一倍—二倍以上，縱令犧牲少數費用，不過略分利潤，并未虧耗資本，斲喪元氣，更何得藉辭阻撓，徒快其慳吝之私，作者誠恐淆言之易亂政也，不憚詞費，力闢共非，附於篇末，以為留心民瘼者告。

救濟四川旱災治本治標意見

稅西恆

四川災情嚴重無法救濟，其造成時間，由來已久，非一年之故，其造成原因，亦半由人事，非盡由天，茲欲謀救濟之法旨，應研究其致災之由，與乎人事所在，更應先明瞭災情現狀。

（一）災情現狀

災情嚴重，類能言之，但究其嚴重至如何程度，實無人能道，茲姑分作三種標準估計之。（因無統計，故只好估計之，）

（甲）以收成估計為標準　去年旱災以下東為最嚴重，大春平均得四成，上東川南次之，約得六成，川北川西較好，但有匪災，（匪後成災）川西川北中成都一區，常得十成，其他各部暫以平均七成計，則全川總平均約可得六成，小春現象，因有冬

塊田，把田埂提高，做移栽田，以便蓄水，好來灌這些播直田。

第二項，將來不能如期插秧成者竟不能種水稻的辦法。

萬一不幸，將來雨太少或者落雨很遲，種穀子是沒有多大希望的時候，我們就只有採用下面的方法了。

（1）耐旱糧食莊稼的栽培，果眞到了這個時候，我們只好把種穀的田，拿來改種不怕乾的東西，如像小米，高粱，包谷，洋芋等，來救急救急，在這裏我要十分慎重的向各位警告的，就是種子的預備，因為我們曉得個每農家除了自己夠種土裏的粮食種子外，所餘的都把他吃掉或者出賣，決不多留一點，萬一不幸，不能栽穀子，那麼這些水田決定沒有種子來下種了，做種子的糧食盡量留下盡量縮食，或者先向親友或者旁的地方買好備用，如果馬上有雨，也可以拿來作粮食萬一不幸那就敢斷言的，所以我們要明瞭要把眼放遠，有餘就不會臨渴掘井了，眞所謂「一舉兩得」，農友們其深注意。

（2）栽種短期莊稼，如果到了六月雨水還是不足，連小米，包谷，高粱也不能下種或者生長很難，就可以改種蕎麥，綠豆，豇豆，菜豆這一類的短期莊稼，因為牠的生長時期很短，過去在江浙和華北

旱，亦不見佳，但小春收入，不及大春四分之一，故於民食問題，關係較輕。吾人姑以大小春均得六成收穫爲準，但四川爲山地，難得十足收穫，如以全川平均計，則普通豐年亦不過八成有奇，故去年損失約爲百分之二十，以錢幣計之，全川農作物豐收之年約可値五萬萬元，故去年損失爲一萬萬元，又吾川農作物向無輸出，即無餘剩，換言之，普通豐年八成餘之收穫，僅可勉強自給，而一大部份之窮人，仍未得充分營養，玆亦不必苛求，姑以是爲常態，但今年缺少百分一二十，即八十五分之二十四，換言之約缺少八十八日之糧，即用終年節省以調濟之，亦至少有一月缺乏，又以優勝劣敗自然淘汰之法算之，則五千萬人中有一千二百萬人該死。

（乙）以米價爲標準　米價曰貴曰賤，頗難得相當標準，蓋一班生活程度及物價工資，年有變遷，故不能以前數年爲例，亦難以後數年爲例，必取現在一般之物價及工資指數爲標準，方得平允，而此種指數則向未統計也，玆姑以一己之武斷，作今年應有米價標準以二元二角重慶一舊斗爲鄉村及小縣份應有米價，以二元五角一斗爲大城市應有米價，過此爲太貴則傷民，不及爲太賤則傷農，今日鄉村及小縣米價約爲三元五六角（重慶舊斗），大城約爲四元二三角，最近將來有五元餘之可能，故有百分之百之太貴，富厚之家，米費約爲全部生活費百分之十，故受此次米費影響爲全部費百分之十，則用百分之二十爲買米錢，關係尚小，窮人米費，則爲全部生活百分之七八十，換言之即影響到全部生活費百分之七八十，例如每食米一升之家，現在只能食六合，或十日之中只足六日之糧，其餘四日捱餓。

（丙）以現狀詳論　川中餓莩之多，乞丐之衆，早爲一般所知，本可作爲常態，惟自近月以來，米價陡漲時起迄現在，以渝城論，當不止加增一倍，鄉間之以泥土樹

幾省常夏旱以後，大多靠這類的莊稼救荒，吾川不幸，果演此慘戲，也可以照樣去做，作爲救濟。

第三項，有效的灌漑田裏灌水的多或少，影響穀子收成最大的時候，要算孕穗到出穗前的期間，就是我們在谷子快要出穗前半個月的時候，田裏必須有水，秋收才好，其餘別的生長期中，不很重要，所以希望各位隨時留心貯畜雨水，有塘就把牠放在堰塘裏，沒有就要選塊大田，高築田砍，多多蓄水，非到不得已的時候，決不准隨便放水，大約從栽秧後四五十天直到出穗這個時期中，如果看見田裏缺水，務必隨時灌漑，這才算是把雨水充分有效的利用，并且才可以得到好收成。

說明一：過去幾年的天乾，差不多都是乾在這些時候，因爲一般人最胆大，喜歡把水放淺好做秧子曬水，誠然秧子已經曬了水，但是稍爲久點不下雨，秧就乾壞了，或者收成不好，所以在曬水的時候要注意雨水的存貯，或者選一兩塊大點的田後做也可，總比完全放乾完全受損要好幾十倍。

上面說明幾個方法和步驟，確有把握，萬無失敗。請大家照樣去做，若果，有團體有熱心人士要提倡。有農友們不十分澈底明瞭的，或者不敢下手做的，很可以

皮充饑者，亦盛行一時，盜賊蜂起，搶米者不絕，而距小春收穫尚有三月之久，距大春收穫尚有半年有餘，以前米價高漲，多在陰歷二三月之際，川江水漲，大船能行，下東一帶，可得湘鄂米之接濟，則下東米價稍殺，而川南川北之米亦以運渝為止，消路大減，而價不至再高，惟今年長江水位早落。距大水發時，尚有二月半至三月之久，在此期中，望外米之接濟甚難，故今年不但因欠收米荒而貴，復因水少運濟告窮；更加冬季無水，次年收獲更成問題，再推論結果，則不外匪盜蜂起，社會擾亂，經濟崩潰，影響百業，聽人民餓死，有傷人道，數端所語，以四川為救亡根基之計劃，則受打擊矣。

（二）致災之由屬於天者四端屬人事者三端

（甲）雨量　四川全年雨量普遍之年，約得一千八公厘，而旱田及林木須水較少。流而匯集於田，故水田之水量本可覓用，但因地陡而土淺，少陂塘之瀦蓄，無地層之浸集，故大部份仍流入大江東去，以故雨量不足故為災，雨量失調亦成災，惟平心而論，四川雨量氣候，尚不失為優良之農業區，但地勢惡劣可稱下等，四川自二十二年起至二十五年共四年皆見旱災，非盡由雨量不足，泰半田失調之故，致有現在之嚴重。

（乙）土壤　四川土壤本不甚佳，惟因氣候相宜，如田中終年有水，則微菌作用易生，穀類繁殖，但如缺水，則不但在春夏季禾苗旱死無收，即在秋冬之季，田涸而微菌作用不生，亦影響及於次年收穫，即一班所謂板田水是也，四川自二十二年至今年連四年無冬水，此土壤之所以愈壞，而收穫愈下也。

（丙）地勢　地勢惡劣，已如上述，其最大防害則較大河流皆甚低下，大部份農

到本場來參觀，或者函詢或者負責的來請我們去解釋，或者做點樣子以作參照，弟是極端願意而且很誠懇的答復各位。

水稻乾田直播法

四川省立教育學院教授
曾吉夫博士擬

第一　整乾田，把乾田的泥巴挖起來，弄得平平整整的，就打起很深的窩窩，窩窩的稀密，跟上年的栽秧遠近一樣，若是得找得到水，就淋點水更好，不淋水也要得。

第二　點穀種，打好的窩窩，如其完全乾的，就點下十幾顆乾谷種，若是搭過水或下過雨的，泥巴有點過濕的時候，就把谷種先泡過三四天纔點下去，這是頂好的法子。

第三　蓋草灰，穀種點在窩窩內，就蓋點草灰，若是沒有草灰，就蓋點細沙也要得。

第四　時期，點的秧子比栽的秧子長得快，就遲一點時間，也不要緊，總在陽歷四日十號到五月一號內，都可以點的，若是他們不信點谷種的話，過了這個時期，就有水來，亦沒法了。

第五　淹水，谷種點在窩窩內，慢慢的發芽，長到二四寸高的時候，天若下雨

田無法取灌，山田塘堰亦萬難普遍，只能救濟小災，如今冬之赤地千里，連塘水亦涸，則毫無辦法，惟望天雨一途，而春雨較遲，往往插秧時雨未大發，故冬季無水，下年插秧必致失時，以今冬情形觀之，冬旱之區，明年恐難望一半之栽插。

（丁）交通　四川境內交通，較之他省爲優，除極邊區外，河流羅列，運價甚低，故粮食之盈需，挹注甚便，以山地崎嶇，年有荒欠之四川，能致如此富庶，則交通便利之力也，惟對外省之交通，則極困難，全川糧食不足時，固難得大批之外來接濟，若一旦有餘剩時，亦無法輸出外銷，以致豐年穀賤，農業經濟，仍無起色，馴致生產力退萎，求自給而無餘量，故一遇荒欠。遂感不足，　以上四項，屬於自然界之結果。（即所謂天也）

（戊）資產短拙　四川皆小農場，農人富裕者押租及猪牛雖多自有，但購肥僱工，則無餘資，皆敷衍了事、其貧窮者，則連押租猪牛亦無，皆借貸而來，更有何力以充分經營。

（己）軍政勢力之破壞　在民國十四五年以前，田賦較輕，但連年戰爭不息，盜賊蜂起，兵匪横行，民皆逃亡，直接防害農作，十四五年以後，雖戰爭少見，秩序稍佳，但田賦特重，均照舊制八征至十二征，大抵收租五十石之田，每年納稅百元，而年歲豐欠不一，如以平均八成計算，則收谷四十石，往年平均谷價每石八元至五十元之譜，約值三百五十元之收入，向納稅一百元，爲收入百分之十八，更加保甲等費共約百分之三十，故四川田稅之重，爲古今中外首屈一指，近年雖谷價略漲，但收成大減，反見虧損，除納稅而外，一無餘剩者有之，地主不支，則轉而榨取於佃農，故近年常有田中收穫只及三四成，地主收租則達五六成者，蓋非如此不足以完糧納稅也，

，就可以淹一點水，若是再遲一些時候才下雨，亦不怕得，因爲點的秧比栽的秧子經乾得多，就是田乾開口了，秧子乾黃了，也不要緊，等雨水一來，牠就轉靑了，所以祇要點下去橫順就有收的。

第六　糧食田內點谷種，你們的田內，若是已經點得有麥子胡豆豌豆的時候，那就更好點谷種，照上面的法子在糧食的空空頭，一窩一窩的點下去，蓋點灰，更不怕乾，收入糧食、秧子就長起來了，這樣更收得多了。

第七　附直播歌三首，以便從農民心裏上增加其勇敢，與精神上之安慰。

第一首歌　有水田耙平來栽秧子，無水田打起窩窩點谷子，谷子點起蓋點灰，長成乾秧等雨催，乾秧遇雨大發盛，長起谷子起堆堆，谷子收來好喜歡，又有食來又有穿，纔曉點谷的好處呵。

第二首歌　乾田不怕乾只要弄得翻，坭巴翻轉弄得平，打起窩窩點得成，一窩點下谷種十幾顆，蓋點草灰就算妥，谷種發芽慢慢長，大雨來了就無妨，比着栽秧一樣好，秋天收來并不少，家家收來有飯吃，誰說天乾餓死了。

第三首歌　不怕天乾不怕無水，拿起谷種點在你的乾田裏，蓋起灰牛起芽，老天總要下雨，大雨一來黃秋救起（就是秧

故佃農亦覺諒解，佃農不支，則耕作不力，收穫因而愈欠，更有共匪擾亂，貪污土劣橫行，油鹽布疋百工用具無一不貴，此今日農村崩潰之主因也。

以上三項屬於人事者也。

（三）救濟方法

茲當先談救災目的計有徹底實效之目的，有粉飾門面之目的，欲求徹底生出實效，在此廣土衆民之中，惟有防患於未然，所謂曲突徙薪，未雨綢繆，省刑薄稅，安定社會，講求農政，培養民力，亦即所謂治本之法也，若災象已成，思作治標之法，則惟有粉飾門面而已，必無多大實效也，此非好爲立異之言，試觀五千萬衆其中嗷嗷待哺者何只一千萬人，最低限度每人日米二合，則每日需米二萬石，值洋七十餘萬元，以二月計算，須款約五千萬元，無論政府與社會無此力量，藉曰有之，以四川土地之廣，西北區交通之困難，又安能輸送到達，故以今日政府及社會力量，最高限度不過救濟大城市中少數災民於一時，其鄉村及小城市十百倍之災民無與也，故今日非不欲徹底救濟，實有所不能也，雖然能粉飾門面而猶勝於坐視不救，見牛未見羊，總不失爲仁術，君子遠庖廚；雖不能止殺，亦可以養成惻隱之心，大城市中少見路斃，不生搶食之擾亂，亦可以顧全國家體面，治標之效如斯而已，至如古帝王減膳發帑，災民沾惠幾何，但亦有效果者，則謹願小民感常德如天，寧死不亂，官吏紳耆聞風興起，良心振發，少剝削人民，於古有之，今則未也，故今日救濟之法，實乃大難，卽勉強思索數條，而能否付之實施，亦尙疑問，故最好不談，但今日旣以救災爲主品，則又不能不談，茲分治本者七端，治標者四端：

（甲）治本之法　首要裕民，民裕方有力量以謀各項之措施，故第一莫如減輕賦

子乾黃了，下雨也要轉靑）到了秋收，家家有米，不怕不怕眞不怕，祇要你們肯信我這點谷種的話。

天乾頂好種洋芋

嘉陵江三峽鄉村建設實驗區署編

洋芋種法很簡單，收成很快，又好吃，一年可種兩季。

（一）種洋芋要甚麼地方呢？　帶點砂的土最好，就是砂土也種得。

（二）種洋芋要甚麼氣候呢？　帶一點涼寒的氣候便很相宜。

（三）洋芋在甚麼時候種呢？　春季在驚蟄春分前後種，秋季在白露秋分前後種，算是最合式的時候了，不過春末夏初，秋末冬初也種得，只是收成就不好，而且做不得種。

（四）洋芋要怎樣種呢？　去把土挖好，挖成寬四尺的廂，用人糞潑在土內，再撒些草灰在廂上，開成寬二尺左右的溝，把做種的洋芋，照着牠的芽子切成塊數，把切口都用灰來糊了，然後才一塊一塊的放在小溝內，放的時候切口向下，深約二寸，每塊相隔六七寸，等到完全放好了，再用溝旁的泥土掩蓋，通通蓋好之後，再在土上蓋一層谷草，等到洋芋發出了芽，就把谷草揭開不要。

（五）洋芋種下了土後怎麼辦呢？

稅，查田賦非關稅之寓意保護，煙酒之寓意禁止者可比，應相當於一般之所得稅，今吾川連地方稅保甲費徵至百分之三十，已屬創聞，茍遇荒年，或公路徭役，或自辦民丁，防禦土匪等事，則更高至不可思議，且年年行之，實不啻寓禁於徵，與煙酒同科，謂爲重農，毋非背道而馳，竊謂田賦一項，連同地主實際項至多只能徵至各保安收入百分之十爲止。

（乙）保安地方秩序　四川匪患最盛，各縣除保安隊經費開支外，人民自辦壯丁禦匪，每年担負有驚人數目，至於直接受匪之損失，或防害農時，關係尤大。

（丙）責令地主減租　減稅所以惠農，故減稅後必責令地主減租，農人方有餘力，以改良農作。

（丁）倡辦水利　四川水利開辦甚難，河水作堰，以地勢困難，能利用之處甚少，現已開辦者成都平原及青衣江流域共約四萬畝，其他各河岸有低下之較平坦農田，可以利用者，亦時有之，但已通船運之河，欲作閘堰，則開辦費太貴，用機械抽水，則維持費不低，就中有開辦之可能，而費較輕者，成都附近可辦到一百餘萬畝，其他各地最多稱是，此外山溪作堰，比較便易，但規模不大，估計亦最多不過百萬畝，故全川已成河堰約四百萬畝，可以開辦河堰者約三百萬畝，估計需費不下二三千萬元，勢非政府人民合作不爲功，至於山地鑿塘蓄水，較輕之旱災可以救濟，遇重災仍屬無用，鑿塘之舉，雖非鉅大工程，但所佔地面頗大，大抵廿畝之稻田，需要池塘一畝，故減少農民耕地二十分之一，如二十年遇旱災一次，卽令完全獲救亦才相抵，故以經濟計算，農民不甚樂從，政府以社會眼光加以督促，方能辦到，但因地勢不同，非遍地皆可辦到，最多不過一半農田可用此法，然皆非俟人民稍爲休養，不能開辦，此日

洋芋種下了土，生出了芽子，等他過了十多天之後，便該用齒耙鋤輕輕把土鋤鬆，把土裏生的雜草，完全扯去，然後淋些糞（人糞尿），芽子只留一根正的，岔生的芽子，一律摘去，把苗根用土壅起。像這樣的辦法，再過二十多天，又做一次，如此做到三次，從前的小溝，就壅成了一行一行很高的土了，還有一件事情該做，就是洋芽梗子長到尺多高的時候，開的花，要不得，必定要完全摘去，洋芋才會長得很好。

（六）洋芋要好久才收得到屋呢？　洋芋種下土之後大約三個月的光景，你看他枝葉都漸漸黃了，就可以挖起吃了，洋芋煮起很好吃，比紅苕補人。

（七）種洋芋有那些注意呢？　第一，洋芋怕濕，浸水的地方種不得，第二，黃螞蟻吃洋芋，如果發見了有黃螞蟻，就用柴灰泡水淋，再不然用生石灰撒在牠的根旁也可以。

△川災特輯

川東南一帶
旱災慘重的一瞥

江巴四鄉農民　食芭蕉頭樹皮充饑

倘非其時也。

（戊）改良藝術　約有選種購肥加工各項，但須農民各有資本，又得政府指導提倡，例如兩季稻在廣東福建及浙江南部行之甚好，吾川大江兩岸氣候或者可行，但最困難者如水量肥料及人工等問題，在在皆須資本，至於一般農人所有豬牛糞，本不充分，而田埂蓄草只能養牛，木葉稻草則作燃料，故施肥不足，爲一般現象，人工不足，亦可顯然見到，最著者莫如車水一項，常見附近河溝有水，而農人無力僱工車水，以致枯死，大抵用錢一元可救活十元之稻苗者，農人多犧牲不顧，有力營救者，不及十之三四，其餘改進之道尚多，非資本不行。

（己）鼓勵糧食輸出　存閉關自守自給之經濟，本爲走不通之死路，而糧食一端亦然，一方如遇豐年，不設法輸出，則價賤而不易售脫，以致生產減退，至無餘剩時爲止，但豐年雖自給，若一遇荒年，即無法可救他方，四川爲農業區，若糧食不輸出，將何以易工業品之輸入，此四川年有入超而經濟亦枯窘之總因也，故欲振興農業增加糧食以禦災，固須獎勵糧食輸出，即欲挽救整個四川經濟之頹勢，亦惟鼓勵糧食輸出是賴，四川若從以上數項之努力，更益以開闢邊區，則豐年糧食輸出，必可辦到，惟政府須勵行輸出政策，如便利運費匯兌之類，以鼓勵之，（余去年發表之建設第二經濟中心一文中言之甚詳）。

（庚）倉儲　倉儲之法，非長時間生息滋長不能生効，例如一千戶之鄉，每年財力至多可儲穀五十石，以後貴糴賤糶，每年滋生，幷可稍再增儲，辦理廿年之後，可望增加至三百石，一遇荒年，千家之中如有三百家須救濟，則每家可得穀一石，約足一二月之糧，或以之賤售亦可以平價，此法既可消豐年餘剩，以免穀賤傷農，亦可

江巴頻年以來，迭遭乾旱，四鄉農民，咸感終年辛勤，不得一飽，現四鄉飢民掘食芭蕉頭樹皮者，各地皆是，小康之家，亦感日食難度，其情狀之悽慘，誠足令人見之髮指，值此小春收穫絕望之際，若不急加救濟，將來必挺而走險，治安前途深堪憂慮。

江北四鄉旱災嚴重　迭釀風潮

（江北特訊）江北縣四鄉因旱災嚴重，飢民甚多，以致搶米搶谷之事，時有所聞，茲將記者所聞略誌如次：

（一）距城百餘里之興仁鄉白雲寺地方，有袁洪順者，家資甚富，日昨有飢貧及匪徒百餘，至其家估挑食谷，當被發覺，閉門抗拒，匪等技不得逞，乃憤將袁屋引燃後，團隊趕到，始將匪徒驅散，死亡一人。

（二）縣屬木耳鄉徐文明家，去年曾與田某食谷數十石，日前田某備足騾子數十頭，前往徐家運谷，行不多遠，即被飢民十餘人搶去七担。

江北災況一瞥

翻開報紙一看，「古路鎮草坪場有匪刧鄉」，「明越鎮街上有匪行刧」，「觀

以救濟荒年之欠缺，但須政府先有一貫之政策，方可生效，否則以前四川積穀可爲殷鑒。

以上八項屬於治本之法，其中六項關係政治，只二項關係學術，能否施行，說難就難，說易亦易，是在當局者耳。

（辛）治標之法首在平價　平價之法或用賤糶之法，用統制糧食之法以抑之，但以四川今日政治程度論，統制不易辦理，必至害多利少，故只能用賤糶之法，查四川米市除成都外，以渝城爲總匯，重慶以上各米市區之價格皆視重慶爲轉移，重慶米價上漲，則上游各縣隨之上漲，又涪萬各縣年欠時，亦採購於渝城，遇此等年歲，則米價上漲尤速，故欲平重慶以上米價，當自重慶始，欲平重慶米價，當自涪始，或雙方幷行，若只顧重慶一處，實爲下策，但賤糶必須採購外米，外米來源實爲湘鄂，渝城日糶百五十石，涪萬忠酆共糶百五十石，共三百石，一方可抑平米價，一方卽可救濟貧民，如此約需現洋五十萬元，行之本年，約虧欵項亦五十萬元，共輸入外米五萬石，次爲運路，今長江輪運已停，再行不知何日，以時令計，當在舊曆正月底，此時惟有用木船及汽車二種，木船較緩，木炭及柴油汽車三噸者可運米十石，每日開消約四十元，川湘路如修理完善，則常德到渝二三日可至，費洋一百二十元，得米十石，每石運費十元，湘米購約十八元，以三十元售出可不虧本，惟車輛較成問題，川中現有木炭及柴油汽車二三十輛，全數利用，日可運米百石，江西湘南此項汽車甚多，宜租，其餘各縣亦卽行使平價之法，卽在本縣貴糴賤糶，款項每縣一二萬石不等。

（壬）款項之籌措　計有向中央政府請，向社會募捐各種辦法，卽能辦到，非一二月不能發生効力，實爲緩不濟急。如欲實際人民，則惟有抬墊一法，大城市由商界

音，永興等地時有搶刼，慶符土匪愈形猖狂」，「王家鎮有巨匪橫行襲王兄弟已被陽聯保主任所捕，「陳李匪頭現已逃遁，這一大串的匪患消息，觸入眼簾，不免令人大吃一驚。

最近，吾鄉江北，農村的災荒，更加嚴重，在二月二十一日看見實地的災況，山邊的農民，四處逃荒，少者挺而走險，老弱死於溝壑。

據鄉人說：我們地方上，飢饉薦臻，一般受苦的農民，生活困難，都大舉逃荒，餓死於路中的人，實在不可勝數，就是年富力強的，也無謀生活的地方了，所以有挺而走險者多，以致縣境土匪，突形猖獗。

再從數字上看看江北受災的塲份，有三十餘塲之多，受災的塲份佔全縣三分之二有餘，受災的面積，大約有百餘方里，佔全縣四分之三，受災人口數約有十餘萬人，佔全縣三分之一有餘。

璧山的災象

這裏有些消息，使人難堪的消息，其實也就是平凡的消息：

璧山自暑天以後截至現在止，滴雨未下，田土龜裂，草木焦枯，麥苗長得好的，不過兩三寸高，葫豆苗好像得了黃萎病，葉子捲了，正幹倒了，鄉裏的人跑三四里

借墊，小縣份由省府令徵收局抬墊，一方募捐籌措償還。

（癸）工賑法　成渝鐵路土石及搬運等工約值洋一千餘萬元，分一年半作完，每年五百萬之工作，勞工受益甚大，應催促早日開工，已成未成各公路工作亦多，應請早日開工建築或修理，惟只能用僱之法，不能再行徵工，亦可安插十萬以上之勞工，其餘築堰費貴，掘塘費省，可責令地主出資，佃農出力挖掘。

（子）救災人員　士紳法團或慈善團體，行動遲緩，不濟急，應由地方長官負責辦理，士紳法團為作側面工作，以上四端，關於治標辦法，如切實行之，亦不無小補耳。

四川救荒問題

鄢公復

四川紅盆地為中國一最優美富饒的區域，氣候適宜，土壤肥沃，據農情報告的紀載，水稻，小麥，大麥，玉米，大豆，蠶豆，豌豆，高粱八大農作物每畝產量，均極豐富，為全國各省之冠，故古有天府之稱，近人譽之為「中國的樂園」。但以川省人口數目計，約佔全國人口縣數十分之一。據美國葛利寒博士所著之「中國的地理基礎」一書所載，四川紅盆地面積約為七五。四一八方哩，（一九五，三八二六公里），人口總數在一九二六年，為四三。八六〇。一一八人，每方哩密度為五八一人，（每方公里二二四人）。因人口過於稠密，糧食每感不足，邱陵地必盡量開闢，梯田常達山頂，土地之利用，似甚接近絕對限度。故在平時，民食尚勉能自給，一遇凶年，立生恐慌，這是研究四川救荒問題應有的認識！

四川旣感人口過剩之苦，加以二十年來，政局多故，稅捐繁重，民力凋敝，荒政不修，復受共匪蹂躪，兼遭水旱兩災，據四川賑務會之報告，二十四年被災縣份達一

路找水吃，算不了甚麽一回事。

起先，農人們，貧人們無米吃，無小菜當頓吃，樹根芭蕉頭是他們的飯菜，現在那些東西也羅掘俱盡，他們可口的祇有觀音米——白坭巴。

離璧山城約五里路的山上——涼亭關過去不遠——產白坭，每天到那裏去挖掘的人，系絲紐線的多得很，有的用大籮篼挑，有的用小提兜裝，挖掘的人，有遠自二三十里以外來的，觀音米好寶貴呵！

匪風很盛，縣屬有幾個場，大路場，龍門場，河邊場，太和場，白天俱把場門關起來，遇着逢場日子，稍有錢做買賣的均隨身帶着槍，來來往往，大家心驚胆戰，好像大難即刻要來到的樣子，有錢的所謂紳糧者流多早已溜往城裏去了，或者東躲西藏的。

城中扯謊壩是賣湯鍋的地方，即是賣貧民飲食的所在，每逢集期，許多人走去白吃，吃了就逃之夭夭，如果老板把他們捉倒，無非脫件衣服而已，挨幾下耳光而已，賣主眞時不暇給。

災象雖然如此，未聞樂善好施者有所普濟，亦未聞縣府籌商辦法，以謀救濟，或者善人們，大人先生們在埋頭苦幹云。

鄭俠繪流民圖，令人一目了然，記者慚愧，不會作圖。聊述如此，實未描摹出

百零四縣，又據省府之調查，二十五年重災三十五縣，輕災五十六縣，總計九十一縣，災區如此廣闊，災情異常嚴重，欲謀救濟，誠非易易，茲先就省府二十五年施政綱要與民食有關部份之計劃，及已宣佈之臨時救濟辦法，作一檢討，再提出若干意見，以供商榷。

（甲）施政綱要民政篇

1厲行冬令徵工服務，如造林掘塘築路等事項。

2完成第一期鄉鎮倉庫以一戶集谷一擔為準，第一期派募十分之四。

3調節各地糧食。

4推進農村合作事業。

5成立救災準備金保管委員會本年度由省庫撥交二十八萬元。

（乙）施政綱要建設篇

6擴充水利局使負全省水利工程之責任，以謀減少旱災之損失。

7設稻麥改進所使負全省稻麥及其他食用作物改良之責。

8成立糧食調節委員會及由農民合作社組織地方倉庫使負調劑盈虛之責仕，及對糧食為整個有系統之管理。

（丙）臨時發佈之施設

9查禁奸商居奇及糧戶遏糴情事。

10調查各地存儲谷米數量，如有隱匿，酌予處罰，并准人民密報提獎。

11輸入外米平價。

12通令補種冬糧如馬鈴薯及胤麥等作物。

災象萬一也。（二月四日）

銀富順人大非昔比！饑民吃泥為生

（富順特訊）縣屬天旱過久，民生困苦異常，記者昨至永年鎮，由黃坡嶺經過，見有貧民數百人聚於山下，喧鬧之聲不絕於耳，走視之，乃知係挖取仙米（即觀音米）爭先競取，擁擠非常，老者，幼者，肩者，負者，絡繹於途。其悲慘之象，令人不忍卒視，不知食肉衣皮者，其曾見之耳。

自井附近　饑民搶米

（自井特訊）此間天旱成災，米糧昂貴，一般貧民生活，誠不堪其苦，故一般難以謀生之人民，三五成羣，常有搶劫糧食之舉，昨日（十九日）此間附近龍神岩處，有米商由雙石舖邀來駝馬二匹，約有米一石之譜，適運至此，乃有一大隊貧民前來搶劫，結果該米商之米自然劫之一空，而駝馬亦被殺死也云。

瀘縣饑民代表　男女七名送縣　數百人聚集不散

（瀘縣特訊）本縣第三區兆雅鎮新溪子間，發現饑民數百聚集各情，曾誌昨訊，從上列各項原則或辦法加以分析，第三第四兩項，與第八項相同，連同第二第六第七各項，係謀粮食生產之增加，供需之調節，農村之扶助，災害之預防，均屬治本辦法，但完成第一期倉庫與賤糴貴糶的原則不符，其他又皆草創伊始，一時難望有成，至第一及第九至第十二項，係屬治標辦法，然或因經費無着，或因航道阻滯，或則一紙命令奉行不力，亦無若何之效益，吾人以爲今日之救荒問題，應從經費組織及有效的救濟方法，三方面着手：

（甲）經費

1、電請中央撥給巨額賑款。

2，電請省外同鄉廣爲募集。

3，定訂省內有系統之募捐方法。

4，除田賦外，於某種稅捐，臨時附徵賑捐。

（乙）組織

5，成立省市縣擴大救荒委員會。

6，成立取締屯積粮食監查團。

（丙）救災方法

7，設法催運外米輸入。

8，實行以工代賑。

9，登記米粮行商坐賈於必要時，規定最高價格。

10除米粮高價外，有囤積谷米及粮食超過一年以上之消費額者，由監查團查出充公，作賑災經費。

該饑民在新溪場附近，仍聚不散，經第三區區員王耀光，率壯丁一隊，將爲首從中鼓動不肖份子，謝金山，楊洪順，張王氏，張雷氏等七名。扣留聯保處，一面解散饑民，昨第三區署，業將饑民代表，押解縣府訊辦，一面令壯丁注重防範云。

（三月六日）

無飯之哀

瀘縣荒象畢露
三區饑民集衆數百
不要錢米只要飯吃

（瀘縣特訊）當此去年收穫欠豐，米珠薪貴，又值奸商從中操縱，囤積居奇，以致米價，由每斗二元零，漲至三元五六角，尤飛漲不已，一般貧民嗷嗷，挺而走險，致各區盜匪案件，層出不窮，殊昨（三月二十八）午後二時，本縣第三區所屬兆雅鎮地方，突有不肖之徒，號召饑民數百之衆，圍擾團局，推出代表十二人，內有女子十一人，口稱「不要錢，只要飯吃，」經聯保主任安慰，似不滿意，竟集隊擁入附近富紳羅某家中將門打壞，當經區署聞訊，張區員前來，每人發給銅元四枚，仍不能散，竟向新溪子方面而去，刻該區彭區長，已飛報閔專員，請示辦法云。

11嚴厲懲辦搶米糧事。

12酌量減免災區糧稅，安撫流亡，左列皆屬臨時治標辦法，至於治本辦法，除省府已訂之各項計劃外，吾人以爲移民墾荒，及節制人口生育，亦爲不可延緩之圖。

我們應如何救濟四川的旱災

高孟先

我們四川，自去年遭了天乾，不但小春和秋收大多絕望，就是冬糧下土，也多枯死殆盡了，而且有的地方，飲水都已絕源，因此，一般農民，他們自己把握不住自己生活的程序，他們担保得了今天，决不能担保明天，加以地主的壓迫，土劣的專橫，以及軍閥政客超經濟的剝削和榨取，早使他們的生活失了保障，就是稍爲富裕點的農民，每日亦不過吃一餐稀飯來吊命，餘則即以豆葉，菜根桐實來果腹，及到菜根，豆葉……都已食盡，於是就剝樹皮，扯草根，挖白泥……就成爲他們找食物的唯一方法了！這樣流離，自盡，餓斃……在農村是極平常的事。

有的農民因飢餓難以度日的，於是結隊成羣，到處「吃大富」，「搶米」。也有飢民到忍無可忍的時候，不得不找尋最後求生的辦法，於是打家刼舍的行動，就成爲一般勇敢的強悍的飢民最容易走的一條路，目前農村中的大地主和富豪等，好多都搬到城市去住家去了，自然許多鄉民也有投奔到都市去的，不過他們是要經過中間人的一度剝削，才能得到活路做，或當碼頭上臨時工人，或去充任人力車夫，白木船夫……但是每天辛苦所得，實不能吃飽肚皮，至於家庭的如何供給，兒女的如何養活等，那就非他們所能計及了。

尤其是我們峽區，山多田少，平時出產本來不豐，加以去年的天乾，谷價日日高

榮昌米運受阻

每日出口數百石飢民恐慌
米商停手價卽回跌

（榮昌特訊）此間米商，多不遵守公會規定，連日大量運米出境，每日運出二三百石，影響每斗米價，一日驟漲四角以上，駭人聽聞，更覺恐慌，乃沿途睹衆阻止，米商因此損失甚巨，現已無人運米出境，價値卽往下跌，每斗現售二元九角云。（二日）

（又訊）此間災情嚴重之原因，據記者分析，不外以下三點，一爲長期之乾旱，二爲食米過剩之輸出，三爲富紳及奸商之大量屯積奇居，救濟之道，第一點屬於天災，短期內尙無有效辦法，第二點因過去搶米之風很甚，已無人作此冒險行爲，第三點昨經縣政府嚴禁屯積後，一般紳商稍知覺悟云。

（又訊）此間因災情奇重，飢民實無法求生，近日常有不少飢民，成羣結隊，四出搶食，小貿因此頗受影響，此種情形，睹之不勝悽惻，望政府當局，早謀善策云

米貴如珠

●白泥成果腹妙品

榮昌達縣災民苦極

（榮昌特訊）此間自去秋入旱，各種農

漲，現在一斗米已經賣到四元餘了。這種困苦的景象，更是不堪設想，至於峽裏的許多炭廠，因折本太多，不是停業，便是減少工人和工資，近來徒增了許多失業的勞苦大衆，他們只要求有活路做有飯吃，都不可能，失業出來，多數過着飄零的生活，在飢餓風雪中挨時，苟延一線生命，他們只待着病魔與死神的降臨！

在目前我們耳聞目睹的，無論鄉村城市，乞討的男女成羣，遺棄的嬰孩載道，盜匪如麻，整個的社會、幾乎全都被飢荒籠罩着了！

我們既是見着上面的悲慘現象，無論政府人民，都應該設法速謀救濟，玆將目前應急辦賑濟之事項，臚列於次，以供政府及熱心社會人士之採擇。

（一）統治粮食

旱災既成，食米飛漲，此時省府即明令嚴禁奸商操縱市價，富戶囤積居奇，同時調查各地農產，封查倉庫，此法至善，或集中大部資金，委託可靠銀行及民生公司在川外購買大宗食米以資供給，至如政府當局於各縣，各鄉鎮，均分設粮食管理機關稽核所有粮食存積實數，強制徵買，再設若干平糶處，以當地公務人員主持，社會熱心人士輔助，辦理平糶，則救濟之道，乃得其宜，至於食粮出口，其分配，運輸，存儲……應由政府統制辦理，藉免奸商操縱破壞粮食之標準價格俾飢民少飢餓之患。必要時，應由政府或當地粮食管理機關，實行限制消費，規定每人每日食米，至多不得超過二合，積粮之家，除儲蓄至本年八月新出時所需之口粮外，餘全由粮食管理機關處置，凡購買食粮者，須取得粮食購買劵，每人以一星期食用爲限，并實行計算分配全部食糧，以安人心。

（二）速辦急賑

作物歉收，雖春來微雨三四次不能救濟，凡高山地土，所種豆麥，均已枯萎，米價仍然回漲，每斗値價三元，饑民之多，爲數十年來所未有，記者探得，距縣城十餘里之螺貫山，附近有一種粘土，無知鄉民，稱爲仙米，可以充饑，近有許多老幼男女，每日紛紛往該地挖取仙米，有用籃提者，有用背負者，有用肩挑者，其窮極餓極，不問可知，且聞他處類於此事者尚多，眞令人聞不忍聞云。

（又訊）此間日昨有來客談，縣屬安富鎭，一般男女居士見去冬今春久旱不雨，豌豆胡豆均將告斃，又兼稻種應播時期，飲水亦感困難，若再不行雲施雨大降滂沱，人民何以生計，特訂簿募捐，設壇誦經，并禁止屠宰，以挽回天意，早降甘霖云。

合江葫麥無收
飢民爭食白坭

頃據合江來客談及，該縣旱災，惟該縣西北鄉特甚，去秋迭經勘報各上峯，并造册繪圖，請予急賑迄今尚無結果，而自秋至春，仍無大雨，田土均成龜裂，葫麥無收，一般貧民爭食白坭水黎子，及桃杷皮等物，以維生機，賣兒鬻女，逃亡路斃者，比比皆是，慘不忍視，玆據調查災區戶口及糧食存儲之戶，以堯壩鄉一處，共計五十一保，共有五千一百餘戶，差堪自當此飢民遍野，待哺孔殷之際，應由省府速電中央撥款急賑，或由全川軍政黨商學各界聯合起來，共同作大規模的募捐運動，限於最短期內募足一筆巨款，分配重災區域，同時於大都市設立救濟院或災民收容所，盡量收容，酌量施衣，施食，并設災民習藝所，使有體力技能者從事生產，設作貨處爲災民平價變賣貨物，設職業介紹處安插有技能體力之災民，至於免費戒煙，免費診療，施棺掩埋，亦爲急不可緩之事。

（三）籌辦工賑

急賑之外應辦工賑，因大旱之餘，失業者衆，如徵用災民，以工代賑，建築塘堰，修濬溝渠，籌辦墾荒，招工開礦……不但得濟目前災民之困厄，且永綿田事將來之利益，交通阻礙之地，尤宜興工建造，俾災情容易傳達，糧食容易運輸，外助容易獲得，藉免垂死無救之弊，至如目前成渝鐵路之修築，應盡量招撫災民，一方使其不致流離逃竄，裹脅匪類，一方重要工程，得以輕易完成，而擾民反得濟民，其益豈淺鮮耶！

（四）農村貸款

旱災之後，衣食維艱，一般貧農，告貸無門，急賑工賑，暫濟眉睫，爲永久計，則速請中央籌撥巨款，組織信用合作社，以借貸資金，使得購買種子，保留耕牛與購置農具肥料，放款機關，委託地方銀行或農民銀行辦理，放款手續務求簡便無弊，如此則農民再生有術，高利貸者亦常無形自弭矣！

（五）購種貸放

凡遇灌溉困難，或因旱失收之區，則應使農民種植夏季耐旱而能於短時期間成熟之作物，以資補救，如晚稻，洋芋，高粱，大豆，甘藷……得雨補種，以謀生產，上

給者，約四百餘家，不過占十分之一，尙有餘谷可售者，僅數十家，門了又此何給全鄉食用，以致恐慌愈甚，救濟無術，聞刻當局正請政府設法救濟云。

綦江設醮祈雨

（綦江特訊）本縣自入春以來，下雨僅二三次，且小而暫，春荒日趨嚴重，饑孚滿途，此間特設醮祈雨，抬神遊街，極爲熱鬧，然結果仍紅日如故，且更厲矣。

旱災嚴重聲中　江津追旱魃

生活不易遍地棄兒

（江津特訊）吾縣天乾過久，旱魃爲災，雖經幾次細雨，仍無大濟，以致米糧不鬆，貧民恐荒已極，一般望雨情殷，於昨依照舊俗習慣，實施大追旱魃，求感格上天，澤惠下民，故由人衆均與高采烈，各收旱魃於東門外擒獲，飽打一頓，逐出九洲外國，永遠不准再來騷擾人民，爲害地方，一時觀者擁擠不通，頗爲鬧熱，由此可見旱災嚴重而人民誠心祈雨，無微不至也。

（又訊）吾縣年來旱災頻仍，以致農村經濟破產，城市各種營業日趨蕭條，生活高昂，貧民謀生不易，近來街面發現拋兒棄女者，日益增多，均係生庚年月，以冀豐裕之家拾得撫養，故忍心割愛，以獲生

項各類之種子，由政府備製，依一定辦法分貸無力購買種子之被災農民，惟須注意貸種不許移作食糧，且收穫後必須還種，至於被災較重之區，由政府派員調查確切，可豁免一年以上之糧稅。

（六）提倡節約

凡社會舊有習俗，如婚，喪，壽，祭……等，均應行不致禮，不宴客，以減省無謂應酬，免除無益消耗，至於以糧食作糖烤酒等政府更應明令禁止，以資補救，至於我們有力量的同胞們，也有幾點是我們應盡的義務：

第一，是有錢的出錢，有糧食的出糧食，收集起來，公平分配給飢民。

第二，我們對於飢民和失業的勞苦大衆應當同情他，扶助他，接濟他，不使他們到處流浪，不讓他們失掉生活，冷死，餓死，或被逼爲匪盜。

第三，我們對身壯力強及有技能的朋友，應卽爲他尋求職業，同時也不希望他坐待着專靠人接濟，使自己有用的人變成無用，自取滅亡。

我們要想肅淸匪患，安靖地方，各安生業，就須先救飢民，須知救人卽所以救己，我們民衆應當聯合提倡起來：

捐自己的衣服，節自己的飲食。

省無益消耗的金錢。

幫助飢民；

慰藉他們。

賑濟他們。

上所陳訴，全爲治標，目前固刻不容緩，但如除永患，厥爲治本，其在今後尤爲路耳，惟此慘狀，令人眞是痛心也，

內江赤地千里
春耕無望求雨情殷
忙煞佛門弟子

（內江特訊）本縣自去年七月下一次大雨後，迄今八個多月之久，未下過一次大雨，在這八月多月之中，曾雖下過數次微雨，但久經日晒的蕉土，烈紋一寸餘寬，一霎時的牛毛微雨，無濟於事，小春收穫已絕望，臨插秧期屑近於眼，各鄉吃水艱難萬分，近日驕陽日厲，暑季各物飛漲，食米尤甚，刻下每斗中米售洋三元四角，尤有上漲之勢，據米幫中人談，若近旬日以內無雨下降，必定漲到每斗三元八九角，四元之譜也，城鄉農商，惶恐之至，生活日增，生意全無，慈善家，佛弟子，爲聽天命，盡人事起見，紛紛設壇唸經，敬神大辦祈雨工作，求天早下滂沱，立下傾盆大雨，以好如期種秧。解決民食矣。

高縣大設齋醮

本縣近因天久不雨，旱災加重，一般民衆，益抱杞憂，現由地方紳耆，發起設壇祈雨，以期感格天心，早降甘霖，此間縣府雖以此乃屬迷信，不應提倡。但爲徇于地方舊習，未便加以禁止，以致自本月十日起，卽由人民自動斷屠，全城男女，齋戒沐浴，虔誠祈禱，幷在本縣臨淵閣內

切要，茲分述如次：

（一）培植森林

四川千萬山頭，大多禿兀，人民不明森林利益，任意砍伐，政府鮮於提倡，且不加限制，以致天然富源，破壞殆盡，頻年以來，常釀巨災，政府如不急速提倡造林，四川將成一塊乾燥土地，蓋荒瘠不毛之地，雨水來時不能涵蓄，盡由地面流去，若林木蔭翳之地，雨水來時一部隨根浸入地下加增地層水，一部涵畜於地面堆集之枯枝落葉中，其流失甚少，遇久晴地面爲枝葉所蔽，陽光不易直射，常能供給空中多量水氣，空中水氣既多，則降雨機會亦多，而流失水分則少，自少旱潦之患矣！

（二）興修塘堰

塘堰本爲農民天然之蓄水庫，頻年以來，一般農民懷貪小利，墾成田園，一遇亢旱，束手無策，茲應由省府通令各縣轉飭各鎮鄉凡地帶易旱之地，每二十畝，必興修可灌溉二十畝之塘堰一個，原有之塘堰破壞者應速修繕完整，并嚴禁闢作田土，派員限期查勘，以杜流弊。

（三）開掘堰溝

沿江河溪流之農戶，應盡量利用流泉開放堰溝引水以灌田，其法易行，其用甚便，其收效甚宏，渠，廣，竹，鄰，梁，墊等縣沿山麓一帶已多舉辦，惟成効不及川西灌縣之溝渠堤壩之顯著，至開溝渠時，尤當注意溪流要有豐富之來源，且溪上游河身須高乃爲適當。

（四）疏浚河渠

凡河溪澗之淤淺者，固宜加以疏浚，即分歧之支流以及農田間溝渠，均應加以疏

，設立雨壇，大做齋醮，想此蚩蚩者氓，如此虔誠盡心，蒼蒼彼天，當必有所感應，而然沛下雨也。

亦云慘矣

資中饑民掘仙米
壓斃三名傷七名

（資中特訊）此間自舊歷年節時，曾得小雨後，近日來天氣仍屬高亢，紅日懸空，且似四五月間之烈日災荒，景象仍未稍殺，第四區所屬之斯盛鄉竹林埡地帶，日前一般饑民以發現帶磁性之泥呼爲仙米，爭掘作爲充饑，遂將該地掘成一深洞，不料於昨（四）日正午，饑民正爭掘時，上層岩石坍倒了，登時壓斃饑民三名，重傷七名云。

旱災籠罩下之古藺

盜匪猖獗：饑民塞途
憂然縣府：慘哉民衆

（古藺特訊）現將舉縣政府人民，白夜焦灼之旱災，簡略作一報告，供留心民衆痛苦，而欲謀解除方法者之參考，古藺山多田少，地瘠民貧，去年天災流行，旣受雹災，又遭天旱，收成不過十分之三，入秋以後，又罹冬旱，小春胡麥，顆粒無收，不獨疏菜荒饉，飲料亦感困難，米每斗價由二元四角，漲至四元幾，現猶上漲未已，去年冬間，農民種入土內之豆種，以

淺，一方得排洩田間之溢水，一方得蓄水量以供灌溉，其為用至便且大矣！

（五）鑿井引泉

鄰近地面無水可引之地，宜於田間利用地層水開鑿深井。汲取灌溉，其事易舉，其灌溉面積雖不及堰溝之廣，而其穩便可靠，且需款不多，效用長久，我國北部河南陝西等省，早已施行此法，開鑿數十丈深之井，卓著成效，比年北方大旱，長期不雨，溪流乾涸，人民飲料及灌溉，咸仰給於此。

（六）蓄水灌溉

利用剩餘雨水及溪流，築池蓄水於高地，或築堤壩蓄水，使水面增高，上設閘門以供灌溉之用，吾川各縣，山陵橫亘，大小溪流，交錯其間多可順勢取利，至如灌縣，瀘州，嘉陵江各處著名之大瀑布，最可引用以灌農田，如工程浩大，私人無力建修者，則由該區農田之主戶，共同担負，或募捐修造，或政府執築均係辦法。

（七）機器抽水

川西各地，因河身不高，沿江農戶可購抽水機實行抽水灌溉，如貧農而無力購機者，可由政府分區設立汲水站，辦理汲水灌溉事宜，收取輕微之利，惟水之分配，務須妥為計算，俾免爭水之糾紛。

（八）提倡合作

遇此荒旱時期，欲求農村經濟急速恢復，惟有提倡合作：由政府先提倡組織生產合作社，即用大農經濟辦法，如農具不足，可集各社員農具互相參用，如水利不便，勞力不足，或疏浚河渠，開鑿井池，及一切私人不易舉辦之事業，都可用合作經營辦法解決，目前的蘇聯底集體農場，全採此方式，至於運銷，消費，信用等合作社之組

天乾未生，仍復掘而食之，二三鄉鎮，稍好麥苗，饑民早已拔食，鄉間樹皮草根，業已採取殆盡，日來各鄉飢民成羣，相率尋食，地方秩序，大成問題，縣府臘底，約集士紳，籌商年關賑濟，費九牛二虎之力，得款一千八百餘元，散發附城三鄉路，貧民各得票洋一角，杯水車薪，無補於事，月來政府民衆，集中精力，作：（甲）數電專署，轉懇省府撥鉅款救濟，（乙）禁止糧食煮酒，（丙）種植洋芋，（丁）籌款購種子散發，（戊）水田任人播種秧苗，（己）令富者請貧民挖堰塘。

涪陵全縣
陷入旱荒恐怖
災情慘重難以形容

（涪陵特訊）本縣連旱四載，尤以去歲為甚，富者轉貧，貧者淪為飢民，餓莩載道，狀慘難覩，黨部特分電各區署，將所轄區域內災情詳為見復，以便呈請救濟，茲特將各區陳報詳情，批露如左：

一區　餓莩載道，一區署迭據鴨江，涼塘，南沱，馬頸子，清溪，複興，礁岩等鄉報告，去歲旱魃往昔尤重，今年小春亦無收穫，鄉民以野菜白泥為食者居多，餓莩載道，不可勝計，尤以近來城內各偏僻巷道為多，慈善團體，木匣早告施盡，繼以篾席，近來雖下微雨，然鄉間田土

織在今日的農村亦極重要。

此外應由省府聘請林學，農學，水利工程專家，組織一農田水利委員會，俾便分別指導監督農林水利事項，至於實施防災教育，確立倉庫制度，籌措救災基金，整理積谷公款等，促起人民自動組織積糧會，天災前共同積蓄食糧，俾天災人禍降臨時，有以預防和補救，此亦爲當務之急！

（九）發展副業

農村副業之發達，直接可以增加農家經濟之收入，間接可以補助農家正產收獲之不足，時値凶荒，收獲銳減，或竟藉副業以維持生活，農家收入不致全無着落，農村副業，例如飼養鷄鴨，飼養猪羊，飼養乳牛，飼養鵞兎，飼養魚蜂，以及製草帽，草鞋，編竹席，草薦等幷可提倡。

救濟旱災之辦法

國民公報

川省自去歲春旱以後，繼之以夏旱秋旱冬旱，今歲又値春旱，穀米早已歉收，小春復又無望，遂成嚴重之災情，報災縣份達一百餘縣，其致災之由，雖曰天時，仰由人事，農村凋敝，凡事靠天，一遇災年，束手無計，加以交通不便，平糴遲緩，奸商居奇，操縱米價，農民破產之餘，欲求一飽而不可得，哀鴻遍野，嗷嗷待斃，瞻念前途，何堪設想，本報關心斯事，迭載賑災辦法，集思廣益，冀收實效，茲綜合所得，參以己見，爲條理出之，以應當前之需要：

（甲）臨時救濟辦法：（一）平價，平價不僅恃購米於省外購米只能作一部份之調節，使時價略爲鬆動，而不可久恃，故購米之外，應由各災區之聯保，調查

龜裂，何能浸溼皮面，播種期間，人民甚爲不安。

一一區　盜墓甚多，所轄各鄉，地勢高聳，民貧土瘠，受災尤甚，藏儲早罄，卽草頭木根，亦剝掘殆盡，拋妻棄子。層出不窮，盜墓案件，尤爲不鮮，輾轉溝壑，號泣道路，不堪覩聞，去秋迄今，少下甘霖，今春行見無望，一遍赤土，鋤犂爲難，雖下種時期，仍無透雨，農民異常隱憂。

三區　三區地域遼闊，被災甚重，以致飢民亦夥，成羣結隊，佔奪食物，（俗爲吃大富），然富則變貧，貧則流爲飢民，尤以盜墓事件爲多，雖略有資產者，亦紛紛來城居住，租金較貴。

四區　土匪蠭起，該區毗連長，鄰，墊，梁各縣，山林叢叢，素爲匪藪，雖迭次清剿，匪首方，傅，余範九等先後就擒伏誅，然黨羽衆多，肅淸匪易，近復有萑苻潛開，譚炳於，率領成棚，晝則在荒田壩，飛水洞等處搶刧，夜則牽耕牛坦谷子，肆行無忌，所有團務人員，亦覺自身難保，卽如該區區長一到午後，卽到附近寨子避險，而一般農民，何得安寧，匪禍旣如上述，天災亦不稍減，該區鶴遊坪一帶，農產物以米爲大宗，尙有三四年未種秧者，卽勉爲下種，亦盡行枯萎也。

當地積穀之數量，與當地人士協商，嚴禁囤積居奇，同時限制出口，市場之現貨多，米價自能平穩，然欲免奸商囤積轉徙之弊，應由地方與四川糧食調整委員會合作辦法，（二）募捐，除向中央請求賑款之外，又宜傳災況於各省市之川帮商人，使其關心桑梓，而樂於捐助，同時，省內努力作節約運動使有力者以節約所餘，移爲助賑，此外政府應徵各種享樂捐消費稅，以作賑款，（三）工賑，修補公路，或添設公路支線，以收容災民，災民得暫時之救濟，政府亦得永久之利益，公私兩方，皆得實惠，此外，或單由地方，或由政府地方，在各災區內，分設貧民教養工廠，又如規模較大之水利工程，一時難於着手，然如規模較小之塘堰，屬於公家者，固不待言，屬於私人者，亦必責令其開鑿或整頓，按照上述各節，必能收容大批災民，其有老弱婦孺，因家無壯丁，遂不得食者，應由政府募貧，或由地方慈善團體，分設救濟院以收容之，（四）貸款，其有甚至破產之農民，應急由銀行貸款救濟，俾能籌備春耕，惟若利率過高，必無力償還，以致終歸破產，是望政府銀行，及農民銀行作低利之先倡，以符服務於國家社會之宗旨。

（乙）根本救濟辦法：（一）興水利，川省多大河流，然水利不興，不能利用，若多開渠塘，水枯時，放出溉田，水漲時，又可儲蓄，無異爲農家之水櫃，卽遇水旱，亦不致成嚴重之災（二）造林，農家無識，每不知造林之有裨於農業，此後應由各聯保宣傳造林之意義，使其栽植，藉以調節水蒸氣，而避免水旱，（三）農村合作，外國農業，皆有土地銀行之低利通融，故農村事業，能蒸蒸日上，中國現時尚不足以語此，惟有農民自行組織農村合作社，合羣衆之力量從事種種農村事業，消泯危機，（四）整頓倉庫，中國自古卽有常平倉之設，以保荒歉，民國以來此制殆廢，

五區 災情較輕，該區所屬各鄉，因地勢關係，兼以前後小河得雨較多，以目前情勢觀察，只要今後雨水調勻，除小春早已乾去一部份外，其餘大致可望不獲巨災，惟羊角磧，白馬，巷之等鄉，則受災較重，若最近能得透雨，小春尚有十之六七收穫云。（三月）

萬縣災象嚴重
食土者四五萬人
有觀音米觀音包穀高粱之分
飲水困難富紳均遷徙入城

（萬縣特訊）本縣去歲，遭受數十年罕見之旱災，四鄉農民，均爲之破產，富農變爲貧農，貧農流落爲盜賊，去歲廢歷年關，搶案時起，全城造成恐怖狀態，現在際此青黃不接之時，四鄉慘象橫生，農民變爲餓莩者，爲數不少，街間拋妻棄子之事，幾無日沒有，流落街前而待雇之農夫農婦遍佈大街小巷，抓扒之事。已成司空見慣之現象，日必四五起，雖然如此，但城裏總不感十分恐慌，可是鄉間之情形，極爲不然，人民生活之慘，實難以言喻，近來吃觀音土之風甚熾，城中附近挖觀音土亦有四五起，鄉區更舉不勝舉，但最慘者爲縣屬第五區市郭里二甲，因該區去歲旱災較全縣各區爲重，其災民亦較他區爲多，該區挖觀音土之人民，幾難數計，

近年中央復推行倉庫，以調和市價，或備急時之需，川省應仿行之，（五）發展交通，長距離之交通，惟賴鐵路之發展，近者川黔鉄路成渝段行將開工，若中央與地方，不顧艱難，迅速完成川漢同成等鉄路，交通發達農業自能調劑，往年西北大旱，釀成奇災，及最近川省向省外購米，因水枯船滯而遲到，於此可見陸運之重要，（六）減輕田賦，本年省府以災情奇重，决定減免田賦之區達三十五縣，所惠於人民實大，此後希望各種正税直接税，次第施行，而減輕田賦，庶賦税之負擔，不偏重於農民，實爲復興農村之根本問題，不僅救災而已。

凡此救災辦法，皆據輿論以及己見，而綜合論之，由此可知救災工作，須政府與民衆合作，乃能成功，其責任不僅在於政府，尤賴民衆之能自救也。

亟應解决的四川民食問題

全國公認的復興民族根據地，衆口競稱「堪察加」「昂哥拉」的四川，在今日公然鬧到民不聊生的境地了，恐怕眞非史料所能及罷。

四川今日，首先應當解决的，當然是民食問題，書云：「國以民爲本，民以食爲天」：「民爲邦本，本固邦寧」，這裏明明告訴我們國家的問題在民，民的問題在食，要是食的問題不能解决，民的問題因之以起，國本因之動搖。今以推之四川，又何能例外呢？四川爲中國西南的首要省分，四川一不得了，整個國家難道又可高枕而臥嗎？

四川原來人們稱爲「天府之國」，但是近四年來，都在鬧糧食恐慌，這是什麼原故呢？別的原因都不去談牠，最重要的還是天災匪禍的流行，記得民國二十二年，廣安，岳池，江安，石柱，什邡，巴縣等二七縣遭受旱災，收穫減少百分之二五至四五

有遠在一二百里以外之災民，均赴區該挖取，每日由朝至暮，均未絕人，除觀音米而外，又有所謂觀音包谷，觀音高梁等，据云，觀音土又名觀音米，其色爲白，有秥性，與糯米相似，觀音包谷，其色與包谷之色類似，觀音高粱與普通高粱相似，究其實所謂觀音米，包谷及高梁，純係心理作用，自己欺自己，以圖苟延生命而已，全縣吃觀音土之災民，起碼在四五萬人以上，幸近來縣府於各區各聯保開辦施粥廠，可略加補助，然距秋季收割之時，尚有四五月之久，其慘象之演進，此時尚難斷言也。

萬縣災重
搶食饑民禁不勝禁
縣府令各鄉善爲處理

（萬縣特訊）此間饑荒，以各鄉極爲嚴重，一般飢民，紛紛來市謀作傭工，及挑水出賣，無如供過於求，仍難謀生，近日除以樹皮草根米糠泥土充飢而外，更多搶刼食物之事，區長及保甲等公然然視爲搶匪，將其拘鎖送縣，結果雖蒙縣府寛宥，訊明釋放，然一度監禁，動延旬日，實已受累不淺，聞縣府近擬通令各區署對於上項奪食之飢民，儘可善爲開導，或加以薄懲，勿須動輒送縣，使受訟累云，

；汶川，安縣等四二縣遭受水災，收穫大減，受災人民達一一·七六〇·〇〇〇人，二十三年遭受旱災之縣份，川東之江北，巴縣等十五縣較常年收穫平均僅足四成；川南之內江，隆昌等九縣收穫僅得十分之二三；川西之梓潼，江油等縣收穫不足三成；川北之劍閣，南部等四縣，收穫十分之一二，總計三一縣，收穫百分率爲一五至四五；遭受水災之縣份有灌縣彭縣等六二縣，其收穫爲百分之二五至三五；受風災有大足內江等五縣；受霜災有松潘南充等九縣；受蝗災有岳池蓬溪等四縣；受匪災有通江南部巴中等三十九縣。天災匪禍的合計爲一三二縣，佔全川百分之八九，一一縣，二十四年遭受匪禍者松潘等二十八縣；旱災巫溪等四十五縣；水災灌等五縣，匪旱災雅安等一七縣；匪水災茂縣一縣；匪水旱酉陽一縣；匪旱災秀山黔江二縣；水旱災巫山等三縣；霜災馬邊一縣；風霜災蓬安，霜災仁壽一縣，受災區域一〇四縣三屯一局，佔全川縣數三分之二以上，受災面積四分之三以上，被災人民二分之一以上·二十五年度，全川水災數達六〇縣；川東南旱災縣份如富順，隆昌，南溪，瀘縣，開江，江安，綦江，巴縣，江北，雲陽，南川，安岳等縣收穫均大減，二十五年遭受旱災之縣份，據知確數，至少在一百縣以上，四川連遭四年的災害，生產完全不足以自給，無怪乎人民春夏之際，要吃樹皮樹葉，芭蕉頭青草，甚至白膳泥也用以充飢了，這種悲慘的境地，我不知是地獄，還是人間。

中國去年爲一大有之年，然而四川，河南，陝西等省，則不幸例外，其餘各省的稻麥，都有很好的收穫，而四川則因遭受匪禍天災，收穫簡直說不上，過去幾年，雖因天災而鬧飢荒，往往是在春夏間，到秋收後，人民稍有殘餘谷粒，可充飢食，糧食恐慌的程度，便漸漸減少，物價卽告低落，而二十五年方在冬間，人民便鬧起糧食的

武勝災重飢民何多
賑務調查員受包圍

據武勝縣縣長兼賑務分會主席云：縣屬前有飢民，環圍周特派員祈賑，幷竄入米市，奪去食物，連日據各鄉電話報告情形，大都類此，恐成明末之禍云。

又訊，吾縣災情之重，爲全川之冠，歷數十年所未有，雖省府爲體洽災黎計，曾明令減緩徵糧，然車薪杯水，實不足以補救，所以現在仍然遍地飢民，嗷嗷待哺，而一般農民亦多成爲餓莩，在此青黃不接之際，多望小春麥子，葫豆，油菜接濟，奈小春自從去歲播下種子起，迄現在止，尚未獲一次大雨，雖小雨已降一二次，然多未打濕塵土，故小春現特發芽一二寸深，遍地皆係黃色，在常年當此春令時候，小春多已開花結實，而今年則與往年大異，記者昨聞一老農說，天爺要是在此時下雨，小春還有一二分希望，要使再過幾天不下雨，小春將完全絕望矣，故預料人民時不堪設想云。

大足天旱成災
匪徒號召搶米

（大足特訊）本縣久旱不雨，少數匪人，乘機哨聚，飢民打倉刼市，日必數起，如縣屬第一區署高陞鄉，三區鎮聯保辦公

問題來了，這可證明四川民食看到了十室九空的現象，過去幾年雖遇天災，民間爲有儲蓄可以接濟，而今年恐怕已經倉廩空虛，毫無辦法，據最近的事實告訴我們，糧食的價格是一天一天的上漲，在八九月二元一二可以買一斗的米現在要將近五元錢纔能買一斗，每天報上登載土匪刼糧搶米案件，也罄竹難書，各城市間麕集着「鳩形菜色」的貧民，也多起來四川最繁盛縣份（巴縣）的人民，已經在吃觀音米（白泥的一種）了，這種情形是多麼可怕喲！在現在就弄到這個地步，到了今年青黃不接的時候，不是又要像通南巴那樣演慘劇麼（吃人），四川的首縣都如此，其他的縣份又將怎樣呢？要是長此下去，民衆爲了生活的問題，強有力者便祇好挺而走險，擾亂社會的秩序：老弱無能的，則束手待斃，增加社會的不安，到了這個時候，四川就現狀都不能維持，漫道還要負復興民族的工作，政府當局，對於民食問題已曾注意到，如民食救濟委員，賑災委員會等之設立，購米於湘皖以平價，最近重慶施粥廠之施粥，對於災民都有不小的補益，尤其劉主席日前發表的談話，表示救災辦法，更爲具體，今謹以至誠，希望政府當局，辦到下列各事；解決嚴重的民食問題。

一，使將來不再鬧民食問題：要圖謀目前民食問題的解決，還須要注意到將來的問題：如祇注意當前，而忘卻將來的民食問題，則問題終久又沒有法子可以解決的，所以對於將來的民食問題應注意到：（一）水利的振興：如保護森林，開鑿池塘，修築堤堰等；（二）農業技術的改良：如種子，肥料，農場等；（三）農產品的儲藏：如倉谷的積畜，禁止外商的購買等；（四）禁類鴉片：四川種植鴉片，到現在還佔着廣大的面積，如忠酆石長涪等縣，今年還種有鴉片，政府應當設法禁絕，以便改種他種糧食●

處，均因派丁彈壓，竟被飢民搗毀，全縣驚恐，不可終日，惟二區地面，較爲安靜，最近寶興場方面，以突然發現上項情事，經區署率隊偵緝，確係當地匪人羅忠國等乘機號召，共同行刼，現已捕獲首要人犯多名，並抄獲贓證多件，送縣法辦，如此眞象明白，當局果能斷然處置，則巨變之來，或可避免矣。

災情深重的銅梁

多方救濟毫無效果
飢民已達六萬餘人

銅梁山多田少，邱陵起伏，梯田極多，向乏天然水源，人民生活食料，純賴稻麥及玉蜀黍，雖雨水調勻，年豐歲稔，尚慮不能自給，一遇荒歉，即成巨災，自民國二十一年起，連遭亢旱三載，平均收穫：**僅三四成**　農村經濟，愈形凋弊，只冀雨暘時若，元氣可復，殊去年夏季，驕陽焦虐，苦旱不雨，土盡枯肆，田多龜裂，縣屬東南兩區，半屬大山，包穀產量向佔全縣產額之半，可供苦農半年之食，遭此慘旱，則莖葉焦斃，顆粒無收，西北方面，土質磽薄，高粱豆類。**未及結實**　而苗已枯槁，紅苕洋芋，種不發芽，即欲設法灌溉，亦苦無粒水，至於田中禾稼，早稻多秀而不實，白

二，目前糧食問題的解決：現在四川各縣民衆，已經鬧起糧食問題來了，我們相信他們決沒有法子可以餓着肚子等到將來，因之對於目下的民食問題應注意到：（一）政府應以全力速購大量的外省米入川平價，（二）禁止商人抬高市價：近來米商見勢可乘，便恃其金融靈活，囤積居奇，使米價天天上漲，以致一般貧民無以爲炊，此種奸商，政府應當嚴厲取締，（三）分配糧食；如四川近年雖遭大災，然而一般富豪之家頗有積畜，他們可以食費萬錢的揮霍，演成「朱門酒肉臭，路有凍死骨」的現象，此種情形，眞是「不患貧而患不均」。政府當設法使富家節食，以濟貧民。

上提數點愚見，不識賢明的政府以爲如何？

節約與救災

新蜀報

據老於農事者的觀察，今年的荒旱，說不定較去年還要加劇，就以目前而論，各縣報災者，已達百縣以上，據省賑會的估計，災民已超過二千萬人，這實在是目前四川最嚴重的一個問題，政府現正趕辦急賑，并設法積極防災，這自然是義不容辭的事情，但在社會各方面，也應該大家起來協助政府，一致爲救災努力，使範圍能夠擴大起來。

我們以爲目前的救災工作，已經不是頭痛醫頭，或者敷衍塞責，可以對付的了，最要緊的，是大家都應以救災爲中心目標，社會上的若干舉措，都應以救災爲出發點，使到每個人都能夠盡一點救災的責任，縱使有些事情，表面上似與救災無關，但它所發生的影響，却能在救災方面，獲得實際的利益，像這樣的工作，在社會上仍然是十分需要的。

目前的社會，有兩種不良的風氣，便是懶惰與奢靡，其實懶惰還是從奢靡生出來

穗橫生，晚稻亦萎枯葉捲，平灘，侶俸，上橋，雙河，西郭，斑竹等鄉，復因多屬黃坭土質，水一枯竭，苗難發育，又如太平，玉龍，虎峯，蒲呂，大廟等鄉，接近大山，土質冷潤，播種之先，須用石灰散放田中，使生熱度，遭遇大旱，質亦堅如黃坭，禾苗頓卽枯死。

損失俱重　其他各鄉，雖土質較溫，惟因當然雨澤愆期，亦僅收入三四成，統計全縣收成，平均不過一半，民心惶恐，至難安輯，縣府方面，曾購大批包穀種子，在平灘鎭農民倉庫信用貸款處，散發農民，廣爲勸種，并通令各鎭鄉一律播種，以圖補救，結果因一般農民，當時以爲天時爲災，人力無濟於事，遂爾心灰氣餒。

聽天安命　亡羊不圖補牢，僅部分播種，產量頗微，同時米價飛漲，各地塘堰盡涸，水源斷絕，盛產紙鐵煤之東西兩山各廠，遂因食糧高昂，出產又銷路不暢，兼之水源斷絕，無法工作而紛紛停閉，大批勞工，於以失業，嗷嗷無食，四出騷擾，縣府爲救濟旱災，維持勞工生活及地方治安計，曾有如次旱災救濟辦法之公布，銅梁縣二十五年旱災救濟辦法：

甲，積極方面　一，凡夏季作物如高粱，包谷，黃豆，綠豆，江豆等收穫

的，因爲要想盡情享樂，自然便會流於懶惰了，我們假定一般享樂階級，能夠在各種糜費當中，節省出若干分之幾來做另外一種事情，則這個數目，一定很有可觀，我們又假定把這些浪費的精力和時間，移作別種工作或正當娛樂，則事業的效率同身體的健康，一定也有不同的效果，所以奢靡風氣，實在是應該打倒的。

奢靡的正面，便是節約，節約素來是中國固有的美德，但自海通以來，帝國主義者於施行政治經濟侵略之餘。還附帶有文化的麻醉劑，在都市散佈，於是一部份意志薄弱的中國人，便漸趨於享樂，放蕩，與奢靡了。要想革除這種不良習慣及防止它侵入內地起見，我們應即對症下藥，把我們固有的節約的美德，從新恢復起來。

節約在廣大的意義方面說，可以增厚國民經濟建設的力量，可以挽回不少外溢的權利，可以養成勤苦耐勞的習慣，然而就在救災這一點意義上說，其幫助也是非常之大的。中國很早的詩人，便有「朱門酒肉臭，路有凍死骨」，這樣的句子，民間歌謠，也有「富家一席酒·窮人半年糧」的感歎，且不說別的，即以廢歷年即「春酒」這一項費用而論，即不知要浪費多少法幣在內，在濶人的酬應，并不是了不得的需要，而窮人們，却是連白泥都快要挖取乾淨了，同是中華的民族，爲什麽生活會矛盾得這樣厲害呢？

這還是僅就飲食一項而論，其他如衣服，宮室，聲色，狗馬，妻妾，童僕等之供奉，我們相信，過分、奢侈，一定是不免的，如果能夠節省一部分下來移作救災之用，在富人們是「無傷大雅」，而在窮人們却「受惠良多」了。

自然，提倡節約，并不是完全爲了救災，但如果自己不知節約，却很有變成災民的可能，所謂「驕奢生淫佚，淫佚生貧賤」，是頗有循環的至理的，只要大家都能夠

之空士，及田中禾苗枯槁太甚，己絕收穫之望者，一律補種秋季作物，二，秋季作物如荍子，秋包谷，洋芋，示蘿蔔及各種疏菜等類，各速收集種籽，分別佈種，必要時，得由公家籌備補充。

乙，消極方面 一，凡糧食新谷登市禁止奸商操縱市面，囤積居奇，并由各鎮鄉聯保主任派人到市集嚴密稽查，以平物價，二，凡東西山一帶紙廠炭廠，非經該管區署及所在地聯保辦公處核准，不得停工倒閉，以增加飢餓羣衆，即有無法繼續情事，亦可酌減工資，緩支工價，或以成品抵借現款，以資救濟，三，各鄉鎮地方紳耆，應以身作則，提倡節衣縮食，以減少日常之消耗。

節餘資財 多辦平糶，凡民間一切宴會娛樂，及不必應酬之浪費，俱宜停止，以節食用，四，凡現有食糧，或可充飢之雜糧疏菜，均宜節省珍惜，切忌煮酒熬糖，飼畜等無益消耗，縣府通令此項辦法後，雖經各區區長及各級保甲人員，與乎地方士紳一體遵照辦理，顧全縣元氣大傷，仍屬小補，自冬徂春，復繼之亢旱。

烈日如夏 愈晴愈高，各種作物，不易生長，春糧殆己絕望，米價更上騰不已，二月之末，突由每挑六元漲至七元四五角，城鄉飲料，大起恐慌，計水一挑

知道自己的危險，知道以節約來拯救自己，則普遍救災的意義，仍然是存在了的。

嘉陵江實驗區的防旱救荒運動

黃子裳
高孟先

一，旱災原因

本區山多田少，地瘠民貧，平時農田耕作，先賴春雨諾足，藉以播種插秧，入霉之後，再須得霖雨三四次，秋收方能有望，不意去年入夏以後，亢陽不雨，禾黍枯萎，秋收絕望，形成最大旱災！到秋又繼續排演着秋乾，冬乾，不僅影響本年小春無收，卽飲料亦已大成問題，其災情之慘重，爲百年所罕見，吾人一推厥其原因，由於氣候之不調，然人事之未盡，亦不失爲重要因素，查吾川位居中國中部，氣候溫和，六七月間，雨量最多，爲梅雨節，是項梅雨之降落，實爲農作栽培之嚴重時期，去年其時東南風強盛，西北各省霪雨，而四川各地反苦旱，雨量稀少，據此間中國西部科學院測候所之記載，去年六七兩月平均量爲三•六公厘較之前年（一九三五）六七兩月四•九公厘，則差到一•四公厘之巨，其雨量之稀少，於此可以想見，其次則爲降下

，值錢兩串，毛茶一碗，值錢八百，一般貧民，日不吃飯者，十有八九，搶米爭水，偸竊菜蔬事件，時有所聞，各地乞丐人數激增，沿戶乞討，同時苦力工價大跌，平常雇肩輿每里需價四五百文，今則每里價僅一百一二十文，且爭相應雇。

旱象愈深　民生愈苦，縣府復於二月二十六日召開賑務會議，決定徵集熱心士紳，分別勸募及從速修築塘堰，以工代賑兩項辦法救濟災民，實施之後，所幸大批失業勞工，得以出賣勞力，相安無事，各老弱災民，亦得苟延殘喘，無如災象愈演愈深，時間愈延愈長，横亙數十里，難覓一塊水田，播種時期已至，仍

未降滴雨　一般農民，只是束手無法，或怨天尤人，更或醵成鉅款，迷信演戲祈雨，縣府方面，卽於本月三日，爲重視播種，不失農時起見，於此需田佈秧正急之時，特規定業主出租秧田辦法，諭令凡有水田之家，應將所餘水田，出租他人撒秧者，以田面每穀一挑，納租二斗至三斗爲度，分春秋兩季完納，不得爭論，致傷鄰誼，租田人將所育秧苗取盡還田，不得故意畜留

致礙生產　幷一面派出技士，通令各級保甲人員指導實施，近更以旱災不可收拾，民命難以維繫。於昨召集機關法

雨水，因地勢關係，無法盡量蓄納，此原因亦非常重大，至於本區以至吾川各地，森林凋殘，童山滿目，水源不能培養，以至氣候失常，同時對於防旱之設備，如溪澗塘堰之修濬等，又鮮知注意，以致近年荒旱頻仍，難資灌溉，均基於此，今後如能盡量引水，以資灌溉，疏濬溪澗，興修塘堰，種植森林，培養水源，則旱災自少矣！

二，旱災區域

本區所屬共五鎮鄉，計一百保，普遍的均受旱災，只地勢有高低淺薄之不同，而受災旱程度微有輕重之差異而已，據實驗區署派員實地查勘結果，計受旱面積約一千二百方哩，被災人口二九二七戶，一五五八四人，全區戶口爲一二四七七戶。

三，旱災損失

本區去年旱災所被，幾遍全部，主要農作物之收穫情況：如玉蜀黍在墝土及卑溼地帶者，有五踶左右之收穫，平原則只有一二踶，至於坡土則祇有枯萎之藁稈，或竟至顆粒無收，同時期之其他作物類是，至於稻子，在峽區五鎮鄉各有不同，文星塲下漕一帶，因有各炭洞窰水灌漑，收穫較好，平均略在對成，至於後漕乃不及二成，甚至禾田完全白穗，亦所在皆是，至於黃葛樹，二岩鎮好者三成，其不好者，如北碚澄江鎮兩地，平均一二踶，或顆粒無收者亦有，總計全區主要農產物損失之數量；稻一〇，〇八五石，包谷一九五六石，上列各物合以市價，共二十餘萬元，至間接所受之損失，如種苗肥料及其他損失之代價尙不在內，其嚴重卽此可想見矣！

四，災情一般

本區農產極少，去年被旱後，收獲估計僅八千石，供六萬人之消耗，惟時有限，相差至巨，至於米源上下流均感困難，故米價飛漲，由三元餘一斗漲至四元餘，倘有

團士紳，在縣府開緊急賑務會議，議決救治辦法爲「特別救濟」與「一般救濟」兩種，茲採錄原議辦法如次．甲

特別救濟　查本縣去夏亢旱成災，收穫銳減，自秋徂冬，不獲雨潤，春糧失望，飲料絕源，雖經擬具補救辦法，幷督同各區聯保設法賑濟，終以受災情形嚴重，無多效果，議辦工賑，援合川資中先例將省府應還廿六年下期及二十七年上期善後公債約一萬五千元，撥作賑欵，並先向富紳如額借墊，交由賑分會組織工賑委員會，調集飢民修補各段馬路，幷繼續開築塘堰，乙

一般救濟　（一）倘有生活不能接濟者，主佃，親戚，鄰朋，應卽彼此互助，勿得秦越相視，致有流離之苦，（二）存谷之家，須按月平均售賣，不得囤積居奇，亦不得傾銷無餘，（三）查照前令，多開塘堰，以工代賑，（四）趁此春初趕種洋芋一季（種於胡麥行裏，可同葫麥同收，種子向璧山，大足，合川，潼南採購），（五）各聯保主任約同富紳辦理低利借貸，使農民耕種有賴，（六）卽業主出租秧田辦法，前已述及，茲不另贅，記者頃在縣賑務機關，探得已經精確統計之被災面積爲六八〇方公里，正在流離者吃大戶，挖「觀音米」吃

逐漸上漲之勢，因此引起極嚴重之民食恐慌，據實驗區派員赴四鄉實地調查，到處發見有下列之慘重災象：

1，災民生活

a衣——不蔽體。

b住——風雨不避。

c食：

a食料：

一，植物——「樹皮」如梧桐，桑，琵琶，「樹根」如芭蕉，蕨萁，………「籐」如雪台，雪籐，乾紅苕籐，芭岩姜………「果子」如青杠子，紅子，火麻子………其他如蕎麥，生菜，野葱，糠，火麻，酒糟，豆腐渣………

二，礦物——黃泥，白泥………

b食法——生食，熟食，半生食，有的囫圇不細嚼，（因爲有的東西細嚼，其味甚怪）。

c食後——有患脚腫者，有患眼病者，有不能解便者，有脹死者（白泥）有毒者死，（吃含有毒汁之野菜，樹根）有食後數日內病死者，不一而足。

2，飢餓景象：

a，老弱病於床，不能起，不能言語。

b，幼孩被遺棄街頭道旁。

c，婦女多呻吟於床或被逼爲娼。

草根樹皮 搶米偷菜之飢民爲六萬一千一百七十四人，挺而走險，未經調查統計及餓死者尚不知有若干，如距城八里許之蛇家埡口，及白土堡所產之「觀音米」，因迭現岩崩，已無挖取，城區私人院內之芭蕉，已被附城飢民砍挖完盡，即縣府後操塲之數。

十株芭蕉 亦已無一株餘存，記者昨日往睹，狼藉滿地，心中爲之戚然，深感我縣未來險象，不堪設想。

（又訊）記者頃據縣府賑務負責人談，謂本縣人民，貧者固多，而家囤陳穀至百石以上者，亦屬不少，經調查估計，囤積者足夠現有飢民半年之食，故近擬勸其出售，以免取給外縣云。

七個月未得大雨

川北春荒嚴重

營山代表來渝請賑

蓬溪缺糧飢民流離

閬中災民麕集縣城

三台等縣且遭風災

營山 （營山特訊）營山近年迭遭災禍，從未有如去歲及今春旱災之奇重，客夏大旱，胎乾枯萎，統計秋收不過二分五六，蕃苕亦大失望，惟冀多糧抵補，殊自七月大雨一次後，八九十冬臘至本年正

d，壯年四處流離（乞丐成羣，到處吃大富，搶米，掠食物………）或逼爲盜匪，擾亂社會。

3，其他慘象：

甲，有產婦無人料理者。

乙，有尾隨下鄉公務人員搕頭作揖求救者。

丙，有成羣苦力求炭坪司賬員挑炭者。（甚有因擁擠受傷者，或發生口角鬥毆者）。

丁，有飲水到數里以外去挑運者，或於田中掘一土坑十數戶人，整日待水以飲者。………

戊，投河自盡餓斃路旁者，隨處俱是。

巳，全家罹病無錢醫藥者，亦所在皆是。

庚，紳商富室或閉戶不出，或逃避城市。

辛，盜匪四起，搶案迭乘，高利貸十分猖獗，農村人口日益減少。………

五，救災運動

（一）治本方面

甲，造林運動

本區造林運動，始自民十六年，自去年厲旱後，則更積極進行，并列爲中心工作之一。凡本區各事業機關，社會團體及其學校團保等均一致動員，凡屬河堤，沙岸，荒塚，官山，行道，隙地，斜坡………均屬造林區地帶，計去年共植美國白楊，法國梧桐，楊槐，油桐，苦楝等樹達七千餘株，并建設苗圃四處，（平民公園，溫泉公

二月，小雨仍不易得，迄今小春又復失望，逐處赤地，水草兩無，去臘全縣富紳曾辦急賑一次，約費一萬七千餘洋，現值春荒已成，餓莩載道，又辦粥廠三十二所，組農村借貸三萬元，已屬剜肉補瘡，未卜能否措齊，且米價日昂，生活悽楚，由機關公推王魯門，吳佑輔爲成渝代表，請願常道，並向同鄉中之達官長者，擬訂勸貸募賑。期得款項大批，開辦平糶，以期延長全民四十餘萬人中之三十多萬飢民生命云。

蓬溪（蓬溪特訊）蓬溪幅員遼闊，劃分三區，一二區地勢連屬，三區地方位在涪江以西，幾爲蓬之甌脫，山多田少，民稠土瘠，當雨暘時若，薄斂輕徭，人民衣食，每噢咨嗟，自去年以至今日，旱荒七月，豆麥在土，長不盈寸，池渴田枯，水難供汲，秋收既係歉薄，春割已失所望，目前景況，民家無儋石之儲，草野多流離之悲，哀鴻遍野，大有相率散於他方轉死溝壑之勢云。

閬中（閬中特訊）本縣去歲苦旱，春荒堪虞，已爲意料中事，城廂雖曾毛風細雨，但各鄉仍苦乾燥，縣府雖曾令飭儲糧作救荒準備，而本縣卽有出產本限，因之不得雨，無以爲繼，且各鄉災民，羣集縣城，各鄉鎭保長紛紛請賑，縣政當局，

園，樂園公司，西山坪）面積共約八十五畝，所育苗木如觀賞花木，果樹建築等類（中以建築類之針葉樹佔多數）年可育成一種二十萬株以上。以後本區擬辦到「有山皆造林，有道皆植樹」，則旱潦之患，當可預防也。

乙，水利建設

本區面積約計一千八百方哩，稻田一項約佔二萬石之面積，除實源運河明家溪，龍虎溪，西山坪之水庫等可利用以供灌溉五千畝以上之土地外，尚有四分之三田畝，亟須設法灌溉，去年實驗區署成立未久，當時對全區塘堰卽曾製定表格分頭調查清楚，舊有塘堰，總數爲一三九口。容水量有八八一，九六〇立方尺，僅可灌田畝七百餘石，而漏濫無水之塘，實居半數以上。因此實驗區爲澈底整理塘堰起見，特成立水利委員會，各機關主幹人爲當然委員，聘請專門工程人才，指導進行，并抽調各部青年職員二十人組一水利輔導研究會，集中接受專門訓練十日後，再分組派往各鎮鄉（本區應興修之塘堰六十八保）實際工作（如調查，監督，指導興修之塘堰）去年十二月十六日開始，至本年二月底止歷時兩月半，已經完成之塘堰水庫共八十七處，已可灌溉田畝五千〇五十六石，其餘未完工程，或緩修或正在繼續進行。惟工作中最困難之問題，則爲大旱之後，農村經濟非常枯竭，應修之塘堰，除少數較有財力能自動建修外，就至小工程，亦無法舉辦，實驗區署有鑒於此，乃向此間農村銀行借款五百元轉放勸工修築塘堰之農人，每戶以卅元爲限，計先後借出款額爲一百五十元。

至本區最大最可利用之水力如霍胥洞高灘岩高坑岩………等處，實驗區亦曾派專員實地查勘，正設計利用以供灌溉中。

丙，農村合作

急難亦感束手，蓋災象嚴重，非省府急賑，不足以解目前也，茲將最近所得災情，報告讀者。

射洪（射洪特訊）此間縣府奉令調查己否得雨，查本縣并未得雨 災情嚴重，現正募捐籌辦急賑，並興工培修道路，一面從事祈禱，以順輿情，己呈復省府矣云。

蒼溪（蒼溪特訊）此縣縣府奉令調查縣屬己否得雨，查本縣上年秋冬乾旱，細微雨雪，僅及五次，入春復連日晴明，益以燥風，豆麥全無，飲水乾涸，餓莩載道，至堪危懼，縣府除呈覆外，并懇請迅匯鉅款散放春種，用活災黎云。

三台（三台特訊）此間縣府奉令調查雨量，查本縣入春無雨，糧苗旱萎，九十兩日大風，豆類盡摧，麥亦半毀，數日之間，恐慌加劇，請賑文電，日十餘起，小春希望，目前計之。約止二成，縣府已據情電呈云。

宣漢（宣漢特訊）縣屬災荒奇重略誌前訊，茲聞縣府派員查確重災區計二十五鄉鎮，人口約二十萬，輕災區計三十餘鄉鎮，人口約二十餘萬，本年全縣收成平均不及二分，雖有禁煙局貸款二萬元，但以杯水車薪難期普濟，刻由縣府召集全縣富紳開擴大救濟會議，遵照專署通令成立吾人覺得普遍造林及興修水利，自是防旱救荒的根本辦法，但此農村經濟破產，農民在一盤散沙狀態之下，實難得着理想的效果，因此提倡農村合作事業，便是我們組織農民發展農村經濟的對策，過去我們雖也有着北碚農村銀行，北碚民衆消費合作社，含有合作性質與任務，但因一方面農民加入既少，資金運用亦未能完全達到預期的願望，一方面人才缺乏，辦理亦感困難！去年聞 省府有合作委員會之設立，省合作金庫之籌辦，實驗區署乃趕與聯絡，請求檢發規章，請求派遣合作指導員到區內工作，本年二月，合作金庫張鵬翔及合作委員會馮杞靖兩人連翩蒞止，積極籌備，目前已將各項調查辦理完成，大致不出四月內即正式成立金庫，組社貸款，在我們預定，全區暫設一合作金庫，各鎮設一供給合作社，每保設一信用合作社，另就特種性質及事業設運銷，(如煤石灰)利用，(水利灌溉)合作社，將來社員即向合作社貸款，合作社轉向金庫貸款，據開貸款數額，暫定十萬元，將來尚可增加。

丁，農業改良

本區地瘠民貧，農產自然不夠供給，欲謀增加，祇有改良，其簡單易行者，莫如選種，除虫害………等，造起運動，廣範推行，玆列舉其事如下：

甲，鹽水選稻種　從科學的經驗方法告訴，鹽水選過之稻種，後來收穫量，可望增加十分之一，本區至去年改局設署以後，即着手進行，於學校有選種試驗，對社會公開宣傳，并派員指導農民試辦，結果確比一般谷穗整齊，谷粒堅實，收量增多，惜因天旱，僅有鄉紳熊明甫佃客一家，恃有三峽廠機器廢水灌溉，效果顯然。

乙，剪除麥黑穗　二三月之交，鄉間麥田黑穗到處可見，本區乃動員學校學生實行依照科學方法從事剪除。

救荒委員會，並議各鎮鄉成立救荒委員分會，一面令飭各區署派員一人馳赴各鎮鄉督促成立分會，辦理勸募事宜，一般飢民聞此種辦法，均歡慶不已云。

達縣　(達縣特訊)達縣第五區所管涵水溪。小地名馬塆口，於前月內有土人發現白泥，因此互相傳說，取作食料者，日千餘人，聞說係響水乜觀音顯聖，又迴龍場高鐘山下亦出現白泥，日取食者亦千餘人，俗說係高鐘山大仙顯聖，雖是神話，而發現白泥是真，聞白泥之食法，先用冷水漂泥，俟沉後，上面凝成白粉，甚糯，和酒糟或糠灰捏成糊糖或湯圓，食之確可充飢，食後又無恙，如鄉人所謂入牛兒草，現災民搓成麵末食之。多大小便不通，食此白泥即愈，此爲迴龍場謝白樓先生所親見，并試嘗之云。

閬中荒年兩幕悲劇

爭井水頭破血流
搶狗糞釀成人命

(閬中特訊)本縣苦旱，春荒已成，日來附郭一帶，因爭水而毆打之事，層見迭出，昨(十九)日外北柳市井間，馬吳二姓竟因取水而打得頭破血流，蓋馬姓豆芽房，日需用水甚多，自四更起，即從井中取水，然井小人多，不之供給則不足，故當時在其已取之後，吳姓來時，竟點水俱丙，驅除秧苗鐵甲虫　去歲本區文星鎮鐵路沿線十餘里秧田，曾一度發生秧苗上長鐵甲虫蛀蝕苗尖嫩葉，變成枯黃現象，經本區派員搜集研究，遂指導農民於插秧時，就秧苗尖端，全部折除，然後栽植，後來收穫，照常良好，特煤窰之廢水灌溉，雖經天乾，反有逾乎常年收量者。

丁，研究撲殺地蠶　地蠶爲害包穀（玉蜀黍）區內特別厲害，農民引爲大苦，本區乃商請科學院生物研究所戴立生博士作撲殺地蠶之研究工作，曾得出兩種比較收效的藥殺方法，尚未完成，今年須繼續研究。

戊，施行包谷雜交　包穀爲雌雄同株作物，科學研究，知道同株受粉，遠不如異株受粉的結實良好，本區乃宣傳農民於包谷土中用間行柚花方法，防止其同株受粉，結果雖未能爲精詳的報告，但折去天花之包谷，依然一樣結實，頗引起農人的趣味，驅散了他們的疑慮。

己，統制育蠶栽桑　（一）本區蠶農人家，所有桑樹，去年曾加詳細調查，并預定需要改良蠶種數量，全區中外桑樹五五六〇株，桑葉八八一七二斤，應須蠶種二四八張，卽由本署與蠶桑改良塲川東分塲接洽，照數總領，按戶散發，藉以統制蠶業之效。（二）實驗區桑株數量太微，按戶不到一株，且多劣種，今蠶桑改良塲川東分塲，已設在區內之東陽鎮上壩，育有桑苗六十三萬，待其接定後，本區擬卽首先爲農民集體承領，散發栽植，期於數年後，大量育蠶，以抵補萬一天年荒旱收入之損失。

庚，實施家畜保育　數年以前，盧前局長作孚，曾提倡農民新法養猪，畜舍清潔，食漕洗淨，猪身洗澡，疾病隔離，并責成手槍隊士兵，作此試驗，頗見成績，農民聞風來看與仿辦者亦多，去年家畜保育所江巴實驗區，在區成立辦公處，除指導人民

無，於是互相扭打，致將馬某打得頭破血流，幸該鄉保長曹某聞訊趕至加以調解始息。

（又訊）外東書院一帶，墳墓極夥，一般農民，爲預備播種之肥料，日則令其子女赴墳塲一帶，檢拾狗糞，殊前（十八）日該處有二小孩，因同時發現一泡狗糞，立時奔至，可是當被其中之較大的一個，先行拾去，該小孩，不禁怒火中燒，隨卽持其鐵糞瓢劈頭打下，于是糞瓢陷入腦中，血流如注，後經觀者呼喊，當將其捉獲，送交法院，殊剛放在法院門首，卽因傷重斃命，農村荒災，誠可悲也。

閬中人間慘劇

將無菜根可咬

賣蘿蔔須先問留根與否

（閬中特訊）本縣今年夏旱秋燥又値冬乾各情，迭誌前訊，旬日前，陡降大雪，天氣突寒，雖得微雨，但杯水之濟，究亦無補，城鄉人民，値此米珠薪桂，饑寒交迫之際，爲謀苟延生命起見，故一般人四處爭買菜根充饑，可是乾旱以來，菜根亦苦缺乏，農人賣蘿蔔則先講明退根與否，計蘿蔔葉每兜銅元四五千文，青菜之黃葉每担價三角，牛皮菜廢葉價四角半，至於白菜胡蘿蔔等，則非所夢想也，蓋因米價高漲至四元零，玉蜀黍每担四元五六，

飼養牲畜而外，并為牲畜的疾病治療，更在美國買了值四百元一頭的盤克縣大白公豬，運來與本區母豬交配，使產生優良雜種豬，其餘鷄牲鵝鴨，亦俱斟酌地宜，相機飼養推廣，將來收效，幫助農民必多。

（二）治標方面

甲，農賑

甲，種植耐旱作物　去年四季天乾，眼看秋收行將絕望之時，本區乃通令全區農民，種植蕎麥，蘿蔔，牛皮菜等耐旱作物，秋末冬初，播種小麥時季，更令廣闢乾旱地土，遍點麥子，以裕農產收穫，農民俾得自救。

乙，培育再生稻　利用禾苗較好而無收獲之農田，勸令農人從根際高二三寸處割去，或任其自然，聽其發葉生秧，去秋區內行之者頗多，無如秋乾之後，繼以冬乾，此項生產救濟辦法，遂成功虧一簣。

丙，協定公平納租　在農民咸嚴重旱災之下，因田地之不同，偶有一二暟收獲之佃農，即有照約納租之苦痛，本區乃於將屆收獲之期，通令各鎮聯保主任召集保甲長開會協商公平拑納租谷，在收獲五暟以下均照對分，農民賴有此舉，減少糾紛不少，減輕痛苦甚多。

丁，借種冬糧　本區於百無辦法之中，商得北碚農村銀行同意，暫行借款購辦冬糧，如葫豆，菾子，小麥，豌豆，之類，照價借貸農民，過時補種，計發北碚黃葛兩鎮鄉農家一百廿戶，借用葫豆八石九斗零三合，豌豆六斗，麥子八斗三升八合，共計合洋二百零九元七角二仙，借用最多之家為二斗，最少者五合，農民初尚惑疑，故借者尚屬不多。

不能不作經濟打算也。

懋功　餓莩載道
縣人紛紛遷徙

（懋功特訊）此間土屯守備古世忠，前日已奉令將亂民首領馬春驥，捕獲押禁，保安隊所失槍枝，亦已清回過半，靜候新縣長樂九成蒞任，逐一送交，亂事益漸消滅，惟糧缺價昂，人民紛紛出走，無法阻擋，蓋因月來餓死之人，約計已有數百，若加阻止，則不異強令人民在此餓死也

災情嚴重中南充流氓冒充飢民
四出滋事
面無菜色似有人指使

（南充特訊）本縣於舉行盛大植樹節典禮之次日，忽有多數無業游民，流氓，乞丐等，接隊成羣，挈籃肩簍，四出活動，初時，在中國農民銀行辦事處門前，圍削寓桿樹皮，繼在公園將所有大樹，弄成一片白色，當時觀衆雲集，記者亦在其中，彼輩向衆宣稱，謂係飢民，無食已久，話雖如此，然觀其表著面容，則固健壯男子，或家庭主婦之類人物，次日，游民狂態如故，并改向民房發展，午後一部份人，又由某銀行堆棧後方，破門而入，聲言覓剝樹皮，幸堆棧內部，正修理中，空無藏物。始相率散去。

戊，借種洋芋包谷　由去年乾到今年二月，尚無大雨下地，昨年借出種植之糧食大率枯萎，追問收回，轉瞬春播包谷之期又至，不惟四鄉農民叫苦，卽本區主持鄉村建設工作人員亦焦思萬狀難有辦法，盧子英區長，初擬從糧食調劑委員會兩萬大借欵當中，撥出千元專買洋芋貸借農民種植，後因此款還期，僅乃三月，不能展期，無法移用，乃決定由區署墊撥四百元專供此用，一面派員赴瓷器口新店場採買運回，一面知會各鎮鄉曉諭農家截至本年三月底止，共運到三批洋芋約一萬一千斤，陸續借出，據採買人云：出洋芋地方去年本已收獲十五六萬斤，近因各地來買者衆，市場一空，玆由農村銀行添加無息借用之二百元，如不能再買洋芋借與農民，卽擬改買包谷分配借發。

乙，工賑

甲，塘堰徵工　雖係義務性質，亦有賑款農人之意，自去年十二月半間施行以來，初時被徵壯丁，尙有不願者，後來逐漸樂從，至於久作不去者亦有之，因勞力得飯吃，固較有力無地方用，馴至餓[illegible]較優也。

乙，馬路徵工　在區內東陽鎮上場，地方經四川蠶桑改良場東川分場購買全部土地後，已自行築好馬路一段，擬商請實驗區署徵工，展築至大沱口，約需款數十元作架築簡單涵洞，由該場担負，亦寓以工代賑之意。目前已開工之北青馬路和將來北溫（北碚到溫泉）馬路之修建，凡各種粗淺工程，區內災民均有工作之機會。

丙，整地包工　蠶桑改良場川東分場新購場地，中有荒塚壘壘，佔地兩畝，另有同面積之淺溝一條廢棄無用，該場擬挖塚塡溝，共可得好土四畝，甚爲有利，因由本區災民收容所予以交涉承包該項挖塡工作，該場允出資三百元交由災民組隊工作，雙

記者曾憶舊歷去年除夕，亦有同類事件發生，當時號稱飢民之輩，除圍閙專員公署，要求散發錢票，獲得相當滿意外，幷羣聚於城外眞正農家菜圃，奪取甜菜，糾紛二日，毀菜土數畝，查甜菜尙未成熟，且所謂飢民較輸菜農貌尤闘悍，爲時距今僅廿餘日耳。

記者發稿時，事態如故，於此略有感焉，使發端之徒，而爲流氓，則若輩不能作事且亦無事可作之人，在川北實居多數，人心放逸，如火蔓延，甚望政府予以注意，倘爲無聊智識份子，則心之不仁，亦大可哀也，要之，有災荒，自應救濟，甚願政府注意嚴加制止以遏亂萌也。

（二月十六日）

▲路斃飢民

市有餓莩

十日內路斃七百餘人

農村經濟破産，鄉民集中城市謀生者，逐漸增加，此種數目，無從稽考，其中謀得職業者固多，而流爲乞丐者亦復不少，在此米貴如珠飢寒交迫之際，此類無依貧民凍餓致病而死者，大街小巷隨處可見，據警察局統計，路斃除江北區外，從三月一日起，至九日止，計上城分局一〇四人，中城九九人，下城一〇五人，新市分局一〇六人，南岸二九三人，合計七百〇

方有益。

丁，塡溝買泥　過去北碚曾爲塡溝防水，集合市民合力挑運泥石，塡築民衆馬路一條，長十六丈，寬四丈，深一丈二尺，其時居民中有錢無力者即係出錢買取泥沙或鵝石，每挑二百文，頗合工賑辦法，茲因緊接該路之深溝，尚須繼續塡築，由北碚市政管理委員會議決：將收集舊有捐款三百餘元，從事收買泥土，挑往繼續塡築，苦民得此，不替以工代賑。

丙，急賑

本區災情既重，除工賑農賑外，急賑尤爲目前刻不容緩之事，茲將辦理經過，分別略述如次；

1，成立賑分會

實驗區署於一月二十七日午前召集區屬各鎮聯保主任及地方士紳到署籌商進行辦法，復於一月三十日正式召開賑務分會成立大會，茲將賑務分會組織簡章及辦事章程錄後：

a 四川嘉陵江三峽鄉村建設實驗區賑務分會組織簡章

一，本會遵照 四川省賑務會組織章程第八條之規定組織之定名曰嘉陵江三峽鄉村建設實驗區賑務分會。

二，本會由區署聘任區內著名士紳五人及實驗區署主任三人，各鎮鄉聯保主任五人爲委員，各互推一人爲常務委員，由實驗區署就常務委員中指定一人爲主席。

三，本會設左列各組：

1•總務組　掌管公文收發撰擬繕校典守印信庶務會計交際籌備，及不屬於其他各

七八，每戶一具，給掩埋費一元，在此十日內，共支出七百〇七元死亡數字，實屬驚人云。（勵商社）

重慶路斃

二月中旬死六九九人
警局請增撥掩埋經費

本市路斃，自警察局於三月上旬統計，死亡七百〇七人，茲該局又將三月十一日至二十日，各區路斃統計如次，上城分局爲一九五人，中城分局爲一八七人，新市分局爲一二三人，江北分局除城外係由慈善會掩埋未予登記，其城區路斃有十三人，十日內共計爲六百九十五人，南岸分局尚未具報，如將南岸加入，統計其數字，必較上旬增加云。

近來米珠薪貴，無衣食流民，日益增多，以致市面路斃日不少人，在警察定例，每路戶一具，抬埋一元，惟近來因路斃增多，此項路斃抬埋費，每月開支恆在七八百元以上，勢非請由省府撥專款辦理不可，前經警局將此情，具呈省府核示去後，頃奉省府指令，准在每年撥款一千二百元作爲掩埋路斃經費，警局奉令，即以每年專款一千二百元，仍嫌過少，該局今特二次具呈省政府，請增加若干，俾便辦理云。

組事項。

2,籌賑組 掌管籌劃賑務收管賑款及查賑放賑報賑,并編製賑款預算決算及報銷事項。

3,審核組 掌管審核賑款出納分配發散及本會經費,并賑款預決算及報銷事項。

四,本會辦事規程及各組辦事細則,由本會擬定分報本區行政督察專員公署轉報省政府及省賑會備案。

五,每組設主任一人,由本會委員或常務委員中推任之。

六,本會因助理事務及繕校文件,得酌用事務員及書記。

七,本會經費由區署核發不得在賑款內開支。

八,凡熱心地方慈善事業之公正士紳,本會得聘為顧問或會員。

九,本會委員顧問及會員皆為名譽職。

十,本章程如有未盡事宜,得由本會委員會議修改之,并呈報各主管機關備案。

十一,本章程自呈報上峯核准公布之日施行。

b 嘉陵江三峽鄉村建設實驗區賑務分會辦事章程

一,本規程依據四川省賑務會辦事規程,及本會組織簡章第四條訂定之。

二,本會辦事依會章分下列三組:

(一)總務組 (二)籌賑組 (三)審核組

三,總務組掌管公文收發撰擬繕校典守印信庶務會計宣傳,及不屬於其他各組事項。

四,籌賑組掌管籌劃賑務清理公款收管賑款,及查賑放賑報賑并編製賑款預算決算及報銷事項。

合川 路斃日多

無食飢民滿街乞食

(合川特訊)本縣近旬以來,飢民逐漸增多,各街巷間無處不有,四處乞食悽慘不忍目覩,每日見飢斃者,全城達十五人以上,其中尤以小孩為多,聞於區各慈善團體,覩此情況後,意欲籌集經費設法救濟云。

屍骸改用火葬警察局計劃

建築焚屍爐

分佈江北南岸兩處

三月以後即可實現

重慶以人煙稠密,地勢狹小,死亡率向極驚人,尤以近來四鄉荒旱,飢饉農民相率逃亡都市,致本市數月來死於飢寒交迫者,不可勝計,僻街背巷及城外河邊一帶屍骸橫陳,蠅犬麕集,厥狀不忍卒睹,且此類腐屍,若暴露日久,尚易發生傳染瘟疫,本市警察局何局長亦鑒及此,特擬仿照文明各國先例,改用火葬,於本市市容及本市市民衛生皆所顧及,現該局已令總務科科長陳志民設計,請託熊雲嵐工程師建築焚屍爐若干所,分佈於江北及南岸兩地間,此項建築約在三月之後,即可實現完成,完成後擬先將本市路斃屍具悉數五，審核組掌管審核賑款出納分配發散及本會經費，并賑款須算決算及報銷之審核事項。

六，以上各組依會章每組設主任一人。

七，各組主任商承主席負全組事務責任。

八，各組辦事細則由各組自定之。

九，各組事務有互相關係時各組會同辦理。

十，各組需用辦公人員由主席揀派之。

十一，本會發表文件由主席署名以本會名義行之。

十二，本規程有修改及補充之必要時，須經委員會議決定修改或補之。

十三，本規程經委員會議，決定實行之，并分別函呈實驗區署三區專員公署，暨省賑務會查核備案。

○本會職員一覽

主席　唐瑞五　常務委員　李會極

委員：(北碚)　馮子書　熊明甫　楊槐彬　周云發　萬宜之　喻元恢　袁漢清　鄭璧成

(黃葛)　王序九　王訓能　王爾昌　鄭香甫　吳從周　王惠權　明鶴年　張慶餘　左恢鑫　左紹鑫　李瑞臣

(文星)　胡元華　黃雲龍　唐鳳來　劉楚伯　劉白生　劉會安　楊賓彬　萬林軒

焚去，然後再接受市民死亡火葬請求，此項計劃實現，以後本市市民當不再感死無葬地之苦云云。（三月六日）

▲災民福音

華洋義賑會
川分會決恢復
籌備會昨推定中西董事
劉主席正會長銳樸副之

（渝市特訊）華洋義賑會四川分會籌備會於三月五日午後三鐘，假銀行公會召集會議，到會中西人士共十九人，華人有李根固，李宏錕，胡文瀾，溫少鶴，康心如，徐廣遲，李澤敷，鄧子文，吳受彤，王伯康，盧星北，何北衡，張茂芹等十三人，西人有銳樸，福開森，周啓明，文光斗，蕭吉士，謝約翰等六人，公推何北衡為主席張茂芹担任紀錄，議決要案五項；(一)正式成立分會，(二)推舉董事廿四人中西各半，華人當選者為劉湘，李宏錕，李根固，劉航琛，康心如，胡文瀾，何北衡，溫少鶴，吳受彤，王伯康，徐廣遲，張茂芹等十二人，西人當選者為福開森，銳樸，周啓明，文光斗，蕭吉士，謝約翰等六人，其不足人數隨後補選，并由董事會中推出劉湘為正會長，銳樸任副會

（二岩）

周雨槎　周宗扇　周宗魯　周運成　周毓光　劉介安　周遐浦　周文問

劉子茂、劉徧廷　周念于　劉烱福　周紹益

（澄江）

易位之、王香甫　羅紀周　易燕南　楊海青　周聯生　劉亚生　甘伯卿

江致祥　蔣治安　董炳輝

2，募集賑款

旱災形成以後，無論農賑工賑，均須大量款額，本區公款因無，民間亦甚空虛，惟有向外呼籲，災黎乃能再生，玆將募集辦法及請賑情形錄述如次：

a 募集：

▲事項——錢，米，糧食，衣物，其他………

▲來源——個人（各富紳巨商）事業（公司，銀行，其他社團）

▲人員——賑務委員，特請社會有資望者担任。（計發出捐册一〇六册）

▲方法：

〇對個人——個別勸道，并用包圍政策。

〇對社會——用口頭的，文字的，圖畫的，照片的，事實的………宣傳。

〇游藝募捐——此間兼善校及民委會之游藝班學生組織募捐團，分頭到區內各鎮鄉及渝合兩地游藝募賑，計得賑款百餘元，悉交賑分會支配。

〇捐一日所得——本區各公共事業職工，均捐出一日之所得，以救災黎，且實驗室黃子英區長捐薪兩月，士紳劉清福捐洋二百元，及家畜保育所工人朱林生慨

長，徐廣遲，文光斗任會計，張茂芹，周啓明爲幹事，（三）呈報總會報告籌備成立情形，（四）清釐從前四川分會帳目向總會報銷，（五）接收各方面有關文件，聞前屆餘款約有六千元，將存儲於本市某大銀行云。

川災嚴重商業蕭條

營業稅將緩增辦

六十二縣局下月一日决不成立

省政府主席劉湘，現以全川各地，災情嚴重異常（至原決定四月一日繼續開辦之六十二縣營業稅，將予緩辦，以示體卹商民艱苦之意，日內卽行電令正着手籌設之六十二縣各局所遵照辦理，又此間四川省營業稅局，亦因此種關係，對本期營業稅訓練班八十名畢業學員，出路問題，正向省府請示中云云。

省府淸厘地方公款

作辦理工賑經費

士紳團保握存者亟應交出

劉主席函旅京同鄉爲桑

梓災民請命

（成都二月三日特訊）省府前以川省災情嚴重，曾電懇行政院撥款救災，迄未奉覆，劉主席頃特分函川省各旅京同鄉，顧

捐一月僅得之薪工三元，尤開風氣，計全部捐款一日所得一七〇，一八八元，統交賑分會分配。

○整理公款——凡區內各鎮鄉之公款積谷，向握於地方士劣之手者，悉由實驗區派員澈底整理，將其全部所得，以供救濟災民之用。

○集團聚餐——廢歷年節，北碚各事業機關職員家屬及碚市商紳等原定廢歷年節舉行集團聚餐，每人至少出餐費一角，共五十元悉數交由賑分會救濟災黎。

b請賑——曾由賑分會文請左列機關團體捐助：

▲華洋義賑會。

▲中賑會。

▲省賑會。

▲省內外各慈善團體。

c結果——計收捐款共一，六〇七。六八八元，募勸米糧七十二石八斗三升五合。

d致謝——關於賑濟出資出力者，以左列方法贊揚及致謝：

▲報紙公佈——利用嘉渝及此間嘉陵江日報公佈其成績。

▲集合報告——利用此間民衆會場開放及壯丁檢閱等機會向民衆報告。

▲專函致謝——凡對本區災黎有所捐助者，賑分會立即備函致謝。并將分配情形及賑濟辦法隨時通知捐助者。

▲撮影陳列——捐資出力最力者，由賑分會撮製照片，將其陳列於公共地方，以備社會人士之景仰。

念桑梓災情，就近向中樞請求，俯念川民迅撥巨款，以解倒懸，並請各同鄉募集款項，匯川救災。

（成都三日特訊）此間省政府，以本省災荒，日趨嚴重，設法救濟，刻不容緩，頃特通令各區專署轉飭所屬各縣，將過去地方財政，握存士紳團保手中，迄今尚未交出者，務即認眞清厘，嚴行追繳，以作當地工賑之用，以資移緩救急，其原令云，查本省災荒情形，日趨嚴重，設法救濟，刻不容緩，業經本府先後提示各項救災辦法，通令飭遵在案，惟辦理救濟，需款孔亟，在各該受災縣份，自應將不急需之公款盡量挹注，并多方募集，以謀自救，吾川過去，地方財政，異常紊亂，士紳團保，不無乘機握存，迄未交出情事，當此災荒并重，無論官紳，均應深維同胞互助之誼，自動節衣縮食，斥其所餘，以補不足，況屬地方公款，本非已有，何能久置私囊，或藉詞經管不為移緩救急之計，以相援救，各該地方長官，務即認眞清厘，嚴行追繳，以作當地工賑之處，不得瞻徇包庇，致貽要公，除分令外，合行令仰該專署，即便遵照，並轉飭所屬一體遵照，仍將遵辦情形，迅速具報，以憑察核此令等語云。

▲編製賑務報告書，公佈捐助者之成績。

e 宣傳——此間嘉陵江日報，特捐一小版，專載賑務消息，活動情形，賑濟辦法，捐款致謝。并由北碚月刊搜集各種材料，編製報告書。至於爲對富而不仁，或特別慳吝之人，賑分會亦曾定出下列宣傳及警惕辦法：

▲對一鄉之爲富不仁或慳吝者，仍於報紙及公共會集中公佈其罪狀。

▲將老幼飢民及其餓𣨻狀況與慳吝之大地主合攝一影。以資宣傳。

3，發放辦法

賑分會爲杜流弊實惠災民起見，對於急賑以施粥施米施衣爲原則。決不放款。除施粥施衣另有專項敍述外，玆將發放賑米經過（舊歷年關）概述於後：

a 調查——由實驗區署印製災民調查表格分散各保長會同該保甲長及士紳挨戶調查後，即限期造具赤貧表册報署核定，（調查表上保甲長士紳須蓋章簽字）二月七日，再由區署派員二十七人，分赴各鄉根據調查表挨戶復查，并詳細訪問，以明荒災實際狀況，同時確定每戶人口，分別等級（分極貧次貧兩種）且其受賑之標準，須老，弱，殘，廢，鰥•寡，孤獨，之赤貧而無依靠者。

b 發票——經實驗區派員復查結果，計全區災民共五七四〇戶，然後依據統計及各保赤貧之比例，分配賑米，散發賑分會製就之領賑據，賑據上登記受賑者姓名，領賑數量，及蓋賑會，經手人，復核員之章，始可爲憑。發票時並有下列之注意：

▲賑票須交給受賑者。

蔣委員長關懷川災
電劉主席速辦農貸
西顧愴懷已請中央撥款急賑
省賑會辦急賑四十二縣慶得仁漿

（中央社）蔣委員長以川災奇重，頃電劉主席推廣農村放款，以謀根本救濟，玆錄原電如次：成都劉主席，（縣）密，査川省去秋迄今，雨量極稀，農田不能播種，亢旱成災，爲數十年來所未有，災區之廣，達一百餘縣，近歲匪患甫平，瘡痍尤未盡復，刼後遺黎，何堪更丁此厄，睠焉西顧，軫惻中懷，除電請中央撥發巨款散發急賑外，値此春耕在即，應積極推廣農村放款，以謀根本救濟，希即轉飭農村合作委員會，援用修正剿匪區內各省農村金融緊急救濟條例，及放款規則，擇災情較重縣份，迅速辦理農貸，并飭由合作金庫依法放款，俾農民獲有資金得以及時耕種，以濟沉災，仍將辦理情形具報爲要。蔣〇〇（養）行仮英。

（成都特訊）省賑會爲救濟重災縣份災民起見，昨特召開擴大賑災會議，決議將該會現有賑款十四萬元，分配岳池等四十二縣，以資辦理急賑，其分配數目如下：

▲發票時須由實驗區署派員監督。
▲按據調查表一一加以核對。
▲如發生錯誤，發票員須負賠償之責。
▲如發生舞弊情事須受最嚴重之處分。

附領賑據

賑字第　　號

嘉陵江三峽鄉村建設實驗區賑務分會　　鎮災民領款據

中華民國廿六年　月　日製
散發月日（月　日）
負責保證人
應領扎粮
應領賑米
應領賑款
第　保　甲　戶門牌　號
住居小地名
成人：男　丁；女　口
孩幼：男　丁；女　口
戶主姓名

監放員　　發收員

（一）壯丁不得領賑，十二歲以上為成人，十二

分配六千元者　岳池，忠縣，達縣，儀隴四縣。
分配五千元者　渠縣，武勝二縣。
分配四千元者梁山，營山，廣安、江北，宣漢，閬中，巴中，南部八縣。
分配三千元者　靖化，松潘，北川，威遠。江津，綦江，涪陵，鄰水，南溪，合川，合江，奉節，南充，潼南，蓬溪十五縣。
分配三千五者　理番一縣。
分配二千六者　茂縣，長壽，納溪，江安，雲陽，樂至，榮縣，墊江，蓬安，安岳十縣。

行營賀代主任關懷民食 電農本局速設倉庫 提前籌購大批米穀運川調劑 陳振先電復正籌設中

行營賀代主任前以中央農本局有購米入川救濟旱災之議，茲因災情綦重，特電該局陳局長振先，詢問辦理計劃，茲得陳氏復電，謂已代建廳購米兩批，第一批廿四萬元，第二批三十萬元，先後運川，該

歲以下為幼孩，幼孩減半發賑。

（二）此證不得暫借他人代領或遺失和塗改

（三）此證須經保甲長負責担保簽字蓋章

（四）此證須與調查表上號數相同

發米——由實驗區各公安隊，各聯保辦公處會同賑分會及當地士紳於二月八九兩日在本區各場舉行放賑，計五場共發濟米九十八石七斗九升（另附表）各鄉飢民扶老攜幼蹌蹌踉踉踴擠一堂，其領得賑米者，無不面呈喜色，雖屬杯水車薪，然亦咸感能度此廢歷殘年矣，茲將發放辦法，條陳於左；

▲各場施賑地點，均覓廣場舉行。

▲規定唱名員，收票員，發賑員，監督員之任務。

▲由公安隊派兵維持賑場秩序。

▲將災民以保為單位分別排列站立一處（老弱者可備坐次）由唱名員逐一呼喚，被喊災民即趨收票員前將票呈驗。

▲收票員應詳細檢驗詢問，如無錯誤，即照票數額發放賑米。

▲收票員如發見災民有冒名等錯誤時，即拒絕收票，着另候查明再發。

▲如係殘疾老弱不能親到領賑，得請託親鄰代領，但必須由當地保甲證明，否則亦應拒絕收票。

▲發賑員發放完畢，應點查數目，是否相符，并將票據妥慎封存，以憑核銷。

▲發放完結，即應統計報交賑分會速公佈報端。

局並擬在渝籌設運銷倉庫，將來採購湘皖米糧，接濟川省民食，賀氏得電後，頃再致電陳氏，請速將運銷倉庫成立，提前籌購大批米谷，以裕民食，茲分錄賀陳往來原電如次：

去電　南京農本局陳局長，本年川省旱災綦重，食糧缺乏，聞貴局有採購米穀運川接濟之議，盼將辦理計劃電告為荷，賀國光養。

陳復電　巴縣行營賀主任鈞鑒，養電敬悉，購米運川一案，前曾代川建廳購得廿四萬元米糧，陸續運至川省，現復與廳方代商議，在蕪再購二十萬元運川備用，已在蕪開始採購，又局現正在渝籌設運銷倉庫，將來向湘皖購糧接濟川省民食及運銷川省農產，謹電奉復，農本局陳振先叩梗。

再去電　南京農本局陳局長梗電悉，川省米糧極缺，急待接濟，盼速將運銷倉庫成立，提前籌購大宗米穀運川，以裕民食，仍希將購運數量電示，賀國光宥。

蕪米陸續運川　此間旱災民食救濟委員會，在漏所辦之食米，刻已運到三百二十袋，該會業經召開全體委員會議決，每袋計售法幣五元，（每袋合市斗一石另九升六合）并規定購買數目，最低一袋起碼，茲悉定於今（廿八）日在該會，（

附：嘉陵江三峽鄉村建設實驗區各鎮廿五年度年關急賑收支對照表：

收入欄

鎮別	共收賑米	共收賑款	折購賑米	備註
北碚	31,83石	14元		1,卅三石米內因放賑時不足有二石係暫借待絲募來時歸還、2,收賑款十四元現尙存未用備辦收容所用
黃桷	31,85石	47,60		收現鈔四七，六角解辦放容所用
文星	21,80石			
二岩	4,85石	139:00	4,石	現在有三七元又米二斗係已募得尙未收着
澄江	3,56石	756,50	21,489石	
合計	72,735石	957,10	25,499石	

支出欄

鎮別/事項	次貧					極貧					解收容所發米		補發零賑米		共發賑米	備註
	戶數	成人	幼孩	賑據	賑米	戶數	成人	幼孩	賑據	賑米	賑穀	賑米	差額	零米	賑米	

陝西街十八號）售米處開始出售云。

民食救濟委員會新運大批食米來川救濟災黎，因爲最近宜渝水位低落，打破空前紀錄，民生公司三段聯運各輪，皆輕儎行駛，所裝貨物極少，但據探息，該公司三段航行中，宜昌上行輪，每輪皆留下固定噸位，轉運食米自三月四日起，雖在航運困難中，仍極力設法陸續運川，現調奮選民安數次運萬縣之米共二千餘袋，運至重慶之米，計民福一次共三百餘袋，蓋三段航行中、輕儎行駛，如宜靑段卽全載裝米，亦只能裝三百餘袋，又該公司所運貨物水脚，每噸由宜到渝最高者爲百餘元，最低者亦爲五十餘元，然該公司由宜運食米至渝每噸運費較低數倍，其損失之鉅，概可想見，此次賑米運輸分配之區域，乃由民食救濟會駐宜負責人全權主持，其堆積宜昌之米，現正由民生公司源源運川云。

天災救星　瀘縣吸水機

完成數百具

七區專署通令防荒

（瀘縣特訊）此間七區行政專員閔亦濂前爲救濟瀘縣旱災起見，特電聘敘永人黃雨秋來瀘（黃係法國希里兵工大學學士

北碚	黄桷	文星	二岩	澄江	合計
540	274	688	38	676	2216
1945	447	2987	118	969	6166
966	318		26	1591	2937
540	274		38	679	1528
4,86石	2,295石	7,268石	1,225石	9·618石	25,266
1299	546	768	235	496	3344
4397	845	2956	538	964	9700
2098	777		216	1120	4211
1299	546		235	496	2576
21,78石	8,100石	14,5[illegible]2石	6,275石	12,192石	62,849石
	47,6				47,60
3,石	,38石		1,石	4,94石	9,32石
,46石			35石	.425石	1,235石
1,75石					1,75石
31,85石	10,775石	21,8石	8,85石	27.175石	100,45石
散放標準次貧六分之二極貧六分之四	散放極貧五分之三次貧五分之二	文星未分成人幼孩故統計加入成人欄散放標準次貧三分之一極貧三分之二	散放標準極貧三分之二次貧三分之一	解收容米係陸續募解規定五分之一數額散放標準次貧三分之一極貧三分之二	共發賑米超出數共賑米數2,126係各鎮續募已解收容所

附註

1，散放標準以各鎮募捐多少及地方民力酌定分配次極貧應得米量

2，次極貧標準依照保甲長負責登記本署派員覆查後決定之

3，十二歲以上爲成人十二歲以下爲幼孩

4，統一條賑僅有文星一鎮稍欠規定故各欄數字上不能統計合計聲明

丁，組設糧食調劑委員會

a組織　本區食糧向賴上流販運接濟，去今兩年天乾範圍甚廣，各處米糧收穫較好區域，亦常發生飢民搶米及阻米出關現象。爲應採運安全及大宗購買調劑全區食糧起見，由區屬五鎮鄉聯保主任及區署各股主任會同當地士紳合組糧食調劑委員會，各

）趕造吸水機灌溉田畝，以利栽插，黃到瀘後，即選購器材，加工製造，現已完工數百具，今十七日經賑務分會，決議派羅俊生許耀堂任筱莊三委員到南岸茜草壩，大葉壩等處試驗吸水機吸水灌溉農田之効力，以作播種插秧之準備云。

（又訊）瀘縣七區專員公署，以年來旱魃爲虐，天災流行，田土乾裂，赤地千里，農家狃於習慣，不肯改種小麥，地棄其利，損失已多，目前如不設法救濟，必將更貽後悔，特通飭轄縣，籌備款項，大量購買洋芋高粱種子，分發農民，凡未蓄冬水各田畝悉令栽種，雖遇天旱仍可繁殖，即使春雨六作可望種稻，鋤而去之，所損無幾，且又有備無患，利溥效宏云。

川災迫不及待省府昨開會議決
撥款百萬辦農貸

由合作金庫照撥個半月內發款

忠縣等三十二縣另可得二萬元

（成都特訊）本省災情奇重，省府及省賑會，正積極賑救，昨劉主席特手諭各廳處商討救濟辦法，各廳處奉諭後當於午後二時，在省府會商辦法，計到民政廳長稽祖佑農村合作委員會總幹事湯允夫，財廳主任祕書席新齋，建廳主任祕書何迺仁，祕書處趙香畹等，商討結果，僉以川災奇重，迫不急待，當議決下列三項辦法，

鎮成立分會，一面呈請省府發給採買食糧護照，一面交涉借用大宗款項。

b借款　借款一層，幸得重慶中國銀行同意，暫借銀兩萬元，月息八厘，三月到期歸還，專作購辦食米，調劑峽區糧食之用，其借款辦法係由中國銀行借與民生公司轉借北碚農村銀行，再轉借糧食調劑委員會，除每半月照付子金外，並轉賬一次，貼印花稅四元，幾合月息九厘，然比諸市面流行子金已低得許多了。

c分配　此欵到手初議委託農村銀行統合購辦食米，後來改由分配各場按戶口多寡比率借用。計北碚六千元，黃桷樹四千元，文星鎮三千元，澄江鎮五千元，二岩鎮二千元，須由各場糧食調劑分會覓取殷實舖保向總會借貸款項，自行購辦食米，以便調劑本場人民食用。

d監察　各分會與總會須在合川覓一殷實行商，監察米糧買入並共同斟酌米價。

e採辦　本區曾採辦兩次，值峽區米價最昂時，在合川買回五十餘石，運攏碚之前一夜，即下大雨，市場米價突跌下，每一舊斗少兩角之位，各事業機關自行照合作方式依成本分配，市米遂跌，無形中已收調劑之効果，第二次在合川米價稍低時，再辦二十餘石，米船運回之第二日又落大雨，接連復下兩次，市米狂跌，總會本錢大約不免損失，然而糧食調劑，因天雨而更收効，豈不好哉！

戊，成立收容所

大災既成，飢民顛沛流離，苦不堪言，甚或離村逃流，死無定所，尤以廢曆年關，飢民成羣屬集市街求乞者到處皆是，實驗區署爲力謀救濟無家可歸之災黎起見，特商賑分會籌設災民收容所，凡由賑務分會募得之捐款全數供給收容所開支，其籌備情形，收容概況，除另文報告外，茲摘要略述如次：

呈請劉主席，核示辦理。

一，由合作總金庫撥款一百萬元，辦理急賑，此項賑款定一月半內分配發放。

二，由合作金庫將百萬賑款撥交省府，即由省府遞交各縣，分貸農民，再由農村合作委員會派員指導農民，組織預備合作社，補具手續。

三，分賑款數目重災如忠縣達縣儀隴等三十二縣各分配二萬元。

△救災趣聞

救饑妙方

吾川自推翻帝制以來，兵匪交乘人民窮困已達極點，連年庶政統一莫欣然額慶殊去夏迄今乾旱不雨米珠薪桂，人民相率爭食無贏轉塡溝壑，多有掘粘土磨米漿或芭蕉頭或蕨草根或有耕樹皮等充飢，同是人類不忍見聞，茲孜古有救荒驗方希各縣各鄉廣爲傳播或刊印遍貼則造福無量矣。

(一)用大紅肥棗一斤蒸熟去核糯米一斤炒熟研細，同棗杵爛作丸桐子大，開水下，丸能充一天之飢，(切不可吃觀音泥即粘土)久滯腸胃常聞有服死者須以大黃蕩滌得生，但眞香氣被奪矣。　敖哲明

(二)芝蔴黑豆各半升，炒黃去皮貫仲茯苓，甘草，乾姜各四兩，煉蜜丸如錢大服此丸後，百草入口，均易消化。

8 籌備情形

二月九日由實驗區署召集各部主幹人及各場聯保主任等在區署開組設收容所籌備會議，議決要項如左：

一，收容地點——暫定本區夏溪口寶源煤礦公司之炭坪。

二，收容人數——預定第一期收容四百三十八人·除二岩由送三十八人外，其餘每場百名，（不足時可酌收境外災民）

三，工作人員——由實驗區署聘宋偉勳先生担任所長主持一切事務，幷派職員李爵如楊向臣羅良才分任管理，襄助一切進行。

四，賑欵來源——除賑分會募集之全部捐款及北碚各機關移歷新年，集團聚餐費全部外，各場所募之賑米以十分之三作收容所用幷隨時勸募捐欵以供消耗。

五，收容組織及管理法——另詳

六，收容注意事項：

▲依各場保數多寡，貧窮程度，以定二期收容數額。

▲限制災民在本區乞討，從二月廿四開始。

▲各場申送災民在二月底尙不足額者，可斟酌境外災民，但須力求其找保人，所內須辦理連環保。

▲收容所災民自願出所者，則不能再返所。

▲凡久作乞丐並患傳染病者禁止收容。

▲凡申送入所之災民有不合標準者，所長有最后核定權。

▲聯保公所公安隊申送災民有疏忽者·以不盡職論。

（三）貫仲四兩，甘草一兩，乾姜四兩，黑豆一升，加水煮乾，去藥，每用豆三粒，嚼與草葉同食。

（四）粳米一升，酒三斤，漬之晒乾，取少許食之，可望數日不飢。

（五）芝蔴三升，紅棗去皮核三斤，糯米三升，焙乾磨末，煉蜜爲丸，如彈子大，每日服一丸，湯水皆可服。

（六）松香，杏仁去雙仁皮，尖棗肉，茯苓去皮，各等分搗爲丸，食五十粒可不飢。

（七）柏子仁，茯苓，甘菊花三味共研末加醋與蜜爲丸，空心冷水下，可多日不飢。

注意之點，一，以上各方皆歷有應驗有證據者故特集此，否則不敢以此而誤蒼生，但欲試方必先一二日勿食，俟極飢後服之，乃見奇效，即不可食他物，一切物愼勿以平常偶然小飢，而動輒一試或不驗遂生退悔，二，遭遇飢荒地方，凡仁君子當就方中容易辦製者，廣爲宣傳，俾不識字之人亦能照方備製，倘欲使人信服必自飢一二日，服救飢丸後，絕食市中傳方施藥，人庶信服不疑，三，飢民若食樹皮，必與稻草節同食，否則不免飽塞而死，飢民有不知者，亦當廣爲傳說四方，經久後大忌驟飽緣食腸則久飢後必極細薄，驟飽

▲將潛江無易雍南爲義務中醫醫生以便醫治災民并請其勸募中藥。

▲收容所每週週報登嘉陵日報，月報登北碚月刊。

▲收容所由實驗區派兵担任門警。

b收容概況

災民收容所於二月十日成立之後，即開始收容，至二月底止，入所災民已達一百四十餘人，該所對於災民教養，極爲注意，而管理訓練，純軍事化，所內災民，以年齡性別，生理編製爲次：

一，工作隊——即有手藝而能製造物品者，計分勤務，篾工，草鞋……等班。

二，少壯隊——即年富力強可介紹往別處工作者。

三，婦女隊——分班担任縫紉，洗衣，炊爨，等任務。

四，兒童隊——分男女幼孩及乳孩各班，教以平民讀物識字常識等課。

五，老弱隊——即不能工作者暫留所內待氣候稍暖，分組予以遣散或另設法安插。

以述各隊起居作息，均以軍號指揮秩序井然，近來以編撮箕鳶篼，皮撮箕等爲中心工作，工作隊每人每日以三挑爲率，編成三挑，每挑即奬銅元二百文，現有存品百餘挑。每挑售洋一角，價廉物美，至編撮箕鳶篼之黃蔑，即用以剖作香籤，以工作係幼孩班担任，所打草鞋，亦極牢實，最近該所工作隊準備爲人修路鑿塘，不計工資，僅求伙食自給，期以收容所將來辦到濟經獨立，對災民不僅止於救濟意義，更訓諫每人均有健強體格及謀生之技能也。

己，成立戒煙醫院

不亦斷矣，宜先食少許稀粥湯，或食稠粥而漸進食，庶保平安，五，熬粥救飢，宜用舊鍋，新鍋煮粥饑民食之未有不死者，萬一舊鍋不足，須將新鍋換取舊鍋備用，庶不損人之命。

何宴平貢獻

救濟災民經濟辦法

每黃豆七升芝蔴三升

即可濟六七百人

合川三廟鎮聯保主任何宴平，日前來峽參觀本區各種事業，隨身帶有救濟飢民之經濟辦法，救飢丸有效驗方一種，據談經其試驗多次，頗有功效，玆將該丸所需材料及製造方法誌次[illegible]

甲，材料：黃豆七升，芝蔴三升。

乙，製造方法：

將上二位用水淘過卽蒸，不可浸久，恐傷元氣，蒸過卽曬乾去壳，三蒸三曬，初二次，蒸有香味卽傾出曬乾水氣，復蒸第三次，從戌時蒸起，至子時止，寅時出甑，午時置日中晒乾。搗爛爲丸，如核桃大，每服一丸（用開水或茶或米湯）可以三日不饑（至少可飽一日，己試驗有效）此方所費甚尠，但一料可濟六七百人之多，實有助於救災也。

自去年實驗區署成立之後，業就北碚地方醫院設立戒煙會，由該會組織成立戒煙所兩處，一在江北文星鎮之金劍山，可容兩百人以上，以戒江北三鎮民衆及北川鐵路沿線炭廠之煤工，該院於去年十一月一日落成行開幕禮，八日該院第一批戒脫癮民八人出院，十六日第二批又出院，前往戒烟者頗爲踴躍。一在江北二岩鎮之禪岩寺，可容百人以上，以戒二岩澄江民衆及各炭廠礦工，實驗區署又曾於　月派專員到寶源礦川煤礦公司（兩廠因糾份停工時）前往幫助礦工戒煙並施教育，現在凡屬區內災民吸煙均免費爲其戒除。

庚，組織孤兒救濟會

近以旱災愈烈，農村經濟日益破產，街頭巷尾，么店道旁，常有無靠幼孩或彷徨道左，或哭泣勸人，乃由公安隊酌量交北碚兼善學校孤兒救濟會收容管教，由地方士紳出資供給膳食，查該會爲兼善校發起本區各事業促助，向各方勸募捐款，收容優秀孤兒，現已募得基金一千元，按年生息，以供孤兒可食之需，共已收容孤兒十餘名，插入北碚小學隨班肄業，上述基金，擬就區屬地方劃一區域辦理農村合作事業，作爲農民貸款基金，一宗欵項，期作兩種救濟事業之用。

辛，提倡節約運動

到了「民有飢色，野有餓莩」的現實，吾人豈可揮金如土，崇尚奢靡乎！飢荒鬧到挖白泥吃人肉的時候，凡具有測隱之心者，均應節省無謂應酬，免除無益消耗用以佈施災黎，以盡人生天職，則爲正常，因此實驗區署，於舊歷年節特出佈告革除漏習，禁止人民送禮宴客，以此消耗，節省出來振濟飢民。如有違犯者，即罰禮物，或席資價值之一半充作賑濟，由各公安隊及各市勞動服務團執行取締。至實驗區屬各事業

象徵的春宴
客人祗能看到客單
移酒食之資以助賑

（南充特訊）本縣旱災嚴重，災民衆多，各行號機關爲救濟起見，乃有將新春照例宴客費用，捐出助賑之議，其辦法由商會總其成，宴客者仍照例開列客單，由商會代向所欲請之賓客方面，代致主人熱誠招待之誠意，各行員機關，實行此議者，數十百元，紛紛交出，大有其人，預計至少可得數千云。

成都賭米之黑幕

米價取決於倉飛，倉飛又取决於賭盤，聚興誠停做倉飛抵押生意，市價轉跌。

成都市及成都附近食米，前因天降甘霖，一般人咸望下跌，殊廢歷年後，開市迄今甫二十日，米價每單斗竟由十二元漲至十三元餘，每雙斗一斗竟漲至三元幾角，如以老斗計之每百石竟多漲四百餘元，目前時令僅屆驚蟄，既非青黃不接之秋，又無大批食米運往他地，春雨下後，川西一帶，春收頗有希望，而米價反上漲不跌，頗引起社會及政府之注意，前日省府民廳爲此問題，已成立粮食調整委員會，平抑米價，記者昨特赴各大米市參觀究竟，蓉市米粮大市原有四處，除太平街濃花茶

機關，每日均提倡只食稀粥二次，以資節省，並造成風氣。

壬，禁止熬糖煑酒

去年本區總收糧食平均不及二成，用作口糧尤感不足，何能供作無謂消耗之熬糖作酒？實驗區署特公佈全區，禁止用糧食作糖烤酒，違者定予以處分。北碚市附近幾處酢房，均因此暫時停業。此於糧食之供給，亦不無小補。

癸，興辦平民工廠

在前盧局長時曾爲峽區平民謀設工廠，經召集地方士紳籌設以煤鉄紙捐作爲經費，以收費困難而罷，後來乃自派隊兵，學習織布並製造布鞋及打草鞋等，織布一事由兵工織布而獨立設廠即由平民工廠之雛型一躍而爲機器染織之工廠，工人最高數額達五百名以上，間接倚以爲活，無慮數千，本地平民男女入廠作工實居半數，洵屬平民之救星也。

去年三季旱災，本區於各種防旱救荒工作之外，兼奉　上峯命令。全區統辦一平民工廠，各聯保自辦一所小規模的習藝廠，安置失業平民，命令轉發各鎮鄉去後，有無法籌款而擱置者，亦有籌議辦法繼續着手者，北碚聯保主任馮書舫對於此事最感興趣，並具十分熱誠，彼擬由在碚寄家之新來富紳酌募捐款，一面設法募集資金，俟集兩千元時即行開辦。實驗區署則在未籌得的款以前，暫先就本區災民收容所附加工藝科目，如編篾器，打草鞋等，在災民收容所何時撤消，即改爲平民工廠焉。

六，旱災文件

此間實驗區署及賑分會，鑒於本區災情太重，救濟稍緩，則此荒後孑遺，不僅有流離之苦，亦將流爲盜匪，對於治安秩序尤屬可慮，於是一方由實驗區署擬訂整個救

園，以米經紀被捕，無形解體外，一在南門城內火神廟內，一在西巷子大茶舖，（即外南市）一在北門下大橋茶舖之大安米市，其他均爲小市，概以現米交易，記者至南門火神廟內，廟內大殿前後茶桌羅列，儼如茶肆，殿前雖有交易，然係小販小本，除部分售與消費者之食戶外，其餘則售與各大小米舖，轉賣與食主消費，然均有現米交付，時將散市，步至殿後，則人衆擁擠，此區區橫順不過數十步之小塲台中，容納之人不下數百，軍政紳商學界，男公婦女，販夫走卒，小偷流氓，諸色人等應有盡有，旁人目之，泰半奸商而已，此區區塲台，所做生意，分爲二類，一，爲倉飛交易，二，爲賭盤子，市上倉飛甚多，蓉市闽米倉棧，較有信用者爲同心，聚興，聚慶，惠川，恆豐各大倉，而倉棧飛價。每日均有漲跌，但均較現米爲高，同心倉飛，每日價錢，恆較現米價賤，高一元餘爲聚興誠之倉飛，因可持飛向該行作九折左右之抵押借欵，故其倉飛價錢，僅略低於同心倉飛，同心倉飛之價錢，每日可以操縱各倉飛價，昨同心之飛開盤時每石爲二十六元八角，收盤爲二十六元九角，較前日稍爲下跌，據各倉飛者談，此種倉飛，完全有米囤積倉中，買得之後，隨時可以憑票提米，不過賣來賣去，僅係

濟辦法，如工賑，農賑在根本救濟外，一方更由賑分會向中央及省賑會，並省內外各慈善團體呈報災情乞求賑濟，茲將當時報災及乞賑文電……等分別摘錄於後：

甲，乞賑

中賑會復電

成都航訊：此間省賑會，昨奉中賑會令以據四川嘉陵江三峽鄉村建設實驗區代電稱，該區旱災情重，乞察核撥款賑濟，以救災黎，該會昨特令此間省賑會，飭先行撥濟該區，該會奉令後，今特電覆中賑會以去今兩年，川災特重，曾經發生聚衆刧掠，爭掘草根泥土，以及逃亡餓斃之事，已不下六七十縣，立待鉅款，方可稍蘇殘喘，惟該會現有賑款無多，擬先行擇尤配發該區，應候中賑會大批賑款撥到後，再行核配云

I，快郵代電

中央賑務委員會
四川省政府鈞鑒，竊本區山多田少，地瘠民貧，去年遭受旱災，米珠薪桂，
四川賑務委員會

粮食恐慌，旱達極點，兼入冬以來，久無透土大雨，以致播種秋粮，率多枯死，人民吃水，亦感困難，現時全區農家，大多以粮食缺乏，掘取草根，樹皮，白泥等充飢，以苟延殘喘，甚有無從覓食，抱子投河，棄兒逃走，或餓死道旁者，所在多有，近據各鎮聯保主任轉報人民飢荒狀況，請予撥款賑濟等情前來，恐慌之情益形重大，且屆廢曆年關，飢民成羣，到處覓食，兼以匪風四起，地方治安，實堪危慮，除即日成立三峽鄉村建設實驗區賑務分會，並另組粮食平糶委員會，設法募捐辦理急賑，平抑米價，暫資救濟外，伏懇垂察，迅撥鉅款，尅日領賑，以救災黎，不勝急切待命之至，嘉陵江三峽鄉村建設實驗區區長唐瑞五盧子英叩宥印。

二十六年一月

倉飛交易，從未有一買主開倉挦過，成都各大倉囤積之米已知道者，約四萬餘石。成都附近地，囤米十六七萬石。新都毗河兩地，尚有七萬餘石，郫縣犀浦，新繁約三萬石，灌江雙流尚有二萬餘石，合以計之，僅此數地之大倉棧，已不下十六七萬石，換句話說，此十六七萬石之米，完全囤積倉中，與食米之人，不能發生關係，只是操縱米價，待善而沽者，食米之人，所食之米，尚望小本販子，運來現售，然而現售之米，其價錢又必決定於倉飛，各大倉飛之價日漲不已，小本販商，亦可藉以牟利，昨日現米價每石二十五元四角，較前日略有增加，市上傳說現米與倉飛昨日市價背道而馳者，因現米每石如有營業稅二角半，倉飛不到挦米出倉，不納此項營業稅，此營業稅不過轉稼到食米人身上，此係倉飛之大概情形，其他最大部份，即買空賣空之賭期盤爲生意。

賭米花樣，都是買空賣空，賭期盤子，花樣亦多，其賭博性，甚於往日安東寺之賭瀘匯，賭米名稱，大別之爲頭抵頭（新都則稱交飛）買上手買下手，兩頭忙，紗帽筩，所謂頭抵頭者，即每石米限期只賭一元，如限內漲跌過一元者，即接頭賠頭買上手者，即是買主看米要漲與賣主賭

2，電呈中央四川賑務委員會速撥鉅款辦理急賑

中央四川賑務委員會鈞鑒，急，竊本區地居峽中，山多田少，人口約近七萬，大半下力爲生，因連年旱災，米珠薪桂，人民早不聊生，近屆廢曆年關，恐慌之情，益復重大，草根樹皮，掘食迨盡，飢民四出覓食，餓莩載道，且抱子投河，棄兒逃走者，時有所聞，慘狀如此，言之悽惻，尤以兩山礦工衆約萬餘，炭廠折本，一律解雇，如不設法賑濟，一旦散出，地方治安，更可危慮，用特飛電奉聞，伏懇垂察，迅撥鉅款，尅日發賑，以救災民，弗勝感禱，嘉陵江三峽鄉村建設實驗區賑務分會，中國西部科學院，世界佛學苑漢藏教理院，嘉陵煤業公會，北川民業鐵路公司，天府煤礦公司，四川家畜保育所江巴實驗區，四川蠶絲管理局，蠶絲改良場，嘉陵江日報社，嘉陵江三峽鄉村建設實驗區署，三峽染織工廠同人叩。　　二十六年二月一日

3，四川省賑務會快郵代電　賑字第一四二號

爲電呈災況懇予速撥賑款一案——令仰遵照由

嘉陵江三峽鄉村建設實驗區區公署，并轉各團體均覽，世代電悉，查該區前報成立賑務分會前來，當經本會以總字第一四四號指令，并檢發附件飭卽遵辦在案，茲據前情仰仍遵前令辦理爲要，此復，四川賑務會主席杜炳章魚印。（二十六年二月）

中賑會令省賑會撥款賑濟本區

現賑款無多先擇尤配發

候大批賑款撥到再核配

成都航訊，此間省賑會，昨奉中賑會令以據四嘉陵江三峽鄉村建設實驗區代電稱：該區旱災情重，乞察核撥款賑濟，以救災黎，該會昨特令此間省賑會，飭先行撥濟

期，普通交銀百元，在限期內買主可以隨時喊滿折價，如到期不喊卽按價折合，以時價數，買下手者與買上手恰成相反，買主看米麥跌，先照現米市價減低賣出，賭定期限，可以隨時折價，其權操於賣主，兩頭忙者，兩家認漲，先交頭銀，照頭計算，若漲跌過頭，卽須宰斷，普通交五十元頭，漲跌賭一元，交百元頭漲跌賭二元，但到期算事，不滿不喊，所謂紗帽箭者，卽買賣兩家賭價稍有參差，由經紀添足自己負責，漲跌照割者，總之此數種生意，完全係買空賣空，賭博性質，南門火神廟後，卽爲一大賭場，記者身列其中。

當局嚴查，說要來捕人，聞諸人云，今日有風潮，說警備部要來逮捕人，前幾天市政府秘書李洪期，民廳科長李執中，曾來親身調查過的，這種生意，是不能見天的生意，內面的呵哄嚇詐，估打贏耍，抓拿遍吃，什麼都是齊的，連賭場中命爲專名詞，（提烘籠）的都是齊的，與大寶賭場，無大區分，近日因賭期空頭生意，愈做愈熱，新增加了不少生臉面，太太小姐，都踴躍參加。

賭米人物，五團七營十三縣，所謂五團七營十三縣，都是裏面買賣耍脚，其他團以上的人，多是他們的當家先生，在市上度來度去，區區小場面，每日成交之空

該區，該會奉令後，今特電復中賑會，以去今兩年，川災特重，曾經發生聚衆刼掠，爭掘草根泥土以及逃亡餓斃之事，已不下六七十縣，立待鉅款，方可稍蘇殘喘，惟該會現有賑款無多，擬先行擇尤配發該區，應候中振會大批賑款撥到後，再行核配云。

乙，呈報

1，為遵令查報區屬災黎懇撥鉅款救濟

竊職於　月　日奉

鈞署　字第　號訓令開：為造報轄區被災確數經月餘之努力，始告完成，計無糧待賑男女八三六口能維持一月者一三四六口，維持二月者七二九口，無如職區大小百餘炭廠均折本，兼因年關萬餘工人均停業，災情益形重大，除另電呈請急賑外，理合具文連同待賑災黎詳細調查表隨文賫呈　鈞署察核，速撥鉅款派員監視放賑，藉維一線生機，是否有當？指令祇遵，謹呈

四川第三區行政督察專員沈

（附待賑災黎調查表五册）

二十六年一月

區長　唐瑞五　盧子英　呈

2，為遵令造報災民調查表，懇予轉呈賑濟由

竊職前以旱災慘重，造有災民調查表，報請轉懇撥款賑濟一案，奉

鈞署指令察字第六一四三號開：「呈表照片均悉，查核旱災調查表略而不詳（中略）無裨實用，應予發還，仰另造災民清册，詳載損失情形，分別種類，及災民生活狀況，呈候轉報」等因；奉此。職遵卽派員分赴各鎮鄉復行詳密挨戶調查，經兩月之

頭生意，至少總在二萬石左右，以銀錢計，每日須交易五十餘萬元生意，經紀斗戶共約三十人，生意做成之後，并不交米交銀只交頭錢，經紀頭戶照價抽收百分之四，作經紀費，每人每月收入總在六七百元以上，此種經紀斗戶在市場中，完全要脚，若果沒有他們，賭米市場就會沒有，然而倉飛價錢，又多決定於賭盤賭盤價錢漲跌原因，一須取決於新都郫縣，犀浦，二係大家心理作用，及買賣多寡關係，但此頗能影響倉飛及現米之售價。

今年米價，推測必定要漲，據市上做米生意之心理推測，認為今年米價必漲，必漲原因，一因各地山中秋冬春均苦旱，二因匪荒，郫灌之米，多經灌縣以西山中搬運，三因去年歉收，四因政府在此時期抽收積谷，五因政府在購外省米運遲不能到川，六因通貨膨漲，失業之人太多，除以游資投資於煙土，房屋及旅館浴室娛樂場所外，卽以大批金錢做米生意，兼之舊日迷信說，廢曆正月有兩個雞啄斗，四月又是三白抬頭，如此一來，散米成蕩囤積倉中，又復買空賣空，其價逐日益高漲不可收拾。

賭盤忽鬆，聚行昨不抵現。斯米之風一開，不僅米價不能下跌，尚有許多賭米男公婦女受其拖累，民初成都西玉龍街西

久，始行竣事，統計結果，全區災民共二九二七戶，一五五八四人，現口無糧者，有八三六人，家僅能維持一日生活者，有一三四六人，勉足設法維持二月者，七二九人，兼入冬以來，仍復亢旱，四鄉農民，播種冬糧，如碗荀豆小麥之類，大率枯萎，來春收穫，必形減少，或至無望亦未可知，人民掘食芭蕉頭桐麻樹皮及草根白泥，到處皆是，且多委棄兒女，成羣乞食或結隊吃大戶，種種情形，難於盡述，除會急電請賑，並就地成立賑務分會，辦理急賑平糶外，理合將災民受災損失，分別種類，及待賑情形，造具調查表，隨文賫呈，伏懇　鈞署察核，撥款按名賑濟，不勝感禱。謹呈

四川省第三區行政督察專員沈

（計附災民調查表拾册）

區長　唐瑞五
　　　盧子英　呈

二月三日

3，爲奉令成立賑務分會報請察核

竊職署於一月二十二日奉

鈞署總字第四三四號訓令以轉奉

四川省政府本年一月八日民字第二九五號訓令開：爲令飭成立粮食平糶委員會負責辦理平價急賑一案，轉飭遵照辦理報查，等因下署，職奉令後，卽於一月二十七日午前召集區屬各鎮聯保主任及地方士紳到署籌商進行辦法，從於一月三十日正式召開賑務分會成立大會，並擬就賑務分會組織簡章及辦事章程，尅日發出募捐册及收據，分頭勸募，一面準備就赤貧之家，散放米糧，一面籌辦粥廠，收容無家可歸之災民。

園，曾做過買賣米賭期生意，結果傾家破產者不知凡幾，遂至無形解體，現在大市請米，甚於西園，深望政府注意及之，昨日米價倉飛賭盤鬆之原因，聞係成都聚興誠銀行，決定從廢曆二十四日起不再做以倉飛抵押借款生意，市場有米無錢，陡現窘迫故趨下跌，此後尙有繼續下跌之勢。

四川省賑會本年度賑災方案

甲，平價，一，受災縣份，由縣府就賑分會，召集機關法團及地方公正士紳，增推若干人，共同經理其事，事竣仍照原組織辦理，二，由地方籌集勸募的款或挪借地方不急公款，向外購運粮食，辦理平價，事畢歸還原款，（如有折耗，將以勸募之欵彌補），三，由縣府出示，勸諭殷實士紳，將有儲米粮，除家口足食外，悉數照平價辦理，陸續售出，不得違令儲藏，至地方公有之米粮，亦應照此辦理，以資調節，四，嚴禁奸商，買空賣空，操縱米價，及囤積居奇，偸運高價等事，違者由該管署查明，依法嚴辦，五，賑分會應令同縣府，遴派廉幹人員，分赴各鄉調査，如有三四兩項情事發生，卽由縣府査酌情形處理，勸

茲奉前因，合具文連同組織簡章及辦事細則章程賚呈鈞署鑒核指令祇遵謹呈。

四川省第三行政督察專員沈

區長　唐瑞五　盧子英　呈

（附呈組織簡章及辦事細則章程各一份）

丙，訓令（內訓令實驗區各場聯保主任及各公安隊）

1、為令飭查報待賑災民汎速具報

區屬災民衆多，待賑急切，前經本署召集區屬士紳，組織賑務分會，隨開成立大會，決議由各會員一面分頭積極勸募，一面從速挨戶調查各保災民，逐一登記，以現口無糧之老弱殘廢，鰥寡孤獨為限，不得有所瞻徇，任意查填，調查表內務須由各經手人員，蓋章負責，以昭慎重。如查出有不應賑濟或冒名頂替者，定惟經手人員是究，合行令飭，為此令仰該主任，即便遵照，限文到五日內，迅速派員將所屬各保災民查報來署，以憑發放，事關急賑，萬勿延誤為要！此令。

二十六年一月

2、為令執行不請客不送禮仰即遵照一案由

查區屬各鎮，山多田少，地瘠民貧，去年秋收，不及三成，冬糧播下，尤多枯死，以是食糧恐慌，達於極點，亟應提倡節儉，以資補救，茲先從革除舊俗起，其有明年廢曆年節，無論何人，禁止宴客送禮，如有故違，一經查得，即將禮物沒收并罰資一半，作賑濟災民之用，除分令并佈告週知外，合行令仰該隊長屆時會同勞動服務團嚴厲執行，勿得瞻徇為要！此令。

二十六年一月

3、為再令限期尅日成立清理公款委員會

令平價出售，派出之員，亦不得從中包庇需索，及糾衆估借，非法封倉等事，六，每一家口，購買米糧數量，應視該縣人口粮食之多寡，平均定出限度，以防多買轉賣之弊

乙，平糶，一，照平價第一條辦理，二，本辦法以救濟購買力薄弱之貧民為旨，三，各鄉應設平糶處所，由縣分會調查災區面積及貧民多寡而定，每處由縣府賑分會，派廉幹人員，前往監督辦理，四，購買平糶之貧民，責成甲長，將該甲花戶門牌，彙集呈繳，由該管理區長，督同聯保主任等，嚴加審核後，分別塡給三聯購米證，以為購米之證據，并將存根一聯彙報縣府備查，五，每人日購米糧若干，由縣府及賑分會共同議定，總比較平價低廉，適合平民購買力為原則，七，平糶所需款粮，除照平價二三兩條辦法辦理外，其災情特重者，得由本會酌量補助之，八，平糶事竣，應由縣賑分會報銷榜示，并彙報本會備核。

丙，工賑，一，工賑係為救濟極貧災民之無職業謀生者而設，二，應由縣賑分會召集各機關法團，及地方紳士，妥議舉行，以有利該事之工程為原則，

查令伤成立公款委員會清理公產曾經本署於十二月二十六日令飭遵辦在案。迄今日久，尙未成立，殊屬不合！合再令飭，爲此令仰該主任，即便遵照前令及印發簡章，尅日成立，從事清理，以重公款爲要！切切此令。

二十六年二月

丁，佈告（由實驗區署佈告全區人民）

1，爲佈告人民不得以穀米高粱熬糖煮酒

去年夏季歉收，秋收又遭亢旱。 災民啼飢號寒，堆集成千累萬。
掘食草根樹皮，慘狀自古少見。 禁止煮酒熬糖，留出米糧充腸。
合力互助救荒，藉延生命一線。 倘有故違不遵，准其舉發懲辦。

2，爲佈告區屬民衆禁止年節宴客送禮

本年夏災之後，繼以秋旱，生活高昂，民食維艱，區屬人民，大多朝不保夕，眞是把古人說的「民有飢色，野有餓莩，」兩句話，完全實現了。最近我們知道被生活逼迫所演出的慘事，在區內也非常之多，如像二岩一保四甲甲長明東山的女人，抱子投河，澄江鎭十三保四甲李家夫婦一同餓死，尙遺極幼子女兩個，無人收養，黃葛文星兩鎭挨近山邊的窮民，掘剝草根樹皮和打狗充飢的，眞是不可勝數，飢荒鬧到這個地步，我們就應該提倡節儉，不可綳面子鬧闊氣了，因此我們想到有一件舊習應該在此時盡力革除，就是廢曆的年節，轉瞬就要到來，大家一致提倡，不要像往年那樣，送禮宴客，把這項消耗，節省出來賑濟飢民，如果有人違犯被本署查着，那是要沒收禮物酌量處罰的！這種沒收的東西和處罰的罰金，我們就拿來辦賑濟，我們的政府改用新曆已有二十六年，其實大家就不應仍沿舊習同流合污去送禮宴客，自取過咎了，除働令知公安隊勞働服務團執行外，仰區屬紳民人等一體遵照爲要！此告。

（如鑿塘，築堤，修堰等事，如所作工程，屬於私人者，應照省府規定，由業主酌給口食）紳士中有熟習工程，或能指導技術者，聘爲分會工賑指導員，協助辦理之，如附近公路，鐵路地方，有於相當需要工作，應由賑分會，盡量組織應徵，并加指導，（如運土木石料等事）三，由縣府賑分會勘定工程地點，及應需工人數量，計劃工程大小，然後調集受賑災民，分配工作，四，舉辦工程，所需之賑款，應由本地設法籌募，如須動用本會舊存賑款，或新領賑款者，須由縣府賑分會將計劃書報核批准後，始能動支，如動其他地方公報，亦須先報主管機關核准，不得先支後報，五，應受工賑之災民，應照平糶第四條規定手續，發給工賑證，於工作時，憑證發賑，務須嚴防空領，及尅等事，六，工作時，每災民應領之工賑，由縣府賑分會，議定公佈之，至低數須能維持個人一日之生活，不得義務徵工，

丁，急賑，以上救濟辦法，不能急行時，應先行急賑一項，（發錢，或糧由該管縣酌定之）但受賑之災民，限於極貧，老弱，婦孺，無力謀生者，其他

戊，傳單

廢曆年節請大家提倡一致「不送禮」「不宴客」，我們應該一致鼓起勇氣打破舊習。

提倡好的節約風氣。

我們在明年的舊曆年節，大家都不請客，不送禮，把這項無謂的消耗，節省出來，賑濟飢民。

我們不要說人家餓死凍死，不關我們的事，難道飢民成羣，四出求食，有錢的人，還能過得到清靜的生活嗎？

我們又將心比己，假使自己遭到無衣無食的時候，有錢的人，毫不相助，心中的悲痛和悽慘，又是如何呢？

因此我們就不要狃於舊習，還像往年過年那樣撇面子，鬧闊氣，花費銀錢去送禮請客了。

我們一致提倡把這項送禮宴客的費用，完全節省出來，送到實驗區賑務分會去救濟那些窮苦無依的同胞們。

我們既都明瞭了這個意義，應該大家一致遵守這個不請客不送禮的公約。如有故意違背這個公約的人，一經查得，是禮物，定要沒收，是宴客，定要照罰席資一半，通通都拿來辦賑濟。

希望大家都堅決地不送禮，不宴客，往救濟的道上努力吧！

己，啓事

嘉陵江三峽鄉村建設實驗區募捐急救災民啓

概不能發，二，上項災民，應呈驗保甲門牌，以憑塡給賑票，督同當地保甲長驗發（以十二歲以上爲大口以下爲小口）三，每口發賑數目，由縣府賑分會統計分配，註塡於賑票上，并榜示周知，四，每災民領賑時，應蓋拇印於賑票上，交由辦理人收存報銷云，以上四項辦法，均經該會決議，函請省府通令受災各縣，轉函賑務分會，會同查酌辦理，並分報備查云云。

△旱災問題參攷資料索引

凋淑亭

一，災情

天災人禍籠罩下四川農村恐怖之分析

——四川經濟月刊（4:3 24:9，36—57）

關於我國水旱災預防方法之商榷　涂長望

——中報月刊（4.9 24:9,15，9—15）

I，災害

四川災後吾人應有之覺悟及努力　郭逸樵

——賑務旬刊（:30—33 25:5—6）

2，災情——————26年

川災愈嚴重矣——新蜀報（26,3,10,1,1,）

全川災區面積三千餘萬公里　省賑會

——商務日報（26，3,1 2,7）

四川災禍之嚴重及其影響　謙受

朋友們！請看可憐的勞苦農民和失業的大衆啊！

我們自去年遭了天乾，不但春季的包谷歉收，夏季的穀子也少有收得，秋季的種糧雖勉強播種下土，又多乾死了，現在連飲的水都斷了，他們早已不能維持生活，他們多靠下力挑煤來吃，煤炭的價値低落，一淌人挑一天的煤炭，所得的力錢不能供一己的食繳，遑論養活家口，他們在炭廠挖炭，拖炭，炭廠多折了本，減少工人減少工資，他們只要求做活路與吃飯，不要工錢，有時也辦不到，他們只有失業出來，過飄零無依的生活，在飢餓風雪中挨時間，苟延一線的生命，等待病魔與死神的降臨！

朋友！現在只要我們一出門就看着聽着，街頭有窮苦人民的乞討聲，抓吃食物的吵打聲，道旁有被遺棄嬰孩的哭泣聲，有不勝飢寒的老幼男女哀號聲，……整個峽區竟全被這窮苦人們的嗚咽悲痛聲籠罩着！

我們看清楚了這些事實，聽到了這些哀聲，我們將心比巳，設身處境，在不勝哀憐之餘，除了節其衣食，盡其能力，盡量予他們的幇助，予他們的救濟外，我們更盼望親愛的同胞們，以萬倍于我們的熱情百倍于我價的力量，對他予以絕大的幇助，或惠捐金錢，或賜給谷米，我們收集起來，即便公平的分配給予他們。

親愛的峽區勞苦的農民，——失業的大衆啊，愛護你們的朋友，現正掀開錢袋了，打開谷倉了，你們一齊舉手表示你們的敬禮吧。

二十六年一月

庚，函聘

1，聘書

敦聘

先生爲本區賑分會委員辦理勸募捐欵借作急賑及平糶等事，尙希

——振務旬刊（:31—42，25:6—9，）

四川百零九縣受災情況　省振會調查所得

——商務日報（26，1，30，2，7）

十六區屬災情實況　謝培均

——國民公報（26，2，20，2:6）

四川的旱災及其救濟　高孟先

——工作月刊（1，2，25 9，1，13—29）

巴中人吃人照片——新蜀報（26，3，172:4）

3，災情——25年

目同四川極待解決之春荒問題　顏　慧

——四川經濟月刊（5:5，25:5，1—10

二十五年春荒各縣民生調查

——四川經濟月刊（6:2，25·8 21—23）

四川省各縣局二十四年水旱災歉一覽表

——振勵旬刊（:24—26，25，3—4）

4，災情——24年

二十四年水旱災我國農作損失統計圖

——四川經濟月刊（4:6 24:12，10）

二十四年各縣春荒之嚴重情形

——四川經濟月刊·（3:6，24，6，206—212）

續四川經濟月刊（4:1 24，7，152—154，）

二十三年四川天災區域圖

——四川經濟月刊（3:1 24，1）

民國二十三年我國水旱災統計圖

——四川經濟月刊（3:1 24，1）

5，災情——各省

水旱災荒的合流　中國經濟情報社

查照就職，即日進行爲荷！此訂。

區長 唐瑞五 盧子英 年 月 日

2，函知賑分會各委員定期開成立大會

逕啓者：本區賑務分會業已籌備就緒並分別聘任委員進行籌賑在案茲訂於本月卅日（即古歷十二月十八日）午後一鐘在區署會議廳，開成立大會並商討賑務事宜（午餐由區署，準備便飯）尙希查照撥冗屆時蒞場出席與議共策進行爲荷此致

委員

區長 唐瑞五 盧子英 一月廿八日

3，照會收容所所長

査上年旱災嚴重，本區受災尤烈，目前飢民載道，亟待賑救，本署特於北碚設立臨時災民收容所，藉資救濟，素諗

台端熱心公益，物與爲懷，用請担任本署收容所所長一職，尙祈查照尅日就職籌劃進行用賑災黎無任公感，此照會

宋所長緯勛

區長 唐瑞五 盧子英

中華民國廿六年二月七日

辛，致謝

1，函謝捐賑人員

——一九三五中國經濟年報 章乃器

當前的災荒問題

——激流集（207 312）

饑荒的中國 吳 鵬譯全題目

二，救援

1，救荒概論

救荒與救亡——新蜀報（26:2:22,1:1）

如何救濟四川之饑饉 李儀祉

——國民公報（26:3:4, 1:2）

又新蜀報（26 3:4, 2:4）

稽廳長談救荒辦法—新蜀報（26:3:17;2:3）

擴大救災治標治本辦法 四川經濟學會擬

省府採行——新蜀報（29,3,24, 2:3）

介紹幾種農村副業實施方案和章則 孫啓昌

——中國建設（11:2 24.2 75-94）

實驗區署救災辦法——嘉陵江日報（26:2:9 :3）

如何救濟荒災 奚燕堯

——嘉陵江日報（26,3,2 ,4）

從速救濟川甘災荒

——國民公報星期增刊（25,3,21, :4）

又上海大公報（26, 3,19,）

省府辦理救災概況 稽廳長談

——濟川公報（6.3,18,—19 2:6）

如何救濟四川的災荒，——

——商務日報（25,12,31, 1:2）

救荒與安定人心——濟川公報（23,3,6

惠賑敝區災情慘重，糧食恐慌，飢民流離失所，無以爲生，前經成立賑務分會從事勸募捐款，舉辦急賑，荷承　台端慨捐〔米款 斗升元角〕惠及災黎，得渡難關，萬分感謝！除分別極貧次貧成人幼孩查實散放，暨登報誌謝外，耑鳴謝忱！敬祝

健安！

賑務會主席盧子英

乙，嘉陵江三峽鄉村建設實驗區賑務分會感謝啓事

敝會比次爲本區災民，勸募募款，荷承

各界慈善人士，解囊相助，得資拯濟，敝會同人感謝弗勝！除分別函謝外，特再登報，以表謝忱。爰將捐款者，臚列於后，敬祈

垂察爲荷！

計開：

先生

六年來嘉陵江之水位變化

黃子裳

嘉陵江流經三峽，因河道狹隘，水位漲落甚大，每年夏初秋末之間，常爲漲水時季，小則冲刷土地，洗去糧食，大則淹沒場鎮，毀滅房屋，人民歲以爲苦，然亦習以爲常，而無法以反抗此自然之偉大權力也。

據一般鄉老言：三峽江水，近十年以來所漲均不極大，十數年前每間三五年輒有一次比較大的水災，北碚街上房屋間或冲去半數有之，惟最大之一次水乃在距今六十三年，前之庚午年（舊曆）六月十五日，沿江各場鎮房屋悉被淹沒，以土地肥沃著名

:1)
節約與救災——新蜀報 (26:8:6, 1:1)
論今日救濟災荒之對策
——濟川公報 (26, 1, 28, ,1)
救荒與造荒——商務日報(26,3,11, 1:4)
救災方案與辦法
安徽救旱經過報告——
——安徽省二十三年度行政成績報告下册
第六編 (1—214)
救災及經濟建設綱要　蔣委員長指示
——賑務旬刊 (:18—14,24,12,11,4—7)
救飢妙方——商務日報 (26,3,9 2:14)
——又國民公報 (26:3:7 2:7)
省府核減旱災奇重之十六縣糧額
——新蜀報 (26:3:9, 2:4)
救濟旱災之辦法——國民公報星期增刊(2
6,3,21, 14)
——又華西日報(26,3, 18)
救濟四川旱災治本治標意見　稅西恆
——國民公報 (26:3:20,2:7)
縮國民公報(26,3,22,2:7)
救濟春荒之辦法——商務日報 (26,1,2,3
1:4)
發展農村副業與救災——濟川公報 (26.3
:9; :1)
救濟川災辦法　黃逵夫
——濟川公報 (26:3,12, 2:6)

之黃葛鎮東陽鎮上下壩俱全沒水中，所餘山頭悉成小島，而附近峽中之溪流，如龍虎溪，明家溪，綿延數十里，附近田土俱遭淹沒，北碚則市街房屋頂上過船，文昌宮的羅漢洗脚(在今實驗區署側岩壁上有刻石記載此漲水之時間及位置)區署前面曠場（廟嘴）之戲台被水冲去，至今僅餘草坪，居人每一言及猶慄慄危懼，迷信者認爲六十年一轉，故前三年北碚市住民多有預在四鄉較高處租定房屋，亦若大水之必然再來者，以好屆時搬家，減少損害。然是年水位高越河床，最低水面僅六十呎卒告無事。

前峽防局時代，卽注意此一年中江水之漲落變化，自十六年起，就沿江各石岩製劃水表，（以英尺計）十八年開始記載，對於江水漲落，每天記錄，每日列表統計，惜因司其事者，認爲細小而又經常麻煩，頗不注意，故斷續不全，至二十年，乃認眞整理，每日有水位漲落記錄表，一年更有水位漲落統計表，至去年改組實驗區署，仍繼續將事，已完成六年，茲列表分誌其各年水位漲落，以明江水歷年之變化。

在此六年中，水位最高爲民二十三年之六十五呎，餘則爲六十呎（廿，廿四年）五十二呎（廿五年），三十六呎（廿一年），三十五呎（廿二年），最低水位平均常在零下一二呎間，而以廿五年十二月之零下二呎爲極點，緣本年旱災區域遼闊，到處飲水絕源，許多小溪流均皆斷流，故靠近三峽之一段嘉陵江亦無無保持其水位也。

茲更就漲落情形觀察，起迄時季，大概每年四月後發水，五月後漲水，較大之水，常在六月至九月一段時間，過此水便下落，由十一月十二日以迄翌年之一二月常保持零度上下一二呎許。從記載統計表可以看出其詳細狀態。

至於大水漲落速度與每年次數亦正規則，因此段爲上游渠（江）保（寧口）遂（寧）三江匯集流來之水，且係夏季山洪，（俗名山溪水）每小時自一呎至二呎不等，

省府令發救災辦法四種——

——嘉陵江日報 (26:3:5 :3)

巴縣救災方案及辦法——國民公報 (26:3 ;24,2:7)

——又新蜀報 (26;3;24;—25，2:3)

從本年秋旱論今後救災方案　鄭干政

——國聞週報 (13:43，25,12,7，23—26)

三、賑務

十五年來之中國華洋義賑救災總會　王正廷

——大公報 (25;11;16 4:14)

賑災物品免稅章程　財政部公佈

——賑務旬刊 (:10，24,11,1，7—8)

抽收賑災捐款辦法　蓉市新聞學會擬具災荒日趨嚴重之報災問題　勉予

——賑災旬刊 (:29—30 25;8，)

談談賑災辦法—商務日報 (26;3,20,1:4)

1，賑務組織

四川省賑務會各縣分會組織章程

——賑務旬刊 (:1 24,6,21，10,)

續賑務旬刊 (:2,24,7,1，7)

四川省賑務會組織章程——振務旬刊 (;1，24,6,21，9)

四川省賑務會辦賑人員派遣條例

——賑務旬刊 (:3 24,7，11，8 9)

辦賑團體及在事人員奬勵條例　國府公佈

——賑務旬刊 (:3 5，24,7—9)

六年來嘉陵江之水位變化圖

民國20——25年

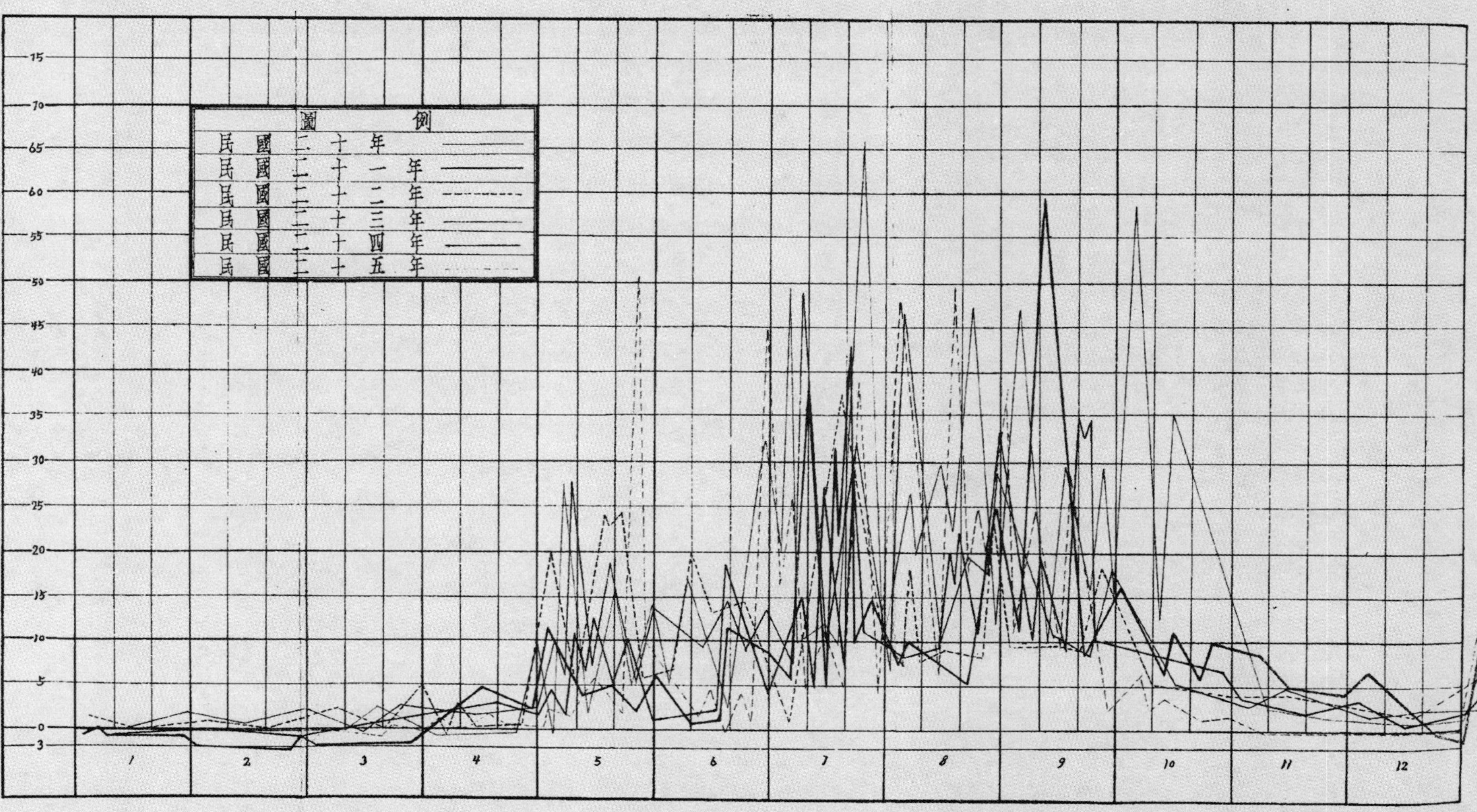

又常一兩日漲達頂點，不崇朝而又退落，看表列弧線，常是垂直狀況，其急激，可見般矣！

有時在本區域內，江水偶漲，以其顏色觀察，亦可確定上游所發之水來自何處，此於水位變化頗顯趣味，據鄉老經驗談，如此間漲水色帶白，則係上流保寧河之水，如色帶黑，則係巴河經由渠河流出來之水，如水帶紅，則係遂寧河之水，因保寧一帶泥多粘土，色帶微白，巴河一帶，森林特多，落葉糜爛，由洪水冲出，其色白黑，遂寧河流域地多紅砂，故洪水洗至下流，亦顯紅色故耳。

倘上游一江漲水，本境江面水位增高約一二丈，如兩江同時并發則水位倍之，若三江（渠保遂）同時發水，則本境及下游便非釀成巨災不可，（民國九年之大水及二十三年之大水卽屬此類）如再遇下游揚子江漲水倒貫嘉陵江流聚三峽無法下洩，便成數十年一度之巨災，在前清光緒二十九之癸卯年大水，（北碚房屋，被冲洗殆盡）及同治九年庚午年大水（北碚街房全被淹沒屋頂上過船，水退僅關廟獨存）殆以此故。

水到嘉陵江三峽，江面之動靜因季節至爲不同，在枯水時期，峽中水平如鏡，每出一峽後，卽有較小之灘，流行頗急，如在洪水期間，峽中多鼓漬水，近峽口起大泡漩，以大沱口（溫泉峽口）毛背沱（觀音峽出口）爲最鉅，一漩之大，可數十丈，深達丈許，聲嚮可聞數十里，每有長十餘丈之木船，偶被滑流至此，卽被吞沒以盡，可以想見其水勢之洶湧。

此江自合川至重慶，水程二百四十里，民國十二年，始有小木殼汽船行駛，十五年有鐵殼汽船之民生行駛，以後逐年汽船行駛漸多，但水枯到水位零度上一呎時，鐵殼汽船己不能行駛，如遇漲水至三十五呎，則鐵木殼汽船俱皆停航，冒險行者，不免

辦賑人員懲罰條例　國府公佈
——賑務旬刊（:4－5 24,9,11,7－8）

1,放賑

上海籌募各省旱災義賑會查放急賑辦法原則及查放細則，視察簡章
——賑務旬刊（:11, 24, 11, 11, 6－8）

省賑會配賑辦法——國民公報（29,1,26, 2:6）

監放賑款辦法　行政院明令
——商務日報（29 1,12, 2:7）

3,工賑

四川省賑務會各縣分會工賑委員會組織章程
——賑務旬刊（:10 24, 11,1, 8－9）

省政府救災採用工賑辦法——
——國民公報（26,2,3, 2:6）

關於以工代賑——商務日報（26,3,2, 1:4）

4,難民收容

四川省賑務會各縣分會難民收容所組織規程草案，管理規程——
——賑務旬刊（:12, 24, 11,21, 8－10）

重慶救濟貧民概況
——四川月報（10:1, 26,1, 218－221）

四，稻

1,水稻

蘇省之水稻栽培概述　一　譯

覆舟，廣慶公司之廣慶，二十四年夏季在鹽井溪峽下流沉沒，即其先例，行船者固不可不知水位之高低也。

漲水情形，初到時流勢頗緩，愈來愈急，最高度至每小時水位漲達二尺，其時泡沫流附江邊，河心高於兩傍，殆漲至極度，流勢已緩，河身潮平，泡沫亦即在河心自在流行，水勢便陸續退落，行船有經驗者於退水時駕駛汽船木船，雖四十五呎左右亦可大胆放行，危險絕少，是又行船者於水位熟知之後，仍不可不察其漲落之變化焉。

四川省家畜保育所三峽實驗區表證區畜牧獸醫調查報告

一，前言

家畜保育所江巴實驗區自去歲十月籌備成立，十一月即從事各項調查，調查工作中之最重要者，厥維表證區內畜牧獸醫各項問題之調查：

所謂表證區者，即初期試驗之區域，此項區域，包括三保，用便證實防疫工作之效果也，其辦法如次：

一，以一保嚴行畜舍衛生等各項防疫工作，並實施常流行於該區內之各種家畜傳染病，普遍預防注射。

一，以另一保嚴行畜舍衛生消毒隔離等防疫工作，而不行普遍預防注射，

一，再一保則任其自然，既不督導畜

——農業周報（25，7，9，：26 558—5E7）

浙江省農林改良場在海寧推廣的幾種純系稻　汪維瑛

——蜀農（25，9，20，：2，53—66）

水稻各種相關形質之研究　劉受益

——蜀農（25，9，20，：2 36，52）

水稻田間實驗計劃與實驗或差　丁穎　謝煥廷

——中華農學會報（=14$\frac{2}{3}$ 24$\frac{11}{12}$ 13－48）

救旱法——撒秧種法　甘體全（富順縣實施）

——商務日報（26，1，8，1：4）

察省之直播水稻　范榮安

——農林新報（14：2，26，1，16，77—82）

直播稻作法　曾吉夫

濟川公報（26，8，22，2：7）

2，旱稻

撒種旱秧辦法　呂越庭（園明鄉二十二保農民）

——新蜀報（26，2，2，2：2）

旱秧栽種法　馮時齋——北碚鄉農民實驗談

——嘉陵江日報（26：3，25，3）

五，糧食

1，糧食問題

粤糧食問題目前的嚴重性及救濟方策　林汝照

——武漢日報（26，1，16，2：2）

續武漢日報（36，1，18，2：2）

舍衛生運動，復不行普遍預防注射。

上列三保辦法，實行後一年，再行調查，取其結果，以資比較，以決定將來家畜防疫之措施。

欲行試驗，必先有精確之調查與聯絡并宣傳，爲謀調查詳實，非親往觀察不可，欲親自挨戶觀察，農民往往有畏懼詭避等情形發生，爲免隔閡及狐疑起見，於人地兩疏狀況下，必用服務農村應備之態度，採取側面談問探詢與調查必備之技術，務須首先使其認爲熟客而後可，於是只得同時進行加緊宣傳，凡保甲長之會議，與各該處家庭方面，常往會訪，增加接觸機會，再藉保甲長協助宣傳介紹，方得實施正式調查，幸喜當地行政機構單純，工作之各方面助力頗多，并此誌謝，茲將調查之經過與結果，縷述如次：

二，調查之實施

甲，調查範圍

調查之範圍，即北碚鄉第七第八及第三十三等三保，本區辦公處在第七保內，居表證區之中央。

乙，調查事項

調查之事項，可分畜牧獸醫兩方面言之，畜牧方面包括1，牲畜種類，2，牲畜頭數，3，牲畜飼養者之經濟狀況，4，牲畜之大小與價格，5，牲畜之飼養狀況，6牲畜之生產效率，7，飼料之種類及價格，8，喂猪與農家經濟關係，9，喂豬與職業關係，10，役畜與肉畜之比例，11，種猪飼養之一般，12，架猪與肥猪飼養之情形，13，牲畜之管理，14，牲畜之買賣。

獸醫方面包括，1，牲畜傳染病之種類，2，獸疫流行之時期，3，獸疫之經濟損失，4，牲畜疫病之死亡率調查，5，牲畜疫病之症狀及土法治療之查調。

丙，調查時間

本區原以第三十三保爲表證區，故該保在十一月十八日開始至十二月二十日完

四川民食問題——新蜀報 (29,2,17 1:1

亟應解決的四川民食問題
——國民公報 (26,2,3, 2:6)
續國民公報 (26,3,6, 2:6)

亟待解決之中國糧食問題——
——中央日報 (26,2,15—18 2:2)

2，糧食與天旱

大旱年中的糧食生產救濟辦法
——嘉陵江日報 (26,3,24—25, :3)

天旱時糧食生產救濟辦法　四川建設廳
——嘉陵江日報 (26,2,19 14)
又濟川公報 (26,2,18,2:6)又國民公報（26,2,18—19 2:6)
又新新新聞 (26,2,16, :,0)

3，糧食救濟

四川省糧食調整委員會領發米糧蠆批交易三聯交單規則——國民公報(26,3,7,2:6)

四川糧食調整委員會組織大綱
——國民公報 (26, 3, 6, 2:6)

4，米業

成都米市速寫，——　國民公報(26,3,8,2:6)
又商務日報 (26, 3, 8, 2:6)

江津米業速寫——國民公報 (26,3,5—6 2:5)

5，米價

米價暴騰之一考察　孫懷仁

竣，嗣後增第七第八兩保，乃於一月十四日開始調查，至二月十日告終。

丁，調查方法

逐日由本區正副主任親自挨戶訪問談話，隨時將所得筆記之，并逐戶視察其畜舍情形，以備作糾正之參攷，

戊，所遇困難

第七第八及第三十三保，均接壤於北碚鎮，北碚場期爲廢歷二，五，八，每逢場期各戶主必去場上，農戶僅存有婦女與小孩而已，對於調查工作，無法進行，故於場期，只得停止。

查各農戶各種情形，以往均缺記載，是以所得者，類多憶度猜測之概數而已，疫病一項，鄉農對於凡死亡很快傳染迅速的，都名之爲瘟症，每多症狀病痕等，不能相告者，至於療治土法，亦少有發現，即或有之，藥名用量更難明白述出，多有近乎無稽之談者，農家婦女，見生人而查牲畜者，疑爲抽稅催捐，恆不能據實見告，尤以鷄數爲最。

三，調查之統計

第一表　牲畜之種類與頭數

項目＼保別	7	8	33	共計	平均
猪	171	126	195	492	164
牛	23	22	11	56	18,7
羊	5	21	2	28	9:3
鷄	256	293	222	771	257
鴨	39	61	37	137	45,7
鵝	0	1	2	3	1

第二表　牲畜飼養者之經濟狀況

項目＼保別	7	8	33	共計	平均
調查時期	一月七旬	一月下旬	十二月份	共時兩月	廿天
養猪戶數	63	59	72	199	64,7
養牛戶數	19	17	11	47	15,7
種田戶數	22	27	15	64	21,3
栽土戶數	58	69	86	213	71
本保戶數•	105	90	99	294	98

「註」種田者有半數係附帶種少量之土。

——中報月刊（3:9，23，9，15，27—30）
調整米價四辦法　省粮食調整會擬具
——濟川公報（26，3，13 2，6）
防止米荒辦法　省粮食調整會商定
——國民公報（26，3，5，2:9）
又新蜀報（26，3，5，2:4）

六，倉庫

論建立農業倉庫——濟川公報（26，2，9，:1）
農業倉庫的意義和將來的展望　伍廳長
——浙江合作（4，10—11，25，12，1，9—12）
建倉積谷辦法大綱　行政院
四川經濟月刊（6:6 25，12，54，—54—55）
浙江省嘉興區農倉事業進行計劃綱要　唐巽澤
——浙江 合作（4:10—11 25，12，1，2—31）
義東浦地方農民銀行二十五年度舉辦農業倉庫計劃　俞宗嶽
浙江合作（4:10—11，25，12，1，25，—27）
川省農業倉庫初步工作綱要
——國民公報（26，1，17 2:6）
封倉貸款辦法之研究　洪行貴
——浙江合作（4:9，—11，25，11—12）

第三表牲畜之種類與大小及其價格之估計（單位元）

保別 項目	大猪	中豬	小豬	水牛	黃牛	羊	鷄	鴨	鵝	每保總價	每戶總價
7	37	68	66	21	2	5	256	39	0	2065,2	19,67
8	32	69	25	18	4	21	293	61	1	1859	20,66
33	36	74	85	10	1	2	222	37	2	1705,8	17,23
共計	105	211	176	49	7	28	771	137	3	5630	57,56
平均	35	79,3	58,7	16,3	2,3	9,3	257	45,7	1	1876,69	19,2
估計單價	18	4,5	3	35	25	2	0,3	0,6	1		
估計總價	1890	949.5	528	1715	175	56	231,3	82,2	3	5630	

「註」1，上表牛，羊，及家禽未分其大小，係以好歹大小再就當地市價估定者，如羊則小者多，鷄亦小者佔四分之一，鴨鵝則小者少。

2，母猪包括在大猪內，三十斤以下爲小猪，三十斤至六十斤爲中猪，六十斤至肥猪爲大猪。

第四表牲畜之飼養情形

項目 保別	7	8	33	共計	平均
農戶	63	51	78	192	64
養母猪者	13	12	7	32	10,7
養大猪者	6	8	16	30	10
養中猪者	39	46	34	122	40,7
養小猪者	21	11	28	60	20

「註」1，種土滿八斗以上者卽作務農。

2，務農者幷非全部養猪，而不種田的人家倒有些養猪的。

3，養母猪的，多半是種田的，而且有母猪往往有半小猪，或者還有大猪。

4，喂大猪的有時帶喂中猪。

4，由小架猪喂成中架的就列入上表，最後一行中。

從農業倉庫談到運銷合作 王煥美
——浙江合作 4:10—11，25，12，1，6—7)

七，水利造林

樹木對於水旱抵抗力之調查 陳 榮
中華農學會報 (:14 $\frac{2}{3}$ 24 $\frac{11}{12}$ 1—12)

陝西防旱工作中林業之任務 齊敬鑫
中華農學會報 (:145，25,2，44—60)

水利——各省

四川今後的建設水利問題
——濟川公報 (29，3,5，:1)

貴州全省水利計劃——中國建設 (8:2,22,8,95—126)

雲南省水利計劃——中國建設 (8:122;739—84)

四川省救濟農村之措施
——四川經濟月刊 (5:5，25，5，181;19)

八，灌溉

灌溉工程述要 胡漢昇
——中國建設 (11:2，24,2 43—49)

農田機器灌溉設計 皮 練
——中國建設 (10;5，23，11，1—22)

瀘縣製成吸水機數百具
——國民公報 (26，3，20，2;6)

第五表 牲畜生產效率

1,猪每日生長速

每日生長率	一兩至三兩	四兩至八兩	八兩至十兩	十兩至十六兩
小猪	七〇%	三〇%		
中猪	三〇%	五〇%	二〇%	
大猪	三〇%	五〇%	二〇%	

2,猪每年生長率

四〇——五〇斤	一〇%
五〇——八〇斤	四〇%
八〇——一二〇斤	三〇%
一二〇斤以上	二〇%

3,鷄每年產卵數

三〇——四五個	二〇%
四五——七〇個	七〇%
七〇個以上	一〇%

第六表 飼料之種類與價格

1,飼料種類與猪生長時期之關係

種類	主要食料所佔百分率	
小猪	豆類豆糠米糠	八〇%
中猪	胡豆糠	七〇—九〇%
大猪	包谷	五〇—九五%
母猪	糠類	九〇%

2,此間所用之飼料調查

種類	單位	價格	備攷
玉米	斗	三元	每斗卅四斤
黄豆	斗	三元八角	卅二斤
麥麩	斗	九角	十九斤
豆渣	盆	一角七	斤
黄豆糠	挑	一角二分	三十斤
胡豆糠	挑	四角	廿八斤
酒糟	斗	六角	四十斤
豌豆	斗	三元	卅六斤
米	斗	三元五	卅七斤
高粱	斗	二元五角	卅斤
泔水	挑	八仙	八十斤
紅苕	斤	一分半	
藤藤菜	斤	一分	
稻草	箇	一分	二斤
青菜	斤	一分	
胡蘿卜	斤	一分半	
牛皮菜	斤	一分	
青草	斤	半分	
鹽	斤	一角三分	
草木灰	籮	八分	廿斤
石灰	一00斤	三角	

第七表喂猪與農家經濟關係

保別	7	8	9	備攷
利用廢物	二	三	三	以賺錢爲目的
生產肥料	五六	五三	六一	栽種作物
貯蓄	五	四	八	調節需用
栽土戶	五八	六九	八六	
種田戶	二二	二七	一五	

第八表 養豬與職業關係

保別	7	8	63	備攷
佃戶	六六	五五	八三	
地主	七	六	五	
下力戶	三六	三二	三七	
養猪戶	六三	五九	七二	

「註」養豬未必全務農，而務

農者亦不盡養猪

第九表　役畜與肉畜之比例

保別	7	8	33	平均	備攷
役畜	二三	二二	一六	一八，七	一牛作一單位
肉畜	二〇三·一	一六八·五	三三一·八		十鷄二猪三羊各作一單位
比例	一·八·八	一·七·七	一·二〇·二		

第十表　種用與肥用猪之比例

保別	7	8	33	備攷
種用猪	一四	一四	一六	
肥用猪	一五七	一二二	一七九	
比例	一—一一，二	一—八	一—一一，二	
種猪	8,9%	12、5%	9%	

第十一表　母猪情形

發情年齡	四個月
產後發情期	九個春期
種用年數	六——八年
每窩仔猪	2—6 佔10%　7—10 佔70%　11—16 佔20%

第十二表　公猪情形

種用年齡	一百天	發情開始	七十天
種用期間	六個月		

第十三表　獸疫種類及其治療土法

畜別	當地病名	症狀	療治土法	類似科學病名	流行節季	備攷
猪	爛腸瘟	症猪全身不燒，曲背俯首，離羣而立，不喜動，食慾停止，大便先乾積，後下痢，發病後急性者1—2天即死，慢性者可延至2—3禮拜才死。	無	猪霍亂	四季時有發現	
	火印	病猪全身發高熱，食慾停止，渾身現大小不規則形之紅班，紅班有達如手掌之大者，大便乾硬，成黑灰色。	在紅班處用刀破開，以人尿和石灰擦之，間或可減輕病勢云。	猪丹毒　猪霍亂	夏秋	
	清水症	鄉農謂病猪精神萎蘼，食料停止·口流涎水，時或喉頭現有腫硬，耳尖冰冷，大便不暢，發病後3—7天死。	無	猪肺疫　猪霍亂	秋冬	
	喉封	病猪喉部腫脹，流口涎，停食，氣喘，胸部肋間肌肉煽動，很顯明·急性者2—3天即死。	無	猪肺疫　炭疽病	夏秋	

	牛		鷄	
格蚤症	爛腸瘟	急心癀(撲心癀)	清水症	雞白痢
食料停止，全身發燒，現精神不安狀態，時跳時奔，氣喘。	鄉農謂病初起時，全身發熱，食慾減退，例草停止，鼻端汗珠不現，大便乾積，後變稀薄，快者3—5天，慢者十餘日死。	牛發病後，即倒地掙扎，四脚向空中擺動，呼吸迫促，現痛苦不堪之狀，最後現疲勞，停止掙扎而死。	病起後，食慾停止，精神萎頓，口流粘液，羽毛零亂，排泄黃綠色粘稠便，3—7天死，急性者忽然倒斃。	雞得病後，現衰弱狀，羽毛零亂，翅翼下垂，眼常閉合，似昏睡，食慾停止，便白痢，約3—7天死。
或謂用草紙或焚燒，將猪體四週燒烙之，或可輕勢云，惟未經證實。	鄉農謂病初起時，用大黃芒硝甘草等煎湯灌數次可愈云。	鄉農謂：用大鷄一隻，將鷄頭斬下，即將鷄放入病牛口中，使吸鷄之鮮血，或可愈，惟未親見。	或謂用辣椒末與菜油混和後，灌入鷄之口中，數次間或可愈，惟未證實。	同上
	牛瘟	炭疽病	雞霍亂	球蟲病
夏秋	冬春	夏秋	秋冬	夏秋
調查時多數農友均報有是症之發生，且其死亡率頗高，但未經目覩，而症狀病痕之報告又不詳、究保何症，尙待攷證。	表證區所在均爲山坡，多數不能利用耕牛犂田，故喂牛不多，亦少見流行。	區區鷄血能治重病，或爲無稽談吧？		

第十四表　表證區各保中死亡牲畜數量表

保別	種類數目 甲別	1	2	3	4	5	6	7	8	9	合計	備攷
第七保	牛			1							1	
	猪	8	3	9	5	2	4	11	2	2	46	
	鷄	7	[illegible]	14		18	11				56	
第八保	牛											
	猪	7	17		2	4	3	5	5	7	50	
	鷄						16	13		16	45	
第三十三保	牛		2								2	
	猪	4	1	2			2		1	3	13	
	鷄	42	7	2			9	5		40	105	

表十五

表證區牛之死亡百分率(廿四年度)				
保別	總數	現在數	死亡數	死亡百分率
7	24	23	1	4,1%
8	22	22	0	0%
33	13	11	2	15,3%
平均死亡百分率 6,5%				

表十六

表證區猪之死亡百分率(廿四年度)				
保別	總數	現在數	死亡數	死亡百分率
7	217	171	46	21,2%
8	176	126	50	28,4%
33	208	195	13	6,3%
平均死亡百分率18,6%				

表十七

表證區鷄之死亡百分率(廿四年度)				
保別	總數	現在數	死亡數	死亡百分率
7	312	256	56	17,7%
8	238	193	45	19%
33	327	222	105	32%
平均死亡百分率236,%				

表十八

表證區牲畜死亡損失估計表

種類	牛	猪	鷄	
表證區三峽牲畜死亡總數	3	109	206	
單位牲畜估價	40元	20元	0,5元	
經濟損失估計	12,0元	2180元	103元	經濟損失總價2403元
平均每戶經濟損失估計				8,173元

備攷：平均每戶經濟損失估計，係由表鎮區第七保105戶第八保90戶第三十三保戶共294戶平均分得之

架豬肥猪飼養情形

架猪—架猪卽自生後滿兩月時起，至催肥前止之總稱，架猪轉賣之次數無定。有多至五六次者，自生下直養成肥猪者，百不及一。

催肥之開始，除視猪之大小外，餘均以年關及農間舊例之氣節而定，例如現為二月份，四月間有清明節，目下架猪己達八十斤，乃亟催肥至清明前二三日出賣，因佳節日期，食肉者多，需要大，价必隨漲。

肥猪數最多期間，厥為年底，在舊曆年底，能殺年猪者，每保以其戶口作比例，得百分數如下：

第七保：五，七%　第八保：九%

第三十三保：一六%

牲畜之管理

飼喂次數—廿斤以下，每天喂三次，廿斤以上每天喂二次，一律煮熟。

猪舍—一律築在三合土糞池之上，鋪圈材料或木或石，蓋屋材料有瓦有草，無光亦無運動機會。

小猪—在板隙中溜出，每日常有運動機會，故一般均甚活潑健康，上市出賣，

以僅盛之。

架猪—百分之八十爲粗瘦者，上市出賣，均以繩扣上頸部，牽引而行。

肥猪—包谷爲催肥之主要飼料，多食少動，生長最速，故有錢者往往以低价購進大架猪，即開始催肥，大有厚利可圖。

耕牛—水牛謂之耕牛，黃牛不以犂田往往用以推磨或馱炭者，但不論其爲黃牛水牛，管理方面，均相彷彿，冬日所食稻草，未與切斷，于老牛齒之磨損特甚，其寢處多不衞生，冷濕污濁，均所不顧，是以老牛，恆死于管理之欠妥

家禽—十之五六，鷄鴨無時，多半聽其自然生長。

牲畜之買賣—牛與羊—過估价，鷄與鴨—過秤。

猪之在市買賣辦法，依情形而異，列表說明於下：

類別	買賣辦法	價格
小猪	過秤	每斤二角
架猪	估件	每斤一角半
肥猪	估秤各半	每斤二角二

「註」1.肥猪價與圖价等，惟秤活猪秤，每斤爲廿兩，稱肉爲十六兩，

2，自去歲十二月至本年二月，肉價逐步上漲，故猪價亦漲現下小

中國西部科學院北碚測候所概況

趙錫鵬

引言

氣象測候，關係於國計民生，日益密切，航運飛行，必賴測候報告，以定行止，而謀航行之安全，農林水利，無不刻刻仰賴氣象測候之報告，以作作息之計劃。而爲未雨之綢繆，固無論矣，其於國防建設，尤莫不先視各地長期測候統計之結果，而定實施之方針。自近世氣象研究，日益進步，瞬息萬變之天氣，亦有轍軌而豫測其未來，全國天氣，瞭如指掌，天定固可勝人，人定亦可勝天，縱觀東西各國，測候所遍地林立，年來更呈突飛猛進之衆，吾國自民念以來，亦即立起直追，有中央氣象台倡率於前，政院復三令五申，各省遂紛紛遴設測候所，良以此也。

北碚測候所設立之經過

自民十六年，中央研究院氣象研究所成立後，各省亦紛紛相繼設立測候所，最早者計有：蘇，浙，皖，贛，魯，晉，豫，冀，粵，桂，鄂，湘，閩，等省，其最後者，如：雲，貴，陝，甘，亦皆早已設立省立測候所，且逐漸遍佈各縣，惟吾川釐以政局關係，政院雖迭次令催，迄未見諸施行，其後經各方之鼓吹，乃由一二文化機關，（四川大學重慶大學）設所測候，然以吾川幅員之大氣候，氣候之殊，僅此區區之數己難達到建設參考之目的；因是諸故，氣象研究所，乃商中國西部科學院，合作設立北碚測候所，所址係由氣象研究所決定，測候儀器則由氣象研究全所

部借給，念三年秋，錫鵬由京携測候儀器數件返川，抵渝後復赴敘州，取前氣象究研究所，峨嵋山測候所，借存電報局之全部儀器返北碚，覓得北碚附近石子山頂爲測候所址，隨即料工建築，迄至是年十二月全部告竣，於廿四年一月一日舉行正式觀測，自設立迄今，已兩載于茲矣，

儀器設置

本所現有儀器，計有：寇氏水銀氣壓表一只，空盒自記氣壓計一具，自記溫度計一具，自計毛髮濕度計一具，毛髮濕度表一個，乾濕球溫度儀一副，最高溫度表一只，最低溫度表一只，草溫度表一只，日溫表一只，地溫表三只，其他普通溫度表四只，風向器一個，手提風速器一個，量雨器一個，蒸發皿一個(自製)，梳式測雲竿一個(自製)，日照計一具，總計測候儀器二十四件，約值國幣一千八百餘元。

丁作人員

本所自廿四年開始工作，初僅錫鵬一人担任觀測，是年四月，乃派本院農林研究所顏光照君來所帮助，迄至二十五年七月，顏君因事請假，復派鄧如農君繼職，計現有工作人員二人。

工作概要

一，觀測時間之規定，本所係三等測候所設置，其觀測時間，亦係依據國際氣象學會三等測候所之規定，每日觀測八次。

二，觀測項目，觀測項目如下：氣壓，氣溫，絕對濕度，相對濕度，風向，風速，雲狀，雲量，能見度，雨量，雨時，蒸發量，日照時數，地溫，草溫，日溫等項。

三，報告，關於電報者　每日上午六時，午後二時將北碚各項氣象要素電報至南京氣象研究所，成都省政府建設廳及全國各重要測候機關。

關於月報者　每月終，則將全月氣象統計成冊，報告至南京氣象研究所，成都省政府建設廳等處，以資研究參考。

四，刊物，因院中經費拮据，氣象月刊，無款付印，僅將每月統計各項，載本院工作月報中，至廿五年一月起氣象研究所，乃將本院記錄載於該所氣象月刊，致中國氣象學會之氣象雜誌，重慶氣象記錄，亦採自本所記錄，

一幅大衆的生活

雪西

（一）

跨出了空氣嚴肅的辦公室，心裏感到漠然地輕鬆，在暖和的陽光下，用懶散的步子，蹣跚在一條泥沙鬆得咬脚的馬路上。邊走邊欣賞着四圍的景色：淡青的峽谷，深綠的江水，蔚藍的天空，……這寂靜的世界，充滿了和平的快樂，與豐富的希望，這樣，竟把我們陷于難解的沉思中。幾隻灰色的小鳥，從頭上掠過，唱着

悠揚悅耳的歌曲，似乎是說：「春已來了，你們還不曾知道嗎？」——

（二）

不知不覺地這一條曲狹的馬路，被我們走完了，剛將踏上一個小石橋頭，我們發見了：兩個乞兒，倚在一株光膊胳的樹幹下嚼食，這時，已經有幾個看客圍着他們。我們不期然而然的也佇立在他們的旁邊了。

「小朋友！你手裏拿的是什麼？」我驚異地問；

「青菜」他淡然地答着，

「生的怎麼好吃？而且看你吃得很出勁呢！」

「不要說生的青菜，卽是草根樹皮也要吃呢！」

「怎麼？」

「有什麼辦法？在肚子餓的時候………」

我感動了，很想掏幾個銅子作無補於事的救濟，但身邊并不帶錢，只好癡癡地望着他們………

「哼！這兒奇怪嗎？那邊還有剝樹皮挖芭蕉頭來吃的啦：……」這是一位過路的中年商人，帶着驚疑的口吻警告了我們。

這更驚人的消息傳來之後，於是，圍著這一對乞兒的人們，有的搖搖頭，慢慢的各自散去了，還一個老太婆，摔了手，口裏喃喃地唸着，像在爲世人祈禱的樣子………

「呵！他們的黃金時代，便是飢餓；」他這麼深沉地說了一句。

（三）

一陣沉默後………

「我們再去看看剝樹皮的吧！」我提議。

「好」！他答

我們默默的經過一段冷落的市街，所碰着的人們多是垂頭喪氣地。愈使得人納悶！繞到學園路，路上便麕集了許多人，鬧鬧嚷嚷地，不是漫意的批評和艾怨，便是嘆息着這「世道」待我們擠到人叢中時，已發見剝樹皮的活劇了。

「嗜！梧桐皮怎麼吃法？」我對着一個瘦弱的老婦人問。

「呵！將皮晒乾後，再磨成粉，合以少量的包谷粉製成餅狀烤熟了吃」她答。

「還好吃嗎？」我再問。

「比白餓好啦！」她痛苦似的回答，

道旁落葉的梧桐，只剩一些枯枝，簇簇地刺着寒空，現在經他們，——飢餓者，將它的一層襖底青衣，一刀一刀地劈折後，只餘一株白色的樹幹了。

「這樣的梧桐，怕再也難得活了！」人們走過這梧桐下，總是這樣惋惜地說；

「但是：它—梧桐，目前已經救活他們，—飢餓者了。……」我心裏是這麼想着，所以對只惋惜梧桐的人們，并不表示深厚的同情。

（四）

「挖芭蕉頭又在那兒？」我向一羣人漫問着。

「現在兼善學校和平民公園都有」，一個着童子軍服的學生很爽快地答了我。

「我們還去嗎？」我問，他只點點首。

於是我們緩步的渡過一條行道樹夾着的土路，兼善學校便映入我們的眼簾了。學校是建在一個小坵上的，紅牆黑瓦，洋樓高聳，却是北碚這個市集底唯一的建築物，只是可惜週圍嫩綠的芭蕉，現被飢餓者羣掘去後，似乎是減去從前的壯麗了！我們趕到學校時，還有幾個學生在幫助飢民掘着殘餘的芭蕉頭………

這兒的飢民，男的女的老的小的，一共八人，他們都充滿了疲憊和飢餓，破爛的衣服，包着瘦的身體，有的蹲在地上拔着陽光，有的細細地除去芭蕉頭上的沙泥，飢餓的火，燒毀了他們空的肚子，克服了他們的恥辱，逢人便伸出無力的手………………

「這眞是一幅地獄圖畫了！」我驚嘆着！

「但是，當中也有人間的美德點綴着呢？」他憨頗似的應着：

「什麼意思？」我問他。

「互助」「同情」是人類社會的本能，然而現在的人類，已把這些高尙的情感，完全扯毀了！他們只知利己，強凌弱，衆欺寡，白人屠殺黑人，帝國主義吞沒弱小民族………這便是消失社會本能之結果。可是今天幫助飢民掘芭蕉頭的學生，他們坦白熱誠的精神，互助的行動和同情的心理，豈不是還點綴在圖畫之中麼？………」

他說完，我無言，但我們都互視着，都輕輕地笑了。

「回去吧？」我問

「回去」他答。

於是我們慵洋洋地步上了寂寞的歸途。

（五）

「你今天有什麼感想？」他問我。

中間隔了一段沉默。

「今天看了這慘酷的深刻的印像，却深深地埋藏在我的記憶裏。但在農村裏天災人禍餓殍載途，然而都市裏燈紅酒綠，醉生夢死，爲什麼在片土之上，竟劃出天堂地獄？眞不解！」我這樣答着，同時也反問着他。「朱門酒肉臭，途有餓死骨」，你可知道這種畸形的社會，古今是相差無幾的呀！」他很平靜的答着。

「在目前據前兩天實驗區派出去勘災的人員報告；全區六萬五千多人中，要佔三萬人沒飯吃，而且有吃白泥不能解便而眼死者，有患脚腫眼病者，有產婦呻吟於床無人料理者，………他們完全過着安分守已的飢餓生活，其他比較勇敢的，只要經過相當的啓示，就會覺悟到自己的唯一出路……所以搶米，刼舍，殺人，越貨，遍地皆是，幾乎世界無一塊乾淨土。………」

他一個人在不停地說，我只低着頭挪着步子靜靜的傾聽着。

「眞奇怪！這社會，分明是一樣的人類，却生存在兩樣的世界？爲什麼大衆不爲他們的生活燃起了熱烈的堅強的鬥爭？「我憤怒似地問着。

「在現在的制度下，一般大衆很容易走到飢荒和滅亡之路，……」他頓了一頓又繼續的說：「除非他們不膽怯，勇敢地，迅速地離開他們目前的生活：」

「……………」

「……………」

「…………」（以上一段略）

「而你還應多讀書呵！」他把頭一搖眉毛輕輕的挑起無神的眼光，這麼對我說了一句。

現在我們是已經走到一條冷落的市街上了，加速步的回到屋裏，疲倦地坐在窗下，我望着攜帶回來的那匹肥大的芭蕉，心里愈是惘然黯淡………

獸疫重在預防

焦龍華

『牲畜的瘟症，如果在初期，是可以醫治的，但是不如預先防到，叫牠不發生瘟症是頂好！等到生了病，就很麻煩很危險，所以我們應該想盡辦法來預防牲畜的瘟症』。

坐在一排長凳子上的老婆婆們，兩眼望着我，不說話，不作聲，靜聽着我的談話。

『你們所喂的猪和牛，有時候不是要發瘟嗎？一個兩個連到死，要折本幾十塊，錢沒有辦法，你看，多可怕，是不是』？

她們看我言語之間，很有精神，而又很實際，同時又好像很有辦法，於是其中有幾個，面現笑容而微微地在點頭了——這表示她們很願意接受我的話。

『你們是不是怕牲畜發瘟？好，現在我們有辦法，可以叫牠不發瘟，這不是很好麼？我們的辦法可分做兩種：一種是你們自己做：猪圈每天打掃一次，使它乾淨些，還要乾燥些，不要架在糞坑上，並且要通汽些，夏天快來了，每隔十天要清掃，用石灰水滿處洗過一次，喂料不叫牠剩下來，食糟每頓洗乾淨，潲水要煮開，不走到發瘟的人家去，也不吃瘟猪肉，第二種辦法是我們來替你們猪牛打針，這叫做預防針，望你們所有的猪，統統打過針，以後就可防瘟』。

『沒有生病就要先打針麼』？一個人就發問了。

『是的，未發病之前先打針來預防，才是根本辦法，等到已生病就來不及了，所以我勸你們打預防針』！

『生了病再醫牠，爲什麽不好』？她又問。

『這裏我就要說給你們聽，生了病而後再來醫治，不是根本辦法，原因有幾點：第一，猪牛得瘟症，死起來很快，請醫生都來不及，第二常你家裏猪牛發瘟，馬上傳開來，你來請醫生，他也來請醫生，醫生來不及。第三，把醫生請來了，恐怕病已經時間久而很沉重了，不容易醫好，而且花的錢多了。第四，猪有猪的病，牛有牛的病，單是猪的病就很多，不容易分得清楚，如像單是人就倒處有醫院有很多醫生在那裏研究，研究牲畜的病醫生却不多。第五，牛和猪，牠自己又不會說話，肚子痛麼？頭痛麼？看不出，只能看看表面，然而表面的樣子，很多又是同的。所以這又是關于醫的人的困難。

其次，我們站在國家方面來說：我們獸醫工作，只是重在預防瘟症的，因爲第一，國家出了很多錢，請了獸醫專醫些不傳染的病，就是醫好了都不上算，第二，打預防針的時候，每一天就可以打上百數，這上百數的牲畜，以後就得了安全，這不是很經濟嗎？要是講究醫的話，第一天之中，跑東跑西，看不了五六個，就感覺得忙得不得了，所謂頭痛醫頭，脚痛醫脚，就是醫得好，也是很不經濟的，第三，在打預防針的時候，醫生對于每隻牲畜所化的時間和精神，所費的藥量和成本比較少，如果小時候不打預防針，長大來發瘟，不但費力費藥，要是死了，你不是更痛心更可惜，吃虧更多嗎？所以你們趕快多注意預防！我說的懂不懂』？

這些鄉下人都點頭笑答「懂！懂！」

嘉陵江三峽鄉村建設實驗署二十六年一月份工作報告

趙仲舒編

（甲）內務方面

一，整頓保甲事務　（一）規定保甲人員處罰權限，凡保甲人員因違反規定，處罰壯丁保長祇能在五角以下，聯保主任祇能在一元以下，過此保長須請示聯保主任處理，聯保主任須請示區署處理，又拘留人犯不能過一日，在一日以上，須送請區署處理，保長無拘留人犯之權。（二）規定保甲人員訓練壯丁，應依照法令規定操作，分派壯丁守夜須照規定年在十八歲以上者不得以未成年者担任，或通融出錢免役。（三）密令水利輔導及戶籍調查人員，於工作之外，從事密查保甲人員，有無舞弊苛派勒索，及吞蝕公款公產情事，本月尚未查出有何不法事件。（四）規定各聯保塡報保甲概況表，內分；壯丁編制情況；壯丁操期：操場所在地：各保調發，及壯丁軍服槍彈刀矛各有若干，俟呈報到齊，再爲統計報查。（五）規定各保稽製詳細地圖並註明各種符號。（六）爰前峽防局舊例印送區屬人民二十六年曆帖，共計一萬二千張，帖內附載農事常識及家畜防疫方法，（七）整理人民自衞槍炮烙印册，聲請書，聯保結，以每百號裝訂一册備資查攷。（八）調查各保經濟情形俾作改良保甲經費征收辦法之根據。並令各聯保所收保甲經費之存根，須按月繳署查核一次，以杜弊端。

二，籌備檢閱壯丁　區立五鎮鄉壯丁實施訓練，計已數月，本署爲考察各鎮訓練成績起見，訂於二月二十四日舉行全區壯丁大檢閱，俾資互相觀摩。一面致函有關各事業機關及社會人士征求獎品，一面規劃檢閱各種事項擬定檢閱須知一册，關於壯丁編制，伙食準備，駐紮地點，檢閱隊形，檢閱方法等逐一事先擬定，依照施行，以免臨時忙亂。

三，維持治安情形　（１）本月因旱災嚴重，匪風四起，規定預防辦法如后：（一）每當場期各場須於要道設置盤查哨（二）二更後禁止行人通過，（三）除廢曆除夕外，不准鳴放鞭炮。（四）嚴禁聚賭及在道上狂呼亂叫。（２）公安隊兵夜間移住碉樓，扼守險要。壯丁嚴守更棚，每夜由公安隊派員查哨。壯丁隊及公安隊官長須隨時携帶武器。（３）每夜清查旅店，留意形蹤可疑之人。

四，登記中醫　奉令辦理中醫登記，進行情形如下：（一）佈告本區各鎮鄉中醫限自一月二十三日起，至二月二十日止到各該鎮聯保辦公處登記。（二）函約峽區負有盛名之中醫五人來署，組織考試委員會，商定考試辦法。（三）由各場保長勸導保內中醫登記應考，並調查現有中醫人數，應俟考試完結後，再將考取及格人員呈報內政部查核給證。

五，辦理急賑，去年亢旱成災，糧食缺乏，區屬草根樹皮，剝掘殆盡，本署奉令辦理急賑，特於本月下旬召集各鎮士紳，開賑務會議，定本月卅日正式成立賑務分會，發起募捐，茲將辦賑進行情形，分別如下：

（一）由本署製備捐册五十册，交賑分會委員向外進行募捐。（二）本署職員各向有關私人勸募賑款。（三）清理區內公產公款積谷，及登記人民所藏之谷米糧食，禁止用谷米熬糖煮酒。（四）分電中賑會及省賑會陳述災情請予迅賜撥款賑濟。（五）令飭本區煤業公會通知峽中各炭廠不停工，以免工人流散在外，不能生活，影響治安。（六）組織臨時育嬰救濟會，收養遺棄幼兒。（七）印製災民登記表，分發區屬各保挨戶調查，限五日內辦竣，以備放賑（八）統計峽區災民，詳細造册呈報專署請賑。（九）禁止人民在廢曆年節，送禮請客，如違查獲，以所值一半罰充賑濟。（十）提倡日食兩餐，期有節餘捐作賑欵。

六，聯合視察，本月聯合各機關職員視察區屬各鎮壯丁訓練，義務教育，築塘鑿堰等事一次，計分五組出發，每組職員四人視察二十保，各就各保之優劣當場加以批評，總計全區百保，五日視察完畢，各組職員，除以上述事項爲主要視察外：尤對本身工作有關事項，如醫院之於公共衞生，圖書館之於勸導讀書，體育場之於民衆運動等皆加以宣傳及誘掖，俾區屬民衆，有所率循。

七，案件統計；

一，屬於區署者　（一）強盜案七件。（二）竊盜案五件。（三）債務八件。（四）租佃三件。（五）雜案十七件。

二，屬於公安一中隊者，（一）竊盜案七件。（二）風化案一件。（三）債務糾份二件。（四）口訴糾紛四件。（五）鬥毆四件。

三，屬於公安二中隊者，（一）會務十二件。（二）婚姻三件。（三）竊盜四件。（四）賭博五件。（五）債務十件。（六）租佃九件，（雜案二十件。）

三，屬於公安三中隊者，（一）竊盜六件。（二）租佃八件。（三）鬥毆五件。（四）債務七件。（五）賭博六件。（六）雜案八件。

以上共計一百六十一件。

八，訓練事項：

一，屬於公安一中隊者　（一）本隊官兵以大部份力量幫助北碚壯丁訓練，除每晨練習大刀拳術外；本月塲操訓練暫行停止。（二）北碚一至九及三十保至三十三各保壯丁訓練，由該隊每日派員監督操練。（三）編北碚市內壯丁爲三分隊，挑選身體魁梧者，爲第一分隊完全操搶，餘編爲二三兩分隊，則操刀矛，以期各有專長。下月則各分隊輪流互換操練，使各隊技術，平均發展。（四）派官長兩員幫助訓練北碚勞動服務團。

二，屬於公安二中隊者，（一）晚間教授士兵習字讀書，及練習時事報告珠算等共六十三小時。（二）除每晨操練大刀拳術外；因以大部份力量幫黃桷鎮壯丁訓練，本隊塲操訓練，暫行停止。（三）每日派員察視黃桷鎮各保壯丁訓練，夜間查看附塲各保哨棚。

三，屬於公安三中隊者，（一）每晨照舊訓練國技大刀一小時。（二）每日派官長兩員，察視澄江鎮各保壯丁訓練，晚間查看市鄉各保更棚。（三）協助澄鎮聯保主任於二十二日召集保甲長開會商討訓練壯丁及防匪問題。（四）本月全隊官兵以大部份力量幫助澄江鎮壯丁訓練，因之本隊場操訓練，暫行停止。

九，公安任務：

一，關於一中隊者，（一）督率本市壯丁，晚間防守隘口，并派隊兵於十一時後巡邏市面，與各隘口壯丁切取聯絡，嚴防盜匪。（二）派兵幫助區署職員復查本區戶口。（三）撲滅北碚東山路火警，計延燒七戶募捐救濟被災居民十三人每日每人發米弍合。（四）整頓全市市容，大加掃除，所有市中墻壁及揭示處，一律整理一次。

二，關於公安二中隊者，（一）檢查旅食店清潔十次，在下雨時，作全市大掃除一次。（二）派兵幫助區署職員復查本區戶口。（三）命各分所士兵隨時注意形跡可疑之人，以防盜匪入境。（四）派兵補修白廟子小灣河邊崩潰園墻約長二十餘丈，因該地為峽中陸行孔道，關於公共交通，行人稍一不慎，跌入河內卽有生命危險，特限期三日整修完成。

三，關於公安三中隊者，（一）本月土匪蠢動，防務吃緊，特派兵在澄江鎮火藥堡碉樓前面建築防禦工事一道以防不虞。（二）駐新門洞黃焰溝兩派出所，派兵分段逡巡，以防縉雲山方面土匪之侵入。（三）澄江鎮新由民生公司設置囤船一隻，每日派官長一員士兵二名，維持囤船秩序，並檢查上下行迹可疑之旅客，（四）每夜派兵清查所屬市場及各么店客棧，並派員到各堡更棚查看步哨。

十，地方經營

一，關於公安一中隊者（一）北碚東山路被焚一帶之房屋地基，緊接平民公園及兼善校商得地主同意，不再蓋造房屋，售由兼善校佈置風景。（二）召開北碚市政委員會一次，商討關於二十六年市政進行事項，如關於市容之整頓，民衆馬路之續建，計劃新市新村之建築經費之籌集等，（四）由北碚市至區署之情和馬路，本月大體改建完工，俟開春再敷築三合土路面。

二，關於公安二中隊者，（一）駐白廟子士兵打礦燒石灰一窰，備贈作地方公益事業建築之用。（二）採購木料修整黃桷鎮碉樓，工作由士兵担任。又督飭士兵編製籮筐備作社會工作之用，（三）在文星鎮新建民衆游藝室一所，內設象棋台，球及簡單樂器使一般民衆在休閒時間有正當娛樂之所。

三，關於公安三中隊者，（一）修繕澄江鎮聯合辦公室，及室後倒塌園墻。

又派兵疏浚場內陰陽溝，掃除污泥，俾免防害公共衛生，以後各段溝渠，即由各段居民負責清潔。（二）澄江鎮原定建築公共廁所四所，本月已完成兩所，其餘兩所因材料不敷，現正設法添購，預定廢年底建築完竣。（三）裝安雙石鼓電機，因該處爲往來八塘必經之路，地當衝要，特將安設澄江小學之電機移置該處，由當地保長負責管理，以資靈通消息，遇有匪警，可立刻調隊往剿。

（乙）建設方面

一，修築塘堰水庫，前月由本署派出之水利輔導員，在區屬各鎮鄉，監督修造塘堰水庫，計自元旦日開始動工，至月底止，所築塘堰分別已成未成列表如下：

鎮鄉名稱	組別	新修完成數	補修舊有完成數	正在工作數	備考
北碚鎮	第一二三組	五個	十二個	十四個	
黃桷鎮	第六七組	三個	八個	三個	
文星鎮	第八九組	三個	無	九個	
二岩鎮	第十組	無	三個	三個	
澄江鎮	第四五組	無	十三個	六個	
會計		十一個	三十六個	三十五個	

上列數目除已成者不計外，其正在工作中尚未完成之塘堰，刻正努力修築，第以連年旱災，農村破產，農民經濟尤感缺乏，生活尚成問題，自無餘積，以資修造，特由本署撥款五百元，託北碚農村銀行經手，借貸農民，專作修築塘堰之用，計截至本月底止，共借出國幣一百二十元，借款農家共有五戶。

二，救濟及其他，（一）復查區屬各鎮遭受旱災人民，製成調查表五本，分別統計，報請上峯撥款賑濟，以現已無糧者居多，可勉維半月一月次之，勉維兩月者又次之。（二）出示保護耕牛，禁止宰殺，（三）協助蠶絲管理局購買東陽鎮上壩土地，已買妥上壩全面積四分之三。（四）奉省令會同江北縣縣長黃辛牧解決蠶絲管理局與張蘊經購地糾紛，並將經過情形，呈報省府。（五）電商煤業公會主席黃雲龍，召集區屬同業開會，在玆年關飢荒正甚之際，禁止各炭廠停工開放工人，用維貧民生活計，以防不虞。

三，博物館，（一）統計參觀人數，並大

清潔全館一次。（二）造報本館二十六年開支預算。（三）大清潔動物園各雞舍及各兎室一次。（四）將動物園飼養之復興兎，美國兎，雜交兎，及本地兎等，悉交四川家畜保育所江巴實驗區飼養，並將患病之復興兎，送交家畜保育所醫治。

四，平民公園，（一）修剪兎園附近白楊枝條，整理密園竹籬。（二）到四川家畜保育所江巴實驗區採取青楊種籽，備作造林之用，（三）中耕道旁之蘇瑞香，黃秧，法國梧桐，並灌溉農場附近栽植之楊柳，白楊，梅花，及各色草花等。（四）記載試驗各種小麥生長情況。

（丙）教育方面

一，教育行政，（一）通令全區各校，定於一月二十五日舉行休業式，二十六年二月二十五日開學。（二）派員視導全區各校，考查成績，計有區立完全小學校四所，義務校七十五所，共計四日視察完結。（三）本月二十三日，舉行成績考核會議，考核各校校長教師成績，計區立完全小學較優者，爲北碚小學，澄江小學，黃桷小學，較差者，爲文星小學，義務小學，成績特優者，計共四所，應予嘉獎者，計共十三所，成績中平者，計共五十所，成績較劣，校長應予停職者，計共八人，凡成績特優者，教師每人增加年薪二十四元，應予嘉獎之教師，給予圖書，成績中平者，均得原任，（四）核發北碚小學高級畢業學生證書，劉英武等十四名，初級陳文禎等二十九名，澄江鎮小學高級畢業學生證書，張積光等十名，初級李朝德等二十二名，（五）規定全區各級學校二十六年上期教授書籍。

二，學校教育，（一）劃一全區小學行政組織規定春季各校招生廣告。（二）審核各校學生學籍表，學校日誌，教學日誌，訓導日誌。（三）審核各校畢業學生成績製表統計。

三，寒假講習會，（一）本署爲改進義務教師起見，特就寒假期中，調集全區義務教師組織寒假講習會，派定常務輔導員生活助理員各二人，辦理講習事宜，在原有教師中因成績太差停職八名，預計春季開學不敷用，隨即招考二十名，同時入會學習。計學科有國語，常識，算術，體育，音樂，勞作，美術，數學方法，合作組織法。家畜保育常識等科，講習時間，共爲兩週。（二）改訂義務小學日課表。（三）編訂二十五年度下期義務學校行事曆。

四，小先生教學——北碚三十三保共學處，經各小先生之努力，月來日有進步，茲將民委會督促指導，及小先生活動情形，分別列後：

（一）視導共學處活動二次；向小先生作精神講話一次。（二）舉行共學處結業考試，實到者計四十二人。（三）擬製小先生普及教育獎章。

第　鄉　保 第　團　隊	像片一寸
普及教育獎章	
灌輸新知　肅清文盲 改善民生　推進鄉建	姓名

說明

（一）本獎章以白市布印製，襯以硬紙底板。（二）凡小先生工作勤奮教學不間者得發本給獎章一枚。（三）凡小先生教人成績，每滿十分，得晉級於獎章外框加色一道。（照小先生教學條例着藍黃紅色）（四）外框加塡藍色者，可免票在北碚民衆會場看戲，黃色者，可免費在峽區地方醫院診斷，紅色者可免票在溫泉沐浴。（五）每加色一道，於背面蓋章一枚，註明年月，以杜流弊。（六）享受各種優待權利之有效期間，視級位之高低為準。

五，短期補習學校：

一，課程——截至本月二十一日止，共計十八日，每日授課六小時，各科已趕授完竣。

二，訓導——除繼續前月之守秩序，愛整潔，有禮貌，守時刻等四項外，並定互助為本月之中心訓導標準。

三，訓練，（一）訓練學生每週出席週會報告。（二）訓練學生於休閒時幫做社會工作，以養成勞作之習慣。

四，整理——（一）聯絡地方醫院，檢查全體學生體格一次。（二）各級任分別塡寫學生學籍表。

五，期考——本月二十四日由區署派員舉行期考一次。

六，放假——規定寒假作業，每日練習寫字，做日記，温習國語算術等功課。

六，北碚女子家事職業學校，（一）舉行畢業考試。（二）舉行散學畢業典禮，自此班畢業後，因有兼善中學兼收女生，又成經費困難，暫行停辦。

七，編輯事項：

一，刊物——編輯教育園地十二期，農民週刊四期。

二，講義——民衆課本講義，編至八十三課。

三，論文——寫民衆教育論文一篇。

四，表格——製全國重要鄉建機關一覽表一張。

八，游藝學生班：

一，學科——授國語六小時，音樂及舞蹈七小時，珠算三小時，抄騰改良劇詞八本，每晚舉行讀書報告一次，

二，術科——授川劇調門五種，排身法五幕。

三，實習——出席民衆會場，表演川劇十二幕。

四，公演——赴合川幫助援綏會募捐演劇五天，頗受當地人士贊賞。

五，報告——訓練學生於每週民衆會場開放時，出席時事報告。

六，傳習——實行導生制，規定每月由程度較高學生，輪流教授程度較低學生，讀書識字唸戲。

九，民衆會場：

1，開放——共計八次，觀衆平均每次約八百人。

2，表演——

節目	幕數	担任團體
川劇	十六幕	游藝班（十二）俱樂部（四）
新劇	四幕	新新話劇社（三）兼善校（一）
歌舞	五幕	北碚校（三）短期校（二）
國術	五幕	話劇社（三）短期校（一）勞服團（一）
評書	一幕	民衆俱樂部
口琴	一幕	兼善校

3，報告——時事報告八次，常識報告四次。

十，民衆問事處：

一，代筆——代人寫信六封，計免錢二封，謀事一封，通知一封，收賬二封。

二，引導——引導旅客六起，共計十人，以職業分，計商三人，政五人，醫二人，籍貫分：江蘇二人，浙江三人，本省五人。

十一，民衆圖書館——該館本月開館三十一日，閱覽人總數，爲七千〇四十二人，室內借閱，佔一百四十五人，館外借閱，市民佔二千五百七十七人，學生佔三千二百〇一人，職員佔一千一百一十九人。又兒童閱覽人數，爲一千六百二十六人。館外借還，共一千一百七十二册，巡迴圖書担借還，共一千八百四十四次。

（丁）地方醫院

一，檢查各校學生體格——本月代北碚小學校低級部，檢查學生血色蛋白一次，全體成績，尚屬不錯，并檢查北碚短期學校學生體格一百名，當中以患偏腺脹大，牙齒不清潔，及患沙眼者，尚屬不少，至北碚短期小學學生體格情形與北碚小學相同。

二，推進衛生工作——本月兩度派員到北碚三十三保，講演衛生常識，及與各家小孩點種牛痘，該保與醫院相距甚近，即就該保推進衛生工作，俾期成爲保健工作之模範區，業已開始調查計劃進行中。

三，戒煙所縮小範圍——文星鎮戒煙所，

創辦至今，迄已兩月，戒除癮民，截至本月底，計達二百三十名，正在施戒者，隨時由地方醫院派員前往指導，惟因財力有限，已將範圍縮小。

四，預防腦膜炎流行——本月診得北碚三十二王榮華家腦膜炎後，即來該家，將患病嬰兒，連同母親，一下送院，施行隔離治療，一面派人到各保每家調查，遇有此類病人，勸其來院治療，并印發腦膜炎傳單，派員下鄉作擴大宣傳，以免傳染成災，同時由區署致函上海，採購預防針藥，寄碚注射。

五，治療統計——（一）接生四次，中有難產兩名，母子均各平安。（二）作接骨手術三次。（三）北川鐵公司送來被匪殺傷者二名，業已全愈，先後出境。（四）解臘黃急性中毒病人一名。（五）統計治療區署內外病人九百七十五名，普通病人一千三百〇七名，合計二千二百八十二名。

峽區要聞彙誌

廿五年十二月　廿六年一月

雪西

一，文化類

1，民衆學校　北川小學附設民校一所，十二月十一日開學，黃桷鎮添設民校一所，十二月二日開學。

2，力夫學校　區屬澄江鎮聯保辦公處及公安三中隊聯合創辦力夫夜校一所，專收該地之力夫船夫入校受課，已於十二月一日正式開學。

3，工人補習校　區屬各機關勤務傳達伕役等每於夜間休暇鮮有工作，乃就北碚圖書館內辦一夜課學校，指派職員担任管理及教員，每晚兩小時，分組輪流受課，共有兵伕五十三人，十二月廿八日開學。

4，區立小學月會　十二月六日舉行第四次校長教師月會，商討教育之實施，及行政組織各問題，借以決定下期教育方針。并決定明年春季實行聯合旅行。

5，義務教師月會　一月十日及廿六日各開義務教師月會一次，議決要案爲寒假補習及人選問題（升級者四人，受獎者十三人，受懲者十六人停職者十五人長假一人留任五八人）

6，招考義務教師　十二月卅一日發出招生廣告，一月十一日舉行考試，結果招收男女教師十六人，廿八日新舊教師開始訓練，兩週後結束。

7，全區小學考試　一月十四日區署委定主考及考試委員廿一人，分期到各場區立及義務校考試。

8，職業女校　一月十一日舉行畢業典禮，卒業學生六人。

9，重大來碚參觀　重大男女生二百四十八

，教職員五十八，十二月五日來碚旅行，由區署職員及兼校學生分頭領導到各事業機關參觀，當晚各事業及民衆共同發起開會歡迎并表演川劇，魔術，音樂等以助興。

10，捐資興學　澄江鎮十保，廿保士紳捐資興辦民衆學校。

11，民衆圖書館　閱覽人數十一月份共九八六八人較十月份增一八八人，十二月份共一一三七七人，較十一月份增一五○九人。

12，民衆博物館　十一月份參觀人數共一九六二人。

13，漢藏教理院　普通科第一班學生計十八人於十二月廿七日舉行畢業典禮太虛法師特派法舫代表來川參加典禮。

二，政治類

1，壯丁檢閱：

甲，澄江——十二月六日實到壯丁七三四人。

乙，二岩——十二月八日實到壯丁二三七人。

丙，北碚——十二月八日實到壯丁九七二人。

丁，文星——十二月十二日實到壯丁五二八人。

戊，黃葛——十二月十二日實到壯丁五八八人。

共計三○五九人除壯丁外實到保長小隊附共一九二人。

2，聯防會議　十二月四日，合江兩縣長及實驗區區長在溫泉舉行聯防會議，決議在白峽口設聯防辦事處江北合川各調民丁一中隊本區一分隊往防該地。幷會委趙璧光李炳奎分任辦事處正副主任。

3，槍炮烙印　本區自衞槍彈登記於十二月竣事計公有手槍二十三支步槍一三二一枝，手槍彈四八三發，步槍彈一二九○五發。

4，本區各鎮經費預算　各鎮經費從廿六年一月份起由區署從新規定北碚月支九九元，澄江六○元黃葛六六元，文星五七元，二岩三三元。

5，復查戶口　十二月上旬區署遴派職員分四路十組出發復查各場戶口，同時并整頓保甲，限兩個月完成。

6，訓練壯丁　巴縣蔡家場來函請求本署派員幫助訓練壯丁本署已於十二月廿三日派職員兩人前去幫助訓練。

7，十二月廿六日　別動隊祕書劉元達率別動隊員廿人來碚旅行區署除派員引導參觀外并於民衆會場開會歡迎，表演川劇助興。

8，十二月十一日　財部委員顧咸會來檢驗印花。

9，十二月廿六日　慶祝蔣院長脫險，全市懸國旗放鞭炮，晚在民衆會場開慶祝大會。

10，匪情　兩月內本區內出刼案二起：

一，匪徒喬裝軍隊刼區屬澄江鎮蔡家

溝鮮姓，損失現鈔六百元，貴重物品甚夥。

二，區屬澄江與璧山交界處馬尾山十二月廿六日夜曾炳南被刼，損失現洋十五元臘及豆子等若干，該匪等已被澄鎮十九保守夜壯丁捕獲送署究訊。

三，一月十六日午後澄鎮六八兩保小隊附及壯丁在澄屬雙十鼓巧捕兩匪，當塲一擊斃一送署究辦，并獲手槍二支，本署奬洋一百六十元。

四，區屬文星鎮保長小隊附馮沛南劉元候等一狠狽爲奸濫派保甲經費。已被區署拘留。

三，經濟類

1，水利建設

甲，十二月四在區署開水利會議一次，商籌擬築塘堰水庫及徵工辦法。并令各塲組塘堰水利委員會。

乙，劃全區爲十輔導區，遴選職員廿人爲輔導員，六日集中區署研究測量工程等技術至十六日始分頭出發召集各塲保長開會并調查塘堰及水源宣傳水利，籌組工程處等。

丙，一月一日各塲與工築堰，月底截止，計北碚完成堰溝兩道，共費洋一三二，九二元。黃葛鎮先完新塘一口，可容水量一一〇〇〇立方尺。其他新舊大小塘堰水庫共完成三十處，（一月廿六日止）

2，本區災情

甲，受旱損失—全區年可收容一萬八千九百石，本年實收八千〇廿石，損失一萬〇八百八十石。

乙，災民人數—全區戶口一二四七七戶，災民佔二九二七戶，全區六五二八四人中佔一五五八四人沒飯吃。

丙，災民生活—食樹皮，樹根，野菜，黃泥，白泥，……等有食泥脹死，病死者，有餓不言不能起床者，有幼孩被遺棄者，有流爲匪盜者，有自盡餓斃者……不一而足。

3，旱災救濟

甲，由區署令所屬各塲成立倉儲管理委員會。調查糧食，限制買賣。

乙，一月廿四日召各塲士紳商救災辦法。組織賑務分會，三十日開成立會，選出各組負責人，裝定捐册，分頭勸募賑款賑米。

丙，廿二日開賑務會議商辦急賑，決定施放辦法爲：

1，施粥—設收容一，預算收容四百人。

2，施米—由區署統治辦理，先定災民標準，次派員下鄉調查分別等級發票。

丁，統治糧食：成立糧食調委會，集中資金，大宗在省外購買食米以辦平糶。

戊，提倡節約—舊歷年節，不致禮，不請客。

己，農村貸款　由建廳派張鵬翔馮杞慶兩先生來峽指導組織合作社。

庚，峽區各事業機關職員，均捐一日之所得以作辦理收容所之用。

4，蠶桑改良場由鎮江購回桑苗一萬二千株，一月十八日又運到桑苗十三萬株，該場已調查土質劃定苗區，趕植桑苗。

5，家畜保育

甲，保育所免費代本區農民醫治猪病，并向北碚卅保婦女宣傳防疫養猪常識。成績甚好。

乙，家畜保育所十二月十日組織畜產改進籌備會，各組負責人選已推定，刻正積極工作中。

6，文星場邊境寧百口創辦一鉄廠，資本一萬元，內分紅砂黑砂，爐堂等部，工人二百九十餘名，每日出產約三千餘斤，運輸商由北川公司負責，治安則請本區担任。

7，十二月廿六日上海蘇偏鈔廠廠主嚴慶禧來碚參觀峽區事業，本署派員引導。

四，社會類

1，本區各事業捐款援綏：

甲，天府北川兩公司及溫泉公園職員各捐一日所得約四百元，并組援綏募捐團向各士紳勸募，且有苦工亦概捐其全月餘薪者。

乙，兼善中學自組救亡運動會到峽區各場游藝募捐計得款百餘元，已匯往前方慰勞將士。

2，公安三中隊發起打撈夏溪口運河魚類，所得以謀地方經營之用，十二月二三兩日計得魚六百餘斤，售洋七十元，以十分之四歸魚船以代工資，十分之一歸主人（寶源公司）十分之五歸公。

3，地方醫院挨戶訪問孕婦并勸其住院生產二月廿七日在北碚卅二保發見春季最危險之傳染病喉膜炎，當時即令其家屬送病者入院醫治，以杜絕流行。

4，中醫限期登記：本區中醫已由區署佈告登記時間為一月廿三日起，二月十日止，并於一月卅日區署召集區內有名中醫易雍兩，易少安，劉雅聲，熊健勳，趙仲舒等開中醫考試籌備會議。

5，十二月廿五日午後北碚市東山路九號不慎失火焚去房屋八間，幸得兼善學校學生及公安一隊救濟，始絕蔓延。至其被災居民由公安隊代謀善後辦法，被後地基由科學院收買。

6，川江航務處派員淘濬嘉陵江險灘。

7，一月十日澄江鎮團船已安設完善。

8，實驗區印廿六年春帖一萬餘張分發全區各居民不取分文。

9，廿六年元旦日北碚舉行慶祝大會，同時舉行部隊及童軍檢閱與區立各籃球比賽，午後在民衆會場舉行游藝大會，各學校及各機關均參加表演，有川，新，劇，評書，魔術，歌舞等節目。

招登廣告　敬請批評

本刊已呈請內政部及中宣會登記

北碚月刊

中華郵政特准掛號認為新聞紙類

定價

訂購辦法	冊數	價目	郵費 國內及日本	郵費 澳門香港	郵費 國外
零售	一冊	二角	二分	八分	二角
預定全年	十二冊	二元	三角	九角六分	二元四角

每月一冊　一日出版　全年十二冊

郵票代價十足通用

第一卷　第七期

民國廿六年三月一日發行

編輯者　嘉陵江三峽鄉村建設實驗區　北碚月刊編輯部　四川　巴縣　北碚

發行者　嘉陵江三峽鄉村建設實驗區署

印刷者　重慶新記巴蜀印刷社

分售處　各埠大書局

廣告刊例

等第	地位	全面	半面	四分之一
特別	底封面外面	四十元		
優等	前後封面之內面及對面	三十元	十六元	
上等	圖畫前後及正文首篇對面	廿五元	十四元	九元
普通	首篇以外之正文前後對面	二十元	十二元	八元

詳細廣告刊例索函即寄

北碚月刊徵稿條例

一·本刊以記述農村實况傳達鄉建實施方法研究農村改良技術等為主旨歡迎投稿其範圍如下：

甲　農村社會實况

乙　鄉村建設之理論及實施

丙　各地鄉村運動之消息及現況

丁　鄉村事業之調查及報告

戊　時代知識之介紹學術問題之商確

己　寫實的文藝作品國內外旅行實紀等

二·本刊暫分論著調查計劃報告科學教育文藝通訊隨筆等欄

三·來稿須繕寫清楚并加新式標點符號如用洋紙忌寫兩面

四·來稿以每篇自一千字至一萬字為限過長者不收文體不拘

五·本刊暫不收譯稿

六·來稿如不願增删修改者須先聲明

七·來稿署名聽作者自便但須將眞姓名及通訊處寫明以便通信

八·凡須將原稿退還者須預先付足郵票否則無論登載與否概不退還

九·來稿登載後酌致薄酬如左：

甲　每篇二十元左右

乙　每千字一元至五元

丙　贈本刊若干期或其他名著，刊物等

十·來稿交四川巴縣北碚三峽鄉村建設實驗區本部

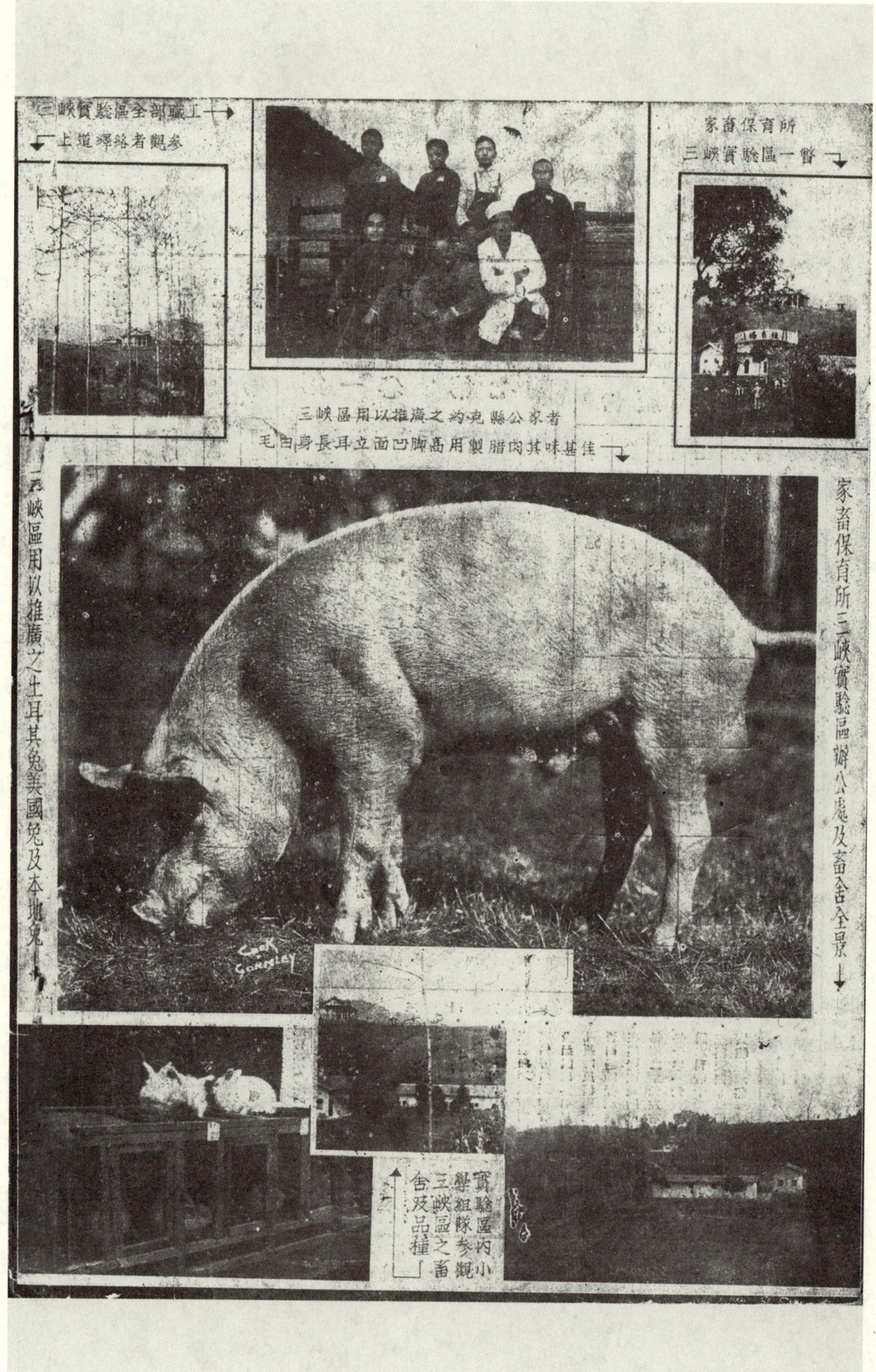
三峽實驗區全部職工

參觀者絡繹道上

三峽實驗區一瞥 家畜保育所

三峽區用以推廣之約克縣公家者
白毛身長耳立面凹脚高用製腊肉其味甚佳

三峽區用以推廣之土耳其兔美國兔及本地兔

家畜保育所三峽實驗區辦公處及畜舍全景

實驗區內小學組隊參觀三峽區之畜舍及品種